# 江西省圖書館古籍普查登記目録

（三）

全國古籍普查登記目録

國家圖書館出版社
National Library of China Publishing House

360000－1901－0020526　416141
**評點春秋綱目左傳句解彙雋六卷**　（清）韓菼重訂　清令德堂刻本　二册　存四卷（一至二、五至六）

360000－1901－0020527　416142
**評點春秋綱目左傳句解彙雋六卷**　（清）韓菼重訂　清令德堂刻本　三册

360000－1901－0020528　416128
**評點春秋綱目左傳句解彙雋六卷**　（清）韓菼重訂　清令德堂刻本（卷二配清刻本）　六册

360000－1901－0020529　416127
**評點春秋綱目左傳句解彙雋六卷**　（清）韓菼重訂　清令德堂刻本（卷三配清刻本）　五册

360000－1901－0020530　416101
**評點春秋綱目左傳句解彙雋六卷**　（清）韓菼重訂　清令德堂刻本（卷一、六配清文光堂刻本，卷四配清刻本）　六册

360000－1901－0020531　416116
**評點春秋綱目左傳句解彙雋六卷**　（清）韓菼重訂　清令德堂刻本（卷一配清刻本）　六册

360000－1901－0020532　416055
**評點春秋綱目左傳句解彙雋六卷**　（清）韓菼重訂　清末上海掃葉山房石印本　六册

360000－1901－0020533　406618－1
**評點春秋綱目左傳句解彙雋六卷**　（清）韓菼重訂　清乾隆刻本　一册　存一卷（一）

360000－1901－0020534　416166
**評點春秋綱目左傳句解彙雋六卷**　（清）韓菼重訂　清文光堂刻本　四册　存四卷（二至五）

360000－1901－0020535　416132
**評點春秋綱目左傳句解彙雋六卷**　（清）韓菼重訂　清務本堂刻本　六册

360000－1901－0020536　416135
**評點春秋綱目左傳句解彙雋六卷**　（清）韓菼重訂　清務本堂刻本　三册

360000－1901－0020537　416062
**評點春秋綱目左傳句解彙雋六卷**　（清）韓菼重訂　清宣統三年（1911）天寶書局石印本　六册

360000－1901－0020538　416062－1
**評點春秋綱目左傳句解彙雋六卷**　（清）韓菼重訂　清宣統三年（1911）天寶書局石印本　三册　存三卷（三至四、六）

360000－1901－0020539　416056
**評點春秋綱目左傳句解彙雋六卷**　（清）韓菼重訂　清宣統元年（1909）石印本　六册

360000－1901－0020540　416056－1
**評點春秋綱目左傳句解彙雋六卷**　（清）韓菼重訂　清宣統元年（1909）石印本　三册　存三卷（二、四至五）

360000－1901－0020541　416056－2
**評點春秋綱目左傳句解彙雋六卷**　（清）韓菼重訂　清宣統元年（1909）石印本　二册　存二卷（四、六）

360000－1901－0020542　416057
**評點春秋綱目左傳句解彙雋六卷**　（清）韓菼重訂　清宣統元年（1909）石印本　六册

360000－1901－0020543　416058
**評點春秋綱目左傳句解彙雋六卷**　（清）韓菼重訂　清宣統元年（1909）石印本　六册

360000－1901－0020544　603176
**評點春秋綱目左傳句解彙雋六卷**　（清）韓菼重訂　清宣統元年（1909）石印本　一册

360000－1901－0020545　160283
**評點春秋綱目左傳句解彙雋六卷**　（清）韓菼重訂　清兩儀堂刻本　六册

360000－1901－0020546　160284
**評點春秋綱目左傳句解彙雋六卷**　（清）韓菼重訂　清兩儀堂刻本　六册

360000－1901－0020547　160285
**評點春秋綱目左傳句解彙雋六卷**　（清）韓菼重訂　清兩儀堂刻本　六册

360000－1901－0020548　160286

**評點春秋綱目左傳句解彙雋六卷**　(清)韓菼重訂　清兩儀堂刻本　六册

360000－1901－0020549　722176
**評點春秋左傳綱目句解彙雋六卷**　(清)韓菼重訂　清會友堂刻本　一册　存一卷(三)

360000－1901－0020550　603424
**評點春秋左傳綱目句解彙雋六卷**　(清)韓菼重訂　清刻本　二册　存二卷(二至三)

360000－1901－0020551　603426
**評點春秋左傳綱目句解彙雋六卷**　(清)韓菼重訂　清刻本　五册　存五卷(一至五)

360000－1901－0020552　722193
**評點春秋左傳綱目句解彙雋六卷**　(清)韓菼重訂　清刻本　一册　存一卷(一)

360000－1901－0020553　722195
**評點春秋左傳綱目句解彙雋六卷**　(清)韓菼重訂　清刻本　一册　存一卷(四)

360000－1901－0020554　722320
**評點春秋左傳綱目句解彙雋六卷**　(清)韓菼重訂　清刻本　一册　存一卷(四)

360000－1901－0020555　722321
**評點春秋左傳綱目句解彙雋六卷**　(清)韓菼重訂　清刻本　一册　存一卷(一)

360000－1901－0020556　722323
**評點春秋左傳綱目句解彙雋六卷**　(清)韓菼重訂　清刻本　一册　存一卷(五)

360000－1901－0020557　722324
**評點春秋左傳綱目句解彙雋六卷**　(清)韓菼重訂　清刻本　一册　存一卷(五)

360000－1901－0020558　722427
**評點春秋左傳綱目句解彙雋六卷**　(清)韓菼重訂　清刻本　二册　存二卷(四至五)

360000－1901－0020559　722428
**評點春秋左傳綱目句解彙雋六卷**　(清)韓菼重訂　清刻本　二册　存二卷(四至五)

360000－1901－0020560　722196
**評點春秋左傳綱目句解彙雋六卷**　(清)韓菼重訂　清令德堂刻本　四册　存四卷(三至六)

360000－1901－0020561　722194
**評點春秋左傳綱目句解彙雋六卷**　(清)韓菼重訂　清文光堂刻本　一册　存一卷(一)

360000－1901－0020562　318254
**評芳行館詩鈔一卷**　(清)鄧清濤撰　清抄本　一册

360000－1901－0020563　801583
**評論出像水滸傳二十卷七十回**　(元)施耐庵撰　(清)金人瑞評　清刻本　一册　存一卷(七)四回(十九至二十二)

360000－1901－0020564　801849
**評圖不分卷**　(清)孫鏊注　(清)胡澍抄錄　清抄本　一册

360000－1901－0020565　302429
**評選古詩源四卷**　(清)沈德潛評選　清光緒二十年(1894)上海圖書集成印書局鉛印本　四册

360000－1901－0020566　407506
**評選古詩源四卷**　(清)沈德潛評選　清光緒二十年(1894)上海圖書集成印書局鉛印本　四册

360000－1901－0020567　301316
**評選繼志堂醫案二卷**　(清)曹存心撰　(清)柳寶詒選評　清光緒二十六年(1900)石印本　一册

360000－1901－0020568　120408
**評選四六法海八卷**　(清)蔣士銓輯　清末上海鴻章書局石印本　八册

360000－1901－0020569　601191
**評選四六法海八卷**　(清)蔣士銓輯　清咸豐元年(1851)萃文堂刻朱墨套印本　四册　存四卷(五至八)

360000－1901－0020570　900618
**評選直省闈藝大全八卷**　(清)久敬齋主人輯

清光緒三十年(1904)上海久敬齋石印本　八冊

360000－1901－0020571　900629
**評選直省闈藝大全八卷**　(清)久敬齋主人輯　清光緒三十年(1904)上海久敬齋石印本　七冊　存七卷(一至三、五至八)

360000－1901－0020572　900630
**評選直省闈藝大全八卷**　(清)久敬齋主人輯　清末石印本　三冊　存六卷(三至八)

360000－1901－0020573　805147
**評選直省闈藝大全六卷**　(清)葉慶遵編　清光緒三十年(1904)上海書局石印本　六冊

360000－1901－0020574　413605
**評注賦體雲蒸三卷**　(清)燕毅編　清光緒二年(1876)南州亦政書齋刻本　三冊

360000－1901－0020575　413606
**評注賦體雲蒸三卷**　(清)燕毅編　清光緒二年(1876)南州亦政書齋刻本　三冊

360000－1901－0020576　413606－1
**評注賦體雲蒸三卷**　(清)燕毅編　清光緒二年(1876)南州亦政書齋刻本　三冊

360000－1901－0020577　413606－2
**評注賦體雲蒸三卷**　(清)燕毅編　清光緒二年(1876)南州亦政書齋刻本　三冊

360000－1901－0020578　413606－3
**評注賦體雲蒸三卷**　(清)燕毅編　清光緒二年(1876)南州亦政書齋刻本　三冊

360000－1901－0020579　413606－4
**評注賦體雲蒸三卷**　(清)燕毅編　清光緒二年(1876)南州亦政書齋刻本　三冊

360000－1901－0020580　413607
**評注賦體雲蒸三卷**　(清)燕毅編　清光緒二年(1876)南州亦政書齋刻本　一冊　存一卷(前集)

360000－1901－0020581　413607－1
**評注賦體雲蒸三卷**　(清)燕毅編　清光緒二年(1876)南州亦政書齋刻本　一冊　存一卷(前集)

360000－1901－0020582　413607－2
**評注賦體雲蒸三卷**　(清)燕毅編　清光緒二年(1876)南州亦政書齋刻本　一冊　存一卷(前集)

360000－1901－0020583　413608
**評注賦體雲蒸三卷**　(清)燕毅編　清同治十三年(1874)南州亦政書齋刻本　六冊

360000－1901－0020584　721628
**評注聊齋志異圖詠十六卷**　(清)蒲松齡撰　(清)王士禛評　(清)但明倫新評　(清)呂湛恩注　清末上海掃葉山房石印本　四冊　存四卷(六至八、十五)

360000－1901－0020585　413604
**評注試律雲蒸十四卷首一卷**　(清)燕毅編　清同治八年(1869)南州亦政書齋刻本　七冊

360000－1901－0020586　413613
**評注試律雲蒸十四卷首一卷**　(清)燕毅編　清同治八年(1869)南州亦政書齋刻本　五冊　存十卷(五至十四)

360000－1901－0020587　312261
**評注圖像水滸傳七十五卷七十回**　(元)施耐庵撰　(清)金人瑞評　清光緒十二年(1886)上海同文書局石印本　十六冊

360000－1901－0020588　801092
**評注圖像水滸傳三十五卷七十回**　(元)施耐庵撰　(清)金人瑞評　清末錦章圖書局石印本　一冊　存三卷(十四至十六)六回(二十七至三十二)

360000－1901－0020589　421496－1
**評注圖像水滸傳三十五卷七十回**　(元)施耐庵撰　(清)金人瑞評　清末石印本　一冊　存三卷(十四至十六)六回(二十七至三十二)

360000－1901－0020590　404308
**憑山閣留青二集選十卷**　(清)陳枚輯　清刻本　一冊　存一卷(一)

360000－1901－0020591　404307

**憑山閣留青廣集十二卷** (清)陳枚輯 清刻本 一册 存一卷(七)

360000－1901－0020592 718935
**憑山閣增定留青全集二十四卷** (清)陳枚輯 清刻本 一册 存一卷(二)

360000－1901－0020593 704313
**憑山閣增輯留青新集三十卷** (清)陳枚輯 (清)陳德裕增輯 清積秀堂刻本 四册 存四卷(一、五至六、十三)

360000－1901－0020594 704328
**憑山閣增輯留青新集三十卷** (清)陳枚輯 (清)陳德裕增輯 清經綸堂刻本 十册 存十七卷(一至八、二十一至二十六、二十八至三十)

360000－1901－0020595 163270
**憑山閣增輯留青新集三十卷** (清)陳枚輯 (清)陳德裕增輯 清聚文堂刻本 三十二册

360000－1901－0020596 241303
**憑山閣增輯留青新集三十卷** (清)陳枚輯 (清)陳德裕增輯 清康熙四十七年(1708)積秀堂刻本 三十册

360000－1901－0020597 404330－1
**憑山閣增輯留青新集三十卷** (清)陳枚輯 (清)陳德裕增輯 清刻本 二册 存三卷(八、二十五至二十六)

360000－1901－0020598 404332
**憑山閣增輯留青新集三十卷** (清)陳枚輯 (清)陳德裕增輯 清刻本 十五册 存二十五卷(一至十六、十八至二十一、二十三至二十六、三十)

360000－1901－0020599 404333
**憑山閣增輯留青新集三十卷** (清)陳枚輯 (清)陳德裕增輯 清刻本 十册 存十八卷(五至十二、十六至十七、十九至二十一、二十三至二十七)

360000－1901－0020600 404334
**憑山閣增輯留青新集三十卷** (清)陳枚輯 (清)陳德裕增輯 清刻本 八册 存十六卷(六至十一、十六、十八至二十六)

360000－1901－0020601 704309
**憑山閣增輯留青新集三十卷** (清)陳枚輯 (清)陳德裕增輯 清刻本 六册 存六卷(五、七至八、十一、十三至十四)

360000－1901－0020602 704310－1
**憑山閣增輯留青新集三十卷** (清)陳枚輯 (清)陳德裕增輯 清刻本 十册 存十四卷(二至十五)

360000－1901－0020603 704314
**憑山閣增輯留青新集三十卷** (清)陳枚輯 (清)陳德裕增輯 清刻本 十一册 存十五卷(七至十二、十八、二十三至三十)

360000－1901－0020604 704314－1
**憑山閣增輯留青新集三十卷** (清)陳枚輯 (清)陳德裕增輯 清刻本 三册 存五卷(一、二十三至二十四、二十八至二十九)

360000－1901－0020605 704317
**憑山閣增輯留青新集三十卷** (清)陳枚輯 (清)陳德裕增輯 清刻本 十三册 存十三卷(一至二、四至五、九、十六至二十二、二十七)

360000－1901－0020606 704318
**憑山閣增輯留青新集三十卷** (清)陳枚輯 (清)陳德裕增輯 清刻本 十二册 存十八卷(一、五至六、九、十二、十五至二十五、二十九至三十)

360000－1901－0020607 704329
**憑山閣增輯留青新集三十卷** (清)陳枚輯 (清)陳德裕增輯 清刻本 九册 存十卷(七至十三、十六至十八)

360000－1901－0020608 704330
**憑山閣增輯留青新集三十卷** (清)陳枚輯 (清)陳德裕增輯 清刻本 三册 存六卷(八至十一、十四至十五)

360000－1901－0020609 704331

**憑山閣增輯留青新集三十卷** (清)陳枚輯 (清)陳德裕增輯 清刻本 三冊 存三卷(五至七)

360000－1901－0020610 704331－1
**憑山閣增輯留青新集三十卷** (清)陳枚輯 (清)陳德裕增輯 清刻本 十冊 存十八卷(十三至三十)

360000－1901－0020611 704331－2
**憑山閣增輯留青新集三十卷** (清)陳枚輯 (清)陳德裕增輯 清刻本 八冊 存十二卷(一、六至七、十一至十四、十六、二十三至二十四、二十九至三十)

360000－1901－0020612 716840
**憑山閣增輯留青新集三十卷** (清)陳枚輯 (清)陳德裕增輯 清刻本 一冊 存二卷(二十九至三十)

360000－1901－0020613 721758－1
**憑山閣增輯留青新集三十卷** (清)陳枚輯 (清)陳德裕增輯 清刻本 九冊 存九卷(六至八、十至十五)

360000－1901－0020614 722134
**憑山閣增輯留青新集三十卷** (清)陳枚輯 (清)陳德裕增輯 清刻本 四冊 存八卷(十五至二十、二十五至二十六)

360000－1901－0020615 722134－1
**憑山閣增輯留青新集三十卷** (清)陳枚輯 (清)陳德裕增輯 清刻本 一冊 存一卷(二十六)

360000－1901－0020616 722135
**憑山閣增輯留青新集三十卷** (清)陳枚輯 (清)陳德裕增輯 清刻本 八冊 存八卷(十八、二十至二十一、二十三至二十五、二十七、三十)

360000－1901－0020617 722135－1
**憑山閣增輯留青新集三十卷** (清)陳枚輯 (清)陳德裕增輯 清刻本 一冊 存一卷(二十二)

360000－1901－0020618 722136
**憑山閣增輯留青新集三十卷** (清)陳枚輯 (清)陳德裕增輯 清刻本 一冊 存二卷(十七至十八)

360000－1901－0020619 722137
**憑山閣增輯留青新集三十卷** (清)陳枚輯 (清)陳德裕增輯 清刻本 一冊 存二卷(十九至二十)

360000－1901－0020620 722302
**憑山閣增輯留青新集三十卷** (清)陳枚輯 (清)陳德裕增輯 清刻本 四冊 存十二卷(十九至三十)

360000－1901－0020621 704327
**憑山閣增輯留青新集三十卷** (清)陳枚輯 (清)陳德裕增輯 清老會賢堂刻本 九冊 存九卷(一、三至五、八至十二)

360000－1901－0020622 704310
**憑山閣增輯留青新集三十卷** (清)陳枚輯 (清)陳德裕增輯 清聯墨堂刻本 二冊 存五卷(一至五)

360000－1901－0020623 704261
**憑山閣增輯留青新集三十卷** (清)陳枚輯 (清)陳德裕增輯 清三讓堂刻本 二十冊

360000－1901－0020624 404335
**憑山閣增輯留青新集三十卷** (清)陳枚輯 (清)陳德裕增輯 清同文堂刻本 十六冊

360000－1901－0020625 404336
**憑山閣增輯留青新集三十卷** (清)陳枚輯 (清)陳德裕增輯 清同文堂刻本 二十七冊 存二十七卷(一、五至三十)

360000－1901－0020626 404337
**憑山閣增輯留青新集三十卷** (清)陳枚輯 (清)陳德裕增輯 清同文堂刻本 十九冊 存二十八卷(一、四至三十)

360000－1901－0020627 309407
**憑山閣增輯留青新集三十卷** (清)陳枚輯 (清)陳德裕增輯 清福慶堂刻本 十冊 存

二十四卷(一至六、十至十四、十八至三十)

360000－1901－0020628　306649
**憑山閣增輯留青新集三十卷**　(清)陳枚輯　(清)陳德裕增輯　清刻本　一册　存三卷(十五至十七)

360000－1901－0020629　308075
**憑山閣增輯留青新集三十卷**　(清)陳枚輯　(清)陳德裕增輯　清刻本　十册　存二十五卷(三至二十七)

360000－1901－0020630　308189
**憑山閣增輯留青新集三十卷**　(清)陳枚輯　(清)陳德裕增輯　清刻本　十八册　存二十卷(二至五、七、十二至十四、十六至十七、二十至二十一、二十三至三十)

360000－1901－0020631　308198
**憑山閣增輯留青新集三十卷**　(清)陳枚輯　(清)陳德裕增輯　清刻本　二册　存二卷(一至二)

360000－1901－0020632　404262
**憑山閣增輯留青新集三十卷**　(清)陳枚輯　(清)陳德裕增輯　清刻本　十六册　存二十九卷(一至二十七、二十九至三十)

360000－1901－0020633　404308－1
**憑山閣增輯留青新集三十卷**　(清)陳枚輯　(清)陳德裕增輯　清刻本　六册　存十二卷(九至十二、十五至二十二)

360000－1901－0020634　404308－2
**憑山閣增輯留青新集三十卷**　(清)陳枚輯　(清)陳德裕增輯　清刻本　八册　存十四卷(六至十五、十八至二十一)

360000－1901－0020635　404308－3
**憑山閣增輯留青新集三十卷**　(清)陳枚輯　(清)陳德裕增輯　清刻本　三册　存六卷(十三至十八)

360000－1901－0020636　404314
**憑山閣增輯留青新集三十卷**　(清)陳枚輯　(清)陳德裕增輯　清刻本　二十三册

360000－1901－0020637　404315
**憑山閣增輯留青新集三十卷**　(清)陳枚輯　(清)陳德裕增輯　清刻本　十七册　存二十五卷(一至二、五至八、十至十四、十七至三十)

360000－1901－0020638　404315－1
**憑山閣增輯留青新集三十卷**　(清)陳枚輯　(清)陳德裕增輯　清刻本　一册　存二卷(九至十)

360000－1901－0020639　404316
**憑山閣增輯留青新集三十卷**　(清)陳枚輯　(清)陳德裕增輯　清刻本　二十二册

360000－1901－0020640　404320
**憑山閣增輯留青新集三十卷**　(清)陳枚輯　(清)陳德裕增輯　清刻本　二十三册　存二十三卷(四至十七、十九至二十五、二十八至二十九)

360000－1901－0020641　404321
**憑山閣增輯留青新集三十卷**　(清)陳枚輯　(清)陳德裕增輯　清刻本　九册　存十三卷(八至十四、十九至二十四)

360000－1901－0020642　404322
**憑山閣增輯留青新集三十卷**　(清)陳枚輯　(清)陳德裕增輯　清刻本　五册　存七卷(七至九、十一、十三、十九至二十)

360000－1901－0020643　404322－1
**憑山閣增輯留青新集三十卷**　(清)陳枚輯　(清)陳德裕增輯　清刻本　二册　存三卷(十三、十九至二十)

360000－1901－0020644　404322－2
**憑山閣增輯留青新集三十卷**　(清)陳枚輯　(清)陳德裕增輯　清刻本　一册　存一卷(十九)

360000－1901－0020645　404323
**憑山閣增輯留青新集三十卷**　(清)陳枚輯　(清)陳德裕增輯　清刻本　七册　存十卷(五、九至十四、十九至二十、二十三)

360000－1901－0020646　404324
**憑山閣增輯留青新集三十卷**　(清)陳枚輯　(清)陳德裕增輯　清刻本　二十三冊

360000－1901－0020647　404325
**憑山閣增輯留青新集三十卷**　(清)陳枚輯　(清)陳德裕增輯　清刻本　二十冊　存二十九卷(一至二十一、二十三至三十)

360000－1901－0020648　404326
**憑山閣增輯留青新集三十卷**　(清)陳枚輯　(清)陳德裕增輯　清刻本　八冊　存十卷(一至十)

360000－1901－0020649　404329
**憑山閣增輯留青新集三十卷**　(清)陳枚輯　(清)陳德裕增輯　清刻本　七冊　存十一卷(四至八、十二、十九至二十、二十四至二十六)

360000－1901－0020650　404330
**憑山閣增輯留青新集三十卷**　(清)陳枚輯　(清)陳德裕增輯　清刻本　二冊　存四卷(七至八、二十五至二十六)

360000－1901－0020651　704315
**憑山閣增輯留青新集三十卷**　(清)陳枚輯　(清)陳德裕增輯　清刻本　十八冊　存二十二卷(四至十七、十九至二十四、二十八至二十九)

360000－1901－0020652　404263
**憑山閣增輯留青新集三十卷**　(清)陳枚輯　(清)陳德裕增輯　清三讓堂刻本　二十一冊

360000－1901－0020653　302804
**坡門酬唱二十三卷**　(宋)邵浩輯　清宣統三年(1911)貴池劉氏影宋刻玉海堂景宋元本叢書本　八冊

360000－1901－0020654　120791
**坡山小學史斷四卷**　(宋)南宮靖一撰　**附讀史論略一卷**　(清)杜詔撰　**坡山小學史斷續編一卷**　(明)晏彥文撰　清道光五年(1825)鑒懸堂刻本　四冊

360000－1901－0020655　120792
**坡山小學史斷四卷**　(宋)南宮靖一撰　**附讀史論略一卷**　(清)杜詔撰　**坡山小學史斷續編一卷**　(明)晏彥文撰　清光緒十七年(1891)分寧周氏刻本　四冊

360000－1901－0020656　120874
**坡山小學史斷四卷**　(宋)南宮靖一撰　**附讀史論略一卷**　(清)杜詔撰　**坡山小學史斷續編一卷**　(明)晏彥文撰　清光緒十七年(1891)分寧周氏刻本　四冊

360000－1901－0020657　713758
**坡山小學史斷四卷**　(宋)南宮靖一撰　**附讀史論略一卷**　(清)杜詔撰　**坡山小學史斷續編一卷**　(明)晏彥文撰　清光緒十七年(1891)分寧周氏刻本　二冊　存四卷(坡山小學史斷四卷)

360000－1901－0020658　240275
**坡仙集十六卷**　(宋)蘇軾撰　(明)李贄評輯　明萬曆二十八年(1600)焦竑刻本　八冊

360000－1901－0020659　120793
**坡硯山房詩文稿十二卷**　(清)鄒嶧賢撰　清同治元年(1862)鄒氏是政堂刻本　四冊

360000－1901－0020660　801886
**婆心籙傷寒集注□卷**　(□)□□撰　清抄本　一冊　存一卷(下)

360000－1901－0020661　122253
**鄱陽湖櫂歌不分卷**　(清)王其淦撰　清咸豐刻本　一冊

360000－1901－0020662　122254
**鄱陽集四卷首一卷末一卷**　(宋)洪皓撰　清同治九年(1870)三瑞堂刻本　一冊

360000－1901－0020663　122255
**鄱陽集四卷首一卷末一卷**　(宋)洪皓撰　清同治九年(1870)三瑞堂刻本　一冊

360000－1901－0020664　122258
**鄱陽詩集十二卷補遺一卷**　(宋)彭汝礪撰　清嘉慶二十三年(1818)刻本　四冊

360000－1901－0020665　241446
**鄱陽五家集**　(清)史簡輯　民國抄本　八册

360000－1901－0020666　240307
**鄱陽先生文集十二卷**　(宋)彭汝礪撰　清抄本　六册

360000－1901－0020667　406934
**菩薩戒本經一卷**　(晉)釋曇無讖譯　**菩薩戒本經箋要一卷**　(清)釋智旭撰　清同治九年(1870)、光緒六年(1880)金陵刻經處刻本　一册

360000－1901－0020668　309297
**菩薩瓔珞經二十卷**　(後秦)釋竺佛念譯　清光緒十八年(1892)江北刻經處刻本　五册

360000－1901－0020669　310119
**菩提心論教相記二卷**　(日本)釋亮汰述　清咸豐四年(1854)金陵刻經處刻本　一册

360000－1901－0020670　416924
**蒲編堂訓蒙草不分卷文藝金針不分卷**　(清)路德撰　清刻本　一册

360000－1901－0020671　416924－1
**蒲編堂訓蒙草不分卷文藝金針不分卷**　(清)路德撰　清刻本　一册

360000－1901－0020672　302991
**蒲陽黄御史集一卷**　(唐)黄滔撰　清光緒十年(1884)福山天壤閣刻本　一册

360000－1901－0020673　150268
**浦城遺書**　(清)梁章鉅輯　(清)祝昌泰編　清嘉慶十六年至十九年(1811－1814)浦城祝氏留香室刻道光十四年(1834)彙印本　十一册　存四種

360000－1901－0020674　304202
**普法兵事記一卷**　(清)杜俞撰　清光緒十五年(1889)成都刻本　一册

360000－1901－0020675　306252
**普法戰紀二十卷**　(清)張宗良口譯　(清)王韜輯撰　清光緒二十一年(1895)弢園王氏鉛印本　九册　存十八卷(一至四、七至二十)

360000－1901－0020676　308048
**普法戰紀二十卷**　(清)張宗良口譯　(清)王韜輯撰　清同治十二年(1873)中華印務總局鉛印本　八册

360000－1901－0020677　304199
**普法戰紀輯要四卷**　(清)張宗良口譯　(清)王韜輯撰　清光緒二十五年(1899)東亞自強譯書會刻本　八册

360000－1901－0020678　408931
**普濟應驗良方八卷末一卷**　(清)德軒氏輯　清道光二十八年(1848)刻本　一册

360000－1901－0020679　408930
**普濟應驗良方八卷末一卷**　(清)德軒氏輯　清嘉慶二十四年(1819)江寧救生局刻本　一册

360000－1901－0020680　407497
**古詩源十四卷**　(清)沈德潛輯　清康熙刻本　二册　存八卷(四至十一)

360000－1901－0020681　408935－1
**普濟應驗良方八卷末一卷**　(清)德軒氏輯　清嘉慶刻本　一册　存四卷(六至八、末一卷)

360000－1901－0020682　162632
**普濟應驗良方八卷末一卷**　(清)德軒氏輯　清嘉慶十四年(1809)刻本　一册

360000－1901－0020683　801694
**普濟應驗良方八卷末一卷**　(清)德軒氏輯　清刻本　一册　存四卷(六至八、末一卷)

360000－1901－0020684　801695
**普濟應驗良方八卷末一卷**　(清)德軒氏輯　清刻本　一册　存四卷(六至八、末一卷)

360000－1901－0020685　417340
**普勸敬竈編四卷首一卷**　(清)戴鴻澤輯　清光緒刻本　一册

360000－1901－0020686　161898
**普天忠憤全集十四卷首一卷**　(清)孔廣德輯　清光緒二十一年(1895)石印本　十二册

360000－1901－0020687　161935
**普天忠憤全集十四卷首一卷**　(清)孔廣德輯　清光緒二十一年(1895)石印本　六册　存六卷(二至四、六至八)

360000－1901－0020688　309571
**普天忠憤全集十四卷首一卷**　(清)孔廣德輯　清光緒二十一年(1895)石印本　十册

360000－1901－0020689　405949
**普天忠憤全集十四卷首一卷**　(清)孔廣德輯　清光緒二十一年(1895)石印本　十二册

360000－1901－0020690　405950
**普天忠憤全集十四卷首一卷**　(清)孔廣德輯　清光緒二十一年(1895)石印本　十二册

360000－1901－0020691　405951
**普天忠憤全集十四卷首一卷**　(清)孔廣德輯　清光緒二十一年(1895)石印本　二册　存三卷(一、五,首一卷)

360000－1901－0020692　405951－1
**普天忠憤全集十四卷首一卷**　(清)孔廣德輯　清光緒二十一年(1895)石印本　一册　存一卷(十)

360000－1901－0020693　304955
**普通百科新大詞典十二卷目錄二卷補遺一卷**　黄摩西編　清宣統三年(1911)上海國學扶輪社鉛印本　十一册　存十卷(子、丑、寅、卯、巳、午、未、酉、戌,補遺一卷)

360000－1901－0020694　404665
**普通百科新大詞典十二卷目錄二卷補遺一卷**　黄摩西編　清宣統三年(1911)上海國學扶輪社鉛印本　六册　存七卷(寅、卯、申、酉、戌、亥,目錄一)

360000－1901－0020695　404665－1
**普通百科新大詞典十二卷目錄二卷補遺一卷**　黄摩西編　清宣統三年(1911)上海國學扶輪社鉛印本　一册　存一卷(戌)

360000－1901－0020696　802256
**普通農學淺說二十課**　(清)鹽城縣勸農局演說　(清)辛觀濤疏引　清光緒三十四年(1908)木活字印本　一册

360000－1901－0020697　161904
**普通新歷史不分卷**　(清)普通學書室編　清光緒三十年(1904)上海普通學書室鉛印本　一册

360000－1901－0020698　800616
**普通新歷史不分卷**　(清)周鵬校　清光緒三十四年(1908)鉛印本　一册

360000－1901－0020699　404687－1
**普通學歌訣一卷**　張一鵬撰　清光緒二十八年(1902)上海書局刻本　一册

360000－1901－0020700　404688
**普通學歌訣一卷**　張一鵬撰　清光緒二十八年(1902)上海書局刻本　一册

360000－1901－0020701　404688－1
**普通學歌訣一卷**　張一鵬撰　清光緒二十八年(1902)上海書局刻本　一册

360000－1901－0020702　305280
**普通學歌訣一卷**　張一鵬撰　清光緒二十六年(1900)蘇州中西小學堂刻本　一册

360000－1901－0020703　404687
**普通學歌訣一卷**　張一鵬撰　清光緒二十六年(1900)蘇州中西小學堂刻本　一册

360000－1901－0020704　901172
**普通珠算課本不分卷**　(清)誦芬主人編　清光緒三十年(1904)上海商務印書館鉛印本　一册

360000－1901－0020705　804796
**普陀寶筏不分卷**　(□)□□輯　清集成堂刻本　一册

360000－1901－0020706　315849
**曝書亭集八十卷附錄一卷**　(清)朱彝尊撰　**笛漁小稾十卷**　(清)朱昆田撰　清光緒十五年(1889)會稽陶氏寒梅館刻本　十六册

360000－1901－0020707　315832
**曝書亭集八十卷附錄一卷**　(清)朱彝尊撰

笛漁小稾十卷　(清)朱昆田撰　清嘉慶十九年(1814)校經廎刻本　二十册

360000－1901－0020708　315962
**曝書亭集八十卷附録一卷**　(清)朱彝尊撰　**笛漁小稾十卷**　(清)朱昆田撰　**曝書亭集詞註七卷**　(清)朱彝尊撰　(清)李富孫注　清康熙秀水朱氏、嘉慶十九年(1814)嘉興李氏校經廎刻本　二十册

360000－1901－0020709　240866
**曝書亭集八十卷附録一卷**　(清)朱彝尊撰　清康熙五十三年(1714)朱稻孫刻本　十一册

360000－1901－0020710　316896
**曝書亭集八十卷附録一卷**　(清)朱彝尊撰　清康熙五十三年(1714)朱稻孫刻本　十三册

360000－1901－0020711　303755
**曝書亭集八十卷附録一卷**　(清)朱彝尊撰　清刻本　十四册

360000－1901－0020712　308208
**曝書亭集八十卷附録一卷**　(清)朱彝尊撰　清刻本　十一册　存六十一卷(一、十一至二十二、三十三至八十)

360000－1901－0020713　303754
**曝書亭集八十卷附録一卷**　(清)朱彝尊撰　(清)孫銀槎箋注　清嘉慶五年(1800)三有堂刻本　五册　存十八卷(一至十八)

360000－1901－0020714　303757
**曝書亭集八十卷附録一卷**　(清)朱彝尊撰　**笛漁小稾十卷**　(清)朱昆田撰　清光緒十五年(1889)會稽陶氏寒梅館刻本　十六册

360000－1901－0020715　240867
**曝書亭集八十卷附録一卷**　(清)朱彝尊撰　**笛漁小稾十卷**　(清)朱昆田撰　清康熙五十三年(1714)朱稻孫刻本　十二册

360000－1901－0020716　315651
**曝書亭集八十卷附録一卷**　(清)朱彝尊撰　**笛漁小稾十卷**　(清)朱昆田撰　清康熙五十三年(1714)朱稻孫刻本　十四册

360000－1901－0020717　417911
**曝書亭集八十卷附録一卷**　(清)朱彝尊撰　**笛漁小稾十卷**　(清)朱昆田撰　清康熙五十三年(1714)朱稻孫刻本　十二册

360000－1901－0020718　417912
**曝書亭集八十卷附録一卷**　(清)朱彝尊撰　**笛漁小稾十卷**　(清)朱昆田撰　清康熙五十三年(1714)朱稻孫刻本　十九册

360000－1901－0020719　417913
**曝書亭集八十卷附録一卷**　(清)朱彝尊撰　**笛漁小稾十卷**　(清)朱昆田撰　清康熙五十三年(1714)朱稻孫刻本　十二册

360000－1901－0020720　417914
**曝書亭集八十卷附録一卷**　(清)朱彝尊撰　**笛漁小稾十卷**　(清)朱昆田撰　清康熙五十三年(1714)朱稻孫刻本　七册　存四十二卷(一至十、十二至十六、三十五至四十、四十九至五十四、六十至六十四,笛漁小稾十卷)

360000－1901－0020721　417914－1
**曝書亭集八十卷附録一卷**　(清)朱彝尊撰　**笛漁小稾十卷**　(清)朱昆田撰　清康熙五十三年(1714)朱稻孫刻本　一册　存三卷(曝書亭集四至六)

360000－1901－0020722　417915
**曝書亭集詞註七卷**　(清)朱彝尊撰　(清)李富孫註　清嘉慶十九年(1814)嘉興李氏校經廎刻本　四册

360000－1901－0020723　417916
**曝書亭集詞註七卷**　(清)朱彝尊撰　(清)李富孫註　清嘉慶十九年(1814)嘉興李氏校經廎刻本　四册

360000－1901－0020724　315849－1
**曝書亭集詞註七卷**　(清)朱彝尊撰　(清)李富孫注　清嘉慶十九年(1814)嘉興李氏校經廎刻本　一册

360000－1901－0020725　315501
**曝書亭集二十三卷**　(清)朱彝尊撰　(清)孫銀槎輯注　清嘉慶九年(1804)刻本　六册

360000－1901－0020726　417630
**曝書亭集二十三卷**　(清)朱彝尊撰　(清)孫銀槎輯注　清嘉慶五年(1800)刻本　十册　存二十卷(一至二十)

360000－1901－0020727　303750
**曝書亭集詩注二十二卷**　(清)朱彝尊撰　(清)楊謙注　**附朱竹垞先生年譜一卷**　(清)楊謙撰　清末木石居石印本　十册

360000－1901－0020728　163257
**曝書亭集詩注二十二卷**　(清)朱彝尊撰　(清)楊謙注　**附朱竹垞先生年譜一卷**　(清)楊謙撰　清乾隆楊氏木山閣刻本　六册

360000－1901－0020729　163258
**曝書亭集詩注二十二卷**　(清)朱彝尊撰　(清)楊謙注　**附朱竹垞先生年譜一卷**　(清)楊謙撰　清乾隆楊氏木山閣刻本　六册

360000－1901－0020730　163259
**曝書亭集詩注二十二卷**　(清)朱彝尊撰　(清)楊謙注　**附朱竹垞先生年譜一卷**　(清)楊謙撰　清乾隆楊氏木山閣刻本　五册

360000－1901－0020731　417917
**曝書亭集詩注二十二卷**　(清)朱彝尊撰　(清)楊謙注　**附朱竹垞先生年譜一卷**　(清)楊謙撰　清乾隆楊氏木山閣刻本　十册

360000－1901－0020732　417918
**曝書亭集詩注二十二卷**　(清)朱彝尊撰　(清)楊謙注　**附朱竹垞先生年譜一卷**　(清)楊謙撰　清乾隆楊氏木山閣刻本　五册　存十九卷(一、六至二十二,朱竹垞先生年譜一卷)

360000－1901－0020733　417918－1
**曝書亭集詩注二十二卷**　(清)朱彝尊撰　(清)楊謙注　**附朱竹垞先生年譜一卷**　(清)楊謙撰　清乾隆楊氏木山閣刻本　二册　存七卷(六至十一、朱竹垞先生年譜一卷)

360000－1901－0020734　805169
**曝書亭集詩注二十二卷**　(清)朱彝尊撰　(清)楊謙注　**附朱竹垞先生年譜一卷**　(清)楊謙撰　清乾隆楊氏木山閣刻本　七册　存二十二卷(曝書亭集詩注二十二卷)

360000－1901－0020735　163260
**曝書亭集外稿八卷**　(清)朱彝尊撰　(清)馮登府　(清)朱墨林輯　清嘉慶二十二年(1817)刻本　二册

360000－1901－0020736　303751
**曝書亭集外稿八卷**　(清)朱彝尊撰　(清)馮登府輯　清末木石居石印本　二册

360000－1901－0020737　303753
**曝書亭詩箋注十二卷**　(清)朱彝尊撰　(清)江浩然箋注　清刻本　六册

360000－1901－0020738　415171
**曝書雜記二卷**　(清)錢泰吉撰　清道光海昌蔣氏刻本　二册

360000－1901－0020739　303455
**曝書雜記二卷**　(清)錢泰吉撰　清刻本　一册

360000－1901－0020740　417647
**曝書雜記三卷**　(清)錢泰吉撰　清同治七年(1868)刻本　一册

360000－1901－0020741　417647－1
**曝書雜記三卷**　(清)錢泰吉撰　清同治七年(1868)刻本　一册

360000－1901－0020742　802237
**七國新學備要八章**　(英國)李提摩太撰　清光緒十八年(1892)廣學會鉛印本　一册

360000－1901－0020743　801028
**七國新學備要八章**　(英國)李提摩太撰　清光緒十四年(1888)鉛印本　一册

360000－1901－0020744　163462
**七家詞鈔**　(清)汪世泰輯　清刻本　一册

360000－1901－0020745　150072
**七家後漢書**　(清)汪文臺輯　清光緒八年(1882)太平崔國榜等刻本　六册

360000－1901－0020746　150073

**七家後漢書**　（清）汪文臺輯　清光緒八年（1882）太平崔國榜等刻本　六冊

360000－1901－0020747　150074
**七家後漢書**　（清）汪文臺輯　清光緒八年（1882）太平崔國榜等刻本　五冊

360000－1901－0020748　400014
**七家後漢書**　（清）汪文臺輯　清光緒八年（1882）太平崔國榜等刻本　二冊　存四種

360000－1901－0020749　400225
**七家後漢書**　（清）汪文臺輯　清光緒八年（1882）太平崔國榜等刻本　一冊　存三種

360000－1901－0020750　902168
**七家詩合注七卷**　（清）張熙宇輯注　清刻本　五冊

360000－1901－0020751　901330
**七家詩輯注彙鈔**　（清）張熙宇評選　（清）王植桂注　清光緒十六年（1890）石渠山房刻本　七冊　存六種

360000－1901－0020752　901321
**七家詩輯注彙鈔**　（清）張熙宇評選　（清）王植桂注　清同治九年（1870）京師琉璃廠刻本　一冊　存一種

360000－1901－0020753　901328
**七家詩輯注彙鈔**　（清）張熙宇評選　（清）王植桂注　清同治九年（1870）京師琉璃廠刻本　七冊　存六種

360000－1901－0020754　901329
**七家詩輯注彙鈔**　（清）張熙宇評選　（清）王植桂注　清同治九年（1870）京師琉璃廠刻本　八冊

360000－1901－0020755　900221
**七家詩詳注七卷**　（清）張熙宇評選　（清）石暉甲箋注　清同治十一年（1872）刻本　六冊　存五種

360000－1901－0020756　901322
**七家詩詳注七卷**　（清）張熙宇評選　（清）張昶注釋　清富春堂刻本　一冊

360000－1901－0020757　901324
**七家詩詳注七卷**　（清）張熙宇評選　（清）張昶注釋　清富春堂刻本　二冊

360000－1901－0020758　902251
**七家詩選□□卷**　（清）張熙宇輯評　清刻本　一冊　存二卷（桐雲閣試帖下、簡學齋試帖一卷）

360000－1901－0020759　901311－1
**七家詩選箋注七卷**　（清）張熙宇輯評　（清）張昶注釋　清愛蓮堂刻本　一冊　存四卷（澹香齋試帖一卷、樫花館試帖一卷、尚絅堂試帖一卷、修竹齋試帖一卷）

360000－1901－0020760　901310
**七家詩選箋注七卷**　（清）張熙宇輯評　（清）張昶注釋　清刻本　一冊

360000－1901－0020761　900849
**七家詩選七卷**　（清）張熙宇輯評　清道光十二年（1832）曲江書室刻本　一冊　存二卷（一至二）

360000－1901－0020762　901308
**七家詩選七卷**　（清）張熙宇輯評　清道光十二年（1832）曲江書室刻本　三冊

360000－1901－0020763　900856
**七家詩選七卷**　（清）張熙宇輯評　清刻本　一冊　存三卷（五至七）

360000－1901－0020764　900856－1
**七家詩選七卷**　（清）張熙宇輯評　清刻本　一冊　存一卷（三）

360000－1901－0020765　900857
**七家詩選七卷**　（清）張熙宇輯評　清刻本　一冊　存三卷（五至七）

360000－1901－0020766　900858
**七家詩選七卷**　（清）張熙宇輯評　清刻本　一冊　存三卷（五至七）

360000－1901－0020767　900858－1
**七家詩選七卷**　（清）張熙宇輯評　清刻本　一冊　存三卷（五至七）

360000－1901－0020768　900858－2
**七家詩選七卷**　(清)張熙宇輯評　清刻本　一册　存三卷(五至七)

360000－1901－0020769　900858－3
**七家詩選七卷**　(清)張熙宇輯評　清刻本　一册　存三卷(五至七)

360000－1901－0020770　900859
**七家詩選七卷**　(清)張熙宇輯評　清刻本　一册　存一卷(一)

360000－1901－0020771　901303
**七家詩選七卷**　(清)張熙宇輯評　清刻朱墨套印本　一册　存三卷(澹香齋試帖一卷、尚絅堂試帖一卷、修竹齋試帖一卷)

360000－1901－0020772　603048
**七家詩選七卷**　(清)張熙宇輯評　(清)張昶注釋　清大文堂刻本　二册

360000－1901－0020773　603048－1
**七家詩選七卷**　(清)張熙宇輯評　(清)張昶注釋　清大文堂刻本　一册　存二卷(一至二)

360000－1901－0020774　901494
**七家詩選七卷**　(清)張熙宇輯評　(清)張昶注釋　清大文堂刻本　一册　存四卷(澹香齋試帖一卷、欞花館試帖一卷、尚絅堂試帖一卷、修竹齋試帖一卷)

360000－1901－0020775　309676
**七家詩選七卷**　(清)張熙宇輯評　(清)張昶注釋　清道光十二年(1832)刻朱墨套印本　四册

360000－1901－0020776　604051
**七家詩選七卷**　(清)張熙宇輯評　(清)張昶注釋　清刻本　一册

360000－1901－0020777　901490
**七家詩選注釋七卷**　(清)張熙宇輯評　(清)張昶注釋　清愛蓮堂刻本　四册

360000－1901－0020778　901302
**七家詩選注釋七卷**　(清)張熙宇輯評　(清)張昶注釋　清大鏊堂刻朱墨套印本　一册　存四卷(澹香齋試帖一卷、欞花館試帖一卷、尚絅堂試帖一卷、修竹齋試帖一卷)

360000－1901－0020779　901305
**七家詩選注釋七卷**　(清)張熙宇輯評　(清)張昶注釋　清富春堂刻本　三册

360000－1901－0020780　901498
**七家詩選注釋七卷**　(清)張熙宇輯評　(清)張昶注釋　清聚錦堂刻朱墨套印本　二册

360000－1901－0020781　900845
**七家詩選注釋七卷**　(清)張熙宇輯評　(清)張昶注釋　清刻本　一册　存二卷(三至四)

360000－1901－0020782　900846
**七家詩選注釋七卷**　(清)張熙宇輯評　(清)張昶注釋　清刻本　一册　存二卷(六至七)

360000－1901－0020783　900847
**七家詩選注釋七卷**　(清)張熙宇輯評　(清)張昶注釋　清刻本　二册　存四卷(三至四、六至七)

360000－1901－0020784　900848
**七家詩選注釋七卷**　(清)張熙宇輯評　(清)張昶注釋　清刻本　二册　存二卷(三、五)

360000－1901－0020785　900850－1
**七家詩選注釋七卷**　(清)張熙宇輯評　(清)張昶注釋　清刻本　二册　存四卷(一至三、五)

360000－1901－0020786　900851
**七家詩選注釋七卷**　(清)張熙宇輯評　(清)張昶注釋　清刻本　一册　存一卷(五)

360000－1901－0020787　900851－1
**七家詩選注釋七卷**　(清)張熙宇輯評　(清)張昶注釋　清刻本　一册

360000－1901－0020788　900851－2
**七家詩選注釋七卷**　(清)張熙宇輯評　(清)張昶注釋　清刻本　一册　存一卷(五)

360000－1901－0020789　900851－3
**七家詩選注釋七卷**　(清)張熙宇輯評　(清)

張昶注釋　清刻本　一册　存二卷(六至七)

360000－1901－0020790　900852
**七家詩選注釋七卷**　(清)張熙宇輯評　(清)張昶注釋　清刻本　一册　存四卷(一至四)

360000－1901－0020791　900854
**七家詩選注釋七卷**　(清)張熙宇輯評　(清)張昶注釋　清刻本　一册　存一卷(二)

360000－1901－0020792　901313
**七家詩選注釋七卷**　(清)張熙宇輯評　(清)張昶注釋　清刻本　一册　存二卷(樫花館試帖一卷、尚絅堂試帖一卷)

360000－1901－0020793　901314
**七家詩選注釋七卷**　(清)張熙宇輯評　(清)張昶注釋　清刻本　二册　存四卷(樫花館試帖一卷、尚絅堂試帖一卷、簡學齋試帖一卷、西漚試帖一卷)

360000－1901－0020794　901315
**七家詩選注釋七卷**　(清)張熙宇輯評　(清)張昶注釋　清刻本　一册　存二卷(樫花館試帖一卷、尚絅堂試帖一卷)

360000－1901－0020795　901319
**七家詩選注釋七卷**　(清)張熙宇輯評　(清)張昶注釋　清刻本　一册　存一卷(桐雲閣試帖一卷)

360000－1901－0020796　901494－1
**七家詩選注釋七卷**　(清)張熙宇輯評　(清)張昶注釋　清刻本　一册　存三卷(桐雲閣試帖一卷、簡學齋試帖一卷、西漚試帖一卷)

360000－1901－0020797　902353
**七家詩選注釋七卷**　(清)張熙宇輯評　(清)張昶注釋　清刻本　三册

360000－1901－0020798　902355
**七家詩選注釋七卷**　(清)張熙宇輯評　(清)張昶注釋　清刻本　三册　存五卷(桐雲閣試帖一卷、簡學齋試帖一卷、西漚試帖一卷、澹香齋試帖一卷、修竹齋試帖一卷)

360000－1901－0020799　902355－1
**七家詩選注釋七卷**　(清)張熙宇輯評　(清)張昶注釋　清刻本　一册　存二卷(簡學齋試帖一卷、西漚試帖一卷)

360000－1901－0020800　902463
**七家詩選注釋七卷**　(清)張熙宇輯評　(清)張昶注釋　清刻本　一册　存二卷(桐雲閣試帖一卷、西漚試帖一卷)

360000－1901－0020801　901307
**七家詩選注釋七卷**　(清)張熙宇輯評　(清)張昶注釋　清刻朱墨套印本　一册　存四卷(澹香齋試帖一卷、樫花館試帖一卷、尚絅堂試帖一卷、修竹齋試帖一卷)

360000－1901－0020802　901312
**七家詩選注釋七卷**　(清)張熙宇輯評　(清)張昶注釋　清刻朱墨套印本　一册　存三卷(桐雲閣試帖一卷、簡學齋試帖一卷、西漚試帖一卷)

360000－1901－0020803　901312－1
**七家詩選注釋七卷**　(清)張熙宇輯評　(清)張昶注釋　清刻朱墨套印本　一册　存三卷(桐雲閣試帖一卷、簡學齋試帖一卷、西漚試帖一卷)

360000－1901－0020804　901316
**七家詩選注釋七卷**　(清)張熙宇輯評　(清)張昶注釋　清刻朱墨套印本　一册　存二卷(桐雲閣試帖一卷、西漚試帖一卷)

360000－1901－0020805　901493
**七家詩選注釋七卷**　(清)張熙宇輯評　(清)張昶注釋　清刻朱墨套印本　二册

360000－1901－0020806　901499
**七家詩選注釋七卷**　(清)張熙宇輯評　(清)張昶注釋　清刻朱墨套印本　二册

360000－1901－0020807　901500－1
**七家詩選注釋七卷**　(清)張熙宇輯評　(清)張昶注釋　清刻朱墨套印本　一册　存一卷(桐雲閣試帖一卷)

360000－1901－0020808　901309

**七家詩選注釋七卷** (清)張熙宇輯評 (清)張昶注釋 清刻朱墨套印本 四册

360000－1901－0020809 901318
**七家詩選注釋七卷** (清)張熙宇輯評 (清)張昶注釋 清刻朱墨套印本 一册 存二卷(樫花館試帖一卷、尚絅堂試帖一卷)

360000－1901－0020810 901320
**七家詩選注釋七卷** (清)張熙宇輯評 (清)張昶注釋 清刻朱墨套印本 一册 存二卷(簡學齋試帖一卷、西漚試帖一卷)

360000－1901－0020811 900850
**七家詩選注釋七卷** (清)張熙宇輯評 (清)張昶注釋 清泰和堂刻本 一册 存四卷(三、五至七)

360000－1901－0020812 902354
**七家詩選注釋七卷** (清)張熙宇輯評 (清)張昶注釋 清同文社刻本 二册

360000－1901－0020813 901497
**七家詩選注釋七卷** (清)張熙宇輯評 (清)張昶注釋 清同治四年(1865)刻小西山房朱墨套印本 二册

360000－1901－0020814 901500
**七家詩選注釋七卷** (清)張熙宇輯評 (清)張昶注釋 清同治五年(1866)小西山房刻朱墨套印本 二册

360000－1901－0020815 900853
**七家詩選注釋七卷** (清)張熙宇輯評 (清)張昶注釋 清文德堂刻本 二册 存三卷(一至二、五)

360000－1901－0020816 901306
**七家詩選注釋七卷** (清)張熙宇輯評 (清)張昶注釋 清文德堂刻本 二册

360000－1901－0020817 900220
**七家詩選注釋七卷** (清)張熙宇輯評 (清)張昶注釋 清文光堂刻本 二册

360000－1901－0020818 901491
**七家詩選注釋七卷** (清)張熙宇輯評 (清)張昶注釋 清務本堂刻本 二册

360000－1901－0020819 901492
**七家詩選注釋七卷** (清)張熙宇輯評 (清)張昶注釋 清咸豐十年(1860)刻朱墨套印本 二册

360000－1901－0020820 901495
**七家詩選注釋七卷** (清)張熙宇輯評 (清)張昶注釋 清咸豐十年(1860)刻朱墨套印本 二册

360000－1901－0020821 900871
**七家試帖輯注彙鈔七卷** (清)張熙宇輯評 (清)王植桂輯注 清光緒二十年(1894)滄雅書局刻本 一册 存一卷(一)

360000－1901－0020822 900870
**七家試帖輯注彙鈔七卷** (清)張熙宇輯評 (清)王植桂輯注 清光緒十八年(1892)益元書局刻本 一册 存一卷(一)

360000－1901－0020823 900868
**七家試帖輯注彙鈔七卷** (清)張熙宇輯評 (清)王植桂輯注 清光緒十年(1884)務本書局刻本 一册 存一卷(一)

360000－1901－0020824 900869
**七家試帖輯注彙鈔七卷** (清)張熙宇輯評 (清)王植桂輯注 清光緒十四年(1888)茹古書房刻本 一册 存一卷(一)

360000－1901－0020825 305874
**七家試帖輯注彙鈔七卷** (清)張熙宇輯評 (清)王植桂輯注 清刻本 三册

360000－1901－0020826 900173
**七家試帖輯注彙鈔七卷** (清)張熙宇輯評 (清)王植桂輯注 清刻本 一册 存二卷(簡學齋試帖輯注一、西漚試帖輯注上)

360000－1901－0020827 900174
**七家試帖輯注彙鈔七卷** (清)張熙宇輯評 (清)王植桂輯注 清刻本 一册 存二卷(簡學齋試帖輯注一、西漚試帖輯注上)

360000－1901－0020828 900202

**七家試帖輯注彙鈔七卷**　(清)張熙宇輯評　(清)王植桂輯注　清刻本　一冊　存二卷

360000－1901－0020829　900861
**七家試帖輯注彙鈔七卷**　(清)張熙宇輯評　(清)王植桂輯注　清刻本　一冊　存二卷(一至二)

360000－1901－0020830　900862
**七家試帖輯注彙鈔七卷**　(清)張熙宇輯評　(清)王植桂輯注　清刻本　一冊　存一卷(一)

360000－1901－0020831　900863
**七家試帖輯注彙鈔七卷**　(清)張熙宇輯評　(清)王植桂輯注　清刻本　一冊　存一卷(一)

360000－1901－0020832　900863－1
**七家試帖輯注彙鈔七卷**　(清)張熙宇輯評　(清)王植桂輯注　清刻本　一冊　存一卷(一)

360000－1901－0020833　900864
**七家試帖輯注彙鈔七卷**　(清)張熙宇輯評　(清)王植桂輯注　清刻本　一冊　存一卷(一)

360000－1901－0020834　900865
**七家試帖輯注彙鈔七卷**　(清)張熙宇輯評　(清)王植桂輯注　清刻本　一冊　存一卷(一)

360000－1901－0020835　900875
**七家試帖輯注彙鈔七卷**　(清)張熙宇輯評　(清)王植桂輯注　清刻本　一冊　存二卷(三至四)

360000－1901－0020836　900896
**七家試帖輯注彙鈔七卷**　(清)張熙宇輯評　(清)王植桂輯注　清刻本　四冊　存四卷(桐雲閣試帖輯注上、西漚試帖輯注下、尚絅堂試帖輯注一卷、修竹齋試帖輯注一卷)

360000－1901－0020837　900866
**七家試帖輯注彙鈔七卷**　(清)張熙宇輯評　(清)王植桂輯注　清同治九年(1870)京師琉璃廠刻本　一冊　存一卷(一)

360000－1901－0020838　900867
**七家試帖輯注彙鈔七卷**　(清)張熙宇輯評　(清)王植桂輯注　清同治九年(1870)京師琉璃廠刻本　一冊　存一卷(一)

360000－1901－0020839　163198
**七家試帖輯注彙鈔七卷**　(清)張熙宇輯評　(清)王植桂輯注　清同治九年(1870)刻本　八冊

360000－1901－0020840　402657
**七經解五卷**　(清)□□撰　清刻本　二冊

360000－1901－0020841　150079
**七經精義**　(清)黄淦撰　清嘉慶十三年(1808)刻本　十四冊

360000－1901－0020842　150080
**七經精義**　(清)黄淦撰　清嘉慶十三年(1808)刻本　十四冊

360000－1901－0020843　150081
**七經精義**　(清)黄淦撰　清嘉慶十三年(1808)刻本　十四冊

360000－1901－0020844　163037
**七經精義**　(清)黄淦撰　清嘉慶十三年(1808)刻本　十二冊

360000－1901－0020845　402627
**七經精義**　(清)黄淦撰　清嘉慶十三年(1808)刻本　十一冊　存六種

360000－1901－0020846　402628
**七經精義**　(清)黄淦撰　清嘉慶十三年(1808)刻本　十四冊

360000－1901－0020847　402629
**七經精義**　(清)黄淦撰　清嘉慶十三年(1808)刻本　八冊

360000－1901－0020848　402630
**七經精義**　(清)黄淦撰　清嘉慶十三年(1808)刻本　六冊　存五種

360000－1901－0020849　402631
**七經精義**　(清)黄淦撰　清嘉慶十三年(1808)刻本　五冊　存五種

360000－1901－0020850　402632
**七經精義**　(清)黄淦撰　清嘉慶十三年(1808)刻本　四冊　存四種

360000－1901－0020851　402637
**七經精義**　(清)黄淦撰　清嘉慶十三年(1808)刻本　七冊

360000－1901－0020852　402639
**七經精義**　(清)黄淦撰　清嘉慶十三年(1808)刻本　四冊　存四種

360000－1901－0020853　402640
**七經精義**　(清)黄淦撰　清刻本　五冊　存三種

360000－1901－0020854　402641
**七經精義**　(清)黄淦撰　清刻本　六冊　存四種

360000－1901－0020855　402642
**七經精義**　(清)黄淦撰　清刻本　五冊　存四種

360000－1901－0020856　402643
**七經精義**　(清)黄淦撰　清刻本　八冊　存五種

360000－1901－0020857　402644
**七經精義**　(清)黄淦撰　清刻本　四冊　存三種

360000－1901－0020858　402645
**七經精義**　(清)黄淦撰　清刻本　五冊　存四種

360000－1901－0020859　402646
**七經精義**　(清)黄淦撰　清刻本　四冊　存三種

360000－1901－0020860　402647
**七經精義**　(清)黄淦撰　清刻本　四冊　存三種

360000－1901－0020861　402647－1
**七經精義**　(清)黄淦撰　清刻本　二冊　存二種

360000－1901－0020862　419823
**七經精義**　(清)黄淦撰　清刻本　二冊　存二種

360000－1901－0020863　402658
**七經考義聯珠二十卷**　(清)郭櫺撰　清嘉慶十八年(1813)三讓堂刻本　三冊　存十五卷(一至十五)

360000－1901－0020864　402659
**七經考義聯珠二十卷**　(清)郭櫺撰　清刻本　三冊　存九卷(五至十、十四至十六)

360000－1901－0020865　402659－1
**七經考義聯珠二十卷**　(清)郭櫺撰　清刻本　一冊　存三卷(三至五)

360000－1901－0020866　402660
**七經考義聯珠二十卷**　(清)郭櫺撰　清刻本　二冊　存五卷(五至九)

360000－1901－0020867　302601
**七經樓文鈔六卷**　(清)蔣湘南撰　清同治九年(1870)刻本　四冊

360000－1901－0020868　404997
**七科鄉會墨選劍珠不分卷**　(清)張衡舉輯　清嘉慶十九年(1814)芸生堂刻本　四冊

360000－1901－0020869　804687
**七克真訓二卷**　(□)□□撰　清刻本　一冊　存一卷(下)

360000－1901－0020870　240760
**七錄齋集六卷論略二卷續刻五卷**　(明)張溥撰　明吳門童潤吾刻本　五冊

360000－1901－0020871　417243
**七巧新譜不分卷**　(□)□□輯　清道光六年(1826)刻本　一冊

360000－1901－0020872　240628
**七泉遺稿四卷附錄一卷**　(明)周子恭撰　清初周定發等刻本　二冊　存二卷(一至二)

360000－1901－0020873　402124

**七十二候表一卷**　(清)羅以智撰　清光緒八年(1882)海昌羊復禮刻本　一冊

360000－1901－0020874　417168

**七十二葬法一卷**　(宋)賴文俊撰　(清)尹有本發義　清刻四祕全書本　一冊

360000－1901－0020875　417293－2

**七十二葬法一卷**　(宋)賴文俊撰　(清)尹有本發義　清刻四祕全書本　一冊

360000－1901－0020876　414110

**七十二忠事實攷二卷**　(清)張覺庵輯　清光緒四年(1878)會文堂刻本　二冊

360000－1901－0020877　302590

**七十家賦鈔六卷**　(清)張惠言輯　清道光元年(1821)合河康氏家塾刻本　四冊

360000－1901－0020878　305880

**七十家賦鈔六卷**　(清)張惠言輯　清道光元年(1821)合河康氏家塾刻本　二冊　存四卷(一至四)

360000－1901－0020879　305881

**七十家賦鈔六卷**　(清)張惠言輯　清道光元年(1821)合河康氏家塾刻本　一冊　存一卷(一)

360000－1901－0020880　414594

**七十家賦鈔六卷**　(清)張惠言輯　清道光元年(1821)合河康氏家塾刻本　一冊　存三卷(四至六)

360000－1901－0020881　414611

**七十家賦鈔六卷**　(清)張惠言輯　清道光元年(1821)合河康氏家塾刻本　三冊　存五卷(一至三、五至六)

360000－1901－0020882　302587

**七十家賦鈔六卷**　(清)張惠言輯　清光緒四年(1878)大成會刻本　六冊

360000－1901－0020883　307945

**七十家賦鈔六卷**　(清)張惠言輯　清光緒四年(1878)月宏達堂刻本　四冊

360000－1901－0020884　302586

**七頌堂詩集十卷文集一卷尺牘一卷**　(清)劉體仁撰　清同治六年至七年(1867－1868)刻本　四冊

360000－1901－0020885　150082

**七緯三十八卷**　(清)趙在翰輯　清嘉慶十四年(1809)厚官趙氏小積石山房刻本　十二冊

360000－1901－0020886　309404

**七修類藁五十一卷續藁七卷**　(明)郎瑛撰　清光緒六年(1880)廣州翰墨園刻本　十五冊　存五十卷(七修類藁一至三十四、四十至五十一,續藁一至四)

360000－1901－0020887　305867

**七修類藁五十一卷續藁七卷**　(明)郎瑛撰　清刻本　十二冊　存四十六卷(七修類藁五至二十七、三十二至五十一,續藁五至七)

360000－1901－0020888　305873

**七修類藁五十一卷續藁七卷**　(明)郎瑛撰　清刻本　二十冊　存五十一卷(七修類藁六至三十三、三十六至五十一,續藁一至七)

360000－1901－0020889　309405

**七修類藁五十一卷續藁七卷**　(明)郎瑛撰　清刻本　十五冊　存五十七卷(七修類藁二至五十一、續藁七卷)

360000－1901－0020890　801338

**七修類藁五十一卷續藁七卷**　(明)郎瑛撰　清刻本　一冊　存三卷(七修類藁三十一至三十三)

360000－1901－0020891　804854

**七修類藁五十一卷續藁七卷**　(明)郎瑛撰　清刻本　一冊　存三卷(續藁五至七)

360000－1901－0020892　800416

**七修類藁摘鈔一卷**　(明)郎瑛撰　(清)□□輯　清抄本　一冊

360000－1901－0020893　163023

**七言古詩聲調細論一卷附錄一卷**　(清)魏景文撰　清古香閣刻本　一冊

360000－1901－0020894　304318
**七言律詩鈔十八卷**　(清)翁方綱輯　清乾隆四十七年(1782)復初齋刻本　四册

360000－1901－0020895　417202
**七政四餘命學不分卷**　(清)項方蕃撰　清宣統元年(1909)瑞安項氏刻本　一册

360000－1901－0020896　802544
**七政臺曆全書不分卷**　(清)楊天爵編　清道光二十三年(1843)慶華堂刻本　一册

360000－1901－0020897　802543
**七政臺曆全書不分卷**　(清)楊天爵編　清道光十三年(1833)慶華堂刻本　一册

360000－1901－0020898　802542
**七政臺曆全書不分卷**　(清)楊天爵編　清光緒二十三年(1897)兩儀堂刻本　一册

360000－1901－0020899　162901
**七政臺曆全書不分卷**　(清)楊天爵編　清同治九年(1870)刻本　一册

360000－1901－0020900　302599
**七注陰符經不分卷**　(漢)張良解　(三國蜀)諸葛亮釋　**孫子九地問對不分卷**　(宋)石介注　(清)大純鎮編　清光緒十五年(1889)上海刻本　一册

360000－1901－0020901　150071
**七子詩選十四卷**　(清)沈德潛選　清乾隆十八年(1753)刻本　二册

360000－1901－0020902　414699
**七子詩選十四卷**　(清)沈德潛選　清乾隆十八年(1753)刻本　一册　存四卷(八至十一)

360000－1901－0020903　161884
**戚少保[繼光]年譜耆編十二卷首一卷**　(明)戚祚國編　清咸豐十年(1860)刻本　十册

360000－1901－0020904　803783
**棲碧山房詩鈔不分卷**　(清)馮慶撰　清抄本　一册

360000－1901－0020905　404670
**棲香閣賦稿一卷詩草一卷**　(清)夏菊初撰　清道光二十年(1840)刻本　一册

360000－1901－0020906　302636
**棲雲閣文十五卷詩集十六卷拾遺三卷**　(清)高珩撰　清刻本　十三册

360000－1901－0020907　240658
**棲雲館集二十卷**　(明)李昭祥撰　明刻本　二册　存六卷(八至十、十八至二十)

360000－1901－0020908　316143
**漆室吟八卷**　(清)王柏心撰　清咸豐七年(1857)刻本　二册

360000－1901－0020909　220455
**祁文恪日記不分卷(清光緒元年十月初九日至十二月廿九日)**　(清)祁世長撰　稿本　胡思敬題識　二册

360000－1901－0020910　310779
**奇觚室吉金文述二十卷**　劉心源撰　清光緒二十八年(1902)石印本　十册

360000－1901－0020911　162906
**奇經八脈考一卷**　(明)李時珍撰　明萬曆三十一年(1603)刻本　一册

360000－1901－0020912　409029
**奇經八脈考一卷**　(明)李時珍撰　清刻本　一册

360000－1901－0020913　162414
**奇經八脈考一卷**　(明)李時珍撰　清末石印本　一册

360000－1901－0020914　409031
**奇經八脈考一卷脈訣考證一卷**　(明)李時珍撰　清刻本　一册

360000－1901－0020915　417278
**奇門闡秘前編六卷**　(清)羅世瑤撰　清咸豐元年(1851)羅世瑤生白虚齋刻本　一册　存二卷(五至六)

360000－1901－0020916　802108
**奇門遁甲不分卷**　清抄本　一册

360000－1901－0020917　417267

**奇門遁甲秘笈大全三十卷**　(明)劉基撰　清刻本　八册

360000－1901－0020918　417268
**奇門遁甲秘笈大全三十卷**　(明)劉基撰　清刻本　八册

360000－1901－0020919　417269
**奇門遁甲秘笈大全三十卷**　(明)劉基撰　清刻本　三册　存十卷(一至十)

360000－1901－0020920　804851
**奇門遁甲秘笈大全三十卷**　(明)劉基撰　清刻本　二册　存五卷(八至十二)

360000－1901－0020921　804885
**奇門遁甲秘笈大全三十卷**　(明)劉基撰　清刻本　一册　存三卷(二至四)

360000－1901－0020922　305871
**奇門遁甲秘笈三十卷**　(明)劉基撰　清刻本　七册　存二十六卷(一至七、十二至三十)

360000－1901－0020923　318188
**奇門遁甲三卷六壬占驗不分卷六壬元珠不分卷邵彦和先生占驗明秘授口鑑不分卷玉連環字訣不分卷**　清抄本　六册

360000－1901－0020924　162415
**奇門遁甲統宗十二卷**　題(三國蜀)諸葛亮撰　清刻本　六册

360000－1901－0020925　407494
**古詩源十四卷**　(清)沈德潛輯　清刻本　二册

360000－1901－0020926　417279
**奇門遁甲統宗十二卷**　題(三國蜀)諸葛亮撰　清刻本　二册　存四卷(五至八)

360000－1901－0020927　800264
**奇門遁甲一卷**　清抄本　一册

360000－1901－0020928　417270
**奇門遁甲元靈經二十四卷**　(清)隱溪居士撰　(清)朱海門輯　清光緒九年(1883)甬上朱海門刻本　一册　存二卷(一至二)

360000－1901－0020929　417274
**奇門捷徑不分卷**　(清)賞綬撰　清道光十年(1830)吳中賞氏刻本　一册

360000－1901－0020930　417280
**奇門秘旨不分卷**　(清)豫師撰　清同治十年(1871)枝陽行營刻本　一册

360000－1901－0020931　417280－1
**奇門秘旨不分卷**　(清)豫師撰　清同治十年(1871)枝陽行營刻本　一册

360000－1901－0020932　417280－2
**奇門秘旨不分卷**　(清)豫師撰　清同治十年(1871)枝陽行營刻本　一册

360000－1901－0020933　314891
**奇門旨歸三十八卷**　(清)朱浩文撰　清光緒十九年(1893)匯源堂刻朱墨套印本　十二册

360000－1901－0020934　412983
**奇賞齋古文彙編二百三十六卷**　(明)陳仁錫輯並評　明崇禎七年(1634)刻本　一册　存一卷(一百四十)

360000－1901－0020935　316671
**奇賞齋廣文苑英華二十六卷**　(明)陳仁錫選評　明刻本　十四册

360000－1901－0020936　802726
**奇術秘訣小錄不分卷**　(清)潘□輯　清潘氏抄本　一册

360000－1901－0020937　165097
**淇竹園易經宗象□□卷**　(□)□□撰　清抄本　二册　存三卷(上經、下經、繫辭)

360000－1901－0020938　803752
**齊魯淵先生談論葬書不分卷**　(清)□□輯　清抄本　一册

360000－1901－0020939　317461
**齊民要術十卷**　(北魏)賈思勰撰　清光緒二十二年(1896)中江榷署刻本　四册

360000－1901－0020940　317477
**齊民要術十卷**　(北魏)賈思勰撰　清光緒二十二年(1896)中江榷署刻本　四册

360000－1901－0020941　300023
**齊民要術十卷**　(北魏)賈思勰撰　清光緒元年(1875)湖北崇文書局刻本　四冊

360000－1901－0020942　317467
**齊民要術十卷**　(北魏)賈思勰撰　清光緒元年(1875)湖北崇文書局刻本　四冊

360000－1901－0020943　400401
**齊書内篇四卷外篇一卷**　(清)吴天成撰　清光緒二十七年(1901)刻本　五冊

360000－1901－0020944　803944
**齊天樂不分卷**　(清)王鳳霸撰　清抄本　一冊

360000－1901－0020945　307445－1
**齊物論齋文集六卷**　(清)董士錫撰　清問影樓朱印本　一冊　存五卷(一至五)

360000－1901－0020946　305045
**齊雲山人文集一卷**　(清)洪符孫撰　清光緒九年(1883)江陰繆荃孫刻雲自在龕叢書本　一冊

360000－1901－0020947　311701
**齊雲山志五卷**　(明)魯點撰　清道光十年(1830)刻本　二冊　存二卷(一至二)

360000－1901－0020948　413742
**齊治通書六卷**　(清)張明德撰　清刻本　一冊　存三卷(一至三)

360000－1901－0020949　416518
**騎兵斥候答問一卷**　(日本)陸軍教導團撰　王鴻年譯述　清光緒南洋公學譯書院鉛印本　一冊

360000－1901－0020950　720342
**臍風慢驚合編一卷**　(清)王庾梅　(清)莊在田撰　清光緒三十三年(1907)五雲恭門氏刻本　一冊

360000－1901－0020951　120569
**企鶴軒詩鈔四卷**　(清)洪錫光撰　清同治八年(1869)刻本　二冊

360000－1901－0020952　803734
**起講三卷**　(清)閑閒軒輯　清抄本　一冊

360000－1901－0020953　165164
**起居注通例不分卷**　(□)□□輯　清抄本　二冊

360000－1901－0020954　301264
**豈有此理四卷更豈有此理四卷**　(清)絳雪草廬主人撰　清嘉慶十九年(1814)醒目齋刻本　四冊

360000－1901－0020955　407838－1
**豈有此理四卷更豈有此理四卷**　(清)絳雪草廬主人撰　清嘉慶十九年(1814)醒目齋刻本　四冊　存四卷(更豈有此理四卷)

360000－1901－0020956　405716
**豈有此理四卷更豈有此理四卷**　(清)絳雪草廬主人撰　清嘉慶四年(1799)絳雪草廬刻本　一冊　存一卷(豈有此理二)

360000－1901－0020957　407838
**豈有此理四卷更豈有此理四卷**　(清)絳雪草廬主人撰　清嘉慶四年(1799)絳雪草廬刻本　三冊　存三卷(豈有此理一至二、四)

360000－1901－0020958　407838－2
**豈有此理四卷更豈有此理四卷**　(清)絳雪草廬主人撰　清嘉慶四年(1799)絳雪草廬刻本　三冊　存三卷(更豈有此理一至二、四)

360000－1901－0020959　803936
**豈字不分卷**　(清)□□輯　稿本　一冊

360000－1901－0020960　404482
**啓對合筆□卷首一卷**　(清)汪嵋撰　清康熙三十三年(1694)書林會友堂刻本　二冊　存二卷(下、首一卷)

360000－1901－0020961　804519
**啓法入門□卷**　(清)游藝輯　清刻本　一冊　存二卷(二至三)

360000－1901－0020962　404360
**啓蒙對語便讀三字錦二卷**　(清)□□撰　清刻本　一冊　存一卷(下)

360000－1901－0020963　404485

**啓蒙對語便讀三字錦二卷**　(清)□□撰　清刻本　一冊　存一卷(下)

360000－1901－0020964　164053
**啓矇真諦一卷**　(清)胡崧輯　清光緒鉛印本　一冊

360000－1901－0020965　417239
**啓善秘鑰不分卷**　(清)詹睿勤輯　清同治九年(1870)刻本　一冊

360000－1901－0020966　800381
**啓善堂鸞諭一卷**　(清)□□輯　清同治八年(1869)抄本　一冊

360000－1901－0020967　407781
**啓秀新編一卷**　(清)高霖溥編　清光緒三年(1877)刻本　二冊

360000－1901－0020968　407781－1
**啓秀新編一卷**　(清)高霖溥編　清刻本　一冊

360000－1901－0020969　310924
**啓禎兩朝剝復錄十卷札記一卷**　(明)吳應箕撰　清光緒二十六年(1900)貴池劉氏唐石簃刻本　二冊

360000－1901－0020970　404627
**啓禎文讀本新編不分卷**　(清)□□編　清刻本　三冊

360000－1901－0020971　404626
**啓禎文行遠集不分卷**　(清)何焯輯　清康熙二十五年(1686)刻本　三冊

360000－1901－0020972　405497
**啓禎文行遠集不分卷**　(清)何焯輯　清刻本　一冊

360000－1901－0020973　404628
**啓禎文新論不分卷**　(清)□□編　清刻本　一冊

360000－1901－0020974　412764
**汽機必以十二卷首一卷附一卷**　(英國)蒲而捺撰　(英國)傅蘭雅口譯　(清)徐建寅筆述　清光緒二十二年(1896)小倉山房石印本　一冊　存八卷(一至七、首一卷)

360000－1901－0020975　309925
**汽機必以十二卷首一卷附一卷**　(英國)蒲而捺撰　(英國)傅蘭雅口譯　(清)徐建寅筆述　清光緒上海江南製造總局刻本　六冊

360000－1901－0020976　309926
**汽機必以十二卷首一卷附一卷**　(英國)蒲而捺撰　(英國)傅蘭雅口譯　(清)徐建寅筆述　清光緒上海江南製造總局刻本　六冊

360000－1901－0020977　309924
**汽機新制八卷**　(英國)白爾格撰　(英國)傅蘭雅口譯　(清)徐建寅筆述　清光緒上海江南製造總局刻本　二冊

360000－1901－0020978　416406
**汽機新制八卷**　(英國)白爾格撰　(英國)傅蘭雅口譯　(清)徐建寅筆述　清光緒上海江南製造總局刻本　一冊　存四卷(五至八)

360000－1901－0020979　310788
**契丹國志二十七卷**　(宋)葉隆禮撰　清嘉慶二年(1797)南沙席氏掃葉山房刻宋遼金元別史本　二冊

360000－1901－0020980　311031
**契丹國志二十七卷**　(宋)葉隆禮撰　清嘉慶二年(1797)南沙席氏掃葉山房刻宋遼金元別史本　二冊

360000－1901－0020981　313205
**契丹國志二十七卷**　(宋)葉隆禮撰　清嘉慶二年(1797)南沙席氏掃葉山房刻宋遼金元別史本　二冊

360000－1901－0020982　313206
**契丹國志二十七卷**　(宋)葉隆禮撰　清嘉慶二年(1797)南沙席氏掃葉山房刻宋遼金元別史本　二冊

360000－1901－0020983　420198
**契丹國志二十七卷**　(宋)葉隆禮撰　清嘉慶二年(1797)南沙席氏掃葉山房刻宋遼金元別史本　一冊　存十四卷(十四至二十七)

360000－1901－0020984　603411
**契丹國志二十七卷**　(宋)葉隆禮撰　清嘉慶二年(1797)南沙席氏掃葉山房刻宋遼金元別史本　一冊　存十二卷(一至十二)

360000－1901－0020985　314741
**契丹國志二十七卷**　(宋)葉隆禮撰　清刻本　六冊

360000－1901－0020986　411266
**契文舉例二卷**　(清)孫詒讓撰　清光緒三十年(1904)石印本　二冊

360000－1901－0020987　407200
**氣學十五課**　(清)王昭三撰　清光緒二十八年(1902)徽郡屯鎮抱吟館刻本　一冊

360000－1901－0020988　303764
**器象顯真四卷**　(英國)白力蓋輯　(英國)傅蘭雅口譯　(清)徐建寅刪述　清刻本　三冊

360000－1901－0020989　122265
**憩園詩草不分卷**　(清)徐嘉言撰　清光緒二十一年(1895)刻本　一冊

360000－1901－0020990　122266
**憩園詩草不分卷**　(清)徐嘉言撰　清光緒二十一年(1895)刻本　一冊

360000－1901－0020991　413739
**憩雲書屋時文錄四卷**　(清)周鎮南撰　清道光二十三年(1843)刻本　一冊

360000－1901－0020992　411047
**千古奇聞八卷**　(清)李漁輯　清康熙刻本　三冊　存三卷(一、三至四)

360000－1901－0020993　802829
**千家詩二卷**　(□)□□輯　清抄本　一冊

360000－1901－0020994　803329
**千家詩二卷**　(□)□□輯　清抄本　一冊　存一卷(上)

360000－1901－0020995　163490
**千家詩二卷**　(□)□□輯　清光緒十五年(1889)曹義順刻本　一冊

360000－1901－0020996　805390
**千家詩二卷**　(□)□□輯　清集古堂刻本　一冊

360000－1901－0020997　805391
**千家詩二卷**　(□)□□輯　清集古堂刻本　一冊

360000－1901－0020998　163491
**千家詩二卷**　(□)□□輯　清集經齋刻本　一冊

360000－1901－0020999　417622
**千家姓串一卷**　(清)賴運揚撰　清同治三年(1864)刻本　一冊

360000－1901－0021000　164698
**千金寶要六卷**　(唐)孫思邈撰　(宋)郭思輯　(清)孫星衍校　清道光二年(1822)南河節署刻本　四冊

360000－1901－0021001　408975
**千金寶要六卷**　(唐)孫思邈撰　(宋)郭思輯　(清)孫星衍校　清嘉慶十二年(1807)孫氏平津館刻本　一冊

360000－1901－0021002　164699
**千金寶要六卷附清寧丸方一卷**　(唐)孫思邈撰　(宋)郭思輯　(清)孫星衍校　清嘉慶十二年(1807)孫氏平津館刻本　三冊

360000－1901－0021003　800574
**千金歌一卷**　(清)□□輯　清抄本　一冊

360000－1901－0021004　800504
**千金裘不分卷**　(清)蔣義彬輯　清子璜氏抄本　二冊

360000－1901－0021005　307806
**千金裘二集二十六卷**　(清)蔣義彬　(清)徐元麟輯　清道光二十年(1840)三徑山房刻本　八冊

360000－1901－0021006　711065
**千金裘二集二十六卷**　(清)蔣義彬　(清)徐元麟輯　清道光二十年(1840)三徑山房刻本　三冊

360000－1901－0021007　305118
**千金裘二十七卷**　(清)蔣義彬輯　清刻本　一冊　存十七卷(十一至二十七)

360000－1901－0021008　711062－1
**千金裘二十七卷**　(清)蔣義彬輯　清刻本　一冊　存十一卷(十至二十)

360000－1901－0021009　711063
**千金裘二十七卷**　(清)蔣義彬輯　清刻本　一冊　存十二卷(九至二十)

360000－1901－0021010　711058
**千金裘二十七卷**　(清)蔣義彬輯　**二集二十六卷**　(清)蔣義彬　(清)徐元麟輯　清道光二十年(1840)三徑山房刻本　四冊

360000－1901－0021011　711059
**千金裘二十七卷**　(清)蔣義彬輯　**二集二十六卷**　(清)蔣義彬　(清)徐元麟輯　清道光二十年(1840)三徑山房刻本　五冊　存四十四卷(千金裘一至十一、二十一至二十七,二集二十六卷)

360000－1901－0021012　308885
**千金裘二十七卷**　(清)蔣義彬輯　**二集二十六卷**　(清)蔣義彬　(清)徐元麟輯　清道光十七年(1837)經元堂刻本　六冊　存三十一卷(千金裘十七至二十七、二集一至二十)

360000－1901－0021013　407495
**古詩源十四卷**　(清)沈德潛輯　清刻本　四冊

360000－1901－0021014　711060
**千金裘二十七卷**　(清)蔣義彬輯　**二集二十六卷**　(清)蔣義彬　(清)徐元麟輯　清嘉慶二十一年(1816)刻本　七冊　存二十一卷(千金裘一至三、二十六至二十七,二集一至八、十九至二十六)

360000－1901－0021015　711061
**千金裘二十七卷**　(清)蔣義彬輯　**二集二十六卷**　(清)蔣義彬　(清)徐元麟輯　清刻本　八冊　存四十九卷(千金裘三至二十七、二集三至二十六)

360000－1901－0021016　711062
**千金裘二十七卷**　(清)蔣義彬輯　**二集二十六卷**　(清)蔣義彬　(清)徐元麟輯　清刻本　二冊　存十九卷(千金裘十九至二十七、二集十七至二十六)

360000－1901－0021017　711064
**千金裘二十七卷**　(清)蔣義彬輯　**二集二十六卷**　(清)蔣義彬　(清)徐元麟輯　清刻本　四冊　存三十九卷(千金裘八至二十七、二集八至二十六)

360000－1901－0021018　163488
**千金裘二十七卷**　(清)蔣義彬輯　**二集二十六卷**　(清)蔣義彬　(清)徐元麟輯　清同治六年(1867)經綸堂刻本　八冊

360000－1901－0021019　317592
**千金裘二十七卷**　(清)蔣義彬輯　**二集二十六卷**　(清)蔣義彬　(清)徐元麟輯　清同治六年至光緒七年(1867－1881)經國堂刻本　十冊

360000－1901－0021020　230244
**千金翼方三十卷**　(唐)孫思邈撰　明萬曆三十三年(1605)王肯堂刻本　二十冊

360000－1901－0021021　230245
**千金翼方三十卷**　(唐)孫思邈撰　清乾隆二十八年(1763)金匱華希閎刻本　四冊　存六卷(十二至十三、十六至十七、十九至二十)

360000－1901－0021022　421364
**千金翼方三十卷**　(唐)孫思邈撰　清乾隆二十八年(1763)刻本　二冊　存四卷(一、二十三至二十五)

360000－1901－0021023　421368
**千金翼方三十卷**　(唐)孫思邈撰　(宋)林億等校　清光緒四年(1878)刻本　一冊　存二卷(十一至十二)

360000－1901－0021024　165084
**千金翼方三十卷**　(唐)孫思邈撰　(宋)林億等校　清光緒四年(1878)上海影印本　八冊

360000－1901－0021025　420627
**千金翼方三十卷**　(唐)孫思邈撰　(宋)林億等校　清同治七年(1868)掃葉山房刻本　十六册

360000－1901－0021026　310291
**千甓亭古塼圖釋二十卷**　(清)陸心源輯　清光緒十七年(1891)石印本　六册

360000－1901－0021027　317621
**千甓亭古塼圖釋二十卷**　(清)陸心源輯　清光緒十七年(1891)石印本　四册

360000－1901－0021028　309852
**千甓亭磚録六卷**　(清)陸心源輯　清光緒七年(1881)歸安陸心源十萬卷樓刻本　一册

360000－1901－0021029　314157
**千甓亭磚録六卷**　(清)陸心源輯　清光緒七年(1881)歸安陸心源十萬卷樓刻本　一册

360000－1901－0021030　301178
**千秋金鑑録五卷**　(唐)張九齡撰　清光緒十六年(1890)刻本　一册

360000－1901－0021031　714838
**千字文釋義一卷**　(南朝梁)周興嗣撰　(清)汪嘯尹輯　(清)孫謙益注　清光緒二十一年(1895)刻本　一册

360000－1901－0021032　714839
**千字文釋義一卷**　(南朝梁)周興嗣撰　(清)汪嘯尹輯　(清)孫謙益注　清光緒二十一年(1895)刻本　一册

360000－1901－0021033　714843
**千字文釋義一卷**　(南朝梁)周興嗣撰　(清)汪嘯尹輯　(清)孫謙益注　清金陵芸生堂刻本　一册

360000－1901－0021034　603089
**千字文釋義一卷**　(南朝梁)周興嗣撰　(清)汪嘯尹輯　(清)孫謙益注　清刻本　一册

360000－1901－0021035　603090
**千字文釋義一卷**　(南朝梁)周興嗣撰　(清)汪嘯尹輯　(清)孫謙益注　清刻本　一册

360000－1901－0021036　714837
**千字文釋義一卷**　(南朝梁)周興嗣撰　(清)汪嘯尹輯　(清)孫謙益注　清刻本　一册

360000－1901－0021037　714840
**千字文釋義一卷**　(南朝梁)周興嗣撰　(清)汪嘯尹輯　(清)孫謙益注　清刻本　一册

360000－1901－0021038　714841
**千字文釋義一卷**　(南朝梁)周興嗣撰　(清)汪嘯尹輯　(清)孫謙益注　清刻本　一册

360000－1901－0021039　714842
**千字文釋義一卷**　(南朝梁)周興嗣撰　(清)汪嘯尹輯　(清)孫謙益注　清刻本　一册

360000－1901－0021040　714836
**千字文釋義一卷**　(南朝梁)周興嗣撰　(清)汪嘯尹輯　(清)孫謙益注　清文餘堂刻本　一册

360000－1901－0021041　160066
**千字文釋義一卷**　(南朝梁)周興嗣撰　(清)汪嘯尹輯　(清)孫謙益注　清英德堂刻本　一册

360000－1901－0021042　801514
**千字文一卷**　(南朝梁)周興嗣撰　清道光二十七年(1847)聚元堂刻本　一册

360000－1901－0021043　714844
**千字文重注一卷**　(清)淩斗墟輯　清同治十三年(1874)刻本　一册

360000－1901－0021044　417169
**鉛彈子地學正義不分卷**　(清)張鳳藻撰　清刻本　一册

360000－1901－0021045　417169－1
**鉛彈子地學正義不分卷**　(清)張鳳藻撰　清刻本　一册

360000－1901－0021046　164259
**謙庵詩鈔十一卷**　(清)張禮撰　清道光九年(1829)澹如山房刻本　八册

360000－1901－0021047　240566
**謙光堂詩集八卷**　(明)朱彌鉗撰　明嘉靖二

十年(1541)唐藩刻本　一册　存二卷(五至六)

360000－1901－0021048　405080
**謙牧堂條紀一卷**　(清)李迪修撰　清道光二十二年(1842)刻本　一册

360000－1901－0021049　410841
**謙山鴻印集一卷**　江峰青等撰　清光緒二十三年(1897)刻本　一册

360000－1901－0021050　410841－1
**謙山鴻印集一卷**　江峰青等撰　清光緒二十三年(1897)刻本　一册

360000－1901－0021051　711182
**謙益堂詩存一卷附刻一卷**　(清)延隆撰　清同治十年(1871)湖南永州郡齋刻本　一册

360000－1901－0021052　220209
**前漢紀三十卷**　(漢)荀悦撰　明嘉靖二十七年(1548)黄姬水刻兩漢紀本(卷一至六、二十六至三十配清抄本)　十四册

360000－1901－0021053　400063
**前漢紀三十卷**　(漢)荀悦撰　清康熙刻本　一册　存六卷(二十五至三十)

360000－1901－0021054　305532
**前漢紀三十卷**　(漢)荀悦撰　**後漢紀三十卷**　(晉)袁宏撰　**兩漢紀校記二卷**　(清)陳璞撰　清光緒二年(1876)嶺南述古堂刻本　十一册　存五十六卷(前漢紀一至五、十一至三十,後漢紀三十卷,兩漢紀校記上)

360000－1901－0021055　220210
**前漢紀校注三十卷**　歐陽成撰　民國南雲精舍稿本　八册

360000－1901－0021056　306694
**前漢書表八卷**　(清)夏燮撰　清光緒十六年(1890)當塗夏誠楨江城公所刻本　二册　存三卷(三至四、八)

360000－1901－0021057　400226
**前漢書表八卷**　(清)夏燮撰　清光緒十六年(1890)當塗夏誠楨江城公所刻本　一册　存一卷(七)

360000－1901－0021058　163999
**前漢書一百卷**　(漢)班固撰　(唐)顔師古注　明崇禎十五年(1642)毛氏汲古閣刻清順治十二年(1655)重修十七史本　十八册　存六十八卷(一至六、十六至三十七、五十四至七十三、八十一至一百)

360000－1901－0021059　400052
**前漢書一百卷**　(漢)班固撰　(唐)顔師古注　清光緒二十九年(1903)五洲同文書局影印二十四史本　十八册　存六十九卷(一至十五、二十三至二十八、四十七至七十四、八十一至一百)

360000－1901－0021060　309147
**前漢書一百卷**　(漢)班固撰　(唐)顔師古注　清光緒二十六年(1900)長沙王氏刻本　二十六册

360000－1901－0021061　306012
**前漢書一百卷**　(漢)班固撰　(唐)顔師古注　清光緒二十年(1894)上海同文書局影印二十四史本　十九册　存五十六卷(一至二十八、三十一至五十八)

360000－1901－0021062　310656
**前漢書一百卷**　(漢)班固撰　(唐)顔師古注　清光緒二十五年(1899)慎記書莊石印本　八册　存六十五卷(一至四十四、六十七至八十七)

360000－1901－0021063　400135－3
**前漢書一百卷**　(漢)班固撰　(唐)顔師古注　清光緒二十一年(1895)上海畊餘主人石印四史本　十三册　存六十六卷(一至十八、二十一至四十九、六十七至七十五、九十一至一百)

360000－1901－0021064　400136－1
**前漢書一百卷**　(漢)班固撰　(唐)顔師古注　清光緒三十年(1904)竹簡齋影印二十四史本　八册

360000－1901－0021065　400146

**前漢書一百卷**　（漢）班固撰　（唐）顔師古注　清光緒三十年（1904）竹簡齋影印二十四史本　十一册　存八十卷（一至十六、十九、二十七至二十九、三十六至五十一、五十七至一百）

360000－1901－0021066　400147

**前漢書一百卷**　（漢）班固撰　（唐）顔師古注　清光緒三十年（1904）竹簡齋影印二十四史本　九册　存六十八卷（十三至二十、二十五至二十七、三十一至四十、五十一至九十七）

360000－1901－0021067　304288

**前漢書一百卷**　（漢）班固撰　（唐）顔師古注　清光緒十年（1884）上海同文書局影印二十四史本　三十四册

360000－1901－0021068　400119

**前漢書一百卷**　（漢）班固撰　（唐）顔師古注　清光緒十年（1884）上海同文書局影印二十四史本　三十四册　存五十八卷（一至七、十至十九、二十四至二十五、二十七至三十五、六十二至七十四、七十七至七十九、八十二至九十、九十四至九十六、九十九至一百）

360000－1901－0021069　400120

**前漢書一百卷**　（漢）班固撰　（唐）顔師古注　清光緒十年（1884）上海同文書局影印二十四史本　十册　存三十五卷（八至十五、二十一至二十四、二十七至三十四、三十九至四十五、六十至六十三、八十一至八十四）

360000－1901－0021070　310664

**前漢書一百卷**　（漢）班固撰　（唐）顔師古注　清光緒十年（1884）上海同文書局影印二十四史本　三十二册

360000－1901－0021071　161791

**前漢書一百卷**　（漢）班固撰　（唐）顔師古注　清光緒十三年（1887）金陵書局刻本　十六册

360000－1901－0021072　162012

**前漢書一百卷**　（漢）班固撰　（唐）顔師古注　清光緒十三年（1887）金陵書局刻本　十六册

360000－1901－0021073　163918

**前漢書一百卷**　（漢）班固撰　（唐）顔師古注　清光緒十三年（1887）金陵書局刻本　十五册　存九十三卷（八至一百）

360000－1901－0021074　311094

**前漢書一百卷**　（漢）班固撰　（唐）顔師古注　清光緒十三年（1887）金陵書局刻本　十六册

360000－1901－0021075　604065

**前漢書一百卷**　（漢）班固撰　（唐）顔師古注　清光緒十三年（1887）金陵書局刻本　十六册

360000－1901－0021076　304292

**前漢書一百卷**　（漢）班固撰　（唐）顔師古注　清光緒十四年（1888）上海圖書集成印書局鉛印二十四史本　二十册

360000－1901－0021077　306029

**前漢書一百卷**　（漢）班固撰　（唐）顔師古注　清光緒十四年（1888）上海圖書集成印書局鉛印二十四史本　十九册　存九十三卷（一至五十七、六十五至一百）

360000－1901－0021078　306684

**前漢書一百卷**　（漢）班固撰　（唐）顔師古注　清光緒十四年（1888）上海圖書集成印書局鉛印二十四史本　十九册　存九十一卷（一至七十七、八十七至一百）

360000－1901－0021079　306696

**前漢書一百卷**　（漢）班固撰　（唐）顔師古注　清刻本　二十册

360000－1901－0021080　308333

**前漢書一百卷**　（漢）班固撰　（唐）顔師古注　清刻本　三册　存十三卷（七至十四、十六至十七、九十八至一百）

360000－1901－0021081　309492

**前漢書一百卷**　（漢）班固撰　（唐）顔師古注　清刻本　八册　存五十三卷（十五、十九至

二十、三十三至五十四、六十四至八十二、九十二至一百）

360000－1901－0021082　309728

**前漢書一百卷**　（漢）班固撰　（唐）顔師古注　清刻本　二册　存十六卷（七十三至八十二、九十二至九十七）

360000－1901－0021083　310975

**前漢書一百卷**　（漢）班固撰　（唐）顔師古注　清刻本　四册　存二十卷（一至二十）

360000－1901－0021084　400050

**前漢書一百卷**　（漢）班固撰　（唐）顔師古注　清刻二十四史本　五册　存十二卷（十五、十九、四十至四十三、六十六至七十、八十七）

360000－1901－0021085　314174

**前漢書一百卷**　（漢）班固撰　（唐）顔師古注　清末刻本　一册　存二卷（二十至二十一）

360000－1901－0021086　604064

**前漢書一百卷**　（漢）班固撰　（唐）顔師古注　清末石印本　二册　存十五卷（二十二至二十六、五十八至六十七）

360000－1901－0021087　722512

**前漢書一百卷**　（漢）班固撰　（唐）顔師古注　清末石印本　一册　存七卷（五十九至六十五）

360000－1901－0021088　902434

**前漢書一百卷**　（漢）班固撰　（唐）顔師古注　清末石印本　十八册　存八十六卷（十五至一百）

360000－1901－0021089　308330

**前漢書一百卷**　（漢）班固撰　（唐）顔師古注　清同治八年（1869）金陵書局刻二十四史本　十六册

360000－1901－0021090　308331

**前漢書一百卷**　（漢）班固撰　（唐）顔師古注　清同治八年（1869）金陵書局刻二十四史本　十六册

360000－1901－0021091　310828

**前漢書一百卷**　（漢）班固撰　（唐）顔師古注　清同治八年（1869）金陵書局刻二十四史本　十六册

360000－1901－0021092　310830

**前漢書一百卷**　（漢）班固撰　（唐）顔師古注　清同治八年（1869）金陵書局刻二十四史本　十六册

360000－1901－0021093　313677

**前漢書一百卷**　（漢）班固撰　（唐）顔師古注　清同治八年（1869）金陵書局刻二十四史本　十六册

360000－1901－0021094　301193

**前漢書一百卷**　（漢）班固撰　（唐）顔師古注　清同治八年（1869）金谿三讓刻本　二十八册

360000－1901－0021095　308334

**前漢書一百卷**　（漢）班固撰　（唐）顔師古注　清同治十二年（1873）嶺東使署刻本　三册　存十六卷（一至六、八十六至九十五）

360000－1901－0021096　308272

**前漢書一百卷**　（漢）班固撰　（唐）顔師古注　清同治十年（1871）成都書局刻本　三十二册

360000－1901－0021097　310815

**前漢書一百卷附考證**　（漢）班固撰　（唐）顔師古注　清同治十年（1871）成都書局刻本　三十二册

360000－1901－0021098　310827

**前漢書一百卷附考證**　（漢）班固撰　（唐）顔師古注　清同治十年（1871）成都書局刻本　三十二册

360000－1901－0021099　301999

**前漢匈奴表三卷附錄一卷**　沈惟賢撰　清光緒十九年（1893）刻本　二册

360000－1901－0021100　402233

**前後漢書論贊不分卷**　（清）□□輯　清抄本　一册

360000－1901－0021101　402046
**前明忠義别傳三十二卷**　(清)汪有典撰　清道光二十五年(1845)刻本　四册　存十四卷(一至十四)

360000－1901－0021102　405617
**前守寶錄五卷後守寶錄二十卷**　(清)王治模撰　清刻本　四册　存十七卷(後守寶錄四至二十)

360000－1901－0021103　402047
**前守寶錄五卷後守寶錄二十卷**　(清)王治模撰　清咸豐三年(1853)寶慶府署刻本　二册　存十卷(前守寶錄五卷、後守寶錄十六至二十)

360000－1901－0021104　417121
**前五十段二卷後五十段二卷透山肺腑口訣一卷**　(清)李德貞撰　**披肝露膽經一卷**　(明)劉基撰　清嘉慶二十四年(1819)刻本　二册

360000－1901－0021105　417121－1
**前五十段二卷後五十段二卷透山肺腑口訣一卷**　(清)李德貞撰　**披肝露膽經一卷**　(明)劉基撰　清嘉慶四年(1799)刻本　一册　存二卷(前五十段二卷)

360000－1901－0021106　417122
**前五十段二卷後五十段二卷透山肺腑口訣一卷**　(清)李德貞撰　**披肝露膽經一卷**　(明)劉基撰　清兩儀堂刻本　二册

360000－1901－0021107　417122－1
**前五十段二卷後五十段二卷透山肺腑口訣一卷**　(清)李德貞撰　**披肝露膽經一卷**　(明)劉基撰　清兩儀堂刻本　二册

360000－1901－0021108　417122－2
**前五十段二卷後五十段二卷透山肺腑口訣一卷**　(清)李德貞撰　**披肝露膽經一卷**　(明)劉基撰　清兩儀堂刻本　二册

360000－1901－0021109　407496
**古詩源十四卷**　(清)沈德潛輯　清刻本　三册

360000－1901－0021110　305148
**前賢題詠一卷近人題詠附刻一卷捐修定王臺題名附刻一卷**　(清)□□輯　清刻本　一册

360000－1901－0021111　803759
**乾嘉墨選二卷**　(清)□□輯　清抄本　二册

360000－1901－0021112　902498－2
**乾嘉詩壇點將録一卷**　(清)舒位撰　清光緒三十三年(1907)長沙葉氏觀古堂刻雙楳景闇叢書本　一册

360000－1901－0021113　803099
**乾坤法竅三卷**　(清)范宜賓輯　清末上海廣益書局石印本　一册　存一卷(上)

360000－1901－0021114　407498
**古詩源十四卷**　(清)沈德潛輯　清刻本　一册　存四卷(八至十一)

360000－1901－0021115　407242
**乾坤法竅三卷**　(清)范宜賓輯　清文奎堂刻本　三册

360000－1901－0021116　802853
**乾坤法竅三卷**　(清)范宜賓輯　清文奎堂刻本　一册　存一卷(上)

360000－1901－0021117　407241
**乾坤法竅三卷**　(清)范宜賓輯　**陰符玄解一卷**　(清)范宜賓注　清乾隆三十七年(1772)刻本　三册

360000－1901－0021118　160895
**乾坤兩卦解一卷**　(清)湯斌撰　清同治九年(1870)蘇廷魁等刻湯文正公全集本　一册

360000－1901－0021119　160896
**乾坤兩卦解一卷**　(清)湯斌撰　清同治九年(1870)蘇廷魁等刻湯文正公全集本　一册

360000－1901－0021120　404748
**乾坤正氣**　(清)馬承昭輯　清光緒八年(1882)刻本　三册

360000－1901－0021121　303122
**乾坤正氣集二十卷**　(清)顧沅輯　清同治六年(1867)刻本　八册

360000－1901－0021122　306167
**乾坤正氣集五百七十四卷首一卷**　(清)姚瑩　(清)顧沅　(清)潘錫恩輯　清道光二十八年(1848)潘氏袁江節署求是齋刻本　二十四册　存一百二卷(一至一百一、首一卷)

360000－1901－0021123　306335
**乾坤正氣集五百七十四卷首一卷**　(清)姚瑩　(清)顧沅　(清)潘錫恩輯　清道光二十八年(1848)潘氏袁江節署求是齋刻本　一百六十二册　存四百五十三卷(一百二至四百三十七、四百四十一至五百七、五百二十五至五百七十四)

360000－1901－0021124　310317
**乾坤正氣集五百七十四卷首一卷**　(清)姚瑩　(清)顧沅　(清)潘錫恩輯　清道光二十八年(1848)潘氏袁江節署求是齋刻本　一百九十九册　存五百五十三卷(一至二百七十四、二百九十七至五百七十四,首一卷)

360000－1901－0021125　315855
**乾坤正氣集五百七十四卷首一卷**　(清)姚瑩　(清)顧沅　(清)潘錫恩輯　清道光二十八年(1848)潘氏袁江節署求是齋刻本　一百二十四册　存三百七十一卷(一至三百七十、首一卷)

360000－1901－0021126　415510
**乾坤正氣集五百七十四卷首一卷**　(清)姚瑩　(清)顧沅　(清)潘錫恩輯　清道光二十八年(1848)潘氏袁江節署求是齋刻本　五十册　存一百二十四卷(一至七、十至十七、五十二至五十七、六十五至六十九、八十八至九十一、一百六十九至一百七十一、一百七十六至一百七十八、二百至二百五、二百十至二百十二、二百十七至二百二十二、二百二十七至二百三十、二百七十七至二百八十、二百八十五、二百九十八至二百九十九、三百一至三百二、三百十三至三百十四、三百二十、三百六十二至三百六十六、三百八十七至三百九十三、四百二十三至四百二十五、四百二十九至四百三十七、四百四十五至四百四十六、四百五十九至四百六十四、四百九十九至五百七、五百十五、五百二十四至五百三十八)

360000－1901－0021127　307813
**乾坤正氣集五百七十四卷首一卷**　(清)姚瑩　(清)顧沅　(清)潘錫恩輯　清刻本　四十三册　存一百九卷(四百六十六至五百七十四)

360000－1901－0021128　220432
**乾坤正氣錄五卷**　(清)周懋勷編　清乾隆三十二年(1767)仰止堂刻本　六册

360000－1901－0021129　312860
**乾隆府廳州縣圖志五十卷**　(清)洪亮吉撰　清光緒二十三年(1897)新化三味書室刻本　八册　存四十卷(一至三十二、四十三至五十)

360000－1901－0021130　313203
**乾隆府廳州縣圖志五十卷**　(清)洪亮吉撰　清光緒五年(1879)洪用懃授經堂刻洪北江全集本　十册　存四十三卷(四至四十六)

360000－1901－0021131　311833
**乾隆府廳州縣圖志五十卷**　(清)洪亮吉撰　清嘉慶八年(1803)刻北江全集本　二十册

360000－1901－0021132　401541
**乾隆府廳州縣圖志五十卷**　(清)洪亮吉撰　清嘉慶八年(1803)刻北江全集本　一册　存三卷(一至三)

360000－1901－0021133　313074
**乾隆府廳州縣圖志五十卷**　(清)洪亮吉撰　清嘉慶刻本　三册　存十卷(十四至二十三)

360000－1901－0021134　313075
**乾隆府廳州縣圖志五十卷**　(清)洪亮吉撰　清嘉慶刻本　七册　存四十一卷(十至五十)

360000－1901－0021135　805292
**乾隆壬子科江南鄉試第拾肆房同門錄一卷**　(清)劉敬熙等撰　清乾隆刻本　一册

360000－1901－0021136　901516
**乾隆戊申至癸丑闈墨續編不分卷**　(清)吳襄輯　清刻本　三册

360000－1901－0021137　901519

**乾隆戊申至癸丑闈墨續編不分卷**　（清）吳襄輯　清刻本　二册

360000－1901－0021138　901517

**乾隆戊申至癸丑闈墨續編不分卷**　（清）吳襄輯　清乾隆六十年（1795）刻本　三册

360000－1901－0021139　901518

**乾隆戊申至癸丑闈墨續編不分卷**　（清）吳襄輯　清乾隆六十年（1795）刻本　一册

360000－1901－0021140　901514

**乾隆辛丑至丙午闈墨初編不分卷**　（清）□□輯　清刻本　二册

360000－1901－0021141　901515

**乾隆辛丑至丙午闈墨初編不分卷**　（清）□□輯　清刻本　一册

360000－1901－0021142　240588

**鈐山堂集□□卷**　（明）嚴嵩撰　明嘉靖刻本　十册　存三十卷（四十一至七十）

360000－1901－0021143　240590

**鈐山堂集四十卷**　（明）嚴嵩撰　清抄本　四册

360000－1901－0021144　121756

**鈐山堂集四十卷**　（明）嚴嵩撰　清嘉慶十一年（1806）刻本　十册

360000－1901－0021145　121757

**鈐山堂集四十卷**　（明）嚴嵩撰　清嘉慶十一年（1806）刻本　十册

360000－1901－0021146　415448

**鈐山堂集四十卷**　（明）嚴嵩撰　清嘉慶十一年（1806）刻本　十册

360000－1901－0021147　415449

**鈐山堂集四十卷**　（明）嚴嵩撰　清嘉慶十一年（1806）刻本　五册　存三十六卷（一至三十六）

360000－1901－0021148　601557

**鈐山堂集四十卷**　（明）嚴嵩撰　清嘉慶十一年（1806）刻本　十册

360000－1901－0021149　601558

**鈐山堂集四十卷**　（明）嚴嵩撰　清嘉慶十一年（1806）刻本　九册　存三十六卷（一至二十九、三十四至四十）

360000－1901－0021150　601559

**鈐山堂集四十卷**　（明）嚴嵩撰　清嘉慶十一年（1806）刻本　十册

360000－1901－0021151　601560

**鈐山堂集四十卷**　（明）嚴嵩撰　清嘉慶十一年（1806）刻本　八册　存三十二卷（一至六、九至十二、十九至四十）

360000－1901－0021152　601561

**鈐山堂集四十卷**　（明）嚴嵩撰　清嘉慶十一年（1806）刻本　十册

360000－1901－0021153　121758

**鈐山堂集四十卷**　（明）嚴嵩撰　清嘉慶十一年（1806）刻民國二十二年（1933）印本　十册

360000－1901－0021154　415452

**鈐山堂集四十卷**　（明）嚴嵩撰　清刻本　一册　存三十二卷（五至三十六）

360000－1901－0021155　415452－1

**鈐山堂集四十卷**　（明）嚴嵩撰　清刻本　六册　存二十八卷（五至八、十三至三十六）

360000－1901－0021156　415452－2

**鈐山堂集四十卷**　（明）嚴嵩撰　清刻本　三册　存九卷（十三至十六、三十二至三十六）

360000－1901－0021157　415453

**鈐山堂集四十卷**　（明）嚴嵩撰　清刻本　五册　存十九卷（一至二、四至十六、三十二至三十五）

360000－1901－0021158　415453－1

**鈐山堂集四十卷**　（明）嚴嵩撰　清刻本　四册　存十一卷（四至十、三十三至三十六）

360000－1901－0021159　415453－2

**鈐山堂集四十卷**　（明）嚴嵩撰　清刻本　一册　存四卷（二十四至二十七）

360000－1901－0021160　415450

鈐山堂集四十卷　(明)嚴嵩撰　清乾隆二十三年(1758)刻本　十二册

360000－1901－0021161　415451
**鈐山堂集四十卷**　(明)嚴嵩撰　清乾隆二十三年(1758)刻本　九册　存三十六卷(一至三十六)

360000－1901－0021162　240589
**鈐山堂集四十卷附錄一卷**　(明)嚴嵩撰　(明)楊慎評點　明嘉靖二十四年(1545)嚴嵩刻三十八年(1559)增修本　十二册

360000－1901－0021163　241437
**鈐陽詩鈔**　(清)林有席輯　清乾隆刻本　四册

360000－1901－0021164　900288
**鈐邑西北文昌賓興合志不分卷**　(清)□□輯　清道光聚奎堂木活字印本　一册

360000－1901－0021165　302090
**潛庵先生全集五卷疏稿一卷**　(清)湯斌撰　清同治十二年(1873)紅杏山房刻本　六册

360000－1901－0021166　301886
**潛庵先生全集五卷疏稿一卷**　(清)湯斌撰　清同治十年(1871)刻本　十册

360000－1901－0021167　123059
**潛峰紀勝一卷**　江峰青撰　清宣統三年(1911)刻本　一册

360000－1901－0021168　123060
**潛峰紀勝一卷**　江峰青撰　清宣統三年(1911)刻本　一册

360000－1901－0021169　161470
**潛夫論十卷**　(漢)王符撰　(清)汪繼培箋　清嘉慶十九年(1814)湖海樓刻本　四册

360000－1901－0021170　305584
**潛夫論十卷**　(漢)王符撰　(清)汪繼培箋　清嘉慶十九年(1814)湖海樓刻本　四册

360000－1901－0021171　603773
**潛夫論十卷**　(漢)王符撰　(清)汪繼培箋　清刻本　二册

360000－1901－0021172　603773－1
**潛夫論十卷**　(漢)王符撰　(清)汪繼培箋　清刻本　二册

360000－1901－0021173　122127
**潛夫詩稿一卷**　(清)施騏撰　(清)范金鏞輯　清光緒三十二年(1906)羅次縣署刻本　一册

360000－1901－0021174　164473
**潛邱劄記六卷**　(清)閻若璩撰　**左汾近稿一卷**　(清)閻詠撰　清刻本　五册　存六卷(潛邱劄記二至六、左汾近稿一卷)

360000－1901－0021175　230370
**潛邱劄記六卷**　(清)閻若璩撰　**左汾近稿一卷**　(清)閻詠撰　清乾隆十年(1745)閻學林眷西堂刻本　六册

360000－1901－0021176　230371
**潛邱劄記六卷**　(清)閻若璩撰　**左汾近稿一卷**　(清)閻詠撰　清乾隆十年(1745)閻學林眷西堂刻本　十二册

360000－1901－0021177　417607
**潛邱劄記六卷**　(清)閻若璩撰　**左汾近稿一卷**　(清)閻詠撰　清乾隆十年(1745)閻學林眷西堂刻本　六册

360000－1901－0021178　417608
**潛邱劄記六卷**　(清)閻若璩撰　**左汾近稿一卷**　(清)閻詠撰　清乾隆十年(1745)閻學林眷西堂刻本　一册　存一卷(一)

360000－1901－0021179　417608－1
**潛邱劄記六卷**　(清)閻若璩撰　**左汾近稿一卷**　(清)閻詠撰　清乾隆十年(1745)閻學林眷西堂刻本　一册　存一卷(一)

360000－1901－0021180　162811
**潛邱劄記六卷**　(清)閻若璩撰　**左汾近稾一卷**　(清)閻詠撰　清大成齋刻本　六册

360000－1901－0021181　803574
**潛確居類書**　(明)陳仁錫輯　清抄本　四册　存四種

360000－1901－0021182　164178
**潛確居類書一百二十卷**　(明)陳仁錫輯　明崇禎刻本　六冊　存二十七卷(六至十一、二十一至二十五、三十二至三十四、四十三至四十七、六十一至六十四、一百十七至一百二十)

360000－1901－0021183　250057
**潛確居類書一百二十卷**　(明)陳仁錫輯　明崇禎刻本　十六冊　存二十九卷(四十至四十五、四十八至四十九、五十二至五十六、五十九至六十四、六十七至六十九、七十一至七十四、七十九、八十三至八十四)

360000－1901－0021184　250058
**潛確居類書一百二十卷**　(明)陳仁錫輯　明崇禎刻本　一冊　存二卷(五十二至五十三)

360000－1901－0021185　703949
**潛確居類書一百二十卷**　(明)陳仁錫輯　明崇禎刻本　五十冊　存一百十七卷(一至三、五至七十四、七十七至一百二十)

360000－1901－0021186　717934
**潛確居類書一百二十卷**　(明)陳仁錫輯　明崇禎刻本　一冊　存二卷(七十五至七十六)

360000－1901－0021187　250055
**潛確居類書一百二十卷**　(明)陳仁錫輯　明崇禎三年至五年(1630－1632)徐氏大觀堂刻本　二十二冊　缺二十卷(二十一至二十二、八十七、八十九至一百五)

360000－1901－0021188　250056
**潛確居類書一百二十卷**　(明)陳仁錫輯　明崇禎三年至五年(1630－1632)徐氏大觀堂刻本　三十六冊　缺二十七卷(二十三至三十、七十五至七十六、七十九至八十一、八十九至九十四、一百七至一百十四)

360000－1901－0021189　309289
**潛確居類書一百二十卷**　(明)陳仁錫輯　清刻本　五十四冊　存七十七卷(一至二、五至六、十一至十四、十七至二十、二十二至四十二、四十五、五十至五十一、五十三至五十五、五十八至五十九、六十五至八十四、一百三至一百十七、一百二十)

360000－1901－0021190　302630
**潛室陳先生木鍾集十一卷**　(宋)陳埴撰　清同治六年(1867)東甌郡齋刻本　四冊

360000－1901－0021191　303968
**潛室陳先生木鍾集十一卷**　(宋)陳埴撰　清同治六年(1867)東甌郡齋刻本　四冊

360000－1901－0021192　411286
**潛室陳先生木鍾集十一卷**　(宋)陳埴撰　清同治六年(1867)東甌郡齋刻本　二冊　存五卷(二至四、十至十一)

360000－1901－0021193　301885
**潛室劄記二卷**　(清)刁包撰　清刻本　二冊

360000－1901－0021194　313668
**潛書二卷**　(清)唐甄撰　(清)王聞遠編　清光緒九年(1883)中江李氏刻本　四冊

360000－1901－0021195　417609
**潛書二卷**　(清)唐甄撰　(清)王聞遠編　清光緒九年(1883)中江李氏刻本　三冊

360000－1901－0021196　417610
**潛書二卷**　(清)唐甄撰　(清)王聞遠編　**西蜀唐圃亭先生行畧一卷**　(清)王聞遠撰　清康熙四十二年(1703)華亭王聞達刻本　二冊

360000－1901－0021197　300091
**潛書四卷**　(清)唐甄撰　清光緒三十二年(1906)山東全省官印書局鉛印本　四冊

360000－1901－0021198　413408
**潛沱詩鈔不分卷**　(清)陳德純撰　清同治十二年(1873)金堂陳氏刻本　七冊

360000－1901－0021199　309187
**潛虛先生文集十四卷年譜一卷遺集一卷**　(清)戴名世撰　清光緒十八年(1892)刻本　八冊

360000－1901－0021200　305460
**潛虛先生文集十四卷遺集一卷**　(清)戴名世撰　清刻本　四冊　存八卷(八至十四、遺集

一卷）

360000－1901－0021201　240676
**潛學稿十九卷**　（明）鄧元錫撰　明崇禎十二年（1639）鄧應瑞刻本　六册　缺七卷（十三至十九）

360000－1901－0021202　240677
**潛學稿十九卷**　（明）鄧元錫撰　明崇禎十二年（1639）鄧應瑞刻清乾隆八年（1743）鄧以璠補刻本　六册

360000－1901－0021203　240678
**潛學稿十九卷**　（明）鄧元錫撰　明崇禎十二年（1639）鄧應瑞刻清乾隆八年（1743）鄧以璠補刻十八年（1753）鄧宗涵遞刻本　八册

360000－1901－0021204　240679
**潛學稿十九卷**　（明）鄧元錫撰　明崇禎十二年（1639）鄧應瑞刻清乾隆八年（1743）鄧以璠補刻十八年（1753）鄧宗涵遞刻本　八册

360000－1901－0021205　417769
**潛研堂答問十二卷**　（清）錢大昕撰　清光緒七年（1881）謨觴室刻本　四册

360000－1901－0021206　717507
**潛研堂金石文跋尾二十卷**　（清）錢大昕撰　清光緒十年（1884）長沙龍氏家塾刻嘉定錢氏潛研堂全書本　一册　存二卷（九至十）

360000－1901－0021207　314335
**潛研堂金石文跋尾六卷續七卷三續六卷**　（清）錢大昕撰　清刻本　六册　存十三卷（潛研堂金石文跋尾六卷、續七卷）

360000－1901－0021208　150441
**潛研堂全書**　（清）錢大昕撰　清乾隆至嘉慶刻道光二十年（1840）錢師光重修印本　六十册

360000－1901－0021209　241104
**潛研堂詩集十卷**　（清）錢大昕撰　清乾隆刻本　三册

360000－1901－0021210　307617
**潛研堂詩集十卷詩續集十卷文集五十卷**　（清）錢大昕撰　清嘉慶十一年（1806）刻本　十三册

360000－1901－0021211　316088
**潛研堂詩集十卷詩續集十卷文集五十卷**　（清）錢大昕撰　清嘉慶十一年（1806）刻本　十八册

360000－1901－0021212　717505
**潛研堂詩集十卷詩續集十卷文集五十卷**　（清）錢大昕撰　清嘉慶十一年（1806）刻本　十册　存五十卷（詩續集十卷，文集一至十二、十八至四十五）

360000－1901－0021213　241105
**潛研堂詩集十卷詩續集十卷文集五十卷**　（清）錢大昕撰　清乾隆、嘉慶刻本　二十四册

360000－1901－0021214　164202
**潛菴先生擬明史稿二十卷**　（清）湯斌撰　（清）田蘭芳評　清康熙二十七年（1688）睢州田氏刻本　十二册

360000－1901－0021215　164203
**潛菴先生擬明史稿二十卷**　（清）湯斌撰　（清）田蘭芳評　清刻本　九册　存十二卷（一至十二）

360000－1901－0021216　400394
**潛菴先生擬明史稿二十卷**　（清）湯斌撰　（清）田蘭芳評　清刻本　三册　存四卷（七至八、十五、二十）

360000－1901－0021217　164204
**潛菴先生疏藁一卷**　（清）湯斌撰　清刻本　二册

360000－1901－0021218　163297
**灊陽古蹟唱和集三卷**　（清）沈培等撰　清道光十七年（1837）灊山學署刻本　一册

360000－1901－0021219　122138
**潛一齋遺稿四卷**　（明）王如堅撰　清光緒二十五年（1899）西昌千秋書院木活字印本　一册

360000－1901－0021220　122128
**潛園丙午集四卷**　魏元曠撰　清光緒三十四年(1908)鉛印本　二冊

360000－1901－0021221　122129
**潛園丙午集四卷**　魏元曠撰　清光緒三十四年(1908)鉛印本　二冊

360000－1901－0021222　122130
**潛園丙午集四卷**　魏元曠撰　清光緒三十四年(1908)鉛印本　二冊

360000－1901－0021223　417611
**潛園集錄十六卷**　(清)屠倬輯　清道光二年(1822)刻本　六冊

360000－1901－0021224　122134
**潛園剩稿六卷**　(清)曾錫華撰　清咸豐十年(1860)曾氏家塾刻本　五冊

360000－1901－0021225　413710
**潛園友朋書問十二卷**　(清)陸心源輯　清末影印本　一冊　存二卷(十一至十二)

360000－1901－0021226　417615
**潛園友朋書問十二卷**　(清)陸心源輯　清末影印本　二冊　存四卷(一至四)

360000－1901－0021227　316526
**潛齋先生文集十四卷遺集一卷**　(清)宋潛虛撰　清光緒十一年(1885)刻本　八冊

360000－1901－0021228　163889
**潛齋先生文集十一卷目錄二卷**　(宋)何夢桂撰　明刻本　三冊　存十卷(二至十一)

360000－1901－0021229　415506
**潛子詩鈔二卷**　高毓浵撰　清宣統二年(1910)京師京華印書局鉛印本　一冊

360000－1901－0021230　110692
**黔記四卷**　(清)李宗昉撰　清道光十四年(1834)刻本　一冊

360000－1901－0021231　804884
**黔省主證遺芳五卷**　(清)□□輯　清光緒三十四年(1908)重慶巴邑聖家堂鉛印本　二冊　存二卷(三、五)

360000－1901－0021232　316333
**黔詩紀略三十三卷**　(清)莫友芝輯　清同治十二年(1873)遵義唐氏夢研齋金陵刻本　八冊

360000－1901－0021233　303847
**黔語二卷**　(清)吳振棫撰　清咸豐四年(1854)刻本　一冊

360000－1901－0021234　402044
**黔中校士錄不分卷**　(清)黎培敬選　清刻本　一冊

360000－1901－0021235　406479
**錢穀備要十卷**　(清)王又槐輯　清嘉慶十九年(1814)刻本　八冊

360000－1901－0021236　304518
**錢穀備要十卷**　(清)王又槐輯　清刻本　二冊　存二卷(三、十)

360000－1901－0021237　406480
**錢穀備要十卷**　(清)王又槐輯　清刻本　八冊

360000－1901－0021238　406481
**錢穀備要十卷**　(清)王又槐輯　清刻本　三冊　存三卷(二、八至九)

360000－1901－0021239　406481－1
**錢穀備要十卷**　(清)王又槐輯　清刻本　一冊　存二卷(一至二)

360000－1901－0021240　722259
**錢吉士先生全稿不分卷**　(明)錢禧撰　(清)呂留良評點　清康熙刻本　四冊

360000－1901－0021241　722506
**錢牧齋尺牘三卷補遺一卷**　(清)錢謙益撰　清宣統三年(1911)上海商務印書館鉛印本　三冊

360000－1901－0021242　240777
**錢牧齋先生尺牘三卷**　(清)錢謙益撰　清康熙三十八年(1699)顧氏如月樓刻本　二冊

360000－1901－0021243　316308
**錢南園先生遺集五卷**　(清)錢灃撰　清光緒

十九年(1893)浙江書局刻本　二冊

360000－1901－0021244　304276
**錢南園先生遺集五卷**　(清)錢灃撰　清同治十一年(1872)刻本　二冊

360000－1901－0021245　313131
**錢神志七卷**　(清)李世熊撰　清光緒六年(1880)楚北劉國光刻本　六冊　存六卷(二至七)

360000－1901－0021246　802724
**錢氏女科秘方一卷**　(清)黄體端輯　清抄本　一冊

360000－1901－0021247　801977
**錢氏小兒科一卷**　(□)錢孔純述　**邵氏懷幼切要一卷**　(明)邵懋臣撰　(□)程宛然錄　清抄本　一冊

360000－1901－0021248　230268
**錢氏小兒直訣四卷**　(宋)錢乙撰　(宋)閻孝忠輯　(明)薛鎧校注　明嘉靖刻家居醫錄本　一冊

360000－1901－0021249　230269
**錢氏小兒直訣四卷**　(宋)錢乙撰　(宋)閻孝忠輯　(明)薛鎧注　明刻本　一冊

360000－1901－0021250　230270
**錢氏小兒直訣四卷**　(宋)錢乙撰　(宋)閻孝忠輯　(明)薛鎧注　明刻本　二冊

360000－1901－0021251　230271
**錢氏小兒直訣四卷**　(宋)錢乙撰　(宋)閻孝忠輯　(明)薛鎧注　明刻本　一冊　缺一卷(一)

360000－1901－0021252　304273
**錢唐遺事十卷**　(元)劉一清撰　(清)席世臣訂　清光緒十三年(1887)刻本　一冊

360000－1901－0021253　304278
**錢唐遺事十卷**　(元)劉一清撰　(清)席世臣訂　清嘉慶四年(1799)掃葉山房刻本　二冊

360000－1901－0021254　304272
**錢唐遺事十卷**　(元)劉一清撰　(清)席世臣訂　清刻本　二冊

360000－1901－0021255　405331
**錢湘舲先生文集一卷**　(清)錢棨撰　清光緒十三年(1887)刻本　一冊

360000－1901－0021256　312132
**錢頤壽中丞全集**　(清)錢寶琛輯　清同治七年至光緒六年(1868－1880)錢鼎銘刻本　九冊　存三種

360000－1901－0021257　304377
**錢志新編二十卷首一卷**　(清)張崇懿撰　清道光十年(1830)酌春堂刻本　六冊

360000－1901－0021258　415666
**錢陟園考訂資治通鑑綱目全書五十九卷**　(宋)朱熹撰　(清)錢選考訂　清光緒八年(1882)惜陰軒刻本　二十冊　存十九卷(一至十九)

360000－1901－0021259　900782
**遣懷記錄不分卷**　(□)□□撰　清抄本　一冊

360000－1901－0021260　122063
**歉夫詩文稿四卷時體詩七卷冊子四卷粵東雜詩五卷**　(清)李夢松撰　清嘉慶七年(1802)裕遠堂刻本　四冊

360000－1901－0021261　122064
**歉夫詩文稿四卷時體詩七卷冊子四卷粵東雜詩五卷**　(清)李夢松撰　清嘉慶七年(1802)裕遠堂刻本　五冊

360000－1901－0021262　601685
**歉夫文稿四卷時體詩七卷冊子四卷粵東雜詩五卷**　(清)李夢松撰　清嘉慶刻本　一冊　存七卷(歉夫文稿四卷、時體詩一至三)

360000－1901－0021263　122065
**歉夫文稿四卷時體詩七卷冊子四卷粵東雜詩五卷**　(清)李夢松撰　清嘉慶七年(1802)裕遠堂刻本　四冊

360000－1901－0021264　240954
**強恕齋文鈔四卷**　(清)楊以儼撰　清康熙五

十一年(1712)遺書堂刻本　二冊

360000－1901－0021265　416553
**強自力齋叢書**　(清)馮澂撰　清光緒二十三年(1897)上海著易堂書局石印本　一冊　存八種

360000－1901－0021266　301385
**牆東類稿二十卷補遺一卷**　(元)陸文圭撰　清道光十九年(1839)江陰陸氏世德堂刻本　六冊

360000－1901－0021267　800269
**僑吴集十二卷**　(元)鄭元祐撰　清抄本　一冊　存五卷(八至十二)

360000－1901－0021268　240761
**嶠雅二卷**　(明)鄺露撰　清初南海鄺氏海雪堂刻本　二冊

360000－1901－0021269　405162
**橋成頌言一卷**　(清)嚴旦撰　清雍正十三年(1735)刻本　一冊

360000－1901－0021270　302655
**橋西雜記一卷**　(清)葉名灃撰　清同治十年(1871)吴縣潘氏滂喜齋刻本　一冊

360000－1901－0021271　421769
**橋西雜記一卷**　(清)葉名灃撰　清宣統三年(1911)上海國學扶輪社鉛印本　一冊

360000－1901－0021272　302634
**樵川二家詩六卷**　(宋)嚴羽　(元)黄鎮成撰　(清)徐榦輯　清光緒七年(1881)刻本　二冊

360000－1901－0021273　309685
**樵川四家詩八卷**　(清)周揆源輯　清咸豐三年(1853)刻本　四冊

360000－1901－0021274　306435－1
**樵歌三卷補遺一卷**　(宋)朱敦儒撰　清光緒二十六年(1900)臨桂王鵬運四印齋刻本　一冊

360000－1901－0021275　901919
**巧搭從新不分卷**　(清)游藝軒主人輯　清道光十六年(1836)刻本　二冊

360000－1901－0021276　800958
**巧搭從新不分卷**　(清)游藝軒主人輯　清刻本　一冊

360000－1901－0021277　901920
**巧搭從新不分卷**　(清)游藝軒主人輯　清刻本　一冊

360000－1901－0021278　804979
**巧搭捷訣不分卷**　(清)吴保泰輯　清咸豐六年(1856)刻本　一冊

360000－1901－0021279　804980
**巧搭捷訣二集四卷**　(清)吴保泰輯　清咸豐七年(1857)刻本　一冊

360000－1901－0021280　411334
**巧對錄八卷**　(清)梁章鉅輯　清道光二十二年(1842)福州梁章鉅刻本　二冊

360000－1901－0021281　241601
**巧團圓傳奇二卷二十四齣**　(清)李漁編　清康熙刻本　二冊

360000－1901－0021282　600186
**峭帆樓叢書**　趙詒琛輯　清宣統三年至民國八年(1911－1919)昆山趙詒琛刻本　五冊　存五種

360000－1901－0021283　803308
**切法階梯不分卷**　(□)□□輯　清抄本　一冊

360000－1901－0021284　306152
**切問齋集十二卷首一卷**　(清)陸燿撰　清光緒十八年(1892)江蘇書局刻本　二冊　存五卷(一至五)

360000－1901－0021285　409515－1
**切問齋集十二卷首一卷**　(清)陸燿撰　清光緒十八年(1892)江蘇書局刻本　一冊　存四卷(六至九)

360000－1901－0021286　241091
**切問齋集十六卷**　(清)陸燿撰　清乾隆五十七年(1792)暉吉堂刻本　八冊

360000－1901－0021287　409515
**切問齋集十六卷**　(清)陸燿撰　清乾隆五十七年(1792)暉吉堂刻本　八册

360000－1901－0021288　316846
**切問齋文鈔三十卷**　(清)陸燿輯　清光緒十九年(1893)合肥李氏刻本　八册

360000－1901－0021289　163596
**切問齋文鈔三十卷**　(清)陸燿輯　清嘉慶元年(1796)吳門劉萬傳局刻本　十册

360000－1901－0021290　306156
**切問齋文鈔三十卷**　(清)陸燿輯　清刻本　三册　存二十二卷(一至七、十六至三十)

360000－1901－0021291　409520
**切問齋文鈔三十卷**　(清)陸燿輯　清刻本　十三册　存二十九卷(一至七、九至三十)

360000－1901－0021292　409521
**切問齋文鈔三十卷**　(清)陸燿輯　清刻本　三册　存七卷(一至五、二十三至二十四)

360000－1901－0021293　409516
**切問齋文鈔三十卷**　(清)陸燿輯　清乾隆四十年(1775)刻本　十册

360000－1901－0021294　409517
**切問齋文鈔三十卷**　(清)陸燿輯　清乾隆四十年(1775)刻本　十二册

360000－1901－0021295　409518
**切問齋文鈔三十卷**　(清)陸燿輯　清乾隆四十年(1775)刻本　十册

360000－1901－0021296　409519
**切問齋文鈔三十卷**　(清)陸燿輯　清乾隆四十年(1775)刻本　十一册　存二十七卷(一至二十七)

360000－1901－0021297　409522
**切問齋文鈔三十卷**　(清)陸燿輯　清乾隆四十年(1775)刻本　九册　存二十九卷(一至七、九至三十)

360000－1901－0021298　164332
**切問齋文鈔三十卷**　(清)陸燿輯　清同治八年(1869)金陵錢氏刻本　十二册

360000－1901－0021299　164333
**切問齋文鈔三十卷**　(清)陸燿輯　清同治八年(1869)金陵錢氏刻本　十二册

360000－1901－0021300　402344
**切音蒙引一卷**　(清)陳錦撰　清光緒九年(1883)會稽徐友蘭八杉齋刻鑄學齋叢書本　一册

360000－1901－0021301　160152
**切韻考四卷**　(清)李鄴撰　清刻本　一册

360000－1901－0021302　160153
**切韻考四卷**　(清)李鄴撰　清刻本　一册

360000－1901－0021303　402341
**切韻考四卷**　(清)李鄴撰　清沈灝刻本　一册

360000－1901－0021304　803818
**切韻入門不分卷**　(清)□□輯　清嘉慶八年(1803)抄本　一册

360000－1901－0021305　804626
**切韻指南不分卷**　(清)□□輯　清抄本　一册

360000－1901－0021306　160154
**切韻指掌圖一卷**　(宋)司馬光撰　清宣統二年(1910)豐城熊氏舊補史堂刻本　一册

360000－1901－0021307　160155
**切韻指掌圖一卷**　(宋)司馬光撰　清宣統二年(1910)豐城熊氏舊補史堂刻本　一册

360000－1901－0021308　160156
**切韻指掌圖一卷**　(宋)司馬光撰　清宣統二年(1910)豐城熊氏舊補史堂刻本　一册

360000－1901－0021309　402343
**切韻指掌圖一卷**　(宋)司馬光撰　清宣統二年(1910)豐城熊氏舊補史堂刻本　一册

360000－1901－0021310　603117
**切韻指掌圖一卷附檢例一卷**　(宋)司馬光撰　清光緒九年(1883)上海同文書局石印本

一冊

360000－1901－0021311　160151
**切字捷要二卷**　(清)孫貞輯　清刻本　一冊

360000－1901－0021312　901982
**且怡草堂評選小題能與集新編讀本四卷**　(清)曾習孔評　(清)黎旭增評　清大文堂刻本　一冊

360000－1901－0021313　404605
**且怡草堂評選小題能與集新編讀本四卷**　(清)曾習孔評　(清)黎旭增評　清光緒十二年(1886)刻本　一冊　存二卷(一至二)

360000－1901－0021314　241408
**篋衍集十二卷**　(清)陳維崧輯　清康熙三十六年(1697)蔣國祥刻本　二冊　存六卷(一至六)

360000－1901－0021315　241409
**篋衍集十二卷**　(清)陳維崧輯　清乾隆二十六年(1761)金匱華綺刻本　六冊

360000－1901－0021316　303826
**篋中詞六卷續一卷**　(清)譚獻輯　清光緒八年(1882)刻本　四冊

360000－1901－0021317　404491
**鍥旁訓古事鏡十二卷**　(明)鄧志謨撰　明刻本　二冊　存八卷(五至十二)

360000－1901－0021318　404928
**鍥旁注事類捷錄十五卷**　(明)鄧志謨撰　明刻本　二冊　存十卷(一至七、十三至十五)

360000－1901－0021319　407921
**鍥旁注事類捷錄十五卷**　(明)鄧志謨撰　明刻本　三冊　存七卷(九至十五)

360000－1901－0021320　301866
**竊憤南渡錄一卷南渡錄大畧一卷**　題(宋)辛棄疾撰　清刻本　一冊

360000－1901－0021321　405041
**秦漢分體圖章譜一卷**　(清)晏鵬撰　清乾隆五十五年(1790)鈐印本　一冊

360000－1901－0021322　241267
**秦漢六朝人文選玉六卷**　(明)王衡輯　明萬曆閩建書林余泗泉刻本　三冊

360000－1901－0021323　409703
**秦漢瓦當文字二卷續一卷**　(清)程敦撰　清乾隆五十二年(1787)橫渠書院刻五十九年(1794)續刻本　三冊

360000－1901－0021324　409704
**秦漢瓦當文字二卷續一卷**　(清)程敦撰　清乾隆五十二年(1787)橫渠書院刻五十九年(1794)續刻本　二冊　存二卷(秦漢瓦當文字上、續一卷)

360000－1901－0021325　163995
**秦漢文定十二卷**　(明)倪元璐輯　明末刻本　七冊

360000－1901－0021326　163946
**秦漢文膾五卷**　(明)陳繼儒輯　明刻本　一冊　存一卷(一)

360000－1901－0021327　162540
**秦淮畫舫錄二卷**　(清)捧花生撰　清嘉慶二十二年(1817)捧花樓刻本　二冊

360000－1901－0021328　418131
**秦淮詩鈔二卷**　(清)李鼇輯　清江寧文浩堂刻本　二冊

360000－1901－0021329　418131－1
**秦淮詩鈔二卷**　(清)李鼇輯　清江寧文浩堂刻本　二冊

360000－1901－0021330　313114
**秦疆治畧一卷**　(清)盧坤輯　清道光刻本　一冊

360000－1901－0021331　241307
**秦文歸十卷**　(明)鍾惺輯並評　明末古香齋刻秦漢文歸本　四冊　缺四卷(一至二、九至十)

360000－1901－0021332　415138
**琴海集二卷**　(清)陳玉鄰撰　清光緒二十一年(1895)刻本　一冊

360000－1901－0021333　415138－1
**琴海集二卷**　(清)陳玉鄰撰　清光緒二十一年(1895)刻本　一册

360000－1901－0021334　415138－2
**琴海集二卷**　(清)陳玉鄰撰　清光緒二十一年(1895)刻本　一册

360000－1901－0021335　415138－3
**琴海集二卷**　(清)陳玉鄰撰　清光緒二十一年(1895)刻本　一册

360000－1901－0021336　415138－4
**琴海集二卷**　(清)陳玉鄰撰　清光緒二十一年(1895)刻本　一册

360000－1901－0021337　415138－5
**琴海集二卷**　(清)陳玉鄰撰　清光緒二十一年(1895)刻本　一册

360000－1901－0021338　415138－6
**琴海集二卷**　(清)陳玉鄰撰　清光緒二十一年(1895)刻本　一册

360000－1901－0021339　230596
**琴譜合璧**　(明)楊掄輯　明萬曆三十七年(1609)刻本　六册

360000－1901－0021340　121651
**琴譜諧聲六卷**　(清)周顯祖撰　清道光元年(1821)松筠閣刻本　六册

360000－1901－0021341　415155
**琴瑟合譜二卷**　(清)慶瑞撰　清同治九年(1870)刻本　二册

360000－1901－0021342　300940
**琴士文鈔六卷詩鈔十二卷**　(清)趙紹祖撰　清道光十二年(1832)涇縣趙氏古墨齋刻本　六册

360000－1901－0021343　415119
**琴臺正續合刻**　(清)汪守正輯　清刻本　一册　存六種

360000－1901－0021344　421486
**琴香堂繪像第七才子書六卷**　(明)高明撰　清琴香堂刻本　四册　存四卷(一至三、六)

360000－1901－0021345　304901
**琴學入門二卷**　(清)張鶴輯　清光緒七年(1881)刻本　二册

360000－1901－0021346　415121－1
**琴學入門二卷**　(清)張鶴輯　清刻本　一册　存一卷(下)

360000－1901－0021347　317713
**琴學入門二卷**　(清)張鶴輯　清同治六年(1867)陸琮刻本　二册

360000－1901－0021348　317724
**琴學入門二卷**　(清)張鶴輯　清同治六年(1867)陸琮刻本　三册

360000－1901－0021349　415121
**琴學入門二卷**　(清)張鶴輯　清同治六年(1867)陸琮刻本　二册

360000－1901－0021350　800524
**琴言一卷**　(□)□□撰　清抄本　一册

360000－1901－0021351　123031
**琴音標準四卷首一卷**　(清)戴大昌輯　清嘉慶補餘堂刻本　二册

360000－1901－0021352　413962
**琴隱園詩集三十六卷琴隱園詞集四卷**　(清)湯貽汾撰　清光緒刻本　八册

360000－1901－0021353　162635
**琴餘清賞不分卷**　(清)張聰咸輯　清嘉慶十七年(1812)留雲仙館刻本　一册

360000－1901－0021354　415120
**琴語堂雜體文續一卷行卷一卷**　(清)李肇增撰　清光緒刻本　二册

360000－1901－0021355　415027
**琴源山房遺詩六卷**　(清)言友恂撰　清同治七年(1868)刻本　一册　存四卷(三至六)

360000－1901－0021356　410411
**琴韻閣遺草一卷**　(清)沈鳳撰　**琴韻閣悼亡詩一卷**　(清)陳偕燦撰　清咸豐三年(1853)刻本　一册

360000－1901－0021357　150359
**琴志樓叢書**　易順鼎撰　清光緒刻本　三册　存十三種

360000－1901－0021358　305499
**琴志樓叢書**　易順鼎撰　清光緒刻本　二册　存四種

360000－1901－0021359　306576
**琴志樓叢書**　易順鼎撰　清光緒刻本　一册　存二種

360000－1901－0021360　121914
**勤約堂文集十二卷**　(清)甘揚聲撰　清道光十九年(1839)刻本　四册

360000－1901－0021361　121915
**勤約堂文集十二卷**　(清)甘揚聲撰　清道光十九年(1839)刻本　四册

360000－1901－0021362　120762
**青峰文集十卷**　(明)汪柏撰　清同治六年(1867)紹文堂木活字印本　四册

360000－1901－0021363　241066
**青蓮館集六卷**　(清)李旦華撰　清乾隆三十七年(1772)刻本　一册

360000－1901－0021364　407499
**古詩源十四卷**　(清)沈德潛輯　清刻本　一册　存四卷(八至十一)

360000－1901－0021365　241482
**青蓮輿頌二卷詩餘一卷**　(清)江昊等撰　清康熙五十六年(1717)歙縣刻本　二册

360000－1901－0021366　240953
**青嶁遺稿二卷**　(清)盛錦撰　(清)沈德潛評　清乾隆二十六年(1761)刻本　一册

360000－1901－0021367　603318
**青螺公遺書合編三十五卷首一卷**　(明)郭子章撰　(清)郭子仁輯　清光緒七年(1881)冠朝三樂堂刻本　一册　存三卷(三十三至三十五)

360000－1901－0021368　120763
**青螺公遺書合編三十五卷首一卷**　(明)郭子章撰　(清)郭子仁輯　清光緒七年(1881)冠朝三樂堂刻本　十四册

360000－1901－0021369　120764
**青螺公遺書合編三十五卷首一卷**　(明)郭子章撰　(清)郭子仁輯　清光緒七年(1881)冠朝三樂堂刻本　十四册

360000－1901－0021370　120765
**青螺公遺書合編三十五卷首一卷**　(明)郭子章撰　(清)郭子仁輯　清光緒七年(1881)冠朝三樂堂刻本　十二册

360000－1901－0021371　120997
**青螺公遺書合編三十五卷首一卷**　(明)郭子章撰　(清)郭子仁輯　清光緒七年(1881)冠朝三樂堂刻本　十二册

360000－1901－0021372　804627
**青囊經□□卷**　清抄本　一册　存三卷(七至九)

360000－1901－0021373　162395
**青泥蓮花記十三卷**　(明)梅鼎祚撰　清宣統二年(1910)京都自強書局石印本　四册

360000－1901－0021374　317413
**青泥蓮花記十三卷**　(明)梅鼎祚撰　清宣統二年(1910)京都自強書屋石印本　四册

360000－1901－0021375　240477
**青邱高季迪先生詩集十八卷遺詩一卷**　(明)高啓撰　(清)金檀輯注　**扣舷集一卷鳧藻集五卷**　(明)高啓撰　(清)金檀輯　**附錄一卷**　(清)金檀輯　**年譜一卷**　(清)金檀撰　清雍正六年至七年(1728－1729)金氏文瑞樓刻本　十册

360000－1901－0021376　240478
**青邱高季迪先生詩集十八卷遺詩一卷**　(明)高啓撰　(清)金檀輯注　**扣舷集一卷鳧藻集五卷**　(明)高啓撰　(清)金檀輯　**附錄一卷**　(清)金檀輯　**年譜一卷**　(清)金檀撰　清雍正六年至七年(1728－1729)金氏文瑞樓刻本　十册

360000－1901－0021377　240479
**青邱高季迪先生詩集十八卷遺詩一卷**　(明)高啓撰　(清)金檀輯注　**扣舷集一卷鳧藻集五卷**　(明)高啓撰　(清)金檀輯　**附錄一卷**　(清)金檀輯　**年譜一卷**　(清)金檀撰　清雍正六年至七年(1728－1729)金氏文瑞樓刻本　十二册

360000－1901－0021378　240480
**青邱高季迪先生詩集十八卷遺詩一卷**　(明)高啓撰　(清)金檀輯注　**扣舷集一卷鳧藻集五卷**　(明)高啓撰　(清)金檀輯　**附錄一卷**　(清)金檀輯　**年譜一卷**　(清)金檀撰　清雍正六年至七年(1728－1729)金氏文瑞樓刻本　六册

360000－1901－0021379　718313
**青邱高季迪先生詩集十八卷遺詩一卷**　(明)高啓撰　(清)金檀輯注　**扣舷集一卷鳧藻集五卷**　(明)高啓撰　(清)金檀輯　**附錄一卷**　(清)金檀輯　**年譜一卷**　(清)金檀撰　清雍正六年至七年(1728－1729)金氏文瑞樓刻本　十册

360000－1901－0021380　718314
**青邱高季迪先生詩集十八卷遺詩一卷**　(明)高啓撰　(清)金檀輯注　**扣舷集一卷鳧藻集五卷**　(明)高啓撰　(清)金檀輯　**附錄一卷**　(清)金檀輯　**年譜一卷**　(清)金檀撰　清雍正六年至七年(1728－1729)金氏文瑞樓刻本　八册

360000－1901－0021381　718315
**青邱高季迪先生詩集十八卷遺詩一卷**　(明)高啓撰　(清)金檀輯注　**扣舷集一卷鳧藻集五卷**　(明)高啓撰　(清)金檀輯　**附錄一卷**　(清)金檀輯　**年譜一卷**　(清)金檀撰　清雍正六年至七年(1728－1729)金氏文瑞樓刻本　八册

360000－1901－0021382　240481
**青邱高季迪先生詩集十八卷遺詩一卷**　(明)高啓撰　(清)金檀輯注　**扣舷集一卷鳧藻集五卷**　(明)高啓撰　(清)金檀輯　**附錄一卷**　(清)金檀輯　**年譜一卷**　(清)金檀撰　清雍正六年至七年(1728－1729)金氏文瑞樓刻乾隆墨華池館印本　十二册

360000－1901－0021383　240482
**青邱高季迪先生詩集十八卷遺詩一卷**　(明)高啓撰　(清)金檀輯注　**扣舷集一卷鳧藻集五卷**　(明)高啓撰　(清)金檀輯　**附錄一卷**　(清)金檀輯　**年譜一卷**　(清)金檀撰　清雍正六年至七年(1728－1729)金氏文瑞樓刻乾隆墨華池館印本　八册

360000－1901－0021384　240483
**青邱高季迪先生詩集十八卷遺詩一卷**　(明)高啓撰　(清)金檀輯注　**扣舷集一卷鳧藻集五卷**　(明)高啓撰　(清)金檀輯　**附錄一卷**　(清)金檀輯　**年譜一卷**　(清)金檀撰　清雍正六年至七年(1728－1729)金氏文瑞樓刻乾隆墨華池館印本　七册　缺四卷(十二至十五)

360000－1901－0021385　304718
**青山集三十卷續集五卷**　(宋)郭祥正撰　清道光九年(1829)宋鉞、吳立堅、葛錞刻本　一册　存九卷(一至九)

360000－1901－0021386　306240
**青山集三十卷續集五卷**　(宋)郭祥正撰　清道光九年(1829)宋鉞、吳立堅、葛錞刻本　二册　存二十四卷(青山集十至三十、續集一至三)

360000－1901－0021387　401113
**青墅讀史雜感十三卷**　(清)鄭大謨撰　清嘉慶二十三年(1818)桑苧古園刻本　六册

360000－1901－0021388　411305
**青墅詩鈔七卷**　(清)鄭大謨撰　清嘉慶五年(1800)桑苧古園刻本　三册

360000－1901－0021389　230361
**青藤山人路史二卷**　(明)徐渭撰　明刻本　一册

360000－1901－0021390　600183－1
**青藤書屋文集三十卷補遺一卷**　(明)徐渭撰

清道光二十六年(1846)刻本　四册　存十七卷(一至十七)

360000－1901－0021391　303222
**青溪舊屋文集十一卷**　(清)劉文淇撰　清光緒九年(1883)刻本　四册

360000－1901－0021392　306241
**青溪舊屋文集十一卷**　(清)劉文淇撰　清光緒九年(1883)刻本　一册　存六卷(一至六)

360000－1901－0021393　804619
**青谿小隱詩藁不分卷**　(清)青溪小隱撰　清光緒元年(1875)抄本　一册

360000－1901－0021394　240785
**青箱堂文集十二卷遺稿續刻一卷年譜一卷**　(清)王崇簡撰　清康熙二十八年(1689)王燕刻本　六册

360000－1901－0021395　303220
**青虛山房集十一卷**　(清)王太岳撰　清光緒十九年(1893)定興鹿氏刻本　六册

360000－1901－0021396　405320
**青玉山人文集不分卷**　(清)淩鳴喈撰　清刻本　一册

360000－1901－0021397　220749
**青原志略十三卷首一卷**　(清)釋大然編　(清)施閏章補　清康熙八年(1669)刻本　四册

360000－1901－0021398　220750
**青原志略十三卷首一卷**　(清)釋大然編　(清)施閏章補　清康熙八年(1669)刻本　四册

360000－1901－0021399　220751
**青原志略十三卷首一卷**　(清)釋大然編　(清)施閏章補　清康熙八年(1669)刻本　四册

360000－1901－0021400　802591
**青雲集補注六卷**　(清)楊逢春　(清)蕭應櫆輯　(清)吳廷藻補注　清刻本　一册　存一卷(四)

360000－1901－0021401　902155
**青雲集分韻試帖詳注四卷**　(清)楊逢春　(清)蕭應櫆輯　清道光十九年(1839)務本堂刻本　三册

360000－1901－0021402　902160
**青雲集分韻試帖詳注四卷**　(清)楊逢春　(清)蕭應櫆輯　清道光十九年(1839)務本堂刻本　二册

360000－1901－0021403　901120
**青雲集分韻試帖詳注四卷**　(清)楊逢春　(清)蕭應櫆輯　清道光十七年(1837)刻本　一册　存一卷(一)

360000－1901－0021404　902153
**青雲集分韻試帖詳注四卷**　(清)楊逢春　(清)蕭應櫆輯　清道光五年(1825)小於舟刻本　二册

360000－1901－0021405　902154
**青雲集分韻試帖詳注四卷**　(清)楊逢春　(清)蕭應櫆輯　清光緒二十二年(1896)文奎堂刻本　四册

360000－1901－0021406　901118
**青雲集分韻試帖詳注四卷**　(清)楊逢春　(清)蕭應櫆輯　清光緒四年(1878)刻本　一册　存一卷(一)

360000－1901－0021407　901125
**青雲集分韻試帖詳注四卷**　(清)楊逢春　(清)蕭應櫆輯　清刻本　一册　存一卷(三)

360000－1901－0021408　902156
**青雲集分韻試帖詳注四卷**　(清)楊逢春　(清)蕭應櫆輯　清刻本　三册　存三卷(二至四)

360000－1901－0021409　902161
**青雲集分韻試帖詳注四卷**　(清)楊逢春　(清)蕭應櫆輯　清刻本　二册

360000－1901－0021410　902165
**青雲集分韻試帖詳注四卷**　(清)楊逢春　(清)蕭應櫆輯　清刻本　一册　存一卷(三)

360000－1901－0021411　902166

**青雲集分韻試帖詳注四卷**　（清）楊逢春（清）蕭應櫆輯　清刻本　一册　存一卷（三）

360000－1901－0021412　902159

**青雲集分韻試帖詳注四卷**　（清）楊逢春（清）蕭應櫆輯　清同治四年（1865）崇德堂刻本　二册

360000－1901－0021413　902152

**青雲集分韻試帖詳注四卷**　（清）楊逢春（清）蕭應櫆輯　清同治四年（1865）同德堂刻本　二册

360000－1901－0021414　902162

**青雲集分韻試帖詳注四卷**　（清）楊逢春（清）蕭應櫆輯　清味經堂刻本　二册

360000－1901－0021415　902163

**青雲集分韻試帖詳注四卷**　（清）楊逢春（清）蕭應櫆輯　清英德堂刻本　二册

360000－1901－0021416　902164

**青雲集分韻試帖詳注四卷**　（清）楊逢春（清）蕭應櫆輯　清竹秀堂刻本　一册　存一卷（三）

360000－1901－0021417　902157

**青雲集分韻試帖詳注四卷**　（清）楊逢春（清）蕭應櫆輯　清狀元閣李光明莊刻本　四册

360000－1901－0021418　902158

**青雲集分韻試帖詳注四卷**　（清）楊逢春（清）蕭應櫆輯　清狀元閣李光明莊刻本　二册　存二卷（一、四）

360000－1901－0021419　803730

**青雲集選本不分卷**　（清）□□選　清抄本　一册

360000－1901－0021420　123514

**青雲譜志略不分卷**　（清）朱道朗修　（清）沈兆奎纂　清康熙二十年（1681）刻本　一册

360000－1901－0021421　717027

**青在堂畫菊淺説一卷**　（清）王槩撰　清嘉慶五年（1800）芥子園刻套印本　一册

360000－1901－0021422　800385

**青在堂翎毛花卉譜二卷**　（清）王槩等輯　清刻本　一册　存一卷（上）

360000－1901－0021423　123356

**青芝山館詩集二十二卷斷水詞三卷青芝山館駢體文集二卷**　（清）樂鈞撰　清道光二十年（1840）刻本　六册

360000－1901－0021424　120761

**青芝山館詩集二十二卷斷水詞三卷青芝山館駢體文集二卷**　（清）樂鈞撰　清嘉慶二十二年（1817）刻本　八册

360000－1901－0021425　311734

**青冢志十二卷首一卷**　（清）胡鳳丹輯　清光緒三年（1877）永康胡氏退補齋刻香豔叢書本　三册

360000－1901－0021426　305561

**清白士集二十八卷**　（清）梁玉繩撰　清嘉慶五年（1800）刻本　二册　存十一卷（十八至二十八）

360000－1901－0021427　240454

**清閟閣全集十二卷**　（元）倪瓚撰　清康熙五十二年（1713）曹培廉城書室刻本　二册

360000－1901－0021428　164036

**清波雜志三卷**　（宋）周煇撰　清初刻本　一册　存二卷（上、中）

360000－1901－0021429　421814

**清波雜志十二卷别志三卷**　（宋）周煇撰　清乾隆五十年（1785）長塘鮑氏刻知不足齋叢書本　一册　存四卷（九至十二）

360000－1901－0021430　400749

**清朝史略十一卷**　（日本）佐藤楚材編　清末石印本　二册　存三卷（四、十至十一）

360000－1901－0021431　900976

**清代試卷彙編□□卷**　（清）□□輯　清刻本　三册　存六卷（三至八）

360000－1901－0021432　802408

**清道光廿六年楊敬信堂各處田數一卷清咸豐三年楊敬信堂查田糧簿一卷**　(清)□□輯　稿本　二册

360000－1901－0021433　410650
**清芬樓遺藁四卷**　(清)任啓運撰　清光緒十四年(1888)荆溪任氏家塾刻本　二册

360000－1901－0021434　410649
**清芬樓遺藁四卷**　(清)任啓運撰　清宣統元年(1909)武進盛氏刻朱印本　二册

360000－1901－0021435　804772
**清芬堂經典摘錄五卷**　(清)□□輯　清同治元年(1862)刻本　一册　存四卷(易經、書經、詩經、禮記)

360000－1901－0021436　720186
**清風溼竹枝詞一卷續唱一卷**　(清)陳祁撰　清嘉慶九年(1804)刻本　一册

360000－1901－0021437　802403
**清光緒廿六年禮記總錄**　(清)□□輯　稿本　一册

360000－1901－0021438　802409
**清光緒卅一年各處往來總錄**　(清)□□輯　稿本　一册

360000－1901－0021439　803603
**清光緒十五年正月流水簿**　(清)□□輯　稿本　一册

360000－1901－0021440　404711
**清河節孝徵詩錄一卷**　(清)張鑫輯　清同治十三年(1874)刻本　一册

360000－1901－0021441　317552
**清河書畫舫十二卷**　(明)張丑輯　清乾隆二十七年至二十八年(1762－1763)仁和吳長元池北草堂刻本　十二册

360000－1901－0021442　713427
**清河書畫舫十二卷**　(明)張丑輯　清乾隆二十七年至二十八年(1762－1763)仁和吳長元池北草堂刻本　八册　存八卷(二至六、十至十二)

360000－1901－0021443　713435
**清河書畫舫十二卷**　(明)張丑輯　清乾隆二十七年至二十八年(1762－1763)仁和吳長元池北草堂刻本　十二册

360000－1901－0021444　713436
**清河書畫舫十二卷**　(明)張丑輯　清乾隆二十七年至二十八年(1762－1763)仁和吳長元池北草堂刻本　五册　存五卷(一至三、五至六)

360000－1901－0021445　713437
**清河書畫舫十二卷**　(明)張丑輯　清乾隆二十七年至二十八年(1762－1763)仁和吳長元池北草堂刻本　三册　存三卷(六、十至十一)

360000－1901－0021446　803453
**清華仁德祠胡仕柳輸業合議一卷**　(清)胡仕柳撰　清道光四年(1824)抄本　一册

360000－1901－0021447　901464
**清暉閣贈貽尺牘二卷**　(清)王翬撰　清末鉛印本　一册　存一卷(一)

360000－1901－0021448　318107
**清暉軒詩鈔不分卷**　(□)□□輯　清抄本　九册

360000－1901－0021449　407499－1
**古詩源十四卷**　(清)沈德潛輯　清刻本　一册　存四卷(十一至十四)

360000－1901－0021450　413268
**清江楊忠節公遺集八卷**　(明)楊廷麟撰　清光緒六年(1880)刻本　七册　存六卷(二、四至八)

360000－1901－0021451　121944
**清江楊忠節公遺集八卷**　(明)楊廷麟撰　清光緒五年(1879)刻本　六册

360000－1901－0021452　121945
**清江楊忠節公遺集八卷**　(明)楊廷麟撰　清光緒五年(1879)刻本　八册

360000－1901－0021453　121946

**清江楊忠節公遺集八卷**　(明)楊廷麟撰　清光緒五年(1879)刻本　六冊

360000－1901－0021454　601611
**清江楊忠節公遺集八卷**　(明)楊廷麟撰　清光緒五年(1879)刻本　一冊　存一卷(六)

360000－1901－0021455　601612
**清江楊忠節公遺集八卷**　(明)楊廷麟撰　清光緒五年(1879)刻本　八冊

360000－1901－0021456　601613
**清江楊忠節公遺集八卷**　(明)楊廷麟撰　清光緒五年(1879)刻本　六冊

360000－1901－0021457　601614
**清江楊忠節公遺集八卷**　(明)楊廷麟撰　清光緒五年(1879)刻本　六冊

360000－1901－0021458　601615
**清江楊忠節公遺集八卷**　(明)楊廷麟撰　清光緒五年(1879)刻本　八冊

360000－1901－0021459　601616
**清江楊忠節公遺集八卷**　(明)楊廷麟撰　清光緒五年(1879)刻本　六冊

360000－1901－0021460　601617
**清江楊忠節公遺集八卷**　(明)楊廷麟撰　清光緒五年(1879)刻本　六冊

360000－1901－0021461　412901
**清江楊忠節公遺集八卷**　(明)楊廷麟撰　清刻本　一冊　存一卷(三)

360000－1901－0021462　121943
**清江楊忠節公遺集六卷**　(明)楊廷麟撰　清同治三年(1864)木活字印本　六冊

360000－1901－0021463　401439－7
**清進士題名碑録不分卷**　(□)□□輯　清刻本　三冊　存康熙甲辰、康熙丁未、康熙庚戌、康熙癸丑、康熙丙辰、康熙己未、康熙壬戌、康熙乙丑、康熙辛未、康熙甲戌、康熙庚辰、康熙癸未、康熙丙戌、康熙己丑、康熙壬辰、康熙癸巳、康熙乙未、康熙戊戌、康熙辛丑、雍正癸卯、雍正甲辰、雍正丁未、雍正庚戌、雍正癸丑、乾隆丙辰、乾隆丁巳、乾隆己未、乾隆壬戌、乾隆乙丑、乾隆戊辰、乾隆辛未、乾隆壬申、乾隆甲戌、乾隆丁丑、乾隆庚辰、乾隆辛巳、乾隆癸未、乾隆丙戌、乾隆己丑、乾隆辛卯、乾隆壬辰、乾隆乙未、乾隆戊戌、乾隆庚子、乾隆辛丑、乾隆甲辰、乾隆丁未、乾隆己酉、乾隆庚戌、乾隆癸丑、乾隆乙卯、嘉慶丙辰、嘉慶己未、嘉慶辛酉、嘉慶壬戌、嘉慶乙丑、嘉慶戊辰、嘉慶己巳、嘉慶辛未

360000－1901－0021464　401439－6
**清進士題名碑録不分卷**　(清)□□輯　清刻本　五冊　存康熙甲辰、康熙丁未、康熙庚戌、康熙癸丑、康熙丙辰、康熙己未、康熙壬戌、康熙乙丑、康熙辛未、康熙甲戌、康熙庚辰、康熙癸未、康熙丙戌、康熙己丑、康熙壬辰、康熙癸巳、康熙乙未、康熙戊戌、康熙辛丑、雍正癸卯、雍正甲辰、雍正丁未、雍正庚戌、雍正癸丑、乾隆丙辰、乾隆丁巳、乾隆己未、乾隆壬戌、乾隆乙丑、乾隆戊辰、乾隆辛未、乾隆壬申、乾隆甲戌、乾隆丁丑、乾隆庚辰、乾隆辛巳、乾隆癸未、乾隆丙戌、乾隆己丑、乾隆辛卯、乾隆壬辰、乾隆乙未、乾隆戊戌、乾隆庚子、乾隆辛丑、乾隆甲辰、乾隆丁未、乾隆己酉、乾隆庚戌、乾隆癸丑、乾隆乙卯、嘉慶丙辰、嘉慶己未、嘉慶辛酉、嘉慶壬戌、嘉慶乙丑、嘉慶戊辰、嘉慶己巳、嘉慶辛未、嘉慶甲戌、嘉慶丁丑、嘉慶己卯、嘉慶庚辰、道光壬午、道光癸未、道光丙戌、道光己丑、道光壬辰、道光癸巳、道光乙未、道光丙申、道光戊戌、道光庚子、道光辛丑、道光甲辰、道光己巳、道光丁未、道光庚戌、咸豐壬子、咸豐癸丑、咸豐丙辰、咸豐己未、咸豐庚申、同治壬戌、同治癸亥

360000－1901－0021465　401439－8
**清進士題名碑録不分卷**　(清)□□輯　清刻本　一冊　存雍正癸卯、雍正甲辰、雍正丁未、雍正庚戌、雍正癸丑、乾隆丙辰、乾隆丁巳、乾隆己未、乾隆壬戌、乾隆乙丑、乾隆戊辰、乾隆辛未

360000－1901－0021466　405510

**清籟閣詩草二卷**　（清）德勄撰　清嘉慶九年（1804）刻本　一冊

360000－1901－0021467　161961
**清秘史二卷附錄一卷**　（清）有嬀血胤撰　清光緒三十年（1904）新漢學社石印本　一冊　存一卷（下）

360000－1901－0021468　302039
**清秘述聞十六卷**　（清）法式善撰　清嘉慶四年（1799）刻本　四冊

360000－1901－0021469　314236
**清秘述聞十六卷**　（清）法式善撰　清嘉慶四年（1799）刻本　四冊

360000－1901－0021470　400753
**清秘述聞十六卷**　（清）法式善撰　清嘉慶四年（1799）刻本　四冊　存十二卷（一至九、十四至十六）

360000－1901－0021471　302040
**清秘述聞續十六卷**　（清）王家相　（清）魏茂林　（清）錢維福編　**清秘述聞補一卷**　（清）錢維福編　清光緒十五年（1889）刻本　四冊

360000－1901－0021472　241480
**清平閣倡和詩一卷**　（明）宋登春等撰　清康熙王培刻本　一冊

360000－1901－0021473　308873
**清綺軒詞選十三卷**　（清）夏秉衡輯　清聚英堂刻本　三冊　存七卷（一至三、六至七、十至十一）

360000－1901－0021474　411201
**清綺軒詞選十三卷**　（清）夏秉衡輯　清刻本　六冊

360000－1901－0021475　411202
**清綺軒詞選十三卷**　（清）夏秉衡輯　清刻本　五冊　存九卷（一至六、八至十）

360000－1901－0021476　604022
**清綺軒詞選十三卷**　（清）夏秉衡輯　清刻本　一冊　存二卷（六至七）

360000－1901－0021477　803485
**清綺軒詞選十三卷**　（清）夏秉衡輯　清刻本　一冊　存一卷（四）

360000－1901－0021478　317220
**清容居士集五十卷目錄二卷**　（元）袁桷撰　**重刻剡源集札記一卷重刻清容居士集札記一卷**　（清）郁松年撰　清道光二十年（1840）上海郁松年刻宜稼堂叢書本　十二冊

360000－1901－0021479　721820
**清容外集**　（清）蔣士銓撰　清乾隆蔣氏紅雪樓刻本　十冊

360000－1901－0021480　161837
**清史攬要八卷**　（日本）增田貢撰　（清）毛淦補撰　清光緒二十八年（1902）上海時務書局鉛印本　四冊

360000－1901－0021481　309470
**清史攬要六卷**　（日本）增田貢撰　清光緒二十八年（1902）香港書局石印本　四冊　存四卷（一至四）

360000－1901－0021482　400746
**清史攬要六卷**　（日本）增田貢撰　清光緒二十八年（1902）香港書局石印本　六冊

360000－1901－0021483　400747
**清史攬要六卷**　（日本）增田貢撰　清光緒二十八年（1902）香港書局石印本　二冊　存二卷（五至六）

360000－1901－0021484　161838
**清史攬要六卷**　（日本）增田貢撰　清末木活字印本　二冊

360000－1901－0021485　400748－1
**清史攬要六卷**　（日本）增田貢撰　清末鉛印本　一冊　存三卷（一至三）

360000－1901－0021486　900478
**清咸豐通書不分卷**　（清）羅傳燁等編　清咸豐集福堂刻本　五冊

360000－1901－0021487　804668
**清閑自取二卷首一卷**　（清）□□輯　清光緒二十八年（1902）抄本　一冊　存一卷（首一

卷）

360000－1901－0021488　805383
**清獻堂稿不分卷**　（清）趙佑撰　清乾隆三十年(1765)仁和趙氏刻本　二冊

360000－1901－0021489　241102
**清獻堂集十卷**　（清）趙佑撰　清乾隆五十二年(1787)刻本　六冊

360000－1901－0021490　241103
**清獻堂集十卷**　（清）趙佑撰　清乾隆五十二年(1787)刻本　六冊

360000－1901－0021491　121415
**清嘯閣詩草十六卷**　（清）夏獻雲撰　清光緒十八年(1892)刻本　五冊

360000－1901－0021492　121416
**清嘯閣詩草十六卷**　（清）夏獻雲撰　清光緒十八年(1892)刻本　五冊

360000－1901－0021493　121417
**清嘯閣詩草十六卷**　（清）夏獻雲撰　清光緒十八年(1892)刻本　四冊

360000－1901－0021494　601500
**清嘯閣詩草十六卷**　（清）夏獻雲撰　清光緒十八年(1892)刻本　二冊　存六卷(四至七、十四至十五)

360000－1901－0021495　601501
**清嘯閣詩草十六卷**　（清）夏獻雲撰　清光緒十八年(1892)刻本　三冊　存十五卷(一至十五)

360000－1901－0021496　601502
**清嘯閣詩草十六卷**　（清）夏獻雲撰　清光緒十八年(1892)刻本　三冊　存十五卷(一至十五)

360000－1901－0021497　250020
**清異録二卷**　（宋）陶穀撰　清康熙陳世修漱六閣刻本　一冊

360000－1901－0021498　220510
**清雍正上諭不分卷**　（清）弘晝等編　清乾隆六年(1741)刻本　二十七冊

360000－1901－0021499　805044
**清雍正上諭内閣八十九卷續編七十卷**　（清）允祿等編　（清）弘晝續編　清刻本　一冊　存四卷(雍正五年七月至十月)

360000－1901－0021500　803263
**清丈鱗冊不分卷**　（清）□□輯　稿本　一冊

360000－1901－0021501　306435－3
**清真集二卷附集外詞一卷**　（宋）周邦彦撰　清光緒二十二年(1896)臨桂王鵬運四印齋刻本　一冊

360000－1901－0021502　316338
**清尊集十六卷**　（清）汪遠孫輯　清道光十九年(1839)錢塘汪氏振綺堂刻本　八冊

360000－1901－0021503　405511
**清尊集十六卷**　（清）汪遠孫輯　清道光十九年(1839)錢塘汪氏振綺堂刻本　四冊

360000－1901－0021504　421511
**情史類略二十四卷**　（明）馮夢龍輯　清嘉慶十四年(1809)刻本　七冊　存十三卷(一至三、五至六、九、十二至十四、十九、二十二至二十四)

360000－1901－0021505　420942
**情史類略二十四卷**　（明）馮夢龍輯　清刻本　十四冊

360000－1901－0021506　804128
**情史類略二十四卷**　（明）馮夢龍輯　清刻本　一冊　存三卷(十二至十四)

360000－1901－0021507　804129
**情史類略二十四卷**　（明）馮夢龍輯　清刻本　二冊　存三卷(五至六、二十)

360000－1901－0021508　804130
**情史類略二十四卷**　（明）馮夢龍輯　清刻本　二冊　存六卷(三至五、十一至十三)

360000－1901－0021509　163070
**情史類略二十四卷**　（明）馮夢龍輯　清刻本　二冊　存三卷(三至四、十九)

360000－1901－0021510　230501

**情史類畧二十四卷**　(明)馮夢龍輯　明末刻本　一冊　存三卷(二至四)

360000－1901－0021511　421514
**情天寶鑑二十四卷**　(明)馮夢龍輯　清光緒二十年(1894)上海石印本　六冊　存二十三卷(一至十三、十五至二十四)

360000－1901－0021512　421514－1
**情天寶鑑二十四卷**　(明)馮夢龍輯　清光緒二十年(1894)上海石印本　一冊　存四卷(十五至十八)

360000－1901－0021513　405554
**情田存稿不分卷**　(清)余芳撰　清頤和堂刻本　一冊

360000－1901－0021514　163513
**晴嵐詩存不分卷**　(清)張若靄撰　清刻本　二冊

360000－1901－0021515　163514
**晴嵐詩存不分卷**　(清)張若靄撰　清刻本　二冊

360000－1901－0021516　805185
**晴嵐詩存不分卷**　(清)張若靄撰　清刻本　二冊

360000－1901－0021517　805186
**晴嵐詩存不分卷**　(清)張若靄撰　清刻本　二冊

360000－1901－0021518　122148
**請業錄二卷**　(清)文守元撰　清文氏刻本　一冊

360000－1901－0021519　300443
**請纓日記十卷**　(清)唐景崧撰　清光緒十九年(1893)臺灣布政使署刻得一山房四種本　四冊

360000－1901－0021520　901553
**慶曆大小題文讀本不分卷**　(□)□□撰　清刻本　一冊

360000－1901－0021521　901984
**慶曆大小題文行遠集不分卷**　(清)何焯輯　清刻本　二冊

360000－1901－0021522　122305
**親親餘事上編六卷下編六卷**　(清)麻敬業撰　清道光十五年(1835)刻本　六冊

360000－1901－0021523　413514
**親親餘事上編六卷下編六卷**　(清)麻敬業撰　清道光十五年(1835)刻本　一冊　存二卷(下編五至六)

360000－1901－0021524　404861
**瓊林仙品不分卷二集不分卷**　(清)□□輯　清同治十年至十一年(1871－1872)刻本　二冊

360000－1901－0021525　404857
**瓊臺紀事錄一卷**　(清)戴肇辰撰　(清)雲茂濟輯　清同治八年(1869)刻丹徒戴氏叢刻本　一冊

360000－1901－0021526　241451
**丘海二公文集合編**　(清)焦映漢輯　(清)賈棠編　清康熙四十七年(1708)刻本　六冊

360000－1901－0021527　410146
**邱邦士文集十八卷**　(清)邱維屏撰　清道光三年(1823)邱潾刻本　八冊

360000－1901－0021528　121023
**邱邦士文集十八卷**　(清)邱維屏撰　清道光十七年(1837)誰謂小齋刻本　六冊

360000－1901－0021529　121024
**邱邦士文集十八卷**　(清)邱維屏撰　清光緒元年(1875)周郁文刻本　八冊

360000－1901－0021530　121025
**邱邦士文集十八卷**　(清)邱維屏撰　清光緒元年(1875)周郁文刻本　八冊

360000－1901－0021531　121026
**邱邦士文集十八卷**　(清)邱維屏撰　清光緒元年(1875)周郁文刻本　八冊

360000－1901－0021532　601389
**邱邦士文集十八卷**　(清)邱維屏撰　清光緒元年(1875)周郁文刻本　三冊　存七卷(二

至五、十一至十三）

360000－1901－0021533　601390
**邱邦士文集十八卷**　（清）邱維屏撰　清光緒元年（1875）周郁文刻本　八册

360000－1901－0021534　601391
**邱邦士文集十八卷**　（清）邱維屏撰　清光緒元年（1875）周郁文刻本　八册

360000－1901－0021535　601392
**邱邦士文集十八卷**　（清）邱維屏撰　清光緒元年（1875）周郁文刻本　八册

360000－1901－0021536　601393
**邱邦士文集十八卷**　（清）邱維屏撰　清光緒元年（1875）周郁文刻本　八册

360000－1901－0021537　601394
**邱邦士文集十八卷**　（清）邱維屏撰　清光緒元年（1875）周郁文刻本　八册

360000－1901－0021538　710147
**邱邦士文集十八卷**　（清）邱維屏撰　清光緒元年（1875）周郁文刻本　四册　存十七卷（一至五、七至十八）

360000－1901－0021539　710148
**邱邦士文集十八卷**　（清）邱維屏撰　清光緒元年（1875）周郁文刻本　四册　存十卷（八至十七）

360000－1901－0021540　901228
**邱大生堂志不分卷**　（清）□□撰　清刻本　一册

360000－1901－0021541　500115
**［江西］邱氏重修族譜□□卷首□卷**　（清）邱成皆等纂修　清光緒三十年（1904）河南堂木活字印本　十一册　存十卷（一至四、九至十二、十四，首下）

360000－1901－0021542　405344
**秋禽詩草一卷詞草一卷題跋一卷**　（清）黄易撰　清宣統二年（1910）石印本　一册

360000－1901－0021543　305392
**秋燈叢話十八卷**　（清）王椷撰　清刻本　二册　存七卷（十二至十八）

360000－1901－0021544　900119
**秋帆應課試帖詩稿一卷**　（清）江芬撰　清抄本　一册

360000－1901－0021545　409971
**秋笳集八卷補遺一卷**　（清）吳兆騫撰　清雍正四年（1726）吳江吳棖臣衍厚堂刻本　二册

360000－1901－0021546　409972
**秋笳集八卷補遺一卷**　（清）吳兆騫撰　清雍正四年（1726）吳江吳棖臣衍厚堂刻本　二册

360000－1901－0021547　301706
**秋江集注六卷**　（清）黄任撰　（清）王元麟注　清道光二十二年（1842）刻本　五册

360000－1901－0021548　240894
**秋錦山房集二十二卷目録二卷外集三卷**　（清）李良年撰　**尋壑外言五卷**　（清）李繩遠撰　清康熙三十五年（1696）李潮偕刻乾隆二十四年（1759）金氏續刻本　十册

360000－1901－0021549　240893
**秋錦山房集十卷**　（清）李良年撰　清康熙三十五年（1696）李潮偕刻本　二册

360000－1901－0021550　315257
**秋錦山房集十卷**　（清）李良年撰　清康熙三十五年（1696）李潮偕刻本　四册

360000－1901－0021551　163352
**秋涇集一卷**　（清）錢汝恭撰　清道光九年（1829）刻本　一册

360000－1901－0021552　301708
**秋林琴雅四卷**　（清）厲鶚撰　清光緒九年（1883）泉唐汪氏酒邊人倚紅樓刻本　一册

360000－1901－0021553　415146
**秋夢齋吟草一卷**　（清）王渭撰　清道光十四年（1834）漱六堂刻本　一册

360000－1901－0021554　301174
**秋蒲雙忠録四十卷**　劉世珩輯　清光緒二十九年（1903）刻本　六册

360000－1901－0021555　413352
**秋圃叢鈔十卷**　(清)黄輝輯　清嘉慶十六年(1811)杞菊齋刻本　三冊　存六卷(一至四、七至八)

360000－1901－0021556　404913
**秋圃聯唫一卷**　(清)朱逢泰輯　清末影印本　一冊

360000－1901－0021557　803091
**秋圃應制詩賦鈔二卷**　(清)楊蓉裳選　清嘉慶十四年(1809)刻本　一冊　存一卷(一)

360000－1901－0021558　901600
**秋圃應制詩賦鈔二卷**　(清)楊蓉裳選　清嘉慶十四年(1809)刻本　一冊

360000－1901－0021559　900450
**秋蓮軒制義不分卷**　(清)袁秉亮撰　清同治元年(1862)刻本　二冊

360000－1901－0021560　406388
**秋審比較彙案二卷**　(清)桑春榮等輯　清光緒九年(1883)上海圖書集成印書局鉛印駁案彙編本　一冊

360000－1901－0021561　406388－1
**秋審比較彙案二卷**　(清)桑春榮等輯　清光緒九年(1883)上海圖書集成印書局鉛印駁案彙編本　一冊

360000－1901－0021562　406388－2
**秋審比較彙案二卷**　(清)桑春榮等輯　清光緒九年(1883)上海圖書集成印書局鉛印駁案彙編本　一冊

360000－1901－0021563　309974
**秋審實緩比較成案二十四卷**　(清)林恩綬輯　清光緒二年(1876)京都琉璃廠刻本　五冊　存五卷(一至五)

360000－1901－0021564　307715
**秋審實緩比較成案二十四卷**　(清)林恩綬輯　清刻本　十九冊　存十九卷(六至二十四)

360000－1901－0021565　240787
**秋聲閣尺牘二卷**　(清)奚學孔撰　(清)畢天鑣選　**附古照堂詩稿一卷**　(清)奚大武撰　(清)周而衍評　清康熙四十七年(1708)奚士恂刻本　二冊

360000－1901－0021566　301712
**秋室布策經不分卷**　(清)秦望撰　清刻本　一冊

360000－1901－0021567　303059
**秋室集十卷**　(清)楊鳳苞撰　清光緒十一年(1885)歸安陸心源刻本　三冊

360000－1901－0021568　230603
**秋室印粹四卷**　(清)汪啓淑輯　清乾隆二十一年(1756)鈐印本　四冊

360000－1901－0021569　410336
**秋樹讀書樓遺集十六卷**　(清)史善長撰　清道光十五年(1835)吳江柳樹芳刻本　四冊

360000－1901－0021570　410337
**秋樹讀書樓遺集十六卷**　(清)史善長撰　清道光十五年(1835)吳江柳樹芳刻本　四冊

360000－1901－0021571　900463
**秋水閣時文不分卷**　(清)瞿頡撰　清刻本　一冊

360000－1901－0021572　418597
**秋水軒尺牘六卷**　(清)許思湄撰　清同治元年(1862)刻本　四冊

360000－1901－0021573　418600
**秋水軒尺牘四卷**　(清)許思湄撰　清道光十五年(1835)刻本(卷三配清刻本)　三冊　存三卷(一、三至四)

360000－1901－0021574　418598
**秋水軒尺牘四卷**　(清)許思湄撰　清刻本　二冊

360000－1901－0021575　418599
**秋水軒尺牘四卷**　(清)許思湄撰　清刻本　二冊

360000－1901－0021576　804522
**秋水軒尺牘四卷**　(清)許思湄撰　清刻本　一冊　存一卷(三)

360000－1901－0021577　800397
**秋水軒尺牘一卷**　(清)許思湄撰　(清)余茂林輯　**名人尺牘一卷**　(清)余茂林輯　**尺牘嚶求集一卷**　(清)繆艮撰　(清)余茂林摘錄　清積慶堂抄本　一冊

360000－1901－0021578　418608
**秋水軒詩選一卷詞一卷**　(清)莊盤珠撰　清光緒二年(1876)思補樓木活字印本　一冊

360000－1901－0021579　418608－1
**秋水軒詩選一卷詞一卷**　(清)莊盤珠撰　清光緒二年(1876)思補樓木活字印本　一冊

360000－1901－0021580　418608－2
**秋水軒詩選一卷詞一卷**　(清)莊盤珠撰　清光緒二年(1876)思補樓木活字印本　一冊

360000－1901－0021581　418608－3
**秋水軒詩選一卷詞一卷**　(清)莊盤珠撰　清光緒二年(1876)思補樓木活字印本　一冊

360000－1901－0021582　418608－4
**秋水軒詩選一卷詞一卷**　(清)莊盤珠撰　清光緒二年(1876)思補樓木活字印本　一冊

360000－1901－0021583　418608－5
**秋水軒詩選一卷詞一卷**　(清)莊盤珠撰　清光緒二年(1876)思補樓木活字印本　一冊

360000－1901－0021584　418608－6
**秋水軒詩選一卷詞一卷**　(清)莊盤珠撰　清光緒二年(1876)思補樓木活字印本　一冊

360000－1901－0021585　418608－7
**秋水軒詩選一卷詞一卷**　(清)莊盤珠撰　清光緒二年(1876)思補樓木活字印本　一冊

360000－1901－0021586　418608－8
**秋水軒詩選一卷詞一卷**　(清)莊盤珠撰　清光緒二年(1876)思補樓木活字印本　一冊

360000－1901－0021587　418608－9
**秋水軒詩選一卷詞一卷**　(清)莊盤珠撰　清光緒二年(1876)思補樓木活字印本　一冊

360000－1901－0021588　241565
**秋水菴花影集五卷**　(明)施紹莘撰　明末刻本　八冊

360000－1901－0021589　241566
**秋水菴花影集五卷**　(明)施紹莘撰　明末刻清乾隆十七年(1752)博古堂印本　三冊　存三卷(一至三)

360000－1901－0021590　306186
**秋曉先生覆瓿集四卷附錄一卷末一卷**　(宋)趙必瑑撰　清道光二十年(1840)南海伍氏詩雪軒刻粵十三家集本　一冊

360000－1901－0021591　900165
**秋心齋試帖賸四卷**　(清)黄之晉撰　清咸豐十一年(1861)贛縣黄德揚刻本　一冊　存二卷(一至二)

360000－1901－0021592　240405
**秋崖先生小藁四十五卷詩集三十八卷**　(宋)方岳撰　明嘉靖五年(1526)祁門方謙刻二十一年(1542)印本　十冊

360000－1901－0021593　300025
**秋崖先生小藁四十五卷詩集三十八卷**　(宋)方岳撰　明嘉靖五年(1526)祁門方謙刻清光緒二十一年(1895)補刻本　八冊

360000－1901－0021594　309798
**秋崖先生小藁四十五卷詩集三十八卷**　(宋)方岳撰　清刻本　十冊

360000－1901－0021595　405649
**秋讞輯要六卷**　(清)剛毅輯　清光緒刻本　一冊　存一卷(五)

360000－1901－0021596　411242
**求等齋佚稿一卷**　(清)張子晉撰　清光緒三十年(1904)木活字印本　一冊

360000－1901－0021597　411242－1
**求等齋佚稿一卷**　(清)張子晉撰　清光緒三十年(1904)木活字印本　一冊

360000－1901－0021598　407722
**求福居詩鈔一卷詩餘一卷**　(清)汪清撰　清光緒二十九年(1903)刻本　一冊

360000－1901－0021599　314751

**求古精舍金石圖初集四卷**　(清)陳經撰　清嘉慶二十三年(1818)烏程陳經說劍樓刻本　四冊

360000－1901－0021600　409447
**求古精舍金石圖初集四卷**　(清)陳經撰　清嘉慶二十三年(1818)烏程陳經說劍樓刻本　三冊　存三卷(一至三)

360000－1901－0021601　406092
**求古錄禮說補遺一卷**　(清)金鶚撰　清刻本　一冊

360000－1901－0021602　160463
**求古錄禮說十六卷**　(清)金鶚撰　清道光三十年(1850)嘉平木犀香館刻本　八冊

360000－1901－0021603　406095
**求古錄禮說十六卷**　(清)金鶚撰　清道光三十年(1850)嘉平木犀香館刻本　八冊

360000－1901－0021604　406094
**求古錄禮說十六卷**　(清)金鶚撰　清刻本　三冊　存六卷(六至十一)

360000－1901－0021605　406093
**求古錄禮說校勘記三卷**　(清)王士駿輯　清刻本　一冊

360000－1901－0021606　314084
**求古錄一卷**　(清)顧炎武撰　清光緒十四年(1888)吳縣朱記榮刻槐廬叢書本　一冊

360000－1901－0021607　314052
**求己錄三卷**　陶葆廉輯　清光緒二十八年(1902)江南製造總局鉛印本　三冊

360000－1901－0021608　314053
**求己錄三卷**　陶葆廉輯　清光緒二十八年(1902)江南製造總局鉛印本　三冊

360000－1901－0021609　314054
**求己錄三卷**　陶葆廉輯　清光緒二十八年(1902)江南製造總局鉛印本　三冊

360000－1901－0021610　314055
**求己錄三卷**　陶葆廉輯　清光緒二十八年(1902)江南製造總局鉛印本　三冊

360000－1901－0021611　316405
**求己錄三卷**　陶葆廉輯　清光緒二十八年(1902)江南製造總局鉛印本　三冊

360000－1901－0021612　407729
**求己錄三卷**　陶葆廉輯　清光緒二十八年(1902)江南製造總局鉛印本　三冊

360000－1901－0021613　407730
**求己錄三卷**　陶葆廉輯　清光緒二十八年(1902)江南製造總局鉛印本　三冊

360000－1901－0021614　407730－1
**求己錄三卷**　陶葆廉輯　清光緒二十八年(1902)江南製造總局鉛印本　一冊　存一卷(中)

360000－1901－0021615　800129
**求己錄三卷**　陶葆廉輯　清光緒二十八年(1902)江南製造總局鉛印本　三冊

360000－1901－0021616　800130
**求己錄三卷**　陶葆廉輯　清光緒二十八年(1902)江南製造總局鉛印本　三冊

360000－1901－0021617　800131
**求己錄三卷**　陶葆廉輯　清光緒二十八年(1902)江南製造總局鉛印本　三冊

360000－1901－0021618　800132
**求己錄三卷**　陶葆廉輯　清光緒二十八年(1902)江南製造總局鉛印本　三冊

360000－1901－0021619　800133
**求己錄三卷**　陶葆廉輯　清光緒二十八年(1902)江南製造總局鉛印本　三冊

360000－1901－0021620　800134
**求己錄三卷**　陶葆廉輯　清光緒二十八年(1902)江南製造總局鉛印本　三冊

360000－1901－0021621　800135
**求己錄三卷**　陶葆廉輯　清光緒二十八年(1902)江南製造總局鉛印本　三冊

360000－1901－0021622　800136
**求己錄三卷**　陶葆廉輯　清光緒二十八年(1902)江南製造總局鉛印本　三冊

360000－1901－0021623　800137
**求己錄三卷**　陶葆廉輯　清光緒二十八年(1902)江南製造總局鉛印本　三冊

360000－1901－0021624　800138
**求己錄三卷**　陶葆廉輯　清光緒二十八年(1902)江南製造總局鉛印本　三冊

360000－1901－0021625　800139
**求己錄三卷**　陶葆廉輯　清光緒二十八年(1902)江南製造總局鉛印本　三冊

360000－1901－0021626　805399
**求己錄三卷**　陶葆廉輯　清光緒二十八年(1902)江南製造總局鉛印本　三冊

360000－1901－0021627　805400
**求己錄三卷**　陶葆廉輯　清光緒二十八年(1902)江南製造總局鉛印本　三冊

360000－1901－0021628　805401
**求己錄三卷**　陶葆廉輯　清光緒二十八年(1902)江南製造總局鉛印本　三冊

360000－1901－0021629　805402
**求己錄三卷**　陶葆廉輯　清光緒二十八年(1902)江南製造總局鉛印本　三冊

360000－1901－0021630　805403
**求己錄三卷**　陶葆廉輯　清光緒二十八年(1902)江南製造總局鉛印本　三冊

360000－1901－0021631　805404
**求己錄三卷**　陶葆廉輯　清光緒二十八年(1902)江南製造總局鉛印本　三冊

360000－1901－0021632　805405
**求己錄三卷**　陶葆廉輯　清光緒二十八年(1902)江南製造總局鉛印本　三冊

360000－1901－0021633　805406
**求己錄三卷**　陶葆廉輯　清光緒二十八年(1902)江南製造總局鉛印本　三冊

360000－1901－0021634　805407
**求己錄三卷**　陶葆廉輯　清光緒二十八年(1902)江南製造總局鉛印本　三冊

360000－1901－0021635　805408
**求己錄三卷**　陶葆廉輯　清光緒二十八年(1902)江南製造總局鉛印本　三冊

360000－1901－0021636　805409
**求己錄三卷**　陶葆廉輯　清光緒二十八年(1902)江南製造總局鉛印本　三冊

360000－1901－0021637　805410
**求己錄三卷**　陶葆廉輯　清光緒二十八年(1902)江南製造總局鉛印本　三冊

360000－1901－0021638　805411
**求己錄三卷**　陶葆廉輯　清光緒二十八年(1902)江南製造總局鉛印本　三冊

360000－1901－0021639　805412
**求己錄三卷**　陶葆廉輯　清光緒二十八年(1902)江南製造總局鉛印本　三冊

360000－1901－0021640　805413
**求己錄三卷**　陶葆廉輯　清光緒二十八年(1902)江南製造總局鉛印本　三冊

360000－1901－0021641　805414
**求己錄三卷**　陶葆廉輯　清光緒二十八年(1902)江南製造總局鉛印本　三冊

360000－1901－0021642　805415
**求己錄三卷**　陶葆廉輯　清光緒二十八年(1902)江南製造總局鉛印本　三冊

360000－1901－0021643　805416
**求己錄三卷**　陶葆廉輯　清光緒二十八年(1902)江南製造總局鉛印本　三冊

360000－1901－0021644　805417
**求己錄三卷**　陶葆廉輯　清光緒二十八年(1902)江南製造總局鉛印本　三冊

360000－1901－0021645　805418
**求己錄三卷**　陶葆廉輯　清光緒二十八年(1902)江南製造總局鉛印本　三冊

360000－1901－0021646　805419
**求己錄三卷**　陶葆廉輯　清光緒二十八年(1902)江南製造總局鉛印本　三冊

360000－1901－0021647　900588
**求己録三卷**　陶葆廉輯　清光緒二十八年(1902)江南製造總局鉛印本　三冊

360000－1901－0021648　900589
**求己録三卷**　陶葆廉輯　清光緒二十八年(1902)江南製造總局鉛印本　三冊

360000－1901－0021649　900590
**求己録三卷**　陶葆廉輯　清光緒二十八年(1902)江南製造總局鉛印本　三冊

360000－1901－0021650　900591
**求己録三卷**　陶葆廉輯　清光緒二十八年(1902)江南製造總局鉛印本　三冊

360000－1901－0021651　900592
**求己録三卷**　陶葆廉輯　清光緒二十八年(1902)江南製造總局鉛印本　三冊

360000－1901－0021652　900593
**求己録三卷**　陶葆廉輯　清光緒二十八年(1902)江南製造總局鉛印本　三冊

360000－1901－0021653　900594
**求己録三卷**　陶葆廉輯　清光緒二十八年(1902)江南製造總局鉛印本　三冊

360000－1901－0021654　900595
**求己録三卷**　陶葆廉輯　清光緒二十八年(1902)江南製造總局鉛印本　三冊

360000－1901－0021655　900596
**求己録三卷**　陶葆廉輯　清光緒二十八年(1902)江南製造總局鉛印本　三冊

360000－1901－0021656　900597
**求己録三卷**　陶葆廉輯　清光緒二十八年(1902)江南製造總局鉛印本　三冊

360000－1901－0021657　900598
**求己録三卷**　陶葆廉輯　清光緒二十八年(1902)江南製造總局鉛印本　三冊

360000－1901－0021658　407734
**求己録三卷**　陶葆廉輯　清光緒二十七年(1901)刻知聖教齋叢書本　三冊

360000－1901－0021659　407735
**求己録三卷**　陶葆廉輯　清光緒二十七年(1901)刻知聖教齋叢書本　一冊　存一卷(上)

360000－1901－0021660　722332
**求己録三卷**　陶葆廉輯　清光緒二十七年(1901)刻知聖教齋叢書本　一冊　存一卷(中)

360000－1901－0021661　307917
**求己録三卷**　陶葆廉輯　清光緒二十七年(1901)石印本　三冊

360000－1901－0021662　302666
**求己録三卷**　陶葆廉輯　清光緒二十五年(1899)石印本　三冊

360000－1901－0021663　407731
**求可堂自記一卷家訓一卷**　(清)廖冀亨撰　清光緒永定廖氏刻求可堂兩世遺書本　一冊

360000－1901－0021664　416403
**求礦指南十卷附一卷**　(英國)安德孫撰　(英國)傅蘭雅　(清)潘松譯　清光緒二十五年(1899)江南製造總局刻本　二冊

360000－1901－0021665　304525
**求闕齋弟子記三十二卷**　(清)王定安撰　清光緒二年(1876)都門琉璃廠龍文齋刻本　十三冊　存二十四卷(七至八、十一至三十二)

360000－1901－0021666　304525－1
**求闕齋弟子記三十二卷**　(清)王定安撰　清光緒二年(1876)都門琉璃廠龍文齋刻本　七冊　存十四卷(十七至三十)

360000－1901－0021667　304525－2
**求闕齋弟子記三十二卷**　(清)王定安撰　清光緒二年(1876)都門琉璃廠龍文齋刻本　一冊　存二卷(十九至二十)

360000－1901－0021668　310951
**求闕齋弟子記三十二卷**　(清)王定安撰　清光緒二年(1876)都門琉璃廠龍文齋刻本　十六冊

360000－1901－0021669　409268
**求闕齋弟子記三十二卷**　(清)王定安撰　清光緒二年(1876)都門琉璃廠龍文齋刻本　七册　存十三卷(十七至二十、二十三至二十五、二十七至三十二)

360000－1901－0021670　409240
**求闕齋讀書録十卷**　(清)曾國藩撰　清光緒二年(1876)傳忠書局刻本　二册　存五卷(一至二、五至七)

360000－1901－0021671　409240－1
**求闕齋讀書録十卷**　(清)曾國藩撰　清光緒二年(1876)傳忠書局刻本　二册　存三卷(一至二、十)

360000－1901－0021672　409241
**求闕齋讀書録十卷**　(清)曾國藩撰　清光緒二年(1876)京都刻本　二册　存四卷(一至四)

360000－1901－0021673　409232
**求闕齋讀書録十卷**　(清)曾國藩撰　清光緒十四年(1888)鴻文書局鉛印本　二册

360000－1901－0021674　308053
**求闕齋讀書録十卷**　(清)曾國藩撰　清刻本　三册　存八卷(三至十)

360000－1901－0021675　313667
**求闕齋日記類鈔二卷**　(清)曾國藩撰　(清)王啓原編　清光緒二年(1876)傳忠書局刻本　二册

360000－1901－0021676　302675
**求闕齋文鈔不分卷**　(清)曾國藩撰　清同治十一年(1872)刻本　二册

360000－1901－0021677　150193
**求實齋叢書**　蔣德鈞輯　清光緒湘鄉蔣氏龍安郡署刻本　八册

360000－1901－0021678　150194
**求實齋叢書**　蔣德鈞輯　清光緒湘鄉蔣氏龍安郡署刻本　十册

360000－1901－0021679　316736
**求是堂詩集二十二卷**　(清)胡承珙撰　清道光十三年(1833)刻本　六册

360000－1901－0021680　302672
**求是堂文集六卷駢體文二卷首一卷**　(清)胡承珙撰　清道光十七年(1837)刻本　四册

360000－1901－0021681　240768
**求是堂文集十八卷**　(明)文德翼撰　清初刻本　十册

360000－1901－0021682　412781
**求是齋墨醇不分卷**　(清)□□輯　清刻本　一册

360000－1901－0021683　120694
**求是齋算學四種**　(清)張楚鍾撰　清同治十二年(1873)刻本　一册

360000－1901－0021684　120686
**求一是齋詩詞初稿三卷**　(清)胡以謹撰　清宣統元年(1909)刻本　一册

360000－1901－0021685　411241
**求一是齋詩詞初稿三卷**　(清)胡以謹撰　清宣統元年(1909)刻本　一册

360000－1901－0021686　120689
**求在我齋文鈔補編二卷**　(清)胡宗元撰　清光緒十二年(1886)慕榕山房刻本　一册

360000－1901－0021687　120687
**求在我齋文鈔初編二卷續編二卷補編二卷**　(清)胡宗元撰　清同治十三年至光緒十二年(1874－1886)慕榕山房刻本　二册

360000－1901－0021688　120688
**求在我齋文鈔初編二卷續編二卷補編二卷**　(清)胡宗元撰　清同治十三年至光緒十二年(1874－1886)慕榕山房刻本　二册

360000－1901－0021689　302667
**求在我齋文存八卷**　(清)成毅撰　清咸豐九年(1859)邵州濂溪書院刻本　四册

360000－1901－0021690　413077
**求志居全集**　(清)陳世鎔撰　清道光至光緒獨秀山莊刻本　七册　存五種

360000－1901－0021691　150191
**求志堂存稿彙編**　(清)周濟撰　清光緒刻本　五冊

360000－1901－0021692　122826
**求志齋存真吟草一卷附試帖偶存一卷**　(清)駱祚泰撰　清道光二十二年(1842)刻本　一冊

360000－1901－0021693　411347
**求治管見一卷續一卷**　(清)戴肇辰撰　清刻本　一冊

360000－1901－0021694　121709
**求自得之室喪服會通說四卷**　(清)吳嘉賓撰　清刻本　一冊

360000－1901－0021695　123226
**求自得之室喪服會通說四卷**　(清)吳嘉賓撰　清同治六年(1867)刻本　一冊

360000－1901－0021696　601261
**求自得之室喪服會通說四卷**　(清)吳嘉賓撰　清同治六年(1867)刻本　二冊

360000－1901－0021697　601262
**求自得之室喪服會通說四卷**　(清)吳嘉賓撰　清同治六年(1867)刻本　一冊

360000－1901－0021698　120690
**求自得之室文鈔十二卷**　(清)吳嘉賓撰　清同治五年(1866)廣州刻本　六冊

360000－1901－0021699　120691
**求自得之室文鈔十二卷**　(清)吳嘉賓撰　清同治五年(1866)廣州刻本　六冊

360000－1901－0021700　120692
**求自得之室文鈔十二卷**　(清)吳嘉賓撰　清同治五年(1866)廣州刻本　五冊

360000－1901－0021701　409267
**求自得之室文鈔十二卷**　(清)吳嘉賓撰　清同治五年(1866)廣州刻本　四冊　存九卷(一至六、十至十二)

360000－1901－0021702　601258
**求自得之室文鈔十二卷**　(清)吳嘉賓撰　清同治五年(1866)廣州刻本　五冊

360000－1901－0021703　601259
**求自得之室文鈔十二卷**　(清)吳嘉賓撰　清同治五年(1866)廣州刻本　五冊

360000－1901－0021704　601260
**求自得之室文鈔十二卷**　(清)吳嘉賓撰　清同治五年(1866)廣州刻本　五冊

360000－1901－0021705　241127
**求自得之室文集八卷**　(清)吳嘉賓撰　清抄本　四冊　缺二卷(五至六)

360000－1901－0021706　121908
**裘文達公文集六卷補遺一卷詩集十八卷奏議一卷**　(清)裘曰修撰　清嘉慶七年(1802)刻本　六冊

360000－1901－0021707　121909
**裘文達公文集六卷補遺一卷詩集十八卷奏議一卷**　(清)裘曰修撰　清嘉慶七年(1802)刻本　六冊

360000－1901－0021708　121910
**裘文達公文集六卷補遺一卷詩集十八卷奏議一卷**　(清)裘曰修撰　清同治十一年(1872)刻本　六冊

360000－1901－0021709　121911
**裘文達公文集六卷補遺一卷詩集十八卷奏議一卷**　(清)裘曰修撰　清同治十一年(1872)刻本　六冊

360000－1901－0021710　121912
**裘文達公文集六卷補遺一卷詩集十八卷奏議一卷**　(清)裘曰修撰　清同治十一年(1872)刻本　六冊

360000－1901－0021711　601604
**裘文達公奏議一卷**　(清)裘曰修撰　清嘉慶八年(1803)刻本　一冊

360000－1901－0021712　407499－2
**古詩源十四卷**　(清)沈德潛輯　清刻本　一冊　存八卷(八至十四)

360000－1901－0021713　241140

**屈陶合刻**　(明)毛晉編　明萬曆四十六年至天啓五年(1618－1625)毛氏綠君亭刻本　二冊

360000－1901－0021714　405302
**屈原賦注七卷通釋二卷**　(清)戴震撰　**音義三卷**　(清)汪梧鳳撰　清乾隆刻本　一冊

360000－1901－0021715　240013
**屈子不分卷**　(戰國)屈原撰　(漢)王逸章句　明末毛氏綠君亭刻屈陶合刻本　二冊

360000－1901－0021716　240019
**屈子說志六卷首一卷末一卷**　(清)陳遠新編輯　清乾隆十四年(1749)慎餘齋刻本　四冊

360000－1901－0021717　304097
**屈子正音三卷**　(清)方績撰　清道光七年(1827)刻本　一冊

360000－1901－0021718　413350
**趨庭詩草二卷**　(清)辛僎撰　清嘉慶二十一年(1816)經笥齋刻敬堂遺書本　一冊

360000－1901－0021719　413350－1
**趨庭詩草二卷**　(清)辛僎撰　清嘉慶二十一年(1816)經笥齋刻敬堂遺書本　一冊

360000－1901－0021720　413350－2
**趨庭詩草二卷**　(清)辛僎撰　清嘉慶二十一年(1816)經笥齋刻敬堂遺書本　一冊

360000－1901－0021721　413350－3
**趨庭詩草二卷**　(清)辛僎撰　清嘉慶二十一年(1816)經笥齋刻敬堂遺書本　一冊

360000－1901－0021722　302631
**瞿唐先生日錄内集八卷**　(明)來知德撰　清刻本　四冊

360000－1901－0021723　303765
**瞿文慎公詩稿不分卷**　(清)瞿鴻禨撰　清刻本　二冊

360000－1901－0021724　410575
**瞿忠宣公集十卷**　(明)瞿式耜撰　清道光十五年(1835)刻本　二冊　存六卷(一至二、七至十)

360000－1901－0021725　303759
**瞿忠宣公集十卷**　(清)瞿式耜撰　清道光十五年(1835)刻本　四冊

360000－1901－0021726　405252
**蘧盦文鈔一卷詩鈔十一卷**　(清)柳商賢撰　清刻本　一冊　存五卷(蘧盦文鈔一卷、詩鈔八至十一)

360000－1901－0021727　241044
**癯樵詩鈔六卷首一卷**　(清)羅從繩撰　清乾隆三十八年(1773)刻本　一冊

360000－1901－0021728　241045
**癯樵詩鈔續本二卷**　(清)羅從繩撰　清嘉慶二十五年(1820)刻本　一冊

360000－1901－0021729　402675
**曲江書屋新訂批注左傳快讀十八卷首一卷**　(清)李紹崧輯　清光緒長沙經濟書局刻本　十六冊

360000－1901－0021730　402689
**曲江書屋新訂批注左傳快讀十八卷首一卷**　(清)李紹崧輯　清光緒二十三年(1897)經綸元記刻本　十六冊

360000－1901－0021731　402690
**曲江書屋新訂批注左傳快讀十八卷首一卷**　(清)李紹崧輯　清光緒二十三年(1897)經綸元記刻本　十六冊

360000－1901－0021732　402691
**曲江書屋新訂批注左傳快讀十八卷首一卷**　(清)李紹崧輯　清光緒二十三年(1897)經綸元記刻本　十二冊　存十七卷(一至四、六至十八)

360000－1901－0021733　402692
**曲江書屋新訂批注左傳快讀十八卷首一卷**　(清)李紹崧輯　清光緒二十三年(1897)經綸元記刻本　十五冊

360000－1901－0021734　803501
**曲江書屋新訂批注左傳快讀十八卷首一卷**　(清)李紹崧輯　清光緒二十四年(1898)澹雅

書局刻本　二册　存三卷(一至二、首一卷)

360000－1901－0021735　402677－1
**曲江書屋新訂批注左傳快讀十八卷首一卷**
(清)李紹崧輯　清光緒二十四年(1898)益元書局刻本　十六册

360000－1901－0021736　402677
**曲江書屋新訂批注左傳快讀十八卷首一卷**
(清)李紹崧輯　清光緒曲江書屋刻本　十六册

360000－1901－0021737　402695
**曲江書屋新訂批注左傳快讀十八卷首一卷**
(清)李紹崧輯　清光緒曲江書屋刻本　十六册

360000－1901－0021738　803502
**曲江書屋新訂批注左傳快讀十八卷首一卷**
(清)李紹崧輯　清光緒曲江書屋刻本　二册　存三卷(一、十,首一卷)

360000－1901－0021739　402678
**曲江書屋新訂批注左傳快讀十八卷首一卷**
(清)李紹崧輯　清光緒曲江書屋刻本(卷六、八至十三配清刻本)　十六册

360000－1901－0021740　402679
**曲江書屋新訂批注左傳快讀十八卷首一卷**
(清)李紹崧輯　清刻本　十四册

360000－1901－0021741　402680
**曲江書屋新訂批注左傳快讀十八卷首一卷**
(清)李紹崧輯　清刻本　十四册

360000－1901－0021742　402694
**曲江書屋新訂批注左傳快讀十八卷首一卷**
(清)李紹崧輯　清刻本　十六册

360000－1901－0021743　402699
**曲江書屋新訂批注左傳快讀十八卷首一卷**
(清)李紹崧輯　清刻本　七册　存九卷(一至二、七至十二、十四)

360000－1901－0021744　402700
**曲江書屋新訂批注左傳快讀十八卷首一卷**
(清)李紹崧輯　清刻本　十二册

360000－1901－0021745　402702
**曲江書屋新訂批注左傳快讀十八卷首一卷**
(清)李紹崧輯　清刻本　十四册

360000－1901－0021746　402702－1
**曲江書屋新訂批注左傳快讀十八卷首一卷**
(清)李紹崧輯　清刻本　二册　存二卷(七至八)

360000－1901－0021747　402703
**曲江書屋新訂批注左傳快讀十八卷首一卷**
(清)李紹崧輯　清刻本　十一册　存十七卷(一至五、七至十七,首一卷)

360000－1901－0021748　402704
**曲江書屋新訂批注左傳快讀十八卷首一卷**
(清)李紹崧輯　清刻本　八册　存十二卷(一至二、四至五、七至八、十至十二、十四至十五,首一卷)

360000－1901－0021749　402705
**曲江書屋新訂批注左傳快讀十八卷首一卷**
(清)李紹崧輯　清刻本　八册　存十二卷(一至二、七、九至十二、十四至十七,首一卷)

360000－1901－0021750　402706
**曲江書屋新訂批注左傳快讀十八卷首一卷**
(清)李紹崧輯　清刻本　七册　存九卷(一、十一至十七,首一卷)

360000－1901－0021751　402707
**曲江書屋新訂批注左傳快讀十八卷首一卷**
(清)李紹崧輯　清刻本　七册　存十一卷(一至四、九至十二、十四至十五,首一卷)

360000－1901－0021752　803512
**曲江書屋新訂批注左傳快讀十八卷首一卷**
(清)李紹崧輯　清刻本　一册　存二卷(一、首一卷)

360000－1901－0021753　803513
**曲江書屋新訂批注左傳快讀十八卷首一卷**
(清)李紹崧輯　清刻本　一册　存二卷(一、首一卷)

360000－1901－0021754　402701

**曲江書屋新訂批注左傳快讀十八卷首一卷** (清)李紹崧輯　清刻本(卷一至二、卷首配清光緒三讓堂刻本)　十三册　存十七卷(一至十、十三至十八,首一卷)

360000－1901－0021755　402674
**曲江書屋新訂批注左傳快讀十八卷首一卷** (清)李紹崧輯　清末石印本　十一册　存十六卷(三至十八)

360000－1901－0021756　402693
**曲江書屋新訂批注左傳快讀十八卷首一卷** (清)李紹崧輯　清乾隆五十二年(1787)刻本　十六册

360000－1901－0021757　402696
**曲江書屋新訂批注左傳快讀十八卷首一卷** (清)李紹崧輯　清乾隆五十二年(1787)刻本(卷二至三、十一至十二、十五至十六配清刻本)　十五册　存十八卷(一至十六、十八,首一卷)

360000－1901－0021758　402698
**曲江書屋新訂批注左傳快讀十八卷首一卷** (清)李紹崧輯　清同治八年(1869)刻本　十三册

360000－1901－0021759　402697
**曲江書屋新訂批注左傳快讀十八卷首一卷** (清)李紹崧輯　清文奎堂刻本　十三册

360000－1901－0021760　161349－1
**曲江書屋新訂批註左傳快讀十八卷首一卷** (清)李紹崧輯　清刻本　九册　存九卷(十至十八)

360000－1901－0021761　404925
**曲録六卷**　王國維編　清宣統元年(1909)刻晨風閣叢書本　三册

360000－1901－0021762　410697
**曲園課孫草一卷續刻一卷** (清)俞樾撰　清光緒八年(1882)金陵刻本　二册

360000－1901－0021763　805085
**曲園課孫草不分卷** (清)俞樾撰　清光緒六年(1880)金陵刻本　二册

360000－1901－0021764　800388
**取善堂訓蒙草一卷** (清)□□撰　清抄本　一册

360000－1901－0021765　120869
**取友篇一卷** (清)聶秉誠編　**吾師録一卷** (明)黄淳耀撰　清同治七年(1868)靖安學署刻本　一册

360000－1901－0021766　403219
**去僞齋四書存十六卷** (清)吕崇謐撰　清乾隆四十一年(1776)永思樓刻本　十六册

360000－1901－0021767　122586
**全本禮記體注十卷** (清)范翔訂　(清)徐瑄補輯　清英德堂刻本　三册　存七卷(四至十)

360000－1901－0021768　403816
**全本禮記體註大全合參十卷** (清)范翔訂　(清)徐瑄補輯　清刻本　十二册

360000－1901－0021769　805256
**全後魏文六十卷** (清)嚴可均輯　清刻全上古三代秦漢三國六朝文本　一册　存七卷(一至七)

360000－1901－0021770　304257
**全球輿地考略一卷** (清)熊亦奇編　清光緒二十四年(1898)刻本　一册

360000－1901－0021771　306689
**全上古三代秦漢三國六朝文七百四十一卷** (清)嚴可均輯　清光緒二十年(1894)黄岡王氏刻本　九十九册

360000－1901－0021772　315822－1
**全上古三代秦漢三國六朝文七百四十一卷** (清)嚴可均輯　清光緒二十年(1894)黄岡王氏刻本　一百册

360000－1901－0021773　315823
**全上古三代秦漢三國六朝文七百四十一卷** (清)嚴可均輯　清光緒二十年(1894)黄岡王氏刻本　一百册

360000－1901－0021774　304267
**全上古三代秦漢三國六朝文七百四十一卷**　(清)嚴可均輯　清光緒二十年(1894)刻本　一百册

360000－1901－0021775　304266
**全上古三代秦漢三國六朝文七百四十一卷**　(清)嚴可均輯　清光緒十九年(1893)刻本　一百册

360000－1901－0021776　306691
**全上古三代秦漢三國六朝文七百四十一卷**　(清)嚴可均輯　清刻本　三十三册　存二百三十六卷(全後漢文四十至四十七、七十一至八十,全三國文六十八至七十五,全晉文一至十五,全齊文八至二十六,全梁文一至六、二十八至七十四,全陳文十八卷,全後魏文二十七至六十,全北齊文十卷,全後周文二十四卷,全隋文三十六卷,先唐文一卷)

360000－1901－0021777　408869
**全生指迷方四卷**　(宋)王貺撰　清同治新建吴氏皖城刻半畝園叢書本　一册

360000－1901－0021778　901398
**全省鄉墨稟經不分卷**　(清)伍長華評選　清道光八年(1828)同文堂刻本　一册

360000－1901－0021779　304258
**全史宫詞二十卷**　(清)史夢蘭撰　清光緒十九年(1893)刻本　八册

360000－1901－0021780　163317
**全蜀藝文志六十四卷**　(明)楊慎編　清讀月草堂刻本　十册

360000－1901－0021781　417782
**全蜀藝文志六十四卷**　(明)楊慎編　清讀月草堂刻本　十一册　存四十七卷(七至十九、三十一至六十四)

360000－1901－0021782　417782－1
**全蜀藝文志六十四卷**　(明)楊慎編　清讀月草堂刻本　二册　存十一卷(十四至二十、四十五至四十八)

360000－1901－0021783　241499
**全唐詩話八卷**　題(宋)尤袤撰　(清)孫濤續輯　清乾隆三十九年(1774)孫濤清芬堂刻本　三册　存四卷(一至二、五至六)

360000－1901－0021784　302219
**全唐詩話六卷**　題(宋)尤袤撰　清宣統三年(1911)三樂堂石印本　六册

360000－1901－0021785　241498
**全唐詩話六卷**　題(宋)尤袤撰　明嘉靖二十二年(1543)王教、王政刻本　六册

360000－1901－0021786　306682
**全唐詩九百卷目錄十二卷**　(清)曹寅等輯　清光緒雙峰書屋刻本　一册

360000－1901－0021787　241340
**全唐詩九百卷目錄十二卷**　(清)曹寅等輯　清康熙四十四年至四十六年(1705－1707)揚州詩局刻本　一百二十册

360000－1901－0021788　241341
**全唐詩九百卷目錄十二卷**　(清)曹寅等輯　清康熙四十四年至四十六年(1705－1707)揚州詩局刻本　一百二十册

360000－1901－0021789　241342
**全唐詩九百卷目錄十二卷**　(清)曹寅等輯　清康熙四十四年至四十六年(1705－1707)揚州詩局刻本　一百二十册

360000－1901－0021790　241343
**全唐詩九百卷目錄十二卷**　(清)曹寅等輯　清康熙四十四年至四十六年(1705－1707)揚州詩局刻本　一百二十册

360000－1901－0021791　241344
**全唐詩九百卷目錄十二卷**　(清)曹寅等輯　清康熙四十四年至四十六年(1705－1707)揚州詩局刻本　一百二十册

360000－1901－0021792　315298
**全唐詩九百卷目錄十二卷**　(清)曹寅等輯　清康熙四十四年至四十六年(1705－1707)揚州詩局刻本　一百册

360000－1901－0021793　315330
**全唐詩九百卷目錄十二卷**　(清)曹寅等輯
清康熙四十四年至四十六年(1705－1707)揚州詩局刻本　一百十一冊

360000－1901－0021794　417806
**全唐詩九百卷目錄十二卷**　(清)曹寅等輯
清康熙四十四年至四十六年(1705－1707)揚州詩局刻本　四十四冊　存三百六卷(一至二百九十四、目錄十二卷)

360000－1901－0021795　417807
**全唐詩九百卷目錄十二卷**　(清)曹寅等輯
清康熙四十四年至四十六年(1705－1707)揚州詩局刻本　一百六冊　存八百二十二卷(九十一至九百、目錄十二卷)

360000－1901－0021796　417808
**全唐詩九百卷目錄十二卷**　(清)曹寅等輯
清康熙四十四年至四十六年(1705－1707)揚州詩局刻本　一百三十冊

360000－1901－0021797　417808－1
**全唐詩九百卷目錄十二卷**　(清)曹寅等輯
清康熙四十四年至四十六年(1705－1707)揚州詩局刻本　十九冊

360000－1901－0021798　417809
**全唐詩九百卷目錄十二卷**　(清)曹寅等輯
清康熙四十四年至四十六年(1705－1707)揚州詩局刻本　五十二冊

360000－1901－0021799　717794
**全唐詩九百卷目錄十二卷**　(清)曹寅等輯
清康熙四十四年至四十六年(1705－1707)揚州詩局刻本　七冊

360000－1901－0021800　717795
**全唐詩九百卷目錄十二卷**　(清)曹寅等輯
清康熙四十四年至四十六年(1705－1707)揚州詩局刻本　二十九冊

360000－1901－0021801　717796
**全唐詩九百卷目錄十二卷**　(清)曹寅等輯
清康熙四十四年至四十六年(1705－1707)揚州詩局刻本　七十四冊

360000－1901－0021802　717797
**全唐詩九百卷目錄十二卷**　(清)曹寅等輯
清康熙四十四年至四十六年(1705－1707)揚州詩局刻本　十八冊

360000－1901－0021803　717798
**全唐詩九百卷目錄十二卷**　(清)曹寅等輯
清康熙四十四年至四十六年(1705－1707)揚州詩局刻本　十四冊

360000－1901－0021804　717799
**全唐詩九百卷目錄十二卷**　(清)曹寅等輯
清康熙四十四年至四十六年(1705－1707)揚州詩局刻本　三十一冊

360000－1901－0021805　719560
**全唐詩九百卷目錄十二卷**　(清)曹寅等輯
清康熙四十四年至四十六年(1705－1707)揚州詩局刻本　一冊　存十卷(一至十)

360000－1901－0021806　721743
**全唐詩九百卷目錄十二卷**　(清)曹寅等輯
清康熙四十四年至四十六年(1705－1707)揚州詩局刻本　二冊　存十六卷(五百六十二至五百七十、八百八十二至八百八十八)

360000－1901－0021807　721744
**全唐詩九百卷目錄十二卷**　(清)曹寅等輯
清康熙四十四年至四十六年(1705－1707)揚州詩局刻本　七冊　存七十一卷(五百六十二至五百七十、六百三十一至六百三十九、八百二十六至八百三十七、八百四十五至八百五十一、八百六十至八百八十一、八百八十九至九百)

360000－1901－0021808　722300
**全唐詩九百卷目錄十二卷**　(清)曹寅等輯
清康熙四十四年至四十六年(1705－1707)揚州詩局刻本　三冊

360000－1901－0021809　305477
**全唐詩九百卷目錄十二卷**　(清)曹寅等輯
清刻本　十八冊

360000－1901－0021810　306692
**全唐詩九百卷目錄十二卷**　(清)曹寅等輯

清刻本　二十八冊

360000－1901－0021811　603288
**全唐詩九百卷目錄十二卷**　（清）曹寅等輯　清刻本　十四冊

360000－1901－0021812　722083
**全唐詩九百卷目錄十二卷**　（清）曹寅等輯　清刻本　二十二冊　存一百四十六卷（一百四十七至一百五十八、一百六十一至二百一、二百十一至二百十五、四百二十四至四百三十八、六百四十八至六百五十三、六百六十六至六百七十三、七百九十七至八百十四、八百二十六至八百三十七、八百六十至八百八十八）

360000－1901－0021813　722083－1
**全唐詩九百卷目錄十二卷**　（清）曹寅等輯　清刻本　四冊　存二十五卷（一百四十七至一百五十八、一百六十一至一百六十八、四百二十四至四百二十八）

360000－1901－0021814　722083－2
**全唐詩九百卷目錄十二卷**　（清）曹寅等輯　清刻本　三冊　存二十五卷（一百六十一至一百八十五）

360000－1901－0021815　316504
**全唐詩三十二卷**　（清）曹寅等輯　清光緒十三年（1887）上海同文書局石印本　三十二冊

360000－1901－0021816　316505
**全唐詩三十二卷**　（清）曹寅等輯　清光緒十三年（1887）上海同文書局石印本　三十一冊　存三十一卷（一至十六、十八至三十二）

360000－1901－0021817　316506
**全唐詩三十二卷**　（清）曹寅等輯　清光緒十三年（1887）上海同文書局石印本　三十二冊

360000－1901－0021818　417805
**全唐詩三十二卷**　（清）曹寅等輯　清光緒十三年（1887）上海同文書局石印本　二十五冊　存二十五卷（一至三、五至八、十至十一、十三至十五、十七至二十一、二十三至二十四、二十六至二十七、二十九至三十二）

360000－1901－0021819　417805－1
**全唐詩三十二卷**　（清）曹寅等輯　清光緒十三年（1887）上海同文書局石印本　二冊　存二卷（十八、二十）

360000－1901－0021820　603289
**全唐詩三十二卷**　（清）曹寅等輯　清光緒十三年（1887）上海同文書局石印本　六十四冊

360000－1901－0021821　407690
**全唐試律類箋十卷**　（清）惲鶴生　（清）錢人龍編　清乾隆刻本　一冊　存三卷（二至四）

360000－1901－0021822　304251
**全唐文紀事一百二十二卷首一卷**　（清）陳鴻墀撰　清同治十二年（1873）刻本　三十二冊

360000－1901－0021823　316597
**全唐文紀事一百二十二卷首一卷**　（清）陳鴻墀撰　清同治十二年（1873）刻本　三十二冊

360000－1901－0021824　317997
**全體通考十八卷圖二卷**　（英國）德貞撰　清光緒十二年（1886）同文館鉛印本　十六冊

360000－1901－0021825　401840
**全體新論一卷**　（英國）合信氏　（清）陳修堂撰　清咸豐元年（1851）上海墨海書館刻本　一冊

360000－1901－0021826　401840－1
**全體新論一卷**　（英國）合信氏　（清）陳修堂撰　清咸豐元年（1851）上海墨海書館刻本　一冊

360000－1901－0021827　900724
**全圖三國演義十六卷一百二十回**　（明）羅本撰　清末上海章福記書局石印本　一冊　存一卷（七）二十四回（四十五至六十八）

360000－1901－0021828　705185
**全五代詩一百卷**　（清）李調元輯　清乾隆刻本　一冊　存五卷（七十九至八十三）

360000－1901－0021829　304259
**全謝山文鈔十六卷**　（清）全祖望撰　清宣統二年（1910）上海國學扶輪社鉛印本　八冊

360000－1901－0021830　306698
**全謝山文鈔十六卷**　(清)全祖望撰　清宣統二年(1910)上海國學扶輪社鉛印本　五冊　存十卷(一至二、五至八、十一至十四)

360000－1901－0021831　717776
**全謝山文鈔十六卷**　(清)全祖望撰　清宣統二年(1910)上海國學扶輪社鉛印本　八冊

360000－1901－0021832　162765
**全謝山先生經史問答十卷**　(清)全祖望撰　清光緒八年(1882)上海王廷學刻本　四冊

360000－1901－0021833　163228
**全謝山先生經史問答十卷**　(清)全祖望撰　清嘉慶刻本　四冊

360000－1901－0021834　406075
**全謝山先生經史問答十卷**　(清)全祖望撰　清嘉慶刻本　二冊　存七卷(一至七)

360000－1901－0021835　406075－1
**全謝山先生經史問答十卷**　(清)全祖望撰　清嘉慶刻本　一冊　存四卷(一至四)

360000－1901－0021836　416643
**全性集福不分卷**　(清)王文山撰　清光緒六年(1880)同善壇刻本　一冊

360000－1901－0021837　420109
**全義圖志二卷**　(清)全義圖志局纂　清光緒三十四年(1908)賴一本堂木活字印本　二冊

360000－1901－0021838　420110
**全義圖志二卷**　(清)全義圖志局纂　清光緒三十四年(1908)賴一本堂木活字印本　二冊

360000－1901－0021839　408334
**全嬰捷方一卷**　(清)堅白道人輯　清光緒十六年(1890)刻本　一冊

360000－1901－0021840　408334－1
**全嬰捷方一卷**　(清)堅白道人輯　清光緒十六年(1890)刻本　一冊

360000－1901－0021841　408334－2
**全嬰捷方一卷**　(清)堅白道人輯　清光緒十六年(1890)刻本　一冊

360000－1901－0021842　121228
**泉湖山房稿三十卷**　(明)曾同亨撰　清木活字印本　二冊

360000－1901－0021843　314621
**泉史十六卷**　(清)盛大士撰　清道光刻本　八冊

360000－1901－0021844　122997
**泉志十五卷**　(宋)洪遵撰　清照曠閣刻本　二冊

360000－1901－0021845　414926
**泉志校誤四卷**　(清)金嘉撰　清光緒觀自得齋刻本　二冊

360000－1901－0021846　413538
**泉州從政紀畧二卷**　(清)程榮春撰　清同治五年(1866)吟雨樓刻本　一冊　存一卷(二)

360000－1901－0021847　409478
**權衡一書四十一卷**　(清)王植撰　清乾隆崇雅堂刻本　十二冊

360000－1901－0021848　409479
**權衡一書四十一卷**　(清)王植撰　清乾隆崇雅堂刻本　二十四冊

360000－1901－0021849　409480
**權衡一書四十一卷**　(清)王植撰　清乾隆崇雅堂刻本　十五冊

360000－1901－0021850　303024
**權制八卷**　(清)陳澹然撰　清光緒二十八年(1902)長沙石印本　四冊

360000－1901－0021851　303025
**權制八卷**　(清)陳澹然撰　清光緒二十八年(1902)長沙石印本　四冊

360000－1901－0021852　303030
**權制八卷**　(清)陳澹然撰　清光緒二十八年(1902)長沙石印本　四冊

360000－1901－0021853　303026
**權制八卷**　(清)陳澹然撰　清光緒二十六年(1900)長沙徐崇立刻本　六冊

360000－1901－0021854　303027
**權制八卷**　(清)陳澹然撰　清光緒二十六年(1900)長沙徐崇立刻本　六册

360000－1901－0021855　303028
**權制八卷**　(清)陳澹然撰　清光緒二十六年(1900)長沙徐崇立刻本　二册

360000－1901－0021856　306136
**權制八卷**　(清)陳澹然撰　清光緒二十六年(1900)長沙徐崇立刻本　三册　存六卷(一至六)

360000－1901－0021857　416423
**權制八卷**　(清)陳澹然撰　清光緒二十六年(1900)長沙徐崇立刻本　四册

360000－1901－0021858　716970
**權制八卷**　(清)陳澹然撰　清末石印本　二册　存四卷(三至六)

360000－1901－0021859　804520
**權制八卷**　(清)陳澹然撰　清末石印本　一册　存二卷(五至六)

360000－1901－0021860　713554
**券易苞十二卷**　(明)章世純撰　(清)李閎訂　清嘉慶抄本　一册

360000－1901－0021861　162909
**勸毁淫書徵信集一卷戒演淫戲福慶集一卷**　(清)長春行善所輯　清咸豐六年(1856)長春行善所刻本　一册

360000－1901－0021862　302763
**勸戒必讀三卷**　(清)勸善堂主人編　清光緒十三年(1887)刻本　一册

360000－1901－0021863　417387
**勸戒二録不分卷**　(清)祝治山人輯　清光緒十二年(1886)刻本　一册

360000－1901－0021864　162900
**勸戒近録六卷**　(清)梁恭辰撰　清道光二十七年(1847)刻本　二册

360000－1901－0021865　805203
**勸戒近録六卷**　(清)梁恭辰撰　清刻本　一册　存三卷(四至六)

360000－1901－0021866　417379
**勸戒溺女彙編二卷**　(清)白舫居士輯　清嘉慶十六年(1811)四香草堂刻本　一册

360000－1901－0021867　410615
**勸民説一卷**　(清)胡惟賢撰　清光緒三十二年(1906)清江印書公會鉛印本　一册

360000－1901－0021868　417384
**勸民説一卷**　(清)胡惟賢撰　清光緒三十二年(1906)清江印書公會鉛印本　一册

360000－1901－0021869　417384－1
**勸民説一卷**　(清)胡惟賢撰　清光緒三十二年(1906)清江印書公會鉛印本　一册

360000－1901－0021870　800857
**勸時語二卷**　(清)劉涣昌撰　清光緒二十九年(1903)刻本　一册

360000－1901－0021871　417386
**勸世文一卷**　(清)□□輯　清廬陵詹人彪刻本　一册

360000－1901－0021872　901475
**勸賢堂圖册不分卷**　(清)□□撰　清刻本　六册

360000－1901－0021873　162910
**勸孝詩歌**　(清)沈溥輯　清刻本　一册

360000－1901－0021874　161529
**勸孝文不分卷**　(□)□□輯　清抄本　一册

360000－1901－0021875　162979
**勸修淨土切要**　(清)陳熙願撰　清咸豐五年(1855)刻本　一册

360000－1901－0021876　716383
**勸學篇二卷**　(清)張之洞撰　清光緒二十四年(1898)長沙刻本　一册

360000－1901－0021877　302761
**勸學篇二卷**　(清)張之洞撰　清光緒二十四年(1898)黄州府河東書院刻本　二册

360000－1901－0021878　305947

**勸學篇二卷**　(清)張之洞撰　清光緒二十四年(1898)江西書局刻本　一册　存一卷(下)

360000－1901－0021879　716381
**勸學篇二卷**　(清)張之洞撰　清光緒二十四年(1898)江西書局刻本　二册

360000－1901－0021880　302765
**勸學篇二卷**　(清)張之洞撰　清光緒二十四年(1898)江西學署刻本　一册

360000－1901－0021881　716380
**勸學篇二卷**　(清)張之洞撰　清光緒二十四年(1898)江西學署刻本　一册

360000－1901－0021882　162919
**勸學篇二卷**　(清)張之洞撰　清光緒二十四年(1898)刻本　二册

360000－1901－0021883　162920
**勸學篇二卷**　(清)張之洞撰　清光緒二十四年(1898)刻本　二册

360000－1901－0021884　162921
**勸學篇二卷**　(清)張之洞撰　清光緒二十四年(1898)刻本　二册

360000－1901－0021885　416418
**勸學篇二卷**　(清)張之洞撰　清光緒二十四年(1898)刻本　一册

360000－1901－0021886　416418－1
**勸學篇二卷**　(清)張之洞撰　清光緒二十四年(1898)刻本　一册　存一卷(上)

360000－1901－0021887　805049
**勸學篇二卷**　(清)張之洞撰　清光緒二十四年(1898)刻本　二册

360000－1901－0021888　805049－1
**勸學篇二卷**　(清)張之洞撰　清光緒二十四年(1898)刻本　二册

360000－1901－0021889　302767
**勸學篇二卷**　(清)張之洞撰　清光緒二十四年(1898)兩湖書院刻本　一册

360000－1901－0021890　302768
**勸學篇二卷**　(清)張之洞撰　清光緒二十四年(1898)兩湖書院刻本　一册

360000－1901－0021891　302769
**勸學篇二卷**　(清)張之洞撰　清光緒二十四年(1898)兩湖書院刻本　一册

360000－1901－0021892　416417
**勸學篇二卷**　(清)張之洞撰　清光緒二十四年(1898)兩湖書院刻本　一册

360000－1901－0021893　416417－1
**勸學篇二卷**　(清)張之洞撰　清光緒二十四年(1898)兩湖書院刻本　一册

360000－1901－0021894　716379
**勸學篇二卷**　(清)張之洞撰　清光緒二十四年(1898)兩湖書院刻本　二册

360000－1901－0021895　716384
**勸學篇二卷**　(清)張之洞撰　清光緒二十四年(1898)兩湖書院刻本　一册

360000－1901－0021896　722017
**勸學篇二卷**　(清)張之洞撰　清光緒二十四年(1898)兩湖書院刻本　一册

360000－1901－0021897　302764
**勸學篇二卷**　(清)張之洞撰　清光緒二十四年(1898)上海道蔡鈞刻本　一册

360000－1901－0021898　416416
**勸學篇二卷**　(清)張之洞撰　清光緒二十四年(1898)上海道署鉛印本　二册

360000－1901－0021899　416416－1
**勸學篇二卷**　(清)張之洞撰　清光緒二十四年(1898)上海道署鉛印本　一册　存一卷(下)

360000－1901－0021900　313643
**勸學篇二卷**　(清)張之洞撰　清光緒二十四年(1898)慎始基齋刻本　二册

360000－1901－0021901　302766
**勸學篇二卷**　(清)張之洞撰　清光緒二十四年(1898)皖省刻本　一册

360000－1901－0021902　716385
**勸學篇二卷**　(清)張之洞撰　清光緒二十四年(1898)雲南善後書局刻本　一册

360000－1901－0021903　716378
**勸學篇二卷**　(清)張之洞撰　清末刻本　一册

360000－1901－0021904　314147
**勸學篇二卷**　(清)張之洞撰　清末鉛印本　二册

360000－1901－0021905　162918
**勸學篇二卷**　(清)張之洞撰　清末上海扶輪書局鉛印本　二册

360000－1901－0021906　416415
**勸學篇二卷**　(清)張之洞撰　清末上海扶輪書局鉛印本　二册

360000－1901－0021907　416415－1
**勸學篇二卷**　(清)張之洞撰　清末上海扶輪書局鉛印本　二册

360000－1901－0021908　309673
**勸學篇二卷**　(清)張之洞撰　清末上海鴻文書局石印本　一册

360000－1901－0021909　309950
**勸學篇二卷**　(清)張之洞撰　清末石印本　一册

360000－1901－0021910　314151
**勸學篇二卷**　(清)張之洞撰　清末石印本　二册

360000－1901－0021911　161476
**勸學篇二卷**　(清)張之洞撰　清光緒二十四年(1898)刻本　一册

360000－1901－0021912　314152
**勸學篇書後一卷**　何啓　胡禮垣撰　清光緒石印本　一册

360000－1901－0021913　805437
**勸諭不纏足圖説方書一卷**　(清)沈亮棨撰　清末鉛印本　一册

360000－1901－0021914　162028
**闕里述聞十四卷**　(清)鄭曉如撰　清同治七年(1868)華文堂刻本　八册

360000－1901－0021915　162029
**闕里述聞十四卷**　(清)鄭曉如撰　清同治七年(1868)華文堂刻本　八册

360000－1901－0021916　220427
**闕里文獻考一百卷首一卷末一卷**　(清)孔繼汾撰　清乾隆二十七年(1762)孔昭焕刻本　八册

360000－1901－0021917　220428
**闕里文獻考一百卷首一卷末一卷**　(清)孔繼汾撰　清乾隆二十七年(1762)孔昭焕刻本　八册

360000－1901－0021918　220429
**闕里文獻考一百卷首一卷末一卷**　(清)孔繼汾撰　清乾隆二十七年(1762)孔昭焕刻本　八册

360000－1901－0021919　220430
**闕里文獻考一百卷首一卷末一卷**　(清)孔繼汾撰　清乾隆二十七年(1762)孔昭焕刻本　八册

360000－1901－0021920　220688
**闕里誌二十四卷**　(明)陳鎬撰　(清)孔胤植續　明崇禎刻清雍正增修本　十册

360000－1901－0021921　220689
**闕里誌二十四卷**　(明)陳鎬撰　(清)孔胤植續　明崇禎刻清雍正增修本　九册　缺一卷(二十四)

360000－1901－0021922　418500
**闕里纂要四卷**　(清)孔衍琦編　清康熙三十三年(1694)刻本　二册

360000－1901－0021923　122499
**闕素岡自娱草十四卷附雙節吟一卷**　(清)闕縫撰　清光緒三年(1877)刻本　四册

360000－1901－0021924　716945
**羣策統編□□卷**　(清)□□輯　清刻本　一

册　存四卷(四十六至四十九)

360000－1901－0021925　162746

**羣方便覽續編**　(清)□□輯　清道光四年(1824)聚賢堂刻本　一册

360000－1901－0021926　162745

**羣方便覽續編**　(清)□□輯　清咸豐八年(1858)順德周氏刻本　一册

360000－1901－0021927　210389

**羣經補義五卷**　(清)江永撰　清乾隆三十八年(1773)刻本　一册

360000－1901－0021928　713675

**羣經補義五卷**　(清)江永撰　清乾隆五十七年(1792)江起泰等刻讀書隨筆本　一册　存二卷(一至二)

360000－1901－0021929　718643

**古文未曾有集八卷**　(清)王甫白評選　清抄本　一册　存四卷(五至八)

360000－1901－0021930　160951

**羣經宫室圖二卷**　(清)焦循撰　清嘉慶五年(1800)江都焦氏半九書塾刻本　二册

360000－1901－0021931　160952

**羣經宫室圖二卷**　(清)焦循撰　清嘉慶五年(1800)江都焦氏半九書塾刻本　二册

360000－1901－0021932　710693

**羣經平議三十五卷**　(清)俞樾撰　清光緒刻春在堂全書本　十二册

360000－1901－0021933　603677

**羣經平議三十五卷**　(清)俞樾撰　清刻本　一册　存四卷(十九至二十二)

360000－1901－0021934　406069－1

**羣經義證八卷**　(清)武億撰　清刻本　二册

360000－1901－0021935　160949

**羣經音辨七卷**　(宋)賈昌朝撰　清道光二十年(1840)刻本　一册

360000－1901－0021936　160950

**羣經字詁七十二卷**　(清)段諤廷撰　(清)黄本驥編　清道光二十九年(1849)黔陽楊氏刻本　十八册

360000－1901－0021937　406021

**羣經字詁七十二卷**　(清)段諤廷撰　(清)黄本驥編　清刻本　十册　存三十五卷(一至八、三十三至四十五、五十三至六十一、六十八至七十二)

360000－1901－0021938　250059

**羣書典彙十四卷**　(明)黄道周輯　明崇禎十六年(1643)敦古齋刻本　十四册

360000－1901－0021939　308256

**羣書典彙十四卷**　(明)黄道周輯　明崇禎十六年(1643)敦古齋刻本　五册　存五卷(二、四至七)

360000－1901－0021940　416916

**羣書典彙十四卷**　(明)黄道周輯　明崇禎十六年(1643)敦古齋刻本　二册　存二卷(五至六)

360000－1901－0021941　719487

**羣書典彙十四卷**　(明)黄道周輯　明崇禎十六年(1643)敦古齋刻本　一册　存一卷(十四)

360000－1901－0021942　722247

**羣書典彙十四卷**　(明)黄道周輯　明崇禎十六年(1643)敦古齋刻本　三册　存三卷(十一至十三)

360000－1901－0021943　717943

**羣書典彙十四卷**　(明)黄道周評輯　明崇禎十六年(1643)敦古齋刻本　九册　存九卷(一、三至十)

360000－1901－0021944　717944

**羣書典彙十四卷**　(明)黄道周評輯　明崇禎十六年(1643)敦古齋刻本　二册　存三卷(一至三)

360000－1901－0021945　250029

**羣書集事淵海四十七卷**　(□)□□輯　明弘治十八年(1505)賈性刻本　八十册　缺六卷

（四十二至四十七）

360000－1901－0021946　250045
**羣書考索古今事文玉屑二十四卷**　（明）楊淙輯　明萬曆二十五年（1597）葉近山、劉望臺刻本　二十四册

360000－1901－0021947　250018
**羣書考索前集六十六卷後集六十五卷續集五十六卷别集二十五卷**　（宋）章如愚輯　明正德三年至十三年（1508－1518）劉洪慎獨書齋刻本　十六册　存六十五卷（後集六十五卷）

360000－1901－0021948　301134
**羣書拾補**　（清）盧文弨撰　清光緒十年（1884）上海蜚英館石印本　八册

360000－1901－0021949　315805
**羣書拾補**　（清）盧文弨撰　清光緒十三年（1887）上海蜚英館石印本　八册

360000－1901－0021950　416915
**羣書拾補**　（清）盧文弨撰　清光緒十三年（1887）上海蜚英館石印本　八册

360000－1901－0021951　416915－1
**羣書拾補**　（清）盧文弨撰　清光緒十三年（1887）上海蜚英館石印本　五册　存二十五種

360000－1901－0021952　303996
**羣書拾補**　（清）盧文弨撰　清乾隆五十五年（1790）抱經堂刻本　一册　存五種

360000－1901－0021953　316077
**羣書拾補初編**　（清）盧文弨撰　清光緒十三年（1887）上海蜚英館石印本　八册

360000－1901－0021954　250030
**羣書拾唾十二卷**　（明）張九韶撰　明吳昭明刻本　一册　存六卷（七至十二）

360000－1901－0021955　416917
**羣書疑辨十二卷**　（清）萬斯同撰　清抄本　六册

360000－1901－0021956　312938
**羣書疑辨十二卷**　（清）萬斯同撰　清嘉慶二十一年（1816）刻本　四册

360000－1901－0021957　317564
**羣書札記十六卷**　（清）朱亦棟撰　清光緒四年（1878）武林竹簡齋刻本　六册

360000－1901－0021958　416919
**羣書治要五十卷**　（唐）魏徵等輯　清道光二十七年（1847）靈石楊氏刻連筠簃叢書本　十册

360000－1901－0021959　803085
**羣談採餘十卷**　（明）倪綰輯　清刻本　一册　存二卷（一至二）

360000－1901－0021960　301132
**羣學肆言不分卷**　（英國）斯賓塞爾撰　嚴復譯　清光緒二十九年（1903）上海文明編譯書局鉛印本　四册

360000－1901－0021961　301136
**羣學肆言不分卷**　（英國）斯賓塞爾撰　嚴復譯　清光緒二十九年（1903）上海文明編譯書局鉛印本　四册

360000－1901－0021962　301137
**羣學肆言不分卷**　（英國）斯賓塞爾撰　嚴復譯　清光緒二十九年（1903）上海文明編譯書局鉛印本　四册

360000－1901－0021963　301142
**羣學肆言不分卷**　（英國）斯賓塞爾撰　嚴復譯　清光緒二十九年（1903）上海文明編譯書局鉛印本　四册

360000－1901－0021964　308613
**羣學肆言不分卷**　（英國）斯賓塞爾撰　嚴復譯　清光緒二十九年（1903）上海文明編譯書局鉛印本　四册

360000－1901－0021965　404712
**羣學肆言不分卷**　（英國）斯賓塞爾撰　嚴復譯　清光緒二十九年（1903）上海文明編譯書局鉛印本　四册

360000－1901－0021966　404713
**羣學肆言不分卷**　（英國）斯賓塞爾撰　嚴復

譯　清光緒二十九年(1903)上海文明編譯書局鉛印本　四册

360000－1901－0021967　404714
**羣學肄言不分卷**　(英國)斯賓塞爾撰　嚴復譯　清光緒二十九年(1903)上海文明編譯書局鉛印本　四册

360000－1901－0021968　404715
**羣學肄言不分卷**　(英國)斯賓塞爾撰　嚴復譯　清光緒二十九年(1903)上海文明編譯書局鉛印本　四册

360000－1901－0021969　404716
**羣學肄言不分卷**　(英國)斯賓塞爾撰　嚴復譯　清光緒二十九年(1903)上海文明編譯書局鉛印本　二册

360000－1901－0021970　404716－1
**羣學肄言不分卷**　(英國)斯賓塞爾撰　嚴復譯　清光緒二十九年(1903)上海文明編譯書局鉛印本　一册

360000－1901－0021971　413134－1
**羣玉閣彙刊類書**　(清)小嫏嬛山館編　清咸豐元年(1851)刻本　二册　存二種

360000－1901－0021972　123024
**蚺城約議不分卷**　(清)張學癡輯　清光緒十八年(1892)刻本　一册

360000－1901－0021973　316412
**然松閣存稿三卷**　(清)顧櫰三撰　清光緒二十二年(1896)鉛印本　一册

360000－1901－0021974　405670
**髯仙詩舫遺稿二卷**　(清)李鴻裔撰　清光緒十四年(1888)遵義黎氏刻本　一册　存一卷(上)

360000－1901－0021975　407227
**冉蟫庵先生語録類編五卷**　(清)冉覲祖撰　(清)聶珩等輯　清刻本　一册　存一卷(三)

360000－1901－0021976　410842
**染學齋詩集十卷**　(清)余元遴撰　清咸豐二年(1852)刻本　一册　存二卷(二至三)

360000－1901－0021977　705270
**染學齋詩集十卷**　(清)余元遴撰　清咸豐二年(1852)刻本　一册　存三卷(二至四)

360000－1901－0021978　318154
**染雲館曲選□□卷**　(清)葉堂訂　清南州杏花村農抄本　四册　存四卷(納書楹曲譜一、四至五、八)

360000－1901－0021979　210374
**饒雙峰講義十六卷**　(宋)饒魯撰　清乾隆五十六年(1791)石洞書院刻本　四册

360000－1901－0021980　210375
**饒雙峰講義十六卷**　(宋)饒魯撰　清乾隆五十六年(1791)石洞書院刻本　四册

360000－1901－0021981　415147
**饒雙峰講義十六卷**　(宋)饒魯撰　清乾隆五十六年(1791)石洞書院刻本　二册　存七卷(一至四、九至十一)

360000－1901－0021982　315684
**繞竹山房詩稿十卷詩餘一卷詩續稿十四卷**　(清)朱文治撰　清嘉慶二十三年(1818)刻本　八册

360000－1901－0021983　415159
**繞竹山房詩稿十卷詩餘一卷詩續稿十四卷**　(清)朱文治撰　清嘉慶至咸豐刻本　八册

360000－1901－0021984　412774
**熱學揭要六章**　(美國)赫士口譯　(清)劉永貴筆述　清光緒二十三年(1897)上海美華書館鉛印本　一册

360000－1901－0021985　161421
**人表考九卷**　(清)梁玉繩撰　清光緒十四年(1888)廣雅書局刻本　六册

360000－1901－0021986　313736
**人範六卷**　(清)蔣元輯　清光緒二十六年(1900)吉林恩壽鉛印本　二册

360000－1901－0021987　163743
**人範六卷**　(清)蔣元輯　清光緒二十七年(1901)廣雅書局刻本　一册

360000－1901－0021988　163744
**人範六卷**　(清)蔣元輯　清光緒二十七年(1901)廣雅書局刻本　一册

360000－1901－0021989　304249
**人範須知六卷**　(清)盛隆輯　清同治二年(1863)石竹山房刻本　六册

360000－1901－0021990　414760
**人海記二卷**　(清)查慎行編　清宣統二年(1910)掃葉山房石印本　二册

360000－1901－0021991　315768
**人境廬詩草十一卷**　(清)黄遵憲撰　清宣統三年(1911)嘉應黄氏鉛印本　四册

360000－1901－0021992　400783
**人譜類記二卷**　(明)劉宗周撰　清刻本　一册　存一卷(下)

360000－1901－0021993　400784
**人譜類記六卷**　(明)劉宗周撰　清刻本　一册

360000－1901－0021994　400791
**人譜類記增訂六卷**　(明)劉宗周撰　清光緒三年(1877)湖北崇文書局刻本　二册

360000－1901－0021995　400787
**人譜類記增訂六卷**　(明)劉宗周撰　清咸豐十年(1860)刻本　四册

360000－1901－0021996　162100
**人譜六卷首一卷**　(明)劉宗周撰　清咸豐十年(1860)金谿趙氏麗澤書屋刻本　六册

360000－1901－0021997　400790
**人譜一卷**　(明)劉宗周撰　清光緒三年(1877)湖北崇文書局刻本　一册

360000－1901－0021998　400789
**人譜一卷**　(明)劉宗周撰　清光緒三十二年(1906)石印本　一册

360000－1901－0021999　163745
**人譜一卷人譜類記二卷**　(明)劉宗周撰　清道光四年(1824)刻本　二册

360000－1901－0022000　313444
**人譜一卷人譜類記二卷**　(明)劉宗周撰　清光緒三十二年(1906)石印本　三册

360000－1901－0022001　309373
**人譜一卷人譜類記二卷**　(明)劉宗周撰　清嘉慶刻本　二册

360000－1901－0022002　306705
**人譜一卷人譜類記二卷**　(明)劉宗周撰　清同治七年(1868)刻本　一册

360000－1901－0022003　400785
**人譜一卷人譜類記二卷**　(明)劉宗周撰　清同治七年(1868)刻本　二册

360000－1901－0022004　400786
**人譜一卷人譜類記二卷**　(明)劉宗周撰　清同治七年(1868)刻本　二册

360000－1901－0022005　318120－3
**古文雜鈔不分卷**　(清)□□輯　清抄本　一册

360000－1901－0022006　303594
**人生必讀書十二卷**　(清)唐彪輯　清嘉慶三年(1798)鄢氏祠刻本　六册

360000－1901－0022007　400795
**人生必讀書十二卷**　(清)鄒祖堂輯　清同治十年(1871)刻本　八册

360000－1901－0022008　400793
**人生必讀書四卷**　(清)唐彪輯　(清)陳三辰增删　清嘉慶二年(1797)三讓堂刻本　二册

360000－1901－0022009　400794
**人生必讀書四卷**　(清)葉文麟增删　清乾隆五十九年(1794)雲間湯梅坡刻本　一册

360000－1901－0022010　400792
**人生要覽三卷**　(清)湯元塏撰　清道光十年(1830)刻本　二册　存二卷(一至二)

360000－1901－0022011　303595
**人壽金鑑二十二卷**　(清)程得齡輯　清嘉慶二十五年(1820)刻本　四册

360000－1901－0022012　318871
**人壽金鑑二十二卷**　(清)程得齡輯　清嘉慶二十五年(1820)刻本　十册

360000－1901－0022013　902019
**壬課纂義不分卷**　(□)□□輯　清抄本　四十一册

360000－1901－0022014　803427
**壬戌詩草不分卷**　(□)□□撰　清抄本　一册

360000－1901－0022015　402016
**壬寅全年新時務通攷四卷**　(清)儲桂山輯　清光緒二十九年(1903)富強齋書局石印本　八册

360000－1901－0022016　901596
**壬寅闈藝代表集不分卷**　(清)句章坦園主人輯　清光緒二十八年(1902)上海書局石印本　一册

360000－1901－0022017　901761
**壬寅直省闈墨□卷**　(清)滕肇周輯　清光緒二十九年(1903)浙江石印本　一册　存一卷(一)

360000－1901－0022018　900610
**仁濟和保險有限公司合辦地二十屆賬略不分卷**　(清)□□撰　清末石印本　一册

360000－1901－0022019　900611
**仁壽坊同慶堂田册不分卷**　(清)劉作州等撰　清道光二十七年(1847)刻本　一册

360000－1901－0022020　720345
**仁壽鏡不分卷**　(清)□□輯　清道光八年(1828)刻本　一册

360000－1901－0022021　609814
**仁在堂關中書院課士賦不分卷**　(清)路德撰　清刻本　二册

360000－1901－0022022　609813
**仁在堂關中書院課士詩不分卷**　(清)路德撰　清刻本　二册

360000－1901－0022023　900441
**仁在堂律賦箋注一卷**　(清)路德評選　清道光二十八年(1848)刻本　一册

360000－1901－0022024　900441－1
**仁在堂律賦箋注一卷**　(清)路德評選　清道光二十八年(1848)刻本　一册

360000－1901－0022025　900441－2
**仁在堂律賦箋注一卷**　(清)路德評選　清道光二十八年(1848)刻本　二册

360000－1901－0022026　603495
**仁在堂全集十四集**　(清)路德評選　清道光五年(1825)經元堂刻本　二册　存二集(蒲編堂訓蒙草、訓蒙草注釋)

360000－1901－0022027　900443
**仁在堂全集十四集**　(清)路德評選　清道光五年(1825)經元堂刻本　二十册　存十集(時藝引、時藝辨、時藝核、時藝課、時藝綜、時藝階、時藝話、時藝核續編、關中書院課士詩、關中書院課士賦)

360000－1901－0022028　800170
**仁在堂全集十一集續刻三集**　(清)路德評選　清道光二十年(1840)刻本　二十四册　存十一集(時藝引、時藝辨、時藝核、時藝課、時藝綜、時藝階、時藝話、時藝核續編、課士詩課士賦、文藝金鍼、訓蒙草注釋)

360000－1901－0022029　901545
**仁在堂全集十一集續刻三集**　(清)路德評選　清刻本　四册　存二集(時藝引、時藝階)

360000－1901－0022030　901549
**仁在堂全集十一集續刻三集**　(清)路德評選　清刻本　二册　存二集(時藝開、時藝竅)

360000－1901－0022031　901544
**仁在堂全集十一集續刻三集**　(清)路德評選　清末石印本　五册　存九集(時藝辨、時藝核、時藝課、時藝綜、時藝階、時藝話、時藝賦、時藝核續編、訓蒙草注釋)

360000－1901－0022032　901550
**仁在堂全集十一集續刻三集**　(清)路德評選

清漁古山房刻本　二十四冊

360000－1901－0022033　901547
**仁在堂詩賦合刻不分卷**　（清）路德評選　清刻本　一冊

360000－1901－0022034　163828
**仁在堂時藝辨二卷**　（清）路德評選　清咸豐七年（1857）刻本　二冊

360000－1901－0022035　301206
**仁在堂時藝辨二卷**　（清）路德撰　清道光六年（1826）漁古山房刻本　二冊

360000－1901－0022036　900442－1
**仁在堂時藝辨一卷**　（清）路德評選　清刻本　一冊

360000－1901－0022037　163827
**仁在堂時藝核二卷**　（清）路德編　清咸豐七年（1857）刻本　二冊

360000－1901－0022038　803079
**仁在堂時藝核續編不分卷**　（清）路德編　清刻本　一冊

360000－1901－0022039　805237
**仁在堂時藝階六卷**　（清）路德編　清道光二十七年（1847）刻本　一冊　存二卷（一至二）

360000－1901－0022040　805189
**仁在堂時藝階六卷**　（清）路德編　清道光二十五年（1845）刻本　六冊

360000－1901－0022041　805236
**仁在堂時藝階六卷**　（清）路德編　清咸豐七年（1857）刻本　六冊

360000－1901－0022042　900459
**仁在堂時藝階一卷**　（清）路德評選　清刻本　二冊

360000－1901－0022043　900440
**仁在堂時藝課二卷**　（清）路德評選　清道光二十五年（1845）刻本　一冊　存一卷（上）

360000－1901－0022044　900439
**仁在堂時藝詩賦全集**　（清）路德評選　清道光二十八年（1848）刻本　七冊　存五種

360000－1901－0022045　900442
**仁在堂時藝詩賦全集**　（清）路德評選　清刻本　十一冊　存七種

360000－1901－0022046　901546
**仁在堂時藝詩賦全集**　（清）路德評選　清刻本　四冊

360000－1901－0022047　900444
**仁在堂時藝詩賦全集**　（清）路德評選　清咸豐七年（1857）刻本　九冊　存四種

360000－1901－0022048　901954
**仁在堂時藝詩賦全書**　（清）路德評選　清道光二十五年（1845）刻本　四冊　存六卷（時藝引一至四、時藝綜一至二）

360000－1901－0022049　900442－2
**仁在堂時藝綜一卷**　（清）路德評選　清刻本　一冊

360000－1901－0022050　416677
**忍經一卷**　（元）吳亮撰　清光緒二十一年（1895）錢塘丁氏嘉惠堂刻朱印武林往哲遺箸本　一冊

360000－1901－0022051　414945
**忍字輯略不分卷**　（清）朱錫珍輯　清道光二十七年（1847）刻本　一冊

360000－1901－0022052　302048
**任氏遺書**　（清）任啓運撰　清光緒十四年（1888）荆溪任氏家塾刻本　四冊　存三種

360000－1901－0022053　312102
**任渭長四種**　（清）任熊繪　清咸豐至光緒蕭山王氏養龢堂刻本　四冊　存二種

360000－1901－0022054　301270
**任午橋存稿三卷**　（清）任朝楨撰　清光緒十年（1884）刻本　一冊

360000－1901－0022055　162329
**任心齋述記三卷**　（清）任兆麟編　清光緒二十一年（1895）鴻文書局石印本　三冊

360000－1901－0022056　240034
**任彦昇集六卷**　(南朝梁)任昉撰　(明)呂兆禧校　明萬曆刻本　二册

360000－1901－0022057　401839
**任勇烈公遺集不分卷**　(清)任舉撰　清刻本　一册

360000－1901－0022058　163654
**任勇烈公遺集一卷附遺詩一卷**　(清)任舉撰　清道光近文齋刻本　一册

360000－1901－0022059　401846
**任兆麟述記三卷**　(清)任兆麟撰　清光緒二十一年(1895)上海焕文書局石印本　三册

360000－1901－0022060　401846－1
**任兆麟述記三卷**　(清)任兆麟撰　清光緒二十一年(1895)上海焕文書局石印本　一册　存一卷(下)

360000－1901－0022061　162300
**任兆麟述記三卷**　(清)任兆麟撰　清末刻本　二册

360000－1901－0022062　317850
**任兆麟述記三卷**　(清)任兆麟撰　清末石印本　三册

360000－1901－0022063　317851
**任兆麟述記三卷**　(清)任兆麟撰　清末石印本　三册

360000－1901－0022064　317852
**任兆麟述記三卷**　(清)任兆麟撰　清末石印本　三册

360000－1901－0022065　401847
**任兆麟述記三卷**　(清)任兆麟撰　清末石印本　一册

360000－1901－0022066　240035
**任中丞集一卷**　(南朝梁)任昉撰　明張溥刻漢魏六朝百三名家集本　一册

360000－1901－0022067　121253
**紉芳齋稿二卷**　(清)譚尚忠撰　清同治十三年(1874)刻本　二册

360000－1901－0022068　121254
**紉秋山館偶存四卷**　(清)謝章華撰　清咸豐元年(1851)刻本　四册

360000－1901－0022069　413193
**紉秋山館詩鈔十二卷**　(清)謝章華撰　清道光三十年(1850)刻本　三册　缺二卷(評啓跋一卷、芙蓉裳一卷)

360000－1901－0022070　405143
**紉餘小草一卷**　(清)鄒佩蘭撰　清光緒元年(1875)刻本　一册

360000－1901－0022071　405143－1
**紉餘小草一卷**　(清)鄒佩蘭撰　清光緒元年(1875)刻本　一册

360000－1901－0022072　240837
**訒庵真稿十一卷文稿二卷**　(清)劉謙吉撰　清初刻本　一册　存二卷(八至九)

360000－1901－0022073　415172
**訒庵真稿十一卷文稿二卷**　(清)劉謙吉撰　清康熙四十五年(1706)刻本　五册　存十一卷(訒庵真稿一至七、十至十一,文稿二卷)

360000－1901－0022074　303442
**日本變法次第類攷初集不分卷二集不分卷三集不分卷**　(清)程恩培輯　(清)程堯章譯　清光緒二十八年(1902)政學譯社鉛印本　八册

360000－1901－0022075　303448
**日本地理兵要十卷**　姚文棟撰　清光緒十年(1884)同文館鉛印本　八册

360000－1901－0022076　400900
**日本帝國憲法義解一卷**　(日本)伊藤博文撰　沈紘譯　清光緒二十七年(1901)鉛印本　一册

360000－1901－0022077　420231
**日本國志四十卷首一卷**　(清)黄遵憲輯　清光緒二十七年(1901)上海書局石印本　八册

360000－1901－0022078　420232
**日本國志四十卷首一卷**　(清)黄遵憲輯　清

光緒二十七年(1901)上海書局石印本　六冊　存三十五卷(一至三十四、首一卷)

360000－1901－0022079　420233

**日本國志四十卷首一卷**　(清)黄遵憲輯　清光緒二十七年(1901)上海書局石印本　三冊　存三十卷(一至二十九、首一卷)

360000－1901－0022080　312255

**日本國志四十卷首一卷**　(清)黄遵憲輯　清光緒二十四年(1898)上海圖書集成印書局鉛印本　十冊

360000－1901－0022081　313497

**日本國志四十卷首一卷**　(清)黄遵憲輯　清光緒二十四年(1898)上海圖書集成印書局鉛印本　八冊

360000－1901－0022082　312152

**日本國志四十卷首一卷**　(清)黄遵憲輯　清光緒二十四年(1898)浙江書局刻本　十冊

360000－1901－0022083　312148

**日本國志四十卷首一卷**　(清)黄遵憲輯　清光緒十六年(1890)羊城富文齋刻本　十二冊　存三十五卷(四至六、十至四十,首一卷)

360000－1901－0022084　312149

**日本國志四十卷首一卷**　(清)黄遵憲輯　清光緒十六年(1890)羊城富文齋刻本　十二冊　存三十五卷(一至三、十至四十,首一卷)

360000－1901－0022085　313149

**日本國志四十卷首一卷**　(清)黄遵憲輯　清光緒十六年(1890)羊城富文齋刻本　十四冊

360000－1901－0022086　400897

**日本全史二十二卷**　(日本)中村正直撰　清末教育世界社石印本　四冊　存六卷(七至十二)

360000－1901－0022087　313417

**日本書目志十五卷**　康有爲輯　清光緒上海大同譯書局石印本　八冊

360000－1901－0022088　306362

**日本外史二十二卷**　(日本)賴襄子成撰　(清)錢懌評閲　清光緒十五年(1889)上海讀史堂刻本　九冊　存十六卷(一、四至十一、十四至十五、十八至二十二)

360000－1901－0022089　400898

**日本維新慷慨史二卷**　(日本)西村三郎輯　(清)趙必振譯　清光緒鉛印本　二冊

360000－1901－0022090　303445

**日本維新三十年史十二編附録一卷**　(日本)東京博文館輯　(清)上海廣智書局譯　清光緒二十八年(1902)廣智書局鉛印本　六冊

360000－1901－0022091　400901

**日本維新三十年史十二編附録一卷**　(日本)東京博文館輯　(清)上海廣智書局譯　清光緒二十九年(1903)上海廣智書局鉛印本　五冊　存九編一卷(一至七、十一至十二,附録一卷)

360000－1901－0022092　400901－1

**日本維新三十年史十二編附録一卷**　(日本)東京博文館輯　(清)上海廣智書局譯　清光緒二十九年(1903)上海廣智書局鉛印本　一冊　存二編(一至二)

360000－1901－0022093　416516

**日本武備教育不分卷**　商務印書館譯　清光緒二十九年(1903)商務印書館鉛印本　一冊

360000－1901－0022094　401870

**日本現勢論一卷**　(清)養浩齋主人輯譯　清光緒二十八年(1902)鉛印本　一冊

360000－1901－0022095　421975

**古韻標準四卷詩韻舉例一卷**　(清)江永編　(清)戴震參定　清咸豐二年(1852)南海伍氏刻粤雅堂叢書本　二冊

360000－1901－0022096　400899

**日本新史攬要七卷**　(日本)石村貞一輯　(清)游瀛主人譯　清光緒二十五年(1899)石印本　三冊　存三卷(一至三)

360000－1901－0022097　309340

**日本新史攬要七卷**　(日本)石村貞一撰

(清)游瀛主人譯　清光緒二十七年(1901)時學廬石印本　七冊

360000－1901－0022098　303444
**日本新政考二卷**　(清)顧厚焜撰　清光緒十四年(1888)鉛印本　二冊

360000－1901－0022099　306361
**日本議會史**　(日本)工藤武重撰　(清)汪有齡譯　清光緒三十二年(1906)江蘇翰墨林編譯印書局鉛印本　二冊　存二期(七至八)

360000－1901－0022100　403096
**日本雜事詩二卷**　(清)黃遵憲撰　清光緒二十四年(1898)長沙富文堂刻本　二冊

360000－1901－0022101　403097
**日本雜事詩二卷**　(清)黃遵憲撰　清光緒二十四年(1898)長沙富文堂刻本　二冊

360000－1901－0022102　403097－1
**日本雜事詩二卷**　(清)黃遵憲撰　清光緒二十四年(1898)長沙富文堂刻本　二冊

360000－1901－0022103　403097－2
**日本雜事詩二卷**　(清)黃遵憲撰　清光緒二十四年(1898)長沙富文堂刻本　二冊

360000－1901－0022104　306365
**日本雜事詩二卷**　(清)黃遵憲撰　清光緒十一年(1885)鴛江榷舍刻本　一冊　存一卷(一)

360000－1901－0022105　404457
**日本之佳人一卷**　(日本)遊月散士撰　(清)詹憲慈譯　清光緒二十八年(1902)安雅書局鉛印本　一冊

360000－1901－0022106　402896
**日湖漁唱一卷補遺一卷續補遺一卷**　(宋)陳允平撰　清嘉慶、道光秦氏享帚精舍刻詞學叢書本　一冊　存一卷(日湖漁唱一卷)

360000－1901－0022107　406605
**日講春秋解義六十四卷總說一卷**　(清)庫勒納等編　清乾隆二年(1737)刻本　二冊　存八卷(五十七至六十四)

360000－1901－0022108　210291
**日講春秋解義六十四卷總說一卷**　(清)庫勒納等編　清乾隆二年(1737)武英殿刻本　一冊　存五卷(一至四、總說一卷)

360000－1901－0022109　800507
**日講書經解義不分卷**　(清)庫勒納等編　清抄本　一冊

360000－1901－0022110　403094
**日講書經解義十三卷**　(清)庫勒納等編　清刻本　一冊　存二卷(七至八)

360000－1901－0022111　210342
**日講四書解義二十六卷**　(清)庫勒納等編　清康熙十六年(1677)刻本　六冊　存十三卷(一至三、十七至二十六)

360000－1901－0022112　403485
**日講四書解義二十六卷**　(清)喇沙里等編　清康熙十六年(1677)刻本　三冊　存七卷(一至七)

360000－1901－0022113　403484
**日講四書解義二十六卷**　(清)喇沙里等編　清末鉛印本　六冊　存十五卷(一至七、十至十二、二十二至二十六)

360000－1901－0022114　415042
**日課軒詩鈔一卷**　(清)辛謙亨撰　清木活字印本　一冊

360000－1901－0022115　220535
**日涉編十二卷**　(明)陳堦輯　明萬曆三十九年(1611)徐養量刻本　十二冊

360000－1901－0022116　220536
**日涉編十二卷**　(明)陳堦輯　(清)白輝補輯　明萬曆三十九年(1611)徐養量刻清康熙二十七年(1688)白輝補修本　十二冊

360000－1901－0022117　403095
**日省編不分卷**　(清)徽婺無名氏輯　清咸豐七年(1857)刻本　一冊

360000－1901－0022118　900179
**日損益齋時藝全稿不分卷**　(清)馬疏撰　清

刻本　一冊

360000－1901－0022119　900180
**日損益齋試帖四卷**　(清)馬疏撰　清咸豐八年(1858)家塾刻本　二冊

360000－1901－0022120　163583
**日損益齋文集八卷古今體詩十八卷**　(清)馬疏撰　清咸豐八年(1858)家塾刻本　九冊

360000－1901－0022121　313323
**日下舊聞四十二卷**　(清)朱彝尊輯　(清)朱昆田補遺　清康熙二十七年(1688)刻本　十一冊

360000－1901－0022122　314158
**日下舊聞四十二卷**　(清)朱彝尊輯　(清)朱昆田補遺　清康熙二十七年(1688)刻本　二十三冊　存四十卷(一至四十)

360000－1901－0022123　308092
**日下舊聞四十二卷**　(清)朱彝尊輯　(清)朱昆田補遺　清刻本　二十三冊

360000－1901－0022124　220714
**日下舊聞四十二卷**　(清)朱彝尊撰　(清)朱昆田補遺　清康熙二十七年(1688)刻本　十二冊

360000－1901－0022125　220715
**日下舊聞四十二卷**　(清)朱彝尊撰　(清)朱昆田補遺　清康熙二十七年(1688)刻本　二十冊

360000－1901－0022126　220716
**日下舊聞四十二卷**　(清)朱彝尊撰　(清)朱昆田補遺　清康熙二十七年(1688)刻本　十冊

360000－1901－0022127　303436
**日下尊聞録五卷**　(清)□□撰　清咸豐二年(1852)刻本　二冊

360000－1901－0022128　230506
**日月交食不分卷**　(□)□□撰　清光緒抄本　一冊

360000－1901－0022129　317733
**日月蝕節要七章**　(英國)慶白士編輯　(英國)季理斐摘譯　(清)上海廣學會新譯　清光緒二十九年(1903)上海商務印書館鉛印本　一冊

360000－1901－0022130　408362
**日月眼科一卷**　(清)王文選撰　清同治八年(1869)敦善堂刻本　一冊

360000－1901－0022131　122937
**日知筆記一卷**　(清)胡光琦撰　清嘉慶十五年(1810)婺源遺訓堂刻本　一冊

360000－1901－0022132　122938
**日知筆記一卷**　(清)胡光琦撰　清嘉慶十五年(1810)婺源遺訓堂刻本　一冊

360000－1901－0022133　122939
**日知筆記一卷**　(清)胡光琦撰　清嘉慶十五年(1810)婺源遺訓堂刻本　一冊

360000－1901－0022134　421752
**日知筆記一卷**　(清)胡光琦撰　清嘉慶十五年(1810)婺源遺訓堂刻本　一冊

360000－1901－0022135　230118
**日知薈說四卷**　(清)高宗弘曆撰　清乾隆蘇州府刻本　四冊

360000－1901－0022136　230117
**日知薈說四卷**　(清)高宗弘曆撰　清乾隆元年(1736)武英殿刻本　四冊

360000－1901－0022137　303453
**日知録集釋三十二卷**　(清)顧炎武撰　(清)黄汝成集釋　**刊誤二卷續刊誤二卷**　(清)黄汝成撰　清道光十六年(1836)刻本　十六冊

360000－1901－0022138　303454
**日知録集釋三十二卷**　(清)顧炎武撰　(清)黄汝成集釋　**刊誤二卷續刊誤二卷**　(清)黄汝成撰　清道光十六年(1836)刻本　十六冊

360000－1901－0022139　404055
**日知録集釋三十二卷**　(清)顧炎武撰　(清)黄汝成集釋　**刊誤二卷續刊誤二卷**　(清)黄汝成撰　清光緒二十九年(1903)石印本　六

冊

360000－1901－0022140　404056
**日知錄集釋三十二卷**　(清)顧炎武撰　(清)黃汝成集釋　**刊誤二卷續刊誤二卷**　(清)黃汝成撰　清光緒二十九年(1903)石印本　一冊　存六卷(十五至二十)

360000－1901－0022141　162173
**日知錄集釋三十二卷**　(清)顧炎武撰　(清)黃汝成集釋　**刊誤二卷續刊誤二卷**　(清)黃汝成撰　清光緒三年(1877)刻本　十五冊

360000－1901－0022142　162174
**日知錄集釋三十二卷**　(清)顧炎武撰　(清)黃汝成集釋　**刊誤二卷續刊誤二卷**　(清)黃汝成撰　清光緒三年(1877)刻本　十九冊　缺二卷(二十一至二十二)

360000－1901－0022143　405412
**日知錄集釋三十二卷**　(清)顧炎武撰　(清)黃汝成集釋　**刊誤二卷續刊誤二卷**　(清)黃汝成撰　清光緒三年(1877)刻本　二冊　存十三卷(一至二、十六至二十六)

360000－1901－0022144　404072
**日知錄集釋三十二卷**　(清)顧炎武撰　(清)黃汝成集釋　**刊誤二卷續刊誤二卷**　(清)黃汝成撰　清刻本　十五冊　存三十四卷(三至三十二、刊誤二卷、續刊誤二卷)

360000－1901－0022145　404073
**日知錄集釋三十二卷**　(清)顧炎武撰　(清)黃汝成集釋　**刊誤二卷續刊誤二卷**　(清)黃汝成撰　清刻本　十一冊　存二十四卷(二至十九、二十四至二十七、三十一至三十二)

360000－1901－0022146　713082
**日知錄集釋三十二卷**　(清)顧炎武撰　(清)黃汝成集釋　**刊誤二卷續刊誤二卷**　(清)黃汝成撰　清刻本　二冊　存四卷(九至十二)

360000－1901－0022147　800071
**日知錄集釋三十二卷**　(清)顧炎武撰　(清)黃汝成集釋　**刊誤二卷續刊誤二卷**　(清)黃汝成撰　清刻本　一冊　存二卷(二十一至二十二)

360000－1901－0022148　805164
**日知錄集釋三十二卷**　(清)顧炎武撰　(清)黃汝成集釋　**刊誤二卷續刊誤二卷**　(清)黃汝成撰　清刻本　五冊　存十二卷(一至十二)

360000－1901－0022149　404056－1
**日知錄集釋三十二卷**　(清)顧炎武撰　(清)黃汝成集釋　**刊誤二卷續刊誤二卷**　(清)黃汝成撰　清末石印本　一冊　存八卷(八至十五)

360000－1901－0022150　314035
**日知錄集釋三十二卷**　(清)顧炎武撰　(清)黃汝成集釋　**刊誤二卷續刊誤二卷**　(清)黃汝成撰　清同治八年(1869)番禺陳璞刻本　十六冊

360000－1901－0022151　404062
**日知錄集釋三十二卷**　(清)顧炎武撰　(清)黃汝成集釋　**刊誤二卷續刊誤二卷**　(清)黃汝成撰　清同治八年(1869)廣州述古堂刻本　十四冊

360000－1901－0022152　404060
**日知錄集釋三十二卷**　(清)顧炎武撰　(清)黃汝成集釋　**刊誤二卷續刊誤二卷**　(清)黃汝成撰　清同治八年(1869)刻本　十六冊

360000－1901－0022153　306364
**日知錄集釋三十二卷**　(清)顧炎武撰　(清)黃汝成集釋　**刊誤二卷續刊誤二卷**　(清)黃汝成撰　清同治十一年(1872)湖北崇文書局刻本　十六冊

360000－1901－0022154　310319
**日知錄集釋三十二卷**　(清)顧炎武撰　(清)黃汝成集釋　**刊誤二卷續刊誤二卷**　(清)黃汝成撰　清同治十一年(1872)湖北崇文書局刻本　十五冊　存三十四卷(一至三十、刊誤二卷、續刊誤二卷)

360000－1901－0022155　404061
**日知錄集釋三十二卷**　(清)顧炎武撰　(清)

黃汝成集釋　**刊誤二卷續刊誤二卷**　（清）黃汝成撰　清同治十一年（1872）刻本　十五冊　存三十二卷（日知錄集釋三十二卷）

360000－1901－0022156　230367
**日知錄三十二卷**　（清）顧炎武撰　清康熙三十四年（1695）潘耒遂初堂刻本　十冊

360000－1901－0022157　303451
**日知錄三十二卷**　（清）顧炎武撰　清康熙三十四年（1695）潘耒遂初堂刻本　八冊

360000－1901－0022158　314063
**日知錄三十二卷**　（清）顧炎武撰　清康熙三十四年（1695）潘耒遂初堂刻本　八冊

360000－1901－0022159　404046
**日知錄三十二卷**　（清）顧炎武撰　清刻本　十二冊

360000－1901－0022160　404047
**日知錄三十二卷**　（清）顧炎武撰　清刻本　十四冊

360000－1901－0022161　404048
**日知錄三十二卷**　（清）顧炎武撰　清刻本　十二冊

360000－1901－0022162　404049
**日知錄三十二卷**　（清）顧炎武撰　清刻本　七冊　存二十七卷（一至十一、十六至二十、二十二至三十二）

360000－1901－0022163　404050
**日知錄三十二卷**　（清）顧炎武撰　清刻本　七冊　存二十卷（十三至三十二）

360000－1901－0022164　404051
**日知錄三十二卷**　（清）顧炎武撰　清刻本　八冊　存二十七卷（四至五、七至九、十一至三十二）

360000－1901－0022165　404067－1
**日知錄三十二卷**　（清）顧炎武撰　清刻本　十冊　存十九卷（十二至二十四、二十七至三十二）

360000－1901－0022166　404067－2
**日知錄三十二卷**　（清）顧炎武撰　清刻本　十冊　存二十卷（七至十二、十五至十八、二十一至三十）

360000－1901－0022167　404069
**日知錄三十二卷**　（清）顧炎武撰　清刻本　六冊　存十卷（九至十一、十四至十六、二十至二十三）

360000－1901－0022168　404070
**日知錄三十二卷**　（清）顧炎武撰　清刻本　六冊　存十三卷（三至十五）

360000－1901－0022169　704066
**日知錄三十二卷**　（清）顧炎武撰　清刻本　四冊　存九卷（十至十五、二十八至三十）

360000－1901－0022170　708145
**日知錄三十二卷**　（清）顧炎武撰　清刻皇清經解本　一冊　存二卷（三十一至三十二）

360000－1901－0022171　230369
**日知錄三十二卷**　（清）顧炎武撰　清乾隆刻本　十二冊

360000－1901－0022172　404064
**日知錄三十二卷**　（清）顧炎武撰　清乾隆六十年（1795）刻本　九冊

360000－1901－0022173　404065
**日知錄三十二卷**　（清）顧炎武撰　清乾隆六十年（1795）刻本　十三冊　存二十六卷（一至九、十六至三十二）

360000－1901－0022174　404066
**日知錄三十二卷**　（清）顧炎武撰　清乾隆六十年（1795）刻本　十三冊　存二十七卷（一至二十七）

360000－1901－0022175　404067
**日知錄三十二卷**　（清）顧炎武撰　清乾隆六十年（1795）刻本　三冊　存六卷（一至六）

360000－1901－0022176　404068
**日知錄三十二卷**　（清）顧炎武撰　清乾隆六十年（1795）刻本　九冊　存二十二卷（一至二十二）

360000－1901－0022177　404071
**日知錄三十二卷**　(清)顧炎武撰　清乾隆六十年(1795)刻本(卷二十二至二十三、二十七配清刻本)　九冊　存十九卷(一至十六、二十二至二十三、二十七)

360000－1901－0022178　162172
**日知錄三十二卷日知錄之餘四卷**　(清)顧炎武撰　清刻本　十六冊

360000－1901－0022179　230368
**日知錄三十二卷日知錄之餘四卷**　(清)顧炎武撰　清乾隆六十年(1795)刻本　十四冊　存三十二卷(一至七、十至三十,日知錄之餘四卷)

360000－1901－0022180　314046
**日知錄三十二卷日知錄之餘四卷菰中隨筆一卷**　(清)顧炎武撰　清道光十二年(1832)長白鄂山刻本　十六冊

360000－1901－0022181　404057
**日知錄之餘四卷**　(清)顧炎武撰　清刻本　二冊

360000－1901－0022182　404057－1
**日知錄之餘四卷**　(清)顧炎武撰　清刻本　一冊

360000－1901－0022183　404057－2
**日知錄之餘四卷**　(清)顧炎武撰　清刻本　一冊

360000－1901－0022184　404057－3
**日知錄之餘四卷**　(清)顧炎武撰　清刻本　一冊

360000－1901－0022185　404057－4
**日知錄之餘四卷**　(清)顧炎武撰　清刻本　一冊

360000－1901－0022186　404058
**日知錄之餘四卷**　(清)顧炎武撰　清刻本　一冊　存二卷(三至四)

360000－1901－0022187　300541
**容城三賢文集十二卷**　(清)張斐然　(清)楊范輯　清道光十六年(1836)正義書院刻本　六冊

360000－1901－0022188　714827
**容城三賢文集十二卷**　(清)張斐然　(清)楊范輯　清道光十六年(1836)正義書院刻本　六冊

360000－1901－0022189　308241
**容城文靖劉先生文集四卷**　(元)劉因撰　(清)張斐然等輯　清道光十六年(1836)刻容城三賢文集本　五冊

360000－1901－0022190　163365
**容甫先生遺詩五卷補遺一卷**　(清)汪中撰　(清)汪喜孫輯　清光緒十一年(1885)維揚述古齋木活字印本　二冊

360000－1901－0022191　411256
**容甫先生遺詩五卷附錄一卷**　(清)汪中撰　(清)汪喜孫輯　清宣統二年(1910)風雨樓鉛印本　一冊

360000－1901－0022192　301779
**容山教事錄一卷**　(清)張履撰　清道光十八年(1838)華陽精舍刻本　一冊

360000－1901－0022193　301799
**容與集一卷**　(清)吳錫齡撰　**寶嚴堂詩集四卷**　(清)孫永清撰　清嘉慶二十年(1815)刻本　一冊

360000－1901－0022194　301777
**容圓七術三卷曲面容方一卷**　(清)黃宗憲撰　清光緒二十二年(1896)梅城知足堂刻本　二冊

360000－1901－0022195　121275
**容齋隨筆十六卷首一卷續筆十六卷三筆十六卷四筆十六卷五筆十卷**　(宋)洪邁撰　清光緒二十年(1894)皖南洪氏見山草堂衣江官廨刻本　八冊　缺三十二卷(容齋隨筆十六卷、續筆十六卷)

360000－1901－0022196　121271
**容齋隨筆十六卷首一卷續筆十六卷三筆十六**

**卷四筆十六卷五筆十卷**　(宋)洪邁撰　清同治十一年(1872)新豐洪氏十三公祠刻本　十四冊

360000－1901－0022197　121272
**容齋隨筆十六卷首一卷續筆十六卷三筆十六卷四筆十六卷五筆十卷**　(宋)洪邁撰　清同治十一年(1872)新豐洪氏十三公祠刻本　十四冊

360000－1901－0022198　121273
**容齋隨筆十六卷首一卷續筆十六卷三筆十六卷四筆十六卷五筆十卷**　(宋)洪邁撰　清同治十一年(1872)新豐洪氏十三公祠刻本　十四冊

360000－1901－0022199　230398
**容齋隨筆十六卷續筆十六卷三筆十六卷四筆十六卷五筆十卷**　(宋)洪邁撰　明崇禎三年(1630)馬元調刻本　十四冊

360000－1901－0022200　230399
**容齋隨筆十六卷續筆十六卷三筆十六卷四筆十六卷五筆十卷**　(宋)洪邁撰　明崇禎三年(1630)馬元調刻本　二十冊

360000－1901－0022201　709761
**容齋隨筆十六卷續筆十六卷三筆十六卷四筆十六卷五筆十卷**　(宋)洪邁撰　明崇禎三年(1630)馬元調刻本　十四冊

360000－1901－0022202　230400
**容齋隨筆十六卷續筆十六卷三筆十六卷四筆十六卷五筆十卷**　(宋)洪邁撰　明刻本　一冊　存十卷(五筆十卷)

360000－1901－0022203　718857
**容齋隨筆十六卷續筆十六卷三筆十六卷四筆十六卷五筆十卷**　(宋)洪邁撰　清光緒二十年(1894)皖南洪氏見山草堂衣江官廨刻本　十四冊

360000－1901－0022204　721207
**容齋隨筆十六卷續筆十六卷三筆十六卷四筆十六卷五筆十卷**　(宋)洪邁撰　清光緒二十年(1894)皖南洪氏見山草堂衣江官廨刻本　四冊　存十六卷(續筆十六卷)

360000－1901－0022205　230401
**容齋隨筆十六卷續筆十六卷三筆十六卷四筆十六卷五筆十卷**　(宋)洪邁撰　清乾隆五十九年(1794)掃葉山房刻本　十四冊

360000－1901－0022206　718858
**容齋隨筆十六卷續筆十六卷三筆十六卷四筆十六卷五筆十卷**　(宋)洪邁撰　清乾隆五十九年(1794)掃葉山房刻本　四冊　存二十一卷(容齋隨筆五至十、續筆六至十、三筆十二至十六、四筆一至五)

360000－1901－0022207　240354
**容齋題跋二卷**　(宋)洪邁撰　明崇禎毛氏汲古閣刻津逮祕書本　二冊

360000－1901－0022208　405085
**蓉谷偶存集三卷**　(清)王祖蔭撰　清光緒六年(1880)刻本　一冊

360000－1901－0022209　308028
**蓉洲初集六卷**　(清)戴鈞衡撰　清道光十九年(1839)香月山房刻本　二冊

360000－1901－0022210　405164
**榕城同聲集三卷**　(清)胡鳳丹輯　清光緒六年(1880)刻本　一冊

360000－1901－0022211　413371
**榕村講授三卷**　(清)李光地輯　清刻本　二冊　存二卷(中、下)

360000－1901－0022212　413371－1
**榕村講授三卷**　(清)李光地輯　清刻本　三冊　存二卷(中、下)

360000－1901－0022213　600329
**榕村講授三卷**　(清)李光地輯　清刻榕村全書本　三冊

360000－1901－0022214　600329－2
**榕村講授三卷**　(清)李光地輯　清刻榕村全書本　一冊　存一卷(二)

360000－1901－0022215　161946
**榕村譜錄合考二卷**　(清)李清馥撰　清道光

九年(1829)李維迪刻榕村全書本　二冊

360000－1901－0022216　600327－1
**榕村全集四十卷**　(清)李光地撰　清刻榕村全書本　一冊　存三卷(十六至十八)

360000－1901－0022217　316086
**榕村全集四十卷别集五卷**　(清)李光地撰　清康熙刻本　七冊　存二十九卷(榕村全集一至二十四、别集五卷)

360000－1901－0022218　164181
**榕村全集四十卷别集五卷**　(清)李光地撰　清刻本　十冊

360000－1901－0022219　164182
**榕村全集四十卷别集五卷**　(清)李光地撰　清刻本　十四冊

360000－1901－0022220　150427
**榕村全書**　(清)李光地撰　清道光九年(1829)李維迪刻本　一百七冊

360000－1901－0022221　413373
**榕村全書**　(清)李光地撰　清道光九年(1829)李維迪刻本　十八冊

360000－1901－0022222　411142
**榕村全書**　(清)李光地撰　清道光刻本　六冊

360000－1901－0022223　600328
**榕村全書**　(清)李光地撰　清教忠堂刻本　十二冊　存二種

360000－1901－0022224　150428
**榕村全書**　(清)李光地撰　清刻本　六十二冊　存十六種

360000－1901－0022225　600327－2
**榕村全書**　(清)李光地撰　清刻本　三冊　存二種

360000－1901－0022226　600328－1
**榕村全書**　(清)李光地撰　清刻本　二冊　存二種

360000－1901－0022227　600328－2
**榕村全書**　(清)李光地撰　清刻本　二冊　存二種

360000－1901－0022228　241228
**榕村詩選八卷首一卷**　(清)李光地輯　清雍正八年(1730)江都方覲刻本　四冊

360000－1901－0022229　316152
**榕村詩選八卷首一卷**　(清)李光地輯　清雍正八年(1730)江都方覲刻本　四冊

360000－1901－0022230　413370
**榕村詩選八卷首一卷**　(清)李光地輯　清雍正七年(1729)杭州臬署刻本　二冊　存四卷(六至八、首一卷)

360000－1901－0022231　122082
**榕陰日課十卷**　(清)楊希閔撰　清光緒二年(1876)刻本　四冊

360000－1901－0022232　122083
**榕陰日課十卷**　(清)楊希閔撰　清光緒二年(1876)刻本　四冊

360000－1901－0022233　122084
**榕陰日課十卷**　(清)楊希閔撰　清光緒二年(1876)刻本　四冊

360000－1901－0022234　413691
**榕陰日課十卷**　(清)楊希閔撰　清光緒二年(1876)刻本　四冊

360000－1901－0022235　405371
**榕蔭山房詩賦鈔不分卷**　(清)張芝田撰　清光緒二十一年(1895)刻本　二冊

360000－1901－0022236　122334
**融谷外集二卷**　(清)文守元撰　清刻本　一冊

360000－1901－0022237　405380
**融堂書解二十卷**　(宋)錢時撰　清刻本　二冊　存六卷(一至二、十七至二十)

360000－1901－0022238　161240
**融堂書解二十卷**　(宋)錢時撰　清武英殿木活字印本　五冊

360000－1901－0022239　305102
**柔遠新書四卷**　(清)朱克敬撰　清光緒七年(1881)刻本　一冊　存二卷(一至二)

360000－1901－0022240　309947
**柔遠新書四卷**　(清)朱克敬撰　清光緒十年(1884)隴西譯學公會刻自強兵法通考本　三冊

360000－1901－0022241　404915
**柔遠新書四卷**　(清)朱克敬撰　清光緒十年(1884)上海刻本　三冊　存三卷(一至三)

360000－1901－0022242　309554
**如何是可齋外集二卷**　(清)龔丞撰　清光緒二十二年(1896)刻本　一冊　存一卷(下)

360000－1901－0022243　316974
**如何是可齋外集二卷**　(清)龔丞撰　清光緒二十二年(1896)刻本　二冊

360000－1901－0022244　162315
**如是山房增訂金批西廂四卷首一卷末一卷**　(元)王德信撰　(清)金人瑞評　清如是山房刻朱墨套印本　六冊

360000－1901－0022245　803702
**如是我聞四卷**　(清)紀昀撰　清刻本　一冊　存一卷(四)

360000－1901－0022246　707677
**如嚮錄不分卷**　(清)知安道人輯　清同治十一年(1872)同志堂刻本　一冊

360000－1901－0022247　707183
**如意寶珠二卷**　(清)吳海雲輯　清光緒刻本　一冊

360000－1901－0022248　722322
**如西所刻諸名家評點春秋綱目左傳句解彙雋六卷**　(清)韓菼重訂　清刻本　一冊　存一卷(一)

360000－1901－0022249　416064
**如西所刻諸名家評點春秋綱目左傳句解彙雋六卷**　(清)韓菼重訂　清大經堂刻本　二冊

360000－1901－0022250　416154－2
**如西所刻諸名家評點春秋綱目左傳句解彙雋六卷**　(清)韓菼重訂　清大興堂刻本　一冊　存一卷(一)

360000－1901－0022251　416154－3
**如西所刻諸名家評點春秋綱目左傳句解彙雋六卷**　(清)韓菼重訂　清大酉山房刻本　一冊　存一卷(一)

360000－1901－0022252　416176－7
**如西所刻諸名家評點春秋綱目左傳句解彙雋六卷**　(清)韓菼重訂　清光緒十九年(1893)三讓堂刻本　一冊　存二卷(一至二)

360000－1901－0022253　416076
**如西所刻諸名家評點春秋綱目左傳句解彙雋六卷**　(清)韓菼重訂　清刻本　六冊

360000－1901－0022254　416154－4
**如西所刻諸名家評點春秋綱目左傳句解彙雋六卷**　(清)韓菼重訂　清刻本　一冊　存一卷(一)

360000－1901－0022255　416154－5
**如西所刻諸名家評點春秋綱目左傳句解彙雋六卷**　(清)韓菼重訂　清刻本　一冊　存一卷(一)

360000－1901－0022256　416154－6
**如西所刻諸名家評點春秋綱目左傳句解彙雋六卷**　(清)韓菼重訂　清刻本　一冊　存一卷(一)

360000－1901－0022257　416164－1
**如西所刻諸名家評點春秋綱目左傳句解彙雋六卷**　(清)韓菼重訂　清刻本　一冊　存一卷(一)

360000－1901－0022258　416164－2
**如西所刻諸名家評點春秋綱目左傳句解彙雋六卷**　(清)韓菼重訂　清刻本　一冊　存一卷(一)

360000－1901－0022259　416164－3
**如西所刻諸名家評點春秋綱目左傳句解彙雋六卷**　(清)韓菼重訂　清刻本　一冊　存一

卷(一)

360000－1901－0022260　416164－4
**如西所刻諸名家評點春秋綱目左傳句解彙雋六卷**　(清)韓菼重訂　清刻本　一册　存一卷(一)

360000－1901－0022261　416164－5
**如西所刻諸名家評點春秋綱目左傳句解彙雋六卷**　(清)韓菼重訂　清刻本　一册　存一卷(一)

360000－1901－0022262　416164－6
**如西所刻諸名家評點春秋綱目左傳句解彙雋六卷**　(清)韓菼重訂　清刻本　一册　存一卷(一)

360000－1901－0022263　416164－7
**如西所刻諸名家評點春秋綱目左傳句解彙雋六卷**　(清)韓菼重訂　清刻本　一册　存一卷(一)

360000－1901－0022264　416170－1
**如西所刻諸名家評點春秋綱目左傳句解彙雋六卷**　(清)韓菼重訂　清刻本　一册　存一卷(一)

360000－1901－0022265　416170－2
**如西所刻諸名家評點春秋綱目左傳句解彙雋六卷**　(清)韓菼重訂　清刻本　一册　存一卷(一)

360000－1901－0022266　416170－3
**如西所刻諸名家評點春秋綱目左傳句解彙雋六卷**　(清)韓菼重訂　清刻本　一册　存一卷(一)

360000－1901－0022267　416170－4
**如西所刻諸名家評點春秋綱目左傳句解彙雋六卷**　(清)韓菼重訂　清刻本　一册　存一卷(一)

360000－1901－0022268　416170－5
**如西所刻諸名家評點春秋綱目左傳句解彙雋六卷**　(清)韓菼重訂　清刻本　一册　存一卷(一)

360000－1901－0022269　416176－3
**如西所刻諸名家評點春秋綱目左傳句解彙雋六卷**　(清)韓菼重訂　清刻本　一册　存一卷(一)

360000－1901－0022270　416176－4
**如西所刻諸名家評點春秋綱目左傳句解彙雋六卷**　(清)韓菼重訂　清刻本　一册　存一卷(一)

360000－1901－0022271　416176－5
**如西所刻諸名家評點春秋綱目左傳句解彙雋六卷**　(清)韓菼重訂　清刻本　一册　存一卷(一)

360000－1901－0022272　416176－6
**如西所刻諸名家評點春秋綱目左傳句解彙雋六卷**　(清)韓菼重訂　清刻本　一册　存一卷(一)

360000－1901－0022273　416154－1
**如西所刻諸名家評點春秋綱目左傳句解彙雋六卷**　(清)韓菼重訂　清四友堂刻本　一册　存一卷(一)

360000－1901－0022274　309956
**儒粹三編六卷**　(清)王鈴編　清道光二十一年(1841)刻本　五册　存五卷(語編二卷、文編二卷、詩編下)

360000－1901－0022275　804502
**儒行集傳二卷**　(明)黄道周輯　清刻本　一册　存一卷(上)

360000－1901－0022276　416890
**儒家話不分卷**　(清)□□輯　清光緒六年(1880)乙藜齋刻本　一册

360000－1901－0022277　416891
**儒家尖性學閑筆語録一卷**　(清)鄧逢光撰　清道光二十七年(1847)刻厚庵鄧夫子遺書本　一册

360000－1901－0022278　416893
**儒家尖遺訓後集二卷**　(清)鄧逢光撰　清道光二十七年(1847)刻厚庵鄧夫子遺書本　二

册

360000－1901－0022279　416895
**儒教衍義三卷**　（清）韶波撰　清光緒二十一年（1895）刻本　一册

360000－1901－0022280　416374
**儒林寶筏不分卷**　（清）守樸山人輯　清同治十二年（1873）刻本　一册

360000－1901－0022281　301218
**儒林瑣記三卷附記一卷**　（清）朱克敬撰　清光緒五年（1879）刻本　二册

360000－1901－0022282　301214
**儒林外史五十六回**　（清）吴敬梓撰　清同治八年（1869）羣玉齋木活字印本　十二册

360000－1901－0022283　161430
**儒林外史五十六回**　（清）吴敬梓撰　清同治十三年（1874）刻本　十二册

360000－1901－0022284　416245
**儒門法語輯要一卷**　（清）彭定求撰　（清）湯金釗輯　清光緒七年（1881）刻本　一册

360000－1901－0022285　313779
**儒門法語一卷**　（清）彭定求編　（清）湯金釗輯　清光緒二十五年（1899）江蘇學政署刻本　一册

360000－1901－0022286　416248
**儒門法語一卷**　（清）彭定求撰　（清）湯金釗輯　清道光二十八年（1848）刻本　一册

360000－1901－0022287　416247
**儒門法語一卷**　（清）彭定求撰　（清）湯金釗輯　清光緒元年（1875）江蘇學政署刻本　一册

360000－1901－0022288　230322
**儒門事親十五卷**　（金）張從正撰　明萬曆二十九年（1601）吴勉學刻清初映旭齋重修古今醫統正脈全書本　三册　存十卷（一至六、十二至十五）

360000－1901－0022289　164996
**儒門醫學三卷附一卷**　（英國）海得蘭撰（英國）傅蘭雅口譯　（清）趙元益筆述　清光緒江南製造總局刻本　四册

360000－1901－0022290　164997
**儒門醫學三卷附一卷**　（英國）海得蘭撰（英國）傅蘭雅口譯　（清）趙元益筆述　清光緒江南製造總局刻本　三册　存三卷（上、下，附一卷）

360000－1901－0022291　408856
**儒醫準繩□□卷**　（清）□□輯　清刻本　一册　存一卷（二）

360000－1901－0022292　164507
**儒志編一卷**　（宋）王開祖撰　（清）童基重輯　清抄本　一册

360000－1901－0022293　122496
**孺廬全集十四卷**　（清）萬承蒼撰　清道光三年（1823）刻本　六册

360000－1901－0022294　122497
**孺廬全集十四卷**　（清）萬承蒼撰　清道光三年（1823）刻本　六册

360000－1901－0022295　122498
**孺廬全集十四卷**　（清）萬承蒼撰　清道光三年（1823）刻本　六册

360000－1901－0022296　601753
**孺廬全集十四卷**　（清）萬承蒼撰　清道光三年（1823）刻本　六册

360000－1901－0022297　000991
**汝南圃史十二卷**　（明）周文華撰　明萬曆四十八年（1620）書帶齋刻本　一册　存二卷（四至五）

360000－1901－0022298　410830
**入地眼全書十卷**　（宋）釋靜道撰　（清）萬樹華編　清大文堂刻本　四册

360000－1901－0022299　122930
**入地眼全書十卷**　（宋）釋靜道撰　（清）萬樹華編　清道光五年（1825）經國堂刻本　六册

360000－1901－0022300　410834
**入地眼全書十卷**　（宋）釋靜道撰　（清）萬樹

華編　清道光五年(1825)乾元堂刻本　六册　存五卷(一、三至四、七至八)

360000－1901－0022301　410835
**入地眼全書十卷**　(宋)釋静道撰　(清)萬樹華編　清道光五年(1825)乾元堂刻本　五册　存六卷(二至五、九至十)

360000－1901－0022302　120028
**入地眼全書十卷**　(宋)釋静道撰　(清)萬樹華編　清道光元年(1821)刻本　六册

360000－1901－0022303　410831
**入地眼全書十卷**　(宋)釋静道撰　(清)萬樹華編　清厚德堂刻本　五册　存八卷(一至八)

360000－1901－0022304　410832
**入地眼全書十卷**　(宋)釋静道撰　(清)萬樹華編　清刻本　六册

360000－1901－0022305　410833
**入地眼全書十卷**　(宋)釋静道撰　(清)萬樹華編　清刻本　三册　存五卷(一、三至四、七至八)

360000－1901－0022306　601020
**入地眼全書十卷**　(宋)釋静道撰　(清)萬樹華編　清末上海錦章圖書局石印本　二册

360000－1901－0022307　410829
**入地眼全書十卷**　(宋)釋静道撰　(清)萬樹華編　清文光堂刻本　一册

360000－1901－0022308　803102
**入門部黑囊經不分卷**　(五代)范越鳳撰　清抄本　一册

360000－1901－0022309　901414
**入泮試卷選刻不分卷**　(清)俞起駒等撰　清刻本　一册

360000－1901－0022310　803988
**入學階梯六卷**　(清)□□輯　清抄本　一册

360000－1901－0022311　720350
**阮時和堂揀選上藥精製各項丸散一卷**　(清)阮荔邨輯　清光緒二十七年(1901)鉛印本　一册

360000－1901－0022312　240021
**阮嗣宗集二卷**　(三國魏)阮籍撰　明嘉靖二十二年(1543)范欽、陳德文刻本　二册

360000－1901－0022313　705179
**阮嗣宗集四卷**　(三國魏)阮籍撰　清宣統三年(1911)上海文明書局鉛印本　一册

360000－1901－0022314　411236
**阮亭古詩選三十二卷**　(清)王士禛輯　清刻本　四册　存十六卷(五言詩十至十四,七言詩一至四、九至十五)

360000－1901－0022315　411237
**阮亭古詩選三十二卷**　(清)王士禛輯　清刻本　四册　存十七卷(五言詩十七卷)

360000－1901－0022316　411238
**阮亭古詩選三十二卷**　(清)王士禛輯　清刻本　二册　存十三卷(五言詩五至十七)

360000－1901－0022317　411235
**阮亭古詩選三十二卷**　(清)王士禛輯　清乾隆元年(1736)刻本　二册　存十七卷(五言詩十七卷)

360000－1901－0022318　240879
**阮亭詩選十七卷**　(清)王士禛輯　清康熙元年(1662)刻本　三册

360000－1901－0022319　413059
**蘂榜捷報録四卷**　(清)四香居士編　清同治七年(1868)刻本　二册

360000－1901－0022320　164152
**瑞芍軒詩鈔四卷詞稿一卷**　(清)許乃穀撰　清同治七年(1868)刻本　二册

360000－1901－0022321　407856
**瑞芍軒詩鈔四卷詞稿一卷**　(清)許乃穀撰　清同治七年(1868)刻本　一册　存二卷(瑞芍軒詩鈔三至四)

360000－1901－0022322　407856－1
**瑞芍軒詩鈔四卷詞稿一卷**　(清)許乃穀撰　清同治七年(1868)刻本　一册　存二卷(瑞

芍軒詩鈔三至四)

360000－1901－0022323　300980
**瑞士變政記三卷附錄一卷**　(清)趙秀偉譯　清末石印本　一冊

360000－1901－0022324　900891
**瑞硯齋試帖二卷**　(清)胡積城撰　清道光十一年(1831)刻本　二冊

360000－1901－0022325　162812
**瑞芝山房文鈔八卷**　(清)戴燮元輯　清光緒元年至三年(1875－1877)廣陵刻本　四冊

360000－1901－0022326　162813
**瑞芝山房文鈔八卷**　(清)戴燮元輯　清光緒元年至三年(1875－1877)廣陵刻本　四冊

360000－1901－0022327　162814
**瑞芝山房文鈔八卷**　(清)戴燮元輯　清光緒元年至三年(1875－1877)廣陵刻本　四冊

360000－1901－0022328　162815
**瑞芝山房文鈔八卷**　(清)戴燮元輯　清光緒元年至三年(1875－1877)廣陵刻本　二冊　存三卷(一至三)

360000－1901－0022329　410561
**瑞芝山房文鈔八卷**　(清)戴燮元輯　清光緒元年至三年(1875－1877)廣陵刻本　四冊　存五卷(四至八)

360000－1901－0022330　601602
**瑞竹亭合稿二卷補遺一卷附錄一卷**　(清)王愈擴　(清)王愈融撰　清光緒三十一年(1905)蕭氏趣園刻本　二冊

360000－1901－0022331　121890
**瑞竹亭合稿二卷補遺一卷附錄一卷**　(清)王愈擴　(清)王愈融撰　**王竹亭先生遺詩一卷**　(清)王愈擴撰　清光緒三十一年(1905)蕭氏趣園刻本　二冊

360000－1901－0022332　121891
**瑞竹亭合稿二卷補遺一卷附錄一卷**　(清)王愈擴　(清)王愈融撰　**王竹亭先生遺詩一卷**　(清)王愈擴撰　清光緒三十一年(1905)蕭氏趣園刻本　四冊

360000－1901－0022333　121892
**瑞竹亭合稿二卷補遺一卷附錄一卷**　(清)王愈擴　(清)王愈融撰　**王竹亭先生遺詩一卷**　(清)王愈擴撰　清光緒三十一年(1905)蕭氏趣園刻本　四冊

360000－1901－0022334　121719
**閏榻先生集三十卷首一卷**　(清)張望撰　清光緒二十年(1894)武寧縣刻本　十冊

360000－1901－0022335　301893
**顧華陽集三卷補遺一卷**　(唐)顧況撰　清咸豐五年(1855)雙峰堂刻本　二冊

360000－1901－0022336　121721
**閏榻先生集三十卷外集八卷鶡花岡集八卷**　(清)張望撰　清同治三年(1864)義寧州萬家坊鴻文齋刻本　十二冊

360000－1901－0022337　121722
**閏榻先生集三十卷外集八卷鶡花岡集八卷**　(清)張望撰　清同治三年(1864)義寧州萬家坊鴻文齋刻本　十四冊　缺八卷(鶡花岡集八卷)

360000－1901－0022338　406498
**潤經堂自治官書不分卷**　(清)李彥章撰　清道光八年(1828)刻本　一冊

360000－1901－0022339　900746
**潤經堂自治官書不分卷**　(清)李彥章撰　清刻榕園全集本　一冊

360000－1901－0022340　802827
**若夢吟草不分卷**　(清)□□撰　清夢花軒主人抄本　一冊

360000－1901－0022341　302595
**若水齋古今算學書錄七卷附錄一卷**　(清)劉鐸編　清光緒二十四年(1898)算學書局石印本　四冊

360000－1901－0022342　240439
**薩天錫詩集三卷集外詩一卷**　(元)薩都剌撰　明崇禎十一年(1638)毛氏汲古閣刻元人十

種詩本　二册　存一卷(薩天錫詩集中)

360000－1901－0022343　408762
**賽金丹二卷**　(清)蘊真子撰　清同治五年(1866)刻本　一册

360000－1901－0022344　716734
**三白寶海三卷**　(元)釋幕講撰　清乾隆五十五年(1790)顧氏樂真堂刻本　一册

360000－1901－0022345　404384
**三百六十行必要尺牘十九卷附三百六十行對聯一卷通商章程善後條約一卷**　(清)管斯駿撰　清光緒二十年(1894)上海崇文書局石印本　六册

360000－1901－0022346　313835
**三寶心鐙十三卷**　(□)回春子撰　清刻本　一册

360000－1901－0022347　164578
**三不亦軒韻語留删一卷**　(清)蔡嶽撰　清抄本　一册

360000－1901－0022348　250063
**三才發祕九卷**　(清)陳雯撰　清康熙三十六年(1697)刻本　十册

360000－1901－0022349　401377
**三才發祕九卷**　(清)陳雯撰　清刻本　四册　存七卷(天部二卷、地部二、人部四卷)

360000－1901－0022350　803855
**三才甲子三卷**　(清)游光鼎輯　清抄本　一册

360000－1901－0022351　802788
**三才甲子三卷**　(清)游光鼎輯　清道光二十年(1840)李士珽抄本　一册

360000－1901－0022352　309962
**管窺輯要八十卷**　(清)黄鼎撰　清刻本　二十册　存五十四卷(十三至十五、十八至二十、二十四至二十七、三十一至五十七、六十二至七十八)

360000－1901－0022353　414791
**三才甲子三卷**　(清)游光鼎輯　清光緒十四年(1888)曹義順刻本　一册

360000－1901－0022354　414792
**三才甲子三卷**　(清)游光鼎輯　清光緒十四年(1888)曹義順刻本　一册

360000－1901－0022355　414785
**三才甲子三卷**　(清)游光鼎輯　清嘉慶二十年(1815)峻德堂刻本　一册

360000－1901－0022356　414789
**三才甲子三卷**　(清)游光鼎輯　清嘉慶二十年(1815)峻德堂刻本　一册

360000－1901－0022357　414790
**三才甲子三卷**　(清)游光鼎輯　清嘉慶二十年(1815)峻德堂刻本　一册

360000－1901－0022358　414785－1
**三才甲子三卷**　(清)游光鼎輯　清刻本　一册　存一卷(下)

360000－1901－0022359　802994
**三才甲子三卷**　(清)游光鼎輯　清刻本　一册

360000－1901－0022360　414793
**三才甲子三卷**　(清)游光鼎輯　清文星堂刻本　一册

360000－1901－0022361　414787
**三才甲子三卷**　(清)游光鼎輯　清宣統元年(1909)兩宜堂刻本　一册

360000－1901－0022362　414788
**三才甲子三卷**　(清)游光鼎輯　清致和堂刻本　一册

360000－1901－0022363　120033
**三才揭要十二卷**　(清)鄧堉生撰　清道光十二年(1832)述古齋刻本　六册

360000－1901－0022364　162109
**三才略三卷**　蔣德鈞輯　清光緒二十八年(1902)古香閣石印本　一册

360000－1901－0022365　162110
**三才略三卷**　蔣德鈞輯　清光緒二十八年

(1902)古香閣石印本　一册

360000－1901－0022366　162106
**三才略三卷**　蔣德鈞輯　清光緒二十九年(1903)富強齋石印本　一册

360000－1901－0022367　401381
**三才略三卷**　蔣德鈞輯　清光緒二十年(1894)漢文書局刻本　二册

360000－1901－0022368　401379
**三才略三卷**　蔣德鈞輯　清光緒二十年(1894)文彬書局刻本　一册

360000－1901－0022369　401380
**三才略三卷**　蔣德鈞輯　清光緒二十年(1894)文彬書局刻本　一册

360000－1901－0022370　401378
**三才略三卷**　蔣德鈞輯　清光緒二十三年(1897)經綸柏記刻本　二册

360000－1901－0022371　401382
**三才略三卷**　蔣德鈞輯　清光緒十四年(1888)湘鄉蔣德鈞求實齋刻求實齋叢書本　一册

360000－1901－0022372　401383
**三才略三卷**　蔣德鈞輯　清光緒十四年(1888)湘鄉蔣德鈞求實齋刻求實齋叢書本　一册

360000－1901－0022373　300565
**三才略三卷**　蔣德鈞輯　清光緒五年(1879)華陽醉經堂刻本　一册

360000－1901－0022374　162107
**三才略三卷**　蔣德鈞輯　清末刻本　一册

360000－1901－0022375　162108
**三才略三卷**　蔣德鈞輯　清末刻本　一册

360000－1901－0022376　300581
**三才略三卷**　蔣德鈞輯　清末刻本　一册

360000－1901－0022377　162120
**三才略三卷**　蔣德鈞輯　清末李光明莊刻本　一册

360000－1901－0022378　803043
**三才略三卷**　蔣德鈞輯　清末石印本　一册

360000－1901－0022379　250036
**三才圖會一百六卷**　(明)王圻輯　(明)王思義續輯　明萬曆刻本　二十一册　存五十三卷(人物一至八、十一至十四,宫室一至四,器用一至二、五至八、十一至十二,身體一至二,衣服一至三,文史一至二,天文三至四,地理三至十六,草木一至三、十至十二)

360000－1901－0022380　250037
**三才圖會一百六卷**　(明)王圻輯　(明)王思義續輯　明萬曆三十七年(1609)刻清乾隆天都黄晟槐蔭草堂重修本　十六册

360000－1901－0022381　803519
**三場程式一卷**　(清)衛榮光輯　清刻本　一册

360000－1901－0022382　803520
**三場程式一卷**　(清)衛榮光輯　清刻本　一册

360000－1901－0022383　804880
**三場程式一卷**　(清)衛榮光輯　清刻本　一册

360000－1901－0022384　804881
**三場程式一卷**　(清)衛榮光輯　清刻本　一册

360000－1901－0022385　804882
**三場程式一卷附添注塗改款式一卷**　(清)□□輯　清刻本　一册

360000－1901－0022386　220231
**三朝北盟會編二百五十卷**　(宋)徐夢莘撰　明抄本　六十册

360000－1901－0022387　120047
**三朝北盟會編二百五十卷首一卷**　(宋)徐夢莘撰　**校勘記二卷補遺一卷**　(清)袁祖安撰　清光緒四年(1878)如皋袁氏越東鉛印本　四十册

360000－1901－0022388　120048

**三朝北盟會編二百五十卷首一卷** （宋）徐夢莘撰 **校勘記二卷補遺一卷** （清）袁祖安撰 清光緒四年(1878)如皋袁氏越東鉛印本 四十冊

360000－1901－0022389 120049
**三朝北盟會編二百五十卷首一卷** （宋）徐夢莘撰 **校勘記二卷補遺一卷** （清）袁祖安撰 清光緒四年(1878)如皋袁氏越東鉛印本 四十冊

360000－1901－0022390 601022
**三朝北盟會編二百五十卷首一卷** （宋）徐夢莘撰 **校勘記二卷補遺一卷** （清）袁祖安撰 清光緒四年(1878)如皋袁氏越東鉛印本 三十九冊

360000－1901－0022391 418033
**三朝墨準新編不分卷** （清）都門聯步齋主人輯 清光緒元年(1875)京都聯步軒鉛印本 四冊

360000－1901－0022392 418033－1
**三朝墨準新編不分卷** （清）都門聯步齋主人輯 清光緒元年(1875)京都聯步軒鉛印本 二冊

360000－1901－0022393 902375
**三朝聖訓不分卷** （清）□□輯 清刻本 一冊

360000－1901－0022394 410038
**三恥齋初稿八卷** （清）吳坤修撰 清同治四年(1865)鳩江戎幄刻本 二冊

360000－1901－0022395 410038－1
**三恥齋初稿八卷** （清）吳坤修撰 清同治四年(1865)鳩江戎幄刻本 一冊 存五卷(四至八)

360000－1901－0022396 120043
**三恥齋初稿九卷** （清）吳坤修撰 清同治四年(1865)刻本 二冊

360000－1901－0022397 120044
**三恥齋初稿九卷** （清）吳坤修撰 清同治四年(1865)刻本 二冊

360000－1901－0022398 120045
**三恥齋初稿十二卷** （清）吳坤修撰 清同治八年(1869)刻本 四冊

360000－1901－0022399 304797
**三藩紀事本末二十二卷** （清）楊陸榮撰 清光緒二十五年(1899)慎記書莊石印本 一冊

360000－1901－0022400 220234
**三藩紀事本末四卷** （清）楊陸榮撰 清康熙五十六年(1717)刻本 二冊

360000－1901－0022401 220235
**三藩紀事本末四卷** （清）楊陸榮撰 清康熙五十六年(1717)刻本 二冊

360000－1901－0022402 300553
**三輔黃圖六卷補遺一卷** （漢）□□撰 清光緒十七年(1891)思賢講舍刻本 一冊

360000－1901－0022403 405148
**三輔黃圖六卷補遺一卷** （漢）□□撰 清刻本 一冊

360000－1901－0022404 300596
**三岡識畧十卷** （清）董含撰 清光緒申報館鉛印申報館叢書本 二冊 存六卷(一至六)

360000－1901－0022405 414710
**三綱制服尊尊述義三卷** （清）夏炘撰 清咸豐三年(1853)刻本 一冊

360000－1901－0022406 150590
**三公奏議** 盛宣懷輯 清光緒二年(1876)思補樓刻本 二十冊

360000－1901－0022407 150090
**三古圖四十二卷** （清）黃晟輯 清乾隆十七年(1752)天都黃氏亦政堂刻本 三十六冊

360000－1901－0022408 150091
**三古圖四十二卷** （清）黃晟輯 清乾隆十七年(1752)天都黃氏亦政堂刻本 二十四冊

360000－1901－0022409 400856
**三國職官表三卷** （清）洪飴孫撰 清光緒刻

本　一册　存一卷(中)

360000 - 1901 - 0022410　800442
**三國志□□卷**　(明)羅本撰　清刻本　一册　存一卷(五)

360000 - 1901 - 0022411　300588
**三國志辨疑三卷**　(清)錢大昭撰　清光緒十五年(1889)廣雅書局刻廣雅書局叢書本　一册

360000 - 1901 - 0022412　402983 - 1
**三國志辨疑三卷**　(清)錢大昭撰　清光緒十五年(1889)廣雅書局刻廣雅書局叢書本　一册

360000 - 1901 - 0022413　163756
**三國志考證八卷**　(清)潘眉撰　清光緒十五年(1889)廣雅書局刻廣雅書局叢書本　二册

360000 - 1901 - 0022414　163757
**三國志考證八卷**　(清)潘眉撰　清光緒十五年(1889)廣雅書局刻廣雅書局叢書本　二册

360000 - 1901 - 0022415　312121
**三國志考證八卷**　(清)潘眉撰　清光緒十五年(1889)廣雅書局刻廣雅書局叢書本　一册

360000 - 1901 - 0022416　164301
**三國志六十五卷**　(晉)陳壽撰　(南朝宋)裴松之注　明崇禎十七年(1644)毛氏汲古閣刻十七史本　八册

360000 - 1901 - 0022417　306034
**三國志六十五卷**　(晉)陳壽撰　(南朝宋)裴松之注　清光緒二十九年(1903)五洲同文書局影印二十四史本　六册　存二十五卷(魏志一至六、十八至二十二、二十八至三十,吴志四至八、十五至二十)

360000 - 1901 - 0022418　401017
**三國志六十五卷**　(晉)陳壽撰　(南朝宋)裴松之注　清光緒七年(1881)文雅齋刻本　十二册

360000 - 1901 - 0022419　306033
**三國志六十五卷**　(晉)陳壽撰　(南朝宋)裴松之注　清光緒三十四年(1908)上海集成圖書公司鉛印二十四史本　七册　存五十六卷(魏志一至十三、二十三至三十,蜀志十五卷,吴志二十卷)

360000 - 1901 - 0022420　163754
**三國志六十五卷**　(晉)陳壽撰　(南朝宋)裴松之注　清光緒十三年(1887)江南書局刻本　十二册

360000 - 1901 - 0022421　163755
**三國志六十五卷**　(晉)陳壽撰　(南朝宋)裴松之注　清光緒十三年(1887)江南書局刻本　八册

360000 - 1901 - 0022422　309186
**三國志六十五卷**　(晉)陳壽撰　(南朝宋)裴松之注　清光緒十三年(1887)江南書局刻本　十二册

360000 - 1901 - 0022423　805485
**三國志六十五卷**　(晉)陳壽撰　(南朝宋)裴松之注　清光緒十三年(1887)江南書局刻本　十册　存五十一卷(一至三十七、四十六至五十二、五十九至六十五)

360000 - 1901 - 0022424　805486
**三國志六十五卷**　(晉)陳壽撰　(南朝宋)裴松之注　清光緒十三年(1887)江南書局刻本　八册

360000 - 1901 - 0022425　300558
**三國志六十五卷**　(晉)陳壽撰　(南朝宋)裴松之注　清光緒十四年(1888)上海圖書集成印書局鉛印二十四史本　八册

360000 - 1901 - 0022426　309075
**三國志六十五卷**　(晉)陳壽撰　(南朝宋)裴松之注　清光緒十四年(1888)上海圖書集成印書局鉛印二十四史本　八册

360000 - 1901 - 0022427　300592
**三國志六十五卷**　(晉)陳壽撰　(南朝宋)裴松之注　清刻本　二十册

360000 - 1901 - 0022428　304798

三國志六十五卷　(晉)陳壽撰　(南朝宋)裴松之注　清刻本　一册　存六卷(蜀志六至十一)

360000－1901－0022429　309304
三國志六十五卷　(晉)陳壽撰　(南朝宋)裴松之注　清刻本　十二册

360000－1901－0022430　902436
三國志六十五卷　(晉)陳壽撰　(南朝宋)裴松之注　清刻本　二册　存十四卷(三十八至四十五、五十三至五十八)

360000－1901－0022431　805057
三國志六十五卷　(晉)陳壽撰　(南朝宋)裴松之注　清末鉛印本　二册　存八卷(魏志十五至二十二)

360000－1901－0022432　800198
三國志六十五卷　(晉)陳壽撰　(南朝宋)裴松之注　清末石印本　一册　存二十卷(吳志二十卷)

360000－1901－0022433　300589
三國志六十五卷　(晉)陳壽撰　(南朝宋)裴松之注　清同治九年(1870)金陵書局刻二十四史本　八册

360000－1901－0022434　310976
三國志六十五卷　(晉)陳壽撰　(南朝宋)裴松之注　清同治九年(1870)金陵書局刻二十四史本　八册

360000－1901－0022435　310998
三國志六十五卷　(晉)陳壽撰　(南朝宋)裴松之注　清同治九年(1870)金陵書局刻二十四史本　八册

360000－1901－0022436　313682
三國志六十五卷　(晉)陳壽撰　(南朝宋)裴松之注　清同治九年(1870)金陵書局刻二十四史本　八册

360000－1901－0022437　401014
三國志六十五卷　(晉)陳壽撰　(南朝宋)裴松之注　清同治九年(1870)金陵書局刻二十四史本　八册

360000－1901－0022438　401015
三國志六十五卷　(晉)陳壽撰　(南朝宋)裴松之注　清同治九年(1870)金陵書局刻二十四史本　四册　存三十五卷(一至十一、三十一至五十四)

360000－1901－0022439　303121
三國志裴注述二卷　(清)林國贊撰　清光緒學海堂刻本　一册

360000－1901－0022440　800443
三國志書第一種六十卷一百二十回　(明)羅本撰　(清)金人瑞批　(清)毛宗崗評　清餘慶堂刻本　二册　存七卷(一至四、八至十)十四回(一至八、十五至二十)

360000－1901－0022441　300586
三國志證聞三卷　(清)錢儀吉撰　清光緒十一年(1885)江蘇書局刻本　二册

360000－1901－0022442　310874
三國志證聞三卷　(清)錢儀吉撰　清光緒十一年(1885)江蘇書局刻本　二册

360000－1901－0022443　163753
三國志注證遺四卷　(清)周壽昌撰　清光緒八年(1882)思益堂刻本　二册

360000－1901－0022444　210499
三合便覽十二卷　(清)明福輯　(清)富俊補　清乾隆四十五年(1780)刻本　十一册

360000－1901－0022445　120050
三華集五卷　(清)梁機撰　附豫章書院唱和詩一卷　(清)梁機輯　清光緒五年(1879)棲鳳樓刻本　四册

360000－1901－0022446　415347
三華集徵還隨草二卷　(清)梁機撰　清乾隆刻本　一册

360000－1901－0022447　241558
三家宫詞三卷　(明)毛晉輯　明天啓毛氏綠君亭刻詩詞雜俎本　一册

360000－1901－0022448　150093

**三家醫案合刻三卷** （清）吳金壽輯 清道光十一年(1831)笠澤吳金壽刻本 六冊

360000－1901－0022449 408060
**三家醫案合刻三卷** （清）吳金壽輯 清道光十一年(1831)笠澤吳金壽刻本 二冊

360000－1901－0022450 408060－1
**三家醫案合刻三卷** （清）吳金壽輯 清道光十一年(1831)笠澤吳金壽刻本 一冊 存一卷(上)

360000－1901－0022451 408061
**三家醫案合刻三卷** （清）吳金壽輯 清道光十一年(1831)笠澤吳金壽刻本 一冊

360000－1901－0022452 408063
**三家醫案合刻三卷** （清）吳金壽輯 清道光十一年(1831)笠澤吳金壽刻本 二冊

360000－1901－0022453 408064
**三家醫案合刻三卷** （清）吳金壽輯 清道光十一年(1831)笠澤吳金壽刻本 二冊

360000－1901－0022454 408062
**三家醫案合刻三卷** （清）吳金壽輯 **醫效秘傳三卷** （清）葉桂撰 清道光十一年(1831)笠澤吳金壽刻本 二冊 缺二卷(醫效秘傳二至三)

360000－1901－0022455 417469
**三角數理十二卷** （英國）海麻士輯 （英國）傅蘭雅口譯 （清）華蘅芳筆述 清光緒二十二年(1896)上海璣衡堂石印測海山房中西算學叢刻初編本 二冊

360000－1901－0022456 312244
**三角數理十二卷** （英國）海麻士輯 （英國）傅蘭雅口譯 （清）華蘅芳筆述 清光緒二十二年(1896)上海著易堂石印本 四冊

360000－1901－0022457 317682
**三角數理十二卷** （英國）海麻士輯 （英國）傅蘭雅口譯 （清）華蘅芳筆述 清光緒二十二年(1896)上海著易堂石印本 四冊

360000－1901－0022458 162114
**三角數理十二卷** （英國）海麻士輯 （英國）傅蘭雅口譯 （清）華蘅芳筆述 （清）曹擷亭繪圖 清光緒江南機器製造總局刻本 六冊

360000－1901－0022459 162115
**三角數理十二卷** （英國）海麻士輯 （英國）傅蘭雅口譯 （清）華蘅芳筆述 （清）曹擷亭繪圖 清光緒江南機器製造總局刻本 六冊

360000－1901－0022460 162116
**三角數理十二卷** （英國）海麻士輯 （英國）傅蘭雅口譯 （清）華蘅芳筆述 （清）曹擷亭繪圖 清光緒江南機器製造總局刻本 六冊

360000－1901－0022461 304786
**三角數理十二卷** （英國）海麻士輯 （英國）傅蘭雅口譯 （清）華蘅芳筆述 （清）曹擷亭繪圖 清光緒江南機器製造總局刻本 五冊 存十卷(一至二、五至十二)

360000－1901－0022462 417467
**三角須知一卷** （英國）傅蘭雅撰 清光緒十四年(1888)刻本 一冊

360000－1901－0022463 804864
**三教寶卷一卷** 清刻本 一冊

360000－1901－0022464 404500
**三晉詩選十四卷** （清）范鄗鼎輯 清康熙五經堂刻本 二冊 存八卷(四至十一)

360000－1901－0022465 901660
**三刻黃維章先生詩經鄉嬛體注八卷** （明）黃文煥輯 清友益齋刻本 一冊 存三卷(六至八)

360000－1901－0022466 419682
**三刻詩經體注八卷** （清）范翔重訂 **詩經集傳八卷** （宋）朱熹撰 清刻本 三冊

360000－1901－0022467 408892
**三刻太醫院補注婦人良方大全二十四卷** （宋）陳自明撰 （明）薛己補注 清竹林堂刻本 四冊 存十五卷(一至三、七至十、十七至二十四)

360000－1901－0022468 418541

**三禮編繹二十六卷**　(明)鄧元錫撰　明萬曆刻本　四册　存四卷(一至四)

360000－1901－0022469　401725
**三禮述注**　(清)李光坡撰　清乾隆八年至三十二年(1743－1767)安溪李氏清白堂刻本　十一册　存三十四卷(周禮述注十一至十六、二十至二十四,儀禮述注一至十,禮記述注十至十八、二十一至二十四)

360000－1901－0022470　403830
**三禮述注**　(清)李光坡撰　清乾隆八年至三十二年(1743－1767)安溪李氏清白堂刻本　十二册　存三十五卷(周禮述注一至十,儀禮述注十一至十六,禮記述注一至九、十四至十六、十九至二十一、二十五至二十八)

360000－1901－0022471　160024
**三禮通釋二百八十卷首一卷**　(清)林昌彝撰　清同治三年(1864)廣州刻本　四十八册

360000－1901－0022472　160025
**三禮圖二十卷**　(宋)聶崇義集注　清光緒上海同文書局石印本　二册

360000－1901－0022473　160027
**三禮圖二十卷**　(宋)聶崇義集注　清光緒上海同文書局石印本　二册

360000－1901－0022474　210218
**三禮序錄彙編□□卷**　(□)□□輯　明刻本　一册

360000－1901－0022475　402363
**三禮約編喈鳳**　(清)汪基編　清嘉慶九年(1804)汪氏敬堂家塾刻本　八册

360000－1901－0022476　402364
**三禮約編喈鳳**　(清)汪基編　清嘉慶九年(1804)汪氏敬堂家塾刻本　六册

360000－1901－0022477　402365
**三禮約編喈鳳**　(清)汪基編　清刻本　五册

360000－1901－0022478　402366
**三禮約編喈鳳**　(清)汪基編　清刻本　五册

360000－1901－0022479　402369
**三禮約編喈鳳**　(清)汪基編　清刻本　三册

360000－1901－0022480　402370
**三禮約編喈鳳**　(清)汪基編　清刻本　一册　存二種

360000－1901－0022481　402371
**三禮約編喈鳳**　(清)汪基編　清刻本　一册　存二種

360000－1901－0022482　402372
**三禮約編喈鳳**　(清)汪基編　清刻本　一册　存二種

360000－1901－0022483　402367
**三禮約編喈鳳**　(清)汪基編　清同人堂刻本　四册

360000－1901－0022484　163460
**三廉贈别錄一卷**　(清)林昌彝輯　清同治六年(1867)海門書院刻本　一册

360000－1901－0022485　900569
**三廉贈别錄一卷**　(清)林昌彝輯　清同治六年(1867)海門書院刻本　一册

360000－1901－0022486　400935
**三流道里表不分卷**　(清)刑部律例館纂修　清同治十一年(1872)湖北讞局刻本　二册

360000－1901－0022487　400936
**三流道里表不分卷**　(清)刑部律例館纂修　清同治十一年(1872)湖北讞局刻本　二册

360000－1901－0022488　220493
**三流道里表不分卷**　(清)徐本等纂修　清乾隆八年(1743)武英殿刻本　四册

360000－1901－0022489　120061
**三劉家集不分卷**　(宋)劉渙　(宋)劉恕　(宋)劉羲仲撰　(宋)劉元高輯　清道光二十八年(1848)刻本　二册

360000－1901－0022490　709969
**三劉家集不分卷**　(宋)劉渙　(宋)劉恕　(宋)劉羲仲撰　(宋)劉元高輯　清道光二十八年(1848)刻本　一册

360000－1901－0022491　120060
**三劉家集不分卷**　(宋)劉涣　(宋)劉恕　(宋)劉羲仲撰　(宋)劉元高輯　清光緒二十二年(1896)刻本　二册

360000－1901－0022492　409967－1
**三劉家集不分卷**　(宋)劉涣　(宋)劉恕　(宋)劉羲仲撰　(宋)劉元高輯　清刻本　一册

360000－1901－0022493　240770
**三漫集四卷**　(明)余嘉謀撰　清乾隆三年(1738)刻本　二册

360000－1901－0022494　230536
**三命通會十二卷**　(明)萬民英撰　明萬曆刻清雍正十三年(1735)蔣國祥補刻本　十二册

360000－1901－0022495　230537
**三命通會十二卷**　(明)萬民英撰　明萬曆刻清雍正十三年(1735)蔣國祥補刻本　十二册

360000－1901－0022496　304792
**三命通會十二卷**　(明)萬民英撰　清刻本　八册　存八卷(一至二、四至五、七至九、十二)

360000－1901－0022497　416648
**三命通會十二卷**　(明)萬民英撰　清刻本　八册　存八卷(一、三至五、七、九至十一)

360000－1901－0022498　802621
**三命通會十二卷**　(明)萬民英撰　清末石印本　一册　存二卷(十一至十二)

360000－1901－0022499　416650
**三命通會十二卷**　(明)萬民英撰　清末中原書局石印本　七册　存十卷(一至十)

360000－1901－0022500　230538
**三命通會十二卷**　(明)萬民英撰　清乾隆五十六年(1791)金閶書業堂刻本　十二册

360000－1901－0022501　304793
**三命通會十二卷**　(明)萬民英撰　清宣統元年(1909)上海江左書林石印本　十一册　存十一卷(一至九、十一至十二)

360000－1901－0022502　414884
**三命通會十二卷**　(明)萬民英撰　清宣統元年(1909)上海江左書林石印本　三册　存八卷(五至十二)

360000－1901－0022503　416649
**三命通會十二卷**　(明)萬民英撰　清宣統元年(1909)上海江左書林石印本　二册　存四卷(一至四)

360000－1901－0022504　803142
**三農紀十卷**　(清)張宗法撰　清刻本　一册　存二卷(三至四)

360000－1901－0022505　803381
**三千字文合訂三卷**　(□)□□輯　清咸豐十年(1860)抄本　一册　存一卷(廣集)

360000－1901－0022506　718917
**三讓堂重訂古文釋義新編八卷**　(清)余誠評注　清光緒二十四年(1898)益元書局刻本　四册

360000－1901－0022507　718918
**三讓堂重訂古文釋義新編八卷**　(清)余誠評注　清光緒二十四年(1898)益元書局刻本　一册　存一卷(二)

360000－1901－0022508　718916
**三讓堂重訂古文釋義新編八卷**　(清)余誠評注　清刻本　四册

360000－1901－0022509　400238
**三省邊防備覽十八卷**　(清)嚴如熤輯　(清)張鵬翂續輯　清道光十年(1830)刻本　九册

360000－1901－0022510　420217
**三省黄河全圖不分卷**　易順鼎等纂　顧潮等測繪　清光緒十六年(1890)上海鴻文書局石印本　五册

360000－1901－0022511　420218
**三省黄河全圖不分卷**　易順鼎等纂　顧潮等測繪　清光緒十六年(1890)上海鴻文書局石印本　五册

360000－1901－0022512　420219

三省黃河全圖不分卷　易順鼎等纂　顧潮等測繪　清光緒十六年（1890）上海鴻文書局石印本　五冊

360000－1901－0022513　420220
三省黃河全圖不分卷　易順鼎等纂　顧潮等測繪　清光緒十六年（1890）上海鴻文書局石印本　五冊

360000－1901－0022514　420221
三省黃河全圖不分卷　易順鼎等纂　顧潮等測繪　清光緒十六年（1890）上海鴻文書局石印本　五冊

360000－1901－0022515　420222
三省黃河全圖不分卷　易順鼎等纂　顧潮等測繪　清光緒十六年（1890）上海鴻文書局石印本　五冊

360000－1901－0022516　420223
三省黃河全圖不分卷　易順鼎等纂　顧潮等測繪　清光緒十六年（1890）上海鴻文書局石印本　五冊

360000－1901－0022517　420224
三省黃河全圖不分卷　易順鼎等纂　顧潮等測繪　清光緒十六年（1890）上海鴻文書局石印本　五冊

360000－1901－0022518　420225
三省黃河全圖不分卷　易順鼎等纂　顧潮等測繪　清光緒十六年（1890）上海鴻文書局石印本　五冊

360000－1901－0022519　420226
三省黃河全圖不分卷　易順鼎等纂　顧潮等測繪　清光緒十六年（1890）上海鴻文書局石印本　五冊

360000－1901－0022520　420227
三省黃河全圖不分卷　易順鼎等纂　顧潮等測繪　清光緒十六年（1890）上海鴻文書局石印本　五冊

360000－1901－0022521　420228
三省黃河全圖不分卷　易順鼎等纂　顧潮等測繪　清光緒十六年（1890）上海鴻文書局石印本　五冊

360000－1901－0022522　801574
三省黃河全圖不分卷　易順鼎等纂　顧潮等測繪　清光緒十六年（1890）上海鴻文書局石印本　五冊

360000－1901－0022523　801574－1
三省黃河全圖不分卷　易順鼎等纂　顧潮等測繪　清光緒十六年（1890）上海鴻文書局石印本　四冊

360000－1901－0022524　801574－2
三省黃河全圖不分卷　易順鼎等纂　顧潮等測繪　清光緒十六年（1890）上海鴻文書局石印本　四冊

360000－1901－0022525　801574－3
三省黃河全圖不分卷　易順鼎等纂　顧潮等測繪　清光緒十六年（1890）上海鴻文書局石印本　四冊

360000－1901－0022526　801574－4
三省黃河全圖不分卷　易順鼎等纂　顧潮等測繪　清光緒十六年（1890）上海鴻文書局石印本　四冊

360000－1901－0022527　801574－5
三省黃河全圖不分卷　易順鼎等纂　顧潮等測繪　清光緒十六年（1890）上海鴻文書局石印本　三冊

360000－1901－0022528　801574－6
三省黃河全圖不分卷　易順鼎等纂　顧潮等測繪　清光緒十六年（1890）上海鴻文書局石印本　三冊

360000－1901－0022529　801574－7
三省黃河全圖不分卷　易順鼎等纂　顧潮等測繪　清光緒十六年（1890）上海鴻文書局石印本　一冊

360000－1901－0022530　801574－8
三省黃河全圖不分卷　易順鼎等纂　顧潮等測繪　清光緒十六年（1890）上海鴻文書局石

印本　一册

360000－1901－0022531　801574－9
**三省黄河全圖不分卷**　易順鼎等纂　顧潮等測繪　清光緒十六年(1890)上海鴻文書局石印本　一册

360000－1901－0022532　900960
**館課詩鈔六卷**　(清)吴鍾駿等輯　清刻本　三册　存三卷(二至四)

360000－1901－0022533　120051
**三盛詩鈔三卷附一卷**　(清)盛研家輯　清同治五年(1866)磊思巢刻本　四册

360000－1901－0022534　120052
**三盛詩鈔三卷附一卷**　(清)盛研家輯　清同治五年(1866)磊思巢刻本　四册

360000－1901－0022535　120053
**三盛詩鈔三卷附一卷**　(清)盛研家輯　清同治五年(1866)磊思巢刻本　四册

360000－1901－0022536　410921
**三盛詩鈔三卷附一卷**　(清)盛研家輯　清同治五年(1866)磊思巢刻本　四册

360000－1901－0022537　410921－1
**三盛詩鈔三卷附一卷**　(清)盛研家輯　清同治五年(1866)磊思巢刻本　一册　存一卷(二)

360000－1901－0022538　601023
**三盛詩鈔三卷附一卷**　(清)盛研家輯　清同治五年(1866)磊思巢刻本　四册

360000－1901－0022539　601024
**三盛詩鈔三卷附一卷**　(清)盛研家輯　清同治五年(1866)磊思巢刻本　四册

360000－1901－0022540　406986
**三聖經靈驗圖注三卷**　(□)□□輯　清光緒二十四年(1898)上海鴻寶齋石印本　一册

360000－1901－0022541　800405
**三十都二啚壹甲常豐戶一卷常裕戶一卷**　(清)王永祥編　清道光十九年(1839)抄本　一册

360000－1901－0022542　300582
**三十家詩鈔六卷**　(清)曾國藩輯　(清)王定安增輯　清同治十三年(1874)傳忠書局刻本　六册

360000－1901－0022543　412951
**三十家詩鈔六卷**　(清)曾國藩輯　(清)王定安增輯　清宣統元年(1909)上海崇善堂石印本　五册　存五卷(一至三、五至六)

360000－1901－0022544　401724
**三十六孝事實考二卷**　(□)□□輯　清光緒五年(1879)刻本　一册

360000－1901－0022545　417670
**歷朝二十五家詩錄三十七卷首一卷**　(清)鄒湘倜輯　清光緒元年(1875)新化鄒氏得頤堂刻本　三十册

360000－1901－0022546　163710
**三史拾遺五卷**　(清)錢大昕撰　清光緒十七年(1891)廣雅書局刻本　一册

360000－1901－0022547　413008
**光緒四年新掛聯詩賦全抄一卷**　(清)□□輯　清光緒刻本　一册

360000－1901－0022548　120057
**三壽贈言四卷**　(清)歐陽惇三輯　清道光二十八年(1848)刻本　二册

360000－1901－0022549　414744
**三松堂集二十四卷續集六卷**　(清)潘奕雋撰　清嘉慶刻本　八册

360000－1901－0022550　150092
**三宋人集**　(清)方功惠輯　清光緒七年(1881)巴陵方氏碧琳琅館刻本　五册

360000－1901－0022551　300584
**三蘇策論十二卷**　(宋)蘇洵　(宋)蘇軾　(宋)蘇轍撰　清光緒二十八年(1902)上海書局石印本　四册

360000－1901－0022552　309473
**三蘇策論十二卷**　(宋)蘇洵　(宋)蘇軾　(宋)蘇轍撰　清光緒二十七年(1901)鴻文書

局石印本　五冊　存十卷(一至八、十一至十二)

360000－1901－0022553　401729
**三蘇策論十二卷**　(宋)蘇洵　(宋)蘇軾　(宋)蘇轍撰　清光緒二十七年(1901)益元局刻本　六冊

360000－1901－0022554　401414
**三蘇策論十二卷**　(宋)蘇洵　(宋)蘇軾　(宋)蘇轍撰　清光緒二十四年(1898)刻本　六冊

360000－1901－0022555　401727
**三蘇策論十二卷**　(宋)蘇洵　(宋)蘇軾　(宋)蘇轍撰　清光緒二十四年(1898)越郡會文堂石印本　八冊

360000－1901－0022556　401728
**三蘇策論十二卷**　(宋)蘇洵　(宋)蘇軾　(宋)蘇轍撰　清光緒二十四年(1898)越郡會文堂石印本　八冊

360000－1901－0022557　401412
**三蘇策論十二卷**　(宋)蘇洵　(宋)蘇軾　(宋)蘇轍撰　清刻本　五冊　存十卷(三至十二)

360000－1901－0022558　401413
**三蘇策論十二卷**　(宋)蘇洵　(宋)蘇軾　(宋)蘇轍撰　清刻本　三冊　存六卷(五至十)

360000－1901－0022559　801803
**三蘇策論十二卷**　(宋)蘇洵　(宋)蘇軾　(宋)蘇轍撰　清末鍊石齋石印本　一冊　存二卷(十一至十二)

360000－1901－0022560　801493
**三蘇策論十二卷**　(宋)蘇洵　(宋)蘇軾　(宋)蘇轍撰　清末石印本　一冊　存三卷(六至八)

360000－1901－0022561　801494
**三蘇策論十二卷**　(宋)蘇洵　(宋)蘇軾　(宋)蘇轍撰　清末石印本　一冊　存二卷(七至八)

360000－1901－0022562　801495
**三蘇策論十二卷**　(宋)蘇洵　(宋)蘇軾　(宋)蘇轍撰　清末石印本　一冊　存二卷(八至九)

360000－1901－0022563　801801
**三蘇策論十二卷**　(宋)蘇洵　(宋)蘇軾　(宋)蘇轍撰　清末石印本　三冊　存六卷(三至四、七至十)

360000－1901－0022564　150667
**三蘇全集**　(清)弓翊清等編　清道光七年至十二年(1827－1832)眉州三蘇祠刻本　八十冊

360000－1901－0022565　150668
**三蘇全集**　(清)弓翊清等編　清道光七年至十二年(1827－1832)眉州三蘇祠刻本　六十八冊

360000－1901－0022566　305954
**三蘇全集**　(清)弓翊清等編　清道光七年至十二年(1827－1832)眉州三蘇祠刻本　七十四冊

360000－1901－0022567　417978
**三蘇全集**　(清)弓翊清等編　清道光七年至十二年(1827－1832)眉州三蘇祠刻本　八冊

360000－1901－0022568　402859
**三蘇文集四十四卷**　(宋)蘇洵　(宋)蘇軾　(宋)蘇轍撰　清宣統元年(1909)上海會文學社石印本　八冊

360000－1901－0022569　241456
**三蘇先生文粹六十六卷**　(宋)蘇洵　(宋)蘇軾　(宋)蘇轍撰　明刻本　十二冊

360000－1901－0022570　241453
**三蘇先生文粹七十卷**　(宋)蘇洵　(宋)蘇軾　(宋)蘇轍撰　明刻本　十冊

360000－1901－0022571　241454
**三蘇先生文粹七十卷**　(宋)蘇洵　(宋)蘇軾　(宋)蘇轍撰　明刻本　九冊　缺五卷(一

至五)

360000 - 1901 - 0022572　241455
**三蘇先生文粹七十卷**　(宋)蘇洵　(宋)蘇軾　(宋)蘇轍撰　明刻本　七冊　缺十一卷(一至十一)

360000 - 1901 - 0022573　241452
**三蘇先生文集七十卷**　(宋)蘇洵　(宋)蘇軾　(宋)蘇轍撰　明刻本　二十四冊

360000 - 1901 - 0022574　803747
**三唐合抄□□卷**　(清)胡光珏輯　清抄本　五冊　存五卷(三、五至八)

360000 - 1901 - 0022575　150094
**三唐人集**　(清)馮焌光輯　清光緒南海馮氏讀有用書齋刻本　六冊

360000 - 1901 - 0022576　300559
**三唐詩品三卷**　宋育仁撰　清末富順攷雋堂刻本　一冊

360000 - 1901 - 0022577　400546
**三通典序三卷**　(唐)杜佑等撰　清鉛印九通序本　一冊

360000 - 1901 - 0022578　300564
**三通集要策母三卷**　(清)桂香齋主人輯　清道光二十四年(1844)刻本　一冊

360000 - 1901 - 0022579　400468
**三通警策甲編三卷乙編二卷**　(清)胡重輯　清刻本　一冊　存三卷(三通警策甲編二至三、乙編上)

360000 - 1901 - 0022580　400459
**三通考輯要七十六卷**　(清)張羅澄輯　清光緒二十八年(1902)夢孔山房石印本　二十三冊　存六十二卷(文獻通考輯要二十四卷、續文獻通考輯要一至十六、皇朝文獻通考輯要五至二十六)

360000 - 1901 - 0022581　400460
**三通考輯要七十六卷**　(清)張羅澄輯　清光緒二十八年(1902)夢孔山房石印本　六冊　存十九卷(文獻通考輯要五至八、十九至二十四,續文獻通考輯要五至九,皇朝文獻通考輯要十至十一、十六至十七)

360000 - 1901 - 0022582　308930
**三通考輯要七十六卷**　湯壽潛輯　清光緒二十五年(1899)上海圖書集成局鉛印本　三十一冊

360000 - 1901 - 0022583　308933
**三通考輯要七十六卷**　湯壽潛輯　清光緒二十五年(1899)上海圖書集成局鉛印本　二十九冊　存七十二卷(文獻通考輯要五至二十四、欽定續文獻通考輯要二十六卷、皇朝文獻通考輯要二十六卷)

360000 - 1901 - 0022584　313507
**三通考輯要七十六卷**　湯壽潛輯　清光緒二十五年(1899)上海圖書集成局鉛印本　二十冊　存五十二卷(欽定續文獻通考輯要二十六卷、皇朝文獻通考輯要二十六卷)

360000 - 1901 - 0022585　400430
**三通考輯要七十六卷**　湯壽潛輯　清光緒二十五年(1899)上海圖書集成局鉛印本　三十冊

360000 - 1901 - 0022586　400431
**三通考輯要七十六卷**　湯壽潛輯　清光緒二十五年(1899)上海圖書集成局鉛印本　三十冊

360000 - 1901 - 0022587　400433
**三通考輯要七十六卷**　湯壽潛輯　清光緒二十五年(1899)上海圖書集成局鉛印本　十二冊　存四十四卷(文獻通考輯要十一、十六至二十四,欽定續文獻通考一至二十,皇朝文獻通考輯要五至十八)

360000 - 1901 - 0022588　400434
**三通考輯要七十六卷**　湯壽潛輯　清光緒二十五年(1899)上海圖書集成局鉛印本　十五冊　存二十九卷(文獻通考輯要十至十一、十五至十八,欽定續文獻通考二至五、九至十四、十六至十九、二十五至二十六,皇朝文獻通考輯要二至六、十九至二十)

360000－1901－0022589　400457

**三通考輯要七十六卷**　湯壽潛輯　清光緒二十五年(1899)上海圖書集成局鉛印本　三十冊

360000－1901－0022590　400458

**三通考輯要七十六卷**　湯壽潛輯　清光緒二十五年(1899)上海圖書集成局鉛印本　二十六冊　存六十九卷(文獻通考輯要二十四卷,續文獻通考輯要一至二十四,皇朝文獻通考輯要一至八、十至十六、十九至二十四)

360000－1901－0022591　400461

**三通考輯要七十六卷**　湯壽潛輯　清光緒二十五年(1899)上海圖書集成局鉛印本　六冊　存十四卷(文獻通考輯要九至十一、十五至十六、二十一至二十四,皇朝文獻通考輯要六至八、十至十一)

360000－1901－0022592　300563

**三通考輯要七十六卷**　湯壽潛輯　清光緒二十五年(1899)上海圖書集成局鉛印本　三十冊

360000－1901－0022593　304775

**三通考輯要七十六卷**　湯壽潛輯　清光緒二十五年(1899)上海圖書集成局鉛印本　四十冊　存六十三卷(文獻通考輯要三至十一、十三至二十二,欽定續文獻通考輯要一至十一、十三至二十二,皇朝文獻通考輯要一、五至二十六)

360000－1901－0022594　304777

**三通考輯要七十六卷**　湯壽潛輯　清光緒二十五年(1899)上海圖書集成局鉛印本　四冊　存九卷(文獻通考輯要五至九、十三至十六)

360000－1901－0022595　304778

**三通考輯要七十六卷**　湯壽潛輯　清光緒二十五年(1899)上海圖書集成局鉛印本　十四冊　存三十三卷(文獻通考輯要一至十六、十九至二十四,欽定續文獻通考輯要一至十一)

360000－1901－0022596　304779

**三通考輯要七十六卷**　湯壽潛輯　清光緒二十五年(1899)上海圖書集成局鉛印本　三十一冊

360000－1901－0022597　304780

**三通考輯要七十六卷**　湯壽潛輯　清光緒二十五年(1899)上海圖書集成局鉛印本　三十一冊　存七十三卷(文獻通考輯要二十四卷,欽定續文獻通考輯要一至十二、十六至二十六,皇朝文獻通考輯要二十六卷)

360000－1901－0022598　304781

**三通考輯要七十六卷**　湯壽潛輯　清光緒二十五年(1899)上海圖書集成局鉛印本　二十八冊　存七十四卷(文獻通考輯要二十四卷、欽定續文獻通考輯要二十六卷、皇朝文獻通考輯要一至二十四)

360000－1901－0022599　304782

**三通考輯要七十六卷**　湯壽潛輯　清光緒二十五年(1899)上海圖書集成局鉛印本　三十冊　存七十五卷(文獻通考輯要二十四卷,欽定續文獻通考輯要二十六卷,皇朝文獻通考輯要一至八、十至二十六)

360000－1901－0022600　304776

**三通考詳節七十六卷**　(清)嚴虞惇輯　清光緒二十七年(1901)上海鴻寶齋書局石印本　十三冊　存四十五卷(文獻通考詳節十二至二十四,欽定續文獻通考詳節四至十七,皇朝文獻通考詳節一至十六、二十五至二十六)

360000－1901－0022601　400454

**三通考詳節七十六卷**　(清)嚴虞惇輯　清光緒二十七年(1901)上海鴻寶齋書局石印本　二十冊

360000－1901－0022602　400455

**三通考詳節七十六卷**　(清)嚴虞惇輯　清光緒二十七年(1901)上海鴻寶齋書局石印本　十七冊

360000－1901－0022603　400456

**三通考詳節七十六卷**　(清)嚴虞惇輯　清光緒二十七年(1901)上海鴻寶齋書局石印本

三册　存十一卷（文獻通考詳節二十至二十四、續文獻通考詳節十八至二十、皇朝文獻通考詳節一至三）

360000－1901－0022604　601076－1
**三通考詳節七十六卷**　（清）嚴虞惇輯　清光緒二十七年（1901）上海鴻寶齋書局石印本　十九册　缺八卷（文獻通考詳節一至八）

360000－1901－0022605　308868
**三通考纂要七十卷**　（清）葉大綽等纂　清光緒二十八年（1902）上海鴻文書局石印本　十六册

360000－1901－0022606　150097
**三通七百四十八卷**　清乾隆十二年（1747）武英殿刻本　二百四十二册　存七百四十四卷（通典二百卷，通志二百卷，文獻通考一至二百八、二百十三至三百四十八）

360000－1901－0022607　150096
**三通七百四十八卷**　清咸豐九年（1859）崇仁謝氏刻本　三百十九册

360000－1901－0022608　150098
**三通七百四十八卷**　清咸豐九年（1859）崇仁謝氏刻本　三百二十二册

360000－1901－0022609　150099
**三通七百四十八卷**　清咸豐九年（1859）崇仁謝氏刻本　三百十九册

360000－1901－0022610　400411
**三通七百四十八卷**　清咸豐九年（1859）崇仁謝氏刻本　二百六十七册　存六百五十四卷（通典一至五十九、六十六至一百八十九，通志五十六至七十四、七十七至八十五、八十七至一百十、一百十二至一百十七、一百二十至一百三十一、一百三十三、一百四十至二百，文獻通考一至一百七十三、一百八十三至三百四十八）

360000－1901－0022611　400412
**三通七百四十八卷**　清咸豐九年（1859）崇仁謝氏刻本　一百二十五册　存三百五十三卷（通志五、六十四至六十五、九十四、一百八十七、一百九十九至二百，文獻通考一至七十二、七十五至三百四十八）

360000－1901－0022612　308389
**三通序不分卷**　（清）康綸筠輯　清道光十三年（1833）江夏周恭壽刻本　四册

360000－1901－0022613　400473
**三通序不分卷**　（清）康綸筠輯　清道光十三年（1833）江夏周恭壽刻本　三册

360000－1901－0022614　400475
**三通序不分卷**　（清）康綸筠輯　清道光十三年（1833）江夏周恭壽刻本　四册

360000－1901－0022615　400471
**三通序不分卷**　（清）康綸筠輯　清光緒二十七年（1901）上海文淵山房石印本　一册

360000－1901－0022616　400472
**三通序不分卷**　（清）康綸筠輯　清光緒二十四年（1898）上海理文軒石印本　一册

360000－1901－0022617　400470
**三通序不分卷**　（清）康綸筠輯　清光緒二十四年（1898）上海書局石印本　一册

360000－1901－0022618　400476
**三通序不分卷**　（清）康綸筠輯　清刻本　二册

360000－1901－0022619　400477
**三通序不分卷**　（清）康綸筠輯　清刻本　一册

360000－1901－0022620　804253
**三通序不分卷**　（清）康綸筠輯　清刻本　一册

360000－1901－0022621　163750
**三通序不分卷**　蔣德鈞輯　清光緒十四年（1888）湘鄉蔣氏刻求實齋叢書本　二册

360000－1901－0022622　163751
**三通序不分卷**　蔣德鈞輯　清光緒十四年（1888）湘鄉蔣氏刻求實齋叢書本　二册

360000－1901－0022623　400474

**三通序不分卷**　蔣德鈞輯　清光緒十四年(1888)湘鄉蔣氏刻求實齋叢書本　一冊

360000－1901－0022624　400474－1
**三通序不分卷**　蔣德鈞輯　清光緒十四年(1888)湘鄉蔣氏刻求實齋叢書本　二冊

360000－1901－0022625　307980
**三通序不分卷**　蔣德鈞輯　清刻本　三冊

360000－1901－0022626　400855
**三通序三卷**　(唐)杜佑等撰　清末石印本　一冊

360000－1901－0022627　317830
**三統術詳說四卷**　(清)陳澧撰　清光緒廣雅書局刻本　一冊

360000－1901－0022628　300562
**三統術詳說四卷**　(清)陳澧撰　清末刻本　一冊

360000－1901－0022629　317485
**三統術詳說四卷弧三角平視法一卷摹印述一卷**　(清)陳澧撰　清咸豐七年(1857)刻本　一冊

360000－1901－0022630　317828
**三統術衍三卷三統術鈐一卷**　(清)錢大昕撰　清嘉慶六年(1801)浙江撫署刻本　三冊

360000－1901－0022631　803873
**三萬卷書齋選本二卷**　(清)素漪氏輯　清抄本　一冊

360000－1901－0022632　120042
**三味齋詩初稿四卷**　(清)石成瑛撰　清道光十八年(1838)三味齋刻本　二冊

360000－1901－0022633　402862
**三喜堂詩草二卷**　(清)齊廷勝撰　清光緒十九年(1893)刻本　一冊

360000－1901－0022634　402861
**三喜堂文集二卷**　(清)齊廷勝撰　清光緒十九年(1893)刻本　一冊

360000－1901－0022635　241422
**三賢文集**　(清)張斐然　(清)楊茝輯　清康熙十八年(1679)張斐然、楊茝刻本　二十冊

360000－1901－0022636　900524
**三星堂續修會冊不分卷**　(清)□□輯　清光緒三十一年(1905)木活字印本　一冊

360000－1901－0022637　900238
**三修上高縣賓興堂志不分卷**　(清)曹星平等纂　清咸豐四年(1854)木活字印本　二冊

360000－1901－0022638　900239
**三修上高縣賓興堂志不分卷**　(清)曹星平等纂　清咸豐四年(1854)木活字印本　二冊

360000－1901－0022639　900240
**三修上高縣賓興堂志不分卷**　(清)曹星平等纂　清咸豐四年(1854)木活字印本　一冊

360000－1901－0022640　900240－1
**三修上高縣賓興堂志不分卷**　(清)曹星平等纂　清咸豐四年(1854)木活字印本　一冊

360000－1901－0022641　416724
**三訓合讀三卷**　(清)吳嘉善輯　清光緒七年(1881)明德堂刻本　一冊

360000－1901－0022642　304796
**三異筆談四卷**　(清)許元仲撰　清光緒七年(1881)上海申報館鉛印本　一冊　存二卷(一至二)

360000－1901－0022643　800522
**三因極一病證方論十八卷**　(宋)陳言撰　清抄本　二冊　存五卷(五至九)

360000－1901－0022644　800910
**三因極一病證方論十八卷**　(宋)陳言撰　清抄本　三冊　存九卷(十至十八)

360000－1901－0022645　300538
**三影閣箏語三卷**　(清)張雲璈撰　清嘉慶刻本　一冊

360000－1901－0022646　300570
**三魚堂日記(清康熙五年至三十一年)**　(清)陸隴其撰　清同治九年(1870)浙江書局刻本　四冊

360000－1901－0022647　300571
**三魚堂賸言十二卷**　(清)陸隴其撰　清同治七年(1868)武林薇署刻本　二册

360000－1901－0022648　403072
**三魚堂四書大全**　(清)陸隴其輯　清康熙刻本　六册　存四種

360000－1901－0022649　403073
**三魚堂四書大全**　(清)陸隴其輯　清康熙刻本　十四册　存二種

360000－1901－0022650　403074
**三魚堂四書大全**　(清)陸隴其輯　清康熙刻本　十三册　存三種

360000－1901－0022651　403071
**三魚堂四書大全**　(清)陸隴其輯　清康熙四十一年(1702)寶翰樓刻本　十册

360000－1901－0022652　403076
**三魚堂四書大全**　(清)陸隴其輯　清康熙四十一年(1702)寶翰樓刻本　二十四册

360000－1901－0022653　405807
**三魚堂文集十二卷外集六卷**　(清)陸隴其撰　清刻本　三册　存七卷(三魚堂文集一至五、外集四至五)

360000－1901－0022654　300572
**三魚堂文集十二卷外集六卷附錄二卷賸言十二卷**　(清)陸隴其撰　清同治七年(1868)武林薇署刻本　十二册

360000－1901－0022655　163458
**三魚堂文集十二卷外集六卷附錄一卷**　(清)陸隴其撰　清刻本　六册

360000－1901－0022656　163459
**三魚堂文集十二卷外集六卷附錄一卷**　(清)陸隴其撰　清刻本　六册　缺五卷(三魚堂文集一至五)

360000－1901－0022657　165153
**三餘集四卷**　(宋)黄彦平撰　清抄本　一册

360000－1901－0022658　414739
**三餘偶筆十六卷**　(清)左暄撰　清嘉慶十六年(1811)刻本　一册　存三卷(一至三)

360000－1901－0022659　414739－1
**三餘偶筆十六卷**　(清)左暄撰　清嘉慶十六年(1811)刻本　一册　存四卷(一至四)

360000－1901－0022660　419207
**三餘堂古文觀止十二卷**　(清)吳乘權　(清)吳大職輯　清敦化堂刻本　六册

360000－1901－0022661　419208
**三餘堂古文觀止十二卷**　(清)吳乘權　(清)吳大職輯　清敦化堂刻本　六册　存六卷(三至四、七至十)

360000－1901－0022662　414743
**三餘堂古文析觀解六卷**　(清)林雲銘　(清)吳乘權評　(清)章懋勳注　清乾隆三餘堂刻本　三册　存四卷(二至四、六)

360000－1901－0022663　418956
**三餘堂古文析義十四卷**　(清)林雲銘評注　清乾隆四十四年(1779)三餘堂刻本　五册　存十二卷(一至四、七至十四)

360000－1901－0022664　420312
**三餘堂詳校醫宗必讀十卷**　(明)李中梓撰　清乾隆三十九年(1774)刻本　三册　存七卷(一至七)

360000－1901－0022665　901605
**三元秘授六集六卷法竅一卷**　(明)張溥撰　(清)張廷濟輯　清刻本　一册　存二卷(三至四)

360000－1901－0022666　901603
**三元秘授六集六卷法竅一卷**　(明)張溥撰　(清)張廷濟輯　清五雲樓刻本　四册

360000－1901－0022667　901604
**三元秘授六集六卷法竅一卷**　(明)張溥撰　(清)張廷濟輯　清五雲樓刻本　三册　存五卷(三至六、法竅一卷)

360000－1901－0022668　800251
**三元秘旨不分卷**　(清)小亭氏輯　清小亭氏抄本　一册

360000－1901－0022669　416200
**三元三要八宅救害明鏡二卷**　(清)箬冠道人撰　清光緒三年(1877)刻本　二册

360000－1901－0022670　416200－1
**三元三要八宅救害明鏡二卷**　(清)箬冠道人撰　清光緒三年(1877)刻本　二册

360000－1901－0022671　162112
**三元三要八宅救害明鏡二卷**　(清)箬冠道人撰　清嘉慶十五年(1810)刻本　二册

360000－1901－0022672　165142
**三垣筆記四卷**　(清)李清撰　清抄本　四册

360000－1901－0022673　415362
**三韻合編六十卷**　(清)姚覲元輯　清光緒二年(1876)川東官舍刻本　十八册

360000－1901－0022674　120041
**三芝山房讀史隨筆二卷**　(清)盧浙撰　清嘉慶二十二年(1817)刻本　二册

360000－1901－0022675　420324－1
**三指禪三卷**　(清)周學霆撰　清道光十二年(1832)星沙换鵞堂刻本　一册　存一卷(一)

360000－1901－0022676　420325
**三指禪三卷**　(清)周學霆撰　清光緒三十二年(1906)大文書局刻本　三册

360000－1901－0022677　420326
**三指禪三卷**　(清)周學霆撰　清刻本　三册

360000－1901－0022678　420324
**三指禪三卷**　(清)周學霆撰　清同治七年(1868)刻本　一册　存一卷(一)

360000－1901－0022679　420322
**三指禪三卷**　(清)周學霆撰　清同治十三年(1874)撫會堂刻本　二册

360000－1901－0022680　420323
**三指禪三卷**　(清)周學霆撰　清同治十三年(1874)撫會堂刻本　二册　存二卷(一、三)

360000－1901－0022681　163752
**三洲日記八卷(清光緒十二年至十五年)**　(清)張蔭桓撰　清光緒三十二年(1906)上海石印本　八册

360000－1901－0022682　309827
**三注悟真篇**　(清)傅金銓批點　清光緒二年(1876)刻本　六册

360000－1901－0022683　404351
**三字鑑四卷**　(清)張宜明撰　清光緒三年(1877)義勝書局刻本　一册　存一卷(一)

360000－1901－0022684　800760
**三字鑑四卷**　(清)張宜明撰　清刻本　一册　存一卷(二)

360000－1901－0022685　800761
**三字鑑四卷**　(清)張宜明撰　清刻本　一册　存一卷(二)

360000－1901－0022686　421818
**三字經口義一卷**　(□)□□撰　清乾隆二十三年(1758)邵陵吳伯夔刻本　一册

360000－1901－0022687　900342
**三字經試帖□□卷**　(清)裘獻功撰　清刻本　一册　存一卷(二)

360000－1901－0022688　414808
**三字經訓詁一卷**　(清)王相撰　清寶華順刻本　一册

360000－1901－0022689　414807
**三字經訓詁一卷**　(清)王相撰　清寶文堂刻本　一册

360000－1901－0022690　414807－1
**三字經訓詁一卷**　(清)王相撰　清寶文堂刻本　一册

360000－1901－0022691　414811
**三字經訓詁一卷**　(清)王相撰　清集古堂刻本　一册

360000－1901－0022692　163046
**三字經訓詁一卷**　(清)王相撰　清九經堂刻本　一册

360000－1901－0022693　414800

三字經訓詁一卷　(清)王相撰　清九經堂刻本　一册

360000－1901－0022694　414801
三字經訓詁一卷　(清)王相撰　清九經堂刻本　一册

360000－1901－0022695　414807－2
三字經訓詁一卷　(清)王相撰　清刻本　一册

360000－1901－0022696　414813
三字經訓詁一卷　(清)王相撰　清刻本　一册

360000－1901－0022697　414813－2
三字經訓詁一卷　(清)王相撰　清刻本　一册

360000－1901－0022698　300569
三字經訓詁一卷　(清)王相撰　清兩儀堂刻本　一册

360000－1901－0022699　414810
三字經訓詁一卷　(清)王相撰　清兩儀堂刻本　一册

360000－1901－0022700　414810－1
三字經訓詁一卷　(清)王相撰　清兩儀堂刻本　一册

360000－1901－0022701　414810－2
三字經訓詁一卷　(清)王相撰　清兩儀堂刻本　一册

360000－1901－0022702　603059
三字經訓詁一卷　(清)王相撰　清三讓堂刻本　一册

360000－1901－0022703　414812
三字經訓詁一卷　(清)王相撰　清文奎堂刻本　一册

360000－1901－0022704　603061
三字經訓詁一卷　(清)王相撰　清文林堂刻本　一册

360000－1901－0022705　414809
三字經訓詁一卷　(清)王相撰　清致和堂刻本　一册

360000－1901－0022706　414802
三字經訓詁一卷　(清)王相撰　千字文釋義一卷　(清)汪嘯尹輯　百家姓考略一卷　(清)王相箋注　清寶文堂刻徐氏三種本　一册

360000－1901－0022707　414803
三字經訓詁一卷　(清)王相撰　千字文釋義一卷　(清)汪嘯尹輯　百家姓考略一卷　(清)王相箋注　清聚文堂刻徐氏三種本　一册

360000－1901－0022708　414803－1
三字經訓詁一卷　(清)王相撰　千字文釋義一卷　(清)汪嘯尹輯　百家姓考略一卷　(清)王相箋注　清聚文堂刻徐氏三種本　一册

360000－1901－0022709　414806
三字經訓詁一卷　(清)王相撰　千字文釋義一卷　(清)汪嘯尹輯　百家姓考略一卷　(清)王相箋注　清刻徐氏三種本　一册

360000－1901－0022710　414806－1
三字經訓詁一卷　(清)王相撰　千字文釋義一卷　(清)汪嘯尹輯　百家姓考略一卷　(清)王相箋注　清刻徐氏三種本　一册

360000－1901－0022711　414805
三字經訓詁一卷　(清)王相撰　千字文釋義一卷　(清)汪嘯尹輯　百家姓考略一卷　(清)王相箋注　清尚德堂刻徐氏三種本　一册

360000－1901－0022712　414804
三字經訓詁一卷　(清)王相撰　千字文釋義一卷　(清)汪嘯尹輯　百家姓考略一卷　(清)王相箋注　清英德堂刻徐氏三種本　一册

360000－1901－0022713　802057
三字經一卷　(宋)王應麟撰　清光緒十五年(1889)芝蘭室主人抄本　一册

360000－1901－0022714　404352
**三字經一卷**　(宋)王應麟撰　清刻本　一册

360000－1901－0022715　404354
**三字經一卷**　(宋)王應麟撰　清刻本　一册

360000－1901－0022716　162113
**三字經注解備要一卷**　(宋)王應麟撰　(清)賀興思注　清末廣百宋齋刻本　一册

360000－1901－0022717　404372
**三字經注解備要一卷**　(宋)王應麟撰　(清)賀興思注　清末李光明莊刻本　一册

360000－1901－0022718　121673
**散樗書屋古今體詩摘鈔六卷附詩餘摘鈔一卷**　(清)李臨馴撰　清光緒十五年(1889)刻本　六册

360000－1901－0022719　121674
**散樗書屋古今體詩摘鈔六卷附詩餘摘鈔一卷**　(清)李臨馴撰　清光緒十五年(1889)刻本　五册　存六卷(一至五、詩餘摘鈔一卷)

360000－1901－0022720　162622
**散記續編一卷**　(清)許豫和撰　清嘉慶六年(1801)古歙許氏刻本　一册

360000－1901－0022721　404682
**散體文□卷**　(清)□□輯　清刻本　一册　存一卷(一)

360000－1901－0022722　722252
**桑蠶提要二卷**　(清)方大湜撰　清光緒十八年(1892)瑞州府署刻本　二册

360000－1901－0022723　722253
**桑蠶提要二卷**　(清)方大湜撰　清光緒十八年(1892)瑞州府署刻本　一册

360000－1901－0022724　722317
**桑蠶提要二卷**　(清)方大湜撰　清光緒十八年(1892)瑞州府署刻本　二册

360000－1901－0022725　722318
**桑蠶提要二卷**　(清)方大湜撰　清光緒十八年(1892)瑞州府署刻本　一册　存一卷(一)

360000－1901－0022726　722254
**桑蠶提要二卷**　(清)方大湜撰　清刻本　一册　存一卷(二)

360000－1901－0022727　800395
**喪禮帖式會編五卷**　(清)徐澤編　(清)程仁訂　清抄本　一册　存三卷(一至三)

360000－1901－0022728　900781
**喪禮帖式會編五卷**　(清)徐澤編　(清)程仁訂　清抄本　一册　存一卷(三)

360000－1901－0022729　800801
**喪禮帖式會編五卷**　(清)徐澤編　(清)程仁訂　清光緒三十一年(1905)素漪氏抄本　一册　存一卷(一)

360000－1901－0022730　800394
**喪禮帖式會編五卷**　(清)徐澤編　(清)程仁訂　清潘汝舟抄本　一册

360000－1901－0022731　123033
**喪禮正編一卷**　(清)洪炘撰　清刻本　一册

360000－1901－0022732　803358
**喪帖□卷**　(□)□□撰　清胡蔚春抄本　一册　存一卷(下)

360000－1901－0022733　122645
**騷筏一卷**　(清)賀貽孫撰　清道光二十六年(1846)賀氏勅書樓刻水田居全集本　一册

360000－1901－0022734　413528
**騷筏一卷**　(清)賀貽孫撰　清道光二十六年(1846)賀氏勅書樓刻水田居全集本　一册

360000－1901－0022735　800976
**掃紅仙館賦選二卷**　(清)歸令瑜等撰　清末鉛印本　二册

360000－1901－0022736　121475
**掃苔山館詩鈔二卷**　(清)張士旒撰　清同治六年(1867)刻本　二册

360000－1901－0022737　150550
**掃葉山房藂鈔**　(清)席威輯　清同治、光緒刻光緒九年(1883)彙印本　九十七册　存二十八種

360000－1901－0022738　800975
**埽紅仙館彙刻賦鈔一卷**　（清）胡金瑞　（清）席振起編　清道光四年(1824)刻本　一冊

360000－1901－0022739　121889
**瑟譜六卷**　（元）熊朋來撰　清道光二十七年(1847)刻本　一冊

360000－1901－0022740　405424
**瑟譜六卷**　（元）熊朋來撰　清道光二十七年(1847)刻本　一冊

360000－1901－0022741　802663
**僧尼會一卷**　（清）□□撰　清抄本　一冊

360000－1901－0022742　803447
**沙滁難經總錄不分卷**　（□）□□輯　清抄本　一冊

360000－1901－0022743　406860
**沙彌律儀要略二卷四分戒本一卷**　（明）釋袾宏輯　**佛說梵網經一卷**　（後秦）釋鳩摩羅什譯　清光緒二十三年(1897)歸元寺刻本　一冊

360000－1901－0022744　408435
**痧疹輯要四卷**　（清）葉霖撰　清光緒十六年(1890)石林書屋刻本　二冊　存二卷(一、四)

360000－1901－0022745　164934
**痧症指微不分卷**　（清）釋普淨撰　清光緒十三年(1887)江西省鴻文齋刻本　一冊

360000－1901－0022746　408515
**痧症度鍼二卷**　（清）胡鳳昌撰　清光緒十九年(1893)石印本　一冊

360000－1901－0022747　900376
**痧症全書三卷**　（清）王凱輯　清刻本　一冊

360000－1901－0022748　408372
**痧症全書三卷**　（清）王凱輯　清同治十三年(1874)海山仙館刻本　一冊

360000－1901－0022749　408373
**痧症全書三卷**　（清）王凱輯　清咸豐元年(1851)刻本　一冊

360000－1901－0022750　408512
**痧症全書三卷**　（清）王凱輯　**咽喉秘集一卷**　（清）海山仙館輯　清刻本　一冊　存三卷(二至三、咽喉秘集一卷)

360000－1901－0022751　408511
**痧症全書三卷**　（清）王凱輯　**咽喉秘集一卷**　（清）海山仙館輯　清同治九年(1870)刻本　二冊

360000－1901－0022752　603784－2
**廣傳遺書一卷**　（清）□□輯　清光緒木活字印本　一冊

360000－1901－0022753　240016
**山帶閣注楚辭六卷首一卷餘論二卷說韻一卷**　（清）蔣驥撰　清雍正五年(1727)蔣氏山帶閣刻本　二冊　缺二卷(五至六)

360000－1901－0022754　301291
**山東軍興紀畧二十二卷**　（清）張曜撰　清光緒五年(1879)上海申報館刻本　十冊

360000－1901－0022755　305220
**山東軍興紀畧二十二卷**　（清）張曜撰　清刻本　三冊　存六卷(五至六、九至十、十八至十九)

360000－1901－0022756　220729
**山東運河備覽十卷圖一卷**　（清）陸燿纂　清乾隆四十年(1775)刻本　十二冊

360000－1901－0022757　161562
**山東奏定賑捐章程不分卷**　（清）山東籌辦賑捐總局編　清光緒十七年(1891)鉛印本　一冊

360000－1901－0022758　417089
**山法全書十九卷首二卷**　（清）葉泰撰　清嘉慶二十五年(1820)刻本　二冊　存三卷(七至八、首上)

360000－1901－0022759　417089－1
**山法全書十九卷首二卷**　（清）葉泰撰　清刻本　二冊　存四卷(二至三、首二卷)

360000－1901－0022760　417089－2

**山法全書十九卷首二卷**　（清）葉泰撰　清刻本　一冊　存一卷（十）

360000－1901－0022761　417089－3
**山法全書十九卷首二卷**　（清）葉泰撰　清刻本　一冊　存一卷（十八）

360000－1901－0022762　417091
**山法全書十九卷首二卷**　（清）葉泰撰　清刻本　九冊　存十六卷（二至十三、十六至十九）

360000－1901－0022763　417091－1
**山法全書十九卷首二卷**　（清）葉泰撰　清刻本　四冊　存九卷（十一至十九）

360000－1901－0022764　409984
**山谷老人刀筆二十卷**　（宋）黄庭堅撰　清刻本　二冊　存十卷（五至十、十七至二十）

360000－1901－0022765　409987
**山谷老人刀筆二十卷山谷題跋四卷**　（宋）黄庭堅撰　清道光周心如刻紛欣閣叢書本　二冊　存十卷（八至十三、山谷題跋四卷）

360000－1901－0022766　409983
**山谷内集詩注二十卷**　（宋）黄庭堅撰　（宋）任淵注　**山谷外集詩注十七卷**　（宋）黄庭堅撰　（宋）史容注　**山谷别集詩注二卷**　（宋）黄庭堅撰　（宋）史季溫注　清刻本　四冊　存十二卷（山谷内集詩注九至十二，山谷外集詩注一至二、十一至十四，山谷别集詩注二卷）

360000－1901－0022767　601041
**山谷内集詩注二十卷**　（宋）黄庭堅撰　（宋）任淵注　**山谷外集詩注十七卷**　（宋）黄庭堅撰　（宋）史容注　**山谷别集詩注二卷**　（宋）黄庭堅撰　（宋）史季溫注　清刻本　十二冊　存三十四卷（山谷内集詩注六至二十、山谷外集詩注十七卷、山谷别集詩注二卷）

360000－1901－0022768　240321
**山谷内集詩注二十卷**　（宋）黄庭堅撰　（宋）任淵注　**山谷外集詩注十七卷**　（宋）黄庭堅撰　（宋）史容注　**山谷别集詩注二卷**　（宋）黄庭堅撰　（宋）史季溫注　清乾隆武英殿木活字印本　十六冊

360000－1901－0022769　410001
**山谷内集詩注二十卷**　（宋）黄庭堅撰　（宋）任淵注　**山谷外集詩注十七卷**　（宋）黄庭堅撰　（宋）史容注　**山谷别集詩注二卷**　（宋）黄庭堅撰　（宋）史季溫注　**重刻山谷先生年譜十四卷**　（宋）黄罃撰　清光緒刻本　十二冊　存三十三卷（山谷内集詩注六至十四、十八至二十，山谷外集詩注一至十、十三至十四，山谷别集詩注二卷，重刻山谷先生年譜一至七）

360000－1901－0022770　410001－1
**山谷内集詩注二十卷**　（宋）黄庭堅撰　（宋）任淵注　**山谷外集詩注十七卷**　（宋）黄庭堅撰　（宋）史容注　**山谷别集詩注二卷**　（宋）黄庭堅撰　（宋）史季溫注　**重刻山谷先生年譜十四卷**　（宋）黄罃撰　清光緒刻本　六冊　存十七卷（山谷内集詩注六至十一、山谷外集詩注一至四、重刻山谷先生年譜一至七）

360000－1901－0022771　120081
**山谷詩鈔不分卷**　（宋）黄庭堅撰　清刻本　一冊

360000－1901－0022772　601922
**山谷詩集注二十卷**　（宋）黄庭堅撰　（宋）任淵注　**山谷外集詩註十七卷**　（宋）黄庭堅撰　（宋）史容注　**山谷别集詩註二卷**　（宋）黄庭堅撰　（宋）史季溫注　清光緒二十一年至二十六年（1895－1900）義寧陳三立刻宣統二年（1910）印本　十九冊　存三十八卷（山谷詩集注二十卷、山谷外集詩註二至十七、山谷别集詩註二卷）

360000－1901－0022773　120083
**山谷詩集注二十卷**　（宋）黄庭堅撰　（宋）任淵注　**山谷外集詩註十七卷**　（宋）黄庭堅撰　（宋）史容注　**山谷别集詩註二卷**　（宋）黄庭堅撰　（宋）史季溫注　清光緒二十一年至二十六年（1895－1900）義寧陳三立刻本　二十冊

360000－1901－0022774　120084

**山谷詩集注二十卷**　（宋）黄庭堅撰　（宋）任淵注　**山谷外集詩註十七卷**　（宋）黄庭堅撰　（宋）史容注　**山谷別集詩註二卷**　（宋）黄庭堅撰　（宋）史季溫注　清光緒二十一年至二十六年（1895－1900）義寧陳三立刻本　二十册

360000－1901－0022775　122732

**山谷詩集注二十卷**　（宋）黄庭堅撰　（宋）任淵注　**山谷外集詩註十七卷**　（宋）黄庭堅撰　（宋）史容注　**山谷別集詩註二卷**　（宋）黄庭堅撰　（宋）史季溫注　清光緒二十一年至二十六年（1895－1900）義寧陳三立刻本　二十册

360000－1901－0022776　123298

**山谷詩集注二十卷**　（宋）黄庭堅撰　（宋）任淵注　**山谷外集詩註十七卷**　（宋）黄庭堅撰　（宋）史容注　**山谷別集詩註二卷**　（宋）黄庭堅撰　（宋）史季溫注　清光緒二十一年至二十六年（1895－1900）義寧陳三立刻本　二十册

360000－1901－0022777　163785

**山谷詩集注二十卷**　（宋）黄庭堅撰　（宋）任淵注　**山谷外集詩註十七卷**　（宋）黄庭堅撰　（宋）史容注　**山谷別集詩註二卷**　（宋）黄庭堅撰　（宋）史季溫注　清光緒二十一年至二十六年（1895－1900）義寧陳三立刻本　十一册　存二十一卷（山谷詩集注二十卷、山谷外集詩註一）

360000－1901－0022778　409989

**山谷詩集注二十卷**　（宋）黄庭堅撰　（宋）任淵注　**山谷外集詩註十七卷**　（宋）黄庭堅撰　（宋）史容注　**山谷別集詩註二卷**　（宋）黄庭堅撰　（宋）史季溫注　清光緒二十一年至二十六年（1895－1900）義寧陳三立刻本　二十册

360000－1901－0022779　409990

**山谷詩集注二十卷**　（宋）黄庭堅撰　（宋）任淵注　**山谷外集詩註十七卷**　（宋）黄庭堅撰　（宋）史容注　**山谷別集詩註二卷**　（宋）黄庭堅撰　（宋）史季溫注　清光緒二十一年至二十六年（1895－1900）義寧陳三立刻本　十九册

360000－1901－0022780　601043

**山谷詩集注二十卷**　（宋）黄庭堅撰　（宋）任淵注　**山谷外集詩註十七卷**　（宋）黄庭堅撰　（宋）史容注　**山谷別集詩註二卷**　（宋）黄庭堅撰　（宋）史季溫注　清光緒二十一年至二十六年（1895－1900）義寧陳三立刻本　二十册

360000－1901－0022781　601044

**山谷詩集注二十卷**　（宋）黄庭堅撰　（宋）任淵注　**山谷外集詩註十七卷**　（宋）黄庭堅撰　（宋）史容注　**山谷別集詩註二卷**　（宋）黄庭堅撰　（宋）史季溫注　清光緒二十一年至二十六年（1895－1900）義寧陳三立刻本　二十册

360000－1901－0022782　601045

**山谷詩集注二十卷**　（宋）黄庭堅撰　（宋）任淵注　**山谷外集詩註十七卷**　（宋）黄庭堅撰　（宋）史容注　**山谷別集詩註二卷**　（宋）黄庭堅撰　（宋）史季溫注　清光緒二十一年至二十六年（1895－1900）義寧陳三立刻本　二十册

360000－1901－0022783　601046

**山谷詩集注二十卷**　（宋）黄庭堅撰　（宋）任淵注　**山谷外集詩註十七卷**　（宋）黄庭堅撰　（宋）史容注　**山谷別集詩註二卷**　（宋）黄庭堅撰　（宋）史季溫注　清光緒二十一年至二十六年（1895－1900）義寧陳三立刻本　二十册

360000－1901－0022784　601046－1

**山谷詩集注二十卷**　（宋）黄庭堅撰　（宋）任淵注　**山谷外集詩註十七卷**　（宋）黄庭堅撰　（宋）史容注　**山谷別集詩註二卷**　（宋）黄庭堅撰　（宋）史季溫注　清光緒二十一年至二十六年（1895－1900）義寧陳三立刻本　十册　存十九卷（山谷外集詩註十七卷、山谷別

集詩註二卷）

360000－1901－0022785　601843
**山谷詩集注二十卷**　（宋）黄庭堅撰　（宋）任淵注　**山谷外集詩註十七卷**　（宋）黄庭堅撰　（宋）史容注　**山谷别集詩註二卷**　（宋）黄庭堅撰　（宋）史季溫注　清光緒二十一年至二十六年（1895－1900）義寧陳三立刻本　二十册

360000－1901－0022786　601844
**山谷詩集注二十卷**　（宋）黄庭堅撰　（宋）任淵注　**山谷外集詩註十七卷**　（宋）黄庭堅撰　（宋）史容注　**山谷别集詩註二卷**　（宋）黄庭堅撰　（宋）史季溫注　清光緒二十一年至二十六年（1895－1900）義寧陳三立刻本　二十册

360000－1901－0022787　601846
**山谷詩集注二十卷**　（宋）黄庭堅撰　（宋）任淵注　**山谷外集詩註十七卷**　（宋）黄庭堅撰　（宋）史容注　**山谷别集詩註二卷**　（宋）黄庭堅撰　（宋）史季溫注　清光緒二十一年至二十六年（1895－1900）義寧陳三立刻本　二十册

360000－1901－0022788　601047
**山谷詩内集注二十卷**　（宋）黄庭堅撰　（宋）任淵注　**山谷詩外集注十七卷**　（宋）黄庭堅撰　（宋）史容注　**山谷詩别集注二卷**　（宋）黄庭堅撰　（宋）史季溫注　**重刻山谷先生年譜十四卷**　（清）黄㽦撰　清道光分寧黄氏木活字印本　二十册

360000－1901－0022789　122733
**山谷詩内集注二十卷**　（宋）黄庭堅撰　（宋）任淵注　**山谷詩外集注十七卷補四卷**　（宋）黄庭堅撰　（宋）史容注　（清）謝啓昆輯補　**山谷詩别集注二卷補一卷**　（宋）黄庭堅撰　（宋）史季溫注　（清）謝啓昆輯補　**重刻山谷先生年譜十四卷**　（清）黄㽦撰　清光緒二十年（1894）刻本　十三册

360000－1901－0022790　601049
**山谷詩内集注二十卷**　（宋）黄庭堅撰　（宋）任淵注　**山谷詩外集注十七卷補四卷**　（宋）黄庭堅撰　（宋）史容注　（清）謝啓昆輯補　**山谷詩别集注二卷補一卷**　（宋）黄庭堅撰　（宋）史季溫注　（清）謝啓昆輯補　**重刻山谷先生年譜十四卷**　（清）黄㽦撰　清乾隆五十四年（1789）南康謝氏樹經堂刻本　九册　存二十七卷（山谷詩内集注十五至十七，山谷詩外集注十七卷、補四卷，山谷詩别集注二卷、補一卷）

360000－1901－0022791　601042
**山谷詩外集注十七卷**　（宋）黄庭堅撰　（宋）史容注　清刻本　八册

360000－1901－0022792　417489－2
**山海經補注一卷**　（明）楊慎撰　清嘉慶南匯吴氏聽彝堂刻藝海珠塵本　一册

360000－1901－0022793　416597
**山海經存九卷首一卷**　（清）汪紱撰　清光緒二十一年（1895）石印汪雙池先生叢書本　二册　存五卷（一至四、首一卷）

360000－1901－0022794　416593
**山海經廣注十八卷**　（清）吴任臣撰　清刻本　四册

360000－1901－0022795　416593－1
**山海經廣注十八卷**　（清）吴任臣撰　清刻本　二册　存十三卷（六至十八）

360000－1901－0022796　230493
**山海經廣注十八卷**　（清）吴任臣撰　**圖五卷**　（宋）舒雅繪　（清）吴任臣輯　清康熙六年（1667）刻本　四册

360000－1901－0022797　416599
**山海經廣注十八卷**　（清）吴任臣撰　**圖五卷**　（宋）舒雅繪　（清）吴任臣輯　清刻本　三册　存十六卷（一至十一、圖五卷）

360000－1901－0022798　416604
**山海經廣注十八卷讀山海經語一卷山海經雜述一卷**　（清）吴任臣撰　**圖五卷**　（宋）舒雅繪　（清）吴任臣輯　清刻本　一册　存七卷（讀山海經語一卷、山海經雜述一卷、圖五卷）

360000－1901－0022799　416604－1
**山海經廣注十八卷讀山海經語一卷山海經雜述一卷**　(清)吴任臣撰　**圖五卷**　(宋)舒雅繪　(清)吴任臣輯　清刻本　一册　存三卷(圖三至五)

360000－1901－0022800　416598－1
**山海經廣注十八卷山海經雜述一卷**　(清)吴任臣撰　**圖五卷**　(宋)舒雅繪　(清)吴任臣輯　清文奎堂刻本　四册

360000－1901－0022801　416598
**山海經廣注十八卷山海經雜述一卷**　(清)吴任臣撰　**圖五卷**　(宋)舒雅繪　(清)吴任臣輯　清文運堂刻本　四册

360000－1901－0022802　301286
**山海經箋疏十八卷圖讚一卷訂譌一卷敘錄一卷**　(清)郝懿行撰　清嘉慶十四年(1809)阮氏琅嬛僊館刻本　四册

360000－1901－0022803　314731
**山海經箋疏十八卷圖讚一卷訂譌一卷敘錄一卷**　(清)郝懿行撰　清嘉慶十四年(1809)阮氏琅嬛僊館刻本　四册

360000－1901－0022804　421707
**山海經箋疏十八卷圖讚一卷訂譌一卷敘錄一卷**　(清)郝懿行撰　清光緒十二年(1886)上海還讀樓刻本　一册　存十卷(六至十五)

360000－1901－0022805　707350
**廣事類賦四十卷**　(清)華希閔撰　清康熙三十八年(1699)錫山華氏劍光閣刻本　六册

360000－1901－0022806　416594
**山海經箋疏十八卷圖讚一卷訂譌一卷敘錄一卷**　(清)郝懿行撰　清嘉慶十四年(1809)阮氏琅嬛僊館刻本　四册

360000－1901－0022807　416594－1
**山海經箋疏十八卷圖讚一卷訂譌一卷敘錄一卷**　(清)郝懿行撰　清嘉慶十四年(1809)阮氏琅嬛僊館刻本　四册

360000－1901－0022808　421706
**山海經箋疏十八卷圖讚一卷訂譌一卷敘錄一卷**　(清)郝懿行撰　清刻本　二册　存十五卷(三至十七)

360000－1901－0022809　421706－1
**山海經箋疏十八卷圖讚一卷訂譌一卷敘錄一卷**　(清)郝懿行撰　清刻本　一册　存三卷(一至三)

360000－1901－0022810　802300
**山海經箋疏十八卷圖讚一卷訂譌一卷敘錄一卷**　(清)郝懿行撰　清刻本　一册　存十卷(八至十七)

360000－1901－0022811　000031
**山海經十八卷**　(晉)郭璞傳　明萬曆十三年(1585)吴琯刻山海經水經合刻本　二册

360000－1901－0022812　421680
**山海經十八卷**　(晉)郭璞傳　清輔仁堂刻本　二册

360000－1901－0022813　416591
**山海經十八卷**　(晉)郭璞傳　清居仁堂刻本　一册

360000－1901－0022814　230489
**山海經十八卷**　(晉)郭璞傳　清康熙五十三年至五十四年(1714－1715)項絪羣玉書堂刻本　四册

360000－1901－0022815　416591－1
**山海經十八卷**　(晉)郭璞傳　清刻本　二册

360000－1901－0022816　416591－2
**山海經十八卷**　(晉)郭璞傳　清刻本　二册

360000－1901－0022817　416600
**山海經十八卷**　(晉)郭璞傳　清刻本　一册

360000－1901－0022818　416600－1
**山海經十八卷**　(晉)郭璞傳　清刻本　一册

360000－1901－0022819　416600－2
**山海經十八卷**　(晉)郭璞傳　清刻本　二册

360000－1901－0022820　416600－3
**山海經十八卷**　(晉)郭璞傳　清刻本　二册

存十七卷(一至十七)

360000－1901－0022821　416600－4
**山海經十八卷**　(晉)郭璞傳　清刻本　二册

360000－1901－0022822　800892
**山海經十八卷**　(晉)郭璞傳　清刻本　一册　存十三卷(六至十八)

360000－1901－0022823　802219
**山海經十八卷**　(晉)郭璞傳　清刻本　一册　存五卷(一至五)

360000－1901－0022824　802445
**山海經十八卷**　(晉)郭璞傳　清刻本　一册　存二卷(一至二)

360000－1901－0022825　230490
**山海經十八卷**　(晉)郭璞傳　清乾隆天都黄晟槐蔭草堂刻本　二册

360000－1901－0022826　230491
**山海經十八卷**　(晉)郭璞傳　清乾隆天都黄晟槐蔭草堂刻本　一册

360000－1901－0022827　603079
**山海經十八卷**　(晉)郭璞傳　清乾隆天都黄晟槐蔭草堂刻本　一册

360000－1901－0022828　407927－1
**山海經十八卷**　(晉)郭璞傳　(明)吴中珩校　明刻本　一册

360000－1901－0022829　802220
**山海經十八卷**　(晉)郭璞傳　**山海經雜述一卷**　(清)吴任臣撰　清刻本　一册　存八卷(十二至十八、山海經雜述一卷)

360000－1901－0022830　230492
**山海經十八卷**　(晉)郭璞傳　**圖五卷**　(宋)舒雅繪　(清)吴任臣輯　**山海經雜述一卷**　(清)吴任臣撰　清乾隆刻本　四册

360000－1901－0022831　309478
**山海經十八卷**　(晉)郭璞傳　(明)吴中珩校　清刻本　二册

360000－1901－0022832　230488
**山海經十八卷**　(晉)郭璞注　明刻本　一册

360000－1901－0022833　416596
**山海經十八卷古今本篇目考一卷**　(晉)郭璞傳　(清)畢沅校正　清乾隆四十八年(1783)畢氏靈巖山館刻經訓堂叢書本　二册

360000－1901－0022834　308522
**山海經十八卷圖五卷古今本篇目考一卷**　(晉)郭璞傳　(清)畢沅校正　清光緒十六年(1890)盟寒山房刻本　四册

360000－1901－0022835　416603
**山海經十八卷圖五卷古今本篇目考一卷**　(晉)郭璞傳　(清)畢沅校正　清光緒十六年(1890)學庫山房刻本　六册

360000－1901－0022836　301285
**山海經十八卷圖一卷**　(晉)郭璞傳　(清)畢沅校正　清光緒三年(1877)浙江書局刻本　六册

360000－1901－0022837　416592
**山海經十八卷圖一卷**　(晉)郭璞傳　(清)畢沅校正　清光緒三年(1877)浙江書局刻本　二册　存十五卷(四至十八)

360000－1901－0022838　314360
**山海經十八卷圖讚一卷**　(晉)郭璞傳　**山海經補注一卷**　(明)楊慎撰　清光緒元年(1875)湖北崇文書局刻子書百家本　三册

360000－1901－0022839　301288
**山海經十八卷圖讚一卷**　(晉)郭璞傳　**山海經補注一卷**　(明)楊慎撰　清光緒元年(1875)湖北崇文書局刻子書百家本　三册

360000－1901－0022840　603080
**山海經十八卷圖讚一卷**　(晉)郭璞傳　**山海經補注一卷**　(明)楊慎撰　清光緒元年(1875)湖北崇文書局刻子書百家本　三册

360000－1901－0022841　308311
**山海經十八卷圖讚一卷訂譌一卷**　(晉)郭璞傳　(清)郝懿行箋疏　清光緒七年(1881)刻本　四册

360000－1901－0022842　309478－1
**山海經雜述一卷圖五卷**　（清）吳任臣撰　清刻本　二册

360000－1901－0022843　316344
**山海漫談五卷**　（明）任環撰　清道光四年（1824）上黨申氏刻本　二册

360000－1901－0022844　316296
**山薑詩選十五卷**　（清）田雯撰　清康熙刻本　一册

360000－1901－0022845　241109
**山木居士外集四卷**　（清）魯仕驥撰　清乾隆四十七年（1782）刻本　二册

360000－1901－0022846　241110
**山木居士外集四卷**　（清）魯仕驥撰　清乾隆四十七年（1782）刻本　二册

360000－1901－0022847　414588
**山木居士外集四卷**　（清）魯仕驥撰　清乾隆四十七年（1782）刻本　二册

360000－1901－0022848　120080
**山木居士外集四卷**　（清）魯仕驥撰　**附魯山木先生墓志銘一卷**　（清）陳希祖撰　**附魯山木先生行狀一卷**　（清）陳煦撰　清乾隆四十七年（1782）刻嘉慶二年（1797）補修本　四册

360000－1901－0022849　314868
**山堂肆考二百二十八卷補遺十二卷**　（明）彭大翼撰　明末刻本　一册　存三卷（十二至十四）

360000－1901－0022850　414688
**山堂肆考二百二十八卷補遺十二卷**　（明）彭大翼撰　明末刻本　三十六册　存一百二十六卷（宫集五至八、十一至十五、二十四至二十七、四十至四十八，商集一至三十五，角集十六至二十五、二十八至三十九、四十四至四十八，徵集一至三、十二至十五、二十至二十二、三十一至三十四、三十七至四十二，羽集一至四、二十三至二十六、三十一至四十四）

360000－1901－0022851　250044
**山堂肆考二百二十八卷補遺十二卷**　（明）彭大翼撰　明萬曆二十三年（1595）刻四十七年（1619）張幼學重修清文錦堂遞修本　八十册

360000－1901－0022852　250042
**山堂肆考二百二十八卷補遺十二卷**　（明）彭大翼撰　明萬曆四十七年（1619）刻本　六十册

360000－1901－0022853　250043
**山堂肆考二百二十八卷補遺十二卷**　（明）彭大翼撰　明萬曆四十七年（1619）刻本　八十册

360000－1901－0022854　240859
**山聞詩一卷續集一卷**　（清）汪楫撰　清康熙、雍正刻悔齋集本　二册

360000－1901－0022855　301289
**山西疆域沿革圖譜五卷**　（清）山西通志館撰　清光緒十三年（1887）刻本　五册

360000－1901－0022856　405064
**山西闈墨不分卷**　（清）□□輯　清光緒二十年（1894）衡鑑堂刻本　一册

360000－1901－0022857　401361
**山曉閣國策選四卷**　（清）孫琮評　清康熙金閶童晉之刻本　一册　存二卷（一至二）

360000－1901－0022858　401360
**山曉閣國語四卷**　（清）孫琮評　清康熙刻山曉閣文選本　一册　存三卷（二至四）

360000－1901－0022859　414684
**山曉閣文選**　（清）孫琮輯　清康熙刻本　十五册

360000－1901－0022860　414685
**山曉閣文選**　（清）孫琮輯　清康熙刻本　七册

360000－1901－0022861　414687
**山曉閣選古文全集三十二卷**　（清）孫琮輯　清康熙刻本　十八册　存二十八卷（一至十二、十四至十五、十九至三十二）

360000－1901－0022862　241405

**山曉閣選明文全集二十四卷**　(清)孫琮輯　清康熙十六年(1677)金閶文雅堂刻本　十二冊

360000－1901－0022863　163290
**山曉閣選明文全集二十四卷**　(清)孫琮輯　清康熙十六年(1677)金閶文雅堂刻本　十二冊

360000－1901－0022864　163239
**山曉閣選明文續集八卷**　(清)孫琮輯　清康熙二十年(1681)金閶文雅堂刻本　四冊

360000－1901－0022865　404461
**山曉閣重訂昭明文選十二卷**　(南朝梁)蕭統輯　(清)孫琮　(清)孫洙評　清康熙刻本　五冊　存八卷(五至十二)

360000－1901－0022866　163577
**山曉閣重訂昭明文選十二卷**　(南朝梁)蕭統輯　(清)孫琮　(清)孫洙評　清乾隆十一年(1746)山曉閣刻本　六冊

360000－1901－0022867　401232
**山曉閣重訂昭明文選十二卷**　(南朝梁)蕭統輯　(清)孫琮　(清)孫洙評　清乾隆十一年(1746)山曉閣刻本　三冊　存四卷(一至四)

360000－1901－0022868　301293
**山羊全書一卷**　(日本)内藤菊造撰　清末北洋官報局石印本　一冊

360000－1901－0022869　417141
**山洋指迷原本四卷**　(明)周景一撰　(清)俞歸璞　(清)吴卿瞻注　清光緒九年(1883)刻本　四冊

360000－1901－0022870　230547
**山洋指迷原本四卷**　(明)周景一撰　(清)俞歸璞　(清)吴卿瞻注　清乾隆五十二年(1787)刻本　四冊

360000－1901－0022871　314288
**山右金石録一卷**　(清)夏寶晉撰　清光緒八年(1882)歸安石宗建古歡閣刻本　一冊

360000－1901－0022872　402020
**山左校士録四書文不分卷**　(清)黄體芳輯　清光緒二年(1876)刻本　七冊

360000－1901－0022873　802600
**删補痘疹定論四卷**　(清)朱純嘏輯　(清)周厚恭删補　清湖口周氏刻本　一冊　存二卷(一至二)

360000－1901－0022874　712959
**删補古今文致十卷**　(明)劉士鏻輯　(明)王宇增删　明天啓刻本　二冊　存五卷(三至七)

360000－1901－0022875　230314
**删補頤生微論四卷**　(明)李中梓撰　明崇禎十五年(1642)沈頲刻本　四冊

360000－1901－0022876　406387
**删除律例二卷**　沈家本等纂　清光緒三十三年(1907)石印本　一冊

360000－1901－0022877　417414
**删定荀子一卷**　(清)方苞删定　清乾隆刻本　一冊

360000－1901－0022878　900737
**删定荀子一卷**　(清)方苞删定　清乾隆刻本　一冊

360000－1901－0022879　410631
**删訂唐詩解二十四卷**　(明)唐汝詢選釋　(清)吴昌祺評定　清康熙四十年(1701)誦懿堂刻本　四冊　存十五卷(一至二、八至二十)

360000－1901－0022880　410631－1
**删訂唐詩解二十四卷**　(明)唐汝詢選釋　(清)吴昌祺評定　清康熙四十年(1701)誦懿堂刻本　二冊　存八卷(一至五、十五至十七)

360000－1901－0022881　415790
**删訂通鑑感應録二卷**　(清)秦鏡撰　清康熙五十四年(1715)刻本　四冊

360000－1901－0022882　416639
**删潤能與集不分卷**　(清)曾振先輯　清嘉慶

七年(1802)刻本　一冊

360000－1901－0022883　801460
**刪注脈訣規正二卷**　(清)沈鏡刪注　清抄本　一冊

360000－1901－0022884　409041
**刪注脈訣規正二卷**　(清)沈鏡刪注　清光緒二十年(1894)益元書局刻本　二冊

360000－1901－0022885　409037
**刪注脈訣規正二卷**　(清)沈鏡刪注　清光緒十七年(1891)金谿三讓堂刻本　一冊

360000－1901－0022886　409043
**刪注脈訣規正二卷**　(清)沈鏡刪注　清桂華樓刻本　一冊

360000－1901－0022887　409054
**刪注脈訣規正二卷**　(清)沈鏡刪注　清嘉慶五年(1800)佛山福文堂刻本　一冊

360000－1901－0022888　230226
**刪注脈訣規正二卷**　(清)沈鏡刪注　清康熙三十二年(1693)刻本　二冊

360000－1901－0022889　409038
**刪注脈訣規正二卷**　(清)沈鏡刪注　清刻本　一冊

360000－1901－0022890　409039
**刪注脈訣規正二卷**　(清)沈鏡刪注　清刻本　一冊

360000－1901－0022891　409044
**刪注脈訣規正二卷**　(清)沈鏡刪注　清刻本　一冊

360000－1901－0022892　409045
**刪注脈訣規正二卷**　(清)沈鏡刪注　清刻本　二冊

360000－1901－0022893　409046
**刪注脈訣規正二卷**　(清)沈鏡刪注　清刻本　二冊

360000－1901－0022894　409047
**刪注脈訣規正二卷**　(清)沈鏡刪注　清刻本　二冊

360000－1901－0022895　409051
**刪注脈訣規正二卷**　(清)沈鏡刪注　清刻本　二冊

360000－1901－0022896　409052
**刪注脈訣規正二卷**　(清)沈鏡刪注　清刻本　一冊

360000－1901－0022897　409055
**刪注脈訣規正二卷**　(清)沈鏡刪注　清刻本　一冊

360000－1901－0022898　409056
**刪注脈訣規正二卷**　(清)沈鏡刪注　清刻本　一冊

360000－1901－0022899　801631
**刪注脈訣規正二卷**　(清)沈鏡刪注　清刻本　一冊　存一卷(下)

360000－1901－0022900　801632
**刪注脈訣規正二卷**　(清)沈鏡刪注　清刻本　一冊　存一卷(下)

360000－1901－0022901　409053
**刪注脈訣規正二卷**　(清)沈鏡刪注　清兩儀堂刻本　二冊

360000－1901－0022902　409048
**刪注脈訣規正二卷**　(清)沈鏡刪注　清啓元松刻本　二冊

360000－1901－0022903　409049
**刪注脈訣規正二卷**　(清)沈鏡刪注　清乾隆七年(1742)書林經袖堂刻本　一冊

360000－1901－0022904　409057
**刪注脈訣規正二卷**　(清)沈鏡刪注　清三讓堂刻本　一冊

360000－1901－0022905　409050
**刪注脈訣規正二卷**　(清)沈鏡刪注　清文光堂刻本　二冊

360000－1901－0022906　409042
**刪注脈訣規正二卷**　(清)沈鏡刪注　清咸豐

七年(1857)三讓堂刻本　二册

360000－1901－0022907　409036
**删注脈訣規正二卷**　(清)沈鏡删注　(清)徐良臣參補　清啓元松刻本　一册

360000－1901－0022908　409040
**删注脈訣規正二卷**　(清)沈鏡删注　**圖注八十一難經辨真四卷**　(明)張世賢圖注　(清)沈鏡重校　清刻本　一册　存三卷(删注脈訣規正二卷、圖注八十一難經辨真一)

360000－1901－0022909　413617
**鱣堂介祉録一卷**　(清)黄夢蘭彙鈔　清光緒二十三年(1897)刻本　一册

360000－1901－0022910　413617－1
**鱣堂介祉録一卷**　(清)黄夢蘭彙鈔　清光緒二十三年(1897)刻本　一册

360000－1901－0022911　161824
**陜甘拔貢會考題名録不分卷(同治癸酉科)**
清同治刻本　一册

360000－1901－0022912　402232
**陜甘拔貢會考題名録不分卷(同治癸酉科)**
清同治刻本　一册

360000－1901－0022913　402232－1
**陜甘拔貢會考題名録不分卷(同治癸酉科)**
清同治刻本　一册

360000－1901－0022914　402232－10
**陜甘拔貢會考題名録不分卷(同治癸酉科)**
清同治刻本　一册

360000－1901－0022915　402232－11
**陜甘拔貢會考題名録不分卷(同治癸酉科)**
清同治刻本　一册

360000－1901－0022916　402232－12
**陜甘拔貢會考題名録不分卷(同治癸酉科)**
清同治刻本　一册

360000－1901－0022917　402232－13
**陜甘拔貢會考題名録不分卷(同治癸酉科)**
清同治刻本　一册

360000－1901－0022918　402232－14
**陜甘拔貢會考題名録不分卷(同治癸酉科)**
清同治刻本　一册

360000－1901－0022919　402232－15
**陜甘拔貢會考題名録不分卷(同治癸酉科)**
清同治刻本　一册

360000－1901－0022920　402232－16
**陜甘拔貢會考題名録不分卷(同治癸酉科)**
清同治刻本　一册

360000－1901－0022921　402232－17
**陜甘拔貢會考題名録不分卷(同治癸酉科)**
清同治刻本　一册

360000－1901－0022922　402232－18
**陜甘拔貢會考題名録不分卷(同治癸酉科)**
清同治刻本　一册

360000－1901－0022923　402232－19
**陜甘拔貢會考題名録不分卷(同治癸酉科)**
清同治刻本　一册

360000－1901－0022924　402232－2
**陜甘拔貢會考題名録不分卷(同治癸酉科)**
清同治刻本　一册

360000－1901－0022925　402232－20
**陜甘拔貢會考題名録不分卷(同治癸酉科)**
清同治刻本　一册

360000－1901－0022926　402232－21
**陜甘拔貢會考題名録不分卷(同治癸酉科)**
清同治刻本　一册

360000－1901－0022927　402232－22
**陜甘拔貢會考題名録不分卷(同治癸酉科)**
清同治刻本　一册

360000－1901－0022928　402232－23
**陜甘拔貢會考題名録不分卷(同治癸酉科)**
清同治刻本　一册

360000－1901－0022929　402232－24
**陜甘拔貢會考題名録不分卷(同治癸酉科)**
清同治刻本　一册

360000－1901－0022930　402232－25
**陝甘拔貢會考題名錄不分卷(同治癸酉科)**
清同治刻本　一冊

360000－1901－0022931　402232－26
**陝甘拔貢會考題名錄不分卷(同治癸酉科)**
清同治刻本　一冊

360000－1901－0022932　402232－27
**陝甘拔貢會考題名錄不分卷(同治癸酉科)**
清同治刻本　一冊

360000－1901－0022933　402232－28
**陝甘拔貢會考題名錄不分卷(同治癸酉科)**
清同治刻本　一冊

360000－1901－0022934　402232－29
**陝甘拔貢會考題名錄不分卷(同治癸酉科)**
清同治刻本　一冊

360000－1901－0022935　402232－3
**陝甘拔貢會考題名錄不分卷(同治癸酉科)**
清同治刻本　一冊

360000－1901－0022936　402232－30
**陝甘拔貢會考題名錄不分卷(同治癸酉科)**
清同治刻本　一冊

360000－1901－0022937　402232－31
**陝甘拔貢會考題名錄不分卷(同治癸酉科)**
清同治刻本　一冊

360000－1901－0022938　402232－32
**陝甘拔貢會考題名錄不分卷(同治癸酉科)**
清同治刻本　一冊

360000－1901－0022939　402232－33
**陝甘拔貢會考題名錄不分卷(同治癸酉科)**
清同治刻本　一冊

360000－1901－0022940　402232－34
**陝甘拔貢會考題名錄不分卷(同治癸酉科)**
清同治刻本　一冊

360000－1901－0022941　402232－35
**陝甘拔貢會考題名錄不分卷(同治癸酉科)**
清同治刻本　一冊

360000－1901－0022942　402232－36
**陝甘拔貢會考題名錄不分卷(同治癸酉科)**
清同治刻本　一冊

360000－1901－0022943　402232－37
**陝甘拔貢會考題名錄不分卷(同治癸酉科)**
清同治刻本　一冊

360000－1901－0022944　402232－4
**陝甘拔貢會考題名錄不分卷(同治癸酉科)**
清同治刻本　一冊

360000－1901－0022945　402232－5
**陝甘拔貢會考題名錄不分卷(同治癸酉科)**
清同治刻本　一冊

360000－1901－0022946　402232－6
**陝甘拔貢會考題名錄不分卷(同治癸酉科)**
清同治刻本　一冊

360000－1901－0022947　402232－7
**陝甘拔貢會考題名錄不分卷(同治癸酉科)**
清同治刻本　一冊

360000－1901－0022948　402232－8
**陝甘拔貢會考題名錄不分卷(同治癸酉科)**
清同治刻本　一冊

360000－1901－0022949　402232－9
**陝甘拔貢會考題名錄不分卷(同治癸酉科)**
清同治刻本　一冊

360000－1901－0022950　123369
**陝甘提督學院許勸誡士子淺語十則一卷**
(清)許振禕撰　清同治十年(1871)刻本　一冊

360000－1901－0022951　123370
**陝甘提督學院許勸誡士子淺語十則一卷**
(清)許振禕撰　清同治十年(1871)刻本　一冊

360000－1901－0022952　123371
**陝甘提督學院許勸誡士子淺語十則一卷**
(清)許振禕撰　清同治十年(1871)刻本　一冊

360000－1901－0022953　802838

**陝西全省輿地圖不分卷** (清)魏光燾等編 清光緒二十五年(1899)石印本 一冊

360000－1901－0022954 317823
**陝州衙齋二十一詠印章一卷** (清)黃璟篆刻 清光緒二十二年(1896)點石齋石印本 一冊

360000－1901－0022955 317860
**陝州衙齋二十一詠印章一卷** (清)黃璟篆刻 清光緒二十二年(1896)點石齋石印本 一冊

360000－1901－0022956 310366
**善本書室藏書志四十卷附錄一卷** (清)丁丙撰 清光緒二十七年(1901)錢塘丁氏刻本 十六冊

360000－1901－0022957 415529
**善本書室藏書志四十卷附錄一卷** (清)丁丙撰 清光緒二十七年(1901)錢塘丁氏刻本 十五冊 存三十九卷(一至三十九)

360000－1901－0022958 421923
**善本書室藏書志四十卷附錄一卷** (清)丁丙撰 清光緒二十七年(1901)錢塘丁氏刻本 十五冊 存三十七卷(一至十一、十五至三十八、四十,附錄一卷)

360000－1901－0022959 722089
**善本書室藏書志四十卷附錄一卷** (清)丁丙撰 清光緒二十七年(1901)錢塘丁氏刻本 二冊 存六卷(十二至十四、三十九至四十,附錄一卷)

360000－1901－0022960 800122
**善本書室藏書志四十卷附錄一卷** (清)丁丙撰 清光緒二十七年(1901)錢塘丁氏刻本 十六冊

360000－1901－0022961 419018
**善成堂重訂古文釋義新編八卷** (清)余誠評注 清經國治記刻本 二冊 存四卷(三至六)

360000－1901－0022962 900607
**善和鄉冊不分卷** (清)□□撰 清刻本 一冊

360000－1901－0022963 304339
**善卷堂四六十卷** (清)陸繁弨撰 (清)吳自高注 清道光二年(1822)金閶步月樓刻本 四冊

360000－1901－0022964 304340
**善卷堂四六十卷** (清)陸繁弨撰 (清)吳自高注 清道光二年(1822)金閶步月樓刻本 四冊

360000－1901－0022965 404696
**善卷堂四六十卷** (清)陸繁弨撰 (清)吳自高注 清道光刻本 一冊 存三卷(五至七)

360000－1901－0022966 404697
**善卷堂四六十卷** (清)陸繁弨撰 (清)吳自高注 清乾隆刻本 四冊

360000－1901－0022967 240827
**善卷堂四六十卷** (清)陸繁弨撰 (清)吳自高注 清乾隆三十五年(1770)陳明善亦園刻本 六冊

360000－1901－0022968 407218
**善門日用不分卷** (清)皈真氏輯 清光緒十六年(1890)太極堂刻本 一冊

360000－1901－0022969 802109
**善女人傳二卷** (清)彭際清撰 清抄本 一冊

360000－1901－0022970 310144
**善女人傳二卷** (清)彭際清撰 清同治十一年(1872)常熟刻本 一冊

360000－1901－0022971 407220
**善書纂要** (清)俞文炳輯 清道光二十四年(1844)龍溪俞養賢堂刻本 五冊

360000－1901－0022972 407221
**善書纂要** (清)俞文炳輯 清道光二十四年(1844)龍溪俞養賢堂刻本 三冊

360000－1901－0022973 150552
**善思齋集** (清)徐宗亮撰 清光緒桐城徐氏

刻本　七冊

360000－1901－0022974　304204
**善思齋詩鈔七卷詩續鈔二卷文鈔九卷文續鈔四卷**　(清)徐宗亮撰　清刻本　四冊

360000－1901－0022975　304203
**善思齋詩鈔七卷文鈔九卷**　(清)徐宗亮撰　清刻本　二冊

360000－1901－0022976　408779
**善與人同一卷**　(清)同仁堂輯　清道光元年(1821)同仁堂刻本　一冊

360000－1901－0022977　310138
**善住意天子所問經三卷**　(北魏)釋毗目智仙　(北魏)釋流支等譯　清光緒六年(1880)常熟刻經處刻本　一冊

360000－1901－0022978　801481
**繕摺須知格式不分卷**　(清)崑麓氏輯　清抄本　一冊

360000－1901－0022979　162760
**傷寒真方歌括六卷**　(清)陳念祖撰　清咸豐九年(1859)味根齋刻本　一冊

360000－1901－0022980　405594
**商賈便覽十卷**　(清)吳中孚輯　清刻本　二冊　存五卷(二至三、八至十)

360000－1901－0022981　300030
**商君書五卷**　(清)嚴萬里校勘　清光緒二年(1876)浙江書局刻本　一冊

360000－1901－0022982　300031
**商君書五卷**　(清)嚴萬里校勘　清光緒二年(1876)浙江書局刻本　一冊

360000－1901－0022983　164043
**商務館報**　(清)北京農工商部商務館報局編　清宣統元年至二年(1909－1910)鉛印本　三冊　存三期(十四、二十八、三十二)

360000－1901－0022984　401858
**商務新論□□卷**　(清)宜今室輯　清光緒石印本　一冊　存五卷(四至八)

360000－1901－0022985　401858－1
**商務新論□□卷**　(清)宜今室輯　清光緒石印本　一冊　存五卷(四至八)

360000－1901－0022986　401954
**商學二卷**　(清)鄢廷煇撰　清光緒二十四年(1898)勁草主人刻新學分類文編本　一冊

360000－1901－0022987　163421
**商於吟稿二卷**　(清)陳祁撰　清嘉慶十年(1805)刻本　二冊

360000－1901－0022988　230223
**傷寒百十三方解略六卷**　(清)楊希閔輯　**宋孫奇等校正傷寒論原本方目一卷**　(宋)孫奇等校　**宋許叔微本事方用傷寒論方治一卷**　(宋)許叔微撰　**張仲景補傳一卷**　(清)楊希閔撰　清抄本　二冊

360000－1901－0022989　164973
**傷寒辨證錄十四卷**　(清)陳士鐸撰　清光緒三十年(1904)刻本　十四冊

360000－1901－0022990　162761
**傷寒補天石二卷續二卷**　(明)戈維城撰　清嘉慶十六年(1811)朱陶性木活字印本　四冊

360000－1901－0022991　718062
**傷寒大成**　(清)張璐等撰　清乾隆、嘉慶金閶書業堂刻本　六冊

360000－1901－0022992　708141
**傷寒大成**　(清)張璐等撰　清同德堂刻本　六冊

360000－1901－0022993　801883
**傷寒附翼二卷**　(清)柯琴撰　清抄本　一冊　存一卷(上)

360000－1901－0022994　708129－1
**傷寒附翼二卷**　(清)柯琴撰　清刻本　二冊

360000－1901－0022995　708129－2
**傷寒附翼二卷**　(清)柯琴撰　清刻本　二冊

360000－1901－0022996　804205
**傷寒附翼二卷**　(清)柯琴撰　清刻本　一冊　存一卷(上)

360000－1901－0022997　408159
**傷寒歌括不分卷**　（清）易芳州輯　清抄本　一冊

360000－1901－0022998　408161
**傷寒貫珠集八卷**　（清）尤怡注　清白鹿山房木活字印本　三冊　存六卷（一至六）

360000－1901－0022999　408160
**傷寒貫珠集八卷**　（清）尤怡注　清蘇州緑蔭堂刻本　四冊

360000－1901－0023000　800568
**傷寒貫珠集不分卷**　（清）尤怡注　清抄本　一冊

360000－1901－0023001　165147
**傷寒活人指掌五卷**　（元）吳恕撰　清抄本　二冊　存四卷（二至五）

360000－1901－0023002　901812
**傷寒集注十五卷**　（清）舒詔撰　清刻本　一冊　存五卷（十一至十五）

360000－1901－0023003　901813
**傷寒集注十五卷**　（清）舒詔撰　清刻本　一冊　存二卷（十四至十五）

360000－1901－0023004　720765
**傷寒兼證析義一卷**　（清）張倬撰　清刻本　一冊

360000－1901－0023005　722364
**傷寒來蘇集八卷**　（清）柯琴撰　清刻本　七冊　存七卷（傷寒論注二至四、傷寒附翼二卷、傷寒論翼二卷）

360000－1901－0023006　230220
**傷寒六書六卷**　（明）陶華撰　明刻本　一冊　缺二卷（一至二）

360000－1901－0023007　800021
**傷寒六書六卷**　（明）陶華撰　清刻本　一冊　存一卷（二）

360000－1901－0023008　800022
**傷寒六書六卷**　（明）陶華撰　清刻本　一冊　存一卷（二）

360000－1901－0023009　165107
**傷寒論不分卷**　（漢）張機撰　清抄本　一冊　存太陽、陽明、少陽、太陰、厥陰、少陰

360000－1901－0023010　802784
**傷寒論不分卷**　（漢）張機撰　清抄本　一冊

360000－1901－0023011　804302
**傷寒論不分卷**　（漢）張機撰　清抄本　一冊

360000－1901－0023012　230213
**傷寒論綱目十六卷首二卷**　（清）沈金鰲撰　清乾隆三十九年（1774）刻沈氏尊生書本　四冊

360000－1901－0023013　408156
**傷寒論後條辨十五卷**　（清）程應旄撰　清康熙十年（1671）式好堂刻本　一冊　存八卷（六至十三）

360000－1901－0023014　164960
**傷寒論類方一卷**　（清）徐大椿撰　清光緒十五年（1889）江蘇江左書林刻本　一冊

360000－1901－0023015　164959
**傷寒論類方一卷**　（清）徐大椿撰　清刻本　一冊

360000－1901－0023016　802427
**傷寒論六卷**　（漢）張機撰　（清）張志聰注釋　（清）高世栻纂集　清末石印本　一冊　存一卷（二）

360000－1901－0023017　802436
**傷寒論六卷**　（漢）張機撰　（清）張志聰注釋　（清）高世栻纂集　清末石印本　一冊　存一卷（二）

360000－1901－0023018　802437
**傷寒論六卷**　（漢）張機撰　（清）張志聰注釋　（清）高世栻纂集　清末石印本　一冊　存一卷（二）

360000－1901－0023019　901814
**傷寒論六卷**　（漢）張機撰　（清）張志聰注釋　（清）高世栻纂集　清末石印本　一冊　存一卷（二）

360000－1901－0023020　408089
**傷寒論六卷附傷寒論本義一卷**　（漢）張機撰　（清）張志聰注釋　（清）高世栻纂集　清光緒二十五年（1899）石印本　四册

360000－1901－0023021　408090
**傷寒論六卷附傷寒論本義一卷**　（漢）張機撰　（清）張志聰注釋　（清）高世栻纂集　清光緒二十五年（1899）石印本　四册

360000－1901－0023022　408091
**傷寒論六卷附傷寒論本義一卷**　（漢）張機撰　（清）張志聰注釋　（清）高世栻纂集　清光緒二十五年（1899）石印本　三册　存五卷（一至二、五至六，傷寒論本義一卷）

360000－1901－0023023　408081
**傷寒論七卷**　（漢）張機撰　（晉）王叔和輯　（金）成無已注　（清）張遂辰參　清錦和堂刻本　四册

360000－1901－0023024　408082
**傷寒論七卷**　（漢）張機撰　（晉）王叔和輯　（金）成無已注　（清）張遂辰參　清錦和堂刻本　四册

360000－1901－0023025　408083
**傷寒論七卷**　（漢）張機撰　（晉）王叔和輯　（金）成無已注　（清）張遂辰參　清錦和堂刻本　三册　存五卷（一至三、六至七）

360000－1901－0023026　408084
**傷寒論七卷**　（漢）張機撰　（晉）王叔和輯　（金）成無已注　（清）張遂辰參　清刻本　三册　存四卷（二、五至七）

360000－1901－0023027　800001
**傷寒論七卷**　（漢）張機撰　（晉）王叔和輯　（金）成無已注　（清）張遂辰參　清刻本　一册　存二卷（二至三）

360000－1901－0023028　800002
**傷寒論七卷**　（漢）張機撰　（晉）王叔和輯　（金）成無已注　（清）張遂辰參　清刻本　一册　存二卷（二至三）

360000－1901－0023029　800013
**傷寒論七卷**　（漢）張機撰　（晉）王叔和輯　（金）成無已注　（清）張遂辰參　清刻本　一册　存一卷（一）

360000－1901－0023030　408086
**傷寒論七卷**　（漢）張機撰　（晉）王叔和輯　（金）成無已注　（清）張遂辰參　清乾隆四十八年（1783）刻本　四册

360000－1901－0023031　408085
**傷寒論七卷**　（漢）張機撰　（晉）王叔和輯　（金）成無已注　（清）張遂辰參　清文德堂刻本　三册　存四卷（一至二、六至七）

360000－1901－0023032　408071
**傷寒論淺注補正七卷首一卷**　（清）陳念祖注　（清）唐宗海補正　清光緒二十年（1894）夔門鄧其章石印本　二册　存六卷（一至五、首一卷）

360000－1901－0023033　408070
**傷寒論淺注補正七卷首一卷**　（清）陳念祖注　（清）唐宗海補正　清光緒二十年（1894）順成書局石印本　三册　存四卷（五至七、首一卷）

360000－1901－0023034　408069
**傷寒論淺注補正七卷首一卷**　（清）陳念祖注　（清）唐宗海補正　清光緒三十四年（1908）千頃堂書局石印本　四册

360000－1901－0023035　900990
**傷寒論淺注六卷**　（清）陳念祖撰　清刻本　一册　存二卷（二至三）

360000－1901－0023036　230211
**傷寒論三注十六卷**　（清）周揚俊輯　清乾隆四十五年（1780）刻本　八册

360000－1901－0023037　408122
**傷寒論三注十七卷**　（清）周揚俊輯　清刻本　四册

360000－1901－0023038　800012
**傷寒論三注十七卷**　（清）周揚俊輯　清刻本

一册　存三卷(八至十)

360000－1901－0023039　408123
**傷寒論三注十七卷傷寒方歌訣一卷**　(清)周揚俊輯　清雍正元年(1723)六經堂刻本　六册　存十七卷(一至十五、十七,傷寒方歌訣一卷)

360000－1901－0023040　408124
**傷寒論三注十七卷傷寒方歌訣一卷**　(清)周揚俊輯　清雍正元年(1723)六經堂刻本　二册　存八卷(一至八)

360000－1901－0023041　164968
**傷寒論四卷**　(漢)張機撰　(清)張志聰注釋　(清)高世栻纂集　清光緒三十四年(1908)石印本　四册

360000－1901－0023042　408092
**傷寒論四卷附傷寒論本義一卷**　(漢)張機撰　(清)張志聰注釋　(清)高世栻纂集　清光緒三十四年(1908)石印本　一册

360000－1901－0023043　408155
**傷寒論條辨八卷**　(明)方有執撰　清康熙五十八年(1719)浩然樓刻本　二册　存五卷(一至五)

360000－1901－0023044　408125
**傷寒論直解六卷**　(清)張錫駒注解　清康熙五十一年(1712)刻本　二册　存四卷(一至二、四至五)

360000－1901－0023045　408126
**傷寒論注四卷**　(清)柯琴撰　清刻本　三册　存三卷(一、三至四)

360000－1901－0023046　804204
**傷寒論注四卷**　(清)柯琴撰　清刻本　一册　存二卷(一至二)

360000－1901－0023047　162762
**傷寒論注四卷**　(清)柯琴撰　清末上海文瑞樓石印本　一册

360000－1901－0023048　708128
**傷寒論注四卷**　(清)柯琴撰　清乾隆二十年(1755)崑山馬中驊綏福堂刻本　一册　存一卷(一)

360000－1901－0023049　708129
**傷寒論注四卷**　(清)柯琴撰　清文富堂刻本　四册

360000－1901－0023050　164962
**傷寒論注四卷傷寒附翼二卷**　(清)柯琴撰　清末上海文瑞樓石印本　三册　缺二卷(傷寒論注一、四)

360000－1901－0023051　408153
**傷寒明理論四卷**　(金)成無己撰　明刻本　二册

360000－1901－0023052　708150
**傷寒明理論四卷**　(金)成無己撰　明萬曆新安吴勉學刻本　一册

360000－1901－0023053　708151
**傷寒明理論四卷**　(金)成無己撰　明萬曆新安吴勉學刻本　一册

360000－1901－0023054　708152
**傷寒明理論四卷**　(金)成無己撰　清刻本　二册

360000－1901－0023055　720763
**傷寒舌鑑一卷**　(清)張登撰　清刻本　二册

360000－1901－0023056　164958
**傷寒審症表一卷**　(清)包誠輯　清同治十年(1871)湖北崇文書局刻本　一册

360000－1901－0023057　408562
**傷寒瘟疫條辯六卷**　(清)楊璿撰　清刻本　一册　存一卷(六)

360000－1901－0023058　708148
**傷寒瘟疫條辯六卷**　(清)楊璿撰　清刻本　一册　存二卷(三至四)

360000－1901－0023059　164969
**傷寒緒論二卷**　(清)張璐撰　清刻本　二册

360000－1901－0023060　720764
**傷寒緒論二卷**　(清)張璐撰　清刻本　一册

360000－1901－0023061　408135
**傷寒緒論二卷傷寒纘論二卷**　（清）張璐撰　清金閶書業堂刻本　四冊　存三卷（傷寒緒論下、傷寒纘論二卷）

360000－1901－0023062　164949
**傷寒懸解十四卷首一卷末一卷**　（清）黃元御撰　清道光十二年（1832）刻本　六冊

360000－1901－0023063　164956
**傷寒醫訣串解六卷**　（清）陳念祖撰　清咸豐六年（1856）刻本　一冊

360000－1901－0023064　803600
**傷寒真方歌括不分卷**　（清）陳念祖撰　清抄本　一冊

360000－1901－0023065　164964
**傷寒真方歌括六卷**　（清）陳念祖撰　清光緒十五年（1889）刻本　一冊

360000－1901－0023066　164965
**傷寒真方歌括六卷**　（清）陳念祖撰　清光緒十五年（1889）刻本　二冊

360000－1901－0023067　164966
**傷寒真方歌括六卷**　（清）陳念祖撰　清咸豐九年（1859）刻本　二冊

360000－1901－0023068　708146
**傷寒真方歌括六卷**　（清）陳念祖撰　清咸豐九年（1859）刻本　一冊

360000－1901－0023069　603683
**傷寒證治準繩八卷**　（明）王肯堂撰　明萬曆刻本　一冊　存一卷（八）

360000－1901－0023070　230222
**傷寒證治準繩八卷**　（明）王肯堂撰　明萬曆三十年至三十六年（1602－1608）刻證治準繩本　一冊　存一卷（二）

360000－1901－0023071　164963
**傷寒證治準繩八卷**　（明）王肯堂撰　清九思堂刻本　八冊

360000－1901－0023072　801690
**傷寒證治準繩八卷**　（明）王肯堂撰　清刻本　一冊　存一卷（二）

360000－1901－0023073　902395
**傷寒證治準繩八卷**　（明）王肯堂撰　清刻本　三冊　存三卷（三至五）

360000－1901－0023074　902396
**傷寒證治準繩八卷**　（明）王肯堂撰　清刻本　五冊　存四卷（三至四、六、八）

360000－1901－0023075　164970
**傷寒纘論二卷**　（清）張璐撰　清康熙刻本　二冊

360000－1901－0023076　721780
**傷寒纘論二卷**　（清）張璐撰　清刻本　一冊　存一卷（下）

360000－1901－0023077　804215
**傷寒纘論二卷**　（清）張璐撰　清刻本　一冊　存一卷（上）

360000－1901－0023078　408139
**傷寒纘論二卷**　（清）張璐撰　清刻張氏醫通本　三冊

360000－1901－0023079　408140
**傷寒纘論二卷**　（清）張璐撰　清同德堂刻張氏醫通本　一冊　存一卷（上）

360000－1901－0023080　313154
**賞奇軒四種合編**　（□）□□輯　清刻本　四冊

360000－1901－0023081　318118－4
**賞心錄不分卷**　（□）□□撰　清金垣氏抄本　一冊

360000－1901－0023082　122205
**賞雨茅屋詩集八卷外集一卷**　（清）曾燠撰　清嘉慶八年（1803）刻本　三冊

360000－1901－0023083　122206
**賞雨茅屋詩集二十二卷外集一卷**　（清）曾燠撰　清道光三年（1823）刻本　六冊

360000－1901－0023084　122207
**賞雨茅屋詩集二十二卷外集一卷**　（清）曾燠

撰　清道光三年(1823)刻本　六册

360000－1901－0023085　601715
**賞雨茅屋詩集二十二卷外集一卷**　(清)曾燠撰　清道光三年(1823)刻民國十年(1921)南城李之鼎補修本　八册

360000－1901－0023086　601716
**賞雨茅屋詩集二十二卷外集一卷**　(清)曾燠撰　清道光三年(1823)刻民國十年(1921)南城李之鼎補修本　八册

360000－1901－0023087　601717
**賞雨茅屋詩集二十二卷外集一卷**　(清)曾燠撰　清道光三年(1823)刻民國十年(1921)南城李之鼎補修本　八册

360000－1901－0023088　601717－1
**賞雨茅屋詩集二十二卷外集一卷**　(清)曾燠撰　清道光三年(1823)刻民國十年(1921)南城李之鼎補修本　八册

360000－1901－0023089　601718
**賞雨茅屋詩集二十二卷外集一卷**　(清)曾燠撰　清道光三年(1823)刻民國十年(1921)南城李之鼎補修本　八册

360000－1901－0023090　601718－1
**賞雨茅屋詩集二十二卷外集一卷**　(清)曾燠撰　清道光三年(1823)刻民國十年(1921)南城李之鼎補修本　一册　存二卷(二十一至二十二)

360000－1901－0023091　718198
**賞雨茅屋詩集二十二卷外集一卷**　(清)曾燠撰　清道光三年(1823)刻民國十年(1921)南城李之鼎補修本　七册　存二十卷(賞雨茅屋詩集一至六、十至二十二,外集一卷)

360000－1901－0023092　718199
**賞雨茅屋詩集二十二卷外集一卷**　(清)曾燠撰　清道光三年(1823)刻民國十年(1921)南城李之鼎補修本　八册

360000－1901－0023093　718200
**賞雨茅屋詩集二十二卷外集一卷**　(清)曾燠撰　清道光三年(1823)刻民國十年(1921)南城李之鼎補修本　三册　存十二卷(五至八、十三至二十)

360000－1901－0023094　722238
**賞雨茅屋詩集二十二卷外集一卷**　(清)曾燠撰　清道光三年(1823)刻民國十年(1921)南城李之鼎補修本　一册　存三卷(七至九)

360000－1901－0023095　407298－3
**廣事類賦四十卷**　(清)華希閔撰　清刻本　三册　存十四卷(七至十、十八至二十七)

360000－1901－0023096　901480
**上高景高書院册四卷首一卷**　(清)高載銘等編　清刻本　二册

360000－1901－0023097　901481
**上高景高書院册四卷首一卷**　(清)高載銘等編　清刻本　一册　存四卷(上高景高書院册四卷)

360000－1901－0023098　900237
**上高縣賓興堂志不分卷**　(清)賓興堂董事纂　清嘉慶二十二年(1817)木活字印本　一册

360000－1901－0023099　803799
**上高縣育秀堂志不分卷**　(清)李祖陶撰　清道光二十七年(1847)刻本　一册

360000－1901－0023100　801069
**上高重修躍錦橋善後會籍三卷首一卷**　(清)羅星照纂　清光緒十二年(1886)木活字印本　一册

360000－1901－0023101　801070
**上高重修躍錦橋善後會籍三卷首一卷**　(清)羅星照纂　清光緒十二年(1886)木活字印本　一册

360000－1901－0023102　801071
**上高重修躍錦橋善後會籍三卷首一卷**　(清)羅星照纂　清光緒十二年(1886)木活字印本　一册

360000－1901－0023103　801072
**上高重修躍錦橋善後會籍三卷首一卷**　(清)

羅星照纂　清光緒十二年(1886)木活字印本　一冊

360000－1901－0023104　407298－4
**廣事類賦四十卷**　(清)華希閔撰　清刻本　三冊　存五卷(四至八)

360000－1901－0023105　722086－1
**廣事類賦四十卷**　(清)華希閔撰　清刻本　一冊　存六卷(十六至二十一)

360000－1901－0023106　405112
**上海曹氏鄉賢錄六卷**　(清)曹驤編　清宣統三年(1911)鉛印本　一冊

360000－1901－0023107　801823
**上海千頃堂書莊精校新增繪圖幼學故事瓊林四卷首一卷**　(明)程登吉撰　(清)鄒聖脈增補　清末上海千頃堂石印本　一冊

360000－1901－0023108　722086
**廣事類賦四十卷**　(清)華希閔撰　清乾隆二十九年(1764)劍光閣刻本　二冊　存五卷(一至二、七至九)

360000－1901－0023109　241041
**上湖分類文編十卷**　(清)汪師韓撰　清乾隆刻本　二冊

360000－1901－0023110　900233
**上六團賓興堂志不分卷**　(清)李書雲纂　清光緒三十四年(1908)木活字印本　一冊

360000－1901－0023111　900234
**上六團賓興堂志不分卷**　(清)李書雲纂　清光緒三十四年(1908)木活字印本　一冊

360000－1901－0023112　800912
**上諭內閣一百五十九卷**　(清)允祿等輯　(清)弘晝等續輯　清刻本　一冊　存七卷(十五至二十一)

360000－1901－0023113　803349－1
**尚德公立分𪟝書不分卷**　(□)□□輯　清抄本　一冊

360000－1901－0023114　241128
**尚絅廬詩存二卷**　(清)吳嘉賓撰　清抄本　一冊

360000－1901－0023115　120838
**尚絅廬詩存二卷**　(清)吳嘉賓撰　清同治五年(1866)刻本　一冊

360000－1901－0023116　120839
**尚絅廬詩存二卷**　(清)吳嘉賓撰　清同治五年(1866)刻本　一冊

360000－1901－0023117　120840
**尚絅廬詩存二卷**　(清)吳嘉賓撰　清同治五年(1866)刻本　一冊

360000－1901－0023118　120876
**尚絅廬詩存二卷**　(清)吳嘉賓撰　清同治五年(1866)刻本　一冊

360000－1901－0023119　601328
**尚絅廬詩存二卷**　(清)吳嘉賓撰　清同治五年(1866)刻本　一冊

360000－1901－0023120　601327
**尚絅廬詩存一卷**　(清)吳嘉賓撰　**轉慧軒詩草一卷**　(清)謝質卿撰　清刻本　一冊

360000－1901－0023121　710149
**尚絅堂詩集五十二卷箏船詞集二卷駢體文二卷**　(清)劉嗣綰撰　清道光六年(1826)大樹園刻本　十冊

360000－1901－0023122　317044
**尚絅堂詩集五十二卷箏船詞集二卷駢體文二卷**　(清)劉嗣綰撰　清同治八年(1869)刻本　十冊

360000－1901－0023123　317230
**尚絅堂詩集五十二卷箏船詞集二卷駢體文二卷**　(清)劉嗣綰撰　清同治八年(1869)刻本　十冊

360000－1901－0023124　900200
**尚絅堂試帖二卷**　(清)劉嗣綰撰　清同治七年(1868)辰州官署刻本　一冊　存一卷(下)

360000－1901－0023125　900193
**尚絅堂試帖輯注一卷**　(清)劉嗣綰撰　(清)張熙宇輯評　(清)王植桂輯注　清刻本　一

册

360000－1901－0023126　900194
**尚絅堂試帖輯注一卷**　(清)劉嗣綰撰　(清)張熙宇輯評　(清)王植桂輯注　清刻本　一册

360000－1901－0023127　900195
**尚絅堂試帖輯注一卷**　(清)劉嗣綰撰　(清)張熙宇輯評　(清)王植桂輯注　清刻本　一册

360000－1901－0023128　900196
**尚絅堂試帖輯注一卷**　(清)劉嗣綰撰　(清)張熙宇輯評　(清)王植桂輯注　清刻本　一册

360000－1901－0023129　900197
**尚絅堂試帖輯注一卷**　(清)劉嗣綰撰　(清)張熙宇輯評　(清)王植桂輯注　清刻本　一册

360000－1901－0023130　900198
**尚絅堂試帖輯注一卷**　(清)劉嗣綰撰　(清)張熙宇輯評　(清)王植桂輯注　清刻本　一册

360000－1901－0023131　900199
**尚絅堂試帖輯注一卷**　(清)劉嗣綰撰　(清)張熙宇輯評　(清)王植桂輯注　清刻本　一册

360000－1901－0023132　220317
**尚論編二十卷**　(明)鄒泉撰　明萬曆十五年(1587)黄門刻本　十册

360000－1901－0023133　601325
**尚論後篇四卷**　(清)喻昌撰　清刻本　二册　存三卷(二至四)

360000－1901－0023134　803069
**尚論後篇四卷**　(清)喻昌撰　清刻本　一册　存二卷(一至二)

360000－1901－0023135　410091
**尚論彙鈔不分卷**　(□)□□輯　清刻本　四册

360000－1901－0023136　803065
**尚論篇二卷首一卷後篇四卷**　(清)喻昌撰　清刻本　二册　存四卷(上、首一卷、後篇一至二)

360000－1901－0023137　601326
**尚論篇四卷後篇四卷**　(清)喻昌撰　清刻本　二册　存三卷(尚論篇三至四、後篇一)

360000－1901－0023138　601324
**尚論篇四卷後篇四卷**　(清)喻昌撰　清兩儀堂刻本　二册　存四卷(尚論篇三至四、後篇一至二)

360000－1901－0023139　601323
**尚論篇四卷首一卷**　(清)喻昌撰　清末石印本　一册

360000－1901－0023140　802844
**尚論篇四卷首一卷後篇四卷**　(清)喻昌撰　清嘉慶十三年(1808)同文堂刻本　一册　存二卷(後篇一至二)

360000－1901－0023141　800853
**尚論篇四卷首一卷後篇四卷**　(清)喻昌撰　清刻本　一册　存一卷(後篇二)

360000－1901－0023142　408205－1
**尚論張仲景傷寒論重編三百九十七法二卷後四卷**　(清)喻昌撰　清刻本　二册

360000－1901－0023143　719976
**尚論張仲景傷寒論重編三百九十七法二卷首一卷**　(清)喻昌撰　清刻本　一册　存二卷(上、首一卷)

360000－1901－0023144　802842
**尚論張仲景傷寒論重編三百九十七法二卷首一卷**　(清)喻昌撰　清刻本　一册　存一卷(上)

360000－1901－0023145　802843
**尚論張仲景傷寒論重編三百九十七法二卷首一卷**　(清)喻昌撰　清刻本　一册　存二卷(上、首一卷)

360000－1901－0023146　804216

**尚論張仲景傷寒論重編三百九十七法二卷首一卷** （清）喻昌撰　清刻本　一册　存一卷（下）

360000－1901－0023147　800852
**尚論張仲景傷寒論重編三百九十七法二卷首一卷** （清）喻昌撰　**醫宗必讀十卷** （明）李中梓撰　清刻本　一册　存四卷（上、首一卷、醫宗必讀四至五）

360000－1901－0023148　230208
**尚論張仲景傷寒論重編三百九十七法二卷首一卷後篇四卷** （清）喻昌撰　清乾隆四年（1739）靖安在茲園刻本　四册

360000－1901－0023149　230210
**尚論張仲景傷寒論重編三百九十七法二卷首一卷後篇四卷** （清）喻昌撰　清乾隆五十年（1785）步月樓刻本　四册

360000－1901－0023150　408219
**尚論張仲景傷寒論重編三百九十七法二卷首一卷後四卷** （清）喻昌撰　清同文堂刻本　四册

360000－1901－0023151　230207
**尚論張仲景傷寒論重編三百九十七法後篇四卷** （清）喻昌撰　清乾隆元年（1736）兩儀堂刻本　三册

360000－1901－0023152　230209
**尚論張仲景傷寒論重編三百九十七法四卷首一卷後篇四卷** （清）喻昌撰　清乾隆二十八年（1763）陳守誠刻本　八册

360000－1901－0023153　312338
**尚史七十二卷** （清）李鍇撰　清嘉慶十九年（1814）晚香草堂刻本　二十四册

360000－1901－0023154　220093
**尚史七十二卷** （清）李鍇撰　清乾隆三十八年（1773）刻本　二十册

360000－1901－0023155　220094
**尚史七十二卷** （清）李鍇撰　清乾隆三十八年（1773）刻本　二十五册

360000－1901－0023156　312665
**尚史七十二卷** （清）李鍇撰　清乾隆三十八年（1773）刻本　二十八册

360000－1901－0023157　603329
**尚書表注二卷** （宋）金履祥撰　清康熙納蘭成德刻通志堂經解本　一册

360000－1901－0023158　160492
**尚書大傳補注七卷** 王闓運撰　清光緒十二年（1886）成都尊經書院刻本　一册

360000－1901－0023159　713141
**尚書大傳三卷** （漢）伏勝撰　（漢）鄭玄注　（清）陳壽祺輯　**序録一卷辨譌一卷** （清）陳壽祺撰　清刻古經解彙函本　一册　存二卷（一、序録一卷）

360000－1901－0023160　419340
**尚書大傳疏證七卷** （清）皮錫瑞撰　清光緒二十二年（1896）師伏堂刻本　四册

360000－1901－0023161　160490
**尚書大傳疏證七卷札記一卷** （清）皮錫瑞撰　清光緒二十二年（1896）師伏堂刻本　三册

360000－1901－0023162　600221－6
**尚書大傳四卷** （漢）伏勝撰　（漢）鄭玄注　**補遺一卷續補遺一卷** （清）盧文弨輯　**考異一卷** （清）盧文弨撰　清光緒三年（1877）湖北崇文書局刻本　一册

360000－1901－0023163　600221－7
**尚書大傳四卷** （漢）伏勝撰　（漢）鄭玄注　**補遺一卷續補遺一卷** （清）盧文弨輯　**考異一卷** （清）盧文弨撰　清光緒三年（1877）湖北崇文書局刻本　一册

360000－1901－0023164　160491
**尚書大傳四卷** （漢）伏勝撰　（漢）鄭玄注　**補遺一卷續補遺一卷** （清）盧文弨輯　**考異一卷** （清）盧文弨撰　清嘉慶五年（1800）愛日草廬刻本　二册　缺一卷（考異一卷）

360000－1901－0023165　419344
**尚書大傳四卷** （漢）伏勝撰　（漢）鄭玄注

**補遺一卷續補遺一卷**　(清)盧文弨輯　**考異一卷**　(清)盧文弨撰　清嘉慶五年(1800)愛日草廬刻本　一册

360000－1901－0023166　600221－26
**尚書大傳五卷**　(漢)伏勝撰　(漢)鄭玄注　清刻本　一册　存三卷(三至五)

360000－1901－0023167　419351
**尚書地理今釋一卷**　(清)蔣廷錫撰　清末石印本　一册

360000－1901－0023168　210390
**尚書讀記一卷春秋一得一卷**　(清)閻循觀撰　清乾隆三十八年(1773)樹滋堂刻本　一册

360000－1901－0023169　419339
**尚書古文疏證八卷**　(清)閻若璩撰　清乾隆十年(1745)眷西堂刻本　九册　存七卷(一至五、七至八)

360000－1901－0023170　210096
**尚書古文疏證八卷**　(清)閻若璩撰　**朱子古文書疑一卷**　(清)閻詠輯　清乾隆十年(1745)眷西堂刻本　八册　缺一卷(三)

360000－1901－0023171　160497
**尚書古文疏證八卷**　(清)閻若璩撰　**朱子古文書疑一卷**　(清)閻詠輯　清同治六年(1867)錢塘汪氏振綺堂刻本　八册

360000－1901－0023172　160498
**尚書古文疏證八卷**　(清)閻若璩撰　**朱子古文書疑一卷**　(清)閻詠輯　清同治六年(1867)錢塘汪氏振綺堂刻本　六册

360000－1901－0023173　160499
**尚書古文疏證八卷**　(清)閻若璩撰　**朱子古文書疑一卷**　(清)閻詠輯　清同治六年(1867)錢塘汪氏振綺堂刻本　八册

360000－1901－0023174　603328
**尚書古文疏證八卷**　(清)閻若璩撰　**朱子古文書疑一卷**　(清)閻詠輯　清同治六年(1867)錢塘汪氏振綺堂刻本　八册

360000－1901－0023175　160500
**尚書古文證疑四卷**　(清)孫喬年撰　清嘉慶十五年(1810)天心閣刻本　二册

360000－1901－0023176　160509
**尚書後案駁正二卷**　(清)王劼撰　清咸豐十一年(1861)巴縣王氏晚晴樓刻本　一册

360000－1901－0023177　419335
**尚書後案三十卷**　(清)王鳴盛撰　清乾隆四十五年(1780)東吴王氏禮堂刻本　十四册　存十四卷(一至十四)

360000－1901－0023178　419334
**尚書後案三十卷**　(清)王鳴盛撰　清頤志堂刻本　十二册

360000－1901－0023179　419336
**尚書後案三十卷後辨一卷**　(清)王鳴盛撰　清刻本　四册　存二十三卷(八至三十)

360000－1901－0023180　419337
**尚書後案三十卷後辨一卷**　(清)王鳴盛撰　清刻本　五册　存十七卷(一至十一、二十六至三十,後辨一卷)

360000－1901－0023181　800334
**尚書彙纂必讀十二卷**　(清)陸士楷輯　清抄本　三册　存九卷(一至九)

360000－1901－0023182　419349
**尚書彙纂必讀十二卷**　(清)陸士楷輯　清乾隆五十年(1785)刻本　二册　存三卷(一至三)

360000－1901－0023183　419346
**尚書彙纂必讀十二卷**　(清)陸士楷輯　清天祿閣刻本　二册　存九卷(一至九)

360000－1901－0023184　419347
**尚書彙纂必讀十二卷**　(清)陸士楷輯　清天祿閣刻本　二册　存四卷(一至三、八)

360000－1901－0023185　419348
**尚書彙纂必讀十二卷**　(清)陸士楷輯　清天祿閣刻本　四册

360000－1901－0023186　419353
**尚書精義五十卷**　(宋)黄倫撰　清道光二十

六年(1846)刻本　十二册

360000－1901－0023187　412698－3
**尚書考六卷**　(清)李榮陛撰　清嘉慶二十年(1815)亙古齋刻李厚岡集本　一册　存二卷(三至四)

360000－1901－0023188　412698－4
**尚書考六卷**　(清)李榮陛撰　清嘉慶二十年(1815)亙古齋刻李厚岡集本　一册　存二卷(三至四)

360000－1901－0023189　160501
**尚書考異六卷**　(明)梅鷟撰　清嘉慶十九年(1814)蘭陵孫氏刻本　三册

360000－1901－0023190　160502
**尚書考異六卷**　(明)梅鷟撰　清嘉慶十九年(1814)蘭陵孫氏刻本　一册　存二卷(三至四)

360000－1901－0023191　160494
**尚書可解輯粹二卷**　(清)潘相撰　清嘉慶四年(1799)誠恕堂刻本　一册

360000－1901－0023192　160495
**尚書可解輯粹二卷**　(清)潘相撰　清嘉慶四年(1799)誠恕堂刻本　一册

360000－1901－0023193　419341
**尚書孔傳參正三十六卷**　王先謙撰　清光緒三十四年(1908)虚受堂刻本　六册

360000－1901－0023194　419389
**尚書離句六卷**　(清)錢在培輯解　清愛蓮堂刻本　四册

360000－1901－0023195　804592
**尚書離句六卷**　(清)錢在培輯解　清愛蓮堂刻本　一册　存三卷(一至三)

360000－1901－0023196　419388
**尚書離句六卷**　(清)錢在培輯解　清鋤經堂刻本　四册

360000－1901－0023197　804556
**尚書離句六卷**　(清)錢在培輯解　清大亨堂刻本　一册　存三卷(四至六)

360000－1901－0023198　804569
**尚書離句六卷**　(清)錢在培輯解　清大亨堂刻本　一册　存三卷(四至六)

360000－1901－0023199　419362
**尚書離句六卷**　(清)錢在培輯解　清大文堂刻本　一册

360000－1901－0023200　419363
**尚書離句六卷**　(清)錢在培輯解　清大文堂刻本　二册

360000－1901－0023201　419387
**尚書離句六卷**　(清)錢在培輯解　清道光四年(1824)聚和堂刻本　二册

360000－1901－0023202　419379
**尚書離句六卷**　(清)錢在培輯解　清敦本堂刻本　二册

360000－1901－0023203　801618
**尚書離句六卷**　(清)錢在培輯解　清光緒二十六年(1900)李光明莊刻本　一册　存三卷(一至三)

360000－1901－0023204　419358
**尚書離句六卷**　(清)錢在培輯解　清光緒二十六年(1900)文奎堂刻本　二册

360000－1901－0023205　804547
**尚書離句六卷**　(清)錢在培輯解　清光緒二十年(1894)經綸書局刻本　二册

360000－1901－0023206　804595
**尚書離句六卷**　(清)錢在培輯解　清光緒二十五年(1899)刻本　一册　存三卷(一至三)

360000－1901－0023207　419361
**尚書離句六卷**　(清)錢在培輯解　清光緒三十二年(1906)澹雅書局刻本　二册

360000－1901－0023208　419392
**尚書離句六卷**　(清)錢在培輯解　清寒香草堂刻本　一册

360000－1901－0023209　804590
**尚書離句六卷**　(清)錢在培輯解　清寒香草堂刻本　一册

360000－1901－0023210　804545
**尚書離句六卷**　（清）錢在培輯解　清會友堂刻本　一冊　存三卷（四至六）

360000－1901－0023211　804566
**尚書離句六卷**　（清）錢在培輯解　清會友堂刻本　一冊

360000－1901－0023212　419378
**尚書離句六卷**　（清）錢在培輯解　清積秀堂刻本　一冊

360000－1901－0023213　801617
**尚書離句六卷**　（清）錢在培輯解　清嘉慶二年（1797）清德堂刻本　一冊　存三卷（一至三）

360000－1901－0023214　160512
**尚書離句六卷**　（清）錢在培輯解　清嘉慶刻本　二冊

360000－1901－0023215　419371
**尚書離句六卷**　（清）錢在培輯解　清經元堂刻本　二冊

360000－1901－0023216　801616
**尚書離句六卷**　（清）錢在培輯解　清刻本　一冊

360000－1901－0023217　801619
**尚書離句六卷**　（清）錢在培輯解　清刻本　三冊　存五卷（一至二、四至六）

360000－1901－0023218　801620
**尚書離句六卷**　（清）錢在培輯解　清刻本　二冊　存三卷（三至四、六）

360000－1901－0023219　801621
**尚書離句六卷**　（清）錢在培輯解　清刻本　三冊　存五卷（一至三、五至六）

360000－1901－0023220　801622
**尚書離句六卷**　（清）錢在培輯解　清刻本　二冊　存二卷（二、四）

360000－1901－0023221　801623
**尚書離句六卷**　（清）錢在培輯解　清刻本　二冊　存四卷（三至六）

360000－1901－0023222　801624
**尚書離句六卷**　（清）錢在培輯解　清刻本　二冊

360000－1901－0023223　801625
**尚書離句六卷**　（清）錢在培輯解　清刻本　二冊　存四卷（一至二、五至六）

360000－1901－0023224　801626
**尚書離句六卷**　（清）錢在培輯解　清刻本　一冊　存二卷（五至六）

360000－1901－0023225　801626－1
**尚書離句六卷**　（清）錢在培輯解　清刻本　一冊　存三卷（四至六）

360000－1901－0023226　801627
**尚書離句六卷**　（清）錢在培輯解　清刻本　四冊　存五卷（一、三至六）

360000－1901－0023227　801628
**尚書離句六卷**　（清）錢在培輯解　清刻本　二冊

360000－1901－0023228　801629
**尚書離句六卷**　（清）錢在培輯解　清刻本　二冊

360000－1901－0023229　801630
**尚書離句六卷**　（清）錢在培輯解　清刻本　四冊

360000－1901－0023230　801630－1
**尚書離句六卷**　（清）錢在培輯解　清刻本　二冊　存三卷（一至二、五）

360000－1901－0023231　801630－2
**尚書離句六卷**　（清）錢在培輯解　清刻本　一冊　存二卷（二至三）

360000－1901－0023232　804051
**尚書離句六卷**　（清）錢在培輯解　清刻本　一冊　存一卷（六）

360000－1901－0023233　804085
**尚書離句六卷**　（清）錢在培輯解　清刻本　一冊　存一卷（五）

360000－1901－0023234　804542
**尚書離句六卷**　（清）錢在培輯解　清刻本　一冊　存三卷（四至六）

360000－1901－0023235　804543
**尚書離句六卷**　（清）錢在培輯解　清刻本　一冊　存三卷（一至三）

360000－1901－0023236　804544
**尚書離句六卷**　（清）錢在培輯解　清刻本　一冊　存三卷（一至三）

360000－1901－0023237　804546
**尚書離句六卷**　（清）錢在培輯解　清刻本　二冊

360000－1901－0023238　804548
**尚書離句六卷**　（清）錢在培輯解　清刻本　一冊　存三卷（一至三）

360000－1901－0023239　804549
**尚書離句六卷**　（清）錢在培輯解　清刻本　一冊　存三卷（一至三）

360000－1901－0023240　804550
**尚書離句六卷**　（清）錢在培輯解　清刻本　一冊　存三卷（一至三）

360000－1901－0023241　804551
**尚書離句六卷**　（清）錢在培輯解　清刻本　一冊　存三卷（一至三）

360000－1901－0023242　804552
**尚書離句六卷**　（清）錢在培輯解　清刻本　一冊　存三卷（四至六）

360000－1901－0023243　804553
**尚書離句六卷**　（清）錢在培輯解　清刻本　一冊　存三卷（四至六）

360000－1901－0023244　804554
**尚書離句六卷**　（清）錢在培輯解　清刻本　一冊　存二卷（五至六）

360000－1901－0023245　804555
**尚書離句六卷**　（清）錢在培輯解　清刻本　一冊　存三卷（四至六）

360000－1901－0023246　804557
**尚書離句六卷**　（清）錢在培輯解　清刻本　一冊

360000－1901－0023247　804558
**尚書離句六卷**　（清）錢在培輯解　清刻本　一冊

360000－1901－0023248　804559
**尚書離句六卷**　（清）錢在培輯解　清刻本　一冊　存三卷（一至三）

360000－1901－0023249　804560
**尚書離句六卷**　（清）錢在培輯解　清刻本　一冊　存三卷（四至六）

360000－1901－0023250　804561
**尚書離句六卷**　（清）錢在培輯解　清刻本　一冊　存三卷（一至三）

360000－1901－0023251　804563
**尚書離句六卷**　（清）錢在培輯解　清刻本　一冊　存三卷（四至六）

360000－1901－0023252　804564
**尚書離句六卷**　（清）錢在培輯解　清刻本　一冊　存三卷（一至三）

360000－1901－0023253　804565
**尚書離句六卷**　（清）錢在培輯解　清刻本　一冊　存三卷（四至六）

360000－1901－0023254　804567
**尚書離句六卷**　（清）錢在培輯解　清刻本　一冊

360000－1901－0023255　804568
**尚書離句六卷**　（清）錢在培輯解　清刻本　一冊　存三卷（一至三）

360000－1901－0023256　804570
**尚書離句六卷**　（清）錢在培輯解　清刻本　一冊　存三卷（一至三）

360000－1901－0023257　804571
**尚書離句六卷**　（清）錢在培輯解　清刻本　一冊　存三卷（四至六）

360000－1901－0023258　804572
**尚書離句六卷**　(清)錢在培輯解　清刻本　一册　存三卷(四至六)

360000－1901－0023259　804574
**尚書離句六卷**　(清)錢在培輯解　清刻本　一册　存三卷(四至六)

360000－1901－0023260　804575
**尚書離句六卷**　(清)錢在培輯解　清刻本　一册　存三卷(一至三)

360000－1901－0023261　804576
**尚書離句六卷**　(清)錢在培輯解　清刻本　一册　存三卷(一至三)

360000－1901－0023262　804577
**尚書離句六卷**　(清)錢在培輯解　清刻本　一册　存三卷(四至六)

360000－1901－0023263　804578
**尚書離句六卷**　(清)錢在培輯解　清刻本　一册　存三卷(一至三)

360000－1901－0023264　804578－1
**尚書離句六卷**　(清)錢在培輯解　清刻本　一册　存三卷(四至六)

360000－1901－0023265　804579
**尚書離句六卷**　(清)錢在培輯解　清刻本　一册　存三卷(四至六)

360000－1901－0023266　804580
**尚書離句六卷**　(清)錢在培輯解　清刻本　一册　存三卷(一至三)

360000－1901－0023267　804581
**尚書離句六卷**　(清)錢在培輯解　清刻本　一册　存三卷(一至三)

360000－1901－0023268　804582
**尚書離句六卷**　(清)錢在培輯解　清刻本　一册　存二卷(五至六)

360000－1901－0023269　804584
**尚書離句六卷**　(清)錢在培輯解　清刻本　一册　存三卷(四至六)

360000－1901－0023270　804585
**尚書離句六卷**　(清)錢在培輯解　清刻本　一册　存三卷(一至三)

360000－1901－0023271　804587
**尚書離句六卷**　(清)錢在培輯解　清刻本　一册

360000－1901－0023272　804588
**尚書離句六卷**　(清)錢在培輯解　清刻本　一册　存三卷(四至六)

360000－1901－0023273　804589
**尚書離句六卷**　(清)錢在培輯解　清刻本　一册　存三卷(四至六)

360000－1901－0023274　804591
**尚書離句六卷**　(清)錢在培輯解　清刻本　一册　存二卷(五至六)

360000－1901－0023275　804592－1
**尚書離句六卷**　(清)錢在培輯解　清刻本　一册　存三卷(四至六)

360000－1901－0023276　804593
**尚書離句六卷**　(清)錢在培輯解　清刻本　一册　存三卷(一至三)

360000－1901－0023277　804594
**尚書離句六卷**　(清)錢在培輯解　清刻本　一册

360000－1901－0023278　804596
**尚書離句六卷**　(清)錢在培輯解　清刻本　一册　存三卷(一至三)

360000－1901－0023279　804597
**尚書離句六卷**　(清)錢在培輯解　清刻本　一册

360000－1901－0023280　804598
**尚書離句六卷**　(清)錢在培輯解　清刻本　一册　存三卷(一至三)

360000－1901－0023281　804599
**尚書離句六卷**　(清)錢在培輯解　清刻本　一册　存三卷(四至六)

360000－1901－0023282　804600
**尚書離句六卷**　(清)錢在培輯解　清刻本　一册　存三卷(四至六)

360000－1901－0023283　419359
**尚書離句六卷**　(清)錢在培輯解　清兩儀堂刻本　二册

360000－1901－0023284　419360
**尚書離句六卷**　(清)錢在培輯解　清兩儀堂刻本　二册

360000－1901－0023285　804541
**尚書離句六卷**　(清)錢在培輯解　清末石印本　一册　存一卷(四)

360000－1901－0023286　419369
**尚書離句六卷**　(清)錢在培輯解　清乾隆五十九年(1794)泰和堂刻本　二册

360000－1901－0023287　419375
**尚書離句六卷**　(清)錢在培輯解　清乾隆五十五年(1790)三興堂刻本　二册

360000－1901－0023288　419391
**尚書離句六卷**　(清)錢在培輯解　清三鱣堂刻本　二册

360000－1901－0023289　419374
**尚書離句六卷**　(清)錢在培輯解　清尚友堂刻本　二册

360000－1901－0023290　804562
**尚書離句六卷**　(清)錢在培輯解　清勝興堂刻本　一册　存三卷(四至六)

360000－1901－0023291　804583
**尚書離句六卷**　(清)錢在培輯解　清勝興堂刻本　一册　存二卷(五至六)

360000－1901－0023292　804573
**尚書離句六卷**　(清)錢在培輯解　清天祿閣刻本　一册　存三卷(一至三)

360000－1901－0023293　419364
**尚書離句六卷**　(清)錢在培輯解　清文奎堂刻本　二册

360000－1901－0023294　419365
**尚書離句六卷**　(清)錢在培輯解　清文奎堂刻本　二册

360000－1901－0023295　419366
**尚書離句六卷**　(清)錢在培輯解　清文奎堂刻本　二册

360000－1901－0023296　419367
**尚書離句六卷**　(清)錢在培輯解　清文奎堂刻本　二册

360000－1901－0023297　419368
**尚書離句六卷**　(清)錢在培輯解　清文奎堂刻本　二册

360000－1901－0023298　419376
**尚書離句六卷**　(清)錢在培輯解　清文林堂刻本　二册

360000－1901－0023299　419377
**尚書離句六卷**　(清)錢在培輯解　清文林堂刻本　二册

360000－1901－0023300　419372
**尚書離句六卷**　(清)錢在培輯解　清文淵堂刻本　二册

360000－1901－0023301　419386
**尚書離句六卷**　(清)錢在培輯解　清務本堂刻本　二册

360000－1901－0023302　419385
**尚書離句六卷**　(清)錢在培輯解　清宣統三年(1911)上海掃葉山房石印本　三册　存五卷(一至五)

360000－1901－0023303　419370
**尚書離句六卷**　(清)錢在培輯解　清英德堂刻本　四册

360000－1901－0023304　210088
**尚書離句六卷**　(清)錢在培輯解　清雍正八年(1730)兩儀堂刻本　二册

360000－1901－0023305　419373
**尚書離句六卷**　(清)錢在培輯解　清芸生堂刻本　二册

360000－1901－0023306　419390

**尚書離句六卷**　(清)錢在培輯解　清致和堂刻本　四册

360000－1901－0023307　804586

**尚書離句六卷**　(清)錢在培輯解　清致和堂刻本　二册

360000－1901－0023308　405929

**尚書六卷**　(漢)孔安國傳　清同治十二年(1873)稽古樓刻本　三册　存三卷(二、四至五)

360000－1901－0023309　210083

**尚書六卷**　(明)袁黄删注　明萬曆刻本　二册

360000－1901－0023310　160506

**尚書伸孔篇一卷**　(清)焦廷琥撰　清光緒十四年(1888)廣雅書局刻本　一册

360000－1901－0023311　160507

**尚書伸孔篇一卷**　(清)焦廷琥撰　清光緒十四年(1888)廣雅書局刻本　一册

360000－1901－0023312　210084

**尚書審鵠便覽六卷**　(明)莊奇顯輯　明刻本　五册

360000－1901－0023313　901789

**尚書審鵠便覽六卷**　(明)莊奇顯輯　清刻本　一册　存二卷(五至六)

360000－1901－0023314　160488

**尚書十三卷**　(漢)孔安國傳　清道光四年(1824)貴州刻本　五册

360000－1901－0023315　419333

**尚書十三卷**　(漢)孔安國傳　清刻本　三册

360000－1901－0023316　210071

**尚書十三卷附考證**　(漢)孔安國傳　(唐)陸德明音義　清乾隆四十八年(1783)武英殿刻仿宋相臺五經本　四册

360000－1901－0023317　210072

**尚書十三卷附考證**　(漢)孔安國傳　(唐)陸德明音義　清乾隆四十八年(1783)武英殿刻仿宋相臺五經本　五册

360000－1901－0023318　210073

**尚書十三卷附考證**　(漢)孔安國傳　(唐)陸德明音義　清乾隆四十八年(1783)武英殿刻仿宋相臺五經本　一册　存二卷(一至二)

360000－1901－0023319　419356

**尚書體注約解合參四卷**　(清)洪輔聖　(清)洪佐聖　(清)洪翼聖撰　清刻本　三册　存三卷(一、三至四)

360000－1901－0023320　419357

**尚書體注約解合參四卷**　(清)洪輔聖　(清)洪佐聖　(清)洪翼聖撰　清刻本　三册　存三卷(一、三至四)

360000－1901－0023321　419355

**尚書體注約解合參四卷**　(清)洪輔聖　(清)洪佐聖　(清)洪翼聖撰　清三樂堂刻本　四册

360000－1901－0023322　210075

**尚書詳解二十六卷首一卷**　(宋)夏僎撰　清乾隆武英殿木活字印本　十六册

360000－1901－0023323　419345

**尚書想六卷**　(清)毛念恃撰　清刻本　一册　存三卷(四至六)

360000－1901－0023324　160508

**尚書要義二十卷**　(宋)魏了翁撰　清光緒十年(1884)江蘇書局刻五經要義本　六册

360000－1901－0023325　803146－2

**尚書逸文二卷**　(清)江聲輯　(清)孫星衍補訂　清乾隆六十年(1795)蘭陵孫氏問字堂刻本　一册

360000－1901－0023326　160511

**尚書誼略二十八卷敘錄一卷**　姚永樸撰　清光緒三十一年(1905)合肥李氏刻集虛草堂叢書甲集本　四册

360000－1901－0023327　160493

**尚書引義六卷**　(清)王夫之撰　清末石印本　二册

360000－1901－0023328　160718
**尚書約注四卷**　(清)任啓運撰　清光緒十二年(1886)刻本　二册

360000－1901－0023329　160719
**尚書約注四卷**　(清)任啓運撰　清光緒十二年(1886)刻本　二册

360000－1901－0023330　900749
**尚書注解纂要六卷**　(清)吳蓮撰　清愛日堂刻本　一册　存一卷(三)

360000－1901－0023331　419354
**尚書注解纂要六卷**　(清)吳蓮撰　清刻本　二册　存三卷(四至六)

360000－1901－0023332　210070
**尚書注疏二十卷**　(漢)孔安國傳　(唐)孔穎達疏　(唐)陸德明釋文　明萬曆十五年(1587)北京國子監刻十三經注疏本　十册

360000－1901－0023333　902430－1
**尚書注疏二十卷**　(漢)孔安國傳　(唐)陸德明音義　(唐)孔穎達疏　明崇禎五年(1632)毛氏汲古閣刻十三經注疏本　一册　存二卷(十一至十二)

360000－1901－0023334　412925
**尚文軒遺集約編一卷**　(清)袁起濤撰　清木活字印本　一册

360000－1901－0023335　220336
**尚友錄二十二卷**　(明)廖用賢輯　明刻本　一册　存二卷(九至十)

360000－1901－0023336　304279
**尚友錄二十二卷**　(明)廖用賢輯　(清)張伯琮補輯　清光緒二十四年(1898)上海著易堂書局鉛印本　六册

360000－1901－0023337　402096
**尚友錄二十二卷**　(明)廖用賢輯　(清)張伯琮補輯　清康熙五年(1666)刻本　十八册　存十八卷(一至二、四至七、九至十八、二十至二十一)

360000－1901－0023338　301854
**尚友錄二十二卷**　(明)廖用賢輯　(清)張伯琮補輯　清刻本　二十册

360000－1901－0023339　402102
**尚友錄二十二卷補遺二十二卷**　(明)廖用賢輯　(清)張伯琮補輯　清光緒十四年(1888)上海點石齋石印本　三册　存三十三卷(尚友錄一至二十一、補遺十一至二十二)

360000－1901－0023340　402108
**尚友錄二十二卷補遺一卷**　(明)廖用賢輯　(清)張伯琮補輯　清光緒十二年(1886)暢懷書屋鉛印本　五册　存十八卷(一至十一、十六至二十二)

360000－1901－0023341　402109
**尚友錄二十二卷補遺一卷**　(明)廖用賢輯　(清)張伯琮補輯　清光緒十二年(1886)暢懷書屋鉛印本　三册　存十二卷(四至十一、十六至十九)

360000－1901－0023342　402097
**尚友錄二十二卷補遺一卷**　(明)廖用賢輯　(清)張伯琮補輯　清光緒十六年(1890)掃葉山房銅版印本　六册

360000－1901－0023343　402098
**尚友錄二十二卷補遺一卷**　(明)廖用賢輯　(清)張伯琮補輯　清光緒十六年(1890)掃葉山房銅版印本　六册

360000－1901－0023344　402099
**尚友錄二十二卷補遺一卷**　(明)廖用賢輯　(清)張伯琮補輯　清光緒十六年(1890)掃葉山房銅版印本　二册　存九卷(十一至十九)

360000－1901－0023345　402100
**尚友錄二十二卷補遺一卷**　(明)廖用賢輯　(清)張伯琮補輯　清光緒十六年(1890)掃葉山房銅版印本　四册　存十九卷(一至十九)

360000－1901－0023346　308436
**尚友錄二十二卷補遺一卷**　(明)廖用賢輯　(清)張伯琮補輯　清光緒十四年(1888)著易堂鉛印本　六册

360000－1901－0023347　402101
**尚友錄二十二卷補遺一卷**　(明)廖用賢輯　(清)張伯琮補輯　清光緒十四年(1888)著易堂鉛印本　六冊

360000－1901－0023348　220337
**尚友錄二十二卷補遺一卷**　(明)廖用賢輯　(清)張伯琮補輯　清康熙五年(1666)刻本　二十二冊

360000－1901－0023349　220338
**尚友錄二十二卷補遺一卷**　(明)廖用賢輯　(清)張伯琮補輯　清康熙五年(1666)刻本　十二冊

360000－1901－0023350　402092
**尚友錄二十二卷補遺一卷**　(明)廖用賢輯　(清)張伯琮補輯　清刻本　二十冊

360000－1901－0023351　402093
**尚友錄二十二卷補遺一卷**　(明)廖用賢輯　(清)張伯琮補輯　清刻本　十九冊　存二十卷(一至三、五、八至二十二,補遺一卷)

360000－1901－0023352　311863
**尚友錄二十二卷補遺一卷**　(清)廖用賢輯　(清)張伯琮補輯　清刻本　十二冊

360000－1901－0023353　402106
**尚友錄二十二卷續集二十二卷**　(明)廖用賢輯　(清)張伯琮補輯　清光緒十四年(1888)上海點石齋石印本　八冊

360000－1901－0023354　402107
**尚友錄二十二卷續集二十二卷**　(明)廖用賢輯　(清)張伯琮補輯　清光緒十四年(1888)上海點石齋石印本　四冊　存二十二卷(尚友錄六至十、續集一至十七)

360000－1901－0023355　302371
**尚志居集八卷補遺一卷讀書記四卷**　(清)楊德亨撰　清光緒八年(1882)刻本　四冊

360000－1901－0023356　414844
**尚志書院冊不分卷**　(清)郭承初　(清)辛家春輯　清光緒九年(1883)木活字印本　一冊

360000－1901－0023357　162779
**韶郡抽釐廠章程條款冊不分卷**　清咸豐十年(1860)刻本　一冊

360000－1901－0023358　406809
**少鶴詩抄十三卷(少鶴內集十卷鶴再南飛集一卷龍城集一卷賓山續集一卷)**　(清)李憲喬撰　清刻本　二冊　存十卷(少鶴內集十卷)

360000－1901－0023359　240615
**少華山人文集十五卷詩集四卷前集十三卷後集九卷續集十五卷**　(明)許宗魯撰　明嘉靖二十六年(1547)關中刻本　一冊　存三卷(續集十三至十五)

360000－1901－0023360　303907
**少吏論辨正一卷**　(清)俞正燮撰　清光緒九年(1883)成都刻本　一冊

360000－1901－0023361　313634
**少室山房筆叢四十八卷詩藪內編六卷外編四卷雜編六卷**　(明)胡應麟撰　清光緒二十二年(1896)廣雅書局刻本　十冊

360000－1901－0023362　220146
**少微通鑑節要五十卷**　(宋)江贄撰　明正德九年(1514)司禮監刻本　十八冊　缺一卷(一)

360000－1901－0023363　803469
**少嵒賦草四卷**　(清)夏思沺撰　清道光七年(1827)刻本　一冊

360000－1901－0023364　803465
**少嵒賦草四卷**　(清)夏思沺撰　清刻本　一冊　存二卷(三至四)

360000－1901－0023365　803466
**少嵒賦草四卷**　(清)夏思沺撰　清刻本　一冊　存二卷(三至四)

360000－1901－0023366　803467
**少嵒賦草四卷**　(清)夏思沺撰　清刻本　一冊　存二卷(三至四)

360000－1901－0023367　803468

**少岳賦草四卷**　(清)夏思沺撰　清刻本　一冊　存二卷(三至四)

360000－1901－0023368　803471

**少岳賦草四卷**　(清)夏思沺撰　清刻本　三冊　存三卷(二至四)

360000－1901－0023369　803498

**少岳賦草四卷**　(清)夏思沺撰　清刻本　二冊　存二卷(三至四)

360000－1901－0023370　803497

**少岳賦草四卷**　(清)夏思沺撰　清同治九年(1870)陞照樓刻本　一冊　存一卷(一)

360000－1901－0023371　803470

**少岳賦草四卷**　(清)夏思沺撰　清同治元年(1862)刻本　二冊

360000－1901－0023372　410699

**少岳文稿初刻二卷詩稿十五卷**　(清)夏思恬撰　清同治三年(1864)文林堂刻本　三冊

360000－1901－0023373　120249

**少芝山房遺稿二卷**　(清)李培謙撰　清李同曾刻本　二冊

360000－1901－0023374　418095

**邵青門全集三十卷附邵氏家錄二卷**　(清)邵長蘅撰　清光緒二十三年(1897)武進盛氏刻本　四冊

360000－1901－0023375　418095－1

**邵青門全集三十卷附邵氏家錄二卷**　(清)邵長蘅撰　清光緒二十三年(1897)武進盛氏刻本　四冊

360000－1901－0023376　418095－2

**邵青門全集三十卷附邵氏家錄二卷**　(清)邵長蘅撰　清光緒二十三年(1897)武進盛氏刻本　四冊

360000－1901－0023377　418095－3

**邵青門全集三十卷附邵氏家錄二卷**　(清)邵長蘅撰　清光緒二十三年(1897)武進盛氏刻本　四冊

360000－1901－0023378　418095－4

**邵青門全集三十卷附邵氏家錄二卷**　(清)邵長蘅撰　清光緒二十三年(1897)武進盛氏刻本　四冊

360000－1901－0023379　418095－5

**邵青門全集三十卷附邵氏家錄二卷**　(清)邵長蘅撰　清光緒二十三年(1897)武進盛氏刻本　四冊

360000－1901－0023380　418095－6

**邵青門全集三十卷附邵氏家錄二卷**　(清)邵長蘅撰　清光緒二十三年(1897)武進盛氏刻本　四冊

360000－1901－0023381　418095－7

**邵青門全集三十卷附邵氏家錄二卷**　(清)邵長蘅撰　清光緒二十三年(1897)武進盛氏刻本　四冊

360000－1901－0023382　418095－8

**邵青門全集三十卷附邵氏家錄二卷**　(清)邵長蘅撰　清光緒二十三年(1897)武進盛氏刻本　四冊

360000－1901－0023383　418096

**邵青門全集三十卷附邵氏家錄二卷**　(清)邵長蘅撰　清光緒二十三年(1897)武進盛氏刻本　四冊

360000－1901－0023384　418097

**邵青門全集三十卷附邵氏家錄二卷**　(清)邵長蘅撰　清光緒二十三年(1897)武進盛氏刻本　二冊　存十六卷(旅稾一至六、賸稾一至八,邵氏家錄二卷)

360000－1901－0023385　408353

**邵氏痘科一卷**　(清)謝玉瓊輯　清光緒十七年(1891)刻本　一冊

360000－1901－0023386　408353－1

**邵氏痘科一卷**　(清)謝玉瓊輯　清光緒十七年(1891)刻本　一冊

360000－1901－0023387　150711

**邵文莊公經史全書**　(明)邵寶撰　明崇禎刻本　四冊

360000－1901－0023388　150235
**邵武徐氏叢書**　(清)徐榦輯　清光緒邵武徐氏刻本　四十冊

360000－1901－0023389　150236
**邵武徐氏叢書**　(清)徐榦輯　清光緒邵武徐氏刻本　二十冊　存十五種

360000－1901－0023390　417211
**邵子鐵板數不分卷**　(宋)邵雍撰　清光緒八年(1882)木活字印本　十三冊

360000－1901－0023391　240902
**邵子湘全集三十卷附邵氏家錄二卷**　(清)邵長蘅撰　清康熙三十三年至三十八年(1694－1699)宋犖青門草堂刻本　八冊

360000－1901－0023392　240903
**邵子湘全集三十卷附邵氏家錄二卷**　(清)邵長蘅撰　清康熙三十三年至三十八年(1694－1699)宋犖青門草堂刻本　八冊

360000－1901－0023393　722084
**廣事類賦四十卷**　(清)華希閔撰　清乾隆五十四年(1789)劍光閣刻本　四冊　存十七卷(三至四、十八至三十二)

360000－1901－0023394　418094
**邵子湘全集三十卷附邵氏家錄二卷**　(清)邵長蘅撰　清康熙三十三年至三十八年(1694－1699)宋犖青門草堂刻本　四冊　存九卷(篋稾一至二、旅稾一、賸稾一至五,邵氏家錄上)

360000－1901－0023395　420074
**紹聞堂增訂古文覺斯評注廣集八卷**　(清)過珙評選　清刻本(卷一配清東山堂刻本、卷二配清百城樓刻本、卷六配清聚錦堂刻本)　五冊　存七卷(一至四、六至八)

360000－1901－0023396　804218
**紹聞堂增訂古文覺斯評注廣集新本八卷**　(清)過珙評選　清刻本　一冊　存一卷(六)

360000－1901－0023397　420073
**紹聞堂增訂古文覺斯評注廣集新本八卷**　(清)過珙評選　清刻本(卷一配清立達堂刻本)　八冊

360000－1901－0023398　420075
**紹聞堂增訂古文覺斯評注廣集新本八卷**　(清)過珙評選　清刻本(卷一至二配清立達堂刻本)　六冊　存七卷(一至二、四至八)

360000－1901－0023399　420063
**紹聞堂增訂詳注八刻古文覺斯新本八卷**　(清)過珙評選　清刻本　三冊　存三卷(一至三)

360000－1901－0023400　420065
**紹聞堂增訂詳注六刻古文覺斯新本八卷**　(清)過珙評選　清百城樓刻本　三冊　存六卷(三至八)

360000－1901－0023401　420064
**紹聞堂增訂詳注七刻古文覺斯新本八卷**　(清)過珙評選　清刻本　三冊　存三卷(四、六、八)

360000－1901－0023402　420064－1
**紹聞堂增訂詳注七刻古文覺斯新本八卷**　(清)過珙評選　清刻本　二冊　存二卷(四、六)

360000－1901－0023403　420061
**紹聞堂增訂詳注十刻古文覺斯新本八卷**　(清)過珙評選　清刻本(卷一配清錫環堂刻本)　三冊　存三卷(一、三、七)

360000－1901－0023404　420060
**紹聞堂增訂詳注四刻古文覺斯新本八卷**　(清)過珙評選　清百城樓刻本　一冊　存二卷(一至二)

360000－1901－0023405　420059
**紹聞堂增古文覺斯評注廣集新本八卷**　(清)過珙評選　清東山堂刻本　四冊　存四卷(五至八)

360000－1901－0023406　420059－1
**紹聞堂增古文覺斯評注廣集新本八卷**　(清)過珙評選　清東山堂刻本　一冊　存四卷(五至八)

360000－1901－0023407　150343
**紹興先正遺書**　(清)徐友蘭輯　清光緒會稽徐氏鑄學齋刻本　四十八册

360000－1901－0023408　800401
**蛇書全本一卷**　(清)□□撰　清刻本　一册

360000－1901－0023409　301889
**涉江唱和詩一卷**　(清)丁煒撰　(清)丁焯撰　清刻本　一册

360000－1901－0023410　408794
**攝生總要**　(明)洪基輯　清刻本　二册　存三種

360000－1901－0023411　408795
**攝生總要**　(明)洪基輯　清刻本　二册　存二種

360000－1901－0023412　413145
**申報館叢書**　(清)尊聞閣主輯　清光緒申報館鉛印本　十册　存六種

360000－1901－0023413　419504
**申文定公書經講義會編六卷**　(明)申時行撰　清寶翰樓刻本　二册

360000－1901－0023414　419505
**申文定公書經講義會編六卷**　(明)申時行撰　清康熙二十八年(1689)刻本　二册

360000－1901－0023415　419506
**申文定公書經講義會編六卷**　(明)申時行撰　清刻本　一册　存三卷(四至六)

360000－1901－0023416　419502
**申學士校正古本官板書經大全十卷首一卷**　(明)胡廣等輯　(明)申時行校正　清康熙十六年(1677)清白堂刻本　八册　存八卷(一至六、十,首一卷)

360000－1901－0023417　240433
**申齋劉先生文集十五卷**　(元)劉岳申撰　清抄本　四册

360000－1901－0023418　804222
**身理啓蒙十章**　(英國)艾約瑟譯　清末鉛印本　一册

360000－1901－0023419　416678
**身世準繩四卷**　(清)李迪光輯　清光緒二年(1876)勤仁堂刻本　一册　存一卷(四)

360000－1901－0023420　416709
**呻吟語節鈔二卷**　(明)吕坤撰　(清)胡友梅輯　清光緒二年(1876)聽雪軒刻本　二册

360000－1901－0023421　716710
**呻吟語節鈔二卷**　(明)吕坤撰　(清)胡友梅輯　清光緒二年(1876)聽雪軒刻本　二册

360000－1901－0023422　716711
**呻吟語節鈔二卷**　(明)吕坤撰　(清)胡友梅輯　清光緒二年(1876)聽雪軒刻本　二册

360000－1901－0023423　716707
**呻吟語節鈔六卷**　(明)吕坤撰　清嘉慶二十年(1815)刻本　一册

360000－1901－0023424　416710
**呻吟語節錄六卷**　(明)吕坤撰　清道光八年(1828)刻本　二册

360000－1901－0023425　416711
**呻吟語節錄六卷**　(明)吕坤撰　清光緒二十二年(1896)建昌府署刻本　二册

360000－1901－0023426　716708
**呻吟語節錄六卷**　(明)吕坤撰　清光緒二十二年(1896)建昌府署刻本　二册

360000－1901－0023427　716709
**呻吟語節錄六卷**　(明)吕坤撰　清光緒二十二年(1896)建昌府署刻本　二册

360000－1901－0023428　303734
**呻吟語節錄六卷**　(明)吕坤撰　清嘉慶二十四年(1819)刻本　一册

360000－1901－0023429　716706
**呻吟語節錄六卷**　(明)吕坤撰　清同治八年(1869)武林刻本　二册

360000－1901－0023430　230095
**呻吟語六卷**　(明)吕坤撰　明萬曆二十一年(1593)刻本　六册

360000－1901－0023431　418574
**呻吟語六卷**　(明)呂坤撰　明萬曆二十一年(1593)刻本　五册　存五卷(一至五)

360000－1901－0023432　303735
**呻吟語六卷**　(明)呂坤撰　清道光七年(1827)雅安縣署雅雨堂刻本　六册

360000－1901－0023433　416708
**呻吟語六卷**　(明)呂坤撰　清道光五年(1825)刻本　五册

360000－1901－0023434　415516
**莘廬遺詩六卷遺著一卷**　(清)淩泗撰　清宣統三年(1911)刻本　二册

360000－1901－0023435　415516－1
**莘廬遺詩六卷遺著一卷**　(清)淩泗撰　清宣統三年(1911)刻本　二册

360000－1901－0023436　415516－2
**莘廬遺詩六卷遺著一卷**　(清)淩泗撰　清宣統三年(1911)刻本　二册

360000－1901－0023437　415516－3
**莘廬遺詩六卷遺著一卷**　(清)淩泗撰　清宣統三年(1911)刻本　二册

360000－1901－0023438　415516－4
**莘廬遺詩六卷遺著一卷**　(清)淩泗撰　清宣統三年(1911)刻本　二册

360000－1901－0023439　305960
**莘齋文鈔四卷**　(清)宦懋庸撰　清光緒二十年(1894)川東道署刻本　一册　存二卷(一至二)

360000－1901－0023440　417233
**神機妙算鐵板數十四集**　(宋)邵雍撰　清光緒十年(1884)貞元書屋刻本　七册　存八集(乾集、坤集、丑集、巳集、午集、未集、酉集、戌集)

360000－1901－0023441　804506
**神機妙算鐵板數十四集**　(宋)邵雍撰　清刻本　一册　存一集(亥集)

360000－1901－0023442　162546
**神機妙算鐵板數十四集**　(宋)邵雍撰　清末上海掃葉山房石印本　一册

360000－1901－0023443　804220
**神機妙算鐵板數十四集**　(宋)邵雍撰　清末上海掃葉山房石印本　一册　存一集(乾集)

360000－1901－0023444　230566
**神機制敵天書白猿經不分卷**　(□)□□輯　清抄本　一册

360000－1901－0023445　300252
**神課金口訣七卷**　(□)適適子撰　(清)楊守一校正　清刻本　一册

360000－1901－0023446　162550
**神農本草經百種錄一卷**　(清)徐大椿撰　清刻本　一册

360000－1901－0023447　162551
**神農本草經百種錄一卷**　(清)徐大椿撰　清刻本　一册

360000－1901－0023448　164837
**神農本草經百種錄一卷**　(清)徐大椿撰　清刻本　一册

360000－1901－0023449　164754
**神農本草經讀四卷**　(清)陳念祖撰　清道光兩儀堂刻本　一册

360000－1901－0023450　900982
**神農本草經讀四卷**　(清)陳念祖撰　清光緒二十二年(1896)珍藝書局鉛印本　一册

360000－1901－0023451　900981
**神農本草經讀四卷**　(清)陳念祖撰　清刻本　一册

360000－1901－0023452　900992
**神農本草經讀四卷**　(清)陳念祖撰　清刻本　一册　存二卷(二至三)

360000－1901－0023453　162547
**神農本草經讀四卷**　(清)陳念祖撰　清兩儀堂刻本　一册

360000－1901－0023454　408051

**神農本草經讀四卷**　(清)陳念祖撰　清南雅堂刻本　二冊

360000－1901－0023455　408056
**神農本草經讀四卷**　(清)陳念祖撰　清南雅堂刻本　二冊

360000－1901－0023456　164836
**神農本草經讀四卷**　(清)陳念祖撰　清同治五年(1866)南雅堂刻本　四冊

360000－1901－0023457　408057
**神農本草經讀四卷**　(清)陳念祖撰　清文奎堂刻本　二冊

360000－1901－0023458　408058
**神農本草經讀四卷**　(清)陳念祖撰　清文奎堂刻本　一冊

360000－1901－0023459　162548
**神農本草經讀四卷**　(清)陳念祖撰　清漁古山房刻本　二冊

360000－1901－0023460　162082
**神農本草經讀四卷附錄一卷**　(清)陳念祖撰　清嘉慶八年(1803)橦蘤書屋刻本　一冊　存二卷(一至二)

360000－1901－0023461　162549
**神農本草經讀四卷附錄一卷**　(清)陳念祖撰　清刻本　一冊

360000－1901－0023462　164732
**神農本草經合注**　(清)郭汝驄輯　清光緒二十九年(1903)石印本　一冊

360000－1901－0023463　230234
**神農本草經疏三十卷**　(明)繆希雍撰　明天啓五年(1625)毛氏綠君亭刻本　八冊　存十三卷(一至十三)

360000－1901－0023464　164840
**神農本草經贊三卷**　(三國魏)吳普等述經　(清)葉志詵撰贊　清道光三十年(1850)粵東撫署刻本　三冊

360000－1901－0023465　164839
**神農本草三卷**　清末刻朱印本　一冊

360000－1901－0023466　803586
**神農氣味類戴不分卷**　(□)□□輯　清抄本　一冊

360000－1901－0023467　802084
**神授地理真訣一卷**　(明)李起麟撰　清抄本　一冊

360000－1901－0023468　407738
**神童詩一卷**　(宋)汪洙撰　清刻本　一冊

360000－1901－0023469　401312
**神仙傳十卷**　(晉)葛洪撰　清末湖南蓺文書局刻本　一冊

360000－1901－0023470　802453
**神仙誌不分卷**　(□)□□撰　清光緒三十一年(1905)婺源程嘉謨抄本　一冊

360000－1901－0023471　417217
**神相彙編四卷續集一卷附一卷**　(清)高鼎玉輯　清道光二十三年(1843)上海文海堂刻本　一冊　存二卷(一至二)

360000－1901－0023472　417217－1
**神相彙編四卷續集一卷附一卷**　(清)高鼎玉輯　清道光二十三年(1843)上海文海堂刻本　二冊　存四卷(一、四,續集一卷,附一卷)

360000－1901－0023473　417214
**神相全編十二卷首一卷**　題(宋)陳摶撰　(明)袁忠徹訂正　清道光五年(1825)刻本　六冊

360000－1901－0023474　417216
**神相全編十二卷首一卷**　題(宋)陳摶撰　(明)袁忠徹訂正　清刻本　六冊

360000－1901－0023475　417216－1
**神相全編十二卷首一卷**　題(宋)陳摶撰　(明)袁忠徹訂正　清刻本　二冊　存四卷(五至六、十一至十二)

360000－1901－0023476　417215
**神相全編十二卷首一卷**　題(宋)陳摶撰　(明)袁忠徹訂正　清文富堂刻本　六冊

360000－1901－0023477　414892

**神相鐵關刀四卷**　(宋)陳搏撰　清光緒十八年(1892)兩儀堂刻本　二冊

360000－1901－0023478　414892－1
**神相鐵關刀四卷**　(宋)陳搏撰　清光緒十八年(1892)兩儀堂刻本　一冊　存二卷(一至二)

360000－1901－0023479　414892－2
**神相鐵關刀四卷**　(宋)陳搏撰　清光緒十八年(1892)兩儀堂刻本　一冊　存二卷(一至二)

360000－1901－0023480　408263
**神效眼科秘授一卷**　(□)□□撰　清抄本　一冊

360000－1901－0023481　802766
**神效眼科秘授一卷**　(□)□□撰　清光緒元年(1875)太原郡楳花居士抄本　一冊

360000－1901－0023482　307664
**神訓旁注便讀不分卷**　(清)鄂渚衡善堂輯　清宣統二年(1910)司奎文堂刻本　一冊

360000－1901－0023483　407198
**神訓旁註便讀不分卷**　(清)與善學堂弟子輯　清光緒二年(1876)刻民國九年(1920)印本　一冊

360000－1901－0023484　307665
**神訓旁註便讀不分卷**　(清)與善學堂弟子輯　清光緒二年(1876)刻民國九年(1920)印本　一冊

360000－1901－0023485　164186
**國朝八家四六文鈔**　(清)吳鼒輯　清刻本　一冊　存二種

360000－1901－0023486　301979
**沈端恪公[近思]年譜二卷**　(清)沈曰富編　清光緒二十二年(1896)江蘇書局刻本　一冊

360000－1901－0023487　411118
**沈端恪公[近思]年譜二卷**　(清)沈曰富編　清同治十二年(1873)浙江書局刻本　一冊

360000－1901－0023488　800515
**沈氏詞韻一卷**　(清)沈謙撰　清抄本　一冊

360000－1901－0023489　162304
**沈氏痲科一卷**　(清)趙開泰輯　清光緒二年(1876)浙台黄邑管作鼎刻本　一冊

360000－1901－0023490　411103
**沈氏三先生文集六十二卷附錄一卷**　(宋)沈遘　(宋)沈括　(宋)沈遼撰　(宋)高布輯　清光緒二十二年(1896)浙江書局刻本　十冊　存三十七卷(一至四、十一至十三、二十三至四十、四十二、五十二至六十二)

360000－1901－0023491　164783
**沈氏尊生書**　(清)沈金鰲撰　清同治十三年(1874)湖北崇文書局刻本　二十六冊

360000－1901－0023492　164784
**沈氏尊生書**　(清)沈金鰲撰　清同治十三年(1874)湖北崇文書局刻本　二十六冊

360000－1901－0023493　420594
**沈氏尊生書**　(清)沈金鰲撰　清同治十三年(1874)湖北崇文書局刻本　二十六冊

360000－1901－0023494　301977
**沈文肅公政書七卷首一卷**　(清)沈葆楨撰　清光緒六年(1880)鉛印本　十二冊

360000－1901－0023495　301981
**沈文肅公政書七卷首一卷**　(清)沈葆楨撰　清光緒六年(1880)鉛印本　十冊

360000－1901－0023496　305517
**沈文肅公政書七卷首一卷**　(清)沈葆楨撰　清光緒六年(1880)鉛印本　八冊

360000－1901－0023497　312335
**沈文肅公政書七卷首一卷**　(清)沈葆楨撰　清光緒六年(1880)鉛印本　十二冊

360000－1901－0023498　312336
**沈文肅公政書七卷首一卷**　(清)沈葆楨撰　清光緒六年(1880)鉛印本　二冊　存二卷(六至七)

360000－1901－0023499　312337
**沈文肅公政書七卷首一卷**　(清)沈葆楨撰

清光緒六年(1880)鉛印本　十二册

360000－1901－0023500　402076
**沈文肅公政書七卷首一卷**　(清)沈葆楨撰　清光緒六年(1880)鉛印本　十二册

360000－1901－0023501　301975
**沈下賢文集十二卷**　(唐)沈亞之撰　清光緒二十一年(1895)刻本　二册

360000－1901－0023502　240033
**沈隱侯集四卷**　(南朝梁)沈約撰　明刻本　一册　存一卷(一)

360000－1901－0023503　163159
**審巖詩集一卷附悼亡詩一卷**　(清)楊于果撰　**鶴皋詩鈔一卷**　(清)楊于棠撰　清道光非能園刻本　一册

360000－1901－0023504　405689
**審巖文集二卷**　(清)楊于果撰　清道光二十五年(1845)非能園刻本　二册

360000－1901－0023505　405689－1
**審巖文集二卷**　(清)楊于果撰　清道光二十五年(1845)非能園刻本　一册　存一卷(一)

360000－1901－0023506　163333
**甚德堂文集四卷**　(清)吴賢湘撰　清嘉慶十九年(1814)刻本　四册

360000－1901－0023507　303855
**蜃園詩前集五卷後集五卷續集二卷文集四卷首一卷補遺一卷**　(清)李天植(李確)撰　清道光十六年(1836)刻本　六册

360000－1901－0023508　163137
**慎庵詩鈔二卷**　(清)左宗植撰　清光緒元年(1875)刻本　二册

360000－1901－0023509　411492
**慎獨齋讀易省心錄不分卷**　(清)楊長年撰　清刻本　四册

360000－1901－0023510　162718
**慎疾芻言一卷**　(清)徐大椿撰　清道光二十八年(1848)刻本　一册

360000－1901－0023511　162719
**慎疾芻言一卷**　(清)徐大椿撰　清道光二十八年(1848)刻本　一册

360000－1901－0023512　408234
**慎疾芻言一卷**　(清)徐大椿撰　清光緒七年(1881)刻咫進齋叢書本　一册

360000－1901－0023513　408235
**慎疾芻言一卷**　(清)徐大椿撰　清同治十三年(1874)吴江費延釐刻本　一册

360000－1901－0023514　408235－1
**慎疾芻言一卷**　(清)徐大椿撰　清同治十三年(1874)吴江費延釐刻本　一册

360000－1901－0023515　408235－2
**慎疾芻言一卷**　(清)徐大椿撰　清同治十三年(1874)吴江費延釐刻本　一册

360000－1901－0023516　165075
**慎疾芻言一卷樂府傳聲一卷**　(清)徐大椿撰　清刻徐靈胎十二種全集本　一册

360000－1901－0023517　316490
**慎鸞交傳奇二卷三十五齣**　(清)李漁撰　(清)匡廬居士　(清)雲間木叟評　清刻本　一册

360000－1901－0023518　121875
**慎其餘齋文集二十卷末一卷**　(清)王贈芳撰　清咸豐四年(1854)廬陵王其淦留香書屋刻本　六册

360000－1901－0023519　121876
**慎其餘齋文集二十卷末一卷**　(清)王贈芳撰　清咸豐四年(1854)廬陵王其淦留香書屋刻本　六册

360000－1901－0023520　121877
**慎其餘齋文集二十卷末一卷**　(清)王贈芳撰　清咸豐四年(1854)廬陵王其淦留香書屋刻本　六册

360000－1901－0023521　405334
**慎其餘齋文集二十卷末一卷**　(清)王贈芳撰　清咸豐四年(1854)廬陵王其淦留香書屋刻

本　三冊　存十七卷（五至二十、末一卷）

360000－1901－0023522　601571

**愼其餘齋文集二十卷末一卷**　（清）王贈芳撰　清咸豐四年（1854）廬陵王其淦留香書屋刻本　四冊

360000－1901－0023523　601572

**愼其餘齋文集二十卷末一卷**　（清）王贈芳撰　清咸豐四年（1854）廬陵王其淦留香書屋刻本　六冊

360000－1901－0023524　404823

**愼思記一卷訟過記一卷**　（清）呂存德撰　清光緒二十二年（1896）京師刻本　一冊

360000－1901－0023525　305034

**愼宜軒詩八卷**　（清）姚永概撰　清宣統二年（1910）安徽官紙印書局鉛印本　一冊

360000－1901－0023526　601189

**愼詒堂原本四書集注十九卷**　（宋）朱熹撰　清刻本　一冊　存二卷（一至二）

360000－1901－0023527　408751

**愼齋遺書十卷**　（明）周之幹撰　清刻本　一冊　存四卷（七至十）

360000－1901－0023528　405335

**愼知堂詩存八卷**　（清）楊兆崧撰　清刻本　一冊　存二卷（七至八）

360000－1901－0023529　121878

**愼知堂詩存八卷**　（清）楊兆崧撰　清同治九年（1870）刻本　四冊

360000－1901－0023530　121879

**愼終錄四卷首一卷末一卷**　（清）傅銓輝輯　清光緒二十六年（1900）清江鰲峰李氏刻本　二冊

360000－1901－0023531　121880

**愼終錄四卷首一卷末一卷**　（清）傅銓輝輯　清光緒二十六年（1900）清江鰲峰李氏刻本　二冊

360000－1901－0023532　405333

**愼終錄四卷首一卷末一卷**　（清）傅銓輝輯　清光緒二十六年（1900）清江鰲峰李氏刻本　一冊　存二卷（三至四）

360000－1901－0023533　404824

**愼自愛軒錄存内篇三卷外篇三卷雜詩十二卷**　（清）梅雨田撰　清光緒刻本　二冊　存四卷（愼自愛軒錄存内篇二至三、外篇一至二）

360000－1901－0023534　413939

**升庵外集一百卷**　（明）楊愼撰　清道光二十四年（1844）刻本　二冊　存七卷（九十四至一百）

360000－1901－0023535　164573

**升庵外集一百卷**　（明）楊愼撰　清道光刻本　二十冊

360000－1901－0023536　162872

**升庵先生文集八十一卷目錄四卷**　（明）楊愼撰　明萬曆刻本　一冊　存五卷（一、四十一至四十四）

360000－1901－0023537　316812

**升菴外集一百卷**　（明）楊愼撰　（明）焦竑編　清道光二十四年（1844）刻本　二十一冊　存九十卷（一至九十）

360000－1901－0023538　240605

**升菴先生文集八十一卷目錄四卷**　（明）楊愼撰　（明）楊有仁輯　明萬曆二十九年（1601）王藩臣、蕭如松刻本　八冊　存三十四卷（四十八至八十一）

360000－1901－0023539　800252

**生平紀略一卷**　（清）素漪氏編　清抄本　一冊

360000－1901－0023540　162099

**生人眼目二卷**　（清）□□輯　清同治二年（1863）湘潭文德堂刻本　一冊

360000－1901－0023541　801641

**生養記一卷**　（□）□□撰　清刻本　一冊

360000－1901－0023542　317202

**笙雅堂文集四卷**　（清）張九鐔撰　清嘉慶十七年（1812）刻本　六冊

360000－1901－0023543　415403
**聲調譜六卷末一卷**　(清)趙執信撰　(清)姚頤增評　(清)吳登鴻等補輯　清道光十年(1830)務本堂刻本　一冊

360000－1901－0023544　415408
**聲調譜三卷談龍錄一卷**　(清)趙執信撰　清光緒二十二年(1896)宏道堂刻本　一冊

360000－1901－0023545　415407
**聲調譜三卷談龍錄一卷**　(清)趙執信撰　清乾隆二十四年(1759)雅雨堂刻本　一冊

360000－1901－0023546　303078
**聲調譜三譜四卷**　(清)王祖源輯　清光緒八年(1882)福山王氏刻天壤閣叢書本　二冊

360000－1901－0023547　316318
**聲調譜三譜四卷**　(清)王祖源輯　清光緒八年(1882)福山王氏刻天壤閣叢書本　二冊

360000－1901－0023548　415409
**聲調三譜十二卷**　(清)王祖源輯　清光緒十八年(1892)關中書院刻本　四冊

360000－1901－0023549　415410
**聲調三譜十二卷**　(清)王祖源輯　清光緒十八年(1892)關中書院刻本　三冊　存八卷(五至十二)

360000－1901－0023550　405997
**聲類四卷**　(清)錢大昕撰　清刻本　一冊　存二卷(三至四)

360000－1901－0023551　405989
**聲律啓蒙撮要二卷**　(清)車萬育撰　(清)夏大觀箋　清道光二十七年(1847)刻本　一冊

360000－1901－0023552　405989－1
**聲律啓蒙撮要二卷**　(清)車萬育撰　(清)夏大觀刪補　(清)王之幹箋釋　清道光五年(1825)刻本　一冊

360000－1901－0023553　405994
**聲律啓蒙撮要二卷**　(清)車萬育撰　(清)夏大觀刪補　(清)王之幹箋釋　清光緒二十三年(1897)澹雅書局刻本　一冊

360000－1901－0023554　405988
**聲律啓蒙撮要二卷**　(清)車萬育撰　(清)夏大觀刪補　(清)王之幹箋釋　清經綸堂刻本　一冊

360000－1901－0023555　801310
**聲律啓蒙撮要二卷**　(清)車萬育撰　(清)夏大觀刪補　(清)王之幹箋釋　清經綸堂刻本　一冊

360000－1901－0023556　801311
**聲律啓蒙撮要二卷**　(清)車萬育撰　(清)夏大觀刪補　(清)王之幹箋釋　清刻本　一冊

360000－1901－0023557　801312
**聲律啓蒙撮要二卷**　(清)車萬育撰　(清)夏大觀刪補　(清)王之幹箋釋　清刻本　一冊

360000－1901－0023558　801313
**聲律啓蒙撮要二卷**　(清)車萬育撰　(清)夏大觀刪補　(清)王之幹箋釋　清刻本　一冊

360000－1901－0023559　801314
**聲律啓蒙撮要二卷**　(清)車萬育撰　(清)夏大觀刪補　(清)王之幹箋釋　清刻本　一冊　存一卷(一)

360000－1901－0023560　801309
**聲律啓蒙撮要二卷**　(清)車萬育撰　(清)夏大觀刪補　(清)王之幹箋釋　清文光堂刻本　一冊　存一卷(一)

360000－1901－0023561　405990－1
**聲律啓蒙撮要二卷**　(清)車萬育撰　(清)夏大觀刪補　(清)王之幹箋釋　清咸豐七年(1857)長沙奎光樓刻本　一冊

360000－1901－0023562　405990
**聲律啓蒙撮要二卷**　(清)車萬育撰　(清)夏大觀刪補　(清)王之幹箋釋　清咸豐七年(1857)長沙文盛堂刻本　一冊

360000－1901－0023563　405993
**聲律啓蒙撮要二卷首一卷**　(清)車萬育撰　(清)夏大觀刪補　(清)王之幹箋釋　清光緒二十年(1894)兩儀堂刻本　一冊

360000－1901－0023564　405993－1
**聲律啓蒙撮要二卷首一卷**　(清)車萬育撰　(清)夏大觀删補　(清)王之榦箋釋　清光緒二十年(1894)兩儀堂刻本　一册

360000－1901－0023565　405996
**聲律啓蒙撮要二卷首一卷**　(清)車萬育撰　(清)夏大觀删補　(清)王之榦箋釋　清光緒二十年(1894)味經堂刻本　一册

360000－1901－0023566　405996－1
**聲律啓蒙撮要二卷首一卷**　(清)車萬育撰　(清)夏大觀删補　(清)王之榦箋釋　清光緒二十年(1894)味經堂刻本　一册

360000－1901－0023567　405995
**聲律啓蒙撮要三卷**　(清)車萬育撰　(清)夏大觀删補　(清)王之榦箋釋　清光緒二十三年(1897)寶翰堂刻本　一册

360000－1901－0023568　801315
**聲律啓蒙撮要三卷**　(清)車萬育撰　(清)夏大觀删補　(清)王之榦箋釋　清刻本　一册

360000－1901－0023569　801316
**聲律啓蒙撮要三卷**　(清)車萬育撰　(清)夏大觀删補　(清)王之榦箋釋　清刻本　一册

360000－1901－0023570　801308
**聲律啓蒙對類四卷**　(清)車萬育撰　(清)夏大觀删補　(清)王之榦箋釋　清刻本　一册
存二卷(三至四)

360000－1901－0023571　802980
**聲律啓蒙對類四卷**　(清)車萬育撰　(清)夏大觀删補　(清)王之榦箋釋　清刻本　一册
存二卷(三至四)

360000－1901－0023572　415245
**聲律通考十卷**　(清)陳澧撰　清咸豐十年(1860)大興殷保康刻本　四册

360000－1901－0023573　161245
**聲律通考十卷**　(清)陳澧撰　清咸豐十年(1860)刻番禺陳氏東塾叢書本　二册

360000－1901－0023574　416544
**聲學八卷**　(英國)田大里撰　(英國)傅蘭雅口譯　(清)徐建寅筆述　清光緒江南製造總局刻本　二册

360000－1901－0023575　416545
**聲學八卷**　(英國)田大里撰　(英國)傅蘭雅口譯　(清)徐建寅筆述　清光緒江南製造總局刻本　二册

360000－1901－0023576　716546
**聲學八卷**　(英國)田大里撰　(英國)傅蘭雅口譯　(清)徐建寅筆述　清光緒江南製造總局刻本　二册

360000－1901－0023577　417007
**聲學不分卷**　(清)王昭三撰　清光緒二十八年(1902)徽郡屯鎮抱吟館刻本　一册

360000－1901－0023578　416543
**聲學揭要不分卷**　(美國)赫士口譯　(清)朱葆琛筆述　清光緒二十四年(1898)上海美華書館鉛印本　一册

360000－1901－0023579　210471
**聲韻考四卷**　(清)戴震撰　清乾隆四十一年(1776)西湖樓刻經韻樓叢書本　一册

360000－1901－0023580　900628
**繩正堂墨繩不分卷**　(清)傅梅卿編　清同治十年(1871)選青樓刻本　三册

360000－1901－0023581　900628－1
**繩正堂墨繩新編不分卷**　(清)傅梅卿編　清同治十年(1871)選青樓刻本　一册

360000－1901－0023582　121210
**省庵初稿四卷**　(清)趙承恩撰　清咸豐六年(1856)麗澤書屋刻本　二册

360000－1901－0023583　162488
**省庵法師語錄二卷**　(清)釋實賢撰　(清)彭際清編　**附東海若解一卷**　(唐)柳宗元撰　(清)釋實賢解　**附西方發願文注一卷**　(明)釋袾宏撰　清光緒二十六年(1900)揚州藏經院刻本　二册

360000－1901－0023584　406907

**省庵法師語錄二卷**　（清）釋實賢撰　（清）彭際清編　**附東海若解一卷**　（唐）柳宗元撰　（清）釋實賢解　**附西方發愿文注一卷**　（明）釋袾宏撰　清光緒二十六年（1900）揚州藏經院刻本　二冊

360000－1901－0023585　160787
**省吾堂四種**　（清）蔣光弼輯　清常熟蔣氏省吾堂刻本　五冊

360000－1901－0023586　406001
**省吾堂四種**　（清）蔣光弼輯　清常熟蔣氏省吾堂刻本　八冊

360000－1901－0023587　406002
**省吾堂四種**　（清）蔣光弼輯　清常熟蔣氏省吾堂刻本　三冊　存二種

360000－1901－0023588　406003
**省吾堂四種**　（清）蔣光弼輯　清常熟蔣氏省吾堂刻本　五冊　存二種

360000－1901－0023589　406004
**省吾堂四種**　（清）蔣光弼輯　清常熟蔣氏省吾堂刻本　三冊　存一種

360000－1901－0023590　405071
**省香齋詩集六卷**　（清）孔慶鏞撰　清光緒十七年（1891）闕里孔氏青門寓廬刻本　二冊

360000－1901－0023591　230096
**省心紀一卷**　（明）呂坤撰　明萬曆刻清同治、光緒修補呂新吾全集本　一冊

360000－1901－0023592　121208
**省心要編一卷**　（清）趙承恩輯　清咸豐六年（1856）麗澤書屋刻本　一冊

360000－1901－0023593　603451
**省心要編一卷**　（清）趙承恩輯　清咸豐六年（1856）麗澤書屋刻本　一冊

360000－1901－0023594　250116
**省軒考古類編十二卷**　（清）柴紹炳撰　（清）姚培謙評　清雍正刻本　六冊

360000－1901－0023595　250115
**省軒考古類編十二卷**　（清）柴紹炳撰　（清）姚培謙評　清雍正四年（1726）澹成堂刻本　六冊

360000－1901－0023596　412564
**國朝畫家書四卷**　（清）蔡載福輯　清宣統元年（1909）西泠印社石印本　四冊

360000－1901－0023597　415115
**省軒考古類編十二卷**　（清）柴紹炳纂　（清）姚廷謙評　清乾隆二十三年（1758）敦化堂刻本　三冊　存九卷（一至三、七至十二）

360000－1901－0023598　415116
**省軒考古類編十二卷**　（清）柴紹炳纂　（清）姚廷謙評　清雍正四年（1726）刻本　四冊

360000－1901－0023599　415117
**省軒考古類編十二卷**　（清）柴紹炳纂　（清）姚廷謙評　清雍正四年（1726）刻本　四冊

360000－1901－0023600　415118
**省軒考古類編十二卷**　（清）柴紹炳纂　（清）姚廷謙評　清雍正四年（1726）刻本　四冊　存八卷（一至六、十一至十二）

360000－1901－0023601　413167
**盛湖詩萃十二卷**　（清）王鯤輯　**盛湖詩萃續編四卷**　（清）王致望輯　清咸豐刻本　二冊　存八卷（盛湖詩萃九至十二、續編四卷）

360000－1901－0023602　308445
**盛世危言六卷**　鄭觀應撰　清光緒二十二年（1896）上海書局石印本　六冊

360000－1901－0023603　416970
**盛世危言六卷**　鄭觀應撰　清光緒二十二年（1896）上海書局石印本　六冊

360000－1901－0023604　416970－1
**盛世危言六卷**　鄭觀應撰　清光緒二十二年（1896）上海書局石印本　四冊　存四卷（一至四）

360000－1901－0023605　416969
**盛世危言六卷**　鄭觀應撰　清光緒二十四年（1898）上海書局石印本　三冊　存三卷（一至二、五）

360000－1901－0023606　416972

**盛世危言六卷二編四卷三編六卷**　鄭觀應撰　清光緒二十四年(1898)圖書集成局鉛印本　三册　存八卷(盛世危言四至六、二編一至二、三編四至六)

360000－1901－0023607　306332

**盛世危言外編二卷**　(清)馮桂芬撰　清光緒石印本　一册　存一卷(上)

360000－1901－0023608　804529

**盛世危言外編二卷**　(清)馮桂芬撰　清末石印本　一册　存一卷(上)

360000－1901－0023609　416971

**盛世危言五卷補編六卷**　鄭觀應撰　清光緒刻本　三册　存五卷(盛世危言五、補編三至六)

360000－1901－0023610　416973

**盛世危言五卷續編三卷**　鄭觀應撰　**外編二卷**　(清)馮桂芬撰　清光緒二十二年(1896)時務山館刻本　六册

360000－1901－0023611　308450

**盛世危言續編四卷**　鄭觀應撰　清光緒二十二年(1896)上海書局石印本　四册

360000－1901－0023612　410819

**盛太僕遺文不分卷**　(清)盛應撰　(清)柯茂枝評點　清同治三年(1864)刻本　二册

360000－1901－0023613　410819－1

**盛太僕遺文不分卷**　(清)盛應撰　(清)柯茂枝評點　清同治三年(1864)刻本　二册

360000－1901－0023614　410819－2

**盛太僕遺文不分卷**　(清)盛應撰　(清)柯茂枝評點　清同治三年(1864)刻本　二册

360000－1901－0023615　410819－3

**盛太僕遺文不分卷**　(清)盛應撰　(清)柯茂枝評點　清同治三年(1864)刻本　二册

360000－1901－0023616　410819－4

**盛太僕遺文不分卷**　(清)盛應撰　(清)柯茂枝評點　清同治三年(1864)刻本　二册

360000－1901－0023617　410819－5

**盛太僕遺文不分卷**　(清)盛應撰　(清)柯茂枝評點　清同治三年(1864)刻本　二册

360000－1901－0023618　410819－6

**盛太僕遺文不分卷**　(清)盛應撰　(清)柯茂枝評點　清同治三年(1864)刻本　二册

360000－1901－0023619　410819－7

**盛太僕遺文不分卷**　(清)盛應撰　(清)柯茂枝評點　清同治三年(1864)刻本　三册

360000－1901－0023620　411717

**盛太僕遺文不分卷**　(清)盛應撰　(清)柯茂枝評點　清同治三年(1864)刻本　二册

360000－1901－0023621　411717－1

**盛太僕遺文不分卷**　(清)盛應撰　(清)柯茂枝評點　清同治三年(1864)刻本　二册

360000－1901－0023622　411717－2

**盛太僕遺文不分卷**　(清)盛應撰　(清)柯茂枝評點　清同治三年(1864)刻本　二册

360000－1901－0023623　411717－3

**盛太僕遺文不分卷**　(清)盛應撰　(清)柯茂枝評點　清同治三年(1864)刻本　二册

360000－1901－0023624　411717－4

**盛太僕遺文不分卷**　(清)盛應撰　(清)柯茂枝評點　清同治三年(1864)刻本　一册

360000－1901－0023625　120063

**盛于埜遺著**　(清)盛大謨撰　清同治五年(1866)刻本　三册

360000－1901－0023626　120064

**盛于埜遺著**　(清)盛大謨撰　清同治五年(1866)刻本　三册

360000－1901－0023627　120065

**盛于埜遺著**　(清)盛大謨撰　清同治五年(1866)刻本　三册

360000－1901－0023628　240446

**剩語二卷**　(元)艾性夫撰　清抄本　一册

360000－1901－0023629　407773

**剩語二卷**　(元)艾性夫撰　清抄本　一册

360000－1901－0023630　161911
**勝朝殉揚録三卷**　(清)劉寶楠輯　清同治十年(1871)淮南書局刻本　二册

360000－1901－0023631　401778
**勝朝殉揚録三卷**　(清)劉寶楠輯　清同治十年(1871)淮南書局刻本　二册

360000－1901－0023632　308444
**勝朝遺事**　(清)吳彌光輯　清道光二十二年(1842)南海吳彌光芬陀羅館刻本　一册　存四種

360000－1901－0023633　306680
**勝朝遺事**　(清)吳彌光輯　清光緒九年(1883)山陰宋澤元懺華盦刻本　十七册

360000－1901－0023634　304211
**勝鬘經寶窟十五卷**　(唐)釋吉藏撰　清光緒二十二年(1896)刻本　四册

360000－1901－0023635　420241
**勝溪竹枝詞一卷**　(清)柳樹芳撰　清道光四年(1824)勝谿草堂刻養餘齋全集本　一册

360000－1901－0023636　420241－1
**勝溪竹枝詞一卷**　(清)柳樹芳撰　清道光四年(1824)勝谿草堂刻養餘齋全集本　一册

360000－1901－0023637　420241－10
**勝溪竹枝詞一卷**　(清)柳樹芳撰　清道光四年(1824)勝谿草堂刻養餘齋全集本　一册

360000－1901－0023638　420241－11
**勝溪竹枝詞一卷**　(清)柳樹芳撰　清道光四年(1824)勝谿草堂刻養餘齋全集本　一册

360000－1901－0023639　420241－12
**勝溪竹枝詞一卷**　(清)柳樹芳撰　清道光四年(1824)勝谿草堂刻養餘齋全集本　一册

360000－1901－0023640　420241－13
**勝溪竹枝詞一卷**　(清)柳樹芳撰　清道光四年(1824)勝谿草堂刻養餘齋全集本　一册

360000－1901－0023641　420241－14
**勝溪竹枝詞一卷**　(清)柳樹芳撰　清道光四年(1824)勝谿草堂刻養餘齋全集本　一册

360000－1901－0023642　420241－15
**勝溪竹枝詞一卷**　(清)柳樹芳撰　清道光四年(1824)勝谿草堂刻養餘齋全集本　一册

360000－1901－0023643　420241－16
**勝溪竹枝詞一卷**　(清)柳樹芳撰　清道光四年(1824)勝谿草堂刻養餘齋全集本　一册

360000－1901－0023644　420241－17
**勝溪竹枝詞一卷**　(清)柳樹芳撰　清道光四年(1824)勝谿草堂刻養餘齋全集本　一册

360000－1901－0023645　420241－18
**勝溪竹枝詞一卷**　(清)柳樹芳撰　清道光四年(1824)勝谿草堂刻養餘齋全集本　一册

360000－1901－0023646　420241－2
**勝溪竹枝詞一卷**　(清)柳樹芳撰　清道光四年(1824)勝谿草堂刻養餘齋全集本　一册

360000－1901－0023647　420241－3
**勝溪竹枝詞一卷**　(清)柳樹芳撰　清道光四年(1824)勝谿草堂刻養餘齋全集本　三册

360000－1901－0023648　420241－4
**勝溪竹枝詞一卷**　(清)柳樹芳撰　清道光四年(1824)勝谿草堂刻養餘齋全集本　一册

360000－1901－0023649　420241－5
**勝溪竹枝詞一卷**　(清)柳樹芳撰　清道光四年(1824)勝谿草堂刻養餘齋全集本　一册

360000－1901－0023650　420241－6
**勝溪竹枝詞一卷**　(清)柳樹芳撰　清道光四年(1824)勝谿草堂刻養餘齋全集本　一册

360000－1901－0023651　420241－7
**勝溪竹枝詞一卷**　(清)柳樹芳撰　清道光四年(1824)勝谿草堂刻養餘齋全集本　一册

360000－1901－0023652　420241－8
**勝溪竹枝詞一卷**　(清)柳樹芳撰　清道光四年(1824)勝谿草堂刻養餘齋全集本　一册

360000－1901－0023653　420241－9

**勝溪竹枝詞一卷**　(清)柳樹芳撰　清道光四年(1824)勝谿草堂刻養餘齋全集本　一册

360000－1901－0023654　901698
**聖朝鼎盛萬年清初集二卷十三回二集二卷十三回**　(清)□□撰　清末上海海左書局石印本　四册

360000－1901－0023655　412537
**聖教集對一卷**　(清)鹿仙撰　清同治刻本　一册

360000－1901－0023656　406946
**聖教理證一卷**　(□)任斯德範輯　清光緒二十七年(1901)顧奥斯刻本　一册

360000－1901－0023657　803787
**聖教日課□□卷首□卷**　(□)□□輯　清刻本　一册　存二卷(上、首一)

360000－1901－0023658　406941
**聖教要理不分卷**　(□)□□輯　清光緒二十七年(1901)主教徐尼各老刻本　一册

360000－1901－0023659　722485
**聖教要理不分卷**　(□)□□輯　清光緒二十七年(1901)主教徐尼各老刻本　一册

360000－1901－0023660　722486
**聖教要理不分卷**　(□)□□輯　清光緒二十七年(1901)主教徐尼各老刻本　一册

360000－1901－0023661　162734
**聖經彙纂五卷**　(清)彭允秀編　清嘉慶十一年(1806)以文堂刻本　四册　存四卷(一至四)

360000－1901－0023662　406955
**聖經彙纂**　(清)陸喬木等輯　清嘉慶十二年(1807)刻本　五册

360000－1901－0023663　406955－1
**聖經彙纂**　(清)陸喬木等輯　清嘉慶十二年(1807)刻本　一册　存四種

360000－1901－0023664　706762
**聖經集要□□卷**　(清)□□輯　清光緒宣化文社刻本　一册　存一卷(十)

360000－1901－0023665　301083
**聖門禮誌一卷聖門樂誌一卷**　(清)孔傳鐸纂　清康熙五十五年(1716)刻本　一册

360000－1901－0023666　405556
**聖門禮誌一卷聖門樂誌一卷**　(清)孔傳鐸纂　清康熙五十五年(1716)刻本　二册

360000－1901－0023667　405557
**聖門禮誌一卷聖門樂誌一卷**　(清)孔傳鐸纂　清刻本　二册

360000－1901－0023668　418390
**聖門志考畧二卷**　(清)沈德涓輯　清康熙二十二年(1683)刻本　一册　存一卷(上)

360000－1901－0023669　161955
**聖廟祀典圖考五卷首一卷附聖蹟圖一卷孟子聖蹟圖一卷**　(清)顧沅輯　(清)孔繼堯繪圖　清道光六年(1826)吳門顧氏賜硯堂刻本　六册

360000－1901－0023670　406943
**聖母聖衣會規畧一卷**　(法國)田類斯撰　清同治十二年(1873)刻本　一册

360000－1901－0023671　406942
**聖母小日課一卷**　(意大利)利類思譯　清光緒二十八年(1902)慈母堂鉛印本　一册

360000－1901－0023672　415476
**聖宋文選全集三十二卷**　(宋)□□輯　清刻本　四册

360000－1901－0023673　404484
**聖嘆秘書不分卷**　(清)金人瑞撰　清光緒三十一年(1905)證歸社鉛印本　一册

360000－1901－0023674　404484－1
**聖嘆秘書不分卷**　(清)金人瑞撰　清光緒三十一年(1905)證歸社鉛印本　一册

360000－1901－0023675　404484－2
**聖嘆秘書不分卷**　(清)金人瑞撰　清光緒三十一年(1905)證歸社鉛印本　一册

360000－1901－0023676　301074
**聖武記十四卷**　(清)魏源撰　清道光二十二

年(1842)古微堂刻本　十四冊

360000－1901－0023677　301075
**聖武記十四卷**　(清)魏源撰　清道光二十二年(1842)古微堂刻本　十冊

360000－1901－0023678　301076
**聖武記十四卷**　(清)魏源撰　清道光二十二年(1842)古微堂刻本　六冊

360000－1901－0023679　301077
**聖武記十四卷**　(清)魏源撰　清道光二十二年(1842)古微堂刻本　十二冊

360000－1901－0023680　416712
**聖武記十四卷**　(清)魏源撰　清道光二十二年(1842)古微堂刻本　八冊　存八卷(一、三至八、十二)

360000－1901－0023681　416537
**聖武記十四卷**　(清)魏源撰　清道光二十六年(1846)古微堂刻本　八冊

360000－1901－0023682　416538
**聖武記十四卷**　(清)魏源撰　清道光二十六年(1846)古微堂刻本　十冊　存十二卷(一至五、七至八、十至十四)

360000－1901－0023683　900574
**聖武記十四卷**　(清)魏源撰　清道光二十六年(1846)古微堂刻本　十二冊

360000－1901－0023684　312828
**聖武記十四卷**　(清)魏源撰　清光緒二十八年(1902)山東書局石印本　八冊

360000－1901－0023685　305061
**聖武記十四卷**　(清)魏源撰　清光緒二十八年(1902)上海書局石印本　六冊

360000－1901－0023686　308264
**聖武記十四卷**　(清)魏源撰　清光緒二十八年(1902)上海書局石印本　六冊

360000－1901－0023687　420085
**聖武記十四卷**　(清)魏源撰　清光緒二十八年(1902)上海書局石印本　四冊　存八卷(一至二、七至八、十、十二至十四)

360000－1901－0023688　416534
**聖武記十四卷**　(清)魏源撰　清光緒二十九年(1903)蜚英館鉛印本　六冊

360000－1901－0023689　416536
**聖武記十四卷**　(清)魏源撰　清光緒二十九年(1903)蜚英館鉛印本　二冊　存四卷(五至八)

360000－1901－0023690　420086
**聖武記十四卷**　(清)魏源撰　清光緒十九年(1893)石印本　六冊

360000－1901－0023691　161930
**聖武記十四卷**　(清)魏源撰　清光緒四年(1878)上海申報館鉛印申報館叢書本　十冊

360000－1901－0023692　300999
**聖武記十四卷**　(清)魏源撰　清光緒四年(1878)上海申報館鉛印申報館叢書本　十冊

360000－1901－0023693　305059
**聖武記十四卷**　(清)魏源撰　清刻本　一冊　存一卷(九)

360000－1901－0023694　716962
**聖武記十四卷**　(清)魏源撰　清刻本　一冊　存一卷(八)

360000－1901－0023695　716961
**聖武記十四卷**　(清)魏源撰　清末鉛印本　六冊　存八卷(七至十四)

360000－1901－0023696　800837
**聖武記十四卷**　(清)魏源撰　清末鉛印本　一冊　存三卷(十二至十四)

360000－1901－0023697　420085－1
**聖武記十四卷**　(清)魏源撰　清末石印本　一冊　存一卷(十四)

360000－1901－0023698　716436
**聖武記十四卷武事記餘四卷**　(清)魏源撰　清光緒二十九年(1903)蜚英館鉛印本　三冊　存七卷(一至二、五至六、九至十、十四)

360000－1901－0023699　716436－1
**聖武記十四卷武事記餘四卷**　(清)魏源撰

清光緒二十九年(1903)蜚英館鉛印本　一册　存二卷(九至十)

360000－1901－0023700　716436－2
**聖武記十四卷武事記餘四卷**　(清)魏源撰　清光緒二十九年(1903)蜚英館鉛印本　一册　存二卷(九至十)

360000－1901－0023701　220233
**聖武記纂誤不分卷**　胡思敬撰　稿本　六册

360000－1901－0023702　802857
**聖賢像贊三卷**　(明)吕維祺編　清刻本　一册

360000－1901－0023703　405605
**聖學格物通一百卷**　(明)湛若水撰　清同治五年(1866)資政堂刻本　一册　存二卷(一至二)

360000－1901－0023704　418391
**聖學入門四卷**　(清)彭世昌輯注　清光緒三年(1877)刻本　二册

360000－1901－0023705　121906
**聖學梯航三卷**　(清)周德輝輯　清嘉慶二十四年(1819)栖園家塾刻本　三册

360000－1901－0023706　161954
**聖域述聞二十八卷**　(清)龍光甸修　(清)黄本驥輯　清道光二十七年(1847)刻三長物齋叢書本　七册

360000－1901－0023707　416931
**聖諭廣訓全書恭繹直解一卷**　(清)聖祖玄燁撰　(清)世宗胤禛廣訓　(清)□□直解　清刻本　一册

360000－1901－0023708　800838－1
**聖諭廣訓衍一卷**　(清)聖祖玄燁撰　(清)世宗胤禛廣訓　(清)□□衍説　清廣東刻本　一册

360000－1901－0023709　800695
**聖諭廣訓衍一卷**　(清)聖祖玄燁撰　(清)世宗胤禛廣訓　(清)□□衍説　清刻本　一册

360000－1901－0023710　416928
**聖諭廣訓一卷**　(清)聖祖玄燁撰　(清)世宗胤禛廣訓　清光緒二十年(1894)倪渭卿抄本　一册

360000－1901－0023711　301067
**聖諭廣訓一卷**　(清)聖祖玄燁撰　(清)世宗胤禛廣訓　清光緒三十一年(1905)胡廷幹等江西刻本　四册

360000－1901－0023712　301068
**聖諭廣訓一卷**　(清)聖祖玄燁撰　(清)世宗胤禛廣訓　清光緒三十一年(1905)胡廷幹等江西刻本　四册

360000－1901－0023713　413716
**聖諭廣訓一卷**　(清)聖祖玄燁撰　(清)世宗胤禛廣訓　清光緒十四年(1888)刻本　一册

360000－1901－0023714　416935
**聖諭廣訓一卷**　(清)聖祖玄燁撰　(清)世宗胤禛廣訓　清嘉慶八年(1803)宋鎔刻本　一册

360000－1901－0023715　416929
**聖諭廣訓一卷**　(清)聖祖玄燁撰　(清)世宗胤禛廣訓　清嘉慶十三年(1808)刻本　一册

360000－1901－0023716　416926
**聖諭廣訓一卷**　(清)聖祖玄燁撰　(清)世宗胤禛廣訓　清刻本　一册

360000－1901－0023717　416927
**聖諭廣訓一卷**　(清)聖祖玄燁撰　(清)世宗胤禛廣訓　清刻本　一册

360000－1901－0023718　416930
**聖諭廣訓一卷**　(清)聖祖玄燁撰　(清)世宗胤禛廣訓　清刻本　一册

360000－1901－0023719　416934
**聖諭廣訓一卷**　(清)聖祖玄燁撰　(清)世宗胤禛廣訓　清刻本　一册

360000－1901－0023720　416934－1
**聖諭廣訓一卷**　(清)聖祖玄燁撰　(清)世宗胤禛廣訓　清刻本　一册

360000－1901－0023721　800838

**聖諭廣訓一卷**　(清)聖祖玄燁撰　(清)世宗胤禛廣訓　清刻本　三册

360000－1901－0023722　802961
**聖諭廣訓一卷**　(清)聖祖玄燁撰　(清)世宗胤禛廣訓　清刻本　一册

360000－1901－0023723　230132
**聖諭廣訓一卷**　(清)聖祖玄燁撰　(清)世宗胤禛廣訓　清乾隆十三年(1748)刻本　一册

360000－1901－0023724　416922
**聖諭廣訓直解一卷**　(清)聖祖玄燁撰　(清)世宗胤禛廣訓　(清)□□直解　清道光三十年(1850)刻本　一册

360000－1901－0023725　416922－1
**聖諭廣訓直解一卷**　(清)聖祖玄燁撰　(清)世宗胤禛廣訓　(清)□□直解　清道光三十年(1850)刻本　一册

360000－1901－0023726　416922－2
**聖諭廣訓直解一卷**　(清)聖祖玄燁撰　(清)世宗胤禛廣訓　(清)□□直解　清道光三十年(1850)刻本　一册

360000－1901－0023727　416922－3
**聖諭廣訓直解一卷**　(清)聖祖玄燁撰　(清)世宗胤禛廣訓　(清)□□直解　清道光三十年(1850)刻本　一册

360000－1901－0023728　162741
**聖諭廣訓直解一卷**　(清)聖祖玄燁撰　(清)世宗胤禛廣訓　(清)□□直解　清光緒三十四年(1908)學部圖書局石印本　二册

360000－1901－0023729　802962
**聖諭廣訓直解一卷**　(清)聖祖玄燁撰　(清)世宗胤禛廣訓　(清)□□直解　清刻本　一册

360000－1901－0023730　416932
**聖諭廣訓直解一卷**　(清)聖祖玄燁撰　(清)世宗胤禛廣訓　(清)□□直解　清同治六年(1867)李真實刻本　一册

360000－1901－0023731　416920
**聖諭廣訓直解一卷**　(清)聖祖玄燁撰　(清)世宗胤禛廣訓　(清)□□直解　清同治十三年(1874)黄廷金刻本　一册

360000－1901－0023732　416920－1
**聖諭廣訓直解一卷**　(清)聖祖玄燁撰　(清)世宗胤禛廣訓　(清)□□直解　清同治十三年(1874)黄廷金刻本　一册

360000－1901－0023733　416920－2
**聖諭廣訓直解一卷**　(清)聖祖玄燁撰　(清)世宗胤禛廣訓　(清)□□直解　清同治十三年(1874)黄廷金刻本　一册

360000－1901－0023734　416920－3
**聖諭廣訓直解一卷**　(清)聖祖玄燁撰　(清)世宗胤禛廣訓　(清)□□直解　清同治十三年(1874)黄廷金刻本　一册

360000－1901－0023735　416920－4
**聖諭廣訓直解一卷**　(清)聖祖玄燁撰　(清)世宗胤禛廣訓　(清)□□直解　清同治十三年(1874)黄廷金刻本　一册

360000－1901－0023736　416920－5
**聖諭廣訓直解一卷**　(清)聖祖玄燁撰　(清)世宗胤禛廣訓　(清)□□直解　清同治十三年(1874)黄廷金刻本　一册

360000－1901－0023737　416920－6
**聖諭廣訓直解一卷**　(清)聖祖玄燁撰　(清)世宗胤禛廣訓　(清)□□直解　清同治十三年(1874)黄廷金刻本　一册

360000－1901－0023738　416921
**聖諭廣訓直解一卷**　(清)聖祖玄燁撰　(清)世宗胤禛廣訓　(清)□□直解　清同治四年(1865)王鎮等刻本　一册

360000－1901－0023739　416921－1
**聖諭廣訓直解一卷**　(清)聖祖玄燁撰　(清)世宗胤禛廣訓　(清)□□直解　清同治四年(1865)王鎮等刻本　一册

360000－1901－0023740　416921－2
**聖諭廣訓直解一卷**　(清)聖祖玄燁撰　(清)

世宗胤禛廣訓　（清）□□直解　清同治四年（1865）王鎮等刻本　一册

360000－1901－0023741　309497
**聖諭廣訓直解一卷**　（清）聖祖玄燁撰　（清）世宗胤禛廣訓　（清）□□直解　清雍正二年（1724）刻本　二册

360000－1901－0023742　305057
**聖諭六言解一卷**　（清）□□編　清光緒二十三年（1897）七都保嬰局紳董刻本　一册

360000－1901－0023743　801371
**聖諭十六條附律易解一卷**　（清）聖祖玄燁撰　（清）夏炘繹　清刻本　一册

360000－1901－0023744　416933
**聖諭十六條附律易解一卷**　（清）聖祖玄燁撰　（清）夏炘繹　清同治七年（1868）刻本　一册

360000－1901－0023745　162735
**聖諭十六條附律易解一卷**　（清）聖祖玄燁撰　（清）夏炘繹　清同治十二年（1873）刻本　一册

360000－1901－0023746　416925
**聖諭十六條附律易解纂要一卷**　（清）聖祖玄燁撰　（清）夏炘繹　（清）俞世球輯　清光緒五年（1879）刻本　一册

360000－1901－0023747　162737
**聖諭像解二十卷**　（清）梁延年輯　清光緒二十九年（1903）安徽撫署石印本　十册

360000－1901－0023748　162738
**聖諭像解二十卷**　（清）梁延年輯　清光緒二十九年（1903）安徽撫署石印本　十册

360000－1901－0023749　163089
**聖諭像解二十卷**　（清）梁延年輯　清光緒二十九年（1903）安徽撫署石印本　十册

360000－1901－0023750　164503
**聖諭像解二十卷**　（清）梁延年輯　清光緒二十九年（1903）安徽撫署石印本　十册

360000－1901－0023751　805020
**聖諭像解二十卷**　（清）梁延年輯　清光緒二十九年（1903）安徽撫署石印本　十册

360000－1901－0023752　805021
**聖諭像解二十卷**　（清）梁延年輯　清光緒二十九年（1903）安徽撫署石印本　十册

360000－1901－0023753　805254
**聖諭像解二十卷**　（清）梁延年輯　清光緒二十九年（1903）安徽撫署石印本　一册　存二卷（十九至二十）

360000－1901－0023754　162736
**聖諭像解二十卷**　（清）梁延年輯　清光緒二十九年（1903）北洋官報局石印本　九册

360000－1901－0023755　162739
**聖諭像解二十卷**　（清）梁延年輯　清咸豐六年（1856）兩廣督署刻本　一册

360000－1901－0023756　160725
**聖證論補評二卷**　（清）皮錫瑞撰　清光緒二十三年（1897）思賢書局刻本　二册

360000－1901－0023757　800569
**聖祖仁皇帝庭訓格言一卷**　（清）世宗胤禛輯　清抄本　一册

360000－1901－0023758　801585
**聖祖仁皇帝庭訓格言一卷**　（清）世宗胤禛輯　清刻本　一册

360000－1901－0023759　300069
**聖祖仁皇帝庭訓格言一卷**　（清）世宗胤禛輯　清末鉛印本　一册

360000－1901－0023760　301298
**賸存詩草一卷續草一卷**　（清）劉權之撰　清刻本　二册

360000－1901－0023761　304099
**尸子二卷存疑一卷**　（清）汪繼培輯　清光緒三年（1877）浙江書局刻本　一册

360000－1901－0023762　304102
**尸子二卷存疑一卷**　（清）汪繼培輯　清光緒三年（1877）浙江書局刻本　一册

360000－1901－0023763　801597
**施南府輿圖不分卷**　（清）□□繪　清末石印本　一冊

360000－1901－0023764　804865
**施設論七卷**　（南朝宋）釋法護譯　清刻本　一冊　存一卷（三）

360000－1901－0023765　150246
**施愚山先生全集**　（清）施閏章撰　清康熙至乾隆刻彙印本　二十冊

360000－1901－0023766　150247
**施愚山先生全集**　（清）施閏章撰　清康熙至乾隆刻彙印本　三十冊

360000－1901－0023767　150248
**施愚山先生全集**　（清）施閏章撰　清康熙至乾隆刻彙印本　十六冊　存五種

360000－1901－0023768　417689
**施愚山先生全集**　（清）施閏章撰　清康熙至乾隆刻彙印本　八冊　存五種

360000－1901－0023769　417689－1
**施愚山先生全集**　（清）施閏章撰　清康熙至乾隆刻彙印本　六冊　存四種

360000－1901－0023770　417689－2
**施愚山先生全集**　（清）施閏章撰　清康熙至乾隆刻彙印本　六冊　存二種

360000－1901－0023771　412563
**國朝畫家書小傳四卷**　葉銘輯　清宣統元年（1909）西泠印社鉛印本　一冊

360000－1901－0023772　240823
**施愚山先生學餘詩集五十卷文集二十八卷**　（清）施閏章撰　清康熙四十七年（1708）曹寅楝亭刻本　十六冊

360000－1901－0023773　240824
**施愚山先生學餘詩集五十卷文集二十八卷**　（清）施閏章撰　清康熙四十七年（1708）曹寅楝亭刻本　十五冊

360000－1901－0023774　316652
**施愚山先生學餘詩集五十卷文集二十八卷**　（清）施閏章撰　清康熙四十七年（1708）曹寅楝亭刻本　十冊　缺二十一卷（文集八至二十八）

360000－1901－0023775　123447
**國朝江西節孝錄八十七卷**　（清）江西通志局輯　清光緒五年（1879）江西書局刻本　十六冊　存三十三卷（八至二十、二十三至二十五、三十三至三十五、四十二至四十七、五十二至五十三、六十二至六十四、六十七至六十九）

360000－1901－0023776　316754
**國朝文錄**　（清）李祖陶輯　清刻本　二十三冊　存二十七種

360000－1901－0023777　308710
**施註蘇詩四十二卷目錄二卷**　（宋）蘇軾撰　（宋）施元之　（宋）顧禧注　（清）邵長蘅　（清）顧嗣立　（清）宋至刪補　**續補遺二卷**　（宋）蘇軾撰　（清）馮景補注　**王註正譌一卷**　（清）邵長蘅撰　**東坡先生年譜一卷**　（宋）王宗稷撰　清康熙刻本　六冊　存二十四卷（十二至三十一、四十二，目錄二卷，續補遺上）

360000－1901－0023778　414000
**施註蘇詩四十二卷目錄二卷**　（宋）蘇軾撰　（宋）施元之　（宋）顧禧注　（清）邵長蘅　（清）顧嗣立　（清）宋至刪補　**續補遺二卷**　（宋）蘇軾撰　（清）馮景補注　**王註正譌一卷**　（清）邵長蘅撰　**東坡先生年譜一卷**　（宋）王宗稷撰　清康熙刻本　十二冊

360000－1901－0023779　414001
**施註蘇詩四十二卷目錄二卷**　（宋）蘇軾撰　（宋）施元之　（宋）顧禧注　（清）邵長蘅　（清）顧嗣立　（清）宋至刪補　**續補遺二卷**　（宋）蘇軾撰　（清）馮景補注　**王註正譌一卷**　（清）邵長蘅撰　**東坡先生年譜一卷**　（宋）王宗稷撰　清康熙刻本　十二冊

360000－1901－0023780　414002
**施註蘇詩四十二卷目錄二卷**　（宋）蘇軾撰　（宋）施元之　（宋）顧禧注　（清）邵長蘅

（清）顧嗣立 （清）宋至刪補 **續補遺二卷** （宋）蘇軾撰 （清）馮景補注 **王註正譌一卷** （清）邵長蘅撰 **東坡先生年譜一卷** （宋）王宗稷撰 清康熙刻本 十二冊

360000－1901－0023781 414003
**施註蘇詩四十二卷目錄二卷** （宋）蘇軾撰 （宋）施元之 （宋）顧禧注 （清）邵長蘅 （清）顧嗣立 （清）宋至刪補 **續補遺二卷** （宋）蘇軾撰 （清）馮景補注 **王註正譌一卷** （清）邵長蘅撰 **東坡先生年譜一卷** （宋）王宗稷撰 清康熙刻本 十二冊

360000－1901－0023782 414004
**施註蘇詩四十二卷目錄二卷** （宋）蘇軾撰 （宋）施元之 （宋）顧禧注 （清）邵長蘅 （清）顧嗣立 （清）宋至刪補 **續補遺二卷** （宋）蘇軾撰 （清）馮景補注 **王註正譌一卷** （清）邵長蘅撰 **東坡先生年譜一卷** （宋）王宗稷撰 清康熙刻本 十三冊

360000－1901－0023783 414005
**施註蘇詩四十二卷目錄二卷** （宋）蘇軾撰 （宋）施元之 （宋）顧禧注 （清）邵長蘅 （清）顧嗣立 （清）宋至刪補 **續補遺二卷** （宋）蘇軾撰 （清）馮景補注 **王註正譌一卷** （清）邵長蘅撰 **東坡先生年譜一卷** （宋）王宗稷撰 清康熙刻本 十三冊 缺四卷（二十二至二十四、三十四）

360000－1901－0023784 414006
**施註蘇詩四十二卷目錄二卷** （宋）蘇軾撰 （宋）施元之 （宋）顧禧注 （清）邵長蘅 （清）顧嗣立 （清）宋至刪補 **續補遺二卷** （宋）蘇軾撰 （清）馮景補注 **王註正譌一卷** （清）邵長蘅撰 **東坡先生年譜一卷** （宋）王宗稷撰 清康熙刻本 十五冊 缺三卷（三十三至三十五）

360000－1901－0023785 414007
**施註蘇詩四十二卷目錄二卷** （宋）蘇軾撰 （宋）施元之 （宋）顧禧注 （清）邵長蘅 （清）顧嗣立 （清）宋至刪補 **續補遺二卷** （宋）蘇軾撰 （清）馮景補注 **王註正譌一卷** （清）邵長蘅撰 **東坡先生年譜一卷** （宋）王宗稷撰 清康熙刻本 十三冊 缺十三卷（五至七、二十二至二十七、三十二至三十五）

360000－1901－0023786 414007－1
**施註蘇詩四十二卷目錄二卷** （宋）蘇軾撰 （宋）施元之 （宋）顧禧注 （清）邵長蘅 （清）顧嗣立 （清）宋至刪補 **續補遺二卷** （宋）蘇軾撰 （清）馮景補注 **王註正譌一卷** （清）邵長蘅撰 **東坡先生年譜一卷** （宋）王宗稷撰 清康熙刻本 四冊 存十六卷（一、十四至二十、三十七至四十二，目錄二卷）

360000－1901－0023787 414007－2
**施註蘇詩四十二卷目錄二卷** （宋）蘇軾撰 （宋）施元之 （宋）顧禧注 （清）邵長蘅 （清）顧嗣立 （清）宋至刪補 **續補遺二卷** （宋）蘇軾撰 （清）馮景補注 **王註正譌一卷** （清）邵長蘅撰 **東坡先生年譜一卷** （宋）王宗稷撰 清康熙刻本 三冊 存十一卷（十三至十六、三十六至四十，目錄二卷）

360000－1901－0023788 163307
**施註蘇詩四十二卷目錄二卷** （宋）蘇軾撰 （宋）施元之 （宋）顧禧注 （清）邵長蘅 （清）顧嗣立 （清）宋至刪補 **續補遺二卷** （宋）蘇軾撰 （清）馮景補注 **王註正譌一卷** （清）邵長蘅撰 **東坡先生年譜一卷** （宋）王宗稷撰 清康熙三十八年（1699）商丘宋犖刻本 十六冊

360000－1901－0023789 240289
**施註蘇詩四十二卷目錄二卷** （宋）蘇軾撰 （宋）施元之 （宋）顧禧注 （清）邵長蘅 （清）顧嗣立 （清）宋至刪補 **續補遺二卷** （宋）蘇軾撰 （清）馮景補注 **王註正譌一卷** （清）邵長蘅撰 **東坡先生年譜一卷** （宋）王宗稷撰 清康熙三十八年（1699）商丘宋犖刻本 十冊

360000－1901－0023790 240290
**施註蘇詩四十二卷目錄二卷** （宋）蘇軾撰 （宋）施元之 （宋）顧禧注 （清）邵長蘅

（清）顧嗣立　（清）宋至删補　**續補遺二卷**　（宋）蘇軾撰　（清）馮景補注　**王註正譌一卷**　（清）邵長蘅撰　**東坡先生年譜一卷**　（宋）王宗稷撰　清康熙三十八年（1699）商丘宋犖刻本　十冊

360000－1901－0023791　240291
**施註蘇詩四十二卷目錄二卷**　（宋）蘇軾撰　（宋）施元之　（宋）顧禧注　（清）邵長蘅　（清）顧嗣立　（清）宋至删補　**續補遺二卷**　（宋）蘇軾撰　（清）馮景補注　**王註正譌一卷**　（清）邵長蘅撰　**東坡先生年譜一卷**　（宋）王宗稷撰　清康熙三十八年（1699）商丘宋犖刻本　十二冊

360000－1901－0023792　240292
**施註蘇詩四十二卷目錄二卷**　（宋）蘇軾撰　（宋）施元之　（宋）顧禧注　（清）邵長蘅　（清）顧嗣立　（清）宋至删補　**續補遺二卷**　（宋）蘇軾撰　（清）馮景補注　**王註正譌一卷**　（清）邵長蘅撰　**東坡先生年譜一卷**　（宋）王宗稷撰　清康熙三十八年（1699）商丘宋犖刻本　八冊

360000－1901－0023793　240293
**施註蘇詩四十二卷目錄二卷**　（宋）蘇軾撰　（宋）施元之　（宋）顧禧注　（清）邵長蘅　（清）顧嗣立　（清）宋至删補　**續補遺二卷**　（宋）蘇軾撰　（清）馮景補注　**王註正譌一卷**　（清）邵長蘅撰　**東坡先生年譜一卷**　（宋）王宗稷撰　清康熙三十八年（1699）商丘宋犖刻本　十冊

360000－1901－0023794　240294
**施註蘇詩四十二卷目錄二卷**　（宋）蘇軾撰　（宋）施元之　（宋）顧禧注　（清）邵長蘅　（清）顧嗣立　（清）宋至删補　**續補遺二卷**　（宋）蘇軾撰　（清）馮景補注　**王註正譌一卷**　（清）邵長蘅撰　**東坡先生年譜一卷**　（宋）王宗稷撰　清康熙三十八年（1699）商丘宋犖刻本　十冊

360000－1901－0023795　240295
**施註蘇詩四十二卷目錄二卷**　（宋）蘇軾撰　（宋）施元之　（宋）顧禧注　（清）邵長蘅　（清）顧嗣立　（清）宋至删補　**續補遺二卷**　（宋）蘇軾撰　（清）馮景補注　**王註正譌一卷**　（清）邵長蘅撰　**東坡先生年譜一卷**　（宋）王宗稷撰　清康熙三十八年（1699）商丘宋犖刻本　十六冊

360000－1901－0023796　240296
**施註蘇詩四十二卷目錄二卷**　（宋）蘇軾撰　（宋）施元之　（宋）顧禧注　（清）邵長蘅　（清）顧嗣立　（清）宋至删補　**續補遺二卷**　（宋）蘇軾撰　（清）馮景補注　**王註正譌一卷**　（清）邵長蘅撰　**東坡先生年譜一卷**　（宋）王宗稷撰　清康熙三十八年（1699）商丘宋犖刻本　五冊　存二十一卷（一至十一、三十二至四十一）

360000－1901－0023797　316461
**施註蘇詩四十二卷目錄二卷**　（宋）蘇軾撰　（宋）施元之　（宋）顧禧注　（清）邵長蘅　（清）顧嗣立　（清）宋至删補　**續補遺二卷**　（宋）蘇軾撰　（清）馮景補注　**王註正譌一卷**　（清）邵長蘅撰　**東坡先生年譜一卷**　（宋）王宗稷撰　清康熙三十八年（1699）商丘宋犖刻本　十六冊

360000－1901－0023798　421978
**國朝先正事略續編八卷**　朱孔彰撰　清末石印本　一冊　存二卷（三至四）

360000－1901－0023799　318120－6
**過陰符篆咒語全集不分卷**　（清）胡紹呂輯　清光緒二十七年（1901）抄本　一冊

360000－1901－0023800　163306
**施註蘇詩四十二卷目錄二卷**　（宋）蘇軾撰　（宋）施元之　（宋）顧禧注　（清）邵長蘅　（清）顧嗣立　（清）宋至删補　**續補遺二卷**　（宋）蘇軾撰　（清）馮景補注　**王註正譌一卷**　（清）邵長蘅撰　**東坡先生年譜一卷**　（宋）王宗稷撰　清康熙刻本　十六冊

360000－1901－0023801　603535
**師白山房講易不分卷**　（清）張學尹撰　清刻本　三冊　存上經、下經

360000－1901－0023802　150516
**師伏堂叢書**　(清)皮錫瑞撰　清刻本　二十九冊　存三種

360000－1901－0023803　240452
**師山先生文集八卷遺文五卷附録一卷**　(元)鄭玉撰　明刻明修補印本　四冊

360000－1901－0023804　240952
**師善堂詩集十卷**　(清)嵇曾筠撰　清雍正十三年(1735)刻本　四冊

360000－1901－0023805　308542
**師水齋全集十八卷**　(清)崔預撰　清同治八年(1869)刻本　三冊　存十六卷(一至二、五至十八)

360000－1901－0023806　303151
**師鄭堂中國文學講義不分卷**　孫雄撰　清光緒三十四年(1908)鉛印本　一冊

360000－1901－0023807　407832
**師鄭堂中國文學講義不分卷**　孫雄撰　清光緒三十四年(1908)鉛印本　一冊

360000－1901－0023808　411343－1
**師鄭堂中國文學講義不分卷**　孫雄撰　清光緒三十四年(1908)鉛印本　一冊

360000－1901－0023809　300351
**詩比興箋四卷**　(清)陳沆撰　清光緒九年(1883)刻本　二冊

360000－1901－0023810　407892
**詩材類對纂要四卷**　(清)任德裕　(清)申贊皇箋　清道光四年(1824)刻本　一冊　存二卷(三至四)

360000－1901－0023811　162693
**詩材類對纂要四卷**　(清)任德裕　(清)申贊皇箋　清刻本　二冊

360000－1901－0023812　405674
**詩材類對纂要四卷**　(清)任德裕　(清)申贊皇箋　清乾隆二十四年(1759)刻本　一冊　存二卷(一至二)

360000－1901－0023813　801422
**詩草一卷**　(□)□□撰　清抄本　一冊

360000－1901－0023814　802144
**詩抄不分卷**　(清)渭陽氏輯　清渭陽氏抄本　一冊

360000－1901－0023815　413283－1
**詩觸**　(清)朱琰輯　清刻本　二冊　存五種

360000－1901－0023816　304665
**詩觸**　(清)朱琰輯　清乾隆、嘉慶刻本　二冊　存五種

360000－1901－0023817　304665－1
**詩觸**　(清)朱琰輯　清乾隆、嘉慶刻本　一冊　存四種

360000－1901－0023818　123250
**詩觸六卷**　(清)賀貽孫撰　清咸豐二年(1852)賀氏勅書樓刻水田居全集本　六冊

360000－1901－0023819　413283
**詩觸六卷**　(清)賀貽孫撰　清咸豐二年(1852)賀氏勅書樓刻水田居全集本　一冊　存一卷(五)

360000－1901－0023820　413527
**詩觸六卷**　(清)賀貽孫撰　清咸豐二年(1852)賀氏勅書樓刻水田居全集本　一冊　存一卷(一)

360000－1901－0023821　160931
**詩傳補義三卷**　(清)方宗誠撰　清光緒元年(1875)刻本　一冊

360000－1901－0023822　210104
**詩傳大全二十卷**　(明)胡廣等撰　明刻本　十一冊　缺三卷(一至三)

360000－1901－0023823　210123
**詩傳名物集覽十二卷**　(清)陳大章撰　清康熙五十二年(1713)刻本　六冊

360000－1901－0023824　415077
**詩傳注疏三卷**　(宋)謝枋得撰　清咸豐元年(1851)刻本　一冊

360000－1901－0023825　405734

**詩詞鈔一卷**　(清)海槎氏輯　清抄本　一冊

360000－1901－0023826　150649

**詩詞韻輯**　(清)姚詩雅輯　清同治四年(1865)滑臺官舍刻本　二冊

360000－1901－0023827　241167

**詩詞雜俎**　(明)毛晉輯　明天啓至崇禎毛氏汲古閣刻本　六冊　存九種

360000－1901－0023828　410474

**詩存四卷觀劇絶句一卷**　(清)金德瑛撰　清乾隆三十三年(1768)仁和金氏刻本　二冊

360000－1901－0023829　160723

**詩地理考六卷**　(宋)王應麟撰　清光緒十年(1884)成都志古堂刻本　二冊

360000－1901－0023830　410351－1

**漢碑引緯考一卷**　(清)皮錫瑞撰　清光緒三十年(1904)刻本　一冊

360000－1901－0023831　121809

**詩地理考略二卷圖一卷**　(清)尹繼美撰　清同治三年(1864)鼎吉堂刻鼎吉堂全集本　一冊

360000－1901－0023832　121810

**詩地理考略二卷圖一卷**　(清)尹繼美撰　清同治三年(1864)鼎吉堂刻鼎吉堂全集本　一冊

360000－1901－0023833　417490

**詩地理考略二卷圖一卷**　(清)尹繼美撰　清同治三年(1864)鼎吉堂刻鼎吉堂全集本　一冊

360000－1901－0023834　417490－1

**詩地理考略二卷圖一卷**　(清)尹繼美撰　清同治三年(1864)鼎吉堂刻鼎吉堂全集本　一冊

360000－1901－0023835　417490－2

**詩地理考略二卷圖一卷**　(清)尹繼美撰　清同治三年(1864)鼎吉堂刻鼎吉堂全集本　一冊

360000－1901－0023836　417490－3

**詩地理考略二卷圖一卷**　(清)尹繼美撰　清同治三年(1864)鼎吉堂刻鼎吉堂全集本　一冊

360000－1901－0023837　417490－4

**詩地理考略二卷圖一卷**　(清)尹繼美撰　清同治三年(1864)鼎吉堂刻鼎吉堂全集本　一冊

360000－1901－0023838　403858

**漢儒傳經記二卷**　(清)趙繼序撰　清嘉慶九年(1804)刻本　一冊

360000－1901－0023839　720617

**詩地理攷六卷**　(宋)王應麟撰　清刻本　一冊　存三卷(二至四)

360000－1901－0023840　419627

**詩地理攷六卷**　(宋)王應麟撰　清乾隆刻本　一冊　存三卷(一至三)

360000－1901－0023841　800367

**詩讀本一卷**　(清)□□輯　清抄本　一冊

360000－1901－0023842　121830

**詩筏一卷**　(清)賀貽孫撰　清道光二十六年(1846)賀氏勑書樓刻水田居全集本　一冊

360000－1901－0023843　413530

**詩筏一卷**　(清)賀貽孫撰　清道光二十六年(1846)賀氏勑書樓刻水田居全集本　一冊

360000－1901－0023844　121831

**詩筏一卷騷筏一卷**　(清)賀貽孫撰　清道光二十六年(1846)賀氏勑書樓刻水田居全集本　二冊

360000－1901－0023845　304977

**詩法萃編十五卷**　(清)許印芳輯　清末刻本　一冊　存二卷(六至七)

360000－1901－0023846　418143

**詩法入門四卷**　(清)游藝輯　清刻本　一冊　存二卷(三至四)

360000－1901－0023847　121818

**詩舫存鈔六卷**　(清)劉文藻撰　清同治十二年(1873)木活字印本　二冊

360000－1901－0023848　417973
**詩舫存鈔六卷**　(清)劉文藻撰　清同治十二年(1873)木活字印本　二册

360000－1901－0023849　407864
**詩賦捷途四卷**　(清)胡南英撰　清咸豐二年(1852)翰華堂刻本　二册　存二卷(一至二)

360000－1901－0023850　801282
**詩賦類聯采新十二卷**　(清)□□編　清末石印本　一册　存二卷(十一至十二)

360000－1901－0023851　800969
**詩賦瀏亮□□卷**　(清)□□輯　清刻本　二册　存三卷(三至五)

360000－1901－0023852　407869
**詩賦駢字類珠八卷**　(清)蕭熿編　清嘉慶二十一年(1816)刻本　二册　存四卷(一至四)

360000－1901－0023853　407870
**詩賦駢字類珠八卷**　(清)蕭熿編　清嘉慶十九年(1814)識古堂刻本　二册

360000－1901－0023854　407871
**詩賦駢字類珠八卷**　(清)蕭熿編　清嘉慶十九年(1814)識古堂刻本　二册

360000－1901－0023855　407872
**詩賦駢字類珠八卷**　(清)蕭熿編　清嘉慶十九年(1814)識古堂刻本　二册

360000－1901－0023856　800984
**詩賦塾鈔不分卷**　(清)王起霞輯　清道光七年(1827)刻本　四册

360000－1901－0023857　800983
**詩賦題解四卷附選詩句解一卷**　(清)蔣作杞輯注　清刻本　二册

360000－1901－0023858　417669
**詩古微二卷**　(清)魏源撰　清道光脩吉堂刻本　二册

360000－1901－0023859　210109
**詩故十卷**　(明)朱謀㙔撰　民國抄本　三册

360000－1901－0023860　121845
**詩管見七卷首一卷**　(清)尹繼美撰　清同治十二年(1873)鼎吉堂刻鼎吉堂全集本　二册

360000－1901－0023861　121846
**詩管見七卷首一卷**　(清)尹繼美撰　清同治十二年(1873)鼎吉堂刻鼎吉堂全集本　二册

360000－1901－0023862　121847
**詩管見七卷首一卷**　(清)尹繼美撰　清同治十二年(1873)鼎吉堂刻鼎吉堂全集本　二册

360000－1901－0023863　414843
**詩管見七卷首一卷**　(清)尹繼美撰　清同治十二年(1873)鼎吉堂刻鼎吉堂全集本　一册　存四卷(一至三、首一卷)

360000－1901－0023864　603590
**詩廣傳五卷**　(清)王夫之撰　清光緒二十五年(1899)慎記書莊石印本　一册

360000－1901－0023865　162702
**詩畫舫六卷**　(清)點石齋輯　清光緒十四年(1888)上海點石齋石印本　六册

360000－1901－0023866　312274
**詩畫舫六卷**　(清)點石齋輯　清光緒十四年(1888)上海點石齋石印本　六册

360000－1901－0023867　800286
**詩話選雋二卷**　(清)盧衍仁輯　清抄本　一册　存一卷(下)

360000－1901－0023868　210102
**詩緝三十六卷**　(宋)嚴粲撰　明嘉靖趙府味經堂刻本　十六册

360000－1901－0023869　210103
**詩緝三十六卷**　(宋)嚴粲撰　明嘉靖趙府味經堂刻本　二册　存六卷(四至六、十九至二十一)

360000－1901－0023870　123551
**詩集傳二十卷附詩序一卷詩圖一卷詩傳綱領一卷**　(宋)朱熹撰　清刻本　六册

360000－1901－0023871　160924
**詩集傳名物鈔八卷**　(元)許謙撰　清同治八年(1869)永康胡氏退補齋刻金華叢書本　八

冊

360000－1901－0023872　121828
**詩集傳音釋二十卷附詩序一卷**　(宋)朱熹集傳　(元)許謙音釋　(元)羅復纂輯　**校刻詩集傳音釋札記一卷**　(清)蔣光煦撰　清光緒十五年(1889)江南書局刻本　四冊

360000－1901－0023873　121829
**詩集傳音釋二十卷附詩序一卷**　(宋)朱熹集傳　(元)許謙音釋　(元)羅復纂輯　**校刻詩集傳音釋札記一卷**　(清)蔣光煦撰　清光緒十五年(1889)江南書局刻本　四冊

360000－1901－0023874　160923
**詩集傳音釋二十卷附詩序一卷**　(宋)朱熹集傳　(元)許謙音釋　(元)羅復纂輯　**校刻詩集傳音釋札記一卷**　(清)蔣光煦撰　清咸豐七年(1857)海昌蔣氏衍芬草堂刻本　六冊

360000－1901－0023875　241217
**詩紀一百三十卷前集十卷外集四卷別集十二卷**　(明)馮惟訥輯　明嘉靖三十九年(1560)甄敬刻本　二冊　存十卷(魏詩紀一至九、吳詩紀一)

360000－1901－0023876　600391
**漢魏六朝百三家集**　(明)張溥輯　清光緒五年(1879)彭懋謙信述堂刻本　三十五冊

360000－1901－0023877　241218
**詩紀一百五十六卷目錄三十六卷**　(明)馮惟訥輯　明萬曆吳琯、謝陛、陸弼、俞策刻海寧方天眷印本　二十六冊　缺二十一卷(八十至八十六、九十二至九十五、一百三十、一百四十五至一百四十八、一百五十二至一百五十四,目錄三十五至三十六)

360000－1901－0023878　160940
**詩經備解不分卷**　(清)周封魯輯　清道光三年(1823)周氏家塾刻本　一冊

360000－1901－0023879　419806－2
**詩經備解二卷**　(清)周封魯輯　清刻本　一冊　存一卷(上)

360000－1901－0023880　419806
**詩經備解二卷**　(清)周封魯輯　清咸豐十年(1860)刻本　二冊

360000－1901－0023881　419806－1
**詩經備解二卷**　(清)周封魯輯　清咸豐十年(1860)刻本　一冊　存一卷(上)

360000－1901－0023882　210116
**詩經筆記不分卷**　(□)□□撰　清抄本　五冊

360000－1901－0023883　210117
**詩經筆記不分卷**　(□)□□撰　清抄本　一冊

360000－1901－0023884　803500
**詩經不分卷**　清抄本　十冊

360000－1901－0023885　802972
**詩經程墨正體不分卷**　(清)□□輯　清學源堂刻本　一冊

360000－1901－0023886　160939
**詩經傳注八卷**　(清)李塨撰　清道光二十四年(1844)蠡吾趙氏刻本　四冊

360000－1901－0023887　419630
**詩經典要一卷**　(清)袁壯行纂注　清刻本　一冊

360000－1901－0023888　210111
**詩經定本四卷**　(明)黃澍撰　(明)張運晉參訂　清初刻本　一冊

360000－1901－0023889　804637
**詩經讀本不分卷**　(□)□□輯　清抄本　一冊

360000－1901－0023890　160938
**詩經貫解四卷**　(清)徐壽基集注　清光緒武進徐氏酌雅堂刻本　六冊

360000－1901－0023891　160942
**詩經廣詁三十卷**　(清)徐璈撰　清道光十年(1830)刻本　八冊

360000－1901－0023892　419683

詩經合纂大成八卷首一卷　（清）□□輯　清末石印本　四册

360000－1901－0023893　804702
詩經合纂大成八卷首一卷　（清）□□輯　清末石印本　一册　存二卷（五至六）

360000－1901－0023894　210098
詩經集傳八卷　（宋）朱熹撰　明崇禎十四年（1641）毛晉汲古閣刻本　四册

360000－1901－0023895　419898
詩經集傳八卷　（宋）朱熹撰　清愛蓮堂刻本　四册

360000－1901－0023896　419899
詩經集傳八卷　（宋）朱熹撰　清愛蓮堂刻本　三册

360000－1901－0023897　802601－1
詩經集傳八卷　（宋）朱熹撰　清愛蓮堂刻本　二册　存五卷（三至四、六至八）

360000－1901－0023898　901138
詩經集傳八卷　（宋）朱熹撰　清愛蓮堂刻本　一册　存一卷（三）

360000－1901－0023899　419881
詩經集傳八卷　（宋）朱熹撰　清愛蓮堂刻本（卷三配清文會堂刻本、卷四至八配清刻本）　四册

360000－1901－0023900　419900
詩經集傳八卷　（宋）朱熹撰　清愛蓮堂刻本（卷四至五配清刻本）　四册

360000－1901－0023901　419596
詩經集傳八卷　（宋）朱熹撰　清安省聚文堂刻本　六册

360000－1901－0023902　801800
詩經集傳八卷　（宋）朱熹撰　清寶善堂刻本　一册　存一卷（五）

360000－1901－0023903　719973
詩經集傳八卷　（宋）朱熹撰　清筆花樓刻本　一册　存二卷（四至五）

360000－1901－0023904　802601－5
詩經集傳八卷　（宋）朱熹撰　清筆花樓刻本　一册　存三卷（六至八）

360000－1901－0023905　901145
詩經集傳八卷　（宋）朱熹撰　清筆花樓刻本　一册　存三卷（六至八）

360000－1901－0023906　719972
詩經集傳八卷　（宋）朱熹撰　清筆花樓刻朱墨套印本　一册　存二卷（一至二）

360000－1901－0023907　419592
詩經集傳八卷　（宋）朱熹撰　清崇讓堂刻本　七册

360000－1901－0023908　419593
詩經集傳八卷　（宋）朱熹撰　清崇讓堂刻本　五册

360000－1901－0023909　419588
詩經集傳八卷　（宋）朱熹撰　清大文堂刻本　四册

360000－1901－0023910　419985
詩經集傳八卷　（宋）朱熹撰　清道光三十年（1850）刻本（卷四至八配清刻本）　三册

360000－1901－0023911　122920
詩經集傳八卷　（宋）朱熹撰　清道光十六年（1836）揚郡二郎廟片善堂惜字公局刻本　三册　存六卷（一至二、五至八）

360000－1901－0023912　419591
詩經集傳八卷　（宋）朱熹撰　清道光四年（1824）崇讓堂刻本　四册

360000－1901－0023913　419594
詩經集傳八卷　（宋）朱熹撰　清道光四年（1824）崇讓堂刻本　二册　存一卷（五）

360000－1901－0023914　419594－1
詩經集傳八卷　（宋）朱熹撰　清道光四年（1824）崇讓堂刻本　一册　存二卷（一至二）

360000－1901－0023915　719963
詩經集傳八卷　（宋）朱熹撰　清光緒二十三年（1897）柏記書局刻本　四册

360000－1901－0023916　800663
**詩經集傳八卷**　(宋)朱熹撰　清光緒金陵李光明莊狀元閣刻本　一册　存二卷(一至二)

360000－1901－0023917　603641
**詩經集傳八卷**　(宋)朱熹撰　清光緒九年(1883)湖南文昌書局刻本　四册

360000－1901－0023918　419582
**詩經集傳八卷**　(宋)朱熹撰　清光緒六年(1880)狀元閣刻本　六册

360000－1901－0023919　601594
**詩經集傳八卷**　(宋)朱熹撰　清光緒三年(1877)永康胡氏退補齋刻本　四册

360000－1901－0023920　121844
**詩經集傳八卷**　(宋)朱熹撰　清光緒善成堂刻本　四册

360000－1901－0023921　419981
**詩經集傳八卷**　(宋)朱熹撰　清光緒十八年(1892)寶善堂刻本(卷三、六至八配清刻本)　四册

360000－1901－0023922　603640
**詩經集傳八卷**　(宋)朱熹撰　清光緒十二年(1886)湖北官書處刻本　四册

360000－1901－0023923　419602
**詩經集傳八卷**　(宋)朱熹撰　清光緒十年(1884)文會堂刻本　四册

360000－1901－0023924　419584
**詩經集傳八卷**　(宋)朱熹撰　清光緒十三年(1887)泰山堂刻本　四册

360000－1901－0023925　405794
**詩經集傳八卷**　(宋)朱熹撰　清光緒五年(1879)山西濬文書局刻本　四册　存二卷(四至五)

360000－1901－0023926　802601－3
**詩經集傳八卷**　(宋)朱熹撰　清懷涇堂刻本　一册　存一卷(三)

360000－1901－0023927　719967
**詩經集傳八卷**　(宋)朱熹撰　清會友堂晉記刻本(卷三至五配清刻本)　四册

360000－1901－0023928　419875
**詩經集傳八卷**　(宋)朱熹撰　清會友堂刻本　四册

360000－1901－0023929　801752
**詩經集傳八卷**　(宋)朱熹撰　清會友堂刻本　一册　存二卷(四至五)

360000－1901－0023930　419838
**詩經集傳八卷**　(宋)朱熹撰　清會友堂刻本(卷四至八配清刻本)　四册

360000－1901－0023931　802941－2
**詩經集傳八卷**　(宋)朱熹撰　清集道堂刻本　一册　存二卷(三至四)

360000－1901－0023932　804891
**詩經集傳八卷**　(宋)朱熹撰　清集道堂刻本　一册　存一卷(三)

360000－1901－0023933　160933
**詩經集傳八卷**　(宋)朱熹撰　清嘉慶十年(1805)刻本　四册

360000－1901－0023934　419930
**詩經集傳八卷**　(宋)朱熹撰　清江右潯陽萬氏蓬峰書屋刻本(卷四至五配清刻本)　四册

360000－1901－0023935　419601
**詩經集傳八卷**　(宋)朱熹撰　清江左書林刻本　四册

360000－1901－0023936　802941－1
**詩經集傳八卷**　(宋)朱熹撰　清芥子園刻本　一册　存二卷(一至二)

360000－1901－0023937　804437
**詩經集傳八卷**　(宋)朱熹撰　清聚興堂刻本　一册　存二卷(三至四)

360000－1901－0023938　419569
**詩經集傳八卷**　(宋)朱熹撰　清刻本　四册

360000－1901－0023939　419570
**詩經集傳八卷**　(宋)朱熹撰　清刻本　四册

360000－1901－0023940　419571

詩經集傳八卷　（宋）朱熹撰　清刻本　四冊

360000－1901－0023941　419589
詩經集傳八卷　（宋）朱熹撰　清刻本　四冊

360000－1901－0023942　419590
詩經集傳八卷　（宋）朱熹撰　清刻本　八冊

360000－1901－0023943　419595
詩經集傳八卷　（宋）朱熹撰　清刻本　六冊

360000－1901－0023944　419597
詩經集傳八卷　（宋）朱熹撰　清刻本　四冊

360000－1901－0023945　419599
詩經集傳八卷　（宋）朱熹撰　清刻本　四冊

360000－1901－0023946　419600
詩經集傳八卷　（宋）朱熹撰　清刻本　四冊

360000－1901－0023947　419603
詩經集傳八卷　（宋）朱熹撰　清刻本　四冊

360000－1901－0023948　419605
詩經集傳八卷　（宋）朱熹撰　清刻本　四冊

360000－1901－0023949　419607
詩經集傳八卷　（宋）朱熹撰　清刻本　四冊

360000－1901－0023950　419608
詩經集傳八卷　（宋）朱熹撰　清刻本　三冊

360000－1901－0023951　419609
詩經集傳八卷　（宋）朱熹撰　清刻本　三冊

360000－1901－0023952　419625
詩經集傳八卷　（宋）朱熹撰　清刻本　四冊

360000－1901－0023953　419803
詩經集傳八卷　（宋）朱熹撰　清刻本　四冊

360000－1901－0023954　419804
詩經集傳八卷　（宋）朱熹撰　清刻本　四冊

360000－1901－0023955　419805
詩經集傳八卷　（宋）朱熹撰　清刻本　四冊

360000－1901－0023956　419809
詩經集傳八卷　（宋）朱熹撰　清刻本　四冊

360000－1901－0023957　419810
詩經集傳八卷　（宋）朱熹撰　清刻本　四冊

360000－1901－0023958　419811
詩經集傳八卷　（宋）朱熹撰　清刻本　三冊

360000－1901－0023959　419839
詩經集傳八卷　（宋）朱熹撰　清刻本　四冊

360000－1901－0023960　419840
詩經集傳八卷　（宋）朱熹撰　清刻本　四冊

360000－1901－0023961　419841
詩經集傳八卷　（宋）朱熹撰　清刻本　四冊

360000－1901－0023962　419842
詩經集傳八卷　（宋）朱熹撰　清刻本　四冊

360000－1901－0023963　419848
詩經集傳八卷　（宋）朱熹撰　清刻本　四冊

360000－1901－0023964　419849
詩經集傳八卷　（宋）朱熹撰　清刻本　四冊

360000－1901－0023965　419851
詩經集傳八卷　（宋）朱熹撰　清刻本　四冊

360000－1901－0023966　419852
詩經集傳八卷　（宋）朱熹撰　清刻本　四冊

360000－1901－0023967　419853
詩經集傳八卷　（宋）朱熹撰　清刻本　四冊

360000－1901－0023968　419854
詩經集傳八卷　（宋）朱熹撰　清刻本　四冊

360000－1901－0023969　419855
詩經集傳八卷　（宋）朱熹撰　清刻本　三冊

360000－1901－0023970　419856
詩經集傳八卷　（宋）朱熹撰　清刻本　四冊

360000－1901－0023971　419857
詩經集傳八卷　（宋）朱熹撰　清刻本　四冊

360000－1901－0023972　419861
詩經集傳八卷　（宋）朱熹撰　清刻本　四冊

360000－1901－0023973　419867
詩經集傳八卷　（宋）朱熹撰　清刻本　四冊

360000－1901－0023974　419868

詩經集傳八卷　(宋)朱熹撰　清刻本　四冊

360000－1901－0023975　419869
詩經集傳八卷　(宋)朱熹撰　清刻本　四冊

360000－1901－0023976　419877
詩經集傳八卷　(宋)朱熹撰　清刻本　四冊

360000－1901－0023977　419879
詩經集傳八卷　(宋)朱熹撰　清刻本　三冊

360000－1901－0023978　419880
詩經集傳八卷　(宋)朱熹撰　清刻本　三冊

360000－1901－0023979　419885
詩經集傳八卷　(宋)朱熹撰　清刻本　四冊

360000－1901－0023980　419893
詩經集傳八卷　(宋)朱熹撰　清刻本　四冊

360000－1901－0023981　419894
詩經集傳八卷　(宋)朱熹撰　清刻本　四冊

360000－1901－0023982　419896
詩經集傳八卷　(宋)朱熹撰　清刻本　四冊

360000－1901－0023983　419904
詩經集傳八卷　(宋)朱熹撰　清刻本　四冊

360000－1901－0023984　419905
詩經集傳八卷　(宋)朱熹撰　清刻本　四冊

360000－1901－0023985　419909
詩經集傳八卷　(宋)朱熹撰　清刻本　四冊

360000－1901－0023986　419914
詩經集傳八卷　(宋)朱熹撰　清刻本　四冊

360000－1901－0023987　419915
詩經集傳八卷　(宋)朱熹撰　清刻本　四冊

360000－1901－0023988　419916
詩經集傳八卷　(宋)朱熹撰　清刻本　四冊

360000－1901－0023989　419927
詩經集傳八卷　(宋)朱熹撰　清刻本　四冊

360000－1901－0023990　419928
詩經集傳八卷　(宋)朱熹撰　清刻本　四冊

360000－1901－0023991　419934

詩經集傳八卷　(宋)朱熹撰　清刻本　四冊

360000－1901－0023992　419935
詩經集傳八卷　(宋)朱熹撰　清刻本　四冊

360000－1901－0023993　419936
詩經集傳八卷　(宋)朱熹撰　清刻本　四冊

360000－1901－0023994　419942
詩經集傳八卷　(宋)朱熹撰　清刻本　四冊

360000－1901－0023995　419945
詩經集傳八卷　(宋)朱熹撰　清刻本　四冊

360000－1901－0023996　419947
詩經集傳八卷　(宋)朱熹撰　清刻本　四冊

360000－1901－0023997　419978
詩經集傳八卷　(宋)朱熹撰　清刻本　四冊

360000－1901－0023998　419982
詩經集傳八卷　(宋)朱熹撰　清刻本　四冊

360000－1901－0023999　419983
詩經集傳八卷　(宋)朱熹撰　清刻本　三冊

360000－1901－0024000　419989
詩經集傳八卷　(宋)朱熹撰　清刻本　四冊

360000－1901－0024001　419990
詩經集傳八卷　(宋)朱熹撰　清刻本　三冊
存七卷(一至二、四至八)

360000－1901－0024002　419991
詩經集傳八卷　(宋)朱熹撰　清刻本　三冊
存七卷(一至二、四至八)

360000－1901－0024003　419992
詩經集傳八卷　(宋)朱熹撰　清刻本　三冊
存七卷(一至二、四至八)

360000－1901－0024004　419993
詩經集傳八卷　(宋)朱熹撰　清刻本　三冊
存七卷(一至二、四至八)

360000－1901－0024005　419995
詩經集傳八卷　(宋)朱熹撰　清刻本　四冊

360000－1901－0024006　419996
詩經集傳八卷　(宋)朱熹撰　清刻本　四冊

360000－1901－0024007　601593
**詩經集傳八卷**　（宋）朱熹撰　清刻本　一册
存二卷（三至四）

360000－1901－0024008　601595
**詩經集傳八卷**　（宋）朱熹撰　清刻本　四册

360000－1901－0024009　601597
**詩經集傳八卷**　（宋）朱熹撰　清刻本　四册

360000－1901－0024010　603642
**詩經集傳八卷**　（宋）朱熹撰　清刻本　一册
存二卷（四至五）

360000－1901－0024011　603642－1
**詩經集傳八卷**　（宋）朱熹撰　清刻本　一册
存一卷（三）

360000－1901－0024012　719955
**詩經集傳八卷**　（宋）朱熹撰　清刻本　四册

360000－1901－0024013　719956
**詩經集傳八卷**　（宋）朱熹撰　清刻本　四册

360000－1901－0024014　719957
**詩經集傳八卷**　（宋）朱熹撰　清刻本　四册

360000－1901－0024015　719958
**詩經集傳八卷**　（宋）朱熹撰　清刻本　四册

360000－1901－0024016　719959
**詩經集傳八卷**　（宋）朱熹撰　清刻本　四册

360000－1901－0024017　719965
**詩經集傳八卷**　（宋）朱熹撰　清刻本　四册

360000－1901－0024018　719969
**詩經集傳八卷**　（宋）朱熹撰　清刻本　四册

360000－1901－0024019　720028－3
**詩經集傳八卷**　（宋）朱熹撰　清刻本　一册
存二卷（一至二）

360000－1901－0024020　800663－1
**詩經集傳八卷**　（宋）朱熹撰　清刻本　一册
存三卷（六至八）

360000－1901－0024021　800664
**詩經集傳八卷**　（宋）朱熹撰　清刻本　一册
存三卷（六至八）

360000－1901－0024022　800665
**詩經集傳八卷**　（宋）朱熹撰　清刻本　一册
存三卷（六至八）

360000－1901－0024023　800666
**詩經集傳八卷**　（宋）朱熹撰　清刻本　一册
存三卷（六至八）

360000－1901－0024024　800667
**詩經集傳八卷**　（宋）朱熹撰　清刻本　一册
存三卷（六至八）

360000－1901－0024025　800668
**詩經集傳八卷**　（宋）朱熹撰　清刻本　一册
存三卷（六至八）

360000－1901－0024026　800669
**詩經集傳八卷**　（宋）朱熹撰　清刻本　一册
存三卷（六至八）

360000－1901－0024027　800670
**詩經集傳八卷**　（宋）朱熹撰　清刻本　一册
存三卷（六至八）

360000－1901－0024028　800682
**詩經集傳八卷**　（宋）朱熹撰　清刻本　一册
存三卷（六至八）

360000－1901－0024029　801118
**詩經集傳八卷**　（宋）朱熹撰　清刻本　一册
存一卷（二）

360000－1901－0024030　801753
**詩經集傳八卷**　（宋）朱熹撰　清刻本　一册
存二卷（四至五）

360000－1901－0024031　801754
**詩經集傳八卷**　（宋）朱熹撰　清刻本　一册
存二卷（四至五）

360000－1901－0024032　801755
**詩經集傳八卷**　（宋）朱熹撰　清刻本　一册
存二卷（四至五）

360000－1901－0024033　801756
**詩經集傳八卷**　（宋）朱熹撰　清刻本　一册

存二卷(四至五)

360000－1901－0024034　801757
**詩經集傳八卷**　(宋)朱熹撰　清刻本　一册
存二卷(四至五)

360000－1901－0024035　801758
**詩經集傳八卷**　(宋)朱熹撰　清刻本　一册
存二卷(四至五)

360000－1901－0024036　801759
**詩經集傳八卷**　(宋)朱熹撰　清刻本　一册
存二卷(四至五)

360000－1901－0024037　801760
**詩經集傳八卷**　(宋)朱熹撰　清刻本　一册
存一卷(三)

360000－1901－0024038　801761
**詩經集傳八卷**　(宋)朱熹撰　清刻本　一册
存一卷(五)

360000－1901－0024039　801762
**詩經集傳八卷**　(宋)朱熹撰　清刻本　一册
存一卷(五)

360000－1901－0024040　801763
**詩經集傳八卷**　(宋)朱熹撰　清刻本　一册
存一卷(五)

360000－1901－0024041　801764
**詩經集傳八卷**　(宋)朱熹撰　清刻本　一册
存二卷(四至五)

360000－1901－0024042　801765
**詩經集傳八卷**　(宋)朱熹撰　清刻本　一册
存二卷(四至五)

360000－1901－0024043　801767
**詩經集傳八卷**　(宋)朱熹撰　清刻本　一册
存二卷(四至五)

360000－1901－0024044　801768
**詩經集傳八卷**　(宋)朱熹撰　清刻本　一册
存二卷(四至五)

360000－1901－0024045　801769
**詩經集傳八卷**　(宋)朱熹撰　清刻本　一册
存一卷(五)

360000－1901－0024046　801771
**詩經集傳八卷**　(宋)朱熹撰　清刻本　一册
存二卷(四至五)

360000－1901－0024047　801772
**詩經集傳八卷**　(宋)朱熹撰　清刻本　一册
存二卷(四至五)

360000－1901－0024048　801773
**詩經集傳八卷**　(宋)朱熹撰　清刻本　一册
存二卷(四至五)

360000－1901－0024049　801774
**詩經集傳八卷**　(宋)朱熹撰　清刻本　一册
存二卷(四至五)

360000－1901－0024050　801775
**詩經集傳八卷**　(宋)朱熹撰　清刻本　一册
存三卷(六至八)

360000－1901－0024051　801777
**詩經集傳八卷**　(宋)朱熹撰　清刻本　一册
存二卷(四至五)

360000－1901－0024052　801778
**詩經集傳八卷**　(宋)朱熹撰　清刻本　一册
存一卷(五)

360000－1901－0024053　801779
**詩經集傳八卷**　(宋)朱熹撰　清刻本　一册
存一卷(五)

360000－1901－0024054　801780
**詩經集傳八卷**　(宋)朱熹撰　清刻本　一册
存一卷(五)

360000－1901－0024055　801781
**詩經集傳八卷**　(宋)朱熹撰　清刻本　一册
存二卷(四至五)

360000－1901－0024056　801785
**詩經集傳八卷**　(宋)朱熹撰　清刻本　一册
存二卷(四至五)

360000－1901－0024057　801786
**詩經集傳八卷**　(宋)朱熹撰　清刻本　一册

存二卷(四至五)

360000－1901－0024058　801787
**詩經集傳八卷**　(宋)朱熹撰　清刻本　一冊
存二卷(四至五)

360000－1901－0024059　801788
**詩經集傳八卷**　(宋)朱熹撰　清刻本　一冊
存二卷(四至五)

360000－1901－0024060　801790
**詩經集傳八卷**　(宋)朱熹撰　清刻本　一冊
存二卷(四至五)

360000－1901－0024061　801792
**詩經集傳八卷**　(宋)朱熹撰　清刻本　一冊
存二卷(四至五)

360000－1901－0024062　801792－1
**詩經集傳八卷**　(宋)朱熹撰　清刻本　一冊
存二卷(四至五)

360000－1901－0024063　801792－2
**詩經集傳八卷**　(宋)朱熹撰　清刻本　一冊
存二卷(四至五)

360000－1901－0024064　801793
**詩經集傳八卷**　(宋)朱熹撰　清刻本　一冊
存二卷(四至五)

360000－1901－0024065　801794
**詩經集傳八卷**　(宋)朱熹撰　清刻本　一冊
存二卷(四至五)

360000－1901－0024066　801795
**詩經集傳八卷**　(宋)朱熹撰　清刻本　一冊
存二卷(四至五)

360000－1901－0024067　801796
**詩經集傳八卷**　(宋)朱熹撰　清刻本　一冊
存二卷(四至五)

360000－1901－0024068　801797
**詩經集傳八卷**　(宋)朱熹撰　清刻本　一冊
存二卷(四至五)

360000－1901－0024069　801798
**詩經集傳八卷**　(宋)朱熹撰　清刻本　一冊
存二卷(四至五)

360000－1901－0024070　801799
**詩經集傳八卷**　(宋)朱熹撰　清刻本　一冊
存二卷(四至五)

360000－1901－0024071　802206
**詩經集傳八卷**　(宋)朱熹撰　清刻本　一冊
存二卷(四至五)

360000－1901－0024072　802603
**詩經集傳八卷**　(宋)朱熹撰　清刻本　三冊
存五卷(二至三、六至八)

360000－1901－0024073　802603－1
**詩經集傳八卷**　(宋)朱熹撰　清刻本　二冊
存四卷(三、六至八)

360000－1901－0024074　802603－2
**詩經集傳八卷**　(宋)朱熹撰　清刻本　二冊
存四卷(三、六至八)

360000－1901－0024075　802603－3
**詩經集傳八卷**　(宋)朱熹撰　清刻本　二冊
存四卷(三、六至八)

360000－1901－0024076　802603－4
**詩經集傳八卷**　(宋)朱熹撰　清刻本　二冊
存四卷(三、六至八)

360000－1901－0024077　802603－5
**詩經集傳八卷**　(宋)朱熹撰　清刻本　三冊
存六卷(三至八)

360000－1901－0024078　802603－6
**詩經集傳八卷**　(宋)朱熹撰　清刻本　三冊
存六卷(三至八)

360000－1901－0024079　802603－7
**詩經集傳八卷**　(宋)朱熹撰　清刻本　一冊
存三卷(六至八)

360000－1901－0024080　802603－8
**詩經集傳八卷**　(宋)朱熹撰　清刻本　一冊
存三卷(六至八)

360000－1901－0024081　802603－9
**詩經集傳八卷**　(宋)朱熹撰　清刻本　一冊

存三卷(六至八)

360000－1901－0024082　802604
**詩經集傳八卷**　(宋)朱熹撰　清刻本　二冊
存五卷(三至四、六至八)

360000－1901－0024083　802604－1
**詩經集傳八卷**　(宋)朱熹撰　清刻本　二冊
存五卷(三至四、六至八)

360000－1901－0024084　802604－11
**詩經集傳八卷**　(宋)朱熹撰　清刻本　二冊
存三卷(一至三)

360000－1901－0024085　802604－13
**詩經集傳八卷**　(宋)朱熹撰　清刻本　一冊
存一卷(三)

360000－1901－0024086　802604－14
**詩經集傳八卷**　(宋)朱熹撰　清刻本　一冊
存一卷(三)

360000－1901－0024087　802604－15
**詩經集傳八卷**　(宋)朱熹撰　清刻本　一冊
存一卷(三)

360000－1901－0024088　802604－16
**詩經集傳八卷**　(宋)朱熹撰　清刻本　一冊
存一卷(三)

360000－1901－0024089　802604－17
**詩經集傳八卷**　(宋)朱熹撰　清刻本　一冊
存一卷(三)

360000－1901－0024090　802604－18
**詩經集傳八卷**　(宋)朱熹撰　清刻本　一冊
存一卷(三)

360000－1901－0024091　802604－19
**詩經集傳八卷**　(宋)朱熹撰　清刻本　一冊
存一卷(三)

360000－1901－0024092　802604－2
**詩經集傳八卷**　(宋)朱熹撰　清刻本　二冊
存五卷(三至四、六至八)

360000－1901－0024093　802604－20
**詩經集傳八卷**　(宋)朱熹撰　清刻本　一冊
存一卷(三)

360000－1901－0024094　802604－21
**詩經集傳八卷**　(宋)朱熹撰　清刻本　一冊
存一卷(三)

360000－1901－0024095　802604－22
**詩經集傳八卷**　(宋)朱熹撰　清刻本　一冊
存一卷(三)

360000－1901－0024096　802604－23
**詩經集傳八卷**　(宋)朱熹撰　清刻本　一冊
存一卷(三)

360000－1901－0024097　802604－24
**詩經集傳八卷**　(宋)朱熹撰　清刻本　一冊
存一卷(三)

360000－1901－0024098　802604－3
**詩經集傳八卷**　(宋)朱熹撰　清刻本　二冊
存五卷(三至四、六至八)

360000－1901－0024099　802604－4
**詩經集傳八卷**　(宋)朱熹撰　清刻本　二冊
存五卷(三至四、六至八)

360000－1901－0024100　802604－5
**詩經集傳八卷**　(宋)朱熹撰　清刻本　二冊
存四卷(三、六至八)

360000－1901－0024101　802604－6
**詩經集傳八卷**　(宋)朱熹撰　清刻本　二冊
存四卷(三、六至八)

360000－1901－0024102　802604－7
**詩經集傳八卷**　(宋)朱熹撰　清刻本　二冊
存四卷(三、六至八)

360000－1901－0024103　802604－8
**詩經集傳八卷**　(宋)朱熹撰　清刻本　二冊
存四卷(三、六至八)

360000－1901－0024104　802604－9
**詩經集傳八卷**　(宋)朱熹撰　清刻本　二冊
存四卷(三、六至八)

360000－1901－0024105　802940
**詩經集傳八卷**　(宋)朱熹撰　清刻本　一冊

存二卷(三至四)

360000－1901－0024106　802940－1
**詩經集傳八卷**　(宋)朱熹撰　清刻本　一冊
存二卷(三至四)

360000－1901－0024107　802942
**詩經集傳八卷**　(宋)朱熹撰　清刻本　二冊
存四卷(五至八)

360000－1901－0024108　802944
**詩經集傳八卷**　(宋)朱熹撰　清刻本　二冊
存五卷(一至二、六至八)

360000－1901－0024109　802945
**詩經集傳八卷**　(宋)朱熹撰　清刻本　二冊
存四卷(五至八)

360000－1901－0024110　802945－1
**詩經集傳八卷**　(宋)朱熹撰　清刻本　二冊
存五卷(四至八)

360000－1901－0024111　804315
**詩經集傳八卷**　(宋)朱熹撰　清刻本　一冊
存三卷(六至八)

360000－1901－0024112　804436
**詩經集傳八卷**　(宋)朱熹撰　清刻本　一冊
存二卷(三至四)

360000－1901－0024113　804438
**詩經集傳八卷**　(宋)朱熹撰　清刻本　一冊
存三卷(六至八)

360000－1901－0024114　900504－1
**詩經集傳八卷**　(宋)朱熹撰　清刻本　一冊
存一卷(一)

360000－1901－0024115　901139
**詩經集傳八卷**　(宋)朱熹撰　清刻本　一冊
存三卷(六至八)

360000－1901－0024116　901140
**詩經集傳八卷**　(宋)朱熹撰　清刻本　一冊
存三卷(六至八)

360000－1901－0024117　901142
**詩經集傳八卷**　(宋)朱熹撰　清刻本　一冊
存三卷(六至八)

360000－1901－0024118　901143
**詩經集傳八卷**　(宋)朱熹撰　清刻本　一冊
存三卷(六至八)

360000－1901－0024119　901144
**詩經集傳八卷**　(宋)朱熹撰　清刻本　一冊
存三卷(六至八)

360000－1901－0024120　901146
**詩經集傳八卷**　(宋)朱熹撰　清刻本　一冊
存三卷(六至八)

360000－1901－0024121　901147
**詩經集傳八卷**　(宋)朱熹撰　清刻本　一冊
存三卷(六至八)

360000－1901－0024122　901148
**詩經集傳八卷**　(宋)朱熹撰　清刻本　一冊
存三卷(六至八)

360000－1901－0024123　901149
**詩經集傳八卷**　(宋)朱熹撰　清刻本　一冊
存三卷(六至八)

360000－1901－0024124　901150
**詩經集傳八卷**　(宋)朱熹撰　清刻本　一冊
存二卷(七至八)

360000－1901－0024125　901151
**詩經集傳八卷**　(宋)朱熹撰　清刻本　一冊
存三卷(六至八)

360000－1901－0024126　901152
**詩經集傳八卷**　(宋)朱熹撰　清刻本　一冊
存二卷(七至八)

360000－1901－0024127　901153
**詩經集傳八卷**　(宋)朱熹撰　清刻本　一冊
存三卷(六至八)

360000－1901－0024128　901154
**詩經集傳八卷**　(宋)朱熹撰　清刻本　一冊
存三卷(六至八)

360000－1901－0024129　901155
**詩經集傳八卷**　(宋)朱熹撰　清刻本　一冊

存三卷(六至八)

360000－1901－0024130　901156
**詩經集傳八卷**　(宋)朱熹撰　清刻本　一册　存三卷(六至八)

360000－1901－0024131　901157
**詩經集傳八卷**　(宋)朱熹撰　清刻本　一册　存三卷(六至八)

360000－1901－0024132　901158
**詩經集傳八卷**　(宋)朱熹撰　清刻本　一册　存三卷(六至八)

360000－1901－0024133　901159
**詩經集傳八卷**　(宋)朱熹撰　清刻本　一册　存三卷(六至八)

360000－1901－0024134　901160
**詩經集傳八卷**　(宋)朱熹撰　清刻本　一册　存三卷(六至八)

360000－1901－0024135　901161
**詩經集傳八卷**　(宋)朱熹撰　清刻本　一册　存二卷(六至七)

360000－1901－0024136　901162
**詩經集傳八卷**　(宋)朱熹撰　清刻本　一册　存一卷(六)

360000－1901－0024137　901163
**詩經集傳八卷**　(宋)朱熹撰　清刻本　一册　存三卷(六至八)

360000－1901－0024138　901164
**詩經集傳八卷**　(宋)朱熹撰　清刻本　一册　存三卷(六至八)

360000－1901－0024139　901165
**詩經集傳八卷**　(宋)朱熹撰　清刻本　一册　存三卷(六至八)

360000－1901－0024140　902300
**監本詩經删補四卷**　(明)徐奮鵬撰　清刻本　一册　存一卷(二)

360000－1901－0024141　419979
**詩經集傳八卷**　(宋)朱熹撰　清刻本(卷六至八配清道生堂刻本)　四册

360000－1901－0024142　419932
**詩經集傳八卷**　(宋)朱熹撰　清刻本(卷六至八配清會友堂刻本)　四册

360000－1901－0024143　419984
**詩經集傳八卷**　(宋)朱熹撰　清刻本(卷六至八配清文奎堂刻本)　四册

360000－1901－0024144　419906
**詩經集傳八卷**　(宋)朱熹撰　清刻本(卷三配清文會堂刻本)　四册

360000－1901－0024145　419858
**詩經集傳八卷**　(宋)朱熹撰　清刻本(卷三配清怡蓮堂刻本)　四册

360000－1901－0024146　719966
**詩經集傳八卷**　(宋)朱熹撰　清刻本(卷四至五配清愛蓮堂刻本)　四册

360000－1901－0024147　419895
**詩經集傳八卷**　(宋)朱熹撰　清刻本(卷四至五配清筆花樓刻本)　四册

360000－1901－0024148　419980
**詩經集傳八卷**　(宋)朱熹撰　清刻本(卷四至五配清願學堂刻本)　四册

360000－1901－0024149　419843
**詩經集傳八卷**　(宋)朱熹撰　清刻本(卷一配清大文堂刻本)　四册

360000－1901－0024150　419931
**詩經集傳八卷**　(宋)朱熹撰　清刻本(卷一至二配清愛蓮堂刻本)　四册

360000－1901－0024151　419890
**詩經集傳八卷**　(宋)朱熹撰　清刻本(卷一至二配清寶文堂刻本)　四册

360000－1901－0024152　419850
**詩經集傳八卷**　(宋)朱熹撰　清刻本(卷一至二配清春林堂刻本)　四册

360000－1901－0024153　419889
**詩經集傳八卷**　(宋)朱熹撰　清刻本(卷一

至二配清春林堂刻本） 四册

360000－1901－0024154 419891
**詩經集傳八卷** （宋）朱熹撰 清刻本（卷一至二配清大文堂刻本） 四册

360000－1901－0024155 419907
**詩經集傳八卷** （宋）朱熹撰 清刻本（卷一至二配清道光十年刻本） 四册

360000－1901－0024156 419846
**詩經集傳八卷** （宋）朱熹撰 清刻本（卷一至二配清道光元年聚和堂刻本） 四册

360000－1901－0024157 419847
**詩經集傳八卷** （宋）朱熹撰 清刻本（卷一至二配清道光元年聚和堂刻本） 四册

360000－1901－0024158 419892
**詩經集傳八卷** （宋）朱熹撰 清刻本（卷一至二配清光緒三十四年詳隆書局刻本） 四册

360000－1901－0024159 419994
**詩經集傳八卷** （宋）朱熹撰 清刻本（卷一至二配清桂月樓刻本） 四册

360000－1901－0024160 419908
**詩經集傳八卷** （宋）朱熹撰 清刻本（卷一至二配清嘉慶二年四友堂刻本） 四册

360000－1901－0024161 419929
**詩經集傳八卷** （宋）朱熹撰 清刻本（卷一至二配清嘉慶十六年刻本、卷六至八配清延古樓刻本） 五册

360000－1901－0024162 419870
**詩經集傳八卷** （宋）朱熹撰 清刻本（卷一至二配清經國堂刻本） 四册

360000－1901－0024163 419873
**詩經集傳八卷** （宋）朱熹撰 清刻本（卷一至二配清聚文堂刻本） 四册

360000－1901－0024164 419866
**詩經集傳八卷** （宋）朱熹撰 清刻本（卷一至二配清聚興堂刻本） 四册

360000－1901－0024165 419876
**詩經集傳八卷** （宋）朱熹撰 清刻本（卷一至二配清明文堂刻本） 四册

360000－1901－0024166 419949
**詩經集傳八卷** （宋）朱熹撰 清刻本（卷一至二配清寧静堂刻本） 四册

360000－1901－0024167 419901
**詩經集傳八卷** （宋）朱熹撰 清刻本（卷一至二配清謙受堂刻本） 四册

360000－1901－0024168 419946
**詩經集傳八卷** （宋）朱熹撰 清刻本（卷一至二配清乾隆四十一年刻本） 四册

360000－1901－0024169 419948
**詩經集傳八卷** （宋）朱熹撰 清刻本（卷一至二配清乾隆四十一年刻本） 四册

360000－1901－0024170 419937
**詩經集傳八卷** （宋）朱熹撰 清刻本（卷一至二配清乾隆五十四年刻本） 四册

360000－1901－0024171 419860
**詩經集傳八卷** （宋）朱熹撰 清刻本（卷一至二配清乾隆五十五年刻本） 四册

360000－1901－0024172 419887
**詩經集傳八卷** （宋）朱熹撰 清刻本（卷一至二配清三讓堂刻本、卷四至五配清義然閣刻本） 四册

360000－1901－0024173 419872
**詩經集傳八卷** （宋）朱熹撰 清刻本（卷一至二配清三樂堂刻本） 四册

360000－1901－0024174 419975
**詩經集傳八卷** （宋）朱熹撰 清刻本（卷一至二配清慎詒堂刻本） 四册

360000－1901－0024175 419844
**詩經集傳八卷** （宋）朱熹撰 清刻本（卷一至二配清松盛堂刻本） 四册

360000－1901－0024176 419845
**詩經集傳八卷** （宋）朱熹撰 清刻本（卷一至二配清松盛堂刻本） 四册

360000－1901－0024177　419878
**詩經集傳八卷**　（宋）朱熹撰　清刻本（卷一至二配清松盛堂刻本）　四冊

360000－1901－0024178　419941
**詩經集傳八卷**　（宋）朱熹撰　清刻本（卷一至二配清同治十三年浙江撫署刻本）　四冊

360000－1901－0024179　419902
**詩經集傳八卷**　（宋）朱熹撰　清刻本（卷一至二配清文富明堂刻本、卷三配清文星堂刻本）　四冊　存七卷（一至五、七至八）

360000－1901－0024180　419884
**詩經集傳八卷**　（宋）朱熹撰　清刻本（卷一至二配清文富堂刻本）　四冊

360000－1901－0024181　419950
**詩經集傳八卷**　（宋）朱熹撰　清刻本（卷一至二配清文富堂刻本）　四冊

360000－1901－0024182　419886
**詩經集傳八卷**　（宋）朱熹撰　清刻本（卷一至二配清文奎堂刻本）　四冊

360000－1901－0024183　419986
**詩經集傳八卷**　（宋）朱熹撰　清刻本（卷一至二配清文奎堂刻本）　四冊

360000－1901－0024184　419977
**詩經集傳八卷**　（宋）朱熹撰　清刻本（卷一至二配清文星堂刻本）　四冊　存七卷（一至七）

360000－1901－0024185　419910
**詩經集傳八卷**　（宋）朱熹撰　清刻本（卷一至二配清學源堂刻本）　四冊

360000－1901－0024186　419913
**詩經集傳八卷**　（宋）朱熹撰　清刻本（卷一至二配清怡蓮堂刻本、卷四至五配清啓元堂刻本）　四冊

360000－1901－0024187　419862
**詩經集傳八卷**　（宋）朱熹撰　清刻本（卷一至二配清義然閣刻本）　四冊

360000－1901－0024188　419864
**詩經集傳八卷**　（宋）朱熹撰　清刻本（卷一至二配清英德堂刻本）　四冊

360000－1901－0024189　419863
**詩經集傳八卷**　（宋）朱熹撰　清刻本（卷一至二配清忠和堂刻本）　四冊

360000－1901－0024190　419903
**詩經集傳八卷**　（宋）朱熹撰　清刻本（卷一至二爲清慎詒堂刻本）　四冊

360000－1901－0024191　419897
**詩經集傳八卷**　（宋）朱熹撰　清刻本（卷一至三配清公至堂刻本）　三冊

360000－1901－0024192　419865
**詩經集傳八卷**　（宋）朱熹撰　清刻本（卷一至三配清聚興堂刻本、卷四至五配清友于堂刻本）　四冊

360000－1901－0024193　419871
**詩經集傳八卷**　（宋）朱熹撰　清刻本（卷一至三配清儒宗堂刻本）　四冊

360000－1901－0024194　802943
**詩經集傳八卷**　（宋）朱熹撰　清老會賢堂刻本　三冊　存六卷（三至八）

360000－1901－0024195　419580
**詩經集傳八卷**　（宋）朱熹撰　清李光明莊刻本　五冊

360000－1901－0024196　419581
**詩經集傳八卷**　（宋）朱熹撰　清兩儀堂刻本　四冊

360000－1901－0024197　419938
**詩經集傳八卷**　（宋）朱熹撰　清兩儀堂刻本　四冊

360000－1901－0024198　419973
**詩經集傳八卷**　（宋）朱熹撰　清兩儀堂刻本　四冊

360000－1901－0024199　603520－1
**詩經集傳八卷**　（宋）朱熹撰　清兩儀堂刻本　二冊　存三卷（三至四、六）

360000－1901－0024200　719968
**詩經集傳八卷**　（宋）朱熹撰　清兩儀堂刻本　四册

360000－1901－0024201　800662
**詩經集傳八卷**　（宋）朱熹撰　清兩儀堂刻本　二册　存五卷（一至二、六至八）

360000－1901－0024202　802604－25
**詩經集傳八卷**　（宋）朱熹撰　清兩儀堂刻本　一册　存一卷（三）

360000－1901－0024203　419939
**詩經集傳八卷**　（宋）朱熹撰　清兩儀堂刻本（卷一至二配清刻本）　四册

360000－1901－0024204　419952
**詩經集傳八卷**　（宋）朱熹撰　清末李光明莊刻本（卷一至二年配清英德堂刻本、卷三配清聚興堂刻本、卷四至五配清文星堂刻本）　四册

360000－1901－0024205　801116
**詩經集傳八卷**　（宋）朱熹撰　清末掃葉山房刻本　二册　存二卷（一至二）

360000－1901－0024206　719970
**詩經集傳八卷**　（宋）朱熹撰　清寧静堂刻本　二册　存四卷（三、六至八）

360000－1901－0024207　210099
**詩經集傳八卷**　（宋）朱熹撰　清乾隆七年（1742）怡府明善堂刻本　四册

360000－1901－0024208　419943
**詩經集傳八卷**　（宋）朱熹撰　清乾隆三十八年（1773）集道堂刻本（卷六至八配清刻本）　四册

360000－1901－0024209　419944
**詩經集傳八卷**　（宋）朱熹撰　清乾隆三十八年（1773）集道堂刻本（卷四至八配清刻本）　四册

360000－1901－0024210　419572
**詩經集傳八卷**　（宋）朱熹撰　清乾隆五十五年（1790）芥子園刻本　四册

360000－1901－0024211　419574
**詩經集傳八卷**　（宋）朱熹撰　清乾隆五十五年（1790）芥子園刻本　四册

360000－1901－0024212　802601
**詩經集傳八卷**　（宋）朱熹撰　清三味堂刻本　一册　存二卷（四至五）

360000－1901－0024213　419911
**詩經集傳八卷**　（宋）朱熹撰　清慎詒堂刻本　四册

360000－1901－0024214　419951
**詩經集傳八卷**　（宋）朱熹撰　清慎詒堂刻本　四册

360000－1901－0024215　719697
**詩經集傳八卷**　（宋）朱熹撰　清慎詒堂刻本　八册

360000－1901－0024216　800661
**詩經集傳八卷**　（宋）朱熹撰　清慎詒堂刻本　二册　存四卷（一、六至八）

360000－1901－0024217　801766
**詩經集傳八卷**　（宋）朱熹撰　清慎詒堂刻本　一册　存二卷（四至五）

360000－1901－0024218　801770
**詩經集傳八卷**　（宋）朱熹撰　清慎詒堂刻本　一册　存二卷（四至五）

360000－1901－0024219　801783
**詩經集傳八卷**　（宋）朱熹撰　清慎詒堂刻本　一册　存一卷（五）

360000－1901－0024220　801784
**詩經集傳八卷**　（宋）朱熹撰　清慎詒堂刻本　一册　存一卷（五）

360000－1901－0024221　801789
**詩經集傳八卷**　（宋）朱熹撰　清慎詒堂刻本　一册　存二卷（四至五）

360000－1901－0024222　802601－2
**詩經集傳八卷**　（宋）朱熹撰　清慎詒堂刻本　一册　存一卷（三）

360000－1901－0024223　802604－12
**詩經集傳八卷**　(宋)朱熹撰　清慎詒堂刻本　一册　存一卷(三)

360000－1901－0024224　901141
**詩經集傳八卷**　(宋)朱熹撰　清慎詒堂刻本　一册　存三卷(六至八)

360000－1901－0024225　419996－1
**詩經集傳八卷**　(宋)朱熹撰　清慎詒堂刻本(卷三至四配清刻本)　二册　存三卷(三至四、六)

360000－1901－0024226　121842
**詩經集傳八卷**　(宋)朱熹撰　清恕堂刻本　四册

360000－1901－0024227　801776
**詩經集傳八卷**　(宋)朱熹撰　清松記刻本　一册　存三卷(六至八)

360000－1901－0024228　419573
**詩經集傳八卷**　(宋)朱熹撰　清同治二年(1863)芥子園刻本　四册

360000－1901－0024229　419585
**詩經集傳八卷**　(宋)朱熹撰　清同治二年(1863)芥子園刻本　四册

360000－1901－0024230　419586
**詩經集傳八卷**　(宋)朱熹撰　清同治二年(1863)芥子園刻本　四册

360000－1901－0024231　121832
**詩經集傳八卷**　(宋)朱熹撰　清同治七年(1868)楚北崇文書局刻本　四册

360000－1901－0024232　121833
**詩經集傳八卷**　(宋)朱熹撰　清同治七年(1868)楚北崇文書局刻本　四册

360000－1901－0024233　419598
**詩經集傳八卷**　(宋)朱熹撰　清同治七年(1868)楚北崇文書局刻本　四册

360000－1901－0024234　601596
**詩經集傳八卷**　(宋)朱熹撰　清同治三年(1864)浙江撫署刻本　四册

360000－1901－0024235　121836
**詩經集傳八卷**　(宋)朱熹撰　清同治十三年(1874)江西書局刻本　四册

360000－1901－0024236　121837
**詩經集傳八卷**　(宋)朱熹撰　清同治十三年(1874)江西書局刻本　四册

360000－1901－0024237　419575
**詩經集傳八卷**　(宋)朱熹撰　清同治十三年(1874)江西書局刻本　四册

360000－1901－0024238　419576
**詩經集傳八卷**　(宋)朱熹撰　清同治十三年(1874)江西書局刻本　四册

360000－1901－0024239　419577
**詩經集傳八卷**　(宋)朱熹撰　清同治十三年(1874)江西書局刻本　四册

360000－1901－0024240　419578
**詩經集傳八卷**　(宋)朱熹撰　清同治十三年(1874)江西書局刻本　四册

360000－1901－0024241　419623
**詩經集傳八卷**　(宋)朱熹撰　清同治十三年(1874)江西書局刻本　二册　存三卷(一至二、五)

360000－1901－0024242　419624
**詩經集傳八卷**　(宋)朱熹撰　清同治十三年(1874)江西書局刻本　四册

360000－1901－0024243　121840
**詩經集傳八卷**　(宋)朱熹撰　清萬氏刻朱墨套印本　四册

360000－1901－0024244　121841
**詩經集傳八卷**　(宋)朱熹撰　清萬氏刻朱墨套印本　四册

360000－1901－0024245　419883
**詩經集傳八卷**　(宋)朱熹撰　清文富堂刻本(卷三配清尊德堂刻本、卷四至八配清刻本)　四册

360000－1901－0024246　419604
**詩經集傳八卷**　(宋)朱熹撰　清文奎堂刻本

四册

360000－1901－0024247　419829
**詩經集傳八卷**　(宋)朱熹撰　清文奎堂刻本　四册

360000－1901－0024248　801782
**詩經集傳八卷**　(宋)朱熹撰　清文奎堂刻本　一册　存二卷(四至五)

360000－1901－0024249　804316
**詩經集傳八卷**　(宋)朱熹撰　清文奎堂刻本　二册　存三卷(一至三)

360000－1901－0024250　419954
**詩經集傳八卷**　(宋)朱熹撰　清文奎堂刻本(卷四至五配清刻本)　四册

360000－1901－0024251　419882
**詩經集傳八卷**　(宋)朱熹撰　清文林堂刻本(卷四至八配清刻本)　三册

360000－1901－0024252　801791
**詩經集傳八卷**　(宋)朱熹撰　清文星堂刻本　一册　存二卷(四至五)

360000－1901－0024253　419933
**詩經集傳八卷**　(宋)朱熹撰　清吴恒隆刻本(卷三配清刻本)　四册

360000－1901－0024254　419617
**詩經集傳八卷**　(宋)朱熹撰　清宣統二年(1910)上海會文堂石印本　四册

360000－1901－0024255　419618
**詩經集傳八卷**　(宋)朱熹撰　清宣統三年(1911)上海章福記石印本　一册

360000－1901－0024256　419619
**詩經集傳八卷**　(宋)朱熹撰　清宣統三年(1911)上海章福記石印本　三册

360000－1901－0024257　722401
**詩經集傳八卷**　(宋)朱熹撰　清宣統三年(1911)上海章福記石印本　四册

360000－1901－0024258　722402
**詩經集傳八卷**　(宋)朱熹撰　清宣統三年(1911)上海章福記石印本　一册　存二卷(三至四)

360000－1901－0024259　419622
**詩經集傳八卷**　(宋)朱熹撰　清宣統元年(1909)上海龍文書局石印本　四册

360000－1901－0024260　419940
**詩經集傳八卷**　(宋)朱熹撰　清學源堂刻本(卷四至八配清刻本)　四册

360000－1901－0024261　719971
**詩經集傳八卷**　(宋)朱熹撰　清延古樓刻本　二册　存四卷(五至八)

360000－1901－0024262　419888
**詩經集傳八卷**　(宋)朱熹撰　清怡蓮堂刻本(卷三至五配清刻本)　四册

360000－1901－0024263　419583
**詩經集傳八卷**　(宋)朱熹撰　清英德堂刻本　四册

360000－1901－0024264　419606
**詩經集傳八卷**　(宋)朱熹撰　清英德堂刻本　四册

360000－1901－0024265　802604－10
**詩經集傳八卷**　(宋)朱熹撰　清英德堂刻本　一册　存二卷(一至二)

360000－1901－0024266　419912
**詩經集傳八卷**　(宋)朱熹撰　清英德堂刻本(卷三配清文星堂刻本)　四册

360000－1901－0024267　802601－4
**詩經集傳八卷**　(宋)朱熹撰　清郁文堂刻本　一册　存三卷(六至八)

360000－1901－0024268　802601－6
**詩經集傳八卷**　(宋)朱熹撰　清張太和書莊刻本　一册　存二卷(三至四)

360000－1901－0024269　419579
**詩經集傳八卷**　(宋)朱熹撰　清狀元閣刻本　五册

360000－1901－0024270　802941

**詩經集傳八卷**　(宋)朱熹撰　清宗讓堂刻本　一册　存三卷(六至八)

360000－1901－0024271　419874
**詩經集傳八卷**　(宋)朱熹撰　清尊德堂刻本　四册

360000－1901－0024272　802603－10
**詩經集傳八卷**　(宋)朱熹撰　清尊德堂刻本　一册　存一卷(三)

360000－1901－0024273　121834
**詩經集傳八卷**　(宋)朱熹撰　**附校勘記一卷**　(清)李宗岱撰　清光緒八年(1882)錦江書局影刻本　四册

360000－1901－0024274　419974
**詩經集傳八卷附詩經圖說詩經句辨詩經字考**　(宋)朱熹撰　清慎詒堂刻本　四册

360000－1901－0024275　419987
**詩經集傳八卷附詩經圖說詩經句辨詩經字考**　(宋)朱熹撰　清慎詒堂刻本　四册

360000－1901－0024276　419976
**詩經集傳八卷附詩經圖說詩經句辨詩經字考**　(宋)朱熹撰　清慎詒堂刻本(卷三配清刻本)　四册　缺一卷(二)

360000－1901－0024277　419988
**詩經集傳八卷附詩經圖說詩經句辨詩經字考**　(宋)朱熹撰　清刻本(卷一至二配清慎詒堂刻本)　四册

360000－1901－0024278　802946
**詩經集傳八卷句辨一卷字考一卷**　(宋)朱熹撰　清乾隆三十八年(1773)刻本(句辨一卷、字考一卷配清抄本)　一册　存五卷(一至三、句辨一卷、字考一卷)

360000－1901－0024279　419953
**詩經集傳八卷詩序辨說一卷**　(宋)朱熹撰　清刻本(卷一至二配清光緒九年湖南文昌書局刻本)　四册

360000－1901－0024280　121838
**詩經集傳八卷詩序辨說一卷**　(宋)朱熹撰　清同治五年(1866)金陵書局刻本　四册

360000－1901－0024281　121839
**詩經集傳八卷詩序辨說一卷**　(宋)朱熹撰　清同治五年(1866)金陵書局刻本　五册

360000－1901－0024282　800677
**詩經集解八卷**　(清)馮世瀛輯　清刻五經集解本　一册　存一卷(四)

360000－1901－0024283　603643
**詩經揭要四卷**　(□)□□撰　清刻本　一册

360000－1901－0024284　402556－1
**詩經揭要四卷**　(清)許寶善撰　清刻本　二册　存三卷(一、三至四)

360000－1901－0024285　419652
**詩經喈鳳詳解八卷詩經繹傳八卷**　(清)陳抒孝撰　清嘉慶五年(1800)積秀堂刻本　三册

360000－1901－0024286　419653
**詩經喈鳳詳解八卷詩經繹傳八卷**　(清)陳抒孝撰　清刻本　一册　存八卷(詩經喈鳳詳解五至八、詩經繹傳五至八)

360000－1901－0024287　419655
**詩經喈鳳詳解八卷詩經繹傳八卷**　(清)陳抒孝撰　清刻本　三册　存十卷(詩經喈鳳詳解三至八、詩經繹傳五至八)

360000－1901－0024288　120977
**和陶詩一卷**　(清)舒夢蘭撰　清嘉慶五年(1800)刻本　一册

360000－1901－0024289　800712
**詩經解□□卷**　(清)□□撰　清刻本　一册　存二卷(三至四)

360000－1901－0024290　804708
**詩經精粹□□卷**　(清)□□輯　清刻本　一册　存六卷(三至八)

360000－1901－0024291　804708－1
**詩經精粹□□卷**　(清)□□輯　清刻本　一册　存六卷(三至八)

360000－1901－0024292　419643

詩經精華十卷　(清)薛嘉穎撰　清道光五年(1825)光韙堂刻本　二冊　存七卷(一至四、八至十)

360000－1901－0024293　419642
詩經精華十卷　(清)薛嘉穎撰　清刻本　三冊　存六卷(一至二、七至十)

360000－1901－0024294　160724
詩經精華十卷　(清)薛嘉穎撰　清咸豐元年(1851)姑蘇會文堂刻本　四冊

360000－1901－0024295　160941
詩經精義彙鈔四卷　(清)陸錫璞輯　清道光十八年(1838)黔省熊大盛堂刻本　六冊

360000－1901－0024296　419638
詩經精義四卷　(清)黃淦撰　清刻本　一冊

360000－1901－0024297　603652
詩經精義四卷首一卷末一卷　(清)黃淦撰　清刻本　一冊　存三卷(三至四、末一卷)

360000－1901－0024298　603653
詩經精義五卷詩經旁訓五卷　(清)黃淦撰　(清)徐立綱旁訓　清光緒九年(1883)魏氏古香閣刻本　四冊　存五卷(詩經旁訓五卷)

360000－1901－0024299　121821
詩經偶箋十三卷　(明)萬時華撰　清抄本　一冊　存二卷(八至九)

360000－1901－0024300　402591－1
詩經旁訓辨體合訂四卷　(清)徐立綱輯　清刻五經旁訓辨體合訂本　一冊　存二卷(三至四)

360000－1901－0024301　402595－3
詩經旁訓辨體合訂四卷　(清)徐立綱輯　清刻五經旁訓辨體合訂本　一冊　存一卷(二)

360000－1901－0024302　402591
詩經旁訓辨體合訂四卷　(清)徐立綱輯　清孝思堂刻五經旁訓辨體合訂本　二冊　存三卷(一、三至四)

360000－1901－0024303　804173
詩經旁訓四卷　(清)徐立綱輯　清刻五經旁訓本　一冊　存一卷(一)

360000－1901－0024304　804174
詩經旁訓四卷　(清)徐立綱輯　清刻五經旁訓本　二冊

360000－1901－0024305　123042
詩經詮義十二卷首一卷末二卷　(清)汪紱撰　清道光二十二年(1842)延川金氏世德堂刻汪雙池先生叢書本　十五冊

360000－1901－0024306　410850
詩經詮義十二卷首一卷末二卷　(清)汪紱撰　清道光二十二年(1842)延川金氏世德堂刻汪雙池先生叢書本　十五冊

360000－1901－0024307　410851
詩經詮義十二卷首一卷末二卷　(清)汪紱撰　清道光二十二年(1842)延川金氏世德堂刻汪雙池先生叢書本　十五冊

360000－1901－0024308　710852
詩經詮義十二卷首一卷末二卷　(清)汪紱撰　清道光二十二年(1842)延川金氏世德堂刻汪雙池先生叢書本　十五冊

360000－1901－0024309　710853
詩經詮義十二卷首一卷末二卷　(清)汪紱撰　清道光二十二年(1842)延川金氏世德堂刻汪雙池先生叢書本　十五冊

360000－1901－0024310　710854
詩經詮義十二卷首一卷末二卷　(清)汪紱撰　清道光二十二年(1842)延川金氏世德堂刻汪雙池先生叢書本　十四冊　存十四卷(詩經詮義十二卷、首一卷、末上)

360000－1901－0024311　710855
詩經詮義十二卷首一卷末二卷　(清)汪紱撰　清道光二十二年(1842)延川金氏世德堂刻汪雙池先生叢書本　十三冊　存十三卷(一至三、六至十二,首一卷,末二卷)

360000－1901－0024312　710856
詩經詮義十二卷首一卷末二卷　(清)汪紱撰　清道光二十二年(1842)延川金氏世德堂刻

汪雙池先生叢書本　十三冊　存十三卷(一至五、七至八、十至十二,首一卷,末二卷)

360000－1901－0024313　710857
**詩經詮義十二卷首一卷末二卷**　(清)汪紱撰　清道光二十二年(1842)延川金氏世德堂刻汪雙池先生叢書本　五冊　存五卷(一至二、七,首一卷,末下)

360000－1901－0024314　710858
**詩經詮義十二卷首一卷末二卷**　(清)汪紱撰　清道光二十二年(1842)延川金氏世德堂刻汪雙池先生叢書本　八冊　存八卷(一至六、八至九)

360000－1901－0024315　710859
**詩經詮義十二卷首一卷末二卷**　(清)汪紱撰　清道光二十二年(1842)延川金氏世德堂刻汪雙池先生叢書本　四冊　存四卷(一、四至五,末上)

360000－1901－0024316　710860
**詩經詮義十二卷首一卷末二卷**　(清)汪紱撰　清道光二十二年(1842)延川金氏世德堂刻汪雙池先生叢書本　一冊　存一卷(四)

360000－1901－0024317　710861
**詩經詮義十二卷首一卷末二卷**　(清)汪紱撰　清道光二十二年(1842)延川金氏世德堂刻汪雙池先生叢書本　三冊　存三卷(一、十一,首一卷)

360000－1901－0024318　710862
**詩經詮義十二卷首一卷末二卷**　(清)汪紱撰　清道光二十二年(1842)延川金氏世德堂刻汪雙池先生叢書本　一冊　存一卷(詩經詮義一)

360000－1901－0024319　710863
**詩經詮義十二卷首一卷末二卷**　(清)汪紱撰　清道光二十二年(1842)延川金氏世德堂刻汪雙池先生叢書本　十四冊　存十四卷(二至十二、首一卷、末二卷)

360000－1901－0024320　710864
**詩經詮義十二卷首一卷末二卷**　(清)汪紱撰　清道光二十二年(1842)延川金氏世德堂刻汪雙池先生叢書本　三冊　存三卷(三、五,首一卷)

360000－1901－0024321　721804
**詩經詮義十二卷首一卷末二卷**　(清)汪紱撰　清道光二十二年(1842)延川金氏世德堂刻汪雙池先生叢書本　八冊　存八卷(一至二、八至十,首一卷,末二卷)

360000－1901－0024322　721805
**詩經詮義十二卷首一卷末二卷**　(清)汪紱撰　清道光二十二年(1842)延川金氏世德堂刻汪雙池先生叢書本　八冊　存八卷(六、八至十二,末二卷)

360000－1901－0024323　721806
**詩經詮義十二卷首一卷末二卷**　(清)汪紱撰　清道光二十二年(1842)延川金氏世德堂刻汪雙池先生叢書本　四冊　存四卷(四、七至九)

360000－1901－0024324　721807
**詩經詮義十二卷首一卷末二卷**　(清)汪紱撰　清道光二十二年(1842)延川金氏世德堂刻汪雙池先生叢書本　二冊　存二卷(九至十)

360000－1901－0024325　721808
**詩經詮義十二卷首一卷末二卷**　(清)汪紱撰　清道光二十二年(1842)延川金氏世德堂刻汪雙池先生叢書本　一冊　存一卷(九)

360000－1901－0024326　721809
**詩經詮義十二卷首一卷末二卷**　(清)汪紱撰　清道光二十二年(1842)延川金氏世德堂刻汪雙池先生叢書本　一冊　存一卷(九)

360000－1901－0024327　721810
**詩經詮義十二卷首一卷末二卷**　(清)汪紱撰　清道光二十二年(1842)延川金氏世德堂刻汪雙池先生叢書本　一冊　存一卷(九)

360000－1901－0024328　721811
**詩經詮義十二卷首一卷末二卷**　(清)汪紱撰　清道光二十二年(1842)延川金氏世德堂刻汪雙池先生叢書本　二冊　存二卷(九、十

一）

360000－1901－0024329　722377
**詩經詮義十二卷首一卷末二卷**　（清）汪紱撰　清道光二十二年（1842）延川金氏世德堂刻汪雙池先生叢書本　九册　存九卷（二至七、十二，末二卷）

360000－1901－0024330　419688
**詩經融注大全體要八卷**　（清）高朝瓔撰（清）沈世楷輯　清道光二十年（1840）刻本　三册　存七卷（一至三、五至八）

360000－1901－0024331　719694
**詩經融注大全體要八卷**　（清）高朝瓔撰（清）沈世楷輯　清道光二十年（1840）刻本　二册　存六卷（一至三、六至八）

360000－1901－0024332　719695
**詩經融注大全體要八卷**　（清）高朝瓔撰（清）沈世楷輯　清道光二十年（1840）刻本　二册　存四卷（一至四）

360000－1901－0024333　719693
**詩經融注大全體要八卷**　（清）高朝瓔撰（清）沈世楷輯　清道光二十年（1840）刻本（卷四至八配清刻本）　三册

360000－1901－0024334　719699
**詩經融注大全體要八卷**　（清）高朝瓔撰（清）沈世楷輯　清聚元堂刻本　四册

360000－1901－0024335　719688
**詩經融注大全體要八卷**　（清）高朝瓔撰（清）沈世楷輯　清刻本　三册　存六卷（三至八）

360000－1901－0024336　719690
**詩經融注大全體要八卷**　（清）高朝瓔撰（清）沈世楷輯　清刻本　三册　存六卷（三至八）

360000－1901－0024337　719696
**詩經融注大全體要八卷**　（清）高朝瓔撰（清）沈世楷輯　清刻本　二册　存四卷（三、六至八）

360000－1901－0024338　719698
**詩經融注大全體要八卷**　（清）高朝瓔撰（清）沈世楷輯　清乾隆四十二年（1777）三樂堂刻本　四册

360000－1901－0024339　719689
**詩經融注大全體要八卷**　（清）高朝瓔撰（清）沈世楷輯　清咸豐二年（1852）刻本　三册

360000－1901－0024340　719691
**詩經融注大全體要八卷**　（清）高朝瓔撰（清）沈世楷輯　清咸豐二年（1852）刻本（卷三至八配清刻本）　四册

360000－1901－0024341　719692
**詩經融注大全體要八卷**　（清）高朝瓔撰（清）沈世楷輯　清咸豐二年（1852）刻本（卷五至八配清刻本）　三册　存七卷（一至三、五至八）

360000－1901－0024342　419675
**詩經融注大全體要八卷**　（清）高朝瓔撰（清）沈世楷輯　**詩經集傳八卷**　（宋）朱熹撰　清大文堂刻本　四册

360000－1901－0024343　419674
**詩經融注大全體要八卷**　（清）高朝瓔撰（清）沈世楷輯　**詩經集傳八卷**　（宋）朱熹撰　清得月樓刻本　四册

360000－1901－0024344　419685
**詩經融注大全體要八卷**　（清）高朝瓔撰（清）沈世楷輯　**詩經集傳八卷**　（宋）朱熹撰　清光緒七年（1881）守墨齋刻本　四册

360000－1901－0024345　419677
**詩經融注大全體要八卷**　（清）高朝瓔撰（清）沈世楷輯　**詩經集傳八卷**　（宋）朱熹撰　清刻本　四册

360000－1901－0024346　419686
**詩經融注大全體要八卷**　（清）高朝瓔撰（清）沈世楷輯　**詩經集傳八卷**　（宋）朱熹撰　清同治五年（1866）刻本　四册

360000－1901－0024347　419687
**詩經融注大全體要八卷**　（清）高朝瓔撰　（清）沈世楷輯　**詩經集傳八卷**　（宋）朱熹撰　清同治五年(1866)刻本　四冊

360000－1901－0024348　164283
**詩經疏義會通二十卷綱領一卷圖一卷**　（元）朱公遷撰　（明）王逢輯　（明）何英增釋　明嘉靖二年(1523)書林劉氏安正書堂刻本　二冊　存九卷(五至九、十四至十七)

360000－1901－0024349　804701
**詩經題解摘要四卷**　（□）□□輯　清刻本　一冊

360000－1901－0024350　804703
**詩經題鏡四卷**　（□）□□輯　清刻本　一冊　存二卷(三至四)

360000－1901－0024351　160944
**詩經體注大全合參八卷**　（清）高朝瓔撰　（清）沈世楷輯　清愛日堂刻本　四冊

360000－1901－0024352　160945
**詩經體注大全合參八卷**　（清）高朝瓔撰　（清）沈世楷輯　清道光二十年(1840)刻本　四冊

360000－1901－0024353　902301
**詩經體注大全合參八卷**　（清）高朝瓔撰　（清）沈世楷輯　清刻本　一冊

360000－1901－0024354　902304
**詩經體注大全合參八卷**　（清）高朝瓔撰　（清）沈世楷輯　清刻本　一冊　存一卷(五)

360000－1901－0024355　902309
**詩經體注大全合參八卷**　（清）高朝瓔撰　（清）沈世楷輯　清刻本　一冊　存三卷(六至八)

360000－1901－0024356　902310
**詩經體注大全合參八卷**　（清）高朝瓔撰　（清）沈世楷輯　清刻本　一冊　存二卷(一至二)

360000－1901－0024357　902311
**詩經體注大全合參八卷**　（清）高朝瓔撰　（清）沈世楷輯　清刻本　一冊　存二卷(四至五)

360000－1901－0024358　902311－1
**詩經體注大全合參八卷**　（清）高朝瓔撰　（清）沈世楷輯　清刻本　一冊　存四卷(一至四)

360000－1901－0024359　902312
**詩經體注大全合參八卷**　（清）高朝瓔撰　（清）沈世楷輯　清刻本　一冊　存三卷(六至八)

360000－1901－0024360　902313
**詩經體注大全合參八卷**　（清）高朝瓔撰　（清）沈世楷輯　清刻本　二冊　存三卷(一至三)

360000－1901－0024361　902314
**詩經體注大全合參八卷**　（清）高朝瓔撰　（清）沈世楷輯　清刻本　一冊　存一卷(五)

360000－1901－0024362　902315
**詩經體注大全合參八卷**　（清）高朝瓔撰　（清）沈世楷輯　清刻本　一冊　存一卷(三)

360000－1901－0024363　902317
**詩經體注大全合參八卷**　（清）高朝瓔撰　（清）沈世楷輯　清刻本　一冊　存一卷(三)

360000－1901－0024364　902318
**詩經體注大全合參八卷**　（清）高朝瓔撰　（清）沈世楷輯　清刻本　一冊　存三卷(六至八)

360000－1901－0024365　902319
**詩經體注大全合參八卷**　（清）高朝瓔撰　（清）沈世楷輯　清刻本　一冊　存三卷(六至八)

360000－1901－0024366　902320
**詩經體注大全合參八卷**　（清）高朝瓔撰　（清）沈世楷輯　清刻本　一冊　存一卷(五)

360000－1901－0024367　902321
**詩經體注大全合參八卷**　（清）高朝瓔撰

(清)沈世楷輯　清刻本　一冊　存三卷(六至八)

360000－1901－0024368　902323
**詩經體注大全合參八卷**　(清)高朝瓔撰　(清)沈世楷輯　清刻本　一冊　存一卷(五)

360000－1901－0024369　419664
**詩經體注大全合參八卷**　(清)高朝瓔撰　(清)沈世楷輯　清三讓堂刻本　四冊

360000－1901－0024370　419665
**詩經體注大全合參八卷**　(清)高朝瓔撰　(清)沈世楷輯　**詩經集傳八卷**　(宋)朱熹撰　清三讓堂刻本　四冊

360000－1901－0024371　419673
**詩經體注大全合參八卷**　(清)高朝瓔撰　**詩經集傳八卷**　(宋)朱熹撰　清敦化堂刻本　四冊

360000－1901－0024372　419676
**詩經體注大全合參八卷**　(清)高朝瓔撰　**詩經集傳八卷**　(宋)朱熹撰　清聚錦堂刻本　四冊

360000－1901－0024373　419668
**詩經體注大全合參八卷**　(清)高朝瓔撰　**詩經集傳八卷**　(宋)朱熹撰　清文富堂刻本　四冊

360000－1901－0024374　419669
**詩經體注大全合參八卷**　(清)高朝瓔撰　**詩經集傳八卷**　(宋)朱熹撰　清文富堂刻本　四冊

360000－1901－0024375　419671
**詩經體注大全合參八卷**　(清)高朝瓔撰　**詩經集傳八卷**　(宋)朱熹撰　清學源堂刻本　二冊

360000－1901－0024376　419666
**詩經體注大全合參八卷**　(清)高朝瓔撰　**詩經集傳八卷**　(宋)朱熹撰　清英德堂刻本　四冊

360000－1901－0024377　419667
**詩經體注大全合參八卷**　(清)高朝瓔撰　**詩經集傳八卷**　(宋)朱熹撰　清玉軸樓刻本　四冊

360000－1901－0024378　419670
**詩經體注大全合參八卷**　(清)高朝瓔撰　**詩經集傳八卷**　(宋)朱熹撰　清芸生堂刻本　四冊

360000－1901－0024379　210110
**詩經圖史合攷二十卷**　(明)鍾惺輯　明刻本　二冊　存七卷(十四至二十)

360000－1901－0024380　800711
**詩經文通一卷**　(清)□□輯　清刻本　一冊

360000－1901－0024381　804511
**詩經文通一卷**　(清)□□輯　清刻本　一冊

360000－1901－0024382　804704
**詩經文通一卷**　(清)□□輯　清刻本　一冊

360000－1901－0024383　801465
**詩經序周召二南詩一卷**　(□)□□撰　清抄本　一冊

360000－1901－0024384　419644
**詩經言志二十六卷**　(清)汪灼撰　清嘉慶十九年(1814)刻本　三冊　存十八卷(七至十三、十六至二十六)

360000－1901－0024385　902322
**詩經衍義說約大全八卷**　(清)江晉雲參訂　(清)沈李龍增補　清刻本　二冊　存五卷(一至二、六至八)

360000－1901－0024386　902325
**詩經衍義說約大全八卷**　(清)江晉雲參訂　(清)沈李龍增補　清刻本　二冊　存四卷(三至六)

360000－1901－0024387　902325－1
**詩經衍義說約大全八卷**　(清)江晉雲參訂　(清)沈李龍增補　清刻本　一冊　存三卷(一至三)

360000－1901－0024388　901661
**詩經繹傳八卷**　(清)陳抒孝纂錄　清刻本

二冊　存二卷(三、五)

360000－1901－0024389　210115
**詩經繹傳八卷圖説一卷**　(清)陳抒孝纂録　**詩經嗜鳳詳解不分卷**　(清)陳抒孝輯解　(清)汪基增訂　清乾隆四十年(1775)三多齋刻本　六冊

360000－1901－0024390　210105
**詩經繹三卷**　(明)鄧元錫撰　明萬曆刻本　二冊

360000－1901－0024391　419632
**詩經音義辯讀一卷**　(清)徐進輯　清刻本　一冊

360000－1901－0024392　802451
**詩經韻藪大全□□卷**　(清)程嘉謨輯　清抄本　一冊　存二卷(一至二)

360000－1901－0024393　419684
**詩經擇粹八卷**　(□)□□撰　**詩經集傳八卷**　(宋)朱熹撰　清道光二十三年(1843)刻本　三冊

360000－1901－0024394　402569－1
**詩經增訂旁訓四卷**　(清)徐立綱輯　(清)□□增訂　清匠門書屋刻五經旁訓本　一冊　存一卷(二)

360000－1901－0024395　801119
**詩經增訂旁訓四卷**　(清)徐立綱輯　(清)□□增訂　清匠門書屋刻五經旁訓本　一冊　存一卷(一)

360000－1901－0024396　801121
**詩經增訂旁訓四卷**　(清)徐立綱輯　(清)□□增訂　清匠門書屋刻五經旁訓本　一冊　存一卷(二)

360000－1901－0024397　801122
**詩經增訂旁訓四卷**　(清)徐立綱輯　(清)□□增訂　清匠門書屋刻五經旁訓本　一冊　存一卷(一)

360000－1901－0024398　801117
**詩經增訂旁訓四卷**　(清)徐立綱輯　(清)□□增訂　清刻本　一冊　存一卷(二)

360000－1901－0024399　801120
**詩經增訂旁訓四卷**　(清)徐立綱輯　(清)□□增訂　清刻本　二冊　存二卷(一至二)

360000－1901－0024400　801123
**詩經增訂旁訓四卷**　(清)徐立綱輯　(清)□□增訂　清刻本　一冊　存一卷(一)

360000－1901－0024401　402591－2
**詩經增訂旁訓四卷**　(清)徐立綱輯　(清)□□增訂　清刻五經增訂旁訓本　三冊

360000－1901－0024402　419639
**詩經正解三十三卷**　(清)姜文燦　(清)吳荃輯　清刻本　三冊　存二卷(八至九)

360000－1901－0024403　802602
**詩經朱傳八卷**　(宋)朱熹撰　(清)孫慶甲校述　清京口善化堂刻本　一冊　存二卷(三至四)

360000－1901－0024404　411137
**詩句題解韻編六卷**　(清)陳維屏輯　清道光十三年(1833)文德堂刻本　六冊

360000－1901－0024405　410085
**詩句題解韻編六卷**　(清)陳維屏輯　清二成堂刻本　五冊　存五卷(一至五)

360000－1901－0024406　404254
**詩句題解韻編六卷**　(清)陳維屏輯　清刻本　五冊　存五卷(一至五)

360000－1901－0024407　404254－1
**詩句題解韻編六卷**　(清)陳維屏輯　清刻本　一冊　存一卷(四)

360000－1901－0024408　410086
**詩句題解韻編六卷**　(清)陳維屏輯　清刻本　四冊　存四卷(一至三、六)

360000－1901－0024409　404255
**詩句題解韻編六卷**　(清)陳維屏輯　清咸豐二年(1852)刻本　二冊　存三卷(一、四至五)

360000－1901－0024410　404252
**詩句題解韻編六卷**　(清)陳維屏輯　**續集六卷**　(清)葉蘭輯　清刻本　十冊　存十一卷(詩句題解韻編六卷,續集一至二、四至六)

360000－1901－0024411　722040
**詩句題解韻編六卷**　(清)陳維屏輯　**續集六卷**　(清)葉蘭輯　清同治大魁堂刻本　十二冊

360000－1901－0024412　404253
**詩句題解韻編六卷**　(清)陳維屏輯　**續集六卷**　(清)葉蘭輯　清同治四年(1865)刻本　七冊　存八卷(詩句題解韻編六卷,續集一、四)

360000－1901－0024413　300364
**詩句題解韻編四集十二卷**　(清)倪承瓚輯　清光緒元年(1875)申報館鉛印本　十二冊

360000－1901－0024414　804325
**詩句題解韻編四集十二卷**　(清)倪承瓚輯　清末鉛印本　二冊　存三卷(二、八至九)

360000－1901－0024415　800698－1
**詩雋腴腴五十卷**　(明)俞安期輯　(清)周大槐摘錄　清嘉慶二十三年(1818)刻本　一冊　存二卷(四十九至五十)

360000－1901－0024416　250104
**詩雋類函一百五十卷**　(明)俞安期輯　(明)梅鼎祚增輯　明萬曆三十七年(1609)刻本　三十冊

360000－1901－0024417　210128
**詩考一卷**　(宋)王應麟撰　元至元六年(1340)慶元路儒學刻明修玉海本　一冊

360000－1901－0024418　121806
**詩考異字箋餘十四卷**　(清)周邵蓮撰　清嘉慶六年(1801)刻本　二冊

360000－1901－0024419　804655
**詩攷□□卷**　(□)□□輯　清抄本　一冊　存二卷(一至二)

360000－1901－0024420　407873
**詩料英華十四卷**　(清)劉文蔚輯　清光緒十年(1884)同元堂刻本　一冊　存七卷(一至七)

360000－1901－0024421　800678
**詩料英華十四卷**　(清)劉文蔚輯　清刻本　一冊　存七卷(八至十四)

360000－1901－0024422　241229
**詩林韶濩二十卷**　(清)顧嗣立輯　清康熙四十四年(1705)顧氏秀野草堂刻本　八冊

360000－1901－0024423　241230
**詩林韶濩選二十卷**　(清)顧嗣立輯　(清)周煌重輯　清乾隆二十九年(1764)刻本　四冊

360000－1901－0024424　417516
**詩林韶濩選二十卷**　(清)顧嗣立輯　(清)周煌重輯　清乾隆二十九年(1764)刻本　四冊

360000－1901－0024425　417517
**詩林韶濩選二十卷**　(清)顧嗣立輯　(清)周煌重輯　清乾隆二十九年(1764)刻本　二冊　存八卷(四至八、十八至二十)

360000－1901－0024426　417518
**詩林韶濩選評二十卷補編一卷**　(清)顧嗣立輯　(清)周煌重輯　(清)金甡評　清乾隆三十一年(1766)南昌府學刻本　四冊　存二十卷(詩林韶濩選評二十卷)

360000－1901－0024427　417518－1
**詩林韶濩選評二十卷補編一卷**　(清)顧嗣立輯　(清)周煌重輯　(清)金甡評　清乾隆三十一年(1766)南昌府學刻本　一冊　存七卷(十五至二十、補編一卷)

360000－1901－0024428　304682
**詩舲詩外四卷**　(清)張祥河撰　清道光十八年(1838)松風草堂刻本　一冊　存二卷(一至二)

360000－1901－0024429　241506
**詩倫二卷**　(清)汪薇輯　清康熙五十六年(1717)寒木堂刻本　二冊

360000－1901－0024430　603631

**詩毛氏傳疏三十卷** (清)陳奐撰 清道光二十七年(1847)吳門陳氏掃葉山莊刻陳氏毛詩五種本 一冊

360000－1901－0024431 160916
**詩毛氏傳疏三十卷** (清)陳奐撰 清末上海鴻章書局石印本 十冊

360000－1901－0024432 160917
**詩毛氏傳疏三十卷** (清)陳奐撰 清末上海鴻章書局石印本 六冊 存十八卷(一至二、十一至十五、二十至三十)

360000－1901－0024433 309919
**詩夢鐘聲録一卷** (清)李嘉樂輯 清光緒十九年(1893)刻本 一冊

360000－1901－0024434 121811
**詩名物考略二卷** (清)尹繼美撰 清光緒六年(1880)刻本 一冊

360000－1901－0024435 121812
**詩名物考略二卷** (清)尹繼美撰 清光緒六年(1880)刻本 一冊

360000－1901－0024436 121813
**詩名物考略二卷** (清)尹繼美撰 清光緒六年(1880)刻本 一冊

360000－1901－0024437 313794
**詩品二卷** (南朝梁)鍾嶸撰 清光緒江陰繆氏刻對雨樓叢書本 一冊

360000－1901－0024438 803566
**詩品三卷** (南朝梁)鍾嶸撰 清抄本 一冊

360000－1901－0024439 300374
**詩品唐律二卷** (清)福振輯 清光緒刻本 二冊

360000－1901－0024440 405707
**詩品唐律二卷** (清)福振輯 清刻本 一冊 存一卷(下)

360000－1901－0024441 405219
**詩品一卷** (唐)司空圖撰 清光緒五年(1879)刻本 一冊

360000－1901－0024442 241524
**詩攟十二卷** (清)楊希閔撰 稿本 六冊

360000－1901－0024443 241502
**詩人玉屑二十卷** (宋)魏慶之輯 清初刻本 六冊

360000－1901－0024444 407898
**詩聲類十二卷分例一卷** (清)孔廣森撰 清乾隆五十七年(1792)曲阜孔廣廉謙益堂刻顨軒孔氏所著書本 一冊

360000－1901－0024445 419626
**詩説匯五卷** (清)張象魏輯 清刻本 二冊 存二卷(一、四)

360000－1901－0024446 241503
**詩藪内編六卷外編六卷雜編六卷續編二卷** (明)胡應麟撰 明刻本 一冊 存四卷(雜編五至六、續編二卷)

360000－1901－0024447 800072
**詩所八卷** (清)李光地撰 清刻本 一冊 存一卷(八)

360000－1901－0024448 210112
**詩所八卷** (清)李光地撰 清雍正六年(1728)刻本 三冊

360000－1901－0024449 714846
**詩所八卷** (清)李光地撰 清雍正六年(1728)李清植刻本 五冊

360000－1901－0024450 241219
**詩所五十六卷歷代名氏爵里一卷** (明)臧懋循輯 明萬曆金陵徐智刻本 四十冊

360000－1901－0024451 241226
**詩體明辯十卷** (明)徐師曾輯 清順治十五年(1658)還讀齋刻本 一冊 存三卷(八至十)

360000－1901－0024452 164289
**詩通四卷** (明)陸化熙撰 明末書林童憶泉刻本 一冊 存一卷(三)

360000－1901－0024453 241174
**詩慰** (清)陳允衡編 清順治澄懷閣刻本

十冊　存二十種

360000－1901－0024454　801137
**詩文雜鈔不分卷**　(□)□□撰　清抄本　一冊

360000－1901－0024455　121814
**詩序辨說一卷**　(宋)朱熹撰　清刻本　一冊

360000－1901－0024456　160921
**詩序廣義二十四卷**　(清)姜炳璋撰　清嘉慶二十年(1815)尊行堂刻本　八冊

360000－1901－0024457　802100
**詩序一卷入學階梯六卷**　(□)□□撰　清王吉人等抄本　一冊

360000－1901－0024458　414390
**詩學含英十四卷**　(清)劉文蔚輯　清愛蓮堂刻本　四冊

360000－1901－0024459　414391
**詩學含英十四卷**　(清)劉文蔚輯　清愛蓮堂刻本　一冊　存二卷(一至二)

360000－1901－0024460　414396
**詩學含英十四卷**　(清)劉文蔚輯　清寶文堂刻本　二冊

360000－1901－0024461　414414－1
**詩學含英十四卷**　(清)劉文蔚輯　清寶文堂刻本　一冊　存七卷(一至七)

360000－1901－0024462　414371
**詩學含英十四卷**　(清)劉文蔚輯　清大道堂刻本　二冊

360000－1901－0024463　414372
**詩學含英十四卷**　(清)劉文蔚輯　清大亨堂刻本　二冊

360000－1901－0024464　414374
**詩學含英十四卷**　(清)劉文蔚輯　清大文堂刻本　二冊

360000－1901－0024465　414375
**詩學含英十四卷**　(清)劉文蔚輯　清大文堂刻本　二冊

360000－1901－0024466　414376
**詩學含英十四卷**　(清)劉文蔚輯　清大文堂刻本　二冊

360000－1901－0024467　414403
**詩學含英十四卷**　(清)劉文蔚輯　清道光二十八年(1848)英德堂刻本　二冊

360000－1901－0024468　414354
**詩學含英十四卷**　(清)劉文蔚輯　清光緒八年(1882)於越徐氏李文盛刻本　四冊

360000－1901－0024469　603655
**詩學含英十四卷**　(清)劉文蔚輯　清光緒三十年(1904)刻本　二冊

360000－1901－0024470　414387
**詩學含英十四卷**　(清)劉文蔚輯　清集古堂刻本　一冊

360000－1901－0024471　414392
**詩學含英十四卷**　(清)劉文蔚輯　清經國堂刻本　二冊

360000－1901－0024472　414393
**詩學含英十四卷**　(清)劉文蔚輯　清經國堂刻本　二冊

360000－1901－0024473　414394
**詩學含英十四卷**　(清)劉文蔚輯　清經文堂刻本　二冊

360000－1901－0024474　414395
**詩學含英十四卷**　(清)劉文蔚輯　清經文堂刻本　二冊

360000－1901－0024475　414400
**詩學含英十四卷**　(清)劉文蔚輯　清敬書堂刻本　二冊

360000－1901－0024476　414401
**詩學含英十四卷**　(清)劉文蔚輯　清敬書堂刻本　二冊

360000－1901－0024477　414389
**詩學含英十四卷**　(清)劉文蔚輯　清聚錦堂刻本　二冊

360000－1901－0024478　414343－1
**詩學含英十四卷**　(清)劉文蔚輯　清刻本　一册　存八卷(七至十四)

360000－1901－0024479　414343－2
**詩學含英十四卷**　(清)劉文蔚輯　清刻本　一册　存七卷(八至十四)

360000－1901－0024480　414355－1
**詩學含英十四卷**　(清)劉文蔚輯　清刻本　一册　存六卷(九至十四)

360000－1901－0024481　414410
**詩學含英十四卷**　(清)劉文蔚輯　清刻本　二册

360000－1901－0024482　414411
**詩學含英十四卷**　(清)劉文蔚輯　清刻本　一册

360000－1901－0024483　414412
**詩學含英十四卷**　(清)劉文蔚輯　清刻本　二册

360000－1901－0024484　414413
**詩學含英十四卷**　(清)劉文蔚輯　清刻本　二册

360000－1901－0024485　414414
**詩學含英十四卷**　(清)劉文蔚輯　清刻本　二册

360000－1901－0024486　414414－10
**詩學含英十四卷**　(清)劉文蔚輯　清刻本　二册　存六卷(五至七、十二至十四)

360000－1901－0024487　414414－11
**詩學含英十四卷**　(清)劉文蔚輯　清刻本　一册　存四卷(四至七)

360000－1901－0024488　414414－12
**詩學含英十四卷**　(清)劉文蔚輯　清刻本　一册　存四卷(四至七)

360000－1901－0024489　414414－3
**詩學含英十四卷**　(清)劉文蔚輯　清刻本　一册　存七卷(一至七)

360000－1901－0024490　414414－7
**詩學含英十四卷**　(清)劉文蔚輯　清刻本　一册　存八卷(一至八)

360000－1901－0024491　414414－8
**詩學含英十四卷**　(清)劉文蔚輯　清刻本　一册　存八卷(一至八)

360000－1901－0024492　414414－9
**詩學含英十四卷**　(清)劉文蔚輯　清刻本　二册　存七卷(五至八、十二至十四)

360000－1901－0024493　722344
**詩學含英十四卷**　(清)劉文蔚輯　清刻本　一册　存七卷(八至十四)

360000－1901－0024494　800680
**詩學含英十四卷**　(清)劉文蔚輯　清刻本　一册　存四卷(四至七)

360000－1901－0024495　414409
**詩學含英十四卷**　(清)劉文蔚輯　清聯墨堂刻本　二册

360000－1901－0024496　414338
**詩學含英十四卷**　(清)劉文蔚輯　清兩儀堂刻本　一册　存八卷(一至八)

360000－1901－0024497　414339
**詩學含英十四卷**　(清)劉文蔚輯　清兩儀堂刻本　二册

360000－1901－0024498　414340
**詩學含英十四卷**　(清)劉文蔚輯　清兩儀堂刻本　二册

360000－1901－0024499　414341
**詩學含英十四卷**　(清)劉文蔚輯　清兩儀堂刻本　二册

360000－1901－0024500　414414－2
**詩學含英十四卷**　(清)劉文蔚輯　清兩儀堂刻本　一册　存七卷(一至七)

360000－1901－0024501　414347
**詩學含英十四卷**　(清)劉文蔚輯　清令德堂刻本　一册

360000－1901－0024502　414355
**詩學含英十四卷**　（清）劉文蔚輯　清令德堂刻本　一册

360000－1901－0024503　414345
**詩學含英十四卷**　（清）劉文蔚輯　清留耕堂刻本　二册

360000－1901－0024504　414346
**詩學含英十四卷**　（清）劉文蔚輯　清留耕堂刻本　二册

360000－1901－0024505　804228
**詩學含英十四卷**　（清）劉文蔚輯　清末石印本　一册　存一卷（三）

360000－1901－0024506　414402
**詩學含英十四卷**　（清）劉文蔚輯　清儒林閣刻本　四册

360000－1901－0024507　414323
**詩學含英十四卷**　（清）劉文蔚輯　清三樂堂刻本　一册

360000－1901－0024508　414324
**詩學含英十四卷**　（清）劉文蔚輯　清三樂堂刻本　二册

360000－1901－0024509　414373
**詩學含英十四卷**　（清）劉文蔚輯　清尚德堂刻本　二册

360000－1901－0024510　414397
**詩學含英十四卷**　（清）劉文蔚輯　清松盛堂刻本　一册

360000－1901－0024511　414398
**詩學含英十四卷**　（清）劉文蔚輯　清松盛堂刻本　二册　存十三卷（一至七、九至十四）

360000－1901－0024512　414350
**詩學含英十四卷**　（清）劉文蔚輯　清味經堂刻本　二册

360000－1901－0024513　414342
**詩學含英十四卷**　（清）劉文蔚輯　清文富堂刻本　一册

360000－1901－0024514　414343
**詩學含英十四卷**　（清）劉文蔚輯　清文富堂刻本　一册

360000－1901－0024515　414344
**詩學含英十四卷**　（清）劉文蔚輯　清文富堂刻本　二册

360000－1901－0024516　414388
**詩學含英十四卷**　（清）劉文蔚輯　清文華樓刻本　二册

360000－1901－0024517　414326
**詩學含英十四卷**　（清）劉文蔚輯　清文奎堂刻本　一册　存七卷（一至七）

360000－1901－0024518　414328
**詩學含英十四卷**　（清）劉文蔚輯　清文奎堂刻本　二册

360000－1901－0024519　414329
**詩學含英十四卷**　（清）劉文蔚輯　清文奎堂刻本　二册

360000－1901－0024520　414330
**詩學含英十四卷**　（清）劉文蔚輯　清文奎堂刻本　一册　存七卷（一至七）

360000－1901－0024521　414331
**詩學含英十四卷**　（清）劉文蔚輯　清文奎堂刻本　一册　存六卷（一至六）

360000－1901－0024522　414332
**詩學含英十四卷**　（清）劉文蔚輯　清文奎堂刻本　四册

360000－1901－0024523　414333
**詩學含英十四卷**　（清）劉文蔚輯　清文奎堂刻本　二册

360000－1901－0024524　714327
**詩學含英十四卷**　（清）劉文蔚輯　清文奎堂刻本　二册

360000－1901－0024525　414414－5
**詩學含英十四卷**　（清）劉文蔚輯　清文林堂刻本　一册　存七卷（一至七）

360000－1901－0024526　414356
**詩學含英十四卷**　（清）劉文蔚輯　清務本堂刻本　一冊

360000－1901－0024527　414357
**詩學含英十四卷**　（清）劉文蔚輯　清務本堂刻本　一冊

360000－1901－0024528　414358
**詩學含英十四卷**　（清）劉文蔚輯　清務本堂刻本　一冊

360000－1901－0024529　414359
**詩學含英十四卷**　（清）劉文蔚輯　清務本堂刻本　二冊

360000－1901－0024530　414360
**詩學含英十四卷**　（清）劉文蔚輯　清務本堂刻本　二冊

360000－1901－0024531　414361
**詩學含英十四卷**　（清）劉文蔚輯　清務本堂刻本　二冊

360000－1901－0024532　414362
**詩學含英十四卷**　（清）劉文蔚輯　清務本堂刻本　二冊

360000－1901－0024533　414363
**詩學含英十四卷**　（清）劉文蔚輯　清務本堂刻本　四冊

360000－1901－0024534　414364
**詩學含英十四卷**　（清）劉文蔚輯　清務本堂刻本　二冊

360000－1901－0024535　414365
**詩學含英十四卷**　（清）劉文蔚輯　清務本堂刻本　二冊

360000－1901－0024536　414366
**詩學含英十四卷**　（清）劉文蔚輯　清務本堂刻本　二冊

360000－1901－0024537　414367
**詩學含英十四卷**　（清）劉文蔚輯　清務本堂刻本　二冊

360000－1901－0024538　414368
**詩學含英十四卷**　（清）劉文蔚輯　清務本堂刻本　二冊

360000－1901－0024539　414369
**詩學含英十四卷**　（清）劉文蔚輯　清務本堂刻本　二冊

360000－1901－0024540　414370
**詩學含英十四卷**　（清）劉文蔚輯　清務本堂刻本　二冊

360000－1901－0024541　414351
**詩學含英十四卷**　（清）劉文蔚輯　清學源堂刻本　一冊

360000－1901－0024542　414352
**詩學含英十四卷**　（清）劉文蔚輯　清學源堂刻本　二冊

360000－1901－0024543　414353
**詩學含英十四卷**　（清）劉文蔚輯　清學源堂刻本　二冊

360000－1901－0024544　414348
**詩學含英十四卷**　（清）劉文蔚輯　清怡蓮堂刻本　二冊

360000－1901－0024545　414349
**詩學含英十四卷**　（清）劉文蔚輯　清怡蓮堂刻本　二冊

360000－1901－0024546　414404
**詩學含英十四卷**　（清）劉文蔚輯　清英德堂刻本　二冊

360000－1901－0024547　414405
**詩學含英十四卷**　（清）劉文蔚輯　清英德堂刻本　一冊

360000－1901－0024548　414406
**詩學含英十四卷**　（清）劉文蔚輯　清英德堂刻本　二冊

360000－1901－0024549　414407
**詩學含英十四卷**　（清）劉文蔚輯　清英德堂刻本　二冊

360000－1901－0024550　414408
**詩學含英十四卷**　(清)劉文蔚輯　清英德堂刻本　一冊

360000－1901－0024551　414414－6
**詩學含英十四卷**　(清)劉文蔚輯　清英德堂刻本　一冊　存七卷(一至七)

360000－1901－0024552　414325
**詩學含英十四卷**　(清)劉文蔚輯　清玉照堂刻本　一冊

360000－1901－0024553　414334
**詩學含英十四卷**　(清)劉文蔚輯　清玉軸樓刻本　二冊

360000－1901－0024554　414335
**詩學含英十四卷**　(清)劉文蔚輯　清玉軸樓刻本　二冊

360000－1901－0024555　414336
**詩學含英十四卷**　(清)劉文蔚輯　清玉軸樓刻本　二冊

360000－1901－0024556　414337
**詩學含英十四卷**　(清)劉文蔚輯　清玉軸樓刻本　二冊

360000－1901－0024557　414421
**詩學含英十四卷**　(清)劉文蔚輯　清郁文堂刻本　一冊

360000－1901－0024558　414422
**詩學含英十四卷**　(清)劉文蔚輯　清郁文堂刻本　二冊

360000－1901－0024559　414423
**詩學含英十四卷**　(清)劉文蔚輯　清郁文堂刻本　二冊

360000－1901－0024560　414424
**詩學含英十四卷**　(清)劉文蔚輯　清郁文堂刻本　二冊

360000－1901－0024561　414378
**詩學含英十四卷**　(清)劉文蔚輯　清芸生堂刻本　二冊

360000－1901－0024562　414379
**詩學含英十四卷**　(清)劉文蔚輯　清芸生堂刻本　二冊　存十三卷(一至七、九至十四)

360000－1901－0024563　414379－1
**詩學含英十四卷**　(清)劉文蔚輯　清芸生堂刻本　三冊　存十一卷(四至十四)

360000－1901－0024564　414380
**詩學含英十四卷**　(清)劉文蔚輯　清芸生堂刻本　一冊

360000－1901－0024565　414381
**詩學含英十四卷**　(清)劉文蔚輯　清芸生堂刻本　一冊　存七卷(一至七)

360000－1901－0024566　414382
**詩學含英十四卷**　(清)劉文蔚輯　清芸生堂刻本　二冊

360000－1901－0024567　414383
**詩學含英十四卷**　(清)劉文蔚輯　清芸生堂刻本　二冊

360000－1901－0024568　414384
**詩學含英十四卷**　(清)劉文蔚輯　清芸生堂刻本　二冊

360000－1901－0024569　414385
**詩學含英十四卷**　(清)劉文蔚輯　清芸生堂刻本　六冊

360000－1901－0024570　414386
**詩學含英十四卷**　(清)劉文蔚輯　清芸生堂刻本　二冊

360000－1901－0024571　414377
**詩學含英十四卷**　(清)劉文蔚輯　清藻思堂刻本　二冊

360000－1901－0024572　414399
**詩學含英十四卷**　(清)劉文蔚輯　清尊德堂刻本　二冊

360000－1901－0024573　902499
**詩學梯航一卷**　(明)周敘撰　清刻本　一冊

360000－1901－0024574　163134

**詩學圓機活法大成十八卷**　(清)余象斗輯　清道光八年(1828)永安堂刻本　十四冊

360000－1901－0024575　404244－1
**詩腋三十二卷外編四卷補編二卷詠史詩腋六卷**　(清)協堂主人輯　清刻本　二冊　存十八卷(十五至三十二)

360000－1901－0024576　404244－2
**詩腋三十二卷外編四卷補編二卷詠史詩腋六卷**　(清)協堂主人輯　清刻本　一冊　存十一卷(二十一至三十一)

360000－1901－0024577　404244
**詩腋三十二卷外編四卷補編二卷詠史詩腋六卷**　(清)協堂主人輯　清咸豐元年(1851)刻本　四冊

360000－1901－0024578　121826
**詩義求經二十卷**　(清)艾暢撰　清道光二十七年(1847)可添齋刻本　四冊

360000－1901－0024579　121827
**詩義求經二十卷**　(清)艾暢撰　清道光二十七年(1847)可添齋刻本　四冊

360000－1901－0024580　121823
**詩義序説合鈔四卷首一卷**　(清)游閎輯　清道光二十三年(1843)游氏刻本　四冊

360000－1901－0024581　121824
**詩義序説合鈔四卷首一卷**　(清)游閎輯　清道光二十三年(1843)游氏刻本　四冊

360000－1901－0024582　121825
**詩義序説合鈔四卷首一卷**　(清)游閎輯　清道光二十三年(1843)游氏刻本　四冊

360000－1901－0024583　419808
**詩義序説合鈔四卷首一卷**　(清)游閎輯　清道光二十三年(1843)游氏刻本　二冊　存三卷(二至四)

360000－1901－0024584　601592
**詩義序説合鈔四卷首一卷**　(清)游閎輯　清道光二十三年(1843)游氏刻本　四冊

360000－1901－0024585　407882
**詩義一卷禮義一卷書義一卷**　(清)楊世樹編　清抄本　一冊

360000－1901－0024586　163176
**詩餘偶鈔六卷**　王先謙輯　清光緒十六年(1890)長沙王氏刻本　一冊

360000－1901－0024587　163177
**詩餘偶鈔六卷**　王先謙輯　清光緒十六年(1890)長沙王氏刻本　一冊

360000－1901－0024588　300386
**詩餘偶鈔六卷**　王先謙輯　清光緒十六年(1890)長沙王氏刻本　一冊

360000－1901－0024589　300367
**詩緣前編四卷正編十卷**　(清)王增祺輯　清光緒十六年(1890)韓城刻本　四冊

360000－1901－0024590　800465
**詩韻□□卷**　(清)□□輯　清末石印本　一冊　存一卷(二)

360000－1901－0024591　414073
**詩韻辨字略五卷**　(清)秦端厓輯　清光緒四年(1878)浙江使署刻本　一冊

360000－1901－0024592　414071
**詩韻辨字略五卷**　(清)秦端厓輯　清刻本　二冊

360000－1901－0024593　414072
**詩韻辨字略五卷**　(清)秦端厓輯　清刻本　一冊　存四卷(二至五)

360000－1901－0024594　414072－1
**詩韻辨字略五卷**　(清)秦端厓輯　清刻本　一冊　存四卷(二至五)

360000－1901－0024595　162714
**詩韻辨字略五卷**　(清)秦端厓輯　清乾隆四十一年(1776)刻本　一冊

360000－1901－0024596　414070
**詩韻辨字略五卷**　(清)秦端厓輯　清乾隆四十一年(1776)刻本　一冊

360000－1901－0024597　414074

**詩韻辨字略五卷** (清)沈定夫輯 清長白貴恒刻本 一册 存二卷(一至二)

360000－1901－0024598 414249
**詩韻萃珍十卷** (清)黄昌瑞輯 清咸豐九年(1859)聚盛堂刻本 四册

360000－1901－0024599 414250
**詩韻萃珍十卷** (清)黄昌瑞輯 清咸豐九年(1859)聚盛堂刻本 二册

360000－1901－0024600 414251
**詩韻萃珍十卷** (清)黄昌瑞輯 清咸豐九年(1859)聚盛堂刻本 四册

360000－1901－0024601 804818
**詩韻海不分卷** (清)文匯館主人輯 清刻本 一册

360000－1901－0024602 300336
**詩韻海五卷目録五卷韻辨摘要一卷** (清)文匯館主人輯 **附字類標韻二卷** (清)華綱輯 清光緒十四年(1888)上海點石齋石印本 八册

360000－1901－0024603 714292
**詩韻含英六卷** (清)劉文蔚輯 清道光二十五年(1845)刻本 二册

360000－1901－0024604 414315
**詩韻含英六卷** (清)劉文蔚輯 清富春堂刻本 二册

360000－1901－0024605 414316
**詩韻含英六卷** (清)劉文蔚輯 清富春堂刻本 二册

360000－1901－0024606 714294
**詩韻含英六卷** (清)劉文蔚輯 清刻本 一册 存二卷(三至四)

360000－1901－0024607 311972
**詩韻含英六卷** (清)劉文蔚輯 清兩儀堂刻本 二册 存四卷(一至四)

360000－1901－0024608 250117
**詩韻含英六卷** (清)劉文蔚輯 清乾隆二十三年(1758)刻本 二册

360000－1901－0024609 414317
**詩韻含英六卷** (清)劉文蔚輯 清文華樓刻本 二册

360000－1901－0024610 414302
**詩韻含英十八卷** (清)劉文蔚輯 清寶文堂刻本 二册

360000－1901－0024611 414310
**詩韻含英十八卷** (清)劉文蔚輯 清達道堂刻本 二册

360000－1901－0024612 414299
**詩韻含英十八卷** (清)劉文蔚輯 清大文堂刻本 二册

360000－1901－0024613 414300
**詩韻含英十八卷** (清)劉文蔚輯 清大文堂刻本 二册

360000－1901－0024614 414301
**詩韻含英十八卷** (清)劉文蔚輯 清大文堂刻本 二册

360000－1901－0024615 722465
**詩韻含英十八卷** (清)劉文蔚輯 清道光二十五年(1845)刻本 一册 存二卷(一至二)

360000－1901－0024616 722463
**詩韻含英十八卷** (清)劉文蔚輯 清道光九年(1829)刻本 二册

360000－1901－0024617 414321
**詩韻含英十八卷** (清)劉文蔚輯 清耕南小舍刻本 二册 存十卷(一至四、九至十四)

360000－1901－0024618 414314
**詩韻含英十八卷** (清)劉文蔚輯 清桂華堂刻本 二册

360000－1901－0024619 722345
**詩韻含英十八卷** (清)劉文蔚輯 清嘉慶二十一年(1816)刻本 一册 存二卷(一至二)

360000－1901－0024620 414311
**詩韻含英十八卷** (清)劉文蔚輯 清聚文堂刻本 二册

360000－1901－0024621　414312
**詩韻含英十八卷**　(清)劉文蔚輯　清聚文堂刻本　二册

360000－1901－0024622　404338
**詩韻含英十八卷**　(清)劉文蔚輯　清刻本　三册　存六卷(五至八、十五至十六)

360000－1901－0024623　404338－1
**詩韻含英十八卷**　(清)劉文蔚輯　清刻本　一册　存十卷(九至十八)

360000－1901－0024624　714291
**詩韻含英十八卷**　(清)劉文蔚輯　清刻本　一册　存三卷(一至三)

360000－1901－0024625　714293
**詩韻含英十八卷**　(清)劉文蔚輯　清刻本　一册　存三卷(一至三)

360000－1901－0024626　714295
**詩韻含英十八卷**　(清)劉文蔚輯　清刻本　一册　存九卷(十至十八)

360000－1901－0024627　714296
**詩韻含英十八卷**　(清)劉文蔚輯　清刻本　一册　存十卷(九至十八)

360000－1901－0024628　722346
**詩韻含英十八卷**　(清)劉文蔚輯　清刻本　一册　存十卷(九至十八)

360000－1901－0024629　722464
**詩韻含英十八卷**　(清)劉文蔚輯　清刻本　二册

360000－1901－0024630　722466
**詩韻含英十八卷**　(清)劉文蔚輯　清刻本　一册　存十卷(九至十八)

360000－1901－0024631　414318
**詩韻含英十八卷**　(清)劉文蔚輯　清老會賢堂刻本　二册

360000－1901－0024632　414307
**詩韻含英十八卷**　(清)劉文蔚輯　清兩儀堂刻本　二册　存十六卷(一至六、九至十八)

360000－1901－0024633　414298
**詩韻含英十八卷**　(清)劉文蔚輯　清同文堂刻本　二册

360000－1901－0024634　414308
**詩韻含英十八卷**　(清)劉文蔚輯　清同文堂刻本　二册　存十六卷(一至六、九至十八)

360000－1901－0024635　414322
**詩韻含英十八卷**　(清)劉文蔚輯　清文富堂刻本　三册　存十六卷(一至六、九至十八)

360000－1901－0024636　714328
**詩韻含英十八卷**　(清)劉文蔚輯　清務本堂刻本　一册　存八卷(一至四、九至十二)

360000－1901－0024637　414309
**詩韻含英十八卷**　(清)劉文蔚輯　清學源堂刻本　二册

360000－1901－0024638　414303
**詩韻含英十八卷**　(清)劉文蔚輯　清英秀堂刻本　二册

360000－1901－0024639　414304
**詩韻含英十八卷**　(清)劉文蔚輯　清英秀堂刻本　二册

360000－1901－0024640　414313
**詩韻含英十八卷**　(清)劉文蔚輯　清芸生堂刻本　一册

360000－1901－0024641　304676
**詩韻合璧五卷**　(清)湯文潞輯　清末鉛印本　一册　存一卷(一)

360000－1901－0024642　414467
**詩韻合璧五卷**　(清)湯文潞輯　清光緒十九年(1893)上海點石齋石印本　一册　存一卷(一)

360000－1901－0024643　414466
**詩韻合璧五卷**　(清)湯文潞輯　清光緒十五年(1889)上海點石齋石印本　五册　存四卷(一、三至五)

360000－1901－0024644　414454
**詩韻合璧五卷**　(清)湯文潞輯　清光緒四年

(1878)上海淞隱閣鉛印本　三册　存三卷(一、三至四)

360000－1901－0024645　162710
**詩韻合璧五卷**　(清)湯文潞輯　清光緒四年(1878)上海淞隱閣鉛印本　五册

360000－1901－0024646　162711
**詩韻合璧五卷**　(清)湯文潞輯　清光緒四年(1878)上海淞隱閣鉛印本　五册

360000－1901－0024647　714440
**詩韻合璧五卷**　(清)湯文潞輯　清光緒四年(1878)上海淞隱閣鉛印本　三册　存三卷(三至五)

360000－1901－0024648　414442
**詩韻合璧五卷**　(清)湯文潞輯　清刻本　三册　存三卷(三至五)

360000－1901－0024649　414442－1
**詩韻合璧五卷**　(清)湯文潞輯　清刻本　一册　存一卷(三)

360000－1901－0024650　414448
**詩韻合璧五卷**　(清)湯文潞輯　清刻本　四册

360000－1901－0024651　414452
**詩韻合璧五卷**　(清)湯文潞輯　清刻本　五册

360000－1901－0024652　414454－1
**詩韻合璧五卷**　(清)湯文潞輯　清刻本　二册　存二卷(二、五)

360000－1901－0024653　714453
**詩韻合璧五卷**　(清)湯文潞輯　清刻本　三册　存三卷(二至四)

360000－1901－0024654　414456
**詩韻合璧五卷**　(清)湯文潞輯　清末鉛印本　二册　存二卷(三至四)

360000－1901－0024655　414456－1
**詩韻合璧五卷**　(清)湯文潞輯　清末鉛印本　一册　存一卷(三)

360000－1901－0024656　414459
**詩韻合璧五卷**　(清)湯文潞輯　清末鉛印本　五册

360000－1901－0024657　714439
**詩韻合璧五卷**　(清)湯文潞輯　清末鉛印本　二册　存二卷(三至四)

360000－1901－0024658　714448
**詩韻合璧五卷**　(清)湯文潞輯　清末鉛印本　一册　存一卷(三)

360000－1901－0024659　414439
**詩韻合璧五卷**　(清)湯文潞輯　清同治三年(1864)芋栗園刻本　二册　存四卷(一、三至五)

360000－1901－0024660　414440
**詩韻合璧五卷**　(清)湯文潞輯　清咸豐九年(1859)刻本　二册　存四卷(一、三至五)

360000－1901－0024661　414441
**詩韻合璧五卷**　(清)湯文潞輯　清咸豐九年(1859)刻本　二册　存四卷(一、三至五)

360000－1901－0024662　714441
**詩韻合璧五卷**　(清)湯文潞輯　**分韻文選題解擇要一卷**　(清)余春廷輯　清末刻本　一册　存二卷(五、分韻文選題解擇要一卷)

360000－1901－0024663　603658
**詩韻合璧五卷**　(清)湯文潞輯　**虚字韻藪一卷**　(清)潘維城輯　清光緒四年(1878)刻本　五册

360000－1901－0024664　300347
**詩韻合璧五卷**　(清)湯文潞輯　**虚字韻藪一卷**　(清)潘維城輯　清末鉛印本　五册

360000－1901－0024665　603659
**詩韻合璧五卷**　(清)湯文潞輯　**虚字韻藪一卷**　(清)潘維城輯　清咸豐十年(1860)刻本　五册

360000－1901－0024666　716294
**詩韻合璧五卷**　(清)湯祥瑟輯　清末石印本　五册

360000－1901－0024667　716295
**詩韻合璧五卷**　(清)湯祥瑟輯　清末石印本　四册　存四卷(二至五)

360000－1901－0024668　716297
**詩韻合璧五卷**　(清)湯祥瑟輯　清末石印本　一册　存一卷(五)

360000－1901－0024669　716298
**詩韻合璧五卷**　(清)湯祥瑟輯　清末石印本　一册　存一卷(五)

360000－1901－0024670　722062
**詩韻合璧五卷**　(清)湯祥瑟輯　清末石印本　二册　存二卷(三至四)

360000－1901－0024671　722063
**詩韻合璧五卷**　(清)湯祥瑟輯　清末石印本　一册　存一卷(四)

360000－1901－0024672　722064
**詩韻合璧五卷**　(清)湯祥瑟輯　清末石印本　一册　存一卷(四)

360000－1901－0024673　801023
**詩韻合璧五卷**　(清)湯祥瑟輯　清末石印本　一册　存一卷(二)

360000－1901－0024674　804115
**詩韻合璧五卷**　(清)湯祥瑟輯　清末石印本　一册　存一卷(五)

360000－1901－0024675　805429
**詩韻合璧五卷**　(清)湯祥瑟輯　清末石印本　一册　存三卷(三至五)

360000－1901－0024676　714462
**詩韻合璧五卷**　(清)湯祥瑟輯　**虚字韻藪一卷**　(清)潘維城輯　清光緒二十年(1894)四明暢懷書屋石印本　一册　存一卷(一)

360000－1901－0024677　714464
**詩韻合璧五卷**　(清)湯祥瑟輯　**虚字韻藪一卷**　(清)潘維城輯　清光緒二十年(1894)四明暢懷書屋石印本　五册

360000－1901－0024678　716299
**詩韻合璧五卷**　(清)湯祥瑟輯　**虚字韻藪一卷**　(清)潘維城輯　清末鉛印本　一册　存二卷(五、虚字韻藪一卷)

360000－1901－0024679　714456
**詩韻合璧五卷**　(清)湯祥瑟輯　**虚字韻藪一卷**　(清)潘維城輯　清文淵堂刻本　三册　存三卷(一至二、四)

360000－1901－0024680　714458
**詩韻合璧五卷**　(清)湯祥瑟輯　**虚字韻藪一卷**　(清)潘維城輯　清文淵堂刻本　四册　存五卷(一至三、五,虚字韻藪一卷)

360000－1901－0024681　716296
**詩韻合璧五卷附汪立名論古韻通轉一卷**　(清)湯文潞輯　清光緒二十年(1894)石印本　一册　存一卷(一)

360000－1901－0024682　714451
**詩韻合璧五卷附汪立名論古韻通轉一卷**　(清)湯文潞輯　清光緒十九年(1893)上海點石齋石印本　一册　存一卷(一)

360000－1901－0024683　714455
**詩韻合璧五卷附汪立名論古韻通轉一卷**　(清)湯文潞輯　清光緒四年(1878)淞隱閣鉛印本　二册　存二卷(一、四)

360000－1901－0024684　714450
**詩韻合璧五卷附汪立名論古韻通轉一卷**　(清)湯文潞輯　清刻本　一册　存一卷(一)

360000－1901－0024685　714449
**詩韻合璧五卷附汪立名論古韻通轉一卷**　(清)湯文潞輯　清同治五年(1866)刻本　五册　存五卷(詩韻合璧五卷)

360000－1901－0024686　414277
**詩韻集成十卷附詞林典腋一卷**　(清)余照輯　清大文堂刻本　二册

360000－1901－0024687　414278
**詩韻集成十卷附詞林典腋一卷**　(清)余照輯　清大文堂刻本　二册

360000－1901－0024688　414257
**詩韻集成十卷附詞林典腋一卷**　(清)余照輯

清道光二十九年(1849)刻本　二册

360000－1901－0024689　414258
**詩韻集成十卷附詞林典腋一卷**　(清)余照輯　清道光二十九年(1849)刻本　四册

360000－1901－0024690　300337
**詩韻集成十卷附詞林典腋一卷**　(清)余照輯　清道光二十年(1840)刻本　四册

360000－1901－0024691　404340
**詩韻集成十卷附詞林典腋一卷**　(清)余照輯　清道光二十三年(1843)刻本　二册　存五卷(一至二、八至十)

360000－1901－0024692　414263
**詩韻集成十卷附詞林典腋一卷**　(清)余照輯　清道光二十三年(1843)芸生堂刻本　二册

360000－1901－0024693　414264
**詩韻集成十卷附詞林典腋一卷**　(清)余照輯　清道光二十三年(1843)芸生堂刻本　二册

360000－1901－0024694　414265
**詩韻集成十卷附詞林典腋一卷**　(清)余照輯　清道光二十三年(1843)芸生堂刻本　二册

360000－1901－0024695　414266
**詩韻集成十卷附詞林典腋一卷**　(清)余照輯　清道光二十三年(1843)芸生堂刻本　二册

360000－1901－0024696　414256
**詩韻集成十卷附詞林典腋一卷**　(清)余照輯　清道光二十一年(1841)大文堂刻本　二册

360000－1901－0024697　414255
**詩韻集成十卷附詞林典腋一卷**　(清)余照輯　清道光二十一年(1841)文德堂刻本　二册

360000－1901－0024698　414259
**詩韻集成十卷附詞林典腋一卷**　(清)余照輯　清道光十八年(1838)刻本　四册

360000－1901－0024699　414260
**詩韻集成十卷附詞林典腋一卷**　(清)余照輯　清道光十八年(1838)刻本　二册

360000－1901－0024700　414261
**詩韻集成十卷附詞林典腋一卷**　(清)余照輯　清道光十八年(1838)刻本　二册

360000－1901－0024701　414262
**詩韻集成十卷附詞林典腋一卷**　(清)余照輯　清道光十八年(1838)刻本　二册

360000－1901－0024702　414252
**詩韻集成十卷附詞林典腋一卷**　(清)余照輯　清道光十八年(1838)裕德堂刻本　四册

360000－1901－0024703　414267
**詩韻集成十卷附詞林典腋一卷**　(清)余照輯　清道光十七年(1837)三讓堂刻本　四册

360000－1901－0024704　414268
**詩韻集成十卷附詞林典腋一卷**　(清)余照輯　清光緒六年(1880)郁文堂刻本　二册

360000－1901－0024705　404339
**詩韻集成十卷附詞林典腋一卷**　(清)余照輯　清光緒三年(1877)三元堂銅活字印本　三册　存八卷(一至二、五至十)

360000－1901－0024706　414274
**詩韻集成十卷附詞林典腋一卷**　(清)余照輯　清光緒十年(1884)文奎堂刻本　四册

360000－1901－0024707　414275
**詩韻集成十卷附詞林典腋一卷**　(清)余照輯　清光緒十年(1884)文奎堂刻本　二册

360000－1901－0024708　414276
**詩韻集成十卷附詞林典腋一卷**　(清)余照輯　清光緒五年(1879)大文堂刻本　四册

360000－1901－0024709　300338
**詩韻集成十卷附詞林典腋一卷**　(清)余照輯　清光緒五年(1879)兩儀堂刻本　二册

360000－1901－0024710　300339
**詩韻集成十卷附詞林典腋一卷**　(清)余照輯　清光緒五年(1879)兩儀堂刻本　二册

360000－1901－0024711　414254
**詩韻集成十卷附詞林典腋一卷**　(清)余照輯　清光緒五年(1879)兩儀堂刻本　二册

360000－1901－0024712　414279
**詩韻集成十卷附詞林典腋一卷**　（清）余照輯　清聚秀堂刻本　二册

360000－1901－0024713　414292
**詩韻集成十卷附詞林典腋一卷**　（清）余照輯　清刻本　二册

360000－1901－0024714　414293
**詩韻集成十卷附詞林典腋一卷**　（清）余照輯　清刻本　二册

360000－1901－0024715　414294
**詩韻集成十卷附詞林典腋一卷**　（清）余照輯　清刻本　三册

360000－1901－0024716　414295
**詩韻集成十卷附詞林典腋一卷**　（清）余照輯　清刻本　二册

360000－1901－0024717　414296
**詩韻集成十卷附詞林典腋一卷**　（清）余照輯　清刻本　二册

360000－1901－0024718　714471
**詩韻集成十卷附詞林典腋一卷**　（清）余照輯　清刻本　三册

360000－1901－0024719　714472
**詩韻集成十卷附詞林典腋一卷**　（清）余照輯　清刻本　二册　存七卷（五至十、詞林典腋一卷）

360000－1901－0024720　714473
**詩韻集成十卷附詞林典腋一卷**　（清）余照輯　清刻本　二册　存七卷（五至十、詞林典腋一卷）

360000－1901－0024721　714474
**詩韻集成十卷附詞林典腋一卷**　（清）余照輯　清刻本　二册　存七卷（五至十、詞林典腋一卷）

360000－1901－0024722　714475
**詩韻集成十卷附詞林典腋一卷**　（清）余照輯　清刻本　一册　存四卷（五至七、詞林典腋一卷）

360000－1901－0024723　714476
**詩韻集成十卷附詞林典腋一卷**　（清）余照輯　清刻本　一册　存三卷（五至六、詞林典腋一卷）

360000－1901－0024724　714477
**詩韻集成十卷附詞林典腋一卷**　（清）余照輯　清刻本　一册　存七卷（五至十、詞林典腋一卷）

360000－1901－0024725　714479
**詩韻集成十卷附詞林典腋一卷**　（清）余照輯　清刻本　一册　存七卷（五至十、詞林典腋一卷）

360000－1901－0024726　714480
**詩韻集成十卷附詞林典腋一卷**　（清）余照輯　清刻本　一册　存七卷（五至十、詞林典腋一卷）

360000－1901－0024727　714481
**詩韻集成十卷附詞林典腋一卷**　（清）余照輯　清刻本　一册　存七卷（五至十、詞林典腋一卷）

360000－1901－0024728　714482
**詩韻集成十卷附詞林典腋一卷**　（清）余照輯　清刻本　一册　存四卷（五至七、詞林典腋一卷）

360000－1901－0024729　714483
**詩韻集成十卷附詞林典腋一卷**　（清）余照輯　清刻本　一册　存四卷（八至十、詞林典腋一卷）

360000－1901－0024730　714484
**詩韻集成十卷附詞林典腋一卷**　（清）余照輯　清刻本　一册　存四卷（五至七、詞林典腋一卷）

360000－1901－0024731　715210
**詩韻集成十卷附詞林典腋一卷**　（清）余照輯　清刻本　一册　存七卷（五至十、詞林典腋一卷）

360000－1901－0024732　300335

**詩韻集成十卷附詞林典腋一卷**　(清)余照輯　清末刻本　二册

360000－1901－0024733　414286
**詩韻集成十卷附詞林典腋一卷**　(清)余照輯　清同治八年(1869)維經堂刻本　四册

360000－1901－0024734　414287
**詩韻集成十卷附詞林典腋一卷**　(清)余照輯　清同治八年(1869)維經堂刻本　二册　存八卷(一至四、八至十,詞林典腋一卷)

360000－1901－0024735　414288
**詩韻集成十卷附詞林典腋一卷**　(清)余照輯　清同治八年(1869)維經堂刻本　二册

360000－1901－0024736　404341
**詩韻集成十卷附詞林典腋一卷**　(清)余照輯　清同治四年(1865)刻本　二册　存七卷(一至四、八至十)

360000－1901－0024737　414285
**詩韻集成十卷附詞林典腋一卷**　(清)余照輯　清同治五年(1866)愛蓮堂刻本　四册

360000－1901－0024738　414282
**詩韻集成十卷附詞林典腋一卷**　(清)余照輯　清同治五年(1866)愛日堂刻本　四册

360000－1901－0024739　414283
**詩韻集成十卷附詞林典腋一卷**　(清)余照輯　清同治五年(1866)郁文堂刻本　二册

360000－1901－0024740　414284
**詩韻集成十卷附詞林典腋一卷**　(清)余照輯　清同治五年(1866)郁文堂刻本　四册

360000－1901－0024741　414280
**詩韻集成十卷附詞林典腋一卷**　(清)余照輯　清文富堂刻本　二册

360000－1901－0024742　414281
**詩韻集成十卷附詞林典腋一卷**　(清)余照輯　清文富堂刻本　二册

360000－1901－0024743　714478
**詩韻集成十卷附詞林典腋一卷**　(清)余照輯　清文奎堂刻本　一册　存四卷(五至七、詞林典腋一卷)

360000－1901－0024744　414269
**詩韻集成十卷附詞林典腋一卷**　(清)余照輯　清咸豐十年(1860)三盛堂刻本　二册

360000－1901－0024745　414270
**詩韻集成十卷附詞林典腋一卷**　(清)余照輯　清咸豐十年(1860)三盛堂刻本　二册

360000－1901－0024746　414271
**詩韻集成十卷附詞林典腋一卷**　(清)余照輯　清咸豐五年(1855)三盛堂刻本　二册

360000－1901－0024747　414272
**詩韻集成十卷附詞林典腋一卷**　(清)余照輯　清咸豐五年(1855)三盛堂刻本　二册

360000－1901－0024748　800679
**詩韻集成四卷**　(清)余照輯　清末石印本　一册　存二卷(上聲、去聲)

360000－1901－0024749　414273
**詩韻集成題考合刻十卷**　(清)余照輯　(清)一適主人編次　(清)王文淵合編　清光緒十四年(1888)古香閣刻本　五册

360000－1901－0024750　414063
**詩韻類錦十二卷**　(清)郭化霖編　清光緒五年(1879)京都刻本　六册

360000－1901－0024751　162716
**詩韻類錦十二卷**　(清)郭化霖編　清同治十三年(1874)兩儀堂刻本　八册

360000－1901－0024752　414289
**詩韻類錦十二卷**　(清)郭化霖編　清同治十三年(1874)兩儀堂刻本　八册

360000－1901－0024753　414290
**詩韻類錦十二卷**　(清)郭化霖編　清同治十三年(1874)兩儀堂刻本　八册

360000－1901－0024754　414291
**詩韻類錦十二卷**　(清)郭化霖編　清同治十三年(1874)兩儀堂刻本　三册　存十卷(三至十二)

360000－1901－0024755　414248

**詩韻類錦十二卷**　(清)郭化霖編　清咸豐二年(1852)靈蘭堂刻本　五册　存十卷(一至十)

360000－1901－0024756　300348

**詩韻類錦十一卷**　(清)郭化霖編　清光緒元年(1875)刻本　五册

360000－1901－0024757　722023

**詩韻全璧五卷**　(清)湯文潞輯　清光緒二十一年(1895)四明暢懷書屋石印本　三册　存三卷(二至四)

360000－1901－0024758　722024

**詩韻全璧五卷**　(清)湯文潞輯　清光緒二十一年(1895)四明暢懷書屋石印本　一册　存一卷(三)

360000－1901－0024759　162712

**詩韻全璧五卷**　(清)湯文潞輯　清光緒十二年(1886)廣百宋齋鉛印本　五册

360000－1901－0024760　162709

**詩韻合璧五卷**　(清)湯文潞輯　清同治三年(1864)芋栗園刻本　二册

360000－1901－0024761　800070

**詩韻全璧五卷**　(清)湯祥瑟輯　清末暢懷書屋石印本　一册　存一卷(二)

360000－1901－0024762　714467

**詩韻全璧五卷**　(清)湯祥瑟輯　清末石印本　一册　存一卷(三)

360000－1901－0024763　304650

**詩韻全璧五卷**　(清)惜陰主人輯　清光緒十二年(1886)上海積山書局石印本　二册　存二卷(一、四)

360000－1901－0024764　714459

**詩韻全璧五卷初學檢韻一卷**　(清)湯祥瑟輯　清光緒十八年(1892)上海鴻寶齋石印本　五册　存五卷(一至四、初學檢韻一卷)

360000－1901－0024765　714463

**詩韻全璧五卷初學檢韻一卷**　(清)湯祥瑟輯　清末石印本　二册　存二卷(三、初學檢韻一卷)

360000－1901－0024766　714466

**詩韻全璧五卷初學檢韻一卷**　(清)湯祥瑟輯　清末石印本　一册　存一卷(初學檢韻一卷)

360000－1901－0024767　714461

**詩韻全璧五卷初學檢韻一卷**　(清)湯祥瑟輯　**虚字韻藪一卷**　(清)潘維城輯　清光緒十七年(1891)上海鴻寶齋石印本　五册　存六卷(一、三至五,初學檢韻一卷,虚字韻藪一卷)

360000－1901－0024768　162706

**詩韻全璧五卷附檢韻**　(清)惜陰主人輯　清光緒二十一年(1895)暢懷書屋石印本　六册

360000－1901－0024769　162705

**詩韻全璧五卷附檢韻**　(清)惜陰主人輯　清光緒十八年(1892)鴻寶齋石印本　六册

360000－1901－0024770　162707

**詩韻全璧五卷附檢韻**　(清)惜陰主人輯　清光緒十五年(1889)鴻寶齋石印本　六册

360000－1901－0024771　714468

**詩韻全璧五卷附汪立名論古韻通轉一卷**　(清)湯祥瑟輯　清光緒十九年(1893)上海點石齋石印本　二册　存二卷(一至二)

360000－1901－0024772　414067

**詩韻題解合璧十卷**　(清)甘蘭友輯　清道光十三年(1833)崇順堂刻本　四册

360000－1901－0024773　414066

**詩韻題解合璧十卷**　(清)甘蘭友輯　清敦本堂刻本　二册

360000－1901－0024774　414068

**詩韻題解合璧十卷**　(清)甘蘭友輯　清二酉堂刻本　二册

360000－1901－0024775　414069

**詩韻題解合璧十卷**　(清)甘蘭友輯　清二酉堂刻本　二册　存八卷(一至二、五至十)

360000－1901－0024776　414069－1
**詩韻題解合璧十卷**　(清)甘蘭友輯　清二酉堂刻本　一册　存三卷(五至七)

360000－1901－0024777　414069－2
**詩韻題解合璧十卷**　(清)甘蘭友輯　清二酉堂刻本　一册　存三卷(五至七)

360000－1901－0024778　414064
**詩韻題解合璧十卷**　(清)甘蘭友輯　清嘉慶二十二年(1817)近賢堂刻本　二册

360000－1901－0024779　414065
**詩韻題解合璧十卷**　(清)甘蘭友輯　清嘉慶二十二年(1817)近賢堂刻本　四册

360000－1901－0024780　405717
**詩韻題解合璧十卷**　(清)甘蘭友輯　清刻本　三册

360000－1901－0024781　802152
**詩韻析五卷首一卷末一卷**　(清)汪烜撰　清抄本　一册　存一卷(首一卷)

360000－1901－0024782　123043
**詩韻析五卷首一卷末一卷**　(清)汪烜撰　清光緒九年(1883)婺源紫陽書院刻本　四册

360000－1901－0024783　410913
**詩韻析五卷首一卷末一卷**　(清)汪烜撰　清光緒九年(1883)婺源紫陽書院刻本　四册

360000－1901－0024784　410914
**詩韻析五卷首一卷末一卷**　(清)汪烜撰　清光緒九年(1883)婺源紫陽書院刻本　四册

360000－1901－0024785　410915
**詩韻析五卷首一卷末一卷**　(清)汪烜撰　清光緒九年(1883)婺源紫陽書院刻本　四册

360000－1901－0024786　410916
**詩韻析五卷首一卷末一卷**　(清)汪烜撰　清光緒九年(1883)婺源紫陽書院刻本　四册

360000－1901－0024787　410917
**詩韻析五卷首一卷末一卷**　(清)汪烜撰　清光緒九年(1883)婺源紫陽書院刻本　四册

360000－1901－0024788　410918
**詩韻析五卷首一卷末一卷**　(清)汪烜撰　清光緒九年(1883)婺源紫陽書院刻本　四册

360000－1901－0024789　410919
**詩韻析五卷首一卷末一卷**　(清)汪烜撰　清光緒九年(1883)婺源紫陽書院刻本　三册　存三卷(三至四、首一卷)

360000－1901－0024790　722418
**詩韻析五卷首一卷末一卷**　(清)汪烜撰　清光緒九年(1883)婺源紫陽書院刻本　四册

360000－1901－0024791　420080
**詩韻異同辨五卷**　(清)彭元瑞撰　(清)任以治等輯　清刻本　一册

360000－1901－0024792　414253
**詩韻正解六卷**　(清)文開運輯　清道光十九年(1839)刻本　二册

360000－1901－0024793　404343
**詩韻珠璣五卷**　(清)余照輯　清刻本　一册　存一卷(五)

360000－1901－0024794　714849
**詩韻注釋五卷**　(清)李漁輯　清刻本　一册

360000－1901－0024795　160922
**詩志八卷**　(清)牛運震撰　清嘉慶二十三年(1818)空山堂刻本　三册　存四卷(一至四)

360000－1901－0024796　410802
**詩中畫二卷**　(清)馬濤繪　清光緒十一年(1885)影印本　二册

360000－1901－0024797　801900
**十八扯一卷**　(□)□□撰　清抄本　一册

360000－1901－0024798　316664
**十八家詩鈔二十八卷**　(清)曾國藩輯　清同治十三年(1874)傳忠書局刻曾文正公全集本　二十册

360000－1901－0024799　414575
**十八家詩鈔二十八卷**　(清)曾國藩輯　清同治十三年(1874)傳忠書局刻曾文正公全集本　二十册　存二十一卷(一至七、九至十九、

二十二至二十三、二十七)

360000－1901－0024800　414576
**十八家詩鈔二十八卷**　(清)曾國藩輯　清同治十三年(1874)傳忠書局刻曾文正公全集本　十三冊　存十四卷(一至三、五、八至九、十二至十三、十五至十六、十八至十九、二十二、二十七)

360000－1901－0024801　414577
**十八家詩鈔二十八卷**　(清)曾國藩輯　清同治十三年(1874)傳忠書局刻曾文正公全集本　六冊　存六卷(二至三、九、十二、十六、十八)

360000－1901－0024802　414577－1
**十八家詩鈔二十八卷**　(清)曾國藩輯　清同治十三年(1874)傳忠書局刻曾文正公全集本　一冊　存一卷(十六)

360000－1901－0024803　800160
**十八家詩鈔二十八卷**　(清)曾國藩輯　清同治十三年(1874)傳忠書局刻曾文正公全集本　二冊　存三卷(一至三)

360000－1901－0024804　401065
**十朝東華錄五百二十五卷**　王先謙編　清光緒二十五年(1899)石印本　三十二冊　存二百二十一卷(天聰朝八至十一,崇德朝一至八,順治朝一至十一、二十三至三十六,康熙朝一至二十四、九十一至一百十,雍正朝一至十五、二十至二十六,乾隆朝四十二至四十六、八十二至一百七、一百十四至一百二十,嘉慶朝八至二十九,道光朝一至十、二十四至四十二,咸豐朝十八至二十二、五十五至六十、八十三至一百)

360000－1901－0024805　401066
**十朝東華錄五百二十五卷**　王先謙編　清光緒二十五年(1899)石印本　三冊　存三十六卷(雍正朝一至五、道光朝十六至四十二、咸豐朝八十三至八十六)

360000－1901－0024806　161409
**十朝東華錄五百二十五卷同治東華續錄一百卷**　王先謙編　清光緒二十五年(1899)公記書莊石印本　八十六冊

360000－1901－0024807　305056
**十朝聖訓九百二十二卷**　(清)□□編　清末石印本　八十二冊　存七百七十六卷(太祖高皇帝聖訓一至四,太宗文皇帝聖訓一至六,聖祖仁皇帝聖訓十一至六十,世宗憲皇帝聖訓十一至三十六,高宗純皇帝聖訓一至一百八十八、二百一至二百三十、二百四十一至三百,仁宗睿皇帝聖訓一至三十八、四十七至六十二、八十七至一百十,宣宗成皇帝聖訓一至九十、九十七至一百三十,文宗顯皇帝聖訓一至七十六、八十七至一百十,穆宗毅皇帝聖訓一至十六、二十五至八十四、一百五至一百十四、一百三十七至一百六十)

360000－1901－0024808　310187
**十二門論一卷**　(後秦)釋鳩摩羅什譯　清光緒二十一年(1895)金陵刻經處刻本　一冊

360000－1901－0024809　302260
**十二石齋詩話四卷**　(清)梁九圖撰　清道光二十六年(1846)刻本　二冊

360000－1901－0024810　120009
**十二樹梅花書屋叢著**　(清)鄒均撰　清道光十一年(1831)刻本　十二冊

360000－1901－0024811　120010
**十二樹梅花書屋叢著**　(清)鄒均撰　清道光十一年(1831)刻本　十二冊

360000－1901－0024812　803380
**十二萬秋秘笈不分卷**　(□)□□輯　清江南徵士抄本　一冊

360000－1901－0024813　302261
**十二研齋詩集一卷**　(清)文掞撰　清康熙刻本　一冊

360000－1901－0024814　161388
**十二硯齋金石過眼錄十八卷**　(清)汪鋆撰　清光緒元年(1875)刻本　四冊

360000－1901－0024815　163017

**十國春秋一百十四卷**　(清)吳任臣撰　清嘉慶四年(1799)海虞顧氏小石山房刻本　二十冊

360000－1901－0024816　220270
**十國春秋一百十四卷**　(清)吳任臣撰　**拾遺一卷備考一卷拾遺備考補一卷**　(清)周昂輯　清乾隆五十八年(1793)昭文周氏此宜閣刻本　十六冊　缺一卷(拾遺備考補一卷)

360000－1901－0024817　603041
**十國春秋一百十四卷**　(清)吳任臣撰　**拾遺一卷備考一卷拾遺備考補一卷**　(清)周昂輯　清乾隆五十八年(1793)昭文周氏刻光緒海虞顧氏小石山房印本　十九冊　存一百十五卷(十國春秋一百十四卷、拾遺一卷)

360000－1901－0024818　161405
**十國春秋一百十四卷**　(清)吳任臣撰　**拾遺一卷備考一卷拾遺備考補一卷**　(清)周昂輯　清乾隆五十八年(1793)昭文周氏刻嘉慶四年(1799)補刻本　十六冊

360000－1901－0024819　161406
**十國春秋一百十四卷**　(清)吳任臣撰　**拾遺一卷備考一卷拾遺備考補一卷**　(清)周昂輯　清乾隆五十八年(1793)昭文周氏刻嘉慶四年(1799)補刻本　十二冊

360000－1901－0024820　402346
**十國春秋一百十四卷**　(清)吳任臣撰　**拾遺一卷備考一卷拾遺備考補一卷**　(清)周昂輯　清乾隆五十八年(1793)昭文周氏刻嘉慶四年(1799)補刻本　十五冊　存八十一卷(一至三十九、四十八至五十、六十七至七十六、八十至九十四、一百四至一百十四,拾遺一卷,備考一卷,拾遺備考補一卷)

360000－1901－0024821　402347
**十國春秋一百十四卷**　(清)吳任臣撰　**拾遺一卷備考一卷拾遺備考補一卷**　(清)周昂輯　清乾隆五十八年(1793)昭文周氏刻嘉慶四年(1799)補刻本　三冊　存二十一卷(一至七、四十九至五十九,拾遺一卷,備考一卷,拾遺備考補一卷)

360000－1901－0024822　414610
**十國宮詞一卷**　(清)吳省蘭撰　清刻本　一冊

360000－1901－0024823　161408
**十國雜事詩十七卷敘目二卷**　(清)饒智元撰　清光緒十七年(1891)竹素齋刻本　四冊

360000－1901－0024824　414696
**十國雜事詩十七卷敘目二卷**　(清)饒智元撰　清光緒十七年(1891)竹素齋刻本　三冊　存十一卷(一至四、十一至十四、十七至十九)

360000－1901－0024825　901503
**十家詩詳注七卷**　(清)毛履謙　(清)吳涵一注　清積秀堂刻本　二冊　存四卷(一至二、四至五)

360000－1901－0024826　901506
**十家詩詳注七卷**　(清)毛履謙　(清)吳涵一注　清積秀堂刻本　一冊　存三卷(一至三)

360000－1901－0024827　901508
**十家詩詳注七卷**　(清)毛履謙　(清)吳涵一注　清積秀堂刻本　一冊　存一卷(一)

360000－1901－0024828　901509
**十家詩詳注七卷**　(清)毛履謙　(清)吳涵一注　清積秀堂刻本　一冊　存三卷(一至三)

360000－1901－0024829　805389
**十家詩詳注七卷**　(清)毛履謙　(清)吳涵一注　清刻本　四冊

360000－1901－0024830　901501
**十家詩詳注七卷**　(清)毛履謙　(清)吳涵一注　清刻本　三冊

360000－1901－0024831　901504
**十家詩詳注七卷**　(清)毛履謙　(清)吳涵一注　清刻本　二冊　存四卷(三至四、六至七)

360000－1901－0024832　901505
**十家詩詳注七卷**　(清)毛履謙　(清)吳涵一注　清刻本　二冊　存三卷(一至三)

360000－1901－0024833　901507

**十家詩詳注七卷**　(清)毛履謙　(清)吴涵一注　清刻本　一冊　存二卷(六至七)

360000－1901－0024834　901186
**十家詩詳注七卷**　(清)毛履謙　(清)吴涵一注　清三餘堂刻本　二冊

360000－1901－0024835　901502
**十家詩詳注七卷**　(清)毛履謙　(清)吴涵一注　清尚友堂刻本　二冊　存四卷(一至二、四至五)

360000－1901－0024836　241146
**十家唐詩**　(明)畢效欽編　明萬曆畢懋謙刻增刻本　二十三冊　存十九種

360000－1901－0024837　302271
**十家語錄摘要二卷附詠梅軒劄記一卷劄記增訂一卷**　(清)謝蘭生輯　清刻本　二冊

360000－1901－0024838　416816
**十駕齋養新錄二十卷餘錄三卷**　(清)錢大昕撰　清嘉慶長沙龍氏家塾刻本　九冊

360000－1901－0024839　160010
**十駕齋養新錄二十卷餘錄三卷**　(清)錢大昕撰　清嘉慶十一年(1806)刻本　九冊

360000－1901－0024840　160011
**十駕齋養新錄二十卷餘錄三卷**　(清)錢大昕撰　清嘉慶十一年(1806)刻本　八冊

360000－1901－0024841　160007
**十駕齋養新錄二十卷餘錄三卷**　(清)錢大昕撰　**錢辛楣先生年譜一卷續一卷**　(清)錢慶曾撰　清光緒二年(1876)浙江書局刻本　八冊

360000－1901－0024842　160008
**十駕齋養新錄二十卷餘錄三卷**　(清)錢大昕撰　**錢辛楣先生年譜一卷續一卷**　(清)錢慶曾撰　清光緒二年(1876)浙江書局刻本　八冊

360000－1901－0024843　160009
**十駕齋養新錄二十卷餘錄三卷**　(清)錢大昕撰　**錢辛楣先生年譜一卷續一卷**　(清)錢慶曾撰　清光緒二年(1876)浙江書局刻本　八冊

360000－1901－0024844　900123
**十九科同館試帖選□□卷**　(清)甘啓祥等編　清刻本　一冊　存二卷(三至四)

360000－1901－0024845　161399
**十九世紀列國政治文編十四卷**　(清)邵義輯　清光緒二十九年(1903)教育世界社鉛印本　十二冊

360000－1901－0024846　400930
**十九世紀列國政治文編十四卷**　(清)邵義輯　清光緒二十九年(1903)教育世界社鉛印本　八冊　存十一卷(一、三至十二)

360000－1901－0024847　400931
**十九世紀列國政治文編十四卷**　(清)邵義輯　清光緒二十九年(1903)教育世界社鉛印本　三冊　存四卷(一、十至十二)

360000－1901－0024848　603025
**十九世紀列國政治文編十四卷**　(清)邵義輯　清光緒二十九年(1903)教育世界社鉛印本　一冊　存一卷(二)

360000－1901－0024849　400929
**十九世紀歐洲政治史論四卷**　(日本)酒井雄三郎撰　(清)華文祺譯　清光緒二十八年(1902)教育世界出版所鉛印本　一冊

360000－1901－0024850　161396
**十九世紀外交史十七章**　(日本)平田久撰　張相譯　清光緒二十二年(1896)史學齋刻本　四冊

360000－1901－0024851　161397
**十九世紀外交史十七章**　(日本)平田久撰　張相譯　清光緒二十二年(1896)史學齋刻本　四冊

360000－1901－0024852　161398
**十九世紀外交史十七章**　(日本)平田久撰　張相譯　清光緒二十二年(1896)史學齋刻本　四冊

360000－1901－0024853　413340

**十科策畧箋釋十卷**　(明)劉定之撰　(清)劉作樑注釋　**呆齋公年譜一卷**　(清)劉作樑撰　清刻本　三冊　存七卷(一至四、八至十)

360000－1901－0024854　413337

**十科策畧箋釋十卷**　(明)劉定之撰　(清)劉作樑注釋　**呆齋公年譜一卷**　(清)劉作樑撰　清乾隆二十三年(1758)積秀堂刻本　一冊　存七卷(一至四、六、八至九)

360000－1901－0024855　413338

**十科策畧箋釋十卷**　(明)劉定之撰　(清)劉作樑注釋　**呆齋公年譜一卷**　(清)劉作樑撰　清乾隆二十三年(1758)積秀堂刻本　二冊　存六卷(一至六)

360000－1901－0024856　413339

**十科策畧箋釋十卷**　(明)劉定之撰　(清)劉作樑注釋　**呆齋公年譜一卷**　(清)劉作樑撰　清乾隆二十三年(1758)積秀堂刻本　一冊　存五卷(一至五)

360000－1901－0024857　413336

**十科策畧箋釋十卷**　(明)劉定之撰　(清)劉作樑注釋　**呆齋公年譜一卷**　(清)劉作樑撰　清乾隆刻本　四冊

360000－1901－0024858　413334

**十科策畧箋釋十卷**　(明)劉定之撰　(清)劉作樑注釋　**呆齋公年譜一卷**　(清)劉作樑撰　清乾隆三十三年(1768)合德堂刻本　三冊　存九卷(一至二、五至十,呆齋公年譜一卷)

360000－1901－0024859　413335

**十科策畧箋釋十卷**　(明)劉定之撰　(清)劉作樑注釋　**呆齋公年譜一卷**　(清)劉作樑撰　清雍正四年(1726)泰山堂刻本　三冊

360000－1901－0024860　402355

**十六國春秋輯補一百卷年表一卷**　(清)湯球輯　清光緒二十一年(1895)廣雅書局刻本　三冊　存二十五卷(七至二十四、三十四至四十)

360000－1901－0024861　220267

**十六國春秋一百卷**　(北魏)崔鴻撰　明末毛氏汲古閣刻本(卷一至十三配明萬曆刻本)　十冊

360000－1901－0024862　161402

**十六國春秋一百卷**　(北魏)崔鴻撰　(清)汪日桂重訂　清光緒十三年(1887)還讀廬刻本　二十四冊

360000－1901－0024863　161403

**十六國春秋一百卷**　(北魏)崔鴻撰　(清)汪日桂重訂　清光緒十三年(1887)還讀廬刻本　二十四冊

360000－1901－0024864　402353

**十六國春秋一百卷**　(北魏)崔鴻撰　(清)汪日桂重訂　清刻本　七冊　存三十卷(十一至十三、二十至二十四、三十五至四十一、四十五至四十九、六十一至六十四、八十八至九十三)

360000－1901－0024865　603038

**十六國春秋一百卷**　(北魏)崔鴻撰　(清)汪日桂重訂　清刻本　三冊　存八卷(三十八至四十五)

360000－1901－0024866　402348

**十六國春秋一百卷**　(北魏)崔鴻撰　(清)汪日桂重訂　清乾隆三十九年(1774)汪氏欣託山房刻四十六年(1781)印本　十四冊　存八十三卷(一至三十八、四十一至七十三、七十六至八十七)

360000－1901－0024867　402348－1

**十六國春秋一百卷**　(北魏)崔鴻撰　(清)汪日桂重訂　清乾隆三十九年(1774)汪氏欣託山房刻四十六年(1781)印本　四冊　存十八卷(三十七至四十、五十九至六十二、六十六至七十五)

360000－1901－0024868　402349

**十六國春秋一百卷**　(北魏)崔鴻撰　(清)汪日桂重訂　清乾隆三十九年(1774)汪氏欣託山房刻四十六年(1781)印本　七冊　存五十卷(一至四、十至二十五、五十二至七十、七十

八至八十八）

360000－1901－0024869　402350

**十六國春秋一百卷**　（北魏）崔鴻撰　（清）汪日桂重訂　清乾隆三十九年（1774）汪氏欣託山房刻四十六年（1781）印本　十二册　存五十六卷（一至十二、十六至二十五、五十九至七十一、七十四至八十三、九十至一百）

360000－1901－0024870　402351

**十六國春秋一百卷**　（北魏）崔鴻撰　（清）汪日桂重訂　清乾隆三十九年（1774）汪氏欣託山房刻四十六年（1781）印本　七册　存三十三卷（十六至二十二、三十六至三十七、五十九至六十二、六十七至七十三、八十二至九十四）

360000－1901－0024871　402352

**十六國春秋一百卷**　（北魏）崔鴻撰　（清）汪日桂重訂　清乾隆三十九年（1774）汪氏欣託山房刻四十六年（1781）印本　八册　存四十七卷（八至九、十一至十四、十六至二十一、五十九至七十三、八十一至一百）

360000－1901－0024872　402354

**十六國春秋一百卷**　（北魏）崔鴻撰　（清）汪日桂重訂　清乾隆三十九年（1774）汪氏欣託山房刻四十六年（1781）印本　五册　存三十卷（四至十六、七十八至九十四）

360000－1901－0024873　161404

**十六國疆域志十六卷**　（清）洪亮吉撰　清嘉慶三年（1798）京師刻北江全集本　三册

360000－1901－0024874　414609

**十名家文選不分卷**　（清）江有龍等評　清乾隆六十年（1795）刻本　五册

360000－1901－0024875　402794

**十七朝史事新論正集四卷續集六卷**　（清）張金玲評選　清光緒二十八年（1902）石印本　六册

360000－1901－0024876　603023

**十七朝史事新論正集四卷續集六卷**　（清）張金玲評選　清光緒二十八年（1902）石印本　三册　存五卷（十七朝史事新論正集三至四、續集一至三）

360000－1901－0024877　164173

**十七史**　（明）毛晉編　明崇禎元年至十七年（1628－1644）毛氏汲古閣刻本　三十册　存二種

360000－1901－0024878　220001

**十七史**　（明）毛晉編　明崇禎元年至十七年（1628－1644）毛氏汲古閣刻本　二百十三册　存十六種

360000－1901－0024879　220002

**十七史**　（明）毛晉編　明崇禎元年至十七年（1628－1644）毛氏汲古閣刻本　一百四十六册　存十二種

360000－1901－0024880　220003

**十七史**　（明）毛晉編　明崇禎元年至十七年（1628－1644）毛氏汲古閣刻本　一百六册　存九種

360000－1901－0024881　220004

**十七史**　（明）毛晉編　明崇禎元年至十七年（1628－1644）毛氏汲古閣刻本　四十六册　存六種

360000－1901－0024882　220005

**十七史**　（明）毛晉編　明崇禎元年至十七年（1628－1644）毛氏汲古閣刻本　四十七册　存四種

360000－1901－0024883　220006

**十七史**　（明）毛晉編　明崇禎元年至十七年（1628－1644）毛氏汲古閣刻清順治補輯本　二百册

360000－1901－0024884　220007

**十七史**　（明）毛晉編　明崇禎元年至十七年（1628－1644）毛氏汲古閣刻清順治補輯本　二百三十二册　存十四種

360000－1901－0024885　600368

**十七史**　（明）毛晉編　明崇禎元年至十七年（1628－1644）毛氏汲古閣刻清順治補輯本

二百七十册

360000－1901－0024886　161395
**十七史商榷一百卷**　(清)王鳴盛撰　清光緒二十九年(1903)刻本　四册

360000－1901－0024887　161394
**十七史商榷一百卷**　(清)王鳴盛撰　清光緒二十三年(1897)點石齋石印本　四册

360000－1901－0024888　402802
**十七史商榷一百卷**　(清)王鳴盛撰　清光緒二十三年(1897)點石齋石印本　四册

360000－1901－0024889　603020
**十七史商榷一百卷**　(清)王鳴盛撰　清光緒十九年(1893)廣雅書局刻本　六册　存四十八卷(一至四十、五十至五十七)

360000－1901－0024890　161389
**十七史商榷一百卷**　(清)王鳴盛撰　清刻本　十六册

360000－1901－0024891　402801
**十七史商榷一百卷**　(清)王鳴盛撰　清刻本　一册　存七卷(一至七)

360000－1901－0024892　402796
**十七史商榷一百卷**　(清)王鳴盛撰　清末石印本　十五册　存九十八卷(三至一百)

360000－1901－0024893　220332
**十七史商榷一百卷**　(清)王鳴盛撰　清乾隆五十二年(1787)洞涇草堂刻本　二十四册

360000－1901－0024894　220333
**十七史商榷一百卷**　(清)王鳴盛撰　清乾隆五十二年(1787)洞涇草堂刻本　二十册

360000－1901－0024895　603018
**十七史商榷一百卷**　(清)王鳴盛撰　清乾隆五十二年(1787)洞涇草堂刻本　二十四册

360000－1901－0024896　603022
**十七史商榷一百卷**　(清)王鳴盛撰　清乾隆五十二年(1787)洞涇草堂刻本　二十四册

360000－1901－0024897　402795
**十七史詳節二百七十三卷**　(宋)吕祖謙輯　清光緒二十八年(1902)崇新書局石印本　三册　存十八卷(四至二十一)

360000－1901－0024898　305704
**十三峯書屋全集九卷**　(清)李榕撰　清光緒二十五年(1899)袖海山房石印本　一册　存二卷(文稿一卷、詩集一)

360000－1901－0024899　711399
**十三經不二字一卷**　(清)李鴻藻輯　清光緒元年(1875)刻本　一册

360000－1901－0024900　711397
**十三經不二字一卷**　(清)李鴻藻輯　清刻本　一册

360000－1901－0024901　711398
**十三經不二字一卷**　(清)李鴻藻輯　清同治六年(1867)刻本　一册

360000－1901－0024902　120017
**十三經策案二十二卷**　(清)王謨輯　清光緒十三年(1887)上海大同書局石印本　四册

360000－1901－0024903　418509
**十三經策案二十二卷**　(清)王謨輯　清光緒十三年(1887)上海大同書局石印本　一册　存五卷(十二至十六)

360000－1901－0024904　418513
**十三經策案二十二卷**　(清)王謨輯　清嘉慶三年(1798)刻本　十册　存二十卷(一至十七、二十至二十二)

360000－1901－0024905　717755
**十三經策案二十二卷**　(清)王謨輯　清嘉慶三年(1798)刻本　五册　存十卷(一至三、五至七、十三至十四、十七至十八)

360000－1901－0024906　418512
**十三經策案二十二卷**　(清)王謨輯　清嘉慶十三年(1808)刻本　十册

360000－1901－0024907　418508
**十三經策案二十二卷**　(清)王謨輯　清刻本　五册　存十三卷(一至七、十三至十八)

360000－1901－0024908　418508－1
**十三經策案二十二卷**　(清)王謨輯　清刻本　二册　存六卷(十七至二十二)

360000－1901－0024909　418510
**十三經策案二十二卷**　(清)王謨輯　清刻本　七册　存十九卷(一至八、十二至二十二)

360000－1901－0024910　418511
**十三經策案二十二卷**　(清)王謨輯　清刻本　三册　存八卷(五至九、二十至二十二)

360000－1901－0024911　601009
**十三經策案二十二卷**　(清)王謨輯　清刻本　三册　存十一卷(二至四、十五至二十二)

360000－1901－0024912　711394
**十三經策案二十二卷**　(清)王謨輯　清刻本　一册　存三卷(二至四)

360000－1901－0024913　722038
**十三經策案二十二卷**　(清)王謨輯　清刻本　四册　存十一卷(二至十、十六至十七)

360000－1901－0024914　601008
**十三經策案二十二卷**　(清)王謨輯　清末石印本　一册　存十一卷(一至十一)

360000－1901－0024915　210391
**十三經策案二十二卷**　(清)王謨輯　清乾隆四十二年(1777)刻本　六册

360000－1901－0024916　210392
**十三經策案二十二卷**　(清)王謨輯　清乾隆四十二年(1777)刻本　八册

360000－1901－0024917　417752
**十三經策案二十二卷**　(清)王謨輯　清乾隆四十二年(1777)刻本　八册

360000－1901－0024918　717753
**十三經策案二十二卷**　(清)王謨輯　清乾隆四十二年(1777)刻本　十三册　存二十一卷(一至十三、十五至二十二)

360000－1901－0024919　717754
**十三經策案二十二卷**　(清)王謨輯　清乾隆四十二年(1777)刻本　六册　存十一卷(一、五至九、十一至十四、十七)

360000－1901－0024920　717756
**十三經策案二十二卷**　(清)王謨輯　清乾隆四十二年(1777)刻本　三册　存五卷(七至八、十六至十八)

360000－1901－0024921　717757
**十三經策案二十二卷**　(清)王謨輯　清乾隆四十二年(1777)刻本　二册　存六卷(五至七、十五至十七)

360000－1901－0024922　722037
**十三經策案二十二卷**　(清)王謨輯　清乾隆四十二年(1777)刻本　六册　存十一卷(一至十一)

360000－1901－0024923　150061
**十三經讀本**　(清)□□編　清同治金陵書局刻本　三十七册　存九種

360000－1901－0024924　164142
**十三經讀本**　(清)□□編　清同治金陵書局刻本　四册　存三種

360000－1901－0024925　160003
**十三經分類政要十卷附諸經略說一卷經義辨訛一卷經義辨疑一卷**　(清)周世樟編　清光緒二十八年(1902)教育世界社石印本　八册

360000－1901－0024926　160004
**十三經分類政要十卷附諸經略說一卷經義辨訛一卷經義辨疑一卷**　(清)周世樟編　清光緒二十八年(1902)教育世界社石印本　七册

360000－1901－0024927　415052
**十三經分類政要十卷附諸經略說一卷經義辨訛一卷經義辨疑一卷**　(清)周世樟編　清光緒二十八年(1902)教育世界社石印本　八册

360000－1901－0024928　415053
**十三經分類政要十卷附諸經略說一卷經義辨訛一卷經義辨疑一卷**　(清)周世樟編　清光緒二十八年(1902)教育世界社石印本　八册

360000－1901－0024929　414991
**十三經古注**　(明)葛鼒　(明)金蟠校　清刻

本　四十五册

360000－1901－0024930　414992
**十三經古注**　（明）葛鼒　（明）金蟠校　清同治八年（1869）浙江書局刻本　四十八册

360000－1901－0024931　414993
**十三經古注**　（明）葛鼒　（明）金蟠校　清同治八年（1869）浙江書局刻本　八册　存三種

360000－1901－0024932　711400
**十三經集字分畫便查一卷**　（清）李文沂編　清刻本　一册

360000－1901－0024933　120022
**十三經集字摹本不分卷**　（清）彭玉雯撰　清道光二十九年（1849）江右彭氏刻本　六册

360000－1901－0024934　120020
**十三經集字摹本不分卷**　（清）彭玉雯撰　清道光二十九年（1849）江右彭氏刻本　八册

360000－1901－0024935　120021
**十三經集字摹本不分卷**　（清）彭玉雯撰　清道光二十九年（1849）江右彭氏刻本　八册

360000－1901－0024936　415085
**十三經集字摹本不分卷**　（清）彭玉雯撰　清道光二十九年（1849）江右彭氏刻本　八册

360000－1901－0024937　415086
**十三經集字摹本不分卷**　（清）彭玉雯撰　清道光二十九年（1849）江右彭氏刻本　九册

360000－1901－0024938　415087
**十三經集字摹本不分卷**　（清）彭玉雯撰　清道光二十九年（1849）江右彭氏刻本　八册

360000－1901－0024939　415088
**十三經集字摹本不分卷**　（清）彭玉雯撰　清道光二十九年（1849）江右彭氏刻本　三册

360000－1901－0024940　415089
**十三經集字摹本不分卷**　（清）彭玉雯撰　清道光二十九年（1849）江右彭氏刻本　八册

360000－1901－0024941　415090
**十三經集字摹本不分卷**　（清）彭玉雯撰　清道光二十九年（1849）江右彭氏刻本　七册

360000－1901－0024942　415091
**十三經集字摹本不分卷**　（清）彭玉雯撰　清道光二十九年（1849）江右彭氏刻本　六册

360000－1901－0024943　415091－1
**十三經集字摹本不分卷**　（清）彭玉雯撰　清道光二十九年（1849）江右彭氏刻本　五册

360000－1901－0024944　415092
**十三經集字摹本不分卷**　（清）彭玉雯撰　清道光二十九年（1849）江右彭氏刻本　九册

360000－1901－0024945　415093
**十三經集字摹本不分卷**　（清）彭玉雯撰　清道光二十九年（1849）江右彭氏刻本　十册

360000－1901－0024946　415094
**十三經集字摹本不分卷**　（清）彭玉雯撰　清道光二十九年（1849）江右彭氏刻本　九册

360000－1901－0024947　415095
**十三經集字摹本不分卷**　（清）彭玉雯撰　清道光二十九年（1849）江右彭氏刻本　一册

360000－1901－0024948　415096
**十三經集字摹本不分卷**　（清）彭玉雯撰　清道光二十九年（1849）江右彭氏刻本　八册

360000－1901－0024949　415097
**十三經集字摹本不分卷**　（清）彭玉雯撰　清道光二十九年（1849）江右彭氏刻本　七册

360000－1901－0024950　415098
**十三經集字摹本不分卷**　（清）彭玉雯撰　清道光二十九年（1849）江右彭氏刻本　五册

360000－1901－0024951　415099
**十三經集字摹本不分卷**　（清）彭玉雯撰　清道光二十九年（1849）江右彭氏刻本　七册

360000－1901－0024952　415100
**十三經集字摹本不分卷**　（清）彭玉雯撰　清道光二十九年（1849）江右彭氏刻本　九册

360000－1901－0024953　415101
**十三經集字摹本不分卷**　（清）彭玉雯撰　清

道光二十九年(1849)江右彭氏刻本　八冊

360000－1901－0024954　415102
**十三經集字摹本不分卷**　(清)彭玉雯撰　清道光二十九年(1849)江右彭氏刻本　九冊

360000－1901－0024955　415103
**十三經集字摹本不分卷**　(清)彭玉雯撰　清道光二十九年(1849)江右彭氏刻本　九冊

360000－1901－0024956　415104
**十三經集字摹本不分卷**　(清)彭玉雯撰　清道光二十九年(1849)江右彭氏刻本　二十六冊

360000－1901－0024957　601010
**十三經集字摹本不分卷**　(清)彭玉雯撰　清道光二十九年(1849)江右彭氏刻本　八冊

360000－1901－0024958　601011
**十三經集字摹本不分卷**　(清)彭玉雯撰　清道光二十九年(1849)江右彭氏刻本　七冊

360000－1901－0024959　601012
**十三經集字摹本不分卷**　(清)彭玉雯撰　清道光二十九年(1849)江右彭氏刻本　一冊

360000－1901－0024960　601013
**十三經集字摹本不分卷**　(清)彭玉雯撰　清道光二十九年(1849)江右彭氏刻本　八冊

360000－1901－0024961　415105
**十三經集字摹本不分卷**　(清)彭玉雯撰　清道光三十年(1850)江右彭氏刻本　八冊

360000－1901－0024962　415106
**十三經集字摹本不分卷**　(清)彭玉雯撰　清道光三十年(1850)江右彭氏刻本　八冊

360000－1901－0024963　803073
**十三經集字摹本不分卷**　(清)彭玉雯撰　清刻本　五冊

360000－1901－0024964　803073－1
**十三經集字摹本不分卷**　(清)彭玉雯撰　清刻本　三冊

360000－1901－0024965　803073－2
**十三經集字摹本不分卷**　(清)彭玉雯撰　清刻本　二冊

360000－1901－0024966　902490
**十三經集字摹本不分卷**　(清)彭玉雯撰　清刻本　二冊

360000－1901－0024967　801186
**十三經集字音釋四卷**　(清)黄蕙田撰　清刻本　一冊　存一卷(四)

360000－1901－0024968　411403
**十三經集字音釋四卷**　(清)黄蕙田撰　清同治九年(1870)西山刻本　六冊

360000－1901－0024969　160006
**十三經舊學加商二卷**　(清)吳修祜撰　清光緒十五年(1889)木活字印本　一冊

360000－1901－0024970　601003
**十三經客難**　(清)龔元玠撰　清道光二十六年(1846)刻本　十八冊　存十一種

360000－1901－0024971　601004
**十三經客難**　(清)龔元玠撰　清道光二十六年(1846)刻本　十五冊　存十種

360000－1901－0024972　601005
**十三經客難**　(清)龔元玠撰　清道光二十六年(1846)刻本　二冊　存二種

360000－1901－0024973　601006
**十三經客難**　(清)龔元玠撰　清道光二十六年(1846)刻本　二十二冊　存十二種

360000－1901－0024974　120012
**十三經客難**　(清)龔元玠撰　清道光二十六年(1846)刻本　二十二冊

360000－1901－0024975　120013
**十三經客難**　(清)龔元玠撰　清道光二十六年(1846)刻本　二十冊

360000－1901－0024976　120014
**十三經客難**　(清)龔元玠撰　清道光二十六年(1846)刻本　二十二冊

360000－1901－0024977　417909

**十三經客難**　(清)龔元玠撰　清道光二十六年(1846)刻本　二十一冊

360000－1901－0024978　417910

**十三經客難**　(清)龔元玠撰　清道光二十六年(1846)刻本　二十一冊

360000－1901－0024979　417910－1

**十三經客難**　(清)龔元玠撰　清道光二十六年(1846)刻本　二冊　存二種

360000－1901－0024980　601915

**十三經客難**　(清)龔元玠撰　清乾隆十六年(1751)刻本　三冊　存二種

360000－1901－0024981　250112

**十三經類語十四卷**　(明)羅萬藻輯　(明)魯重民注　明崇禎十三年(1640)刻本　四冊　存四卷(一、三至四、六)

360000－1901－0024982　122728

**十三經拾遺十六卷**　(清)王朝璩撰　清嘉慶五年(1800)刻本　四冊

360000－1901－0024983　601007

**十三經拾遺十六卷**　(清)王朝璩撰　清嘉慶五年(1800)刻本　四冊

360000－1901－0024984　120015

**十三經拾遺十六卷**　(清)王朝璩撰　清嘉慶五年(1800)尋孔顏樂處刻本　四冊

360000－1901－0024985　120016

**十三經拾遺十六卷**　(清)王朝璩撰　清嘉慶五年(1800)尋孔顏樂處刻本　四冊

360000－1901－0024986　120023

**十三經源流略一卷附武經七書源流略一卷二十四史書目紀一卷蓬山逸響一卷**　(清)胡芳秋撰　清同治八年(1869)南關明古齋刻本　一冊

360000－1901－0024987　120024

**十三經源流略一卷附武經七書源流略一卷二十四史書目紀一卷蓬山逸響一卷**　(清)胡芳秋撰　清同治八年(1869)南關明古齋刻本　一冊

360000－1901－0024988　411402

**十三經札記二十二卷**　(清)朱亦棟撰　清嘉慶二十二年(1817)雲鶴堂刻本　五冊

360000－1901－0024989　150038

**十三經札記二十二卷附十六卷**　(清)朱亦棟撰　清光緒四年(1878)武林竹簡齋刻本　十二冊

360000－1901－0024990　150039

**十三經札記二十二卷附十六卷**　(清)朱亦棟撰　清光緒四年(1878)武林竹簡齋刻本　八冊

360000－1901－0024991　150042

**十三經注疏**　清光緒四年(1878)淮南書局刻本　一百冊

360000－1901－0024992　150040

**十三經注疏**　清嘉慶十八年(1813)四友堂刻本　一百二十八冊

360000－1901－0024993　411685

**十三經注疏**　清嘉慶十八年(1813)四友堂刻本　一百十九冊

360000－1901－0024994　411686

**十三經注疏**　清嘉慶十八年(1813)四友堂刻本　三十八冊　存八種

360000－1901－0024995　902417

**十三經注疏**　清嘉慶十八年(1813)四友堂刻本　四十七冊　存三種

360000－1901－0024996　902423

**十三經注疏**　清嘉慶十八年(1813)四友堂刻本　六冊　存一種

360000－1901－0024997　411687

**十三經注疏**　清刻本　五十二冊　存十一種

360000－1901－0024998　411688

**十三經注疏**　清刻本　九冊　存四種

360000－1901－0024999　714853

**十三經注疏**　清刻本　八冊　存四種

360000－1901－0025000　902426

**十三經注疏** 清刻本 九冊 存一種

360000－1901－0025001 150043
**十三經注疏附考證** 清乾隆四年至十二年(1739－1747)武英殿刻本 一百十七冊

360000－1901－0025002 902403
**十三經注疏附考證** 清乾隆四年至十二年(1739－1747)武英殿刻本 四十冊 存六種

360000－1901－0025003 150044
**十三經注疏附考證** 清乾隆四年至十二年(1739－1747)武英殿刻本(禮記卷三十二至三十五配清同治十年廣東書局刻本) 一百十五冊

360000－1901－0025004 150045
**十三經注疏附考證** 清同治十年(1871)廣東書局刻本 一百二十冊

360000－1901－0025005 150046
**十三經注疏附考證** 清同治十年(1871)廣東書局刻本 一百十二冊

360000－1901－0025006 800479
**十三經注疏卷數撰人歌一卷二十四史卷數撰人歌一卷** 許家惺撰 清光緒二十四年(1898)刻本 一冊

360000－1901－0025007 902431
**十三經注疏校勘記識語四卷** (清)汪文臺撰 清光緒三年(1877)江西書局刻本 二冊

360000－1901－0025008 411406
**十三經註疏** 明崇禎元年至十二年(1628－1639)毛氏汲古閣刻本 二十三冊 存四種

360000－1901－0025009 411407
**十三經註疏** 明崇禎元年至十二年(1628－1639)毛氏汲古閣刻本 四十二冊 存八種

360000－1901－0025010 411408
**十三經註疏** 明崇禎元年至十二年(1628－1639)毛氏汲古閣刻本 三十一冊 存八種

360000－1901－0025011 411409
**十三經註疏** 明崇禎元年至十二年(1628－1639)毛氏汲古閣刻本 四冊 存三種

360000－1901－0025012 603030－4
**十三經註疏** 明崇禎元年至十二年(1628－1639)毛氏汲古閣刻本 三十八冊 存九種

360000－1901－0025013 711527
**十三經註疏** 明崇禎元年至十二年(1628－1639)毛氏汲古閣刻本 四十冊 存八種

360000－1901－0025014 801047
**十三經註疏** 明崇禎元年至十二年(1628－1639)毛氏汲古閣刻本 二冊 存二種

360000－1901－0025015 801048
**十三經註疏** 明崇禎元年至十二年(1628－1639)毛氏汲古閣刻本 三冊 存三種

360000－1901－0025016 902428
**十三經註疏** 明崇禎元年至十二年(1628－1639)毛氏汲古閣刻本 九冊 存三種

360000－1901－0025017 902429
**十三經註疏** 明崇禎元年至十二年(1628－1639)毛氏汲古閣刻本 三冊 存二種

360000－1901－0025018 414769
**十三科館賦新編不分卷** (清)李承霖等撰 清刻本 二冊

360000－1901－0025019 120011
**十三翎閣文稿一卷詩鈔一卷** (清)趙廷愷撰 清同治十一年(1872)刻本 二冊

360000－1901－0025020 800643
**十杉亭帖體詩鈔五卷續編二卷** (清)吳楷撰 清光緒十年(1884)兩儀堂刻本 三冊

360000－1901－0025021 800649
**十杉亭帖體詩鈔五卷續編二卷** (清)吳楷撰 清光緒十年(1884)兩儀堂刻本 一冊 存五卷(十杉亭帖體詩鈔五卷)

360000－1901－0025022 800637
**十杉亭帖體詩鈔五卷續編二卷** (清)吳楷撰 清光緒十四年(1888)刻本 三冊

360000－1901－0025023 800641
**十杉亭帖體詩鈔五卷續編二卷** (清)吳楷撰 清刻本 三冊

360000－1901－0025024　800642
**十杉亭帖體詩鈔五卷續編二卷**　(清)吳楷撰　清刻本　二册

360000－1901－0025025　800647
**十杉亭帖體詩鈔五卷續編二卷**　(清)吳楷撰　清刻本　一册　存一卷(十杉亭帖體詩鈔一)

360000－1901－0025026　800648
**十杉亭帖體詩鈔五卷續編二卷**　(清)吳楷撰　清咸豐四年(1854)刻本　一册　存二卷(十杉亭帖體詩鈔一至二)

360000－1901－0025027　800638
**十杉亭帖體詩鈔五卷續編二卷**　(清)吳楷撰　**薇雲小舍詩課續編二卷**　(清)吳之俊撰　清刻本　三册　存七卷(十杉亭帖體詩鈔三至五、續編二卷、薇雲小舍詩課續編二卷)

360000－1901－0025028　800645
**十杉亭帖體詩鈔五卷續編二卷**　(清)吳楷撰　**薇雲小舍試帖詩課二卷**　(清)吳之俊撰　清道光二十三年(1843)刻本　二册

360000－1901－0025029　800646
**十杉亭帖體詩鈔五卷續編二卷**　(清)吳楷撰　**薇雲小舍試帖詩課二卷**　(清)吳之俊撰　清道光二十三年(1843)刻本　二册

360000－1901－0025030　800640
**十杉亭帖體詩鈔五卷續編二卷**　(清)吳楷撰　**薇雲小舍試帖詩課二卷**　(清)吳之俊撰　清刻本　二册

360000－1901－0025031　800644
**十杉亭帖體詩鈔五卷續編二卷**　(清)吳楷撰　**薇雲小舍試帖詩課二卷**　(清)吳之俊撰　清刻本　二册　存五卷(十杉亭帖體詩鈔一至二、續編二卷、薇雲小舍試帖詩課上)

360000－1901－0025032　800639
**十杉亭帖體詩鈔五卷續編二卷**　(清)吳楷撰　**薇雲小舍試帖詩課二卷薇雲小舍詩課續編二卷**　(清)吳之俊撰　清刻本　二册

360000－1901－0025033　414705－1
**十四層啓蒙捷訣集二卷**　(清)曹原亮撰　清大文堂刻本　二册

360000－1901－0025034　414706
**十四層啓蒙捷訣集二卷**　(清)曹原亮撰　清刻本　二册

360000－1901－0025035　414706－1
**十四層啓蒙捷訣集二卷**　(清)曹原亮撰　清刻本　一册　存一卷(下集)

360000－1901－0025036　414705
**十四層啓蒙捷訣集二卷**　(清)曹原亮撰　清英德堂刻本　一册

360000－1901－0025037　414704
**十四層啓蒙捷訣集二卷**　(清)曹原亮撰　清郁文堂刻本　一册

360000－1901－0025038　414701
**十誦齋集六卷**　(清)周天度撰　清乾隆刻本　二册

360000－1901－0025039　150067
**十萬卷樓叢書**　(清)陸心源輯　清光緒歸安陸氏刻本　八十六册　存三十五種

360000－1901－0025040　150068
**十萬卷樓叢書**　(清)陸心源輯　清光緒歸安陸氏刻本　六十三册　存三十三種

360000－1901－0025041　150531
**十萬卷樓叢書**　(清)陸心源輯　清光緒歸安陸氏刻本　十八册　存九種

360000－1901－0025042　304914
**十五弗齋文存一卷詩存一卷**　(清)丁寶楨撰　清光緒二十年(1894)京師刻本　一册

360000－1901－0025043　120257
**十先生中庸集解二卷附錄一卷**　(宋)石𡼖編　清道光二十九年(1849)莫氏影山草堂刻本　一册

360000－1901－0025044　160167
**十先生中庸集解二卷附錄一卷**　(宋)石𡼖編　清道光二十九年(1849)莫氏影山草堂刻本

二冊

360000－1901－0025045　408050
**十藥神書注解一卷**　(元)葛乾孫編　(清)陳念祖注　(清)林壽萱韻　清光緒十六年(1890)刻本　一冊

360000－1901－0025046　408050－1
**十藥神書注解一卷**　(元)葛乾孫編　(清)陳念祖注　(清)林壽萱韻　清光緒十六年(1890)刻本　一冊

360000－1901－0025047　408050－10
**十藥神書注解一卷**　(元)葛乾孫編　(清)陳念祖注　(清)林壽萱韻　清光緒十六年(1890)刻本　一冊

360000－1901－0025048　408050－2
**十藥神書注解一卷**　(元)葛乾孫編　(清)陳念祖注　(清)林壽萱韻　清光緒十六年(1890)刻本　一冊

360000－1901－0025049　408050－3
**十藥神書注解一卷**　(元)葛乾孫編　(清)陳念祖注　(清)林壽萱韻　清光緒十六年(1890)刻本　一冊

360000－1901－0025050　408050－4
**十藥神書注解一卷**　(元)葛乾孫編　(清)陳念祖注　(清)林壽萱韻　清光緒十六年(1890)刻本　一冊

360000－1901－0025051　408050－5
**十藥神書注解一卷**　(元)葛乾孫編　(清)陳念祖注　(清)林壽萱韻　清光緒十六年(1890)刻本　一冊

360000－1901－0025052　408050－6
**十藥神書注解一卷**　(元)葛乾孫編　(清)陳念祖注　(清)林壽萱韻　清光緒十六年(1890)刻本　一冊

360000－1901－0025053　408050－7
**十藥神書注解一卷**　(元)葛乾孫編　(清)陳念祖注　(清)林壽萱韻　清光緒十六年(1890)刻本　一冊

360000－1901－0025054　408050－8
**十藥神書注解一卷**　(元)葛乾孫編　(清)陳念祖注　(清)林壽萱韻　清光緒十六年(1890)刻本　一冊

360000－1901－0025055　408050－9
**十藥神書注解一卷**　(元)葛乾孫編　(清)陳念祖注　(清)林壽萱韻　清光緒十六年(1890)刻本　一冊

360000－1901－0025056　161385
**十一朝東華約錄二百三十二卷**　(清)王祖顯輯　清光緒二十七年(1901)石印本　二十四冊

360000－1901－0025057　401078
**十一朝東華約錄二百三十二卷**　(清)王祖顯輯　清末石印本　四冊　存六十七卷(十三至二十三、四十四至六十一、一百一至一百十、一百六十八至一百九十五)

360000－1901－0025058　417557
**十一經初學讀本**　(清)萬廷蘭輯　清光緒二年(1876)四川學院衙門刻本　二十三冊　存十種

360000－1901－0025059　160001
**十一經初學讀本**　(清)萬廷蘭輯　清嘉慶元年(1796)計樹園刻本　二十冊　存八種

360000－1901－0025060　418475
**十一經初學讀本**　(清)萬廷蘭輯　清嘉慶元年(1796)計樹園刻本　十三冊　存四種

360000－1901－0025061　210377
**十一經問對五卷**　(元)何異孫撰　清康熙納蘭成德刻通志堂經解本　一冊

360000－1901－0025062　402663
**十一經音訓**　(清)楊國楨等編　清道光十一年(1831)大梁書院刻本　二十三冊　存十種

360000－1901－0025063　402664
**十一經音訓**　(清)楊國楨等編　清道光十一年(1831)大梁書院刻本　五冊　存三種

360000－1901－0025064　150037

**十一經音訓**　(清)楊國楨等編　清光緒三年(1877)湖北崇文書局刻本　十八册　存十種

360000－1901－0025065　414768
**十詠樓賦鈔不分卷**　(清)張榮緒選　清道光二十八年(1848)刻本　三册

360000－1901－0025066　150069
**十種古逸書**　(清)茆泮林輯　清道光十四年(1834)、二十二年(1842)刻本　六册

360000－1901－0025067　150070
**十種古逸書**　(清)茆泮林輯　清道光十四年(1834)、二十二年(1842)刻本　五册　存八種

360000－1901－0025068　241153
**十種唐詩選**　(清)王士禛輯　清康熙三十一年(1692)南芝堂刻本　三册

360000－1901－0025069　241154
**十種唐詩選**　(清)王士禛輯　清康熙三十一年(1692)南芝堂刻本　二册　存九種

360000－1901－0025070　405611
**十種唐詩選**　(清)王士禛輯　清康熙三十一年(1692)南芝堂刻本　一册　存四種

360000－1901－0025071　603503
**十種唐詩選**　(清)王士禛輯　清康熙三十一年(1692)南芝堂刻本　一册

360000－1901－0025072　716805
**十種唐詩選**　(清)王士禛輯　清康熙三十一年(1692)南芝堂刻本　二册　存九種

360000－1901－0025073　716806
**十種唐詩選**　(清)王士禛輯　清康熙三十一年(1692)南芝堂刻本　一册　存四種

360000－1901－0025074　716807
**十種唐詩選**　(清)王士禛輯　清康熙三十一年(1692)南芝堂刻本　二册　存四種

360000－1901－0025075　414767
**十洲春語三卷**　(清)二石生撰　清光緒三年(1877)申報館鉛印本　一册

360000－1901－0025076　307630
**十住毗婆沙論十五卷**　(後秦)釋鳩摩羅什譯　清光緒刻本　三册

360000－1901－0025077　150062
**十子全書**　(清)王子興輯　清嘉慶九年(1804)姑蘇王氏聚文堂刻本　四十册

360000－1901－0025078　150063
**十子全書**　(清)王子興輯　清嘉慶九年(1804)姑蘇王氏聚文堂刻本　四十册

360000－1901－0025079　150064
**十子全書**　(清)王子興輯　清嘉慶九年(1804)姑蘇王氏聚文堂刻本　三十九册

360000－1901－0025080　416219
**十子全書**　(清)王子興輯　清嘉慶九年(1804)姑蘇王氏聚文堂刻本　十册　存四種

360000－1901－0025081　710390
**十子全書**　(清)王子興輯　清嘉慶九年(1804)姑蘇王氏聚文堂刻本　十七册

360000－1901－0025082　800163
**十子全書**　(清)王子興輯　清嘉慶九年(1804)姑蘇王氏聚文堂刻本　五册　存三種

360000－1901－0025083　805424
**十子全書**　(清)王子興輯　清嘉慶九年(1804)姑蘇王氏聚文堂刻本　二十二册　存八種

360000－1901－0025084　416259
**十子全書**　(清)王子興輯　清嘉慶九年(1804)經綸堂刻本　十八册　存七種

360000－1901－0025085　416303
**十子全書**　(清)王子興輯　清嘉慶九年(1804)經綸堂刻本　十册　存三種

360000－1901－0025086　418299
**石倉十二代詩選□□卷**　(明)曹學佺輯　明崇禎四年(1631)刻本　一百四十三册　存四百五卷(古詩選十三卷,唐詩選一百十卷,宋詩選一至三十六、六十二至六十七、九十六至一百七,元詩選一至三十八、四十一至五十,

明詩一集選一至八十四,明詩次集選一至四十七、九十至一百三十八)

360000－1901－0025087　717774
**石倉十二代詩選□□卷**　(明)曹學佺輯　明崇禎四年(1631)刻本　十五冊　存五十九卷(中唐詩選三十四至三十六,宋詩選三十七至六十一、六十八至九十五,元詩選三十九至四十,明詩次集選四十八)

360000－1901－0025088　718275
**石倉十二代詩選□□卷**　(明)曹學佺輯　明崇禎四年(1631)刻本　七冊　存二十七卷(元詩選一至七,明詩次集選二十五至二十九、三十四至四十、八十二至八十四、一百十四至一百十八)

360000－1901－0025089　240448
**石初集十卷附録一卷**　(元)周霆震撰　民國抄本(豫章叢書底本)　二冊

360000－1901－0025090　240173
**石徂徠先生文鈔一卷附録一卷**　(宋)石介撰　清乾隆四十七年(1782)杏雨山堂刻本　一冊

360000－1901－0025091　230459
**石攻氏札記不分卷**　(清)胡廷玉輯　清抄本　六十七冊

360000－1901－0025092　240897
**石湖草堂詩六卷**　(清)鍾元鉉撰　**濤韻吟二卷**　(清)鍾霦撰　**亦軒詩草二卷**　(清)鍾岱光撰　清雍正五年(1727)刻本　三冊

360000－1901－0025093　240363
**石湖居士詩集三十四卷**　(宋)范成大撰　(清)顧嗣臯等重訂　清康熙二十七年(1688)顧氏依園刻本　八冊

360000－1901－0025094　404958
**石湖先生詩鈔六卷**　(宋)范成大撰　(清)周之鱗　(清)柴升選　清刻宋四名家詩本　一冊

360000－1901－0025095　404958－1
**石湖先生詩鈔六卷**　(宋)范成大撰　(清)周之鱗　(清)柴升選　清刻宋四名家詩本　一冊

360000－1901－0025096　160308
**石經彙函**　王秉恩輯　清光緒十六年(1890)四川尊經書局刻本　十六冊

360000－1901－0025097　120373
**石經考文提要十三卷**　(清)彭元瑞撰　清嘉慶四年(1799)許宗彥刻本　一冊

360000－1901－0025098　120374
**石經考文提要十三卷**　(清)彭元瑞撰　清嘉慶四年(1799)許宗彥刻本　一冊　存五卷(一至五)

360000－1901－0025099　409453
**石經考異二卷**　(清)杭世駿撰　清乾隆刻本　一冊

360000－1901－0025100　404342
**石經齋校訂詩韻尤雅五卷**　(清)潘江輯　清刻本　一冊

360000－1901－0025101　210332
**石鏡山房四書説統三十七卷**　(明)張振淵撰　明天啓仁和張氏石鏡山房刻本　一冊　存六卷(十八至二十三)

360000－1901－0025102　315519
**石臼前集九卷後集七卷**　(明)邢昉撰　清光緒十八年(1892)刻本　六冊

360000－1901－0025103　313864
**石窟一徵九卷**　(清)黄釗撰　清光緒六年(1880)刻本　四冊

360000－1901－0025104　404960
**石窟一徵九卷**　(清)黄釗撰　清光緒六年(1880)刻本　二冊　存五卷(五至九)

360000－1901－0025105　302303
**石蓮盦彙九金人集一百五十五卷**　(清)吳重熹編　清光緒十二年至三十二年(1886－1906)海豐吳氏石蓮盦刻本　三十六冊

360000－1901－0025106　120362

**石林歌史一卷**　(清)陸合治編　清光緒七年(1881)陸運景刻本　一冊

360000－1901－0025107　300826
**石林居士集**　(宋)葉夢得撰　清道光二十四年至二十六年(1844－1846)吳中葉廷琯刻本　六冊

360000－1901－0025108　120363
**石林樓詩草十五卷**　(清)葉尚璉撰　清道光五年(1825)石林樓刻本　四冊

360000－1901－0025109　120375
**石閭山房集**　(明)劉一焜撰　清道光二十二年(1842)知本堂木活字印本　二冊　存四種

360000－1901－0025110　601504
**石門集十卷首一卷末一卷**　(明)梁寅撰　清光緒十五年(1889)刻本　一冊　存十一卷(石門集十卷、首一卷)

360000－1901－0025111　165131
**石門集一卷**　(明)高瀫撰　清抄本　二冊

360000－1901－0025112　240337
**石門文字禪三十卷**　(宋)釋德洪撰　明萬曆二十五年(1597)徑山興聖萬壽禪寺刻徑山藏本　一冊　存四卷(二十七至三十)

360000－1901－0025113　307890
**石墨鐫華八卷**　(明)趙崡撰　清光緒八年(1882)刻本　四冊

360000－1901－0025114　415184
**石南詞鈔二卷**　(清)曹星平撰　清同治九年(1870)木活字印本　二冊

360000－1901－0025115　415184－1
**石南詞鈔續編二卷**　(清)曹星平撰　清同治九年(1870)木活字印本　一冊　存一卷(上)

360000－1901－0025116　120364
**石南詩鈔三卷**　(清)曹星平撰　清道光二十三年(1843)鳳儀書院木活字印本　三冊

360000－1901－0025117　415182
**石南詩鈔三卷**　(清)曹星平撰　清道光二十三年至同治九年(1843－1870)木活字印本　三冊

360000－1901－0025118　415183
**石南詩鈔三卷**　(清)曹星平撰　清道光二十三年至同治九年(1843－1870)木活字印本　二冊　存二卷(二至三)

360000－1901－0025119　120365
**石南詩鈔三卷**　(清)曹星平撰　**石南詞鈔續編二卷**　(清)曹星平撰　清同治九年(1870)木活字印本　五冊

360000－1901－0025120　721797
**石屏詩鈔一卷**　(宋)戴復古撰　清康熙十年(1671)洲錢吳氏鑑古堂刻宋詩鈔初集本　一冊

360000－1901－0025121　250215
**石畦集**　(清)黃文澍撰　清乾隆刻本　八冊

360000－1901－0025122　404959
**石琴詩鈔十二卷**　(清)李映棻撰　清同治三年(1864)刻本　一冊　存二卷(一至二)

360000－1901－0025123　803199
**石渠閣訂正坡仙遊戲三昧三集**　(宋)蘇軾撰　(明)蔣方馨訂　(明)蔣時機校　清刻本　一冊　存一集二卷(禪喜集一至二)

360000－1901－0025124　804779
**石渠閣訂正食物本草□□卷**　(元)李杲輯　(明)蔣時機訂　清刻本　一冊　存二卷(三至四)

360000－1901－0025125　241259
**石渠閣校刻庭訓百家評注文章軌範七卷**　(宋)謝枋得輯　(明)顧充集評　(明)茅坤訓注　清順治十七年(1660)蔣時機刻本　一冊　存三卷(一至三)

360000－1901－0025126　304953
**石渠餘紀六卷**　(清)王慶雲撰　清光緒十六年(1890)刻本　四冊　存四卷(一至三、六)

360000－1901－0025127　304954
**石渠餘紀六卷**　(清)王慶雲撰　清光緒十六年(1890)刻本　三冊　存三卷(二至四)

360000－1901－0025128　308984
**石渠餘紀六卷**　(清)王慶雲撰　清光緒十六年(1890)攸縣龍璋刻本　六册

360000－1901－0025129　402902
**石渠餘紀六卷**　(清)王慶雲撰　清光緒十六年(1890)攸縣龍璋刻本　五册　存五卷(二至六)

360000－1901－0025130　312131
**石渠餘紀六卷**　(清)王慶雲撰　清刻本　六册

360000－1901－0025131　164723
**石室秘籙六卷**　(清)陳士鐸撰　清道光四年(1824)玉書樓刻本　四册

360000－1901－0025132　420526
**石室秘籙六卷**　(清)陳士鐸撰　清康熙二十八年(1689)本澄堂刻本　六册

360000－1901－0025133　164722
**石室秘籙六卷**　(清)陳士鐸撰　清刻本　六册

360000－1901－0025134　420527
**石室秘籙六卷**　(清)陳士鐸撰　清刻本　六册

360000－1901－0025135　800743
**石室秘籙六卷**　(清)陳士鐸撰　清刻本　三册

360000－1901－0025136　800746
**石室秘籙六卷**　(清)陳士鐸撰　清刻本　二册　存三卷(四至六)

360000－1901－0025137　800798
**石室秘籙六卷**　(清)陳士鐸撰　清刻本　三册　存三卷(二至四)

360000－1901－0025138　900438
**石室秘籙六卷**　(清)陳士鐸撰　清刻本　三册　存三卷(二、四、六)

360000－1901－0025139　900438－1
**石室秘籙六卷**　(清)陳士鐸撰　清刻本　一册　存二卷(五至六)

360000－1901－0025140　900476
**石室秘籙六卷**　(清)陳士鐸撰　清刻本　二册　存二卷(二、四)

360000－1901－0025141　900476－1
**石室秘籙六卷**　(清)陳士鐸撰　清刻本　一册　存二卷(五至六)

360000－1901－0025142　900476－2
**石室秘籙六卷**　(清)陳士鐸撰　清刻本　二册　存二卷(五至六)

360000－1901－0025143　800744
**石室秘籙六卷**　(清)陳士鐸撰　清明德堂刻本　二册　存四卷(一至二、五至六)

360000－1901－0025144　800745
**石室秘籙六卷**　(清)陳士鐸撰　清明德堂刻本　二册　存三卷(一至三)

360000－1901－0025145　420525
**石室秘籙六卷**　(清)陳士鐸撰　清乾隆十五年(1750)馬弘儒萱永堂刻本　六册

360000－1901－0025146　420528
**石室秘籙六卷**　(清)陳士鐸撰　清文英堂刻本　四册

360000－1901－0025147　420529
**石室秘籙六卷**　(清)陳士鐸撰　清文英堂刻本　六册

360000－1901－0025148　230325
**石室秘籙六卷**　(清)陳士鐸撰　清雍正八年(1730)馬弘儒萱永堂刻本　六册

360000－1901－0025149　300838
**石笥山房文集六卷補遺一卷詩集十一卷詩餘一卷補遺二卷續補遺二卷**　(清)胡天游撰　清咸豐二年(1852)刻本　六册　缺七卷(石笥山房文集六卷、補遺一卷)

360000－1901－0025150　300840
**石笥山房文集六卷補遺一卷詩集十一卷詩餘一卷補遺二卷續補遺二卷**　(清)胡天游撰　清咸豐二年(1852)刻本　八册

360000－1901－0025151　317219

**石笥山房文集六卷補遺一卷詩集十一卷詩餘一卷補遺二卷續補遺二卷**　（清）胡天游撰　清咸豐二年（1852）刻本　八册

360000－1901－0025152　402905
**石笥山房文集六卷補遺一卷詩集十一卷詩餘一卷補遺二卷續補遺二卷**　（清）胡天游撰　清咸豐二年（1852）刻本　七册　存十八卷（石笥山房文集二至五、詩集三至十一、詩餘一卷、詩集補遺二卷、續補遺二卷）

360000－1901－0025153　402903
**石笥山房文集六卷補遺一卷詩集十一卷詩餘一卷補遺二卷續補遺二卷**　（清）胡天游撰　清宣統二年（1910）上海國學扶輪社石印本　九册

360000－1901－0025154　402904
**石笥山房文集六卷補遺一卷詩集十一卷詩餘一卷補遺二卷續補遺二卷**　（清）胡天游撰　清宣統二年（1910）上海國學扶輪社石印本　二册　存五卷（石笥山房文集一、詩集五至八）

360000－1901－0025155　300837
**石笥山房文集六卷詩集十一卷詩餘一卷**　（清）胡天游撰　清道光二十六年（1846）博平刻本　八册

360000－1901－0025156　300839
**石笥山房文集六卷詩集十一卷詩餘一卷**　（清）胡天游撰　清道光二十六年（1846）博平刻本　八册

360000－1901－0025157　401404
**石頭記八卷八十回**　（清）曹霑撰　清末上海有正書局石印本　三册　存三卷（一至三）十七回（一至六、十五至二十五）

360000－1901－0025158　401404－1
**石頭記八卷八十回**　（清）曹霑撰　清末上海有正書局石印本　七册　存四卷（一至四）三十二回（九至四十）

360000－1901－0025159　901212
**石溪蔡氏崇祀録不分卷**　（清）蔡象玫等撰　清嘉慶六年（1801）刻本　一册

360000－1901－0025160　240521
**石溪周先生文集八卷**　（明）周敘撰　（明）李喬南編　明萬曆二十三年（1595）周承超等刻本　歐陽成批注　六册

360000－1901－0025161　804273
**石仙傳不分卷**　（□）□□撰　清抄本　一册

360000－1901－0025162　402908
**石崖渡繼盛會録不分卷**　（清）盧電光等輯　清道光二年（1822）木活字印本　二册

360000－1901－0025163　308651
**石友齋重訂唐詩歸三十六卷**　（明）鍾惺（明）譚元春輯　清刻本　十四册

360000－1901－0025164　713432
**石園集十一卷**　（清）余成教撰　清道光刻本　三册　存四卷（石園文稿初集一卷、石園偶録二、石園詩話二卷）

360000－1901－0025165　722488
**石園集十一卷**　（清）余成教撰　清道光刻本　二册　缺一卷（石園詩草二）

360000－1901－0025166　240778
**石園全集三十卷**　（清）李元鼎撰　清康熙四十一年（1702）李振祺、李振裕香雪堂刻本　六册

360000－1901－0025167　240779
**石園全集三十卷**　（清）李元鼎撰　清康熙四十一年（1702）李振祺、李振裕香雪堂刻本　六册

360000－1901－0025168　240780
**石園全集三十卷**　（清）李元鼎撰　清康熙四十一年（1702）李振祺、李振裕香雪堂刻本　八册

360000－1901－0025169　240781
**石園全集三十卷**　（清）李元鼎撰　清康熙四十一年（1702）李振祺、李振裕香雪堂刻本　十册

360000－1901－0025170　412733

**石園文稿初集一卷二集二卷癸未小草二卷偶錄二卷集杜一卷集句二卷石園詩話二卷** (清)余成教撰　清嘉慶刻本　五冊　缺三卷(癸未小草二卷、偶錄一)

360000－1901－0025171　412733－1
**石園文稿初集一卷二集二卷癸未小草二卷偶錄二卷集杜一卷集句二卷石園詩話二卷** (清)余成教撰　清嘉慶刻本　一冊　存二卷(集杜一卷、石園詩話一)

360000－1901－0025172　601151
**石園文稿初集一卷二集二卷癸未小草二卷偶錄二卷集杜一卷集句二卷石園詩話二卷** (清)余成教撰　清嘉慶刻本　十冊　缺一卷(癸未小草一)

360000－1901－0025173　902506
**石園文稿三集四卷集杜一卷集句一卷楚遊詩草□□卷** (清)余成教撰　清道光刻本　三冊　存七卷(石園文稿三集四卷、集杜一卷、集句一卷、楚遊詩草一)

360000－1901－0025174　902507
**石園文稿三集四卷集杜一卷集句一卷楚遊詩草□□卷** (清)余成教撰　清道光刻本　一冊　存一卷(楚遊詩草一)

360000－1901－0025175　315837
**石雲山人詩集二十三卷** (清)吳榮光撰　清道光二十一年(1841)南海吳氏筠清館刻本　六冊

360000－1901－0025176　240637
**石雲先生遺稿一卷江滸迂談一卷** (明)孫楨撰　**石雲居士孫君墓志銘一卷** (明)姜寶撰　明萬曆四十五年(1617)姜道生刻本　二冊

360000－1901－0025177　405797
**石齋先生經傳九種** (明)黄道周撰　清康熙三十二年(1693)晉安鄭肇刻本　十九冊

360000－1901－0025178　805163
**石齋詠業不分卷** (明)黄道周撰　清刻本　一冊

360000－1901－0025179　123425
**石鐘山志十六卷首一卷** (清)李成謀　(清)丁義方輯　清光緒九年(1883)聽濤眺雨軒刻本　八冊

360000－1901－0025180　123426
**石鐘山志十六卷首一卷** (清)李成謀　(清)丁義方輯　清光緒九年(1883)聽濤眺雨軒刻本　八冊

360000－1901－0025181　123468
**石鐘山志十六卷首一卷** (清)李成謀　(清)丁義方輯　清光緒九年(1883)聽濤眺雨軒刻本　八冊

360000－1901－0025182　123480
**石鐘山志十六卷首一卷** (清)李成謀　(清)丁義方輯　清光緒九年(1883)聽濤眺雨軒刻本　八冊

360000－1901－0025183　421187
**石鐘山志十六卷首一卷** (清)李成謀　(清)丁義方輯　清光緒九年(1883)聽濤眺雨軒刻本　四冊　存八卷(二至五、十三至十六)

360000－1901－0025184　602008
**石鐘山志十六卷首一卷** (清)李成謀　(清)丁義方輯　清光緒九年(1883)聽濤眺雨軒刻本　八冊

360000－1901－0025185　602009
**石鐘山志十六卷首一卷** (清)李成謀　(清)丁義方輯　清光緒九年(1883)聽濤眺雨軒刻本　三冊　存六卷(二至五、十、十六)

360000－1901－0025186　602010
**石鐘山志十六卷首一卷** (清)李成謀　(清)丁義方輯　清光緒九年(1883)聽濤眺雨軒刻本　七冊　缺二卷(十三至十四)

360000－1901－0025187　602011
**石鐘山志十六卷首一卷** (清)李成謀　(清)丁義方輯　清光緒九年(1883)聽濤眺雨軒刻本　三冊　存七卷(二至五、十一至十二、十五)

360000－1901－0025188　602012

**石鐘山志十六卷首一卷**　(清)李成謀　(清)丁義方輯　清光緒九年(1883)聽濤眺雨軒刻本　五册　存十二卷(一、五至十四,首一卷)

360000－1901－0025189　602013

**石鐘山志十六卷首一卷**　(清)李成謀　(清)丁義方輯　清光緒九年(1883)聽濤眺雨軒刻本　八册

360000－1901－0025190　602014

**石鐘山志十六卷首一卷**　(清)李成謀　(清)丁義方輯　清光緒九年(1883)聽濤眺雨軒刻本　三册　存七卷(五至九、十五至十六)

360000－1901－0025191　311664

**石鐘山志十六卷首一卷**　(清)李成謀　(清)丁義方輯　清刻本　一册　存一卷(十)

360000－1901－0025192　160707

**拾雅二十卷**　(清)夏味堂撰　清嘉慶二十五年(1820)刻本　十册

360000－1901－0025193　160708

**拾雅二十卷**　(清)夏味堂撰　清嘉慶二十五年(1820)刻本　八册

360000－1901－0025194　403863

**拾雅二十卷**　(清)夏味堂撰　清嘉慶二十五年(1820)刻本　五册　存十二卷(一至四、十一至十八)

360000－1901－0025195　801082

**拾遺二卷**　(□)□□撰　清刻本　一册

360000－1901－0025196　303423

**拾遺記十卷**　題(後秦)王嘉撰　清刻本　一册

360000－1901－0025197　416692

**拾遺記十卷**　題(後秦)王嘉撰　清刻本　二册

360000－1901－0025198　416692－1

**拾遺記十卷**　題(後秦)王嘉撰　清刻本　二册

360000－1901－0025199　416692－2

**拾遺記十卷**　題(後秦)王嘉撰　清刻本　一册　存五卷(一至五)

360000－1901－0025200　416693

**拾遺記十卷**　題(後秦)王嘉撰　清刻本　一册

360000－1901－0025201　416693－1

**拾遺記十卷**　題(後秦)王嘉撰　清刻本　一册

360000－1901－0025202　416693－2

**拾遺記十卷**　題(後秦)王嘉撰　清刻本　一册

360000－1901－0025203　801505

**拾遺記十卷**　題(後秦)王嘉撰　清刻本　一册　存九卷(一至九)

360000－1901－0025204　230362

**拾遺錄一卷**　(明)胡爌撰　民國抄本(豫章叢書底本)　一册

360000－1901－0025205　313671

**拾餘四種**　(清)劉沅撰　清刻本　二册

360000－1901－0025206　162458

**拾餘四種**　(清)劉沅撰　清同治九年(1870)致福樓刻本　二册

360000－1901－0025207　420849

**食鑑本草一卷**　(清)費伯雄撰　清光緒九年(1883)刻本　一册

360000－1901－0025208　122993

**食破硯齋賦草一卷**　(清)程履豐撰　清光緒五年(1879)刻本　一册

360000－1901－0025209　122994

**食破硯齋賦草一卷**　(清)程履豐撰　清光緒五年(1879)刻本　一册

360000－1901－0025210　122995

**食破硯齋賦草一卷**　(清)程履豐撰　清光緒五年(1879)刻本　一册

360000－1901－0025211　601450

**食破硯齋賦草一卷**　(清)程履豐撰　清光緒

五年(1879)刻本　一冊

360000－1901－0025212　601451
**食破硯齋賦草一卷**　(清)程履豐撰　清光緒五年(1879)刻本　一冊

360000－1901－0025213　801846
**食物本草不分卷**　(□)□□撰　清王鏡仁抄本　一冊

360000－1901－0025214　164865
**食物本草會纂八卷**　(清)沈李龍撰　清嘉慶八年(1803)致和堂刻本　六冊

360000－1901－0025215　164866
**食物本草會纂八卷**　(清)沈李龍撰　清嘉慶八年(1803)致和堂刻本　四冊

360000－1901－0025216　420848
**食物本草會纂六卷**　(清)沈李龍輯　清嘉慶八年(1803)致和堂刻本　三冊

360000－1901－0025217　420844
**食物本草會纂十二卷**　(清)沈李龍輯　清道光二十三年(1843)尊德堂刻本　三冊　存八卷(四至九、十一至十二)

360000－1901－0025218　420845
**食物本草會纂十二卷**　(清)沈李龍輯　清道光二十三年(1843)尊德堂刻本　四冊　存九卷(三至九、十一至十二)

360000－1901－0025219　420846
**食物本草會纂十二卷**　(清)沈李龍輯　清道光二十三年(1843)尊德堂刻本　二冊　存九卷(一至九)

360000－1901－0025220　420847
**食物本草會纂十二卷**　(清)沈李龍輯　清刻本　九冊

360000－1901－0025221　420847－1
**食物本草會纂十二卷**　(清)沈李龍輯　清刻本　一冊　存二卷(四至五)

360000－1901－0025222　240972
**食旨齋鳴秋草四卷**　(清)江作楫撰　清乾隆七年(1742)刻本　一冊

360000－1901－0025223　900984
**時方歌括二卷**　(清)陳念祖撰　清刻本　一冊　存一卷(下)

360000－1901－0025224　408043
**時方妙用四卷**　(清)陳念祖撰　清刻本　一冊

360000－1901－0025225　408044
**時方妙用四卷**　(清)陳念祖撰　清刻本　二冊

360000－1901－0025226　408059
**時方妙用四卷時方歌括二卷**　(清)陳念祖撰　清光緒十五年(1889)江左書林刻本　二冊

360000－1901－0025227　121359
**時節氣候抄六卷首一卷**　(清)喻端士輯　清道光元年(1821)蜜香庵刻本　三冊

360000－1901－0025228　402034
**時節氣候抄六卷首一卷**　(清)喻端士撰　清光緒刻本　一冊　存二卷(五至六)

360000－1901－0025229　805381
**時令詩林尤雅十二卷**　(清)鄒廷忠輯　清耕經堂刻本　二冊

360000－1901－0025230　405697
**時令詩林尤雅十二卷**　(清)鄒廷忠輯　清刻本　二冊　存六卷(七至十二)

360000－1901－0025231　404598
**時令詩林尤雅十二卷**　(清)鄒廷忠輯　清乾隆三十四年(1769)三槐堂刻本　四冊

360000－1901－0025232　416743
**時敏學堂修身科講義一卷**　(清)龍志澤撰　清光緒二十八年(1902)時敏書局鉛印本　一冊

360000－1901－0025233　902049
**時墨采新一卷**　(清)□□輯　清刻本　一冊

360000－1901－0025234　306487
**時事采新彙選六卷**　(清)□□輯　清光緒二十八年(1902)鉛印本　三冊　存三卷(一至二、四)

360000－1901－0025235　309385
**時事新編初集六卷**　(清)陳耀卿輯　清光緒二十一年(1895)鉛印本　六册

360000－1901－0025236　402008
**時事新編初集六卷**　(清)陳耀卿輯　清光緒二十一年(1895)鉛印本　六册

360000－1901－0025237　402009
**時事新編初集六卷**　(清)陳耀卿輯　清光緒二十一年(1895)鉛印本　六册

360000－1901－0025238　402010
**時事新編初集六卷**　(清)陳耀卿輯　清光緒二十一年(1895)鉛印本　六册

360000－1901－0025239　402032
**時事新論十二卷**　(英國)李提摩太撰　清光緒二十一年(1895)上海廣學會鉛印本　一册　存六卷(一至六)

360000－1901－0025240　306488
**時事新論十二卷**　(英國)李提摩太撰　清光緒鉛印本　一册　存六卷(七至十二)

360000－1901－0025241　900465
**時文備法六卷**　(清)史夢琦評選　清道光七年(1827)刻本　一册　存一卷(一)

360000－1901－0025242　318114
**時文抄本不分卷**　(清)□□輯　清熊茂林抄本　一册

360000－1901－0025243　318118－10
**時文鈔不分卷**　(清)□□輯　清抄本　一册

360000－1901－0025244　318118
**時文鈔不分卷**　(清)□□輯　清金真氏抄本　一册

360000－1901－0025245　900468
**時文近道集不分卷**　(清)□□輯　清刻本　一册　存持躬類、維世類

360000－1901－0025246　318117－6
**時文選不分卷**　(清)□□輯　清抄本　一册

360000－1901－0025247　402033
**時務報彙編不分卷**　(清)上海時務報編　清光緒鉛印本　一册

360000－1901－0025248　402033－1
**時務報彙編不分卷**　(清)上海時務報編　清光緒鉛印本　一册

360000－1901－0025249　801536
**時務報六十九期**　梁啓超等編　清光緒二十二年至二十四年(1896－1898)上海時務報館鉛印本　七册　存七期(十八、二十一、二十四至二十五、二十七、四十一、六十一)

360000－1901－0025250　805227
**時務報六十九期**　梁啓超等編　清光緒二十二年至二十四年(1896－1898)上海時務報館鉛印本　十五册　存十九期(十三至十四、十七至十九、二十一至二十六、三十六至四十、四十三、四十五、五十五)

360000－1901－0025251　402035
**時務類編四卷**　(清)吴平輯　清光緒二十七年(1901)木活字印本　四册

360000－1901－0025252　314159
**時務論一卷附紀程感事詩一卷**　宋育仁撰　清刻本　一册

360000－1901－0025253　402036－1
**時務三字經一卷**　(清)□□撰　清光緒二十八年(1902)浙報館刻本　一册

360000－1901－0025254　402036
**時務三字經一卷**　(清)□□撰　清光緒三十一年(1905)萬載文興堂刻本　一册

360000－1901－0025255　303729
**時務通考三十一卷**　(清)王奇英等編　清光緒二十三年(1897)點石齋石印本　二十四册

360000－1901－0025256　306479
**時務通考三十一卷**　(清)王奇英等編　清光緒二十三年(1897)點石齋石印本　二十四册　存二十四卷(一至九、十七至三十一)

360000－1901－0025257　306479－1
**時務通考三十一卷**　(清)王奇英等編　清光

緒二十三年(1897)點石齋石印本　三冊　存六卷(九、十八至二十一、二十四)

360000－1901－0025258　306479－2
**時務通考三十一卷**　(清)王奇英等編　清光緒二十三年(1897)點石齋石印本　一冊　存一卷(二十四)

360000－1901－0025259　306482
**時務通考三十一卷**　(清)王奇英等編　清光緒二十三年(1897)點石齋石印本　十八冊　存二十九卷(一至二十九)

360000－1901－0025260　308449
**時務通考三十一卷**　(清)王奇英等編　清光緒二十三年(1897)點石齋石印本　二十冊

360000－1901－0025261　402004
**時務通考三十一卷**　(清)王奇英等編　清光緒二十三年(1897)點石齋石印本　二十四冊

360000－1901－0025262　402005
**時務通考三十一卷**　(清)王奇英等編　清光緒二十三年(1897)點石齋石印本　二十四冊

360000－1901－0025263　402006
**時務通考三十一卷**　(清)王奇英等編　清光緒二十三年(1897)點石齋石印本　二十四冊

360000－1901－0025264　402007
**時務通考三十一卷**　(清)王奇英等編　清光緒二十三年(1897)點石齋石印本　二十四冊

360000－1901－0025265　402014
**時務通考三十一卷**　(清)王奇英等編　清光緒二十三年(1897)點石齋石印本　十七冊　存二十卷(二、五至七、九至十七、二十三至二十八、三十一)

360000－1901－0025266　402015
**時務通考三十一卷**　(清)王奇英等編　清光緒二十三年(1897)點石齋石印本　九冊　存十六卷(五至八、十至十六、二十五至二十八、三十一)

360000－1901－0025267　402015－1
**時務通考三十一卷**　(清)王奇英等編　清光緒二十三年(1897)點石齋石印本　七冊　存十卷(一、三至四、十至十二、二十四至二十五、三十至三十一)

360000－1901－0025268　402015－2
**時務通考三十一卷**　(清)王奇英等編　清光緒二十三年(1897)點石齋石印本　三冊　存五卷(十二至十六)

360000－1901－0025269　805420
**時務通考三十一卷**　(清)王奇英等編　清光緒二十三年(1897)點石齋石印本　一冊　存二卷(三至四)

360000－1901－0025270　164044
**時務通考三十一卷**　(清)王奇英等編　清末石印本　六冊　存六卷(一至四、九、二十五)

360000－1901－0025271　306483
**時務通考續編三十一卷**　(清)王奇英等編　清光緒二十七年(1901)點石齋石印本　四冊　存九卷(四至十二)

360000－1901－0025272　306483－1
**時務通考續編三十一卷**　(清)王奇英等編　清光緒二十七年(1901)點石齋石印本　二冊　存五卷(四至八)

360000－1901－0025273　306484
**時務通考續編三十一卷**　(清)王奇英等編　清光緒二十七年(1901)點石齋石印本　十三冊　存二十四卷(一至二十四)

360000－1901－0025274　308428
**時務通考續編三十一卷**　(清)王奇英等編　清光緒二十七年(1901)點石齋石印本　十六冊

360000－1901－0025275　402005－1
**時務通考續編三十一卷**　(清)王奇英等編　清光緒二十七年(1901)點石齋石印本　十五冊

360000－1901－0025276　402005－2
**時務通考續編三十一卷**　(清)王奇英等編　清光緒二十七年(1901)點石齋石印本　十五

册

360000－1901－0025277　402006－1
**時務通考續編三十一卷**　(清)王奇英等編　清光緒二十七年(1901)點石齋石印本　六册　存十二卷(一至二、四至五、九至十、十三至十五、十九、三十至三十一)

360000－1901－0025278　402006－2
**時務通考續編三十一卷**　(清)王奇英等編　清光緒二十七年(1901)點石齋石印本　一册　存一卷(十九)

360000－1901－0025279　402011
**時務通攷八十二卷**　(清)陳驤編　清光緒二十三年(1897)湖南求賢書院刻本　十九册　存六十五卷(一、五至六十八)

360000－1901－0025280　402012
**時務通攷八十二卷**　(清)陳驤編　清光緒二十三年(1897)湖南求賢書院刻本　二十三册　存七十八卷(一至五十八、六十三至八十二)

360000－1901－0025281　402013
**時務通攷八十二卷**　(清)陳驤編　清光緒二十三年(1897)湖南求賢書院刻本　十三册　存四十三卷(一、二十二至二十八、三十六至五十一、五十四至五十五、五十九至六十六、七十至七十一、七十六至八十二)

360000－1901－0025282　402013－1
**時務通攷八十二卷**　(清)陳驤編　清光緒二十三年(1897)湖南求賢書院刻本　二册　存六卷(四十六至四十九、五十九至六十)

360000－1901－0025283　803047－12
**時憲七政星度不分卷**　(清)羅傳㷆等編　清刻本　一册

360000－1901－0025284　408591
**時疫白喉捷要合編一卷**　(清)黃炳乾撰　清光緒十年(1884)刻本　一册

360000－1901－0025285　162571
**時疫白喉捷要一卷**　(清)張紹修撰　清光緒二十年(1894)南湖李味靜刻本　一册

360000－1901－0025286　408603
**時疫白喉捷要一卷**　(清)張紹修撰　清光緒十六年(1890)臨清楊氏刻本　一册

360000－1901－0025287　408602
**時疫白喉捷要一卷**　(清)張紹修撰　清刻本　一册

360000－1901－0025288　408604
**時疫結喉經驗良方一卷**　(清)□□撰　清刻本　一册

360000－1901－0025289　303730
**時藝核第三集不分卷**　(清)路德輯　清道光二十年(1840)漁古山房刻本　二册

360000－1901－0025290　803068
**時用禮式備覽□□卷**　(清)涂謙德撰　清道光三年(1823)刻本　二册　存二卷(一、三)

360000－1901－0025291　803068－1
**時用禮式備覽□□卷**　(清)涂謙德撰　清道光三年(1823)刻本　一册　存一卷(三)

360000－1901－0025292　804947
**時珍仙師南北跌打損傷護身秘笈不分卷**　(明)李時珍撰　清光緒六年(1880)抄本　一册

360000－1901－0025293　164834
**時症彙編不分卷**　(清)黄子俊撰　清光緒二十八年(1902)黄慶餘堂刻本　一册

360000－1901－0025294　900926
**河南化龍淳化兩坊義渡會記一卷**　(清)廖廷佐撰　清嘉慶八年(1803)木活字印本　一册

360000－1901－0025295　418425
**蒔花小築牖蒙草一卷**　江峰青撰　清光緒十九年(1893)顧文善齋刻本　一册

360000－1901－0025296　800475
**蒔花小築牖蒙草一卷**　江峰青撰　清光緒十九年(1893)顧文善齋刻本　一册

360000－1901－0025297　301796

**實事求是齋遺藁四卷**　(清)汪廷珍撰　清刻本　四冊

360000－1901－0025298　413221
**實事求是齋遺藁四卷**　(清)汪廷珍撰　清刻本　四冊

360000－1901－0025299　301797
**實學文導二卷**　(清)傅雲龍輯　清光緒二十一年(1895)石印本　二冊

360000－1901－0025300　409568
**實學文導二卷**　(清)傅雲龍輯　清光緒二十一年(1895)石印本　二冊

360000－1901－0025301　409568－1
**實學文導二卷**　(清)傅雲龍輯　清光緒二十一年(1895)石印本　二冊

360000－1901－0025302　409568－2
**實學文導二卷**　(清)傅雲龍輯　清光緒二十一年(1895)石印本　二冊

360000－1901－0025303　409568－3
**實學文導二卷**　(清)傅雲龍輯　清光緒二十一年(1895)石印本　二冊

360000－1901－0025304　409568－4
**實學文導二卷**　(清)傅雲龍輯　清光緒二十一年(1895)石印本　二冊

360000－1901－0025305　161959
**實政録七卷**　(明)呂坤撰　清同治七年(1868)崇文書局刻本　四冊

360000－1901－0025306　162017
**實政録七卷**　(明)呂坤撰　清同治七年(1868)崇文書局刻本　四冊

360000－1901－0025307　406429
**實政録七卷**　(明)呂坤撰　清同治十一年(1872)浙江書局刻本　二冊　存三卷(五至七)

360000－1901－0025308　161308
**識小編二卷**　(清)董豐垣撰　清光緒八年(1882)學古齋刻學古齋金石叢書本　二冊

360000－1901－0025309　303333
**識小録八卷**　(清)姚瑩撰　清道光二十九年(1849)刻本　四冊

360000－1901－0025310　162907
**識字書**　(清)左鎮輯　清光緒元年(1875)刻本　一冊

360000－1901－0025311　303172
**史案二十卷**　(清)吳裕垂撰　清光緒六年(1880)大成堂刻本　六冊

360000－1901－0025312　400405
**史案二十卷**　(清)吳裕垂撰　清光緒六年(1880)刻本(卷十三至十六配清刻本)　六冊　存十九卷(一至十六、十八至二十)

360000－1901－0025313　400322
**史策備要六卷**　(清)急先務齋主人輯　清光緒二十四年(1898)煥文書局石印本　三冊

360000－1901－0025314　306218
**史測十四卷**　(清)施鴻撰　清光緒二十八年(1902)李朝月刻本　一冊　存六卷(一至六)

360000－1901－0025315　318117
**史抄不分卷**　(清)□□輯　清抄本　一冊

360000－1901－0025316　401757
**史存三十卷**　(清)劉沅撰　清咸豐六年(1856)致福樓刻本　二十三冊　存二十九卷(一至二十五、二十七至三十)

360000－1901－0025317　401720
**史感一卷物感一卷**　(明)李世熊撰　清寧泉檀河精舍刻本　一冊

360000－1901－0025318　220013
**史漢評林**　(明)淩稚隆輯　明萬曆烏程淩氏刻本　三十四冊

360000－1901－0025319　220014
**史漢評林**　(明)淩稚隆輯　明萬曆烏程淩氏刻本　四十一冊

360000－1901－0025320　717775
**史記八書八卷史記年表十卷**　(漢)司馬遷撰　(唐)司馬貞等注　明刻本　四冊

360000－1901－0025321　400020
**史記辨證十卷**　（清）尚鎔撰　清光緒五年（1879）盱南三餘堂刻本　一册

360000－1901－0025322　402787
**史記别鈔二卷**　（清）吴敏樹撰　清同治十一年（1872）刻本　二册

360000－1901－0025323　120536
**洪氏晦木齋叢書**　（清）洪汝奎輯　清同治八年至宣統元年（1869－1909）刻本　一册　存二種

360000－1901－0025324　306224
**史記菁華録六卷**　（清）姚祖恩輯　清道光四年（1824）扶荔山房刻朱墨套印本　一册　存一卷（一）

360000－1901－0025325　310845
**史記菁華録六卷**　（清）姚祖恩輯　清道光四年（1824）扶荔山房刻朱墨套印本　六册

360000－1901－0025326　400028
**史記菁華録六卷**　（清）姚祖恩輯　清光緒八年（1882）扶荔山房刻朱墨套印本　六册

360000－1901－0025327　400029
**史記菁華録六卷**　（清）姚祖恩輯　清光緒八年（1882）扶荔山房刻朱墨套印本　六册

360000－1901－0025328　400030
**史記菁華録六卷**　（清）姚祖恩輯　清光緒八年（1882）扶荔山房刻朱墨套印本　四册　存四卷（一至四）

360000－1901－0025329　400027
**史記菁華録六卷**　（清）姚祖恩輯　清光緒二十二年（1896）上海書局石印本　二册

360000－1901－0025330　161632
**史記菁華録六卷**　（清）姚祖恩輯　清光緒二十四年（1898）煥文書局石印本　二册

360000－1901－0025331　161634
**史記菁華録六卷**　（清）姚祖恩輯　清光緒二十四年（1898）上海鴻文書局石印本　六册

360000－1901－0025332　402791
**史記菁華録六卷**　（清）姚祖恩輯　清光緒九年（1883）廣州翰墨園刻朱墨套印本　六册

360000－1901－0025333　309463
**史記菁華録六卷**　（清）姚祖恩輯　清光緒六年（1880）廣州翰墨園刻朱墨套印本　六册　存一卷（一）

360000－1901－0025334　310651
**史記菁華録六卷**　（清）姚祖恩輯　清光緒七年（1881）刻本　六册

360000－1901－0025335　161633
**史記菁華録六卷**　（清）姚祖恩輯　清光緒三十二年（1906）石印本　六册

360000－1901－0025336　400031
**史記菁華録六卷**　（清）姚祖恩輯　清光緒十三年（1887）上海蜚英館石印本　六册

360000－1901－0025337　400032
**史記菁華録六卷**　（清）姚祖恩輯　清光緒十三年（1887）上海蜚英館石印本　二册　存二卷（一、五）

360000－1901－0025338　400032－1
**史記菁華録六卷**　（清）姚祖恩輯　清光緒十三年（1887）上海蜚英館石印本　一册　存一卷（一）

360000－1901－0025339　402788
**史記菁華録六卷**　（清）姚祖恩輯　清三味堂刻本　三册　存三卷（一、三至四）

360000－1901－0025340　402789
**史記菁華録六卷**　（清）姚祖恩輯　清同治十二年（1873）紅杏山房刻朱墨套印本　六册

360000－1901－0025341　402790
**史記菁華録六卷**　（清）姚祖恩輯　清同治十二年（1873）紅杏山房刻朱墨套印本　三册　存三卷（一至二、五）

360000－1901－0025342　412933
**史記菁華録六卷**　（清）姚祖恩輯　清同治十二年（1873）紅杏山房刻朱墨套印本　六册

360000－1901－0025343　313698

**史記菁華錄六卷**　(清)姚祖恩輯　清同治十二年(1873)刻朱墨套印本　六册

360000－1901－0025344　161636
**史記論文一百三十卷**　(清)吳見思撰　清康熙二十六年(1687)尺木堂刻本　二十四册

360000－1901－0025345　400200
**史記論文一百三十卷**　(清)吳見思撰　清康熙刻本　十四册　存八十五卷(八至十一、二十七至三十六、三十八至四十四、四十六至六十、七十至七十七、八十五至一百十八、一百二十四至一百三十)

360000－1901－0025346　400201
**史記論文一百三十卷**　(清)吳見思撰　清康熙刻本　十三册　存六十卷(七至八、二十八至三十、三十五至六十、七十至七十四、九十八至一百五、一百十一至一百二十六)

360000－1901－0025347　400202
**史記論文一百三十卷**　(清)吳見思撰　清康熙刻本　七册　存七十七卷(九至四十八、七十三至九十一、一百十三至一百三十)

360000－1901－0025348　400202－1
**史記論文一百三十卷**　(清)吳見思撰　清康熙刻本　一册　存十五卷(三十四至四十八)

360000－1901－0025349　401407
**紅樓夢補四十八回**　(清)歸鋤子撰　清刻本　二册　存六回(三十六至四十一)

360000－1901－0025350　712939
**史記評林一百三十卷**　(明)淩稚隆輯　明萬曆烏程淩氏刻史漢評林本　一册　存二卷(一百十六至一百十七)

360000－1901－0025351　310510
**史記評林一百三十卷**　(明)淩稚隆輯　清光緒十年(1884)刻本　三十五册　存一百二十七卷(一至六十六、七十至一百三十)

360000－1901－0025352　220034
**史記評林一百三十卷**　(明)淩稚隆輯　(明)李光縉增補　**史記補一卷**　(明)淩稚隆輯　(明)王世貞訂正　明刻本　三十二册

360000－1901－0025353　220035
**史記評林一百三十卷**　(明)淩稚隆輯　(明)李光縉增補　**史記補一卷**　(明)淩稚隆輯　(明)王世貞訂正　明雲林積秀堂刻本　三十二册

360000－1901－0025354　310806
**史記評林一百三十卷首一卷讀史總評一卷史記短長説一卷**　(明)淩稚隆輯　(明)李光縉增補　明刻本　三十二册

360000－1901－0025355　220036
**史記全文十四卷**　(漢)司馬遷撰　(明)陳仁錫彙纂　(明)鍾惺編　明萬曆鍾惺刻本　十二册

360000－1901－0025356　220017
**史記索隱三十卷**　(唐)司馬貞撰　明末毛氏汲古閣刻本　二册　缺九卷(二十二至三十)

360000－1901－0025357　312618
**史記索隱三十卷**　(唐)司馬貞撰　明末毛氏汲古閣刻本　四册

360000－1901－0025358　312619
**史記索隱三十卷**　(唐)司馬貞撰　明末毛氏汲古閣刻本　四册

360000－1901－0025359　805105
**史記索隱三十卷**　(唐)司馬貞撰　明末毛氏汲古閣刻本　三册　存二十八卷(一至二十八)

360000－1901－0025360　400098
**史記索隱三十卷**　(唐)司馬貞撰　清光緒十九年(1893)廣雅書局刻本　四册

360000－1901－0025361　220018
**史記索隱三十卷**　(唐)司馬貞撰　**五代史補五卷**　(宋)陶岳撰　**五代史闕文一卷**　(宋)王禹偁撰　明末毛氏汲古閣刻本　二册

360000－1901－0025362　402781
**史記選六卷**　(清)儲欣選評　清光緒九年(1883)靜遠堂刻本　二册　存三卷(三至四、

六）

360000－1901－0025363　402780
**史記選六卷**　（清）儲欣選評　清刻本　三册

360000－1901－0025364　402781－1
**史記選六卷**　（清）儲欣選評　清刻本　一册　存一卷（六）

360000－1901－0025365　402783
**史記選六卷**　（清）儲欣選評　清刻本　一册　存二卷（五至六）

360000－1901－0025366　402779
**史記選六卷**　（清）儲欣選評　清乾隆三十一年（1766）刻本　三册

360000－1901－0025367　402782
**史記選六卷**　（清）儲欣選評　清乾隆四十五年（1780）刻本　二册

360000－1901－0025368　402784
**史記選六卷**　（清）儲欣選評　清乾隆五十年（1785）二南堂刻本　三册

360000－1901－0025369　402785
**史記選六卷**　（清）儲欣選評　清乾隆五十年（1785）二南堂刻本　四册

360000－1901－0025370　402778
**史記選六卷**　（清）儲欣選評　清雍正元年（1723）刻本　四册

360000－1901－0025371　308099
**史記一百三十卷**　（漢）司馬遷撰　清刻本　十五册　存九十五卷（十九至二十二、二十七至四十七、六十一至一百三十）

360000－1901－0025372　311076
**史記一百三十卷**　（漢）司馬遷撰　清刻本　二十四册

360000－1901－0025373　220015
**史記一百三十卷**　（漢）司馬遷撰　（漢）褚少孫　（唐）司馬貞補　明吴勉學刻本　三十册

360000－1901－0025374　306009
**史記一百三十卷**　（漢）司馬遷撰　（明）歸有光評點　**方望溪評點史記四卷**　（清）方苞撰　清光緒二年（1876）武昌張氏刻本　十七册　存一百二十二卷（一至六、十五至一百三十）

360000－1901－0025375　309188
**史記一百三十卷**　（漢）司馬遷撰　（明）歸有光評點　**方望溪評點史記四卷**　（清）方苞撰　清光緒二年（1876）武昌張氏刻本　二十册

360000－1901－0025376　310392
**史記一百三十卷**　（漢）司馬遷撰　（明）歸有光評點　**方望溪評點史記四卷**　（清）方苞撰　清光緒二年（1876）武昌張氏刻本　二十册

360000－1901－0025377　220027
**史記一百三十卷**　（漢）司馬遷撰　（明）鍾惺評　明天啓五年（1625）沈國元大來堂刻本　一册　存二十卷（八至二十七）

360000－1901－0025378　220031
**史記一百三十卷**　（漢）司馬遷撰　（明）鄒德沛輯評　明崇禎十三年（1640）酣古齋刻本　八册

360000－1901－0025379　220016
**史記一百三十卷**　（漢）司馬遷撰　（南朝宋）裴駰集解　明崇禎十四年（1641）毛氏汲古閣刻清順治十四年（1657）重修十七史本　十二册

360000－1901－0025380　306010
**史記一百三十卷**　（漢）司馬遷撰　（南朝宋）裴駰集解　清刻本　一册　存十卷（九十至九十九）

360000－1901－0025381　310985
**史記一百三十卷**　（漢）司馬遷撰　（南朝宋）裴駰集解　清刻本　十册　存八十二卷（六至八十七）

360000－1901－0025382　311001
**史記一百三十卷**　（漢）司馬遷撰　（南朝宋）裴駰集解　清刻本　十五册　存一百二十五卷（六至一百三十）

360000－1901－0025383　311040
**史記一百三十卷**　（漢）司馬遷撰　（南朝宋）裴駰集解　清刻本　九册　存五十二卷（六至十四、二十七至六十九）

360000－1901－0025384　309110
**史記一百三十卷**　（漢）司馬遷撰　（南朝宋）裴駰集解　清宣統三年至民國三年（1911－1914）刻本　二十四册

360000－1901－0025385　220020
**史記一百三十卷**　（漢）司馬遷撰　（南朝宋）裴駰集解　（唐）司馬貞索隱　明刻本　二十册　缺二十二卷（一至十八、二十七至二十八、一百十一至一百十二）

360000－1901－0025386　220021
**史記一百三十卷**　（漢）司馬遷撰　（南朝宋）裴駰集解　（唐）司馬貞索隱　明刻本　七册　存四十二卷（三十三至三十八、四十五至四十九、五十六至五十八、八十至一百七）

360000－1901－0025387　220019
**史記一百三十卷**　（漢）司馬遷撰　（南朝宋）裴駰集解　（唐）司馬貞索隱　明正德十三年（1518）刻本　五十一册　缺三卷（一至二、十一）

360000－1901－0025388　306006
**史記一百三十卷**　（漢）司馬遷撰　（南朝宋）裴駰集解　（唐）司馬貞索隱　清光緒四年（1878）金陵書局刻二十四史本　九册　存六十五卷（一至十二、三十一至四十三、九十一至一百三十）

360000－1901－0025389　306007
**史記一百三十卷**　（漢）司馬遷撰　（南朝宋）裴駰集解　（唐）司馬貞索隱　清光緒四年（1878）金陵書局刻二十四史本　九册　存五十卷（一至十七、四十一至七十三）

360000－1901－0025390　309145
**史記一百三十卷**　（漢）司馬遷撰　（南朝宋）裴駰集解　（唐）司馬貞索隱　清光緒四年（1878）金陵書局刻二十四史本　十六册

360000－1901－0025391　310982
**史記一百三十卷**　（漢）司馬遷撰　（南朝宋）裴駰集解　（唐）司馬貞索隱　清光緒四年（1878）金陵書局刻二十四史本　十六册

360000－1901－0025392　312591
**史記一百三十卷**　（漢）司馬遷撰　（南朝宋）裴駰集解　（唐）司馬貞索隱　清光緒四年（1878）金陵書局刻二十四史本　十六册

360000－1901－0025393　313676
**史記一百三十卷**　（漢）司馬遷撰　（南朝宋）裴駰集解　（唐）司馬貞索隱　清光緒四年（1878）金陵書局刻二十四史本　十六册

360000－1901－0025394　220022
**史記一百三十卷**　（漢）司馬遷撰　（南朝宋）裴駰集解　（唐）司馬貞索隱　（唐）張守節正義　明嘉靖十三年（1534）秦藩朱惟焯刻本　清歐陽輔跋　四十册　存五十七卷（一至七、四十四至七十九、一百十七至一百三十）

360000－1901－0025395　220026
**史記一百三十卷**　（漢）司馬遷撰　（南朝宋）裴駰集解　（唐）司馬貞索隱　（唐）張守節正義　明刻本　一册　存六卷（一百六至一百十一）

360000－1901－0025396　220025
**史記一百三十卷**　（漢）司馬遷撰　（南朝宋）裴駰集解　（唐）司馬貞索隱　（唐）張守節正義　明刻本　佚名批　七册　存五十三卷（一至四、八至十一、六十九至八十、九十六至一百九、一百十二至一百三十）

360000－1901－0025397　220023
**史記一百三十卷**　（漢）司馬遷撰　（南朝宋）裴駰集解　（唐）司馬貞索隱　（唐）張守節正義　明萬曆二年至三年（1574－1575）南京國子監刻本　三十一册　缺二卷（十三至十四）

360000－1901－0025398　220024
**史記一百三十卷**　（漢）司馬遷撰　（南朝宋）裴駰集解　（唐）司馬貞索隱　（唐）張守節正義　明萬曆二年至三年（1574－1575）南京國

子監刻本　十三册　缺四十四卷(一至十七、二十至三十七、六十一至六十九)

360000－1901－0025399　306003
**史記一百三十卷**　(漢)司馬遷撰　(南朝宋)裴駰集解　(唐)司馬貞索隱　(唐)張守節正義　清光緒二十八年(1902)竢實齋石印本　六册　存九十卷(一至九十)

360000－1901－0025400　317500
**史記一百三十卷**　(漢)司馬遷撰　(南朝宋)裴駰集解　(唐)司馬貞索隱　(唐)張守節正義　清光緒二十年(1894)陝甘味經書院刻本　三十二册

360000－1901－0025401　400137
**史記一百三十卷**　(漢)司馬遷撰　(南朝宋)裴駰集解　(唐)司馬貞索隱　(唐)張守節正義　清光緒三十年(1904)竹簡齋影印二十四史本　七册　存一百十八卷(十三至一百三十)

360000－1901－0025402　306004
**史記一百三十卷**　(漢)司馬遷撰　(南朝宋)裴駰集解　(唐)司馬貞索隱　(唐)張守節正義　清光緒三十四年(1908)上海圖書集成公司鉛印二十四史本　十五册　存一百二十八卷(一至十六、十九至一百三十)

360000－1901－0025403　306213
**史記一百三十卷**　(漢)司馬遷撰　(南朝宋)裴駰集解　(唐)司馬貞索隱　(唐)張守節正義　清光緒十年(1884)上海同文書局影印二十四史本　三册　存二十卷(三十四至三十八、四十八至五十六、一百五至一百十)

360000－1901－0025404　306214
**史記一百三十卷**　(漢)司馬遷撰　(南朝宋)裴駰集解　(唐)司馬貞索隱　(唐)張守節正義　清光緒十年(1884)上海同文書局影印二十四史本　二十二册　存一百十七卷(十四至一百三十)

360000－1901－0025405　306215
**史記一百三十卷**　(漢)司馬遷撰　(南朝宋)裴駰集解　(唐)司馬貞索隱　(唐)張守節正義　清光緒十四年(1888)上海圖書集成印書局鉛印二十四史本　十五册　存一百二十七卷(一至十八、二十二至一百三十)

360000－1901－0025406　312829
**史記一百三十卷**　(漢)司馬遷撰　(南朝宋)裴駰集解　(唐)司馬貞索隱　(唐)張守節正義　清光緒十四年(1888)上海圖書集成印書局鉛印二十四史本　十四册

360000－1901－0025407　308056
**史記一百三十卷**　(漢)司馬遷撰　(南朝宋)裴駰集解　(唐)司馬貞索隱　(唐)張守節正義　清刻本　十六册

360000－1901－0025408　308074
**史記一百三十卷**　(漢)司馬遷撰　(南朝宋)裴駰集解　(唐)司馬貞索隱　(唐)張守節正義　清刻本　四册　存二十三卷(十九至二十一、二十七至三十、一百至一百六、一百十五至一百二十三)

360000－1901－0025409　309366
**史記一百三十卷**　(漢)司馬遷撰　(南朝宋)裴駰集解　(唐)司馬貞索隱　(唐)張守節正義　清刻本　三册　存八卷(一至八)

360000－1901－0025410　310623
**史記一百三十卷**　(漢)司馬遷撰　(南朝宋)裴駰集解　(唐)司馬貞索隱　(唐)張守節正義　清刻本　十四册　存一百一卷(十八至五十五、六十八至一百三十)

360000－1901－0025411　315599
**史記一百三十卷**　(漢)司馬遷撰　(南朝宋)裴駰集解　(唐)司馬貞索隱　(唐)張守節正義　清刻本　二十册

360000－1901－0025412　805207
**史記一百三十卷**　(漢)司馬遷撰　(南朝宋)裴駰集解　(唐)司馬貞索隱　(唐)張守節正義　清刻本　三册　存二十八卷(世家一至十六、列傳三十九至五十)

360000－1901－0025413　310814

**史記一百三十卷** (漢)司馬遷撰 (南朝宋)裴駰集解 (唐)司馬貞索隱 (唐)張守節正義 清同治九年(1870)楚北崇文書局刻本 二十四册

360000－1901－0025414 312601
**史記一百三十卷** (漢)司馬遷撰 (南朝宋)裴駰集解 (唐)司馬貞索隱 (唐)張守節正義 清同治十一年(1872)成都書局刻本 二十六册

360000－1901－0025415 303158
**史記一百三十卷** (漢)司馬遷撰 (南朝宋)裴駰集解 (唐)司馬貞索隱 (唐)張守節正義 清同治五年至九年(1866－1870)金陵書局刻本 二十册

360000－1901－0025416 309767
**史記一百三十卷** (漢)司馬遷撰 (南朝宋)裴駰集解 (唐)司馬貞索隱 (唐)張守節正義 清同治五年至九年(1866－1870)金陵書局刻本 十五册 存一百卷(一至二十二、五十三至一百三十)

360000－1901－0025417 310994
**史記一百三十卷** (漢)司馬遷撰 (南朝宋)裴駰集解 (唐)司馬貞索隱 (唐)張守節正義 清同治五年至九年(1866－1870)金陵書局刻本 十六册 存一百七卷(一至七、十三至十九、二十三至二十七、三十三至七十三、八十四至一百三十)

360000－1901－0025418 317502
**史記一百三十卷** (漢)司馬遷撰 (南朝宋)裴駰集解 (唐)司馬貞索隱 (唐)張守節正義 清同治五年至九年(1866－1870)金陵書局刻本 二十册

360000－1901－0025419 400114
**史記一百三十卷** (漢)司馬遷撰 (南朝宋)裴駰集解 (唐)司馬貞索隱 (唐)張守節正義 清同治五年至九年(1866－1870)金陵書局刻本 二十册

360000－1901－0025420 400114－1
**史記一百三十卷** (漢)司馬遷撰 (南朝宋)裴駰集解 (唐)司馬貞索隱 (唐)張守節正義 清同治五年至九年(1866－1870)金陵書局刻本 九册 存七十九卷(四十至九十三、一百六至一百三十)

360000－1901－0025421 220028
**史記一百三十卷** (漢)司馬遷撰 (南朝宋)裴駰集解 (唐)司馬貞索隱 (唐)張守節正義 (明)陳仁錫評 明崇禎刻本 二十四册 缺十七卷(二十七至四十三)

360000－1901－0025422 220029
**史記一百三十卷** (漢)司馬遷撰 (南朝宋)裴駰集解 (唐)司馬貞索隱 (唐)張守節正義 (明)陳仁錫評 明末程正揆刻本 佚名批 四十册

360000－1901－0025423 220030
**史記一百三十卷** (漢)司馬遷撰 (南朝宋)裴駰集解 (唐)司馬貞索隱 (唐)張守節正義 (明)黄嘉惠輯評 明黄嘉惠刻本 十六册

360000－1901－0025424 400102
**史記一百三十卷** (漢)司馬遷撰 (南朝宋)裴駰集解 (唐)司馬貞索隱 (唐)張守節正義 (明)徐孚遠 (明)陳子龍測議 明末素位堂刻本 三十册 存一百二十二卷(一至二十一、二十六至五十九、六十四至一百三十)

360000－1901－0025425 400103
**史記一百三十卷** (漢)司馬遷撰 (南朝宋)裴駰集解 (唐)司馬貞索隱 (唐)張守節正義 (明)徐孚遠 (明)陳子龍測議 清嘉慶十一年(1806)同人堂刻本 十七册 存一百二十五卷(一至一百二、一百八至一百三十)

360000－1901－0025426 400104
**史記一百三十卷** (漢)司馬遷撰 (南朝宋)裴駰集解 (唐)司馬貞索隱 (唐)張守節正義 (明)徐孚遠 (明)陳子龍測議 清嘉慶十一年(1806)同人堂刻本 二十三册 存一百十九卷(一至五十五、六十七至一百三十)

360000－1901－0025427　400105

**史記一百三十卷**　(漢)司馬遷撰　(南朝宋)裴駰集解　(唐)司馬貞索隱　(唐)張守節正義　(明)徐孚遠　(明)陳子龍測議　清嘉慶十一年(1806)同人堂刻本　三十一册　存一百二十九卷(一至二十、二十二至一百三十)

360000－1901－0025428　400106

**史記一百三十卷**　(漢)司馬遷撰　(南朝宋)裴駰集解　(唐)司馬貞索隱　(唐)張守節正義　(明)徐孚遠　(明)陳子龍測議　清嘉慶十一年(1806)同人堂刻本　十九册　存八十六卷(一至十八、二十至二十二、二十八至三十五、三十七至四十、四十五至四十九、五十九至六十六、六十八至七十五、九十二至一百、一百八至一百三十)

360000－1901－0025429　400107

**史記一百三十卷**　(漢)司馬遷撰　(南朝宋)裴駰集解　(唐)司馬貞索隱　(唐)張守節正義　(明)徐孚遠　(明)陳子龍測議　清嘉慶十一年(1806)同人堂刻本　二十四册　存一百八卷(一至十七、二十九至三十七、四十至四十九、五十五至八十七、九十二至一百三十)

360000－1901－0025430　400108

**史記一百三十卷**　(漢)司馬遷撰　(南朝宋)裴駰集解　(唐)司馬貞索隱　(唐)張守節正義　(明)徐孚遠　(明)陳子龍測議　清嘉慶十一年(1806)同人堂刻本　二十三册　存一百九卷(一至十七、二十九至五十六、六十七至一百三十)

360000－1901－0025431　400109

**史記一百三十卷**　(漢)司馬遷撰　(南朝宋)裴駰集解　(唐)司馬貞索隱　(唐)張守節正義　(明)徐孚遠　(明)陳子龍測議　清嘉慶十一年(1806)同人堂刻本　二十三册　存八十一卷(二至七、十至十五、二十八至四十七、五十五至六十、六十九至七十八、八十五至九十二、九十九至一百十四、一百十八至一百二十六)

360000－1901－0025432　400110

**史記一百三十卷**　(漢)司馬遷撰　(南朝宋)裴駰集解　(唐)司馬貞索隱　(唐)張守節正義　(明)徐孚遠　(明)陳子龍測議　清嘉慶十一年(1806)同人堂刻本　十六册　存八十三卷(一、六至七、十二至十四、二十八至四十七、五十二至六十六、七十一至七十七、八十至八十六、九十六至一百十八、一百二十六至一百三十)

360000－1901－0025433　400111

**史記一百三十卷**　(漢)司馬遷撰　(南朝宋)裴駰集解　(唐)司馬貞索隱　(唐)張守節正義　(明)徐孚遠　(明)陳子龍測議　清嘉慶十一年(1806)同人堂刻本　十四册　存五十五卷(六至七、十至十四、十七至十八、二十七、三十一至四十七、六十七至七十六、九十一至九十五、一百三至一百九、一百十一至一百十六)

360000－1901－0025434　400112

**史記一百三十卷**　(漢)司馬遷撰　(南朝宋)裴駰集解　(唐)司馬貞索隱　(唐)張守節正義　(明)徐孚遠　(明)陳子龍測議　清嘉慶十一年(1806)同人堂刻本　八册　存三十卷(六至七、十至十三、二十九至三十三、三十八至四十、四十四至四十六、一百八至一百二十)

360000－1901－0025435　400112－1

**史記一百三十卷**　(漢)司馬遷撰　(南朝宋)裴駰集解　(唐)司馬貞索隱　(唐)張守節正義　(明)徐孚遠　(明)陳子龍測議　清嘉慶十一年(1806)同人堂刻本　三册　存七卷(六至七、十三至十四、三十至三十二)

360000－1901－0025436　400113

**史記一百三十卷**　(漢)司馬遷撰　(南朝宋)裴駰集解　(唐)司馬貞索隱　(唐)張守節正義　(明)徐孚遠　(明)陳子龍測議　清刻本　三十一册　存一百七卷(一至十五、十八、二十三至三十三、四十至五十九、六十七至六十九、七十四至一百三十)

360000－1901－0025437　220032
**史記一百三十卷**　(漢)司馬遷撰　(南朝宋)裴駰集解　(唐)司馬貞索隱　(唐)張守節正義　(明)徐孚遠　(明)陳子龍測議　明崇禎刻本　一冊　存六卷(七十九至八十四)

360000－1901－0025438　220033
**史記一百三十卷**　(漢)司馬遷撰　(南朝宋)裴駰集解　(唐)司馬貞索隱　(唐)張守節正義　(明)徐孚遠　(明)陳子龍測議　明崇禎刻本　二十冊　缺十四卷(二十二至二十五、九十五至一百四)

360000－1901－0025439　164121
**史記一百三十卷**　(漢)司馬遷撰　(南朝宋)裴駰集解　(唐)司馬貞索隱　(唐)張守節正義　(明)徐孚遠　(明)陳子龍測議　明末三畏堂刻本　八冊　存三十四卷(一至六、十八至二十一、四十七至五十四、七十三至八十、九十六至一百三)

360000－1901－0025440　303159
**史記一百三十卷**　(漢)司馬遷撰　(南朝宋)裴駰集解　(唐)司馬貞索隱　(唐)張守節正義　(明)徐孚遠　(明)陳子龍測議　清道光十四年(1834)三元堂刻本　三十二冊

360000－1901－0025441　164274
**史記一百三十卷**　(漢)司馬遷撰　(南朝宋)裴駰集解　(唐)司馬貞索隱　(唐)張守節正義　(明)鍾人傑輯評　明鍾人傑刻本　二冊　存十一卷(一至五、七至十二)

360000－1901－0025442　718305
**史記一百三十卷**　(漢)司馬遷撰　(南朝宋)裴駰集解　(唐)司馬貞索隱　(唐)張守節正義　(明)鍾人傑輯評　明鍾人傑刻本　八冊　存七十四卷(一至六、六十一至九十八、一百一至一百三十)

360000－1901－0025443　718306
**史記一百三十卷**　(漢)司馬遷撰　(南朝宋)裴駰集解　(唐)司馬貞索隱　(唐)張守節正義　(明)鍾人傑輯評　明鍾人傑刻本　二冊　存五卷(一至五)

360000－1901－0025444　804977
**史記一百三十卷**　(漢)司馬遷撰　(南朝宋)裴駰集解　(唐)司馬貞索隱　(唐)張守節正義　(明)鍾人傑輯評　明鍾人傑刻本　十二冊　存一百六卷(七至十二、三十一至一百三十)

360000－1901－0025445　804988
**史記一百三十卷**　(漢)司馬遷撰　(南朝宋)裴駰集解　(唐)司馬貞索隱　(唐)張守節正義　(明)鍾人傑輯評　明鍾人傑刻本　十冊　存四十五卷(一至三十八、七十二至七十八)

360000－1901－0025446　164275
**史記一百三十卷**　(漢)司馬遷撰　(南朝宋)裴駰集解　(唐)司馬貞索隱　(唐)張守節正義　(明)鍾惺評　明天啓五年(1625)沈國元大來堂刻本　一冊　存七卷(八十至八十六)

360000－1901－0025447　311075
**史記一百三十卷**　(漢)司馬遷撰　(南朝宋)裴駰集解　(唐)司馬貞索隱　(唐)張守節正義　清同治五年至九年(1866－1870)金陵書局刻本　**校刊史記集解索隱正義劄記五卷**　(清)張文虎撰　清同治十一年(1872)金陵書局刻本　二十二冊

360000－1901－0025448　310954
**史記一百三十卷首一卷**　(漢)司馬遷撰　(南朝宋)裴駰集解　(唐)司馬貞索隱　(唐)張守節正義　(明)徐孚遠　(明)陳子龍測議　清道光十四年(1834)三元堂刻本　三十二冊

360000－1901－0025449　306005
**史記一百三十卷首一卷**　(漢)司馬遷撰　(南朝宋)裴駰集解　(唐)司馬貞索隱　(唐)張守節正義　(明)徐孚遠　(明)陳子龍測議　清刻本　三十七冊　存一百二十六卷(一至八十四、九十至一百三十,首一卷)

360000－1901－0025450　161631
**史記正譌三卷**　(清)王元啓撰　清光緒十四年(1888)廣雅書局刻本　一冊

360000－1901－0025451　163834
**史記正譌三卷**　(清)王元啓撰　清光緒十四年(1888)廣雅書局刻本　一册

360000－1901－0025452　309146
**史記志疑三十六卷**　(清)梁玉繩撰　清光緒十三年(1887)廣雅書局刻本　十四册

360000－1901－0025453　415316
**史記注補正一卷**　(清)方苞撰　清刻抗希堂十六種本　一册

360000－1901－0025454　220289
**史記纂不分卷**　(明)淩稚隆輯　明萬曆刻本　一册　存十篇(列傳六十二至七十一)

360000－1901－0025455　801409
**史鑑節要便讀六卷**　(清)鮑東里撰　清抄本　一册　存三卷(一至三)

360000－1901－0025456　400277
**史鑑節要便讀六卷**　(清)鮑東里撰　清光緒二十八年(1902)上海漢記書局石印本　二册

360000－1901－0025457　400296
**史鑑節要便讀六卷**　(清)鮑東里撰　清光緒二十八年(1902)上海日新書莊石印本　二册

360000－1901－0025458　400279
**史鑑節要便讀六卷**　(清)鮑東里撰　清光緒二十九年(1903)石印本　一册　存一卷(上)

360000－1901－0025459　306225
**史鑑節要便讀六卷**　(清)鮑東里撰　清光緒二十七年(1901)刻本　一册　存三卷(一至三)

360000－1901－0025460　303185
**史鑑節要便讀六卷**　(清)鮑東里撰　清光緒二十七年(1901)兩儀堂刻本　二册

360000－1901－0025461　400283
**史鑑節要便讀六卷**　(清)鮑東里撰　清光緒二十七年(1901)上海書局石印本　二册

360000－1901－0025462　400289
**史鑑節要便讀六卷**　(清)鮑東里撰　清光緒三十年(1904)古香閣刻本　四册

360000－1901－0025463　400278
**史鑑節要便讀六卷**　(清)鮑東里撰　清光緒三十年(1904)商務印書館鉛印本　一册　存三卷(一至三)

360000－1901－0025464　400288
**史鑑節要便讀六卷**　(清)鮑東里撰　清光緒三十年(1904)文富堂刻本　二册

360000－1901－0025465　400287
**史鑑節要便讀六卷**　(清)鮑東里撰　清光緒十一年(1885)藝芸山館刻本　二册

360000－1901－0025466　301734
**史鑑節要便讀六卷**　(清)鮑東里撰　清光緒元年(1875)湖北崇文書局刻本　二册

360000－1901－0025467　400285
**史鑑節要便讀六卷**　(清)鮑東里撰　清刻本　二册

360000－1901－0025468　400286
**史鑑節要便讀六卷**　(清)鮑東里撰　清刻本　二册　存三卷(三至五)

360000－1901－0025469　400291
**史鑑節要便讀六卷**　(清)鮑東里撰　清刻本　二册

360000－1901－0025470　400295－1
**史鑑節要便讀六卷**　(清)鮑東里撰　清刻本　一册　存三卷(四至六)

360000－1901－0025471　400297
**史鑑節要便讀六卷**　(清)鮑東里撰　清末石印本　二册

360000－1901－0025472　400284
**史鑑節要便讀六卷**　(清)鮑東里撰　清善成堂刻本　二册

360000－1901－0025473　400290
**史鑑節要便讀六卷**　(清)鮑東里撰　清盛德堂刻本　二册

360000－1901－0025474　313924
**史鑑節要便讀六卷**　(清)鮑東里撰　清同治六年(1867)姑胥刻本　二册

360000－1901－0025475　400292
**史鑑節要便讀六卷**　（清）鮑東里撰　清同治六年（1867）姑胥刻本　二册

360000－1901－0025476　400293
**史鑑節要便讀六卷**　（清）鮑東里撰　清同治六年（1867）姑胥刻本　二册

360000－1901－0025477　400294
**史鑑節要便讀六卷**　（清）鮑東里撰　清同治六年（1867）姑胥刻本　二册

360000－1901－0025478　400295
**史鑑節要便讀六卷**　（清）鮑東里撰　清同治七年（1868）刻本　二册

360000－1901－0025479　161645
**史鑑節要便讀六卷**　（清）鮑東里撰　清同治十二年（1873）湖北崇文書局刻本　二册

360000－1901－0025480　603216
**史鑑節要便讀六卷末一卷**　（清）鮑東里撰　清刻本　一册　存四卷（一至三、末一卷）

360000－1901－0025481　161644
**史鑑節要便讀六卷首一卷**　（清）鮑東里撰　清同治元年（1862）江右書局刻本　六册

360000－1901－0025482　120400
**史鑑年表彙編十四卷**　（清）蕭承笏輯　清光緒十年（1884）江右養雲書屋刻本　八册

360000－1901－0025483　120401
**史鑑年表彙編十四卷**　（清）蕭承笏輯　清光緒十年（1884）江右養雲書屋刻本　八册

360000－1901－0025484　220331
**史糾十五卷**　（明）朱明鎬撰　清抄本　二册

360000－1901－0025485　120392
**史林測義三十八卷**　（清）計大受撰　清嘉慶十九年（1814）楓溪別墅刻本　六册

360000－1901－0025486　120393
**史林測義三十八卷**　（清）計大受撰　清嘉慶十九年（1814）楓溪別墅刻本　六册

360000－1901－0025487　318118－6
**史論不分卷**　（□）□□輯　清抄本　一册

360000－1901－0025488　803594
**史論不分卷**　（□）□□輯　清抄本　一册

360000－1901－0025489　400275
**史論鉤沈八卷**　（清）呂景端輯　清光緒二十八年（1902）困學齋刻本　四册

360000－1901－0025490　400276
**史論鉤沈八卷**　（清）呂景端輯　清光緒二十八年（1902）困學齋刻本　三册　存六卷（一至二、五至八）

360000－1901－0025491　318658
**紅樓夢圖詠四卷**　（清）改琦繪　清末影印本　四册

360000－1901－0025492　400272
**史論彙選甲編八卷乙編八卷**　（清）呂景端編　清光緒二十七年（1901）石印本　五册　存十三卷（史論彙選甲編八卷、乙編四至八）

360000－1901－0025493　303165
**史論薈萃六卷**　（清）鄭權輯　清光緒二十八年（1902）上海書局鉛印本　六册

360000－1901－0025494　400342
**史論捃華前編十八卷後編十五卷**　（清）知新齋主人輯　清光緒二十八年（1902）長沙知新書社刻本　十一册　存三十卷（史論捃華前編十八卷，後編一至二、六至十五）

360000－1901－0025495　400274
**史論啓蒙一卷**　（清）周雪樵評選　清光緒刻本　一册

360000－1901－0025496　400340
**史論十六卷**　（清）徐永隆輯　清光緒二十八年（1902）政學書社石印本　十二册

360000－1901－0025497　400341
**史論十六卷**　（清）徐永隆輯　清光緒二十八年（1902）政學書社石印本　七册　存十卷（一至二、四至五、八至九、十一至十二、十五至十六）

360000－1901－0025498　400333

**史論五種**　(清)李祖陶撰　清道光十七年(1837)刻本(後漢書賛語、讀三國志書後、讀明史雜著、補尚史論贊配清同治十年敖陽李氏尚友樓刻本)　六冊

360000－1901－0025499　400327
**史論五種**　(清)李祖陶撰　清光緒二十七年(1901)上海古香閣石印本　四冊

360000－1901－0025500　120680
**史論五種**　(清)李祖陶撰　清同治十年(1871)敖陽李氏尚友樓刻本　六冊

360000－1901－0025501　120681
**史論五種**　(清)李祖陶撰　清同治十年(1871)敖陽李氏尚友樓刻本　六冊

360000－1901－0025502　120682
**史論五種**　(清)李祖陶撰　清同治十年(1871)敖陽李氏尚友樓刻本　六冊

360000－1901－0025503　308043－1
**史論五種**　(清)李祖陶撰　清同治十年(1871)敖陽李氏尚友樓刻本　四冊

360000－1901－0025504　400328
**史論五種**　(清)李祖陶撰　清同治十年(1871)敖陽李氏尚友樓刻本　三冊

360000－1901－0025505　400329
**史論五種**　(清)李祖陶撰　清同治十年(1871)敖陽李氏尚友樓刻本　六冊

360000－1901－0025506　400330
**史論五種**　(清)李祖陶撰　清同治十年(1871)敖陽李氏尚友樓刻本　六冊

360000－1901－0025507　400331
**史論五種**　(清)李祖陶撰　清同治十年(1871)敖陽李氏尚友樓刻本　六冊

360000－1901－0025508　400332
**史論五種**　(清)李祖陶撰　清同治十年(1871)敖陽李氏尚友樓刻本　六冊

360000－1901－0025509　400334
**史論五種**　(清)李祖陶撰　清同治十年(1871)敖陽李氏尚友樓刻本　六冊

360000－1901－0025510　400335
**史論五種**　(清)李祖陶撰　清同治十年(1871)敖陽李氏尚友樓刻本　六冊

360000－1901－0025511　400336
**史論五種**　(清)李祖陶撰　清同治十年(1871)敖陽李氏尚友樓刻本　六冊

360000－1901－0025512　400337－1
**史論五種**　(清)李祖陶撰　清同治十年(1871)敖陽李氏尚友樓刻本　三冊　存四種

360000－1901－0025513　400337－2
**史論五種**　(清)李祖陶撰　清同治十年(1871)敖陽李氏尚友樓刻本　二冊　存三種

360000－1901－0025514　404215
**史論五種**　(清)李祖陶撰　清同治十年(1871)敖陽李氏尚友樓刻本　三冊

360000－1901－0025515　400337
**史論五種**　(清)李祖陶撰　清同治十年(1871)敖陽李氏尚友樓刻本(邁堂文畧配清道光十五年鷺洲書院刻本)　四冊　存五種

360000－1901－0025516　303164
**史論正鵠初集四卷二集四卷三集八卷**　(清)王樹敏評點　清光緒二十七年(1901)上海久敬齋石印本　八冊　存八卷(史論正鵠初集四卷、二集四卷)

360000－1901－0025517　400273
**史論正鵠初集四卷二集四卷三集八卷**　(清)王樹敏評點　清光緒二十七年(1901)上海久敬齋石印本　五冊　存五卷(史論正鵠初集一至三,二集一、三)

360000－1901－0025518　318115－1
**史略□□卷**　(□)□□撰　清抄本　一冊　存二卷(十五至十六)

360000－1901－0025519　400311
**史略八十七卷**　(清)朱堃輯　清光緒二十四年(1898)上海蜚英館石印本　六冊

360000－1901－0025520　400312
**史略八十七卷**　(清)朱堃輯　清光緒二十四

年(1898)上海蜚英館石印本　四冊　存五十七卷(一至四十四、六十四至七十六)

360000－1901－0025521　400313
**史略八十七卷**　(清)朱墍輯　清光緒二十四年(1898)上海蜚英館石印本　二冊　存二十八卷(一至二十八)

360000－1901－0025522　161641
**史略八十七卷**　(清)朱墍輯　清光緒十三年(1887)上海積山書局石印本　六冊

360000－1901－0025523　604056
**史略八十七卷**　(清)朱墍輯　清光緒十三年(1887)上海積山書局石印本　四冊　存六十三卷(一至六十三)

360000－1901－0025524　220203
**史略十五卷末一卷**　(清)袁科輯　(清)袁彥龍等校　稿本　七冊　缺二卷(十五、末一卷)

360000－1901－0025525　161630
**史目表二卷**　(清)蘇飴孫撰　清光緒三年(1877)授經堂刻本　一冊

360000－1901－0025526　411101
**史目表一卷**　(清)蘇飴孫撰　清光緒三年(1877)授經堂刻本　一冊

360000－1901－0025527　411101－1
**史目表一卷**　(清)蘇飴孫撰　清光緒三年(1877)授經堂刻本　一冊

360000－1901－0025528　411101－2
**史目表一卷**　(清)蘇飴孫撰　清光緒三年(1877)授經堂刻本　一冊

360000－1901－0025529　314274
**史筌五卷首一卷**　(清)楊銘柱輯　清道光二十六年(1846)刻本　四冊

360000－1901－0025530　303177
**史闕十四卷**　(明)張岱撰　(清)鄭佶編　清道光四年(1824)烏程徐鴻本刻本　六冊

360000－1901－0025531　312637
**史闕十四卷**　(明)張岱撰　(清)鄭佶編　清道光四年(1824)烏程徐鴻本刻本　六冊

360000－1901－0025532　402018
**史闕十四卷**　(明)張岱撰　(清)鄭佶編　清道光四年(1824)烏程徐鴻本刻本　一冊　存二卷(十三至十四)

360000－1901－0025533　308131
**史闕十四卷**　(明)張岱撰　(清)鄭佶編　清刻本　一冊　存二卷(九至十)

360000－1901－0025534　309386
**史事備題論藪二十卷首一卷**　(清)代耕齋同人輯　清光緒二十九年(1903)上海書局石印本　九冊　存十三卷(一至七、十四至十五、十七至十九,首一卷)

360000－1901－0025535　401737
**史事備題論藪二十卷首一卷**　(清)代耕齋同人輯　清光緒二十九年(1903)上海書局石印本　十六冊

360000－1901－0025536　401738
**史事備題論藪二十卷首一卷**　(清)代耕齋同人輯　清光緒二十九年(1903)上海書局石印本　十一冊　存十四卷(二至三、六至十二、十四、十六、十八至二十)

360000－1901－0025537　401739
**史事備題論藪二十卷首一卷**　(清)代耕齋同人輯　清光緒二十九年(1903)上海書局石印本　七冊　存八卷(七至八、十一、十四、十六、十八至二十)

360000－1901－0025538　401740
**史事備題論藪二十卷首一卷**　(清)代耕齋同人輯　清光緒二十九年(1903)上海書局石印本　三冊　存三卷(八、十一、十四)

360000－1901－0025539　401740－1
**史事備題論藪二十卷首一卷**　(清)代耕齋同人輯　清光緒二十九年(1903)上海書局石印本　二冊　存二卷(十一、十四)

360000－1901－0025540　400844
**史事新論十二卷**　(清)□□編　清光緒二十

八年(1902)點石介記石印本　二冊　存六卷(一至三、十至十二)

360000－1901－0025541　220277
**史書纂略四十四卷**　(明)馬維銘輯　明萬曆四十三年(1615)刻本　八十冊

360000－1901－0025542　718291
**史通二十卷**　(唐)劉知幾撰　(明)李維禎評　(明)郭孔延評釋　明刻本　三冊　存十四卷(一至十四)

360000－1901－0025543　310724
**史通通釋二十卷**　(清)浦起龍撰　清光緒十九年(1893)上海文瑞樓石印本　八冊

360000－1901－0025544　309825
**史通通釋二十卷**　(清)浦起龍撰　清末上海文瑞樓石印本　八冊

360000－1901－0025545　400299
**史通通釋二十卷附錄一卷**　(清)浦起龍撰　清光緒十九年(1893)上海文瑞樓石印本　八冊

360000－1901－0025546　400300
**史通通釋二十卷附錄一卷**　(清)浦起龍撰　清光緒十九年(1893)上海文瑞樓石印本　一冊　存二卷(四至五)

360000－1901－0025547　312644
**史通通釋二十卷附錄一卷**　(清)浦起龍撰　清光緒十一年(1885)刻本　四冊

360000－1901－0025548　400301
**史通通釋二十卷附錄一卷**　(清)浦起龍撰　清乾隆十七年(1752)梁溪浦氏求放心齋刻本　六冊

360000－1901－0025549　400302
**史通通釋二十卷附錄一卷**　(清)浦起龍撰　清乾隆十七年(1752)梁溪浦氏求放心齋刻本　五冊　存十三卷(一至三、六至十二、十六至十八)

360000－1901－0025550　220306
**史通通釋二十卷附錄一卷**　(清)浦起龍撰　清乾隆十七年(1752)梁溪浦氏求放心齋刻本　佚名錄清紀昀批校題跋　八冊

360000－1901－0025551　303178
**史通削繁四卷**　(清)紀昀撰　清道光十三年(1833)兩廣節署刻朱墨套印本　四冊

360000－1901－0025552　303182
**史通削繁四卷**　(清)紀昀撰　清道光十三年(1833)兩廣節署刻朱墨套印本　四冊

360000－1901－0025553　308316
**史通削繁四卷**　(清)紀昀撰　清道光十三年(1833)兩廣節署刻朱墨套印本　四冊

360000－1901－0025554　310412
**史通削繁四卷**　(清)紀昀撰　清道光十三年(1833)兩廣節署刻朱墨套印本　二冊

360000－1901－0025555　310413
**史通削繁四卷**　(清)紀昀撰　清道光十三年(1833)兩廣節署刻朱墨套印本　四冊

360000－1901－0025556　312685
**史通削繁四卷**　(清)紀昀撰　清道光十三年(1833)兩廣節署刻朱墨套印本　四冊

360000－1901－0025557　313248
**史通削繁四卷**　(清)紀昀撰　清道光十三年(1833)兩廣節署刻朱墨套印本　四冊

360000－1901－0025558　313962
**史通削繁四卷**　(清)紀昀撰　清道光十三年(1833)兩廣節署刻朱墨套印本　四冊

360000－1901－0025559　317519
**史通削繁四卷**　(清)紀昀撰　清道光十三年(1833)兩廣節署刻朱墨套印本　四冊

360000－1901－0025560　400308
**史通削繁四卷**　(清)紀昀撰　清道光十三年(1833)兩廣節署刻朱墨套印本　四冊

360000－1901－0025561　400309
**史通削繁四卷**　(清)紀昀撰　清道光十三年(1833)兩廣節署刻朱墨套印本　二冊　存二卷(三至四)

360000－1901－0025562　400310
**史通削繁四卷**　(清)紀昀撰　清道光十三年(1833)兩廣節署刻朱墨套印本　一册　存一卷(三)

360000－1901－0025563　308106
**史通削繁四卷**　(清)紀昀撰　清光緒八年(1882)善化章氏刻本　四册

360000－1901－0025564　400306
**史通削繁四卷**　(清)紀昀撰　清光緒八年(1882)善化章氏刻本　三册　存三卷(一、三至四)

360000－1901－0025565　400305
**史通削繁四卷**　(清)紀昀撰　清光緒二十二年(1896)新化三味堂刻本　四册

360000－1901－0025566　307747
**史通削繁四卷**　(清)紀昀撰　清光緒元年(1875)湖北崇文書局刻本　四册

360000－1901－0025567　311016
**史通削繁四卷**　(清)紀昀撰　清光緒元年(1875)湖北崇文書局刻本　四册

360000－1901－0025568　313155
**史通削繁四卷**　(清)紀昀撰　清光緒元年(1875)湖北崇文書局刻本　四册

360000－1901－0025569　400307
**史通削繁四卷**　(清)紀昀撰　清光緒元年(1875)湖北崇文書局刻本　四册

360000－1901－0025570　312733
**史通訓故補二十卷**　(清)黄叔琳撰　清乾隆十二年(1747)養素堂刻本　八册

360000－1901－0025571　400298
**史通訓故補二十卷**　(清)黄叔琳撰　清乾隆十二年(1747)養素堂刻本　二册　存六卷(一至六)

360000－1901－0025572　303169
**史外八卷**　(清)汪有典撰　清光緒三年(1877)刻本　八册

360000－1901－0025573　309719
**史外八卷**　(清)汪有典撰　清刻本　四册　存四卷(三、五至七)

360000－1901－0025574　310567
**史外八卷**　(清)汪有典撰　清同治三年(1864)廬陵尋樂山房刻本　六册　存六卷(一、四至八)

360000－1901－0025575　303168
**史外八卷**　(清)汪有典撰　清同治三年(1864)廬陵尋樂山房刻本　八册

360000－1901－0025576　303170
**史外八卷**　(清)汪有典撰　清同治三年(1864)廬陵尋樂山房刻本　八册

360000－1901－0025577　303171
**史外八卷**　(清)汪有典撰　清同治三年(1864)廬陵尋樂山房刻本　八册

360000－1901－0025578　303173
**史外八卷**　(清)汪有典撰　清同治三年(1864)廬陵尋樂山房刻本　八册

360000－1901－0025579　303174
**史外八卷**　(清)汪有典撰　清同治三年(1864)廬陵尋樂山房刻本　八册

360000－1901－0025580　303175
**史外八卷**　(清)汪有典撰　清同治三年(1864)廬陵尋樂山房刻本　八册

360000－1901－0025581　312716
**史外八卷**　(清)汪有典撰　清同治三年(1864)廬陵尋樂山房刻本　八册

360000－1901－0025582　400318
**史外八卷**　(清)汪有典撰　清同治三年(1864)廬陵尋樂山房刻本　八册

360000－1901－0025583　400319
**史外八卷**　(清)汪有典撰　清同治三年(1864)廬陵尋樂山房刻本　八册

360000－1901－0025584　400320
**史外八卷**　(清)汪有典撰　清同治三年(1864)廬陵尋樂山房刻本　八册

360000－1901－0025585　400321
**史外八卷**　（清）汪有典撰　清同治三年(1864)廬陵尋樂山房刻本　四册　存四卷(二、四至五、八)

360000－1901－0025586　400321－1
**史外八卷**　（清）汪有典撰　清同治三年(1864)廬陵尋樂山房刻本　一册　存一卷(八)

360000－1901－0025587　163836
**史緯三百三十卷**　（清）陳允錫輯　清光緒十九年(1893)文來書局石印本　六十册　缺五卷(一百七十四至一百七十八)

360000－1901－0025588　805228
**史緯三百三十卷**　（清）陳允錫輯　清光緒十九年(1893)文來書局石印本　一册　存五卷(一百七十四至一百七十八)

360000－1901－0025589　400350
**史緯三百三十卷首一卷**　（清）陳允錫輯　清康熙三十三年(1694)刻本　一百二十四册　存二百五十九卷(一至三十四、四十一至一百五十三、一百五十六至一百五十九、一百六十二至一百八十六、一百九十一至一百九十二、一百九十九至二百、二百二十六至二百二十九、二百三十三至二百七十九、二百九十六至二百九十九、三百四至三百二十四、三百二十七至三百二十八,首一卷)

360000－1901－0025590　400350－1
**史緯三百三十卷首一卷**　（清）陳允錫輯　清康熙三十三年(1694)刻本　二册　存六卷(四十九至五十四)

360000－1901－0025591　120394
**史惺堂先生遺稿十四卷附編一卷**　（明）史桂芳撰　清宣統元年(1909)刻本　四册

360000－1901－0025592　312831
**史姓韻編二十四卷**　（清）汪輝祖撰　清光緒二十九年(1903)上海文瀾書局石印本　八册

360000－1901－0025593　400323
**史姓韻編二十四卷**　（清）汪輝祖撰　清光緒二十九年(1903)上海文瀾書局石印本　二册　存六卷(四至六、十九至二十一)

360000－1901－0025594　306219
**史姓韻編六十四卷**　（清）汪輝祖撰　清光緒十年(1884)慈谿耕餘樓鉛印本　一册　存三卷(四十至四十二)

360000－1901－0025595　307865
**史姓韻編六十四卷**　（清）汪輝祖撰　清光緒十年(1884)慈谿耕餘樓鉛印本　十五册

360000－1901－0025596　312796
**史姓韻編六十四卷**　（清）汪輝祖撰　清光緒十年(1884)慈谿耕餘樓鉛印本　十六册

360000－1901－0025597　303176
**史姓韻編六十四卷**　（清）汪輝祖撰　清光緒十年(1884)鉛印本　十六册

360000－1901－0025598　400324
**史姓韻編六十四卷**　（清）汪輝祖撰　清乾隆五十五年(1790)刻本　二十一册　存五十七卷(一至三十、三十三至三十八、四十四至六十四)

360000－1901－0025599　400402
**史序錄一卷**　（清）吳承漸輯　**甲子會紀一卷**　（明）薛應旂輯　清刻本　一册

360000－1901－0025600　307775
**史學叢書二集**　（□）□□輯　清光緒十九年(1893)武林有三長齋石印本　二十四册

360000－1901－0025601　400325
**史學綱領四卷**　（明）顧充輯　（清）蕭承煊增訂　清光緒十五年(1889)刻本　四册

360000－1901－0025602　405838－1
**史學提要二卷**　（宋）黃繼善撰　清康熙三十二年(1693)恒德堂刻小四書本　一册

360000－1901－0025603　800771
**史學提要二卷**　（宋）黃繼善撰　清刻小四書本　二册

360000－1901－0025604　800772
**史學提要二卷**　（宋）黃繼善撰　清刻小四書

本　二册

360000－1901－0025605　800773
**史學提要二卷**　(宋)黄繼善撰　清刻小四書本　一册　存一卷(上)

360000－1901－0025606　800452
**史學提要二卷**　(宋)黄繼善撰　(清)閻修子增訂　清抄本　一册　存一卷(下)

360000－1901－0025607　122903
**史學提要箋釋五卷**　(清)楊錫祐撰　清光緒二十七年(1901)萬邑榕蔭書屋刻本　五册

360000－1901－0025608　220313
**史學提要箋釋五卷**　(清)楊錫祐撰　清康熙五十四年(1715)素位堂刻本　五册

360000－1901－0025609　220314
**史學提要箋釋五卷**　(清)楊錫祐撰　清康熙五十五年(1716)積慶堂刻本　五册

360000－1901－0025610　220315
**史學提要箋釋五卷**　(清)楊錫祐撰　清康熙五十五年(1716)積慶堂刻本　十册

360000－1901－0025611　400403
**史學提要箋釋五卷**　(清)楊錫祐撰　清康熙五十五年(1716)刻本　五册

360000－1901－0025612　400404
**史學提要箋釋五卷**　(清)楊錫祐撰　清刻本　二册　存二卷(四至五)

360000－1901－0025613　601196
**史學提要箋釋五卷**　(清)楊錫祐撰　清刻本　五册

360000－1901－0025614　220311
**史學提要五卷**　(宋)黄繼善撰　**補二卷**　(清)涂大訒撰　清乾隆十八年(1753)受書堂刻本　二册

360000－1901－0025615　220312
**史學提要五卷**　(宋)黄繼善撰　**補二卷**　(清)涂大訒撰　清乾隆十八年(1753)受書堂刻本　一册

360000－1901－0025616　803811
**史學提要續不分卷**　(清)□□撰　清抄本　二册

360000－1901－0025617　306232
**史學小叢書**　(日本)北村三郎撰　趙必振譯　清光緒二十九年(1903)上海廣智書局鉛印本　二册　存二種

360000－1901－0025618　313580
**史學薪傳八卷**　(□)□□撰　清刻本　八册

360000－1901－0025619　306216
**史要增注七卷**　(清)任啓運輯　(清)吳兆慶注　(清)任麟徵增注　清光緒石印本　一册　存一卷(三)

360000－1901－0025620　400315
**史腴二卷**　(清)周金壇輯　清刻本　二册

360000－1901－0025621　400316
**史腴二卷**　(清)周金壇輯　清刻小嫏嬛山館彙刊類書本　二册

360000－1901－0025622　400316－1
**史腴二卷**　(清)周金壇輯　清刻小嫏嬛山館彙刊類書本　一册　存一卷(下)

360000－1901－0025623　400316－2
**史腴二卷**　(清)周金壇輯　清刻小嫏嬛山館彙刊類書本　一册　存一卷(下)

360000－1901－0025624　303179
**史餘萃覽四卷**　(清)楊家麟撰　清光緒四年(1878)上海申報館鉛印本　二册

360000－1901－0025625　312638
**史餘二十卷補錄一卷**　(清)陳堯松撰　(清)陳慶颺注並補　**揭庶韓先生注一卷**　(清)陳慶颺輯　清同治元年(1862)刻本　四册

360000－1901－0025626　306221
**史忠正公集四卷首一卷末一卷**　(明)史可法撰　清光緒十六年(1890)繡谷趙承恩刻本　一册　存一卷(末一卷)

360000－1901－0025627　316231
**史忠正公集四卷首一卷末一卷**　(明)史可法

撰　清光緒十六年(1890)繡谷趙承恩刻本　三冊

360000－1901－0025628　303181
**史忠正公集四卷首一卷末一卷**　(明)史可法撰　清末刻本　二冊

360000－1901－0025629　303186
**史忠正公集四卷首一卷末一卷**　(明)史可法撰　清末刻本　二冊

360000－1901－0025630　413486
**史忠正公文集四卷首一卷**　(明)史可法撰　清同治十二年(1873)三原劉質慧刻本　二冊

360000－1901－0025631　413488
**史忠正公文集四卷首一卷末一卷**　(明)史可法撰　清同治七年(1868)楚醴景萊書室刻本　二冊

360000－1901－0025632　301404
**使東雜詠一卷**　(清)何如璋撰　清光緒鉛印本　一冊

360000－1901－0025633　301401
**使俄草八卷**　(清)王之春撰　清光緒二十一年(1895)上海石印本　四冊

360000－1901－0025634　405327
**使琉球記六卷**　(清)李鼎元撰　清刻本　一冊　存三卷(一至三)

360000－1901－0025635　305264
**使琉球記六卷**　(清)李鼎元撰　清末鉛印本　一冊　存三卷(四至六)

360000－1901－0025636　407724
**使蜀日記五卷**　(清)孟超然撰　清嘉慶二十年(1815)刻本　二冊

360000－1901－0025637　414155
**使徒行傳二十八章**　(英國)楊格非譯　清光緒二十五年(1899)漢鎮英漢書館鉛印本　一冊

360000－1901－0025638　301402
**使西紀程一卷**　(清)郭嵩燾撰　清光緒鉛印本　一冊

360000－1901－0025639　301400
**使粵日記二卷**　(清)李鈞撰　清道光十四年(1834)開封府署刻本　一冊

360000－1901－0025640　407723
**使粵日記二卷**　(清)孟超然撰　清嘉慶二十年(1815)刻本　一冊

360000－1901－0025641　302678
**始豐藁十四卷補遺一卷附錄一卷**　(明)徐一夔撰　清光緒二十年(1894)錢塘丁氏嘉惠堂刻武林往哲遺箸本　六冊

360000－1901－0025642　417702
**始豐藁十四卷補遺一卷附錄一卷**　(明)徐一夔撰　清光緒二十年(1894)錢塘丁氏嘉惠堂刻武林往哲遺箸本　四冊

360000－1901－0025643　722060
**士禮居藏書題跋記六卷**　(清)黃丕烈撰　清末石印本　一冊　存二卷(五至六)

360000－1901－0025644　800128
**士禮居藏書題跋記續編五卷**　(清)黃丕烈撰　清末石印本　三冊

360000－1901－0025645　150113
**士禮居叢書**　(清)黃丕烈輯　清光緒十三年(1887)上海蜚英館影印本　三十冊　存十七種

360000－1901－0025646　312369
**士禮居叢書**　(清)黃丕烈輯　清末影印本　八冊　存二種

360000－1901－0025647　421849
**士林金鑑一卷**　(清)□□輯　清光緒二十七年(1901)廬邑康桂林刻本　一冊

360000－1901－0025648　414709
**士那補釋一卷**　(清)張義澍撰　清光緒十八年(1892)張氏刻本　一冊

360000－1901－0025649　414711
**士那補釋一卷**　(清)張義澍撰　清光緒十八年(1892)張氏刻本　一冊

360000－1901－0025650　250111

**士商類要四卷**　（明）程春宇輯　明天啓六年(1626)文林閣刻本　一冊　存二卷(一至二)

360000－1901－0025651　404465－1

**示我周行六卷**　（清）賴盛遠輯　清刻本　一冊　存二卷(五至六)

360000－1901－0025652　404465－2

**示我周行六卷**　（清）賴盛遠輯　清刻本　一冊　存三卷(四至六)

360000－1901－0025653　300916

**示我周行三卷**　（清）賴盛遠輯　清刻本　四冊

360000－1901－0025654　404465

**示我周行三卷續一卷**　（清）賴盛遠輯　清刻本　六冊

360000－1901－0025655　302824

**世本輯補十卷**　（清）秦嘉謨撰　清嘉慶二十三年(1818)琳琅仙館刻本　六冊

360000－1901－0025656　400552

**世本輯補十卷**　（清）秦嘉謨撰　清嘉慶二十三年(1818)琳琅仙館刻本　五冊　存四卷(一至四)

360000－1901－0025657　302825

**世本六卷**　（清）茆泮林輯　清道光十四年(1834)高郵茆氏梅瑞軒刻本　一冊

360000－1901－0025658　407977

**世補齋醫書**　（清）陸懋修撰　清光緒十年(1884)刻本　八冊

360000－1901－0025659　804662

**世德錄□□卷**　(□)程□□輯　清嘉慶八年(1803)曉湖程士元抄本　一冊　存一卷(六)

360000－1901－0025660　122941

**世德續錄一卷**　程蓉照等輯　清宣統二年(1910)刻本　一冊

360000－1901－0025661　309660

**世界地理志六卷勘誤一卷**　（日本）中村五六撰　（日本）頓野廣太郎修訂　（日本）樋田保熙譯　清光緒二十八年(1902)商務書局鉛印本　三冊

360000－1901－0025662　420107

**世界地理志六卷勘誤一卷首一卷**　（日本）中村五六撰　（日本）頓野廣太郎修訂　（日本）樋田保熙譯　清光緒二十八年(1902)金粟齋譯書社鉛印本　三冊

360000－1901－0025663　401907

**世界讀本一卷**　（清）上海文明書局編譯　清光緒二十九年(1903)上海文明書局鉛印本　一冊

360000－1901－0025664　413552

**世經堂近稿□□卷**　（清）徐旭旦等撰　清抄本　一冊

360000－1901－0025665　410792

**世守拙齋尺牘四卷**　（清）范濂撰　清光緒三十三年(1907)木活字印本　一冊

360000－1901－0025666　316818

**世守拙齋詩存三卷詩餘一卷**　（清）范濂撰　清光緒二十一年(1895)洪都寓廬刻本　二冊

360000－1901－0025667　410797

**世守拙齋詩存三卷詩餘一卷**　（清）范濂撰　清光緒二十一年(1895)刻本　一冊　存二卷(世守拙齋詩存三、詩餘一卷)

360000－1901－0025668　162201

**世守拙齋識小編十卷**　（清）范濂輯　清光緒二十二年(1896)山陰范氏刻本　五冊

360000－1901－0025669　162202

**世守拙齋識小編十卷**　（清）范濂輯　清光緒二十二年(1896)山陰范氏刻本　五冊

360000－1901－0025670　162203

**世守拙齋識小編十卷**　（清）范濂輯　清光緒二十二年(1896)山陰范氏刻本　五冊

360000－1901－0025671　313944

**世守拙齋題跋二卷**　（清）范濂撰　清光緒二十一年(1895)木活字印本　一冊

360000－1901－0025672　162652

**世說新語八卷**　（南朝宋）劉義慶撰　（南朝

梁)劉孝標注　(明)張懋辰訂　**世説新語補四卷**　(明)何良俊撰　(明)王世貞刪定　(明)張懋辰訂　明刻本　四冊

360000－1901－0025673　230467
**世説新語八卷**　(南朝宋)劉義慶撰　(南朝梁)劉孝標注　(宋)劉辰翁　(明)王世懋評　明萬曆八年(1580)刻本　八冊

360000－1901－0025674　230468
**世説新語八卷**　(南朝宋)劉義慶撰　(南朝梁)劉孝標注　(宋)劉辰翁　(明)王世懋評　明萬曆八年(1580)刻本　四冊

360000－1901－0025675　230465
**世説新語八卷**　(南朝宋)劉義慶撰　(南朝梁)劉孝標注　(宋)劉辰翁　(宋)劉應登　(明)王世懋評　明淩瀛初刻四色套印本　八冊

360000－1901－0025676　230466
**世説新語八卷**　(南朝宋)劉義慶撰　(南朝梁)劉孝標注　(宋)劉辰翁　(宋)劉應登　(明)王世懋評　明淩瀛初刻四色套印本　十六冊

360000－1901－0025677　230472
**世説新語補二十卷**　(南朝宋)劉義慶撰　(南朝梁)劉孝標注　(宋)劉辰翁批　(明)何良俊增　(明)王世貞刪　(明)王世懋評　(明)張文柱注　(清)黄汝琳補訂　**附釋名一卷**　清乾隆二十七年(1762)黄汝琳茂清書屋刻本　八冊

360000－1901－0025678　230473
**世説新語補二十卷**　(南朝宋)劉義慶撰　(南朝梁)劉孝標注　(宋)劉辰翁批　(明)何良俊增　(明)王世貞刪　(明)王世懋評　(明)張文柱注　(清)黄汝琳補訂　**附釋名一卷**　清乾隆二十七年(1762)黄汝琳茂清書屋刻本　四冊

360000－1901－0025679　230474
**世説新語補二十卷**　(南朝宋)劉義慶撰　(南朝梁)劉孝標注　(宋)劉辰翁批　(明)何良俊增　(明)王世貞刪　(明)王世懋評　(明)張文柱注　(清)黄汝琳補訂　**附釋名一卷**　清乾隆二十七年(1762)黄汝琳茂清書屋刻本　四冊　存十六卷(一至四、九至二十)

360000－1901－0025680　230471
**世説新語補二十卷**　(南朝宋)劉義慶撰　(南朝梁)劉孝標注　(宋)劉辰翁批　(明)何良俊增　(明)王世貞刪定　(明)王世懋批釋　(明)張文柱校注　明萬曆刻本　三冊　存十二卷(九至二十)

360000－1901－0025681　409533
**世説新語補二十卷**　(南朝宋)劉義慶撰　(南朝梁)劉孝標注　(宋)劉應登評　(明)何良俊增　(明)王世貞刪　(明)王世懋評　(明)張文柱注　(清)黄汝琳補訂　清乾隆二十七年(1762)茂清書屋刻本　十冊

360000－1901－0025682　409533－1
**世説新語補二十卷**　(南朝宋)劉義慶撰　(南朝梁)劉孝標注　(宋)劉應登評　(明)何良俊增　(明)王世貞刪　(明)王世懋評　(明)張文柱注　(清)黄汝琳補訂　清乾隆二十七年(1762)茂清書屋刻本　二冊　存七卷(一至二、十一至十五)

360000－1901－0025683　409534
**世説新語補二十卷**　(南朝宋)劉義慶撰　(南朝梁)劉孝標注　(宋)劉應登評　(明)何良俊增　(明)王世貞刪　(明)王世懋評　(明)張文柱注　(清)黄汝琳補訂　清乾隆二十七年(1762)茂清書屋刻本　八冊

360000－1901－0025684　230461
**世説新語六卷**　(南朝宋)劉義慶撰　(南朝梁)劉孝標注　明吴中珩、黄之寀刻本　三冊　存三卷(三至五)

360000－1901－0025685　409524
**世説新語六卷**　(南朝宋)劉義慶撰　(南朝梁)劉孝標注　清光緒二十二年(1896)上海掃葉山房石印本　一冊

360000－1901－0025686　409525

**世說新語六卷**　(南朝宋)劉義慶撰　(南朝梁)劉孝標注　清光緒二十二年(1896)上海掃葉山房石印本　四册

360000－1901－0025687　409530
**世說新語六卷**　(南朝宋)劉義慶撰　(南朝梁)劉孝標注　清光緒三年(1877)湖北崇文書局刻本　四册

360000－1901－0025688　165143
**世說新語三卷**　(南朝宋)劉義慶撰　清抄本　二册

360000－1901－0025689　409528
**世說新語三卷**　(南朝宋)劉義慶撰　(南朝梁)劉孝標注　清道光二十六年(1846)宏道書院刻本　六册

360000－1901－0025690　409531
**世說新語三卷**　(南朝宋)劉義慶撰　(南朝梁)劉孝標注　清光緒十七年(1891)思賢講舍刻本　六册

360000－1901－0025691　313894
**世說新語三卷**　(南朝宋)劉義慶撰　(南朝梁)劉孝標注　(明)淩濛初訂　明刻本　三册

360000－1901－0025692　230463
**世說新語三卷**　(南朝宋)劉義慶撰　(南朝梁)劉孝標注　(宋)劉辰翁評　明末刻本　三册

360000－1901－0025693　230464
**世說新語三卷**　(南朝宋)劉義慶撰　(南朝梁)劉孝標注　(宋)劉辰翁評　明末刻本　三册

360000－1901－0025694　230462
**世說新語三卷**　(南朝宋)劉義慶撰　(南朝梁)劉孝標注　**世說新語補四卷**　(明)何良俊撰　(明)王世貞删定　明淩濛初刻本　二册　存三卷(世說新語上之上、下之上下,世說新語補二)

360000－1901－0025695　220438
**世祀錄二卷**　(明)傅冠輯　明崇禎十六年(1643)刻本　一册

360000－1901－0025696　400601
**世統紀年一卷**　(清)張澍申輯　清同治十年(1871)刻本　一册

360000－1901－0025697　603170
**世忠錄一卷**　(清)程端本等撰　清咸豐八年(1858)刻本　一册

360000－1901－0025698　410801
**世忠堂文集六卷守城善後記畧一卷世忠堂文集家傳一卷**　(清)鄒鳴鶴撰　清道光三年(1823)刻本　二册　存二卷(世忠堂文集六、世忠堂文集家傳一卷)

360000－1901－0025699　307679
**世忠堂文集六卷守城善後記畧一卷世忠堂文集家傳一卷**　(清)鄒鳴鶴撰　清刻本　六册

360000－1901－0025700　305053－1
**世宗憲皇帝上諭内閣一百五十九卷**　(清)允祿等輯　(清)弘晝等續輯　清刻本　十一册　存五十八卷(雍正五年七至十二月,六年一至六、十至十二月,七年十至十二月,八年五至十二月,九年一至十二月,十一年一至十二月,十三年二至八月、閏四月)

360000－1901－0025701　305053－2
**世宗憲皇帝上諭内閣一百五十九卷**　(清)允祿等輯　(清)弘晝等續輯　清刻本　六册　存三十六卷(雍正四年一至八月,六年一至十二月,七年一至三月,八年一至四月,十三年一至八月、閏四月)

360000－1901－0025702　305053
**世宗憲皇帝上諭内閣一百五十九卷**　(清)允祿等輯　(清)弘晝等續輯　清廖壽豐刻本　二十一册　存七十二卷(雍正元年一至十二月,二年一至六月、閏四月,四年一至十二月,五年一至十二月、閏三月,六年一至十二月,七年五至十二月、閏七月,八年一至七月)

360000－1901－0025703　801377
**世宗憲皇帝上諭内閣一百五十九卷首一卷**

(清)允祿等輯　(清)弘晝等續輯　清刻本　一冊　存一卷(雍正五年六月)

360000－1901－0025704　220511
**世宗憲皇帝聖訓一卷**　(清)徐桐輯　清抄本　一冊

360000－1901－0025705　401634
**世宗憲皇帝御製文集三十卷目錄四卷**　(清)世宗胤禛撰　清初刻本　十五冊　存三十二卷(一至三十、目錄三至四)

360000－1901－0025706　309124
**世宗憲皇帝諭旨不分卷**　(清)世宗胤禛撰　清刻本　三十二冊

360000－1901－0025707　122888
**仕學備餘六卷**　(清)紀大奎撰　清咸豐二年(1852)刻紀慎齋先生全集本　四冊

360000－1901－0025708　123350
**仕學備餘六卷**　(清)紀大奎撰　清咸豐二年(1852)刻紀慎齋先生全集本　四冊

360000－1901－0025709　719275
**仕學備餘六卷**　(清)紀大奎撰　清咸豐二年(1852)刻紀慎齋先生全集本　三冊

360000－1901－0025710　601198
**仕學備餘四卷占象附錄一卷占驗附錄一卷**　(清)紀大奎撰　清刻本　三冊　存四卷(仕學備餘三至四、占象附錄一卷、占驗附錄一卷)

360000－1901－0025711　601197
**仕學備餘四卷占象附錄一卷占驗附錄一卷**　(清)紀大奎撰　清咸豐二年(1852)刻本　四冊

360000－1901－0025712　120472
**仕學全書三十五卷**　(明)魯論撰　清乾隆魯氏刻同治十三年(1874)魯氏補刻本　五冊

360000－1901－0025713　120473
**仕學全書三十五卷**　(明)魯論撰　清乾隆魯氏刻同治十三年(1874)魯氏補刻本　五冊

360000－1901－0025714　240755
**市南子二十二卷制勅六卷**　(明)李光元撰　(明)吳士元輯　明崇禎刻本　五冊　缺十三卷(一至二、十二至二十二)

360000－1901－0025715　320334
**式古堂目錄十七卷**　(清)尤瑩編　清光緒十九年(1893)石印本　一冊　存十一卷(七至十七)

360000－1901－0025716　150182
**式訓堂叢書**　(清)章壽康輯　清光緒會稽章氏刻本　四十冊　存四十種

360000－1901－0025717　413150
**式訓堂叢書**　(清)章壽康輯　清光緒會稽章氏刻本　一冊　存二種

360000－1901－0025718　417539
**式訓堂叢書**　(清)章壽康輯　清光緒會稽章氏刻本　十冊　存十一種

360000－1901－0025719　901004
**式訓堂叢書**　(清)章壽康輯　清光緒會稽章氏刻本　二冊　存四種

360000－1901－0025720　162342
**似續集驗一卷**　(□)□□編　清道光二十二年(1842)刻本　一冊

360000－1901－0025721　407423
**事類賦補遺十四卷**　(清)張均編　清道光五年(1825)刻本　四冊

360000－1901－0025722　407424
**事類賦補遺十四卷**　(清)張均編　清道光五年(1825)刻本　四冊

360000－1901－0025723　407425
**事類賦補遺十四卷**　(清)張均編　清道光五年(1825)刻本　四冊

360000－1901－0025724　407426
**事類賦補遺十四卷**　(清)張均編　清道光五年(1825)刻本　四冊

360000－1901－0025725　407427
**事類賦補遺十四卷**　(清)張均編　清道光五年(1825)刻本　四冊

360000－1901－0025726　303190
**事類賦補遺十四卷**　(清)張均編　清道光五年(1825)務本堂刻本　六冊

360000－1901－0025727　162386
**事類賦補遺十四卷**　(清)張均編　清嘉慶十九年(1814)刻本　六冊

360000－1901－0025728　162387
**事類賦補遺十四卷**　(清)張均編　清嘉慶十六年(1811)英德堂刻本　四冊

360000－1901－0025729　407414
**事類賦補遺十四卷**　(清)張均編　清刻本　四冊

360000－1901－0025730　407415
**事類賦補遺十四卷**　(清)張均編　清刻本　七冊

360000－1901－0025731　407417
**事類賦補遺十四卷**　(清)張均編　清刻本　四冊

360000－1901－0025732　407418
**事類賦補遺十四卷**　(清)張均編　清刻本　四冊

360000－1901－0025733　407419
**事類賦補遺十四卷**　(清)張均編　清刻本　五冊　存十二卷(一至十、十三至十四)

360000－1901－0025734　407420
**事類賦補遺十四卷**　(清)張均編　清刻本　二冊

360000－1901－0025735　407421
**事類賦補遺十四卷**　(清)張均編　清刻本　四冊

360000－1901－0025736　407422
**事類賦補遺十四卷**　(清)張均編　清刻本　二冊

360000－1901－0025737　407428
**事類賦補遺十四卷**　(清)張均編　清刻本　六冊

360000－1901－0025738　407429
**事類賦補遺十四卷**　(清)張均編　清刻本　五冊　存十一卷(四至十四)

360000－1901－0025739　407429－1
**事類賦補遺十四卷**　(清)張均編　清刻本　二冊　存六卷(七至十二)

360000－1901－0025740　407429－2
**事類賦補遺十四卷**　(清)張均編　清刻本　一冊　存四卷(九至十二)

360000－1901－0025741　407429－3
**事類賦補遺十四卷**　(清)張均編　清刻本　一冊　存三卷(九至十一)

360000－1901－0025742　407429－4
**事類賦補遺十四卷**　(清)張均編　清刻本　一冊　存五卷(十至十四)

360000－1901－0025743　407416
**事類賦補遺十四卷**　(清)張均編　清刻本(卷一至五配清道光五年刻本)　四冊

360000－1901－0025744　401408
**紅樓圓夢三十回**　(清)□□撰　清刻本　一冊　存十回(八至十七)

360000－1901－0025745　401408－1
**紅樓圓夢三十回**　(清)□□撰　清刻本　一冊　存八回(十六至二十三)

360000－1901－0025746　250007
**事類賦三十卷**　(宋)吳淑撰並注　明刻本　十冊

360000－1901－0025747　308716
**事類賦三十卷**　(宋)吳淑撰並注　明葉氏刻本　六冊

360000－1901－0025748　162388
**事類賦三十卷**　(宋)吳淑撰並注　清華氏劍光閣刻本　四冊

360000－1901－0025749　162389
**事類賦三十卷**　(宋)吳淑撰並注　清華氏劍光閣刻本　六冊

360000－1901－0025750　407272
**事類賦三十卷**　(宋)吳淑撰並注　清康熙刻本　四册

360000－1901－0025751　707278
**事類賦三十卷**　(宋)吳淑撰並注　清康熙刻本　四册　存二十卷(六至二十五)

360000－1901－0025752　707278－1
**事類賦三十卷**　(宋)吳淑撰並注　清康熙刻本　一册　存六卷(一至六)

360000－1901－0025753　707279
**事類賦三十卷**　(宋)吳淑撰並注　清康熙刻本　四册

360000－1901－0025754　707280
**事類賦三十卷**　(宋)吳淑撰並注　清康熙刻本　一册　存十二卷(一至十二)

360000－1901－0025755　250008
**事類賦三十卷**　(宋)吳淑撰並注　清康熙三十八年(1699)劍光閣刻本　六册

360000－1901－0025756　250009
**事類賦三十卷**　(宋)吳淑撰並注　清康熙三十八年(1699)劍光閣刻本　四册

360000－1901－0025757　308709－1
**事類賦三十卷**　(宋)吳淑撰並注　清刻本　一册　存八卷(十四至二十一)

360000－1901－0025758　317769
**事類賦三十卷**　(宋)吳淑撰並注　清刻本　六册

360000－1901－0025759　407273
**事類賦三十卷**　(宋)吳淑撰並注　清刻本　六册

360000－1901－0025760　407274
**事類賦三十卷**　(宋)吳淑撰並注　清刻本　四册　存二十卷(一至二十)

360000－1901－0025761　407283
**事類賦三十卷**　(宋)吳淑撰並注　清刻本　三册

360000－1901－0025762　407284
**事類賦三十卷**　(宋)吳淑撰並注　清刻本　六册

360000－1901－0025763　407285
**事類賦三十卷**　(宋)吳淑撰並注　清刻本　六册

360000－1901－0025764　407286
**事類賦三十卷**　(宋)吳淑撰並注　清刻本　四册

360000－1901－0025765　407288
**事類賦三十卷**　(宋)吳淑撰並注　清刻本　五册

360000－1901－0025766　407289
**事類賦三十卷**　(宋)吳淑撰並注　清刻本　六册　存二十三卷(四至十七、二十二至三十)

360000－1901－0025767　407290
**事類賦三十卷**　(宋)吳淑撰並注　清刻本　六册

360000－1901－0025768　407291
**事類賦三十卷**　(宋)吳淑撰並注　清刻本　四册

360000－1901－0025769　407291－1
**事類賦三十卷**　(宋)吳淑撰並注　清刻本　一册　存六卷(十九至二十四)

360000－1901－0025770　717956
**事類賦三十卷**　(宋)吳淑撰並注　清刻本　四册

360000－1901－0025771　717957
**事類賦三十卷**　(宋)吳淑撰並注　清刻本　三册

360000－1901－0025772　801297
**事類賦三十卷**　(宋)吳淑撰並注　清刻本　三册　存十六卷(一至四、十九至三十)

360000－1901－0025773　801298
**事類賦三十卷**　(宋)吳淑撰並注　清刻本　三册　存十六卷(一至四、十三至十七、二十

四至三十）

360000－1901－0025774　801299
**事類賦三十卷**　（宋）吳淑撰並注　清刻本　二册　存十六卷（十五至三十）

360000－1901－0025775　801300
**事類賦三十卷**　（宋）吳淑撰並注　清刻本　三册　存二十卷（十一至三十）

360000－1901－0025776　801301
**事類賦三十卷**　（宋）吳淑撰並注　清刻本　二册　存十卷（十六至二十五）

360000－1901－0025777　801302
**事類賦三十卷**　（宋）吳淑撰並注　清刻本　一册　存五卷（十一至十五）

360000－1901－0025778　801303
**事類賦三十卷**　（宋）吳淑撰並注　清刻本　一册　存五卷（六至十）

360000－1901－0025779　801304
**事類賦三十卷**　（宋）吳淑撰並注　清刻本　一册　存六卷（十九至二十四）

360000－1901－0025780　801305
**事類賦三十卷**　（宋）吳淑撰並注　清刻本　一册　存八卷（二十三至三十）

360000－1901－0025781　801306
**事類賦三十卷**　（宋）吳淑撰並注　清刻本　一册　存七卷（二十四至三十）

360000－1901－0025782　801307
**事類賦三十卷**　（宋）吳淑撰並注　清刻本　一册　存七卷（十五至二十一）

360000－1901－0025783　804430
**事類賦三十卷**　（宋）吳淑撰並注　清刻本　一册　存六卷（二十五至三十）

360000－1901－0025784　804433
**事類賦三十卷**　（宋）吳淑撰並注　清刻本　二册　存十六卷（七至十二、二十一至三十）

360000－1901－0025785　804434
**事類賦三十卷**　（宋）吳淑撰並注　清刻本　二册　存十三卷（一至四、十至十三、十八至二十一、二十四）

360000－1901－0025786　804435
**事類賦三十卷**　（宋）吳淑撰並注　清刻本　一册　存十卷（二十至二十九）

360000－1901－0025787　250010
**事類賦三十卷**　（宋）吳淑撰並注　清乾隆二十九年（1764）劍光閣刻本　六册

360000－1901－0025788　407270
**事類賦三十卷**　（宋）吳淑撰並注　清乾隆二十九年（1764）刻本　四册　存二十卷（一至九、十五至十九、二十五至三十）

360000－1901－0025789　407271
**事類賦三十卷**　（宋）吳淑撰並注　清乾隆五十四年（1789）刻本　四册

360000－1901－0025790　407453
**事類統編九十三卷首一卷**　（清）林意誠輯　清道光二十四年（1844）英德堂刻本　二十二册　存六十二卷（一至二、七至十、十五至二十三、二十五至二十六、二十九至四十一、五十二至六十三、六十八至七十四、七十九至八十五、八十九至九十三，首一卷）

360000－1901－0025791　407449
**事類統編九十三卷首一卷**　（清）林意誠輯　清道光十九年（1839）南海林氏味經堂刻本　三十五册　存九十二卷（一至十九、二十二至九十三，首一卷）

360000－1901－0025792　407449－1
**事類統編九十三卷首一卷**　（清）林意誠輯　清道光十九年（1839）南海林氏味經堂刻本　六册　存十四卷（十八至十九、二十五至三十三、五十至五十二）

360000－1901－0025793　407450
**事類統編九十三卷首一卷**　（清）林意誠輯　清道光十九年（1839）南海林氏味經堂刻本　九册　存二十五卷（三至九、十四至十五、二十五至二十八、五十六至五十八、六十八至七十三、八十八至九十）

360000－1901－0025794　407450－1
**事類統編九十三卷首一卷**　（清）林意誠輯　清道光十九年（1839）南海林氏味經堂刻本　四冊　存十一卷（七十九至八十一、八十六至九十三）

360000－1901－0025795　407451
**事類統編九十三卷首一卷**　（清）林意誠輯　清道光十九年（1839）南海林氏味經堂刻本　十五冊　存四十六卷（一至七、十五至十六、二十九至三十三、五十至五十五、六十五至七十二、七十七至九十三，首一卷）

360000－1901－0025796　407452
**事類統編九十三卷首一卷**　（清）林意誠輯　清道光十九年（1839）南海林氏味經堂刻本　十八冊　存六十四卷（九至十七、二十至二十二、二十五至三十一、四十五至八十五、九十至九十三）

360000－1901－0025797　802643
**事類統編九十三卷首一卷**　（清）林意誠輯　清刻本　一冊　存二卷（二十五至二十六）

360000－1901－0025798　416839
**事親庸言二十卷**　（清）竇克勤撰　清康熙五十九年（1720）朱陽竇氏刻竇靜庵先生遺書本　五冊　存八卷（一至三、十六至二十）

360000－1901－0025799　250017
**事物紀原集類十卷**　（宋）高承輯　明成化八年（1472）李果刻本　十冊

360000－1901－0025800　308105
**事物原會四十卷**　（清）汪汲撰　清嘉慶二年（1797）古愚山房刻古愚老人消夏錄本　八冊

360000－1901－0025801　416833
**事物原會四十卷**　（清）汪汲撰　清嘉慶二年（1797）古愚山房刻古愚老人消夏錄本　一冊　存一卷（一）

360000－1901－0025802　802126
**侍御公詩集不分卷**　（明）彭宗孟撰　清豹隱居士抄本　一冊

360000－1901－0025803　315475
**是程堂集十四卷**　（清）屠倬撰　清嘉慶十九年（1814）刻本　八冊

360000－1901－0025804　162485
**是亦良方一卷**　（清）醫俗子輯　清光緒十五年（1889）刻本　一冊

360000－1901－0025805　318136
**是亦山房詩鈔不分卷**　（□）□□撰　清抄本　二冊

360000－1901－0025806　210069
**筮策洞虛錄十六卷首一卷附一卷**　（清）熊爲霖撰　清乾隆四十六年（1781）心松別墅刻本　六冊

360000－1901－0025807　900964
**試草不分卷**　（清）汪毓荼等撰　清刻本　二冊

360000－1901－0025808　418420
**試策便覽十六卷**　（清）王統　（清）王誥纂　清刻本　一冊　存三卷（十至十二）

360000－1901－0025809　804639
**試場摘要不分卷**　（□）□□輯　清抄本　一冊

360000－1901－0025810　407866
**試牘欣賞集不分卷**　（清）劉鶴翔等撰　清刻本　一冊

360000－1901－0025811　421720
**試賦玩本一卷**　（清）肇卿遜齋氏輯　清抄本　一冊

360000－1901－0025812　421719
**試賦準繩不分卷**　（清）路德輯　清道光二十二年（1842）刻本　一冊

360000－1901－0025813　603660
**試賦準繩不分卷**　（清）路德輯　清道光二十二年（1842）刻本　二冊

360000－1901－0025814　421718
**試賦準繩不分卷**　（清）路德輯　清刻本　一冊

360000－1901－0025815　901618
**試律裁錦集四卷**　(清)王芳洲輯　清刻本　一册　存二卷(三至四)

360000－1901－0025816　411031
**試律叢話八卷**　(清)梁章鉅撰　清同治八年(1869)高安縣署刻本　四册

360000－1901－0025817　902200
**試律大觀三十二卷**　(清)竹屏居士輯　清道光二十三年(1843)刻本　十册

360000－1901－0025818　902194
**試律大觀三十二卷**　(清)竹屏居士輯　清道光十八年(1838)鳳池亭刻本　十册

360000－1901－0025819　902197
**試律大觀三十二卷**　(清)竹屏居士輯　清鳳池亭刻本　四册　存十八卷(十四至二十六、二十八至三十二)

360000－1901－0025820　800200
**試律大觀三十二卷**　(清)竹屏居士輯　清刻本　八册　存二十六卷(一至十二、十九至三十二)

360000－1901－0025821　902195
**試律大觀三十二卷**　(清)竹屏居士輯　清刻本　八册　存二十七卷(四至五、八至三十二)

360000－1901－0025822　902198
**試律大觀三十二卷**　(清)竹屏居士輯　清刻本　二册　存八卷(一、二十六至三十二)

360000－1901－0025823　902199
**試律大觀三十二卷**　(清)竹屏居士輯　清刻本　二册　存六卷(二十七至三十二)

360000－1901－0025824　902203
**試律大觀三十二卷**　(清)竹屏居士輯　清刻本　一册　存五卷(八至十二)

360000－1901－0025825　902204
**試律大觀三十二卷**　(清)竹屏居士輯　清刻本　一册　存二卷(二十六至二十七)

360000－1901－0025826　902205
**試律大觀三十二卷**　(清)竹屏居士輯　清刻本　一册　存三卷(三十至三十二)

360000－1901－0025827　902196
**試律大觀三十二卷**　(清)竹屏居士輯　清咸豐二年(1852)鳳池亭刻本　五册　存八卷(二至四、八至十、二十七至二十八)

360000－1901－0025828　901623
**試律飛聲四卷補遺一卷**　(清)徐光文輯　清乾隆三十二年(1767)刻本　一册

360000－1901－0025829　901116
**試律青雲集四卷**　(清)楊逢春輯　(清)沈品華等注　清大文堂刻本　二册　存二卷(一、三)

360000－1901－0025830　901117
**試律青雲集四卷**　(清)楊逢春輯　(清)沈品華等注　清大文堂刻本　三册　存三卷(一至二、四)

360000－1901－0025831　901115
**試律青雲集四卷**　(清)楊逢春輯　(清)沈品華等注　清道光六年(1826)佛山同文堂刻本　三册　存三卷(一至二、四)

360000－1901－0025832　901122
**試律青雲集四卷**　(清)楊逢春輯　(清)沈品華等注　清刻本　一册　存一卷(四)

360000－1901－0025833　901123
**試律青雲集四卷**　(清)楊逢春輯　(清)沈品華等注　清刻本　一册　存一卷(四)

360000－1901－0025834　901124
**試律青雲集四卷**　(清)楊逢春輯　(清)沈品華等注　清刻本　一册　存二卷(三至四)

360000－1901－0025835　900344
**試律青雲集四卷**　(清)楊逢春輯　(清)沈品華等注　清松盛堂刻本　一册

360000－1901－0025836　901121
**試律青雲集四卷**　(清)楊逢春輯　(清)沈品華等注　清同文堂刻本　一册　存二卷(一至二)

360000－1901－0025837　901119
**試律青雲集注釋四卷**　(清)楊逢春輯　(清)沈品華等注　清刻本　一册　存一卷(二)

360000－1901－0025838　901617
**試律青雲詩集四卷**　(清)楊逢春　(清)蕭應槐輯　(清)沈品華等注　清敦仁堂刻朱墨套印本　四册

360000－1901－0025839　901619
**試律清華二集四卷**　(清)蔣義彬輯　清道光二十二年(1842)積玉堂刻本　二册　存三卷(一、三至四)

360000－1901－0025840　900627
**試塾合訂本不分卷**　(清)費廷揚等撰　清刻本　四册

360000－1901－0025841　803234
**試體漫存不分卷**　(清)嚴初輯　清抄本　一册

360000－1901－0025842　900328
**試帖鳳樓四卷**　(清)楊廷棟輯並注　清道光十七年(1837)刻本　二册

360000－1901－0025843　900876
**試帖扶輪集八卷**　(清)吳烺　(清)程夢元輯注　清刻本　一册

360000－1901－0025844　900877
**試帖扶輪集八卷**　(清)吳烺　(清)程夢元輯注　清刻本　一册

360000－1901－0025845　900324
**試帖金鍼八卷**　(清)陸文彬輯並注　清嘉慶二十三年(1818)刻本　一册　存二卷(一至二)

360000－1901－0025846　900325
**試帖金鍼八卷**　(清)陸文彬輯並注　清刻本　一册　存二卷(七至八)

360000－1901－0025847　900321
**試帖詩□□卷**　(清)□□輯　清末石印本　二册　存二卷(三、六)

360000－1901－0025848　801319
**試帖詩集二十六卷**　(清)彭元瑞輯　清刻本　一册　存三卷(十一至十三)

360000－1901－0025849　241416
**試帖詩集二十六卷**　(清)彭元瑞輯　清乾隆刻本　十二册

360000－1901－0025850　163563
**試帖詩課合存九卷**　(清)王芑孫編　清嘉慶五年(1800)刻本　一册

360000－1901－0025851　123249
**試帖詩課合存九卷**　(清)王芑孫編　清刻本　一册　存五卷(知不足齋試帖一卷、方雪齋試帖一卷、桑寄生齋試帖一卷、蛾術齋試帖一卷、雙藤書屋試帖一卷)

360000－1901－0025852　601584
**試帖詩課合存九卷**　(清)王芑孫編　清刻本　一册　存五卷(知不足齋試帖一卷、方雪齋試帖一卷、桑寄生齋試帖一卷、蛾術齋試帖一卷、雙藤書屋試帖一卷)

360000－1901－0025853　801517
**試帖詩課合存九卷**　(清)王芑孫編　清刻本　一册　存二卷(方雪齋試帖一卷、桑寄生齋試帖一卷)

360000－1901－0025854　801517－1
**試帖詩課合存九卷**　(清)王芑孫編　清刻本　一册　存二卷(方雪齋試帖一卷、桑寄生齋試帖一卷)

360000－1901－0025855　900131
**試帖詩課合存九卷**　(清)王芑孫編　清刻本　一册　存三卷(存素堂試帖一卷、芳草堂試帖一卷、知不足齋試帖一卷)

360000－1901－0025856　900132
**試帖詩課合存九卷**　(清)王芑孫編　清刻本　一册　存三卷(存素堂試帖一卷、芳草堂試帖一卷、知不足齋試帖一卷)

360000－1901－0025857　900133
**試帖詩課合存九卷**　(清)王芑孫編　清刻本　一册　存三卷(存素堂試帖一卷、芳草堂試

帖一卷、知不足齋試帖一卷）

360000－1901－0025858　900134
**試帖詩課合存九卷**　（清）王芑孫編　清刻本　一冊　存五卷（有正味齋試帖一卷、芝音閣試帖一卷、存素堂試帖一卷、芳草堂試帖一卷、知不足齋試帖一卷）

360000－1901－0025859　900182
**試帖詩課合存九卷**　（清）王芑孫編　清刻本　一冊　存二卷（蛾術齋試帖一卷、雙藤書屋試帖一卷）

360000－1901－0025860　900183
**試帖詩課合存九卷**　（清）王芑孫編　清刻本　一冊　存二卷（蛾術齋試帖一卷、雙藤書屋試帖一卷）

360000－1901－0025861　900332
**試帖詩課合存九卷**　（清）王芑孫編　清刻本　一冊　存二卷（有正味齋試帖一卷、芝音閣試帖一卷）

360000－1901－0025862　304651
**試帖詩十卷**　（清）鄧雲航輯　清光緒十五年（1889）袖海山房石印本　三冊　存二卷（八至九）

360000－1901－0025863　803749
**試帖隨鈔三卷**　（清）□□輯　清抄本　一冊

360000－1901－0025864　900335
**試帖仙樣集裁詩十法三卷**　（清）麓峰居士輯評　清道光二十四年（1844）文行堂刻本　二冊　存二卷（上、中）

360000－1901－0025865　411146
**試帖仙樣集裁詩十法三卷**　（清）麓峰居士輯評　清道光二十四年（1844）英秀堂刻本　三冊

360000－1901－0025866　900333
**試帖仙樣集裁詩十法三卷**　（清）麓峰居士輯評　清道光二十一年（1841）刻本　二冊　存二卷（上、中）

360000－1901－0025867　900125
**試帖仙樣集裁詩十法三卷**　（清）麓峰居士輯評　清刻本　一冊　存一卷（下）

360000－1901－0025868　900330
**試帖仙樣集裁詩十法三卷**　（清）麓峰居士輯評　清刻本　一冊　存二卷（中、下）

360000－1901－0025869　900334
**試帖仙樣集裁詩十法三卷**　（清）麓峰居士輯評　清刻本　一冊　存一卷（下）

360000－1901－0025870　900135
**試帖仙樣集裁詩十法三卷**　（清）麓峰居士輯評　清文奎堂刻本　二冊　存二卷（上、中）

360000－1901－0025871　900355
**試帖玉芙蓉集四卷**　（清）同文書局主人輯　清光緒十三年（1887）上海書局石印本　三冊　存三卷（一至三）

360000－1901－0025872　900356
**試帖玉芙蓉集四卷**　（清）同文書局主人輯　清光緒十三年（1887）上海書局石印本　四冊

360000－1901－0025873　803579
**試帖約選二卷**　（清）□□輯　清抄本　一冊

360000－1901－0025874　803796
**試帖贅言不分卷**　（清）□□輯　清道光二十三年（1843）抄本　一冊

360000－1901－0025875　900326
**試帖準繩不分卷**　（清）路德輯　清道光二十二年（1842）刻本　一冊

360000－1901－0025876　900327
**試帖準繩不分卷**　（清）路德輯　清刻本　一冊

360000－1901－0025877　900113
**試帖紫雲仙琯八卷二集八卷三集八卷**　（清）高敏輯　清道光七年至九年（1827－1829）太乙山房刻本　九冊　存二十一卷（試帖紫雲仙琯一至五、二集八卷、三集八卷）

360000－1901－0025878　900113－1
**試帖紫雲仙琯八卷二集八卷三集八卷**　（清）高敏輯　清道光七年至九年（1827－1829）太

乙山房刻本　二冊　存八卷(試帖紫雲仙琯八卷)

360000－1901－0025879　901912
**試帖紫雲仙琯八卷二集八卷三集八卷**　(清)高敏輯　清嘉慶二十五年(1820)令德堂刻本　二冊　存八卷(試帖紫雲仙琯八卷)

360000－1901－0025880　900113－2
**試帖紫雲仙琯八卷二集八卷三集八卷**　(清)高敏輯　清刻本　二冊　存八卷(試帖紫雲仙琯八卷)

360000－1901－0025881　900113－3
**試帖紫雲仙琯八卷二集八卷三集八卷**　(清)高敏輯　清刻本　一冊　存四卷(試帖紫雲仙琯五至八)

360000－1901－0025882　163562
**試帖宗杜篇一卷**　(清)汪世澤編　清咸豐八年(1858)刻本　一冊

360000－1901－0025883　301755
**適可齋記言四卷記行六卷**　(清)馬建忠撰　清光緒二十二年(1896)刻本　四冊

360000－1901－0025884　404910
**適可齋記言四卷記行六卷**　(清)馬建忠撰　清光緒二十二年(1896)鉛印本　一冊　存二卷(適可齋記言一至二)

360000－1901－0025885　316204
**適可齋記言四卷記行六卷**　(清)馬建忠撰　清光緒二十四年(1898)上海著易堂石印本　二冊

360000－1901－0025886　230605
**適情雅趣十卷**　(明)徐芝輯　明隆慶四年(1570)三畏光啓堂刻本　二冊　存二卷(一至二)

360000－1901－0025887　404906
**適軒尺牘八卷**　(清)徐菊生撰　清光緒六年(1880)愛日堂刻本　一冊　存一卷(一)

360000－1901－0025888　901452
**適軒尺牘八卷**　(清)徐菊生撰　清光緒元年(1875)刻本　四冊

360000－1901－0025889　901453
**適軒尺牘八卷**　(清)徐菊生撰　清刻本　三冊　存七卷(二至八)

360000－1901－0025890　901454
**適軒尺牘八卷**　(清)徐菊生撰　清刻本　一冊　存五卷(二至六)

360000－1901－0025891　901455
**適軒尺牘八卷**　(清)徐菊生撰　清刻本　一冊　存一卷(八)

360000－1901－0025892　901456
**適軒尺牘八卷**　(清)徐菊生撰　清刻本　二冊　存六卷(二至七)

360000－1901－0025893　901458
**適軒尺牘八卷**　(清)徐菊生撰　清刻本　一冊　存一卷(七)

360000－1901－0025894　901457
**適軒尺牘八卷**　(清)徐菊生撰　清同治十三年(1874)刻本　一冊　存一卷(一)

360000－1901－0025895　301756
**適齋居士集四卷**　(清)舒敏撰　清道光二十二年(1842)吳門臬署刻本　二冊

360000－1901－0025896　122317
**謚忠文古廉文集十二卷古廉李先生詩集四卷**　(明)李時勉撰　清光緒十七年(1891)世忠堂刻本　十冊

360000－1901－0025897　413915
**謚忠文古廉文集十二卷古廉李先生詩集四卷**　(明)李時勉撰　清刻本　三冊　存十卷(一至十)

360000－1901－0025898　161320
**釋名疏證八卷補遺一卷續釋名一卷**　(清)畢沅撰　**釋名疏證校議一卷**　(清)吳翊寅撰　清光緒二十年(1894)廣雅書局刻本　四冊

360000－1901－0025899　210481
**釋名疏證八卷補遺一卷續釋名一卷(正字本)**　(清)畢沅撰　清乾隆五十四年(1789)鎮洋

畢氏靈巖山館刻經訓堂叢書本　一册

360000－1901－0025900　210482
**釋名疏證八卷補遺一卷續釋名一卷(正字本)**　(清)畢沅撰　清乾隆五十四年(1789)鎮洋畢氏靈巖山館刻經訓堂叢書本　一册

360000－1901－0025901　210483
**釋名疏證八卷補遺一卷續釋名一卷(篆字本)**　(清)畢沅撰　清乾隆五十五年(1790)鎮洋畢氏靈巖山館刻經訓堂叢書本　二册

360000－1901－0025902　210484
**釋名疏證八卷補遺一卷續釋名一卷(篆字本)**　(清)畢沅撰　清乾隆五十五年(1790)鎮洋畢氏靈巖山館刻經訓堂叢書本　二册

360000－1901－0025903　406060
**釋名疏證八卷補遺一卷續釋名一卷(篆字本)**　(清)畢沅撰　清乾隆五十五年(1790)鎮洋畢氏靈巖山館刻經訓堂叢書本　五册

360000－1901－0025904　603941
**釋名疏證八卷補遺一卷續釋名一卷(篆字本)**　(清)畢沅撰　清乾隆五十五年(1790)鎮洋畢氏靈巖山館刻經訓堂叢書本　一册　存四卷(一至四)

360000－1901－0025905　603942
**釋名疏證八卷補遺一卷續釋名一卷(篆字本)**　(清)畢沅撰　清乾隆五十五年(1790)鎮洋畢氏靈巖山館刻經訓堂叢書本　一册　存四卷(一至四)

360000－1901－0025906　161322
**釋名疏證補八卷續釋名一卷補遺一卷疏證補附一卷**　王先謙撰　清光緒二十二年(1896)刻本　三册

360000－1901－0025907　161323
**釋名疏證補八卷續釋名一卷補遺一卷疏證補附一卷**　王先謙撰　清光緒二十二年(1896)刻本　三册

360000－1901－0025908　161324
**釋名疏證補八卷續釋名一卷補遺一卷疏證補附一卷**　王先謙撰　清光緒二十二年(1896)刻本　三册

360000－1901－0025909　406057
**釋名四卷**　(漢)劉熙撰　清刻本　一册

360000－1901－0025910　406058
**釋名四卷**　(漢)劉熙撰　清刻本　二册

360000－1901－0025911　603940
**釋名四卷**　(漢)劉熙撰　清刻本　一册

360000－1901－0025912　210493
**釋人注一卷**　(清)孫馮翼撰　清末抄本　一册

360000－1901－0025913　310224
**釋氏稽古略四卷**　(元)釋覺岸編　**續集三卷**　(明)釋大聞編　清光緒十二年(1886)刻本　五册

360000－1901－0025914　309299
**釋氏十三經**　(清)金陵刻經處編　清刻本　九册　存九種

360000－1901－0025915　309375
**釋氏十三經**　(清)金陵刻經處編　清同治七年(1868)皖城刻本　三册

360000－1901－0025916　309697
**釋氏十三經**　(清)金陵刻經處編　清同治七年(1868)皖城刻本　十册　存九種

360000－1901－0025917　415057
**釋氏十三經**　(清)金陵刻經處編　清同治七年(1868)皖城刻本　十册　存八種

360000－1901－0025918　309713
**釋氏四書**　(清)楊文會輯　清光緒十一年(1885)金陵刻經處刻本　四册

360000－1901－0025919　412728
**釋雅十卷梵言一卷**　(清)李調元撰　清刻本　一册　存三卷(釋雅九至十、梵言一卷)

360000－1901－0025920　161318
**釋字百韻一卷**　(清)陳勱撰　清光緒三年(1877)松竹齋刻本　一册

360000－1901－0025921　406059
**釋字百韻一卷**　(清)陳勱撰　清光緒十六年(1890)吳門刻本　一册

360000－1901－0025922　802417
**收出總數(清光緒二十五年至二十七年)**　(清)□□輯　稿本　一册

360000－1901－0025923　414113
**收春草堂文集二卷**　(清)徐璣撰　清刻本　二册

360000－1901－0025924　802404
**收付租簿(清光緒十六年至二十七年)**　(清)□□輯　稿本　一册

360000－1901－0025925　801440
**收用簿一卷暫記簿一卷(清咸豐十一年)**　(清)□□撰　稿本　一册

360000－1901－0025926　802407
**收用流水簿(清光緒八年至十二年)**　(清)□□輯　稿本　一册

360000－1901－0025927　802405
**收用流水簿(清光緒十三年)**　(清)□□輯　稿本　一册

360000－1901－0025928　804605
**收用流水簿(同治六年至同治七年)**　(清)□□輯　稿本　一册

360000－1901－0025929　804869
**收斬五殟諸邪百鬼不分卷**　(清)□□輯　清劉子春抄本　一册

360000－1901－0025930　802158
**手卷經一卷**　(清)□□撰　清王仲山抄本　一册

360000－1901－0025931　301754
**守汴日志一卷**　(明)李光壂撰　清光緒二十四年(1898)刻本　一册

360000－1901－0025932　120506
**守墨山房遺稿四卷**　(清)游閎撰　清道光二十二年(1842)樂氏刻本　三册

360000－1901－0025933　316937
**守默齋詩稿一卷雜著一卷**　(清)何應祺撰　清同治五年至十年(1866－1871)刻本　四册

360000－1901－0025934　901002－1
**守山閣叢書**　(清)錢熙祚輯　清道光二十四年(1844)金山錢氏刻本　八十六册　存九十九種

360000－1901－0025935　150177
**守山閣叢書**　(清)錢熙祚輯　清光緒十五年(1889)上海鴻文書局石印本　一百册

360000－1901－0025936　150517
**守山閣叢書**　(清)錢熙祚輯　清光緒十五年(1889)上海鴻文書局石印本　一百册

360000－1901－0025937　410690
**守山閣叢書**　(清)錢熙祚輯　清光緒十五年(1889)上海鴻文書局石印本　十二册　存十六種

360000－1901－0025938　802156
**首本經一卷**　(□)□□撰　清王仲山抄本　一册

360000－1901－0025939　301173
**受祺堂文集四卷**　(清)李因篤撰　清道光七年(1827)刻本　八册

360000－1901－0025940　404546
**授受金針四卷增補一卷**　(清)石成金輯　清道光二十七年(1847)刻本　一册

360000－1901－0025941　404546－1
**授受金針四卷增補一卷**　(清)石成金輯　清道光二十七年(1847)刻本　一册

360000－1901－0025942　404546－2
**授受金針四卷增補一卷**　(清)石成金輯　清道光二十七年(1847)刻本　一册

360000－1901－0025943　404546－3
**授受金針四卷增補一卷**　(清)石成金輯　清道光二十七年(1847)刻本　一册

360000－1901－0025944　220791
**授堂金石文字續跋十四卷**　(清)武億撰

（清）武穆淳编　清末影抄本　六册

360000－1901－0025945　164532
**授堂遺書**　（清）武億撰　清抄本　八册　存二種

360000－1901－0025946　150551
**授堂遺書**　（清）武億撰　清道光二十三年（1843）偃師武氏刻本　十六册

360000－1901－0025947　163181
**瘦吟樓詞初集一卷**　（清）沈時棟撰　清刻本　一册

360000－1901－0025948　230375
**壽山叢錄二卷**　（清）洪騰蛟撰　清乾隆五十六年（1791）敦善堂刻本　一册

360000－1901－0025949　160553
**壽山堂易説二卷圖解一卷繫辭一卷**　題（唐）吕嵒撰　清嘉慶四年（1799）刻本　六册

360000－1901－0025950　164942
**壽世編**　（清）三近居士（顧奉璋）輯　清瀛斗主人刻本　一册

360000－1901－0025951　407540
**壽世編**　（清）三近居士（顧奉璋）輯　清瀛斗主人刻本　一册

360000－1901－0025952　421333
**壽世編**　（清）孫雲鴻輯　清道光二十四年（1844）味古書室刻本　一册

360000－1901－0025953　408936
**壽世彙編**　（清）祝寶森輯　清刻本　一册

360000－1901－0025954　408305
**壽世簡便集不分卷**　（清）林清標撰　清刻本　一册

360000－1901－0025955　408310
**壽世金丹四卷**　（清）□□輯　清崇德堂刻本　一册　存二卷（三至四）

360000－1901－0025956　408309
**壽世經驗靈方一卷**　（清）徐梅甫輯　清光緒元年（1875）刻本　一册

360000－1901－0025957　408309－1
**壽世經驗靈方一卷**　（清）徐梅甫輯　清光緒元年（1875）刻本　一册

360000－1901－0025958　408309－2
**壽世經驗靈方一卷**　（清）徐梅甫輯　清光緒元年（1875）刻本　一册

360000－1901－0025959　803114
**壽世靈方不分卷**　（清）熊家驥撰　清光緒十七年（1891）刻本　一册

360000－1901－0025960　408311
**壽世青編二卷**　（清）尤乘輯　清刻本　一册

360000－1901－0025961　408312
**壽世青編二卷**　（清）尤乘輯　清刻本　一册

360000－1901－0025962　803047－14
**壽世青編二卷**　（清）尤乘輯　清刻本　一册

360000－1901－0025963　408319
**壽世編**　（清）三近居士（顧奉璋）輯　清瀛斗主人刻本　一册

360000－1901－0025964　408320
**壽世編**　（清）三近居士（顧奉璋）輯　清瀛斗主人刻本　一册

360000－1901－0025965　408321
**壽世編**　（清）三近居士（顧奉璋）輯　清瀛斗主人刻本　一册

360000－1901－0025966　122078
**壽世新編不分卷**　（清）萬潛齋編　清光緒十八年（1892）道合山房刻本　二册

360000－1901－0025967　408314
**壽世新編不分卷**　（清）萬潛齋編　清光緒十八年（1892）道合山房刻本　三册

360000－1901－0025968　408315
**壽世新編不分卷**　（清）萬潛齋編　清光緒十八年（1892）道合山房刻本　三册

360000－1901－0025969　408316
**壽世新編不分卷**　（清）萬潛齋編　清光緒十八年（1892）道合山房刻本　三册

360000－1901－0025970　408317
**壽世新編不分卷**　(清)萬潛齋編　清光緒十八年(1892)道合山房刻本　三冊

360000－1901－0025971　408318
**壽世新編不分卷**　(清)萬潛齋編　清光緒十八年(1892)道合山房刻本　三冊

360000－1901－0025972　122077
**壽世新編不分卷**　(清)萬潛齋編　**藥酒奇方一卷**　(清)萬潛齋撰　清光緒十八年(1892)道合山房刻本　三冊

360000－1901－0025973　306668
**壽藤齋時文一卷**　(清)鮑倚雲撰　清嘉慶二十一年(1816)歙縣鮑氏刻觀古閣叢刻本　一冊

360000－1901－0025974　241040
**壽藤齋文集六卷**　(清)鮑倚雲撰　(清)金榜　(清)江炳炎評　稿本　六冊

360000－1901－0025975　122155
**瘦松柏齋初集八卷別集二卷外集一卷試帖體詩一卷律賦一卷**　(清)陳文瑞撰　清道光三年(1823)刻本　五冊　缺三卷(別集二卷、外集一卷)

360000－1901－0025976　122156
**瘦松柏齋初集八卷別集二卷外集一卷試帖體詩一卷律賦一卷**　(清)陳文瑞撰　清道光三年(1823)刻本　六冊

360000－1901－0025977　413714
**瘦松柏齋初集八卷別集二卷外集一卷試帖體詩一卷律賦一卷**　(清)陳文瑞撰　清道光三年(1823)刻本　一冊　存二卷(瘦松柏齋初集一至二)

360000－1901－0025978　804925
**瘦松柏齋初集八卷別集二卷外集一卷試帖體詩一卷律賦一卷**　(清)陳文瑞撰　清道光三年(1823)刻本　一冊　存二卷(別集二卷)

360000－1901－0025979　305089
**叔苴子内篇六卷外篇二卷**　(明)莊元臣撰　清光緒元年(1875)湖北崇文書局刻本　二冊

360000－1901－0025980　603337
**叔苴子内篇六卷外篇二卷**　(明)莊元臣撰　清光緒元年(1875)湖北崇文書局刻本　一冊　存四卷(叔苴子内篇五至六、外篇二卷)

360000－1901－0025981　123005
**書巢詩草四卷附試帖詩一卷**　(清)程學金撰　清道光十二年(1832)刻本　一冊

360000－1901－0025982　123006
**書巢詩草四卷附試帖詩一卷**　(清)程學金撰　清道光十二年(1832)刻本　一冊

360000－1901－0025983　403871
**書巢詩草四卷附試帖詩一卷**　(清)程學金撰　清道光十二年(1832)刻本　一冊

360000－1901－0025984　403872
**書城詩稿一卷**　(清)滚墉撰　清同治九年(1870)芸春堂刻本　一冊

360000－1901－0025985　403872－1
**書城詩稿一卷**　(清)滚墉撰　清同治九年(1870)芸春堂刻本　一冊

360000－1901－0025986　160820
**書傳補商十七卷**　(清)戴鈞衡撰　清刻本　五冊

360000－1901－0025987　160822
**書傳補商十七卷**　(清)戴鈞衡撰　清咸豐桐城戴氏刻民國四年(1915)印本　六冊

360000－1901－0025988　160823
**書傳補義三卷**　(清)方宗誠撰　清光緒二年(1876)刻本　一冊

360000－1901－0025989　210079
**書傳會選六卷**　(明)劉三吾等撰　明嘉靖趙府味經堂刻本　六冊

360000－1901－0025990　719532
**書傳鹽梅二十卷**　(清)黄文蓮輯　清乾隆五十二年(1787)刻本　十一冊　存十八卷(一至十八)

360000－1901－0025991　121335
**書傳音釋六卷首一卷末一卷**　(宋)蔡沈集傳　(元)鄒季友音釋　清同治五年(1866)吳氏望三益齋刻本　六冊

360000－1901－0025992　121336
**書傳音釋六卷首一卷末一卷**　(宋)蔡沈集傳　(元)鄒季友音釋　清同治五年(1866)吳氏望三益齋刻本　四冊

360000－1901－0025993　160819
**書傳音釋六卷首一卷末一卷**　(宋)蔡沈集傳　(元)鄒季友音釋　清同治五年(1866)吳氏望三益齋刻本　四冊

360000－1901－0025994　318120－4
**書牘初稿不分卷**　(清)□□撰　清光緒三十四年(1908)稿本　二冊

360000－1901－0025995　230591
**書法鈎玄四卷**　(元)蘇霖輯　清初抄本　二冊

360000－1901－0025996　162583
**書法摘要善本二卷**　(清)鄭虎文編　清嘉慶五年(1800)清照齋刻本　一冊

360000－1901－0025997　800306
**書法正傳一卷**　(清)蔣和撰　清光緒抄本　一冊

360000－1901－0025998　412994
**書法準繩一卷**　(清)許鳳翥撰　清光緒刻本　一冊

360000－1901－0025999　412993
**書法準繩一卷**　(清)許鳳翥撰　清光緒南京李光明莊刻本　一冊

360000－1901－0026000　160817
**書古微十二卷首一卷**　(清)魏源撰　清光緒四年(1878)淮南書局刻本　四冊

360000－1901－0026001　719529
**書古微十二卷首一卷**　(清)魏源撰　清光緒四年(1878)淮南書局刻本　四冊

360000－1901－0026002　719530
**書古微十二卷首一卷**　(清)魏源撰　清光緒四年(1878)淮南書局刻本　四冊

360000－1901－0026003　719531
**書古微十二卷首一卷**　(清)魏源撰　清光緒四年(1878)淮南書局刻本　一冊　存二卷(五至六)

360000－1901－0026004　162559
**書畫舫不分卷**　(□)□□編　清刻本　五冊

360000－1901－0026005　900111
**書畫舫試帖詩課十一卷**　(清)高鳳臺輯　清嘉慶二十四年(1819)書畫坊刻本　三冊　存七卷(一至五、十至十一)

360000－1901－0026006　405532
**書畫舫試帖詩課十一卷**　(清)高鳳臺輯　清刻本　一冊　存四卷(六至九)

360000－1901－0026007　164019
**書集傳六卷**　(宋)蔡沈撰　明刻清遞修本　六冊

360000－1901－0026008　164020
**書集傳六卷**　(宋)蔡沈撰　明刻清遞修本　六冊

360000－1901－0026009　160818
**書集傳六卷**　(宋)蔡沈撰　清光緒六年(1880)京都琉璃廠刻本　四冊

360000－1901－0026010　402561
**書集傳六卷**　(宋)蔡沈撰　清乾隆五十八年(1793)刻本　四冊

360000－1901－0026011　419492
**書經備解不分卷**　(清)周封魯輯　清道光三年(1823)刻本　一冊

360000－1901－0026012　802563
**書經備解不分卷**　(清)周封魯輯　清刻本　一冊

360000－1901－0026013　419490
**書經備解不分卷**　(清)周封魯輯　清咸豐十年(1860)刻本　二冊

360000－1901－0026014　801554
**書經備解二卷**　(清)周封魯輯　清道光二十六年(1846)刻本　二册

360000－1901－0026015　419493
**書經備旨萃精六卷**　(清)吳朝贊輯　清同治十二年(1873)拜庚山房刻本　二册　存三卷(一、四至五)

360000－1901－0026016　419497
**書經蔡傳大全提訓六卷**　(清)黄聲諧輯　清康熙二十八年(1689)川上草堂刻本　三册　存五卷(一至三、五至六)

360000－1901－0026017　419498
**書經蔡傳大全提訓六卷**　(清)黄聲諧輯　清康熙二十八年(1689)川上草堂刻本　二册　存三卷(一、五至六)

360000－1901－0026018　419499
**書經蔡傳大全提訓六卷**　(清)黄聲諧輯　清康熙二十八年(1689)川上草堂刻本　二册　存二卷(一至二)

360000－1901－0026019　802926
**書經蔡傳六卷**　(宋)蔡沈撰　(清)孫慶甲校述　清京口善化刻本　一册　存二卷(二至三)

360000－1901－0026020　417557－1
**書經初學讀本不分卷**　(清)萬廷蘭輯　清嘉慶元年(1796)刻十一經初學讀本本　二册

360000－1901－0026021　210085
**書經定本二卷禹貢圖注定本一卷**　(明)黄澍撰　(明)張運晉參訂　清初刻本　一册

360000－1901－0026022　419494
**書經二十卷**　(漢)孔安國傳　清永懷堂刻本　三册

360000－1901－0026023　210076
**書經集傳六卷**　(宋)蔡沈撰　明書林新賢堂張閩岳刻本　六册

360000－1901－0026024　719467
**書經集傳六卷**　(宋)蔡沈撰　清愛日堂刻本(卷一配清李光明莊刻本)　四册

360000－1901－0026025　719459
**書經集傳六卷**　(宋)蔡沈撰　清崇道堂刻本　四册

360000－1901－0026026　719460
**書經集傳六卷**　(宋)蔡沈撰　清崇道堂刻本　二册　存三卷(一至三)

360000－1901－0026027　421310
**書經集傳六卷**　(宋)蔡沈撰　清初郁文堂刻本　一册

360000－1901－0026028　802937
**書經集傳六卷**　(宋)蔡沈撰　清鋤經堂刻本　一册　存一卷(一)

360000－1901－0026029　719427
**書經集傳六卷**　(宋)蔡沈撰　清大文堂刻本　四册

360000－1901－0026030　802931
**書經集傳六卷**　(宋)蔡沈撰　清大文堂刻本　二册　存二卷(一、四)

360000－1901－0026031　804366
**書經集傳六卷**　(宋)蔡沈撰　清大文堂刻本　三册　存三卷(一、四、六)

360000－1901－0026032　719458
**書經集傳六卷**　(宋)蔡沈撰　清大酉山房刻本　二册　存三卷(一至三)

360000－1901－0026033　804388
**書經集傳六卷**　(宋)蔡沈撰　清道光二年(1822)刻本　一册　存二卷(一至二)

360000－1901－0026034　804062
**書經集傳六卷**　(宋)蔡沈撰　清道光三十年(1850)慎詒堂刻本　一册　存一卷(一)

360000－1901－0026035　160826
**書經集傳六卷**　(宋)蔡沈撰　清道光十六年(1836)揚州二郎廟片善堂惜字局刻本　四册

360000－1901－0026036　419393
**書經集傳六卷**　(宋)蔡沈撰　清道光十一年

(1831)刻本　四冊

360000－1901－0026037　802924
**書經集傳六卷**　(宋)蔡沈撰　清光德堂刻本　二冊　存三卷(一至三)

360000－1901－0026038　719420
**書經集傳六卷**　(宋)蔡沈撰　清光緒二年(1876)上洋大魁楨記刻本　四冊

360000－1901－0026039　419488
**書經集傳六卷**　(宋)蔡沈撰　清光緒二十二年(1896)新化三味堂刻本　四冊

360000－1901－0026040　419409
**書經集傳六卷**　(宋)蔡沈撰　清光緒二十年(1894)刻本　四冊

360000－1901－0026041　802922
**書經集傳六卷**　(宋)蔡沈撰　清光緒九年(1883)湖城王文光齋刻本　二冊　存二卷(一、四)

360000－1901－0026042　419414
**書經集傳六卷**　(宋)蔡沈撰　清光緒九年(1883)天祿閣刻本　二冊

360000－1901－0026043　160838
**書經集傳六卷**　(宋)蔡沈撰　清光緒六年(1880)江右大文堂刻本　四冊

360000－1901－0026044　902028
**書經集傳六卷**　(宋)蔡沈撰　清光緒六年(1880)掃葉山房刻本　一冊　存一卷(一)

360000－1901－0026045　603513
**書經集傳六卷**　(宋)蔡沈撰　清光緒三十二年(1906)天津文美齋刻本　二冊　存四卷(二至三、五至六)

360000－1901－0026046　802949
**書經集傳六卷**　(宋)蔡沈撰　清光緒十八年(1892)慎怡堂刻本　一冊　存一卷(一)

360000－1901－0026047　160833
**書經集傳六卷**　(宋)蔡沈撰　清光緒十二年(1886)湖北官書處刻本　四冊

360000－1901－0026048　419395
**書經集傳六卷**　(宋)蔡沈撰　清光緒十二年(1886)湖北官書處刻本　四冊

360000－1901－0026049　803146
**書經集傳六卷**　(宋)蔡沈撰　清光緒十二年(1886)紫文閣刻本　一冊　存一卷(一)

360000－1901－0026050　160832
**書經集傳六卷**　(宋)蔡沈撰　清光緒十九年(1893)浙江書局刻本　四冊

360000－1901－0026051　419397
**書經集傳六卷**　(宋)蔡沈撰　清光緒十九年(1893)浙江書局刻本　四冊

360000－1901－0026052　419406
**書經集傳六卷**　(宋)蔡沈撰　清光緒十六年(1890)務本書局刻本　四冊

360000－1901－0026053　160837
**書經集傳六卷**　(宋)蔡沈撰　清光緒十年(1884)皖省黄竹友齋刻本　四冊

360000－1901－0026054　160836
**書經集傳六卷**　(宋)蔡沈撰　清光緒十五年(1889)綠蔭堂刻本　六冊

360000－1901－0026055　420005
**書經集傳六卷**　(宋)蔡沈撰　清光緒四年(1878)芸香閣刻本(卷三至六配清刻本)　四冊

360000－1901－0026056　405793
**書經集傳六卷**　(宋)蔡沈撰　清光緒五年(1879)山西濬文書局刻本　四冊

360000－1901－0026057　419398
**書經集傳六卷**　(宋)蔡沈撰　清光緒五年(1879)山西濬文書局刻本　四冊

360000－1901－0026058　719446
**書經集傳六卷**　(宋)蔡沈撰　清會友堂刻本　四冊

360000－1901－0026059　419997
**書經集傳六卷**　(宋)蔡沈撰　清會友堂刻本(卷五至六配清刻本)　二冊

360000－1901－0026060　804380
**書經集傳六卷**　(宋)蔡沈撰　清會有堂刻本　三册　存四卷(一、四至六)

360000－1901－0026061　720028
**書經集傳六卷**　(宋)蔡沈撰　清積慶堂刻本　一册　存二卷(一至二)

360000－1901－0026062　801745
**書經集傳六卷**　(宋)蔡沈撰　清積慶堂刻本　一册　存一卷(一)

360000－1901－0026063　719454
**書經集傳六卷**　(宋)蔡沈撰　清集古堂刻本　六册

360000－1901－0026064　719447
**書經集傳六卷**　(宋)蔡沈撰　清嘉慶二十二年(1817)金閶文淵堂刻本　四册

360000－1901－0026065　803708
**書經集傳六卷**　(宋)蔡沈撰　清嘉慶二十二年(1817)金閶文淵堂刻本　二册　存三卷(一至三)

360000－1901－0026066　802923
**書經集傳六卷**　(宋)蔡沈撰　清嘉慶二十三年(1818)掃葉山房刻本　二册　存二卷(一、四)

360000－1901－0026067　804061
**書經集傳六卷**　(宋)蔡沈撰　清嘉慶三年(1798)四友堂刻本　一册　存一卷(一)

360000－1901－0026068　719461
**書經集傳六卷**　(宋)蔡沈撰　清嘉慶十六年(1811)刻本　四册

360000－1901－0026069　160825
**書經集傳六卷**　(宋)蔡沈撰　清嘉慶十六年(1811)揚州十笏堂刻本　四册

360000－1901－0026070　719419
**書經集傳六卷**　(宋)蔡沈撰　清嘉慶十一年(1806)刻本　四册

360000－1901－0026071　719439
**書經集傳六卷**　(宋)蔡沈撰　清嘉慶十一年(1806)刻本　三册

360000－1901－0026072　160839
**書經集傳六卷**　(宋)蔡沈撰　清江右潯陽萬氏蓮峰書屋刻本　四册

360000－1901－0026073　802925
**書經集傳六卷**　(宋)蔡沈撰　清芥子園刻本　一册　存二卷(二至三)

360000－1901－0026074　804385
**書經集傳六卷**　(宋)蔡沈撰　清芥子園刻本　一册　存一卷(一)

360000－1901－0026075　804386
**書經集傳六卷**　(宋)蔡沈撰　清芥子園刻本　一册　存一卷(一)

360000－1901－0026076　804394
**書經集傳六卷**　(宋)蔡沈撰　清芥子園刻本　一册　存一卷(三)

360000－1901－0026077　804399
**書經集傳六卷**　(宋)蔡沈撰　清芥子園刻本　一册　存二卷(三至四)

360000－1901－0026078　804401
**書經集傳六卷**　(宋)蔡沈撰　清芥子園刻本　一册　存一卷(四)

360000－1901－0026079　804402
**書經集傳六卷**　(宋)蔡沈撰　清芥子園刻本　一册　存一卷(四)

360000－1901－0026080　804440
**書經集傳六卷**　(宋)蔡沈撰　清芥子園刻本　一册　存一卷(一)

360000－1901－0026081　420016
**書經集傳六卷**　(宋)蔡沈撰　清金陵芥子園刻本　四册

360000－1901－0026082　719450
**書經集傳六卷**　(宋)蔡沈撰　清金陵芥子園刻本　三册　存五卷(二至六)

360000－1901－0026083　719449
**書經集傳六卷**　(宋)蔡沈撰　清金陵芥子園

刻本(卷五至六配清刻本)　四册

360000－1901－0026084　804383
**書經集傳六卷**　(宋)蔡沈撰　清金陵鄭元美刻本　二册　存二卷(一、四)

360000－1901－0026085　719448
**書經集傳六卷**　(宋)蔡沈撰　清聚賢堂刻本　四册

360000－1901－0026086　804055
**書經集傳六卷**　(宋)蔡沈撰　清康熙十二年(1673)朱錫旂刻本　一册　存二卷(五至六)

360000－1901－0026087　804068
**書經集傳六卷**　(宋)蔡沈撰　清康熙十二年(1673)朱錫旂刻本　一册　存二卷(五至六)

360000－1901－0026088　804070
**書經集傳六卷**　(宋)蔡沈撰　清康熙十二年(1673)朱錫旂刻本　二册　存三卷(四至六)

360000－1901－0026089　419489
**書經集傳六卷**　(宋)蔡沈撰　清刻本　四册

360000－1901－0026090　420000
**書經集傳六卷**　(宋)蔡沈撰　清刻本　四册　存五卷(一至三、五至六)

360000－1901－0026091　420007
**書經集傳六卷**　(宋)蔡沈撰　清刻本　四册

360000－1901－0026092　420008
**書經集傳六卷**　(宋)蔡沈撰　清刻本　四册

360000－1901－0026093　420009
**書經集傳六卷**　(宋)蔡沈撰　清刻本　三册

360000－1901－0026094　420011
**書經集傳六卷**　(宋)蔡沈撰　清刻本　四册

360000－1901－0026095　420012
**書經集傳六卷**　(宋)蔡沈撰　清刻本　四册

360000－1901－0026096　420014
**書經集傳六卷**　(宋)蔡沈撰　清刻本　四册

360000－1901－0026097　420015
**書經集傳六卷**　(宋)蔡沈撰　清刻本　四册

360000－1901－0026098　420018
**書經集傳六卷**　(宋)蔡沈撰　清刻本　四册

360000－1901－0026099　421742
**書經集傳六卷**　(宋)蔡沈撰　清刻本　四册

360000－1901－0026100　603512
**書經集傳六卷**　(宋)蔡沈撰　清刻本　三册

360000－1901－0026101　719425
**書經集傳六卷**　(宋)蔡沈撰　清刻本　四册

360000－1901－0026102　719426
**書經集傳六卷**　(宋)蔡沈撰　清刻本　四册

360000－1901－0026103　719429
**書經集傳六卷**　(宋)蔡沈撰　清刻本　四册

360000－1901－0026104　719432
**書經集傳六卷**　(宋)蔡沈撰　清刻本　四册

360000－1901－0026105　719433
**書經集傳六卷**　(宋)蔡沈撰　清刻本　四册

360000－1901－0026106　719434
**書經集傳六卷**　(宋)蔡沈撰　清刻本　四册

360000－1901－0026107　719435
**書經集傳六卷**　(宋)蔡沈撰　清刻本　二册　存三卷(四至六)

360000－1901－0026108　719436
**書經集傳六卷**　(宋)蔡沈撰　清刻本　二册　存三卷(四至六)

360000－1901－0026109　719442
**書經集傳六卷**　(宋)蔡沈撰　清刻本　四册

360000－1901－0026110　719444
**書經集傳六卷**　(宋)蔡沈撰　清刻本　四册

360000－1901－0026111　719451
**書經集傳六卷**　(宋)蔡沈撰　清刻本　四册

360000－1901－0026112　719452
**書經集傳六卷**　(宋)蔡沈撰　清刻本　四册

360000－1901－0026113　719453
**書經集傳六卷**　(宋)蔡沈撰　清刻本　四册　存四卷(一至四)

360000－1901－0026114　719455
書經集傳六卷　(宋)蔡沈撰　清刻本　四冊

360000－1901－0026115　719456
書經集傳六卷　(宋)蔡沈撰　清刻本　六冊

360000－1901－0026116　719457
書經集傳六卷　(宋)蔡沈撰　清刻本　二冊

360000－1901－0026117　719462
書經集傳六卷　(宋)蔡沈撰　清刻本　四冊

360000－1901－0026118　719463
書經集傳六卷　(宋)蔡沈撰　清刻本　五冊

360000－1901－0026119　719465
書經集傳六卷　(宋)蔡沈撰　清刻本　三冊
存五卷(二至六)

360000－1901－0026120　719466
書經集傳六卷　(宋)蔡沈撰　清刻本　四冊

360000－1901－0026121　719472
書經集傳六卷　(宋)蔡沈撰　清刻本　三冊
存五卷(二至六)

360000－1901－0026122　719482
書經集傳六卷　(宋)蔡沈撰　清刻本　四冊

360000－1901－0026123　719486
書經集傳六卷　(宋)蔡沈撰　清刻本　一冊
存二卷(五至六)

360000－1901－0026124　720019
書經集傳六卷　(宋)蔡沈撰　清刻本　四冊

360000－1901－0026125　720021
書經集傳六卷　(宋)蔡沈撰　清刻本　四冊

360000－1901－0026126　720022
書經集傳六卷　(宋)蔡沈撰　清刻本　四冊

360000－1901－0026127　720023
書經集傳六卷　(宋)蔡沈撰　清刻本　四冊

360000－1901－0026128　720024
書經集傳六卷　(宋)蔡沈撰　清刻本　四冊
存五卷(二至六)

360000－1901－0026129　720025－1
書經集傳六卷　(宋)蔡沈撰　清刻本　三冊
存五卷(二至六)

360000－1901－0026130　720031
書經集傳六卷　(宋)蔡沈撰　清刻本　二冊

360000－1901－0026131　720032
書經集傳六卷　(宋)蔡沈撰　清刻本　四冊

360000－1901－0026132　720033
書經集傳六卷　(宋)蔡沈撰　清刻本　三冊
存五卷(一、三至六)

360000－1901－0026133　720033－1
書經集傳六卷　(宋)蔡沈撰　清刻本　三冊
存五卷(二至六)

360000－1901－0026134　720034
書經集傳六卷　(宋)蔡沈撰　清刻本　三冊

360000－1901－0026135　720035
書經集傳六卷　(宋)蔡沈撰　清刻本　三冊
存五卷(二至六)

360000－1901－0026136　720037
書經集傳六卷　(宋)蔡沈撰　清刻本　二冊
存四卷(三至六)

360000－1901－0026137　720037－1
書經集傳六卷　(宋)蔡沈撰　清刻本　二冊
存三卷(二至四)

360000－1901－0026138　720037－2
書經集傳六卷　(宋)蔡沈撰　清刻本　一冊
存一卷(四)

360000－1901－0026139　720038
書經集傳六卷　(宋)蔡沈撰　清刻本　一冊
存二卷(二至三)

360000－1901－0026140　720038－1
書經集傳六卷　(宋)蔡沈撰　清刻本　一冊
存二卷(五至六)

360000－1901－0026141　720038－2
書經集傳六卷　(宋)蔡沈撰　清刻本　一冊
存二卷(五至六)

360000－1901－0026142　720039

書經集傳六卷 (宋)蔡沈撰 清刻本 一冊
存二卷(二至三)

360000－1901－0026143 720039－1
書經集傳六卷 (宋)蔡沈撰 清刻本 一冊
存二卷(三至四)

360000－1901－0026144 720045
書經集傳六卷 (宋)蔡沈撰 清刻本 二冊
存三卷(二至四)

360000－1901－0026145 720046
書經集傳六卷 (宋)蔡沈撰 清刻本 二冊
存三卷(一至二、五)

360000－1901－0026146 722400
書經集傳六卷 (宋)蔡沈撰 清刻本 一冊
存一卷(三)

360000－1901－0026147 800683
書經集傳六卷 (宋)蔡沈撰 清刻本 一冊
存二卷(一至二)

360000－1901－0026148 800755
書經集傳六卷 (宋)蔡沈撰 清刻本 一冊
存二卷(二至三)

360000－1901－0026149 801516
書經集傳六卷 (宋)蔡沈撰 清刻本 二冊
存四卷(二至三、五至六)

360000－1901－0026150 801516－1
書經集傳六卷 (宋)蔡沈撰 清刻本 一冊
存二卷(五至六)

360000－1901－0026151 801516－2
書經集傳六卷 (宋)蔡沈撰 清刻本 一冊
存二卷(三至四)

360000－1901－0026152 801739
書經集傳六卷 (宋)蔡沈撰 清刻本 二冊
存二卷(三至四)

360000－1901－0026153 801740
書經集傳六卷 (宋)蔡沈撰 清刻本 四冊

360000－1901－0026154 801740－1
書經集傳六卷 (宋)蔡沈撰 清刻本 一冊
存二卷(五至六)

360000－1901－0026155 801741
書經集傳六卷 (宋)蔡沈撰 清刻本 四冊

360000－1901－0026156 801741－1
書經集傳六卷 (宋)蔡沈撰 清刻本 二冊
存三卷(四至六)

360000－1901－0026157 801742－1
書經集傳六卷 (宋)蔡沈撰 清刻本 一冊
存二卷(二至三)

360000－1901－0026158 801742－3
書經集傳六卷 (宋)蔡沈撰 清刻本 一冊
存二卷(五至六)

360000－1901－0026159 801744
書經集傳六卷 (宋)蔡沈撰 清刻本 一冊
存一卷(一)

360000－1901－0026160 801745－1
書經集傳六卷 (宋)蔡沈撰 清刻本 一冊
存二卷(二至三)

360000－1901－0026161 801745－2
書經集傳六卷 (宋)蔡沈撰 清刻本 一冊
存二卷(三至四)

360000－1901－0026162 801745－3
書經集傳六卷 (宋)蔡沈撰 清刻本 一冊
存二卷(五至六)

360000－1901－0026163 801746－1
書經集傳六卷 (宋)蔡沈撰 清刻本 一冊
存二卷(五至六)

360000－1901－0026164 801746－2
書經集傳六卷 (宋)蔡沈撰 清刻本 一冊
存二卷(五至六)

360000－1901－0026165 801747
書經集傳六卷 (宋)蔡沈撰 清刻本 四冊

360000－1901－0026166 801749
書經集傳六卷 (宋)蔡沈撰 清刻本 一冊
存一卷(一)

360000－1901－0026167 801750

書經集傳六卷　(宋)蔡沈撰　清刻本　一冊
存二卷(二至三)

360000－1901－0026168　801750－1
書經集傳六卷　(宋)蔡沈撰　清刻本　一冊
存一卷(四)

360000－1901－0026169　801750－2
書經集傳六卷　(宋)蔡沈撰　清刻本　一冊
存一卷(六)

360000－1901－0026170　801751
書經集傳六卷　(宋)蔡沈撰　清刻本　三冊
存四卷(一至四)

360000－1901－0026171　802179
書經集傳六卷　(宋)蔡沈撰　清刻本　一冊
存一卷(四)

360000－1901－0026172　802929
書經集傳六卷　(宋)蔡沈撰　清刻本　一冊
存二卷(五至六)

360000－1901－0026173　802934
書經集傳六卷　(宋)蔡沈撰　清刻本　四冊

360000－1901－0026174　802935
書經集傳六卷　(宋)蔡沈撰　清刻本　四冊

360000－1901－0026175　802936
書經集傳六卷　(宋)蔡沈撰　清刻本　四冊

360000－1901－0026176　802938－1
書經集傳六卷　(宋)蔡沈撰　清刻本　三冊
存五卷(二至六)

360000－1901－0026177　802938－2
書經集傳六卷　(宋)蔡沈撰　清刻本　三冊
存五卷(二至六)

360000－1901－0026178　802938－3
書經集傳六卷　(宋)蔡沈撰　清刻本　三冊
存五卷(二至六)

360000－1901－0026179　802938－4
書經集傳六卷　(宋)蔡沈撰　清刻本　二冊
存三卷(三、五至六)

360000－1901－0026180　802938－5
書經集傳六卷　(宋)蔡沈撰　清刻本　一冊
存二卷(二至三)

360000－1901－0026181　802938－6
書經集傳六卷　(宋)蔡沈撰　清刻本　一冊
存二卷(二至三)

360000－1901－0026182　802939
書經集傳六卷　(宋)蔡沈撰　清刻本　四冊

360000－1901－0026183　802939－1
書經集傳六卷　(宋)蔡沈撰　清刻本　四冊

360000－1901－0026184　802939－2
書經集傳六卷　(宋)蔡沈撰　清刻本　二冊
存三卷(一、五至六)

360000－1901－0026185　802939－3
書經集傳六卷　(宋)蔡沈撰　清刻本　二冊
存三卷(二至三、六)

360000－1901－0026186　802939－4
書經集傳六卷　(宋)蔡沈撰　清刻本　一冊
存二卷(五至六)

360000－1901－0026187　802947
書經集傳六卷　(宋)蔡沈撰　清刻本　四冊

360000－1901－0026188　802949－1
書經集傳六卷　(宋)蔡沈撰　清刻本　二冊
存二卷(四、六)

360000－1901－0026189　802950
書經集傳六卷　(宋)蔡沈撰　清刻本　一冊
存一卷(六)

360000－1901－0026190　802976
書經集傳六卷　(宋)蔡沈撰　清刻本　二冊
存三卷(二至四)

360000－1901－0026191　802976－1
書經集傳六卷　(宋)蔡沈撰　清刻本　二冊
存四卷(二至五)

360000－1901－0026192　802977
書經集傳六卷　(宋)蔡沈撰　清刻本　三冊
存五卷(一至五)

360000－1901－0026193　803180

書經集傳六卷　(宋)蔡沈撰　清刻本　一冊
存二卷(一至二)

360000－1901－0026194　803181
書經集傳六卷　(宋)蔡沈撰　清刻本　一冊
存二卷(一至二)

360000－1901－0026195　803182
書經集傳六卷　(宋)蔡沈撰　清刻本　一冊
存一卷(四)

360000－1901－0026196　803183
書經集傳六卷　(宋)蔡沈撰　清刻本　一冊
存一卷(一)

360000－1901－0026197　803184
書經集傳六卷　(宋)蔡沈撰　清刻本　一冊
存一卷(一)

360000－1901－0026198　803185
書經集傳六卷　(宋)蔡沈撰　清刻本　一冊
存二卷(一至二)

360000－1901－0026199　803186
書經集傳六卷　(宋)蔡沈撰　清刻本　二冊
存四卷(二至三、五至六)

360000－1901－0026200　803187
書經集傳六卷　(宋)蔡沈撰　清刻本　三冊

360000－1901－0026201　803188
書經集傳六卷　(宋)蔡沈撰　清刻本　一冊
存二卷(二至三)

360000－1901－0026202　803189
書經集傳六卷　(宋)蔡沈撰　清刻本　三冊

360000－1901－0026203　803190
書經集傳六卷　(宋)蔡沈撰　清刻本　四冊

360000－1901－0026204　803191
書經集傳六卷　(宋)蔡沈撰　清刻本　一冊
存二卷(二至三)

360000－1901－0026205　803707
書經集傳六卷　(宋)蔡沈撰　清刻本　三冊
存五卷(二至六)

360000－1901－0026206　804036
書經集傳六卷　(宋)蔡沈撰　清刻本　二冊
存四卷(二至三、五至六)

360000－1901－0026207　804037
書經集傳六卷　(宋)蔡沈撰　清刻本　一冊
存一卷(四)

360000－1901－0026208　804038
書經集傳六卷　(宋)蔡沈撰　清刻本　一冊
存一卷(四)

360000－1901－0026209　804039
書經集傳六卷　(宋)蔡沈撰　清刻本　一冊
存一卷(五)

360000－1901－0026210　804040
書經集傳六卷　(宋)蔡沈撰　清刻本　一冊
存二卷(二至三)

360000－1901－0026211　804041
書經集傳六卷　(宋)蔡沈撰　清刻本　一冊
存一卷(三)

360000－1901－0026212　804042
書經集傳六卷　(宋)蔡沈撰　清刻本　一冊
存二卷(二至三)

360000－1901－0026213　804043
書經集傳六卷　(宋)蔡沈撰　清刻本　一冊
存二卷(二至三)

360000－1901－0026214　804044
書經集傳六卷　(宋)蔡沈撰　清刻本　一冊
存一卷(三)

360000－1901－0026215　804045
書經集傳六卷　(宋)蔡沈撰　清刻本　一冊
存二卷(三至四)

360000－1901－0026216　804046
書經集傳六卷　(宋)蔡沈撰　清刻本　一冊
存一卷(一)

360000－1901－0026217　804047
書經集傳六卷　(宋)蔡沈撰　清刻本　一冊
存一卷(一)

360000－1901－0026218　804050

書經集傳六卷　(宋)蔡沈撰　清刻本　一册
存一卷(三)

360000－1901－0026219　804052
書經集傳六卷　(宋)蔡沈撰　清刻本　一册
存一卷(一)

360000－1901－0026220　804054
書經集傳六卷　(宋)蔡沈撰　清刻本　一册
存二卷(二至三)

360000－1901－0026221　804056
書經集傳六卷　(宋)蔡沈撰　清刻本　一册
存二卷(二至三)

360000－1901－0026222　804057
書經集傳六卷　(宋)蔡沈撰　清刻本　一册
存一卷(四)

360000－1901－0026223　804059
書經集傳六卷　(宋)蔡沈撰　清刻本　四册
存四卷(三至六)

360000－1901－0026224　804060
書經集傳六卷　(宋)蔡沈撰　清刻本　四册

360000－1901－0026225　804064
書經集傳六卷　(宋)蔡沈撰　清刻本　二册
存三卷(一至三)

360000－1901－0026226　804065
書經集傳六卷　(宋)蔡沈撰　清刻本　一册
存二卷(三至四)

360000－1901－0026227　804066
書經集傳六卷　(宋)蔡沈撰　清刻本　一册
存一卷(二)

360000－1901－0026228　804072
書經集傳六卷　(宋)蔡沈撰　清刻本　二册
存三卷(四至六)

360000－1901－0026229　804073
書經集傳六卷　(宋)蔡沈撰　清刻本　二册
存三卷(一至三)

360000－1901－0026230　804074
書經集傳六卷　(宋)蔡沈撰　清刻本　一册
存一卷(一)

360000－1901－0026231　804075
書經集傳六卷　(宋)蔡沈撰　清刻本　一册
存一卷(四)

360000－1901－0026232　804076
書經集傳六卷　(宋)蔡沈撰　清刻本　一册
存一卷(一)

360000－1901－0026233　804077
書經集傳六卷　(宋)蔡沈撰　清刻本　一册
存二卷(二至三)

360000－1901－0026234　804078
書經集傳六卷　(宋)蔡沈撰　清刻本　一册
存一卷(四)

360000－1901－0026235　804079
書經集傳六卷　(宋)蔡沈撰　清刻本　一册
存二卷(五至六)

360000－1901－0026236　804080
書經集傳六卷　(宋)蔡沈撰　清刻本　一册
存二卷(二至三)

360000－1901－0026237　804081
書經集傳六卷　(宋)蔡沈撰　清刻本　一册
存二卷(二至三)

360000－1901－0026238　804082
書經集傳六卷　(宋)蔡沈撰　清刻本　一册
存一卷(六)

360000－1901－0026239　804083
書經集傳六卷　(宋)蔡沈撰　清刻本　一册
存二卷(五至六)

360000－1901－0026240　804327
書經集傳六卷　(宋)蔡沈撰　清刻本　三册

360000－1901－0026241　804328
書經集傳六卷　(宋)蔡沈撰　清刻本　四册

360000－1901－0026242　804329
書經集傳六卷　(宋)蔡沈撰　清刻本　三册

360000－1901－0026243　804330
書經集傳六卷　(宋)蔡沈撰　清刻本　二册

存四卷(一至四)

360000－1901－0026244　804331
**書經集傳六卷**　(宋)蔡沈撰　清刻本　二册
存四卷(三至六)

360000－1901－0026245　804332
**書經集傳六卷**　(宋)蔡沈撰　清刻本　二册
存三卷(一、五至六)

360000－1901－0026246　804333
**書經集傳六卷**　(宋)蔡沈撰　清刻本　二册
存二卷(一、四)

360000－1901－0026247　804334
**書經集傳六卷**　(宋)蔡沈撰　清刻本　二册
存二卷(一、四)

360000－1901－0026248　804335
**書經集傳六卷**　(宋)蔡沈撰　清刻本　一册
存三卷(一至三)

360000－1901－0026249　804337
**書經集傳六卷**　(宋)蔡沈撰　清刻本　一册
存一卷(一)

360000－1901－0026250　804338
**書經集傳六卷**　(宋)蔡沈撰　清刻本　一册
存二卷(二至三)

360000－1901－0026251　804339
**書經集傳六卷**　(宋)蔡沈撰　清刻本　一册
存一卷(一)

360000－1901－0026252　804340
**書經集傳六卷**　(宋)蔡沈撰　清刻本　一册
存一卷(二)

360000－1901－0026253　804341
**書經集傳六卷**　(宋)蔡沈撰　清刻本　一册
存二卷(二至三)

360000－1901－0026254　804342
**書經集傳六卷**　(宋)蔡沈撰　清刻本　一册
存二卷(二至三)

360000－1901－0026255　804343
**書經集傳六卷**　(宋)蔡沈撰　清刻本　一册
存二卷(二至三)

360000－1901－0026256　804344
**書經集傳六卷**　(宋)蔡沈撰　清刻本　一册
存一卷(三)

360000－1901－0026257　804346
**書經集傳六卷**　(宋)蔡沈撰　清刻本　一册
存一卷(三)

360000－1901－0026258　804347
**書經集傳六卷**　(宋)蔡沈撰　清刻本　一册
存一卷(四)

360000－1901－0026259　804348
**書經集傳六卷**　(宋)蔡沈撰　清刻本　一册
存一卷(四)

360000－1901－0026260　804349
**書經集傳六卷**　(宋)蔡沈撰　清刻本　一册
存一卷(四)

360000－1901－0026261　804350
**書經集傳六卷**　(宋)蔡沈撰　清刻本　一册
存二卷(四至五)

360000－1901－0026262　804351
**書經集傳六卷**　(宋)蔡沈撰　清刻本　一册
存一卷(四)

360000－1901－0026263　804352
**書經集傳六卷**　(宋)蔡沈撰　清刻本　一册
存一卷(四)

360000－1901－0026264　804353
**書經集傳六卷**　(宋)蔡沈撰　清刻本　一册
存一卷(四)

360000－1901－0026265　804354
**書經集傳六卷**　(宋)蔡沈撰　清刻本　一册
存一卷(一)

360000－1901－0026266　804355
**書經集傳六卷**　(宋)蔡沈撰　清刻本　一册
存二卷(三至四)

360000－1901－0026267　804356
**書經集傳六卷**　(宋)蔡沈撰　清刻本　一册

存一卷(四)

360000－1901－0026268　804357

**書經集傳六卷**　(宋)蔡沈撰　清刻本　一册

存二卷(五至六)

360000－1901－0026269　804358

**書經集傳六卷**　(宋)蔡沈撰　清刻本　一册

存二卷(五至六)

360000－1901－0026270　804359

**書經集傳六卷**　(宋)蔡沈撰　清刻本　一册

存二卷(五至六)

360000－1901－0026271　804360

**書經集傳六卷**　(宋)蔡沈撰　清刻本　一册

存二卷(五至六)

360000－1901－0026272　804361

**書經集傳六卷**　(宋)蔡沈撰　清刻本　一册

存二卷(五至六)

360000－1901－0026273　804362

**書經集傳六卷**　(宋)蔡沈撰　清刻本　一册

存二卷(五至六)

360000－1901－0026274　804363

**書經集傳六卷**　(宋)蔡沈撰　清刻本　一册

存二卷(五至六)

360000－1901－0026275　804364

**書經集傳六卷**　(宋)蔡沈撰　清刻本　四册

360000－1901－0026276　804365

**書經集傳六卷**　(宋)蔡沈撰　清刻本　四册

360000－1901－0026277　804367

**書經集傳六卷**　(宋)蔡沈撰　清刻本　四册

360000－1901－0026278　804367－1

**書經集傳六卷**　(宋)蔡沈撰　清刻本　一册

存一卷(四)

360000－1901－0026279　804368

**書經集傳六卷**　(宋)蔡沈撰　清刻本　四册

360000－1901－0026280　804369

**書經集傳六卷**　(宋)蔡沈撰　清刻本　二册

存二卷(一、三)

360000－1901－0026281　804370

**書經集傳六卷**　(宋)蔡沈撰　清刻本　二册

存二卷(一、四)

360000－1901－0026282　804371

**書經集傳六卷**　(宋)蔡沈撰　清刻本　二册

存三卷(一、五至六)

360000－1901－0026283　804372

**書經集傳六卷**　(宋)蔡沈撰　清刻本　二册

存三卷(二至四)

360000－1901－0026284　804375

**書經集傳六卷**　(宋)蔡沈撰　清刻本　四册

360000－1901－0026285　804377

**書經集傳六卷**　(宋)蔡沈撰　清刻本　三册

存四卷(一、四至六)

360000－1901－0026286　804379

**書經集傳六卷**　(宋)蔡沈撰　清刻本　三册

存四卷(一、四至六)

360000－1901－0026287　804381

**書經集傳六卷**　(宋)蔡沈撰　清刻本　三册

存四卷(一、四至六)

360000－1901－0026288　804384

**書經集傳六卷**　(宋)蔡沈撰　清刻本　二册

存三卷(二至四)

360000－1901－0026289　804387

**書經集傳六卷**　(宋)蔡沈撰　清刻本　一册

存一卷(一)

360000－1901－0026290　804390

**書經集傳六卷**　(宋)蔡沈撰　清刻本　一册

存一卷(一)

360000－1901－0026291　804395

**書經集傳六卷**　(宋)蔡沈撰　清刻本　一册

存二卷(二至三)

360000－1901－0026292　804396

**書經集傳六卷**　(宋)蔡沈撰　清刻本　一册

存二卷(二至三)

360000－1901－0026293　804397

書經集傳六卷　(宋)蔡沈撰　清刻本　一册
存二卷(三至四)

360000－1901－0026294　804398
書經集傳六卷　(宋)蔡沈撰　清刻本　一册
存二卷(一至二)

360000－1901－0026295　804400
書經集傳六卷　(宋)蔡沈撰　清刻本　一册
存一卷(四)

360000－1901－0026296　804403
書經集傳六卷　(宋)蔡沈撰　清刻本　一册
存一卷(三)

360000－1901－0026297　804404
書經集傳六卷　(宋)蔡沈撰　清刻本　一册
存一卷(四)

360000－1901－0026298　804405
書經集傳六卷　(宋)蔡沈撰　清刻本　一册
存一卷(四)

360000－1901－0026299　804406
書經集傳六卷　(宋)蔡沈撰　清刻本　一册
存一卷(四)

360000－1901－0026300　804407
書經集傳六卷　(宋)蔡沈撰　清刻本　一册
存一卷(四)

360000－1901－0026301　804408
書經集傳六卷　(宋)蔡沈撰　清刻本　一册
存一卷(四)

360000－1901－0026302　804409
書經集傳六卷　(宋)蔡沈撰　清刻本　一册
存二卷(五至六)

360000－1901－0026303　804410
書經集傳六卷　(宋)蔡沈撰　清刻本　一册
存二卷(五至六)

360000－1901－0026304　804411
書經集傳六卷　(宋)蔡沈撰　清刻本　一册
存二卷(五至六)

360000－1901－0026305　804412
書經集傳六卷　(宋)蔡沈撰　清刻本　一册
存二卷(五至六)

360000－1901－0026306　804416
書經集傳六卷　(宋)蔡沈撰　清刻本　一册
存二卷(二至三)

360000－1901－0026307　804417
書經集傳六卷　(宋)蔡沈撰　清刻本　三册
存五卷(二至六)

360000－1901－0026308　804441
書經集傳六卷　(宋)蔡沈撰　清刻本　一册
存一卷(二)

360000－1901－0026309　901418－1
書經集傳六卷　(宋)蔡沈撰　清刻本　一册
存一卷(二)

360000－1901－0026310　901418－2
書經集傳六卷　(宋)蔡沈撰　清刻本　一册
存一卷(四)

360000－1901－0026311　901418－3
書經集傳六卷　(宋)蔡沈撰　清刻本　一册
存一卷(五)

360000－1901－0026312　901420
書經集傳六卷　(宋)蔡沈撰　清刻本　一册
存二卷(五至六)

360000－1901－0026313　901420－1
書經集傳六卷　(宋)蔡沈撰　清刻本　一册
存二卷(五至六)

360000－1901－0026314　901420－2
書經集傳六卷　(宋)蔡沈撰　清刻本　一册
存二卷(三至四)

360000－1901－0026315　901422
書經集傳六卷　(宋)蔡沈撰　清刻本　五册

360000－1901－0026316　901423
書經集傳六卷　(宋)蔡沈撰　清刻本　四册
存五卷(一至三、五至六)

360000－1901－0026317　901424
書經集傳六卷　(宋)蔡沈撰　清刻本　四册

360000－1901－0026318　901425
書經集傳六卷　（宋）蔡沈撰　清刻本　四冊

360000－1901－0026319　901428
書經集傳六卷　（宋）蔡沈撰　清刻本　一冊　存一卷（一）

360000－1901－0026320　902030
書經集傳六卷　（宋）蔡沈撰　清刻本　二冊　存三卷（二至四）

360000－1901－0026321　902034
書經集傳六卷　（宋）蔡沈撰　清刻本　二冊

360000－1901－0026322　902037
書經集傳六卷　（宋）蔡沈撰　清刻本　二冊　存三卷（四至六）

360000－1901－0026323　902038
書經集傳六卷　（宋）蔡沈撰　清刻本　三冊

360000－1901－0026324　902039
書經集傳六卷　（宋）蔡沈撰　清刻本　三冊

360000－1901－0026325　902040
書經集傳六卷　（宋）蔡沈撰　清刻本　三冊　存五卷（二至六）

360000－1901－0026326　902041
書經集傳六卷　（宋）蔡沈撰　清刻本　二冊　存三卷（一至二、六）

360000－1901－0026327　902042
書經集傳六卷　（宋）蔡沈撰　清刻本　一冊　存三卷（四至六）

360000－1901－0026328　902043
書經集傳六卷　（宋）蔡沈撰　清刻本　二冊　存三卷（二至四）

360000－1901－0026329　902047
書經集傳六卷　（宋）蔡沈撰　清刻本　一冊　存二卷（五至六）

360000－1901－0026330　902048
書經集傳六卷　（宋）蔡沈撰　清刻本　一冊　存二卷（五至六）

360000－1901－0026331　420017
書經集傳六卷　（宋）蔡沈撰　清刻本（卷二至三配清郁文堂刻本）　四冊

360000－1901－0026332　420006
書經集傳六卷　（宋）蔡沈撰　清刻本（卷一配清道光十七年刻本）　四冊

360000－1901－0026333　420001
書經集傳六卷　（宋）蔡沈撰　清刻本（卷一配清會友堂刻本）　四冊

360000－1901－0026334　719468
書經集傳六卷　（宋）蔡沈撰　清刻本（卷一配清乾隆五十四年學源堂刻本）　四冊

360000－1901－0026335　719484
書經集傳六卷　（宋）蔡沈撰　清刻本（卷一配清首元堂刻本）　四冊

360000－1901－0026336　420004
書經集傳六卷　（宋）蔡沈撰　清刻本（卷一配清首元堂刻本、卷四配清愛日堂刻本）　四冊

360000－1901－0026337　420003
書經集傳六卷　（宋）蔡沈撰　清刻本（卷一配清文富堂刻本）　四冊

360000－1901－0026338　420013
書經集傳六卷　（宋）蔡沈撰　清刻本（卷一配清怡蓮堂刻本、卷二至三配清文富堂刻本）　四冊

360000－1901－0026339　720026
書經集傳六卷　（宋）蔡沈撰　清李光明莊刻本　三冊　存四卷（一至四）

360000－1901－0026340　720028－2
書經集傳六卷　（宋）蔡沈撰　清李光明莊刻本　一冊　存二卷（五至六）

360000－1901－0026341　801748
書經集傳六卷　（宋）蔡沈撰　清李光明莊刻本　一冊　存二卷（五至六）

360000－1901－0026342　804049
書經集傳六卷　（宋）蔡沈撰　清李光明莊刻本　一冊　存二卷（五至六）

360000－1901－0026343　804053
**書經集傳六卷**　（宋）蔡沈撰　清李光明莊刻本　一册　存一卷（四）

360000－1901－0026344　804336
**書經集傳六卷**　（宋）蔡沈撰　清末南京狀元閣刻本　一册　存一卷（一）

360000－1901－0026345　803711
**書經集傳六卷**　（宋）蔡沈撰　清末南京狀元閣刻本　四册

360000－1901－0026346　802921
**書經集傳六卷**　（宋）蔡沈撰　清乾隆六十年（1795）刻本　二册　存四卷（一至四）

360000－1901－0026347　804374
**書經集傳六卷**　（宋）蔡沈撰　清乾隆六十年（1795）刻本　四册

360000－1901－0026348　719464
**書經集傳六卷**　（宋）蔡沈撰　清乾隆十五年（1750）刻本（卷五至六配清刻本）　三册

360000－1901－0026349　901421
**書經集傳六卷**　（宋）蔡沈撰　清乾隆四十一年（1776）菊園刻本　三册　存四卷（一至四）

360000－1901－0026350　419407
**書經集傳六卷**　（宋）蔡沈撰　清乾隆五十四年（1789）學源堂刻本　四册

360000－1901－0026351　802932
**書經集傳六卷**　（宋）蔡沈撰　清乾隆五十四年（1789）學源堂刻本　一册　存一卷（一）

360000－1901－0026352　804069
**書經集傳六卷**　（宋）蔡沈撰　清乾隆五十四年（1789）學源堂刻本　二册　存二卷（一、四）

360000－1901－0026353　804071
**書經集傳六卷**　（宋）蔡沈撰　清乾隆五十四年（1789）學源堂刻本　二册　存三卷（一、五至六）

360000－1901－0026354　902029
**書經集傳六卷**　（宋）蔡沈撰　清乾隆五十四年（1789）學源堂刻本　一册　存一卷（一）

360000－1901－0026355　719469
**書經集傳六卷**　（宋）蔡沈撰　清乾隆五十五年（1790）金陵芥子園刻本　二册　存三卷（一至三）

360000－1901－0026356　801742
**書經集傳六卷**　（宋）蔡沈撰　清三讓堂刻本　一册　存一卷（一）

360000－1901－0026357　719445
**書經集傳六卷**　（宋）蔡沈撰　清三省堂刻本　四册

360000－1901－0026358　902044
**書經集傳六卷**　（宋）蔡沈撰　清三味堂刻本　一册　存一卷（四）

360000－1901－0026359　804067
**書經集傳六卷**　（宋）蔡沈撰　清珊城三讓堂刻本　一册　存二卷（一至二）

360000－1901－0026360　419410
**書經集傳六卷**　（宋）蔡沈撰　清上海際園刻本　四册

360000－1901－0026361　419411
**書經集傳六卷**　（宋）蔡沈撰　清上海際園刻本　二册　存三卷（一、五至六）

360000－1901－0026362　719422
**書經集傳六卷**　（宋）蔡沈撰　清尚德堂刻本　四册　存五卷（一至五）

360000－1901－0026363　902045
**書經集傳六卷**　（宋）蔡沈撰　清尚敬堂刻本　一册　存一卷（四）

360000－1901－0026364　719421
**書經集傳六卷**　（宋）蔡沈撰　清慎德堂刻本　四册

360000－1901－0026365　901426
**書經集傳六卷**　（宋）蔡沈撰　清慎德堂刻本　三册

360000－1901－0026366　603520

書經集傳六卷　(宋)蔡沈撰　清慎詒堂刻本　四冊

360000－1901－0026367　719428
書經集傳六卷　(宋)蔡沈撰　清慎詒堂刻本　四冊

360000－1901－0026368　720029
書經集傳六卷　(宋)蔡沈撰　清慎詒堂刻本　二冊　存四卷(一至四)

360000－1901－0026369　720029－1
書經集傳六卷　(宋)蔡沈撰　清慎詒堂刻本　一冊　存二卷(一至二)

360000－1901－0026370　720029－2
書經集傳六卷　(宋)蔡沈撰　清慎詒堂刻本　二冊　存二卷(一、四)

360000－1901－0026371　801742－2
書經集傳六卷　(宋)蔡沈撰　清慎詒堂刻本　一冊　存二卷(二至三)

360000－1901－0026372　802927
書經集傳六卷　(宋)蔡沈撰　清慎詒堂刻本　三冊　存五卷(二至六)

360000－1901－0026373　802930
書經集傳六卷　(宋)蔡沈撰　清慎詒堂刻本　三冊　存五卷(一至二、四至六)

360000－1901－0026374　803710
書經集傳六卷　(宋)蔡沈撰　清慎詒堂刻本　四冊

360000－1901－0026375　804058
書經集傳六卷　(宋)蔡沈撰　清慎詒堂刻本　一冊　存二卷(一至二)

360000－1901－0026376　804086
書經集傳六卷　(宋)蔡沈撰　清慎詒堂刻本　一冊　存二卷(二至三)

360000－1901－0026377　804345
書經集傳六卷　(宋)蔡沈撰　清慎詒堂刻本　一冊　存二卷(二至三)

360000－1901－0026378　804413
書經集傳六卷　(宋)蔡沈撰　清慎詒堂刻本　一冊　存一卷(四)

360000－1901－0026379　804414
書經集傳六卷　(宋)蔡沈撰　清慎詒堂刻本　三冊　存四卷(三至六)

360000－1901－0026380　804415
書經集傳六卷　(宋)蔡沈撰　清慎詒堂刻本　三冊　存五卷(二至六)

360000－1901－0026381　901419
書經集傳六卷　(宋)蔡沈撰　清慎詒堂刻本　四冊　存五卷(一至四、六)

360000－1901－0026382　901419－1
書經集傳六卷　(宋)蔡沈撰　清慎詒堂刻本　一冊　存二卷(一至二)

360000－1901－0026383　902033
書經集傳六卷　(宋)蔡沈撰　清慎詒堂刻本　一冊　存二卷(五至六)

360000－1901－0026384　902046
書經集傳六卷　(宋)蔡沈撰　清慎詒堂刻本　一冊　存一卷(六)

360000－1901－0026385　419999
書經集傳六卷　(宋)蔡沈撰　清慎詒堂刻本(卷二至三、五至六配清刻本)　四冊

360000－1901－0026386　420010
書經集傳六卷　(宋)蔡沈撰　清慎詒堂刻本(卷五至六配清刻本)　三冊

360000－1901－0026387　719485
書經集傳六卷　(宋)蔡沈撰　清慎詒堂刻本(卷五至六配清刻本)　三冊

360000－1901－0026388　804393
書經集傳六卷　(宋)蔡沈撰　清盛德堂刻本　一冊　存一卷(一)

360000－1901－0026389　720036
書經集傳六卷　(宋)蔡沈撰　清首元堂刻本　四冊

360000－1901－0026390　720036－1

**書經集傳六卷**　(宋)蔡沈撰　清首元堂刻本　一册　存一卷(一)

360000－1901－0026391　804376
**書經集傳六卷**　(宋)蔡沈撰　清首元堂刻本　四册

360000－1901－0026392　804382
**書經集傳六卷**　(宋)蔡沈撰　清首元堂刻本　三册　存四卷(一、四至六)

360000－1901－0026393　804389
**書經集傳六卷**　(宋)蔡沈撰　清首元堂刻本　一册　存一卷(一)

360000－1901－0026394　804391
**書經集傳六卷**　(宋)蔡沈撰　清首元堂刻本　一册　存一卷(一)

360000－1901－0026395　804392
**書經集傳六卷**　(宋)蔡沈撰　清首元堂刻本　一册　存一卷(一)

360000－1901－0026396　902036
**書經集傳六卷**　(宋)蔡沈撰　清首元堂刻本　二册　存四卷(一至四)

360000－1901－0026397　160834
**書經集傳六卷**　(宋)蔡沈撰　清恕堂刻本　四册

360000－1901－0026398　804774
**書經集傳六卷**　(宋)蔡沈撰　清恕堂刻本　一册　存一卷(一)

360000－1901－0026399　902035
**書經集傳六卷**　(宋)蔡沈撰　清四友堂刻本　二册　存三卷(四至六)

360000－1901－0026400　719438
**書經集傳六卷**　(宋)蔡沈撰　清松盛堂刻本　三册　存三卷(一、四至五)

360000－1901－0026401　720027
**書經集傳六卷**　(宋)蔡沈撰　清松盛堂刻本　四册

360000－1901－0026402　720030
**書經集傳六卷**　(宋)蔡沈撰　清松盛堂刻本　二册　存三卷(一、五至六)

360000－1901－0026403　802975
**書經集傳六卷**　(宋)蔡沈撰　清松盛堂刻本　一册　存二卷(一至二)

360000－1901－0026404　804048
**書經集傳六卷**　(宋)蔡沈撰　清松盛堂刻本　一册　存一卷(一)

360000－1901－0026405　802928
**書經集傳六卷**　(宋)蔡沈撰　清泰山堂刻本　一册　存二卷(三至四)

360000－1901－0026406　719418
**書經集傳六卷**　(宋)蔡沈撰　清天德堂刻本　四册

360000－1901－0026407　720025
**書經集傳六卷**　(宋)蔡沈撰　清同元堂刻本　二册　存四卷(一至二、五至六)

360000－1901－0026408　160827
**書經集傳六卷**　(宋)蔡沈撰　清同治七年(1868)楚北崇文書局刻本　四册

360000－1901－0026409　160828
**書經集傳六卷**　(宋)蔡沈撰　清同治七年(1868)楚北崇文書局刻本　四册

360000－1901－0026410　419396
**書經集傳六卷**　(宋)蔡沈撰　清同治三年(1864)浙江撫署刻本　四册

360000－1901－0026411　719471
**書經集傳六卷**　(宋)蔡沈撰　清同治十年(1871)刻本　三册　存五卷(一至五)

360000－1901－0026412　419394
**書經集傳六卷**　(宋)蔡沈撰　清同治十三年(1874)湖南書局刻本　四册

360000－1901－0026413　160829
**書經集傳六卷**　(宋)蔡沈撰　清同治十三年(1874)江西書局刻本　四册

360000－1901－0026414　160830

**書經集傳六卷**　(宋)蔡沈撰　清同治十三年(1874)江西書局刻本　四册

360000－1901－0026415　160831

**書經集傳六卷**　(宋)蔡沈撰　清同治十三年(1874)江西書局刻本　四册

360000－1901－0026416　419399

**書經集傳六卷**　(宋)蔡沈撰　清同治十三年(1874)江西書局刻本　四册

360000－1901－0026417　419400

**書經集傳六卷**　(宋)蔡沈撰　清同治十三年(1874)江西書局刻本　四册

360000－1901－0026418　419401

**書經集傳六卷**　(宋)蔡沈撰　清同治十三年(1874)江西書局刻本　四册

360000－1901－0026419　419402

**書經集傳六卷**　(宋)蔡沈撰　清同治十三年(1874)江西書局刻本　四册

360000－1901－0026420　603515

**書經集傳六卷**　(宋)蔡沈撰　清同治十三年(1874)江西書局刻本　四册

360000－1901－0026421　603517

**書經集傳六卷**　(宋)蔡沈撰　清同治十三年(1874)江西書局刻本　四册

360000－1901－0026422　160717

**書經集傳六卷**　(宋)蔡沈撰　清同治五年(1866)金陵書局刻本　四册

360000－1901－0026423　719415

**書經集傳六卷**　(宋)蔡沈撰　清同治五年(1866)金陵書局刻本　四册

360000－1901－0026424　719483

**書經集傳六卷**　(宋)蔡沈撰　清同治五年(1866)金陵書局刻本　二册　存二卷(一、四)

360000－1901－0026425　419487

**書經集傳六卷**　(宋)蔡沈撰　清同治元年(1862)文會堂刻本　四册

360000－1901－0026426　720046－1

**書經集傳六卷**　(宋)蔡沈撰　清王文光齋刻本　一册　存一卷(三)

360000－1901－0026427　902032

**書經集傳六卷**　(宋)蔡沈撰　清王文光齋刻本　一册　存二卷(五至六)

360000－1901－0026428　419486

**書經集傳六卷**　(宋)蔡沈撰　清文德堂刻本　四册

360000－1901－0026429　720020

**書經集傳六卷**　(宋)蔡沈撰　清文富堂刻本　二册　存四卷(一至二、五至六)

360000－1901－0026430　804378

**書經集傳六卷**　(宋)蔡沈撰　清文富堂刻本　二册　存三卷(四至六)

360000－1901－0026431　804373

**書經集傳六卷**　(宋)蔡沈撰　清文富堂刻本(卷二至六配清刻本)　四册

360000－1901－0026432　902031

**書經集傳六卷**　(宋)蔡沈撰　清文光堂刻本　三册　存三卷(二至三、五)

360000－1901－0026433　719443

**書經集傳六卷**　(宋)蔡沈撰　清文奎堂刻本　四册

360000－1901－0026434　720046－2

**書經集傳六卷**　(宋)蔡沈撰　清文奎堂刻本　一册　存二卷(五至六)

360000－1901－0026435　802920

**書經集傳六卷**　(宋)蔡沈撰　清文奎堂刻本　二册　存三卷(二至四)

360000－1901－0026436　804063

**書經集傳六卷**　(宋)蔡沈撰　清務本堂刻本　一册　存一卷(一)

360000－1901－0026437　901418

**書經集傳六卷**　(宋)蔡沈撰　清務本堂刻本　一册　存一卷(一)

360000－1901－0026438　901427
**書經集傳六卷**　(宋)蔡沈撰　清務本堂刻本　四册

360000－1901－0026439　419408
**書經集傳六卷**　(宋)蔡沈撰　清咸豐元年(1851)濂溪書院刻本　四册

360000－1901－0026440　421356
**書經集傳六卷**　(宋)蔡沈撰　清宣統三年(1911)上海會文堂粹記書局石印本　四册

360000－1901－0026441　421357
**書經集傳六卷**　(宋)蔡沈撰　清宣統三年(1911)上海會文堂粹記書局石印本　四册

360000－1901－0026442　421358
**書經集傳六卷**　(宋)蔡沈撰　清宣統三年(1911)上海會文堂粹記書局石印本　三册

360000－1901－0026443　720354
**書經集傳六卷**　(宋)蔡沈撰　清宣統元年(1909)上海掃葉山房石印本　四册

360000－1901－0026444　419998
**書經集傳六卷**　(宋)蔡沈撰　清英德堂刻本　四册

360000－1901－0026445　719430
**書經集傳六卷**　(宋)蔡沈撰　清英德堂刻本　四册

360000－1901－0026446　719431
**書經集傳六卷**　(宋)蔡沈撰　清英德堂刻本　三册

360000－1901－0026447　720024－1
**書經集傳六卷**　(宋)蔡沈撰　清英德堂刻本　一册　存一卷(一)

360000－1901－0026448　720028－1
**書經集傳六卷**　(宋)蔡沈撰　清英德堂刻本　一册　存一卷(一)

360000－1901－0026449　801746
**書經集傳六卷**　(宋)蔡沈撰　清英德堂刻本　三册　存四卷(一至四)

360000－1901－0026450　802938
**書經集傳六卷**　(宋)蔡沈撰　清英德堂刻本　一册　存一卷(一)

360000－1901－0026451　801743
**書經集傳六卷**　(宋)蔡沈撰　清玉軸樓刻本　一册　存一卷(一)

360000－1901－0026452　721800
**書經集傳六卷**　(宋)蔡沈撰　清郁文堂刻本　一册　存二卷(五至六)

360000－1901－0026453　804035
**書經集傳六卷**　(宋)蔡沈撰　清郁文堂刻本　一册　存一卷(一)

360000－1901－0026454　420002
**書經集傳六卷**　(宋)蔡沈撰　清郁文堂刻本(卷五至六配清刻本)　四册

360000－1901－0026455　160835
**書經集傳六卷**　(宋)蔡沈撰　清狀元閣李光明莊刻本　四册

360000－1901－0026456　720045－1
**書經集傳六卷**　(宋)蔡沈撰　清紫文閣刻本　一册　存一卷(四)

360000－1901－0026457　801087
**書經集傳六卷**　(宋)蔡沈撰　**書經體注六卷**　(□)□□撰　清刻本　一册　存四卷(書經集傳五至六、書經體注五至六)

360000－1901－0026458　603514
**書經集傳六卷**　(宋)蔡沈撰　**先淺原公劄記一卷**　(明)萬衣撰　清江右潯陽萬氏蓮峰書屋刻本　二册　存四卷(一、五至六,先淺原公劄記一卷)

360000－1901－0026459　804084
**書經集傳六卷**　(宋)蔡沈撰　**先淺原公劄記一卷**　(明)萬衣撰　清江右潯陽萬氏蓮峰書屋刻本　一册　存二卷(一、先淺原公劄記一卷)

360000－1901－0026460　603511
**書經集傳六卷首一卷**　(宋)蔡沈撰　清刻本

四冊

360000－1901－0026461　802938－7
**書經集傳六卷首一卷末一卷**　（宋）蔡沈撰　清刻本　一冊　存三卷（五至六、末一卷）

360000－1901－0026462　802952
**書經集傳六卷圖説一卷**　（宋）蔡沈撰　清宣統三年（1911）上海會文堂粹記書局石印本　一冊　存二卷（一、圖説一卷）

360000－1901－0026463　121337
**書經集傳音釋六卷首一卷末一卷**　（宋）蔡沈集傳　（元）鄒季友音釋　清光緒十五年（1889）江南書局刻本　六冊

360000－1901－0026464　419523
**書經揭要六卷**　（清）周蕙田輯錄　清刻本　一冊

360000－1901－0026465　419524
**書經揭要六卷**　（清）周蕙田輯錄　清刻本　二冊　存三卷（四至六）

360000－1901－0026466　803489
**書經揭要六卷**　（清）周蕙田輯錄　清刻本　一冊　存三卷（四至六）

360000－1901－0026467　803490－1
**書經揭要六卷**　（清）周蕙田輯錄　清刻本　一冊　存三卷（四至六）

360000－1901－0026468　419522
**書經揭要六卷**　（清）周蕙田輯錄　清乾隆五十三年（1788）刻本　二冊

360000－1901－0026469　801560
**書經精粹□□卷**　（□）□□輯　清刻本　一冊　存一卷（二）

360000－1901－0026470　160851
**書經精華六卷**　（清）薛嘉穎輯　清道光七年（1827）薛氏光韙堂刻本　四冊

360000－1901－0026471　160850
**書經精華六卷**　（清）薛嘉穎輯　清海鹽治經堂刻本　四冊

360000－1901－0026472　421309
**書經精華六卷**　（清）薛嘉穎輯　清同治六年（1867）薛氏光韙堂刻本　三冊

360000－1901－0026473　421311
**書經精華十卷首一卷**　（清）薛嘉穎輯　清刻四經精華本　二冊　存四卷（四至五、九至十）

360000－1901－0026474　801573－1
**書經精華十卷首一卷**　（清）薛嘉穎輯　清刻四經精華本　一冊　存一卷（十）

360000－1901－0026475　800676
**書經精義四卷首一卷末一卷**　（清）黄淦撰　清刻本　一冊　存三卷（一至二、首一卷）

360000－1901－0026476　419403
**書經蔡傳参義六卷**　（清）姜兆錫撰　清雍正十二年（1734）寅清樓刻九經補注本　三冊

360000－1901－0026477　419404
**書經蔡傳参義六卷**　（清）姜兆錫撰　清雍正十二年（1734）寅清樓刻九經補注本　二冊　存五卷（一至五）

360000－1901－0026478　419405
**書經蔡傳参義六卷**　（清）姜兆錫撰　清雍正十二年（1734）寅清樓刻九經補注本　二冊　存三卷（一至三）

360000－1901－0026479　803510
**書經六卷**　（宋）蔡沈集傳　清光緒二十九年（1903）同文書局石印五經味根錄本　一冊　存二卷（五至六）

360000－1901－0026480　402570－1
**書經旁訓辨體合訂四卷**　（清）徐立綱輯　清循陔堂刻五經旁訓辨體合訂本　一冊　存二卷（三至四）

360000－1901－0026481　421771
**書經旁訓二卷**　（元）李恕撰　明刻五經旁訓本　一冊

360000－1901－0026482　800348
**書經詮義十二卷首二卷**　（清）汪紱撰　清抄

本　一冊　存一卷(首下)

360000－1901－0026483　601474
**書經詮義十二卷首二卷**　(清)汪紱撰　清光緒七年(1881)婺源曲水書局刻本　一冊　存六卷(一至四、七,首上)

360000－1901－0026484　721867
**書經詮義十二卷首二卷**　(清)汪紱撰　清光緒七年(1881)婺源曲水書局刻本　九冊　存九卷(二至三、五至六、八至十二)

360000－1901－0026485　722378
**書經詮義十二卷首二卷**　(清)汪紱撰　清光緒七年(1881)婺源曲水書局刻本　十三冊

360000－1901－0026486　123007
**書經詮義十二卷首二卷**　(清)汪紱撰　清光緒七年(1881)紫陽書院刻本　十三冊

360000－1901－0026487　410867
**書經詮義十二卷首二卷**　(清)汪紱撰　清光緒七年(1881)紫陽書院刻本　十三冊

360000－1901－0026488　410868
**書經詮義十二卷首二卷**　(清)汪紱撰　清光緒七年(1881)紫陽書院刻本　十三冊

360000－1901－0026489　410869
**書經詮義十二卷首二卷**　(清)汪紱撰　清光緒七年(1881)紫陽書院刻本　十三冊

360000－1901－0026490　410870
**書經詮義十二卷首二卷**　(清)汪紱撰　清光緒七年(1881)紫陽書院刻本　十二冊　存十二卷(一至九、十一至十二,首一)

360000－1901－0026491　410871
**書經詮義十二卷首二卷**　(清)汪紱撰　清光緒七年(1881)紫陽書院刻本　十一冊　存十一卷(一至三、五至九、十一至十二,首一)

360000－1901－0026492　410872
**書經詮義十二卷首二卷**　(清)汪紱撰　清光緒七年(1881)紫陽書院刻本　九冊　存九卷(二至三、五至九、十一,首一)

360000－1901－0026493　410872－1
**書經詮義十二卷首二卷**　(清)汪紱撰　清光緒七年(1881)紫陽書院刻本　四冊　存三卷(九、十一,首一)

360000－1901－0026494　419529
**書經釋義六卷**　(清)李沛霖輯　清刻本　二冊　存四卷(三至六)

360000－1901－0026495　801562
**書經題解摘要□□卷**　(□)□□撰　清刻本　一冊　存三卷(一至三)

360000－1901－0026496　801561
**書經題要□□卷**　(清)徐瑄撰　清刻本　一冊　存一卷(四)

360000－1901－0026497　402472
**書經體注大全合參六卷**　(清)錢希祥輯　清道光二十年(1840)古香書屋刻本　四冊

360000－1901－0026498　419511
**書經體注大全合參六卷**　(清)錢希祥輯　清道光二十四年(1844)金閶綠蔭堂刻本　四冊

360000－1901－0026499　402473
**書經體注大全合參六卷**　(清)錢希祥輯　清刻本　四冊

360000－1901－0026500　402474
**書經體注大全合參六卷**　(清)錢希祥輯　清刻本　二冊　存四卷(三至六)

360000－1901－0026501　419510
**書經體注大全合參六卷**　(清)錢希祥輯　清刻本　三冊

360000－1901－0026502　419512
**書經體注大全合參六卷**　(清)錢希祥輯　清龍江書屋刻本　四冊

360000－1901－0026503　402470
**書經體注大全合參六卷**　(清)錢希祥輯　清咸豐二年(1852)刻本　二冊

360000－1901－0026504　402471
**書經體注大全合參六卷**　(清)錢希祥輯　清咸豐二年(1852)刻本　三冊　存四卷(一至四)

360000－1901－0026505　419513
**書經體注大全合參六卷**　(清)錢希祥輯　清玉軸樓刻本　四册

360000－1901－0026506　419507
**書經體注大全合參六卷**　(清)錢希祥輯　**書經六卷**　(宋)蔡沈集傳　清大文堂刻本　四册

360000－1901－0026507　419517
**書經體注大全合參六卷**　(清)錢希祥輯　**書經六卷**　(宋)蔡沈集傳　清大文堂刻本　四册

360000－1901－0026508　419519
**書經體注大全合參六卷**　(清)錢希祥輯　**書經六卷**　(宋)蔡沈集傳　清會友堂刻本　四册

360000－1901－0026509　419521
**書經體注大全合參六卷**　(清)錢希祥輯　**書經六卷**　(宋)蔡沈集傳　清敬書堂刻本　四册

360000－1901－0026510　419508
**書經體注大全合參六卷**　(清)錢希祥輯　**書經六卷**　(宋)蔡沈集傳　清刻本　四册

360000－1901－0026511　419509
**書經體注大全合參六卷**　(清)錢希祥輯　**書經六卷**　(宋)蔡沈集傳　清刻本　四册

360000－1901－0026512　419520
**書經體注大全合參六卷**　(清)錢希祥輯　**書經六卷**　(宋)蔡沈集傳　清刻本　四册

360000－1901－0026513　419518
**書經體注大全合參六卷**　(清)錢希祥輯　**書經六卷**　(宋)蔡沈集傳　清文奎堂刻本　四册

360000－1901－0026514　419516
**書經體注大全合參六卷**　(清)錢希祥輯　**書經六卷**　(宋)蔡沈集傳　清務本堂刻本　四册

360000－1901－0026515　419514
**書經體注大全合參六卷**　(清)錢希祥輯　**書經六卷**　(宋)蔡沈集傳　清學源堂刻本　四册

360000－1901－0026516　419515
**書經體注大全合參六卷**　(清)錢希祥輯　**書經六卷**　(宋)蔡沈集傳　清學源堂刻本　二册

360000－1901－0026517　420280
**書經體注大全四卷**　(清)范翔参訂　清康熙五十七年(1718)刻本　二册

360000－1901－0026518　420279
**書經體注四卷**　(清)范翔参訂　清刻本　二册

360000－1901－0026519　420278
**書經體注四卷首一卷**　(清)范翔参訂　清刻本　四册

360000－1901－0026520　121333
**書經五卷**　(明)艾南英評　(清)喻師顏輯　清嘉慶十年(1805)刻本　二册

360000－1901－0026521　121334
**書經五卷**　(明)艾南英評　(清)喻師顏輯　清嘉慶四年(1799)桂林堂刻本　二册

360000－1901－0026522　414124
**書經五卷**　(明)艾南英評　(清)喻師顏輯　清嘉慶四年(1799)桂林堂刻本　二册

360000－1901－0026523　414125
**書經五卷**　(明)艾南英評　(清)喻師顏輯　清嘉慶四年(1799)桂林堂刻本　二册

360000－1901－0026524　414126
**書經五卷**　(明)艾南英評　(清)喻師顏輯　清嘉慶四年(1799)桂林堂刻本　二册

360000－1901－0026525　123161
**書經疑義六卷首一卷**　(清)黄玫撰　清同治八年(1869)字香堂刻本　三册

360000－1901－0026526　803357
**書經異文考六卷**　(清)程履豐輯　清抄本　一册

360000－1901－0026527　210080
**書經繹二卷**　（明）鄧元錫撰　明萬曆刻本　二册

360000－1901－0026528　421318
**書經音訓不分卷**　（清）楊國楨撰　清光緒三年(1877)湖北崇文書局刻十一經音訓本　一册

360000－1901－0026529　419491
**書經虞書四卷**　（清）何振宗輯　清康熙二十九年(1690)建邑志局刻本　四册

360000－1901－0026530　803482
**書經擇粹□□卷**　（□）□□撰　清刻本　一册　存一卷(二)

360000－1901－0026531　801113
**書經增訂旁訓四卷**　（清）徐立綱輯　清匠門書屋刻本　一册　存二卷(三至四)

360000－1901－0026532　801114
**書經增訂旁訓四卷**　（清）徐立綱輯　清匠門書屋刻本　一册　存一卷(四)

360000－1901－0026533　402594－3
**書經增訂旁訓四卷**　（清）徐立綱輯　清匠門書屋刻五經增訂旁訓本　二册

360000－1901－0026534　801112
**書經增訂旁訓四卷**　（清）徐立綱輯　清刻本　一册　存二卷(三至四)

360000－1901－0026535　801115
**書經增訂旁訓四卷**　（清）徐立綱輯　清刻本　一册　存一卷(四)

360000－1901－0026536　801557
**書經增訂旁訓四卷**　（清）徐立綱輯　清刻本　一册

360000－1901－0026537　802933
**書經增訂旁訓四卷**　（清）徐立綱輯　清刻本　一册　存二卷(一至二)

360000－1901－0026538　402590－2
**書經增訂旁訓四卷**　（清）徐立綱輯　清刻五經增訂旁訓本　一册　存二卷(三至四)

360000－1901－0026539　402590－3
**書經增訂旁訓四卷**　（清）徐立綱輯　清刻五經增訂旁訓本　一册　存二卷(三至四)

360000－1901－0026540　402590－4
**書經增訂旁訓四卷**　（清）徐立綱輯　清刻五經增訂旁訓本　一册　存二卷(三至四)

360000－1901－0026541　419501
**書經增訂旁訓四卷**　（清）徐立綱輯　清孝思堂刻本　一册

360000－1901－0026542　802259
**書經正文六卷**　（清）□□輯　清刻本　一册　存二卷(五至六)

360000－1901－0026543　210078
**書經纂言四卷**　（元）吴澄撰　清乾隆二十一年(1756)吴氏刻本　四册

360000－1901－0026544　421800
**書目答問五卷别錄一卷國朝著述諸家姓名略一卷**　（清）張之洞撰　清光緒二十二年(1896)寶善書局石印本　二册

360000－1901－0026545　421804
**書目答問五卷别錄一卷國朝著述諸家姓名略一卷**　（清）張之洞撰　清光緒二十三年(1897)新化三味堂刻本　二册

360000－1901－0026546　414616－1
**書目答問五卷别錄一卷國朝著述諸家姓名略一卷**　（清）張之洞撰　清光緒刻本　一册　存一卷(三)

360000－1901－0026547　414617
**書目答問五卷别錄一卷國朝著述諸家姓名略一卷**　（清）張之洞撰　清光緒刻本　二册

360000－1901－0026548　800874
**書目答問五卷别錄一卷國朝著述諸家姓名略一卷**　（清）張之洞撰　清光緒刻本　一册　存二卷(書目答問經部、史部)

360000－1901－0026549　414616
**書目答問五卷别錄一卷國朝著述諸家姓名略一卷**　（清）張之洞撰　清光緒六年(1880)越

東綏安山房刻本　一冊　存二卷（一、三）

360000－1901－0026550　303253

**書目答問五卷別録一卷國朝著述諸家姓名略一卷**　（清）張之洞撰　清光緒十四年（1888）上海蜚英館石印本　二冊

360000－1901－0026551　414614

**書目答問五卷別録一卷國朝著述諸家姓名略一卷**　（清）張之洞撰　清光緒十四年（1888）上海鴻文書局石印本　一冊　存二卷（一至二）

360000－1901－0026552　161827

**書目答問五卷別録一卷國朝著述諸家姓名略一卷**　（清）張之洞撰　清光緒石印本　二冊

360000－1901－0026553　414615

**書目答問五卷別録一卷國朝著述諸家姓名略一卷**　（清）張之洞撰　清光緒四年（1878）上海淞隱閣鉛印本　四冊

360000－1901－0026554　421801

**書目答問五卷別録一卷國朝著述諸家姓名略一卷**　（清）張之洞撰　清光緒四年（1878）上海淞隱閣鉛印本　一冊

360000－1901－0026555　414618

**書目答問五卷別録一卷國朝著述諸家姓名略一卷**　（清）張之洞撰　清刻本　二冊

360000－1901－0026556　414619

**書目答問五卷別録一卷國朝著述諸家姓名略一卷**　（清）張之洞撰　清刻本　三冊

360000－1901－0026557　414620

**書目答問五卷別録一卷國朝著述諸家姓名略一卷**　（清）張之洞撰　清刻本　一冊

360000－1901－0026558　414621

**書目答問五卷別録一卷國朝著述諸家姓名略一卷**　（清）張之洞撰　清刻本　一冊　存一卷（一）

360000－1901－0026559　414621－1

**書目答問五卷別録一卷國朝著述諸家姓名略一卷**　（清）張之洞撰　清刻本　一冊　存四卷（書目答問子部、集部，別録一卷，國朝著述諸家姓名略一卷）

360000－1901－0026560　414622

**書目答問五卷別録一卷國朝著述諸家姓名略一卷**　（清）張之洞撰　清刻本　一冊　存二卷（書目答問經目、史目）

360000－1901－0026561　800498

**書目答問五卷別録一卷國朝著述諸家姓名略一卷**　（清）張之洞撰　清刻本　二冊　存六卷（書目答問史部、子部、集部、叢書目，別録一卷，國朝著述諸家姓名略一卷）

360000－1901－0026562　800882

**書目答問五卷別録一卷國朝著述諸家姓名略一卷**　（清）張之洞撰　清刻本　一冊　存三卷（書目答問集部、叢部，國朝著述諸家姓名略一卷）

360000－1901－0026563　421802

**書目答問五卷別録一卷國朝著述諸家姓名略一卷**　（清）張之洞撰　清宣統三年（1911）上海掃葉山房石印本　二冊

360000－1901－0026564　161823

**書目答問五卷別録一卷國朝著述諸家姓名略一卷**　（清）張之洞撰　清宣統元年（1909）掃葉山房石印本　二冊

360000－1901－0026565　403865

**書啓合璧十三卷**　（清）汪孝鍾　（清）張宗燾輯　清嘉慶元年（1796）刻本　六冊

360000－1901－0026566　403866

**書啓合璧十三卷**　（清）汪孝鍾　（清）張宗燾輯　清聚盛堂刻本　四冊　存八卷（一至八）

360000－1901－0026567　403867

**書啓合璧十三卷**　（清）汪孝鍾　（清）張宗燾輯　清刻本　三冊　存六卷（一至二、五至八）

360000－1901－0026568　403868

**書啓合璧十三卷**　（清）汪孝鍾　（清）張宗燾輯　清刻本　二冊　存五卷（一至五）

360000－1901－0026569　150614
**書啓合璧十三卷**　(清)汪孝鍾　(清)張宗燾輯　清乾隆二十七年(1762)務本堂刻本　十冊

360000－1901－0026570　403864
**書啓入門三卷**　(清)游藝編　清刻本　一冊　存二卷(一至二)

360000－1901－0026571　412787
**書契便蒙不分卷**　(清)□□編　清光緒鉛印本　一冊

360000－1901－0026572　121340
**書學彙編四種不分卷**　(清)王贈芳撰　清道光十五年(1835)刻本　一冊

360000－1901－0026573　419019
**書業堂重訂古文釋義新編八卷**　(清)余誠評注　清光緒十五年(1889)掃葉山房刻本　三冊　存三卷(一、三至四)

360000－1901－0026574　419040
**書業堂重訂古文釋義新編八卷**　(清)余誠評注　清嘉慶十三年(1808)書業堂刻本　一冊　存二卷(一至二)

360000－1901－0026575　162566
**書影十一卷**　(清)周亮工撰　清雍正三年(1725)懷德堂刻本　五冊

360000－1901－0026576　901680
**書院月課選一卷**　(清)孫傳樞等撰　清刻本　一冊

360000－1901－0026577　403870
**書札雜箸一卷**　(清)費熙撰　清光緒二十二年(1896)刻本　一冊

360000－1901－0026578　405048
**書脂軒詩鈔三卷**　(清)歐陽涵撰　清道光二十九年(1849)刻本　一冊　存一卷(一)

360000－1901－0026579　160762
**舒恬軒周禮讀本六卷**　(清)龐佑清訂　清道光二十八年(1848)抄本　二冊

360000－1901－0026580　304410
**舒文靖集二卷事實擬冊一卷**　(宋)舒璘撰　**附錄三卷**　(清)徐時棟輯　**校勘記三卷**　(清)孫鏘輯　清光緒二十二年(1896)四明七千卷樓刻本　四冊

360000－1901－0026581　410095
**舒藝室詩存七卷**　(清)張文虎撰　清光緒七年(1881)刻本　二冊

360000－1901－0026582　304412
**舒藝室續筆一卷**　(清)張文虎撰　清同治、光緒刻本　一冊

360000－1901－0026583　410096
**舒藝室雜箸甲編二卷乙編二卷**　(清)張文虎撰　清光緒五年(1879)刻本　三冊

360000－1901－0026584　301065
**疎影樓詞五卷**　(清)姚燮撰　清道光十三年(1833)鎮海姚氏上湖草堂刻大梅山館集本　一冊

360000－1901－0026585　220528
**疏稿五卷**　(清)郭琇撰　清乾隆九年(1744)刻本　四冊

360000－1901－0026586　164071
**疏通河道□□卷**　(清)蔣訪撰　清道光木活字印本　一冊　存一卷(一)

360000－1901－0026587　163093
**樞言一卷續一卷**　(清)王柏心撰　清光緒十七年(1891)三餘草堂刻湖北叢書本　一冊

360000－1901－0026588　302649
**樞垣記略二十八卷**　(清)梁章鉅撰　清光緒元年(1875)刻本　六冊

360000－1901－0026589　900161
**塾課層級集十二卷**　(清)沈崗選　(清)沈兆升編　清嘉慶十六年(1811)刻本　一冊　存二卷(一至二)

360000－1901－0026590　902256
**塾課分編注釋八集續編八集**　(清)王步青編　(清)于光華注　清桂月樓刻本　二十三冊

360000－1901－0026591　902257

**塾課分編注釋八集續編八集**　(清)王步青編　(清)于光華注　清桂月樓刻本　四册　存三集(初集、二集、三集)

360000－1901－0026592　900505
**塾課文鈔八集**　(清)王步青評　(清)于光華編　清刻本　十四册

360000－1901－0026593　900507
**塾課文鈔八集**　(清)王步青評　(清)于光華編　清刻本　四册　存三集(一集上、五集、七集上)

360000－1901－0026594　900506
**塾課文鈔八集**　(清)王步青評　(清)于光華編　清心簡齋刻本　十五册　存七集(二至八)

360000－1901－0026595　900247
**塾課小題正鵠初集不分卷二集不分卷三集不分卷**　(清)李元度輯　**蒲編堂訓蒙草一卷**　(清)路德撰　清光緒七年(1881)四明簡香齋刻本　六册

360000－1901－0026596　900248
**塾課小題正鵠初集不分卷二集不分卷三集不分卷**　(清)李元度輯　**蒲編堂訓蒙草一卷**　(清)路德撰　清光緒七年(1881)四明簡香齋刻本　一册　存初集

360000－1901－0026597　900251
**塾課小題正鵠初集不分卷二集不分卷三集不分卷**　(清)李元度輯　**蒲編堂訓蒙草一卷**　(清)路德撰　清光緒五年(1879)刻本　三册　存三集

360000－1901－0026598　900252
**塾課小題正鵠初集不分卷二集不分卷三集不分卷**　(清)李元度輯　**蒲編堂訓蒙草一卷**　(清)路德撰　清光緒五年(1879)刻本　四册　存二集、三集

360000－1901－0026599　900250
**塾課小題正鵠初集不分卷二集不分卷三集不分卷**　(清)李元度輯　**蒲編堂訓蒙草一卷**　(清)路德撰　清刻本　二册　存三集

360000－1901－0026600　900251－1
**塾課小題正鵠初集不分卷二集不分卷三集不分卷**　(清)李元度輯　**蒲編堂訓蒙草一卷**　(清)路德撰　清刻本　一册　存一卷(蒲編堂訓蒙草一卷)

360000－1901－0026601　900255－1
**塾課小題正鵠初集不分卷二集不分卷三集不分卷**　(清)李元度輯　**蒲編堂訓蒙草一卷**　(清)路德撰　清刻本　一册　存三集

360000－1901－0026602　900255－2
**塾課小題正鵠初集不分卷二集不分卷三集不分卷**　(清)李元度輯　**蒲編堂訓蒙草一卷**　(清)路德撰　清刻本　一册　存二集

360000－1901－0026603　900249－1
**塾課小題正鵠初集不分卷二集不分卷三集不分卷**　(清)李元度輯　**蒲編堂訓蒙草一卷**　(清)路德撰　清同治九年(1870)刻朱印本　一册　存二集

360000－1901－0026604　900249
**塾課小題正鵠初集不分卷二集不分卷三集不分卷**　(清)李元度輯　**蒲編堂訓蒙草一卷**　(清)路德撰　清同治三年(1864)刻本　四册

360000－1901－0026605　900254
**塾課小題正鵠初集不分卷二集不分卷三集不分卷養正草一卷**　(清)李元度輯　**訓蒙草一卷**　(清)路德撰　清刻本　四册

360000－1901－0026606　900255
**塾課小題正鵠初集不分卷二集不分卷三集不分卷養正草一卷**　(清)李元度輯　**訓蒙草一卷**　(清)路德撰　清刻本　一册

360000－1901－0026607　802888
**塾課小題正鵠初集不分卷二集不分卷養正草一卷**　(清)李元度輯　**訓蒙草一卷**　(清)路德撰　清光緒十五年(1889)鴻寶齋石印本　三册

360000－1901－0026608　900253
**塾課小題正鵠初集不分卷二集二卷三集三卷**　(清)李元度輯　**蒲編堂訓蒙草一卷**　(清)

路德撰　清刻本　五冊　存五卷(二集二卷、三集三卷)

360000－1901－0026609　801588
**塾課小題正鵠初集不分卷二集二卷三集三卷**　(清)李元度輯　**訓蒙草詳注一卷**　(清)路德撰　清光緒五年(1879)刻本　一冊　存一卷(訓蒙草詳注一卷)

360000－1901－0026610　801589
**塾課小題正鵠初集不分卷二集二卷三集三卷**　(清)李元度輯　**訓蒙草詳注一卷**　(清)路德撰　清光緒五年(1879)刻本　一冊　存一卷(訓蒙草詳注一卷)

360000－1901－0026611　802880
**塾課小題正鵠二集不分卷**　(清)李元度輯　清咸豐九年(1859)紅桂山房刻本　一冊

360000－1901－0026612　300332
**塾言一卷**　陳澹然撰　清光緒二十八年(1902)金陵宜春閣木活字印本　一冊

360000－1901－0026613　900929
**署側儺神堂冊不分卷**　(清)宋池鳳輯　清光緒十三年(1887)刻本　一冊

360000－1901－0026614　900937
**署側儺神堂冊不分卷**　(清)宋春瑞輯　清光緒十三年(1887)刻本　一冊

360000－1901－0026615　161920
**蜀碧四卷**　(清)彭遵泗撰　清嘉慶十年(1805)刻本　二冊

360000－1901－0026616　161934
**蜀碧四卷**　(清)彭遵泗撰　清嘉慶十年(1805)刻本　二冊

360000－1901－0026617　164478
**蜀典十二卷**　(清)張澍撰　清光緒二年(1876)尊經書院刻本　四冊

360000－1901－0026618　164479
**蜀故二十七卷**　(清)彭遵泗撰　清光緒刻本　六冊

360000－1901－0026619　121988
**蜀僚問答二卷讀律心得三卷**　(清)劉衡撰　清道光十六年(1836)刻本　一冊　存二卷(蜀僚問答二卷)

360000－1901－0026620　412923
**蜀僚問答二卷讀律心得三卷**　(清)劉衡撰　清道光十六年(1836)刻本　一冊

360000－1901－0026621　412923－1
**蜀僚問答二卷讀律心得三卷**　(清)劉衡撰　清道光十六年(1836)刻本　一冊

360000－1901－0026622　414087
**蜀僚問答二卷讀律心得三卷**　(清)劉衡撰　清道光十六年(1836)刻本　一冊　存二卷(蜀僚問答二卷)

360000－1901－0026623　303472
**蜀水攷四卷**　(清)陳登龍撰　清光緒五年(1879)刻本　二冊

360000－1901－0026624　413087
**蜀雅二十卷**　(清)李調元輯　清光緒七年(1881)廣漢刻本　二冊

360000－1901－0026625　161925
**蜀輶日記四卷**　(清)陶澍撰　清道光七年(1827)刻本　一冊

360000－1901－0026626　162063
**蜀輶日記四卷**　(清)陶澍撰　清道光七年(1827)刻本　一冊

360000－1901－0026627　407844
**蜀輶日記四卷**　(清)陶澍撰　清道光四年(1824)刻本　二冊

360000－1901－0026628　901962
**蜀輶日記四卷**　(清)陶澍撰　清刻本　一冊　存一卷(四)

360000－1901－0026629　210495
**蜀語一卷**　(明)李實撰　**巵辭一卷**　(明)王褘撰　清乾隆綿州李調元萬卷樓刻函海本　一冊

360000－1901－0026630　305508
**述德齋課藝不分卷**　(清)張景崧等撰　清刻

本　四册

360000－1901－0026631　307740
**述古堂文集十二卷**　(清)錢兆鵬撰　清刻本　四册

360000－1901－0026632　163346
**述懷詩草一卷**　(清)費庚吉撰　清刻本　一册

360000－1901－0026633　160709
**述均十卷**　(清)夏燮撰　清咸豐五年(1855)鄱陽官廨刻本　二册

360000－1901－0026634　121147
**述聞齋詩草三卷**　(清)宋家蒸撰　清光緒八年(1882)刻本　一册

360000－1901－0026635　410099
**述聞齋詩草三卷**　(清)宋家蒸撰　清光緒八年(1882)刻本　一册

360000－1901－0026636　410099－1
**述聞齋詩草三卷**　(清)宋家蒸撰　清光緒八年(1882)刻本　一册

360000－1901－0026637　315017
**述學内篇三卷補遺一卷外篇一卷别録一卷**　(清)汪中撰　清嘉慶二十年(1815)江都汪喜孫刻本　一册

360000－1901－0026638　722518
**述學内篇三卷補遺一卷外篇一卷别録一卷春秋述義一卷校勘記一卷**　(清)汪中撰　清道光至光緒南海伍氏刻粤雅堂叢書本　一册　存三卷(述學内篇三卷)

360000－1901－0026639　305509
**述學内篇三卷補遺一卷外篇一卷别録一卷春秋述義一卷校勘記一卷**　(清)汪中撰　清刻本　一册

360000－1901－0026640　305510
**述學内篇三卷補遺一卷外篇一卷别録一卷春秋述義一卷校勘記一卷**　(清)汪中撰　清末石印本　一册

360000－1901－0026641　301953
**述學内篇三卷補遺一卷外篇一卷别録一卷春秋述義一卷校勘記一卷**　(清)汪中撰　清同治八年(1869)刻本　一册

360000－1901－0026642　313666
**述學内篇三卷補遺一卷外篇一卷别録一卷春秋述義一卷校勘記一卷**　(清)汪中撰　清同治八年(1869)揚州書局刻本　二册

360000－1901－0026643　404887
**述學内篇三卷補遺一卷外篇一卷别録一卷春秋述義一卷校勘記一卷**　(清)汪中撰　清同治八年(1869)揚州書局刻本　二册

360000－1901－0026644　404888
**述學内篇三卷補遺一卷外篇一卷别録一卷春秋述義一卷校勘記一卷**　(清)汪中撰　清同治八年(1869)揚州書局刻本　二册

360000－1901－0026645　313977
**述異記二卷**　(南朝梁)任昉撰　清光緒元年(1875)湖北崇文書局刻本　一册

360000－1901－0026646　603453
**述異記二卷**　(南朝梁)任昉撰　清光緒元年(1875)湖北崇文書局刻本　一册

360000－1901－0026647　121146
**述園遺稿不分卷**　(清)晏善澄撰　清道光八年(1828)刻本　四册

360000－1901－0026648　417388－1
**述朱質疑十六卷**　(清)夏炘撰　清刻本　一册　存四卷(四至七)

360000－1901－0026649　123273
**述朱質疑十六卷**　(清)夏炘撰　清咸豐二年(1852)景紫山房刻本　四册

360000－1901－0026650　123274
**述朱質疑十六卷**　(清)夏炘撰　清咸豐二年(1852)景紫山房刻本　四册

360000－1901－0026651　405263
**述朱質疑十六卷**　(清)夏炘撰　清咸豐二年(1852)景紫山房刻本　四册

360000－1901－0026652　405264

**述朱質疑十六卷**　(清)夏炘撰　清咸豐二年(1852)景紫山房刻本　四册

360000－1901－0026653　417388
**述朱質疑十六卷**　(清)夏炘撰　清咸豐二年(1852)景紫山房刻本　一册　存四卷(十三至十六)

360000－1901－0026654　230620
**恕中和尚語録六卷**　(元)釋無愠撰　(明)釋宗黼等輯　明萬曆二十六年(1598)金壇于玉立等刻徑山藏本　一册

360000－1901－0026655　318118－9
**術數書抄本不分卷**　(清)□□編　清抄本　一册

360000－1901－0026656　410097
**漱芳居詩鈔三十二卷**　(清)趙清藜撰　清嘉慶刻本　九册　存三十卷(三至三十二)

360000－1901－0026657　405453
**漱芳亭詩草一卷**　(清)袁彌渡撰　(清)谷涵榮輯　清光緒三年(1877)刻本　一册

360000－1901－0026658　405452
**漱六軒詩稿一卷**　(清)仲恒省撰　清光緒二十二年(1896)刻本　一册

360000－1901－0026659　722213
**漱玉軒詩鈔一卷**　(清)蕭柔貞撰　清咸豐五年(1855)刻本　一册

360000－1901－0026660　305654
**漱芳居文鈔八卷二集八卷**　(清)趙青藜撰　清趙氏漱芳居刻本　七册　缺二卷(二集七至八)

360000－1901－0026661　415841
**漱芳軒合纂春秋體注四卷**　(清)范翔參訂　清康熙五十三年(1714)雲林大盛堂刻本　三册　存三卷(一至三)

360000－1901－0026662　402390
**漱芳軒合纂禮記體注四卷**　(清)范翔參訂　清道光二十年(1840)刻本　四册

360000－1901－0026663　402391
**漱芳軒合纂禮記體注四卷**　(清)范翔參訂　清道光二十年(1840)刻本　二册　存二卷(一、三)

360000－1901－0026664　402386
**漱芳軒合纂禮記體注四卷**　(清)范翔參訂　清光緒三十三年(1907)昭陵維新書局刻本　四册

360000－1901－0026665　402373
**漱芳軒合纂禮記體注四卷**　(清)范翔參訂　清刻本　四册

360000－1901－0026666　402377
**漱芳軒合纂禮記體注四卷**　(清)范翔參訂　清刻本　四册

360000－1901－0026667　402378
**漱芳軒合纂禮記體注四卷**　(清)范翔參訂　清刻本　四册

360000－1901－0026668　402379
**漱芳軒合纂禮記體注四卷**　(清)范翔參訂　清刻本　四册

360000－1901－0026669　402380
**漱芳軒合纂禮記體注四卷**　(清)范翔參訂　清刻本　四册

360000－1901－0026670　402381
**漱芳軒合纂禮記體注四卷**　(清)范翔參訂　清刻本　四册

360000－1901－0026671　402382
**漱芳軒合纂禮記體注四卷**　(清)范翔參訂　清刻本　四册

360000－1901－0026672　402383
**漱芳軒合纂禮記體注四卷**　(清)范翔參訂　清刻本　四册

360000－1901－0026673　402384
**漱芳軒合纂禮記體注四卷**　(清)范翔參訂　清刻本　四册

360000－1901－0026674　402385
**漱芳軒合纂禮記體注四卷**　(清)范翔參訂　清刻本　四册

360000－1901－0026675　402389－1
**漱芳軒合纂禮記體注四卷**　(清)范翔參訂
清刻本　一冊　存一卷(三)

360000－1901－0026676　402387
**漱芳軒合纂禮記體注四卷**　(清)范翔參訂
清培德堂刻本　四冊

360000－1901－0026677　210178
**漱芳軒合纂禮記體注四卷**　(清)范翔參訂
清乾隆五十五年(1790)刻本　四冊

360000－1901－0026678　402394
**漱芳軒合纂禮記體注四卷**　(清)范翔參訂
清同治五年(1866)刻本　二冊

360000－1901－0026679　402395
**漱芳軒合纂禮記體注四卷**　(清)范翔參訂
清同治五年(1866)刻本　四冊

360000－1901－0026680　402389
**漱芳軒合纂禮記體注四卷**　(清)范翔參訂
清文會堂刻本　二冊　存二卷(三至四)

360000－1901－0026681　402388
**漱芳軒合纂禮記體注四卷**　(清)范翔參訂
清文奎堂刻本　四冊

360000－1901－0026682　402388－1
**漱芳軒合纂禮記體注四卷**　(清)范翔參訂
清文奎堂刻本　一冊　存一卷(二)

360000－1901－0026683　402392
**漱芳軒合纂禮記體注四卷**　(清)范翔參訂
清咸豐二年(1852)刻本　二冊

360000－1901－0026684　402393
**漱芳軒合纂禮記體注四卷**　(清)范翔參訂
清咸豐二年(1852)刻本　二冊

360000－1901－0026685　603129
**漱芳軒合纂禮記體註四卷**　(清)范翔參訂
清刻五經體注大全本　一冊　存一卷(二)

360000－1901－0026686　403178
**漱芳軒合纂四書體注十九卷**　(清)范翔參訂
清桂月樓刻本　二冊　存五卷(孟子一至三、六至七)

360000－1901－0026687　403175
**漱芳軒合纂四書體注十九卷**　(清)范翔參訂
清康熙四十三年(1704)刻本　五冊　存十卷(大學一卷,論語六至十,孟子一至二、四至五)

360000－1901－0026688　403178－2
**漱芳軒合纂四書體注十九卷**　(清)范翔參訂
清刻本　二冊　存四卷(大學一卷、中庸一卷、孟子四至五)

360000－1901－0026689　804175
**漱芳軒合纂四書體注十九卷**　(清)范翔參訂
清刻本　一冊　存三卷(孟子一至三)

360000－1901－0026690　160390
**漱芳軒合纂四書體注十九卷**　(清)范翔參訂
清立本堂刻本　四冊

360000－1901－0026691　403178－1
**漱芳軒合纂四書體注十九卷**　(清)范翔參訂
清立本堂刻本　一冊　存三卷(孟子一至三)

360000－1901－0026692　403175－1
**漱芳軒合纂四書體注十九卷**　(清)范翔參訂
清靈蘭堂刻本　四冊　存十四卷(論語十卷、孟子四至七)

360000－1901－0026693　403174
**漱芳軒合纂四書體注十九卷**　(清)范翔參訂
清乾隆二十七年(1762)刻本　六冊

360000－1901－0026694　403177
**漱芳軒合纂四書體注十九卷**　(清)范翔參訂
清乾隆六十年(1795)四友堂刻本　四冊　存十二卷(大學一卷、中庸一卷、論語一至五、孟子一至五)

360000－1901－0026695　802979
**漱芳軒合纂四書體注十九卷**　(清)范翔參訂
清四友堂刻本　一冊　存五卷(論語六至十)

360000－1901－0026696　150532－2
**漱經齋座右銘類編一卷續編一卷**　(清)汪汲

撰　清刻本　二册

360000－1901－0026697　713671
**漱經齋座右銘類編一卷續編一卷**　（清）汪汲撰　清刻古愚老人消夏錄本　一册

360000－1901－0026698　405688
**漱經齋座右銘類編一卷續編一卷**　（清）汪汲撰　清乾隆五十九年（1794）刻本　二册

360000－1901－0026699　316831
**漱六山房文集十二卷詩集十二卷**　（清）郝植恭撰　清光緒四年至六年（1878－1880）刻本　十册

360000－1901－0026700　122030
**漱琴山莊詩鈔八卷**　（清）李照梅撰　清咸豐六年（1856）刻本　五册

360000－1901－0026701　801838
**漱石軒賦鈔一卷**　（清）吳恩韶撰　清刻本　一册

360000－1901－0026702　302119
**漱玉亭詩集六卷**　（清）釋超淵撰　清刻本　一册

360000－1901－0026703　319585
**漱玉亭詩集六卷**　（清）釋超淵撰　清刻本　二册

360000－1901－0026704　302117
**漱玉亭詩集一卷**　（清）釋超淵撰　清康熙刻咸豐增刻本　一册

360000－1901－0026705　302118
**漱玉亭詩集一卷**　（清）釋超淵撰　清康熙刻咸豐增刻民國五年（1916）印本　一册

360000－1901－0026706　417391
**數度衍二十三卷首三卷**　（清）方中通撰　清光緒四年（1878）桐城方氏刻本　七册　存二十二卷（一至十九、首三卷）

360000－1901－0026707　404838
**數目對語二卷**　（清）章慶輯　清刻本　一册

360000－1901－0026708　405715
**數目對語二卷**　（清）章慶輯　清刻本　一册

360000－1901－0026709　902102
**數學教科書二卷**　（清）葉懋宣編　清光緒三十二年（1906）上海通社久記鉛印本　一册　存一卷（二）

360000－1901－0026710　902103
**數學教科書二卷**　（清）葉懋宣編　清光緒三十一年（1905）上海通社久記鉛印本　一册　存一卷（二）

360000－1901－0026711　306354
**數學精詳十一卷首一卷末一卷**　（清）屈曾發輯　清末刻本　一册　存五卷（六至十）

360000－1901－0026712　304576
**數學精詳十一卷首一卷末一卷**　（清）屈曾發輯　清同治十一年（1872）刻本　五册　存八卷（一至五、十一，首一卷，末一卷）

360000－1901－0026713　417466
**數學精詳十一卷首一卷末一卷**　（清）屈曾發撰　清光緒八年（1882）蜀南黄氏刻本　三册　存三卷（四至五、首一卷）

360000－1901－0026714　417281
**數學精詳十一卷首一卷末一卷**　（清）屈曾發撰　清光緒二十四年（1898）復古書齋石印本　五册

360000－1901－0026715　417431
**數學精詳十一卷首一卷末一卷**　（清）屈曾發撰　清光緒二十四年（1898）上海經濟書室石印本　二册　存四卷（一、十一，首一卷，末一卷）

360000－1901－0026716　804508
**數學精詳十一卷首一卷末一卷**　（清）屈曾發撰　清末鉛印本　一册　存二卷（十一、末一卷）

360000－1901－0026717　417465
**數學精詳十一卷首一卷末一卷**　（清）屈曾發撰　清同治十年（1871）學海堂刻本　六册

360000－1901－0026718　417468

**數學理九卷附卷一卷**　(英國)棣麽甘撰　(英國)傅蘭雅口譯　(清)趙元益筆述　清光緒二十三年(1897)積山書局石印本　四册

360000 - 1901 - 0026719　317832
**數學啓蒙二卷**　(英國)偉烈亞力撰　清光緒二十六年(1900)廣雅書局刻本　二册

360000 - 1901 - 0026720　902106
**數學啓蒙二卷**　(英國)偉烈亞力撰　清光緒二十三年(1897)格致書室刻本　二册

360000 - 1901 - 0026721　306353
**數學啓蒙二卷**　(英國)偉烈亞力撰　清光緒鉛印本　一册　存一卷(一)

360000 - 1901 - 0026722　306352
**數學啓蒙二卷**　(英國)偉烈亞力撰　清光緒石印本　一册　存一卷(二)

360000 - 1901 - 0026723　717454
**數學尋原十卷**　(清)譚文撰　清乾隆二十三年(1758)刻本　四册

360000 - 1901 - 0026724　303429
**數學穎八卷**　(清)錢佩青撰　清光緒三十年(1904)章門刻本　三册

360000 - 1901 - 0026725　122343
**樹經堂詩初集十五卷續集八卷文集四卷**　(清)謝啓昆撰　清嘉慶刻本　八册

360000 - 1901 - 0026726　122344
**樹經堂詩初集十五卷續集八卷文集四卷**　(清)謝啓昆撰　清嘉慶刻本　八册

360000 - 1901 - 0026727　122345
**樹經堂詩初集十五卷續集八卷文集四卷**　(清)謝啓昆撰　清嘉慶刻本　七册　缺二卷(文集一至二)

360000 - 1901 - 0026728　122340
**樹經堂詠史詩八卷**　(清)謝啓昆撰　清道光刻本　八册

360000 - 1901 - 0026729　121706
**樹經堂詠史詩八卷**　(清)謝啓昆撰　清嘉慶刻本　二册

360000 - 1901 - 0026730　122341
**樹經堂詠史詩八卷**　(清)謝啓昆撰　清嘉慶刻本　二册

360000 - 1901 - 0026731　122342
**樹經堂詠史詩八卷**　(清)謝啓昆撰　清嘉慶刻本　二册

360000 - 1901 - 0026732　410470
**樹經堂詠史詩八卷**　(清)謝啓昆撰　清嘉慶刻本　一册　存三卷(一至三)

360000 - 1901 - 0026733　122346
**樹廬文鈔十卷**　(清)彭士望撰　清道光四年(1824)冠石山房刻本　六册

360000 - 1901 - 0026734　122347
**樹廬文鈔十卷**　(清)彭士望撰　清道光四年(1824)冠石山房刻本　四册

360000 - 1901 - 0026735　306117
**樹人堂讀杜詩二十五卷首一卷**　(清)汪灝輯　(清)胡履亨讀　清道光十二年(1832)銀城麥浪園刻本　七册　存二十三卷(三至二十五)

360000 - 1901 - 0026736　315887
**樹人堂讀杜詩二十五卷首一卷**　(清)汪灝輯　(清)胡履亨讀　清道光十二年(1832)銀城麥浪園刻本　八册

360000 - 1901 - 0026737　712875
**樹人堂讀杜詩二十五卷首一卷**　(清)汪灝輯　(清)胡履亨讀　清刻本　三册　存九卷(三至八、十三至十五)

360000 - 1901 - 0026738　122338
**樹人堂詩七卷多博唫一卷蒐遺一卷**　(清)帥念祖撰　清光緒五年(1879)奉新帥氏綠窗刻帥氏清芬集本　二册

360000 - 1901 - 0026739　122339
**樹人堂詩七卷多博唫一卷蒐遺一卷**　(清)帥念祖撰　清光緒五年(1879)奉新帥氏綠窗刻帥氏清芬集本　二册

360000 - 1901 - 0026740　410525

**樹人堂詩七卷多博唫一卷蒐遺一卷**　(清)帥念祖撰　清光緒五年(1879)奉新帥氏綠窗刻帥氏清芬集本　二冊

360000－1901－0026741　410526
**樹人堂詩七卷多博唫一卷蒐遺一卷**　(清)帥念祖撰　清光緒五年(1879)奉新帥氏綠窗刻帥氏清芬集本　二冊

360000－1901－0026742　410527
**樹人堂詩七卷多博唫一卷蒐遺一卷**　(清)帥念祖撰　清光緒五年(1879)奉新帥氏綠窗刻帥氏清芬集本　二冊

360000－1901－0026743　410528
**樹人堂詩七卷多博唫一卷蒐遺一卷**　(清)帥念祖撰　清光緒五年(1879)奉新帥氏綠窗刻帥氏清芬集本　二冊

360000－1901－0026744　410530
**樹人堂詩七卷多博唫一卷蒐遺一卷**　(清)帥念祖撰　清光緒五年(1879)奉新帥氏綠窗刻帥氏清芬集本　二冊

360000－1901－0026745　601454－2
**樹人堂詩七卷多博唫一卷蒐遺一卷**　(清)帥念祖撰　清光緒五年(1879)奉新帥氏綠窗刻帥氏清芬集本　二冊

360000－1901－0026746　410520
**帥方蔚行述一卷**　(清)帥之懃　(清)帥之憲撰　清同治刻本　一冊

360000－1901－0026747　800956
**帥蘭皐文鈔一卷**　(清)帥念祖撰　(清)袁棨編　清刻江西十家稿本　一冊

360000－1901－0026748　410521
**帥氏家禮儀注不分卷**　(清)帥□撰　清光緒奉新帥氏平原堂木活字印本　一冊

360000－1901－0026749　121229
**帥氏清芬集**　(清)帥之憲輯　清光緒奉新帥氏綠窗刻本　三十一冊

360000－1901－0026750　121230
**帥氏清芬集**　(清)帥之憲輯　清光緒奉新帥氏綠窗刻本　三十二冊

360000－1901－0026751　121231
**帥氏清芬集**　(清)帥之憲輯　清光緒奉新帥氏綠窗刻本　二十四冊　存十五種

360000－1901－0026752　123359
**帥氏清芬集**　(清)帥之憲輯　清光緒奉新帥氏綠窗刻本　十六冊　存九種

360000－1901－0026753　123360
**帥氏清芬集**　(清)帥之憲輯　清光緒奉新帥氏綠窗刻本　八冊　存七種

360000－1901－0026754　410519
**帥氏清芬集**　(清)帥之憲輯　清光緒奉新帥氏綠窗刻本　二十七冊

360000－1901－0026755　601454
**帥氏清芬集**　(清)帥之憲輯　清光緒奉新帥氏綠窗刻本　四冊　存二種

360000－1901－0026756　601454－1
**帥氏清芬集**　(清)帥之憲輯　清光緒奉新帥氏綠窗刻本　四冊　存二種

360000－1901－0026757　710536
**帥氏清芬集**　(清)帥之憲輯　清光緒奉新帥氏綠窗刻本　七冊　存二種

360000－1901－0026758　710537
**帥氏清芬集**　(清)帥之憲輯　清光緒奉新帥氏綠窗刻本　七冊　存二種

360000－1901－0026759　710538
**帥氏清芬集**　(清)帥之憲輯　清光緒奉新帥氏綠窗刻本　七冊　存二種

360000－1901－0026760　710539
**帥氏清芬集**　(清)帥之憲輯　清光緒奉新帥氏綠窗刻本　六冊　存二種

360000－1901－0026761　710540
**帥氏清芬集**　(清)帥之憲輯　清光緒奉新帥氏綠窗刻本　四冊　存二種

360000－1901－0026762　710541
**帥氏清芬集**　(清)帥之憲輯　清光緒奉新帥

氏綠窗刻本　三冊　存二種

360000－1901－0026763　710542
**帥氏清芬集**　（清）帥之憲輯　清光緒奉新帥氏綠窗刻本　二冊　存二種

360000－1901－0026764　300918
**霜紅龕集十二卷附錄一卷**　（清）傅山撰　清乾隆十二年（1747）張氏刻本　三冊

360000－1901－0026765　305112
**四印齋所刻詞**　（清）王鵬運輯　清光緒十四年（1888）臨桂王氏家塾刻本　二冊　存二種

360000－1901－0026766　163227
**雙白燕堂文集二卷外集八卷**　（清）陸耀遹撰　清光緒四年（1878）興國州署刻本　四冊

360000－1901－0026767　410898
**雙池策略六卷**　（清）汪紱撰　清道光八年（1828）汪膏德刻本　五冊　存五卷（一至四、六）

360000－1901－0026768　410899
**雙池策略六卷**　（清）汪紱撰　清道光八年（1828）汪膏德刻本　四冊　存三卷（三至四、六）

360000－1901－0026769　721885
**雙池策略六卷**　（清）汪紱撰　清道光八年（1828）汪膏德刻本　一冊　存一卷（一）

360000－1901－0026770　722412
**雙池策略六卷**　（清）汪紱撰　清道光八年（1828）汪膏德刻本　五冊　存五卷（二至六）

360000－1901－0026771　123089
**雙池策略六卷**　（清）汪紱撰　清道光六年（1826）刻本　六冊

360000－1901－0026772　123090
**雙池策略六卷**　（清）汪紱撰　清道光六年（1826）刻本　五冊　存五卷（一至五）

360000－1901－0026773　410873
**雙池文集十卷**　（清）汪紱撰　清道光十四年（1834）一經堂刻本　四冊

360000－1901－0026774　410874
**雙池文集十卷**　（清）汪紱撰　清道光十四年（1834）一經堂刻本　五冊　存九卷（一至八、十）

360000－1901－0026775　410875
**雙池文集十卷**　（清）汪紱撰　清道光十四年（1834）一經堂刻本　六冊

360000－1901－0026776　410876
**雙池文集十卷**　（清）汪紱撰　清道光十四年（1834）一經堂刻本　六冊

360000－1901－0026777　410877
**雙池文集十卷**　（清）汪紱撰　清道光十四年（1834）一經堂刻本　二冊　存三卷（一、四至五）

360000－1901－0026778　410877－1
**雙池文集十卷**　（清）汪紱撰　清道光十四年（1834）一經堂刻本　二冊　存三卷（一、四至五）

360000－1901－0026779　410877－2
**雙池文集十卷**　（清）汪紱撰　清道光十四年（1834）一經堂刻本　二冊　存三卷（一、四至五）

360000－1901－0026780　410877－3
**雙池文集十卷**　（清）汪紱撰　清道光十四年（1834）一經堂刻本　四冊　存四卷（一、四至六）

360000－1901－0026781　722375
**雙池文集十卷**　（清）汪紱撰　清道光十四年（1834）一經堂刻本　四冊

360000－1901－0026782　123086
**雙池先生［汪紱］年譜四卷**　（清）余龍光撰　清同治五年（1866）沱川理源刻本　二冊

360000－1901－0026783　123087
**雙池先生［汪紱］年譜四卷**　（清）余龍光撰　清同治五年（1866）沱川理源刻本　二冊

360000－1901－0026784　123088
**雙池先生［汪紱］年譜四卷**　（清）余龍光撰

清同治五年(1866)沱川理源刻本　二册

360000－1901－0026785　410861
**雙池先生[汪紱]年譜四卷**　(清)余龍光撰　清同治五年(1866)沱川理源刻本　二册

360000－1901－0026786　410862
**雙池先生[汪紱]年譜四卷**　(清)余龍光撰　清同治五年(1866)沱川理源刻本　二册

360000－1901－0026787　410863
**雙池先生[汪紱]年譜四卷**　(清)余龍光撰　清同治五年(1866)沱川理源刻本　二册

360000－1901－0026788　410864
**雙池先生[汪紱]年譜四卷**　(清)余龍光撰　清同治五年(1866)沱川理源刻本　二册

360000－1901－0026789　410865
**雙池先生[汪紱]年譜四卷**　(清)余龍光撰　清同治五年(1866)沱川理源刻本　四册　存二卷(一至二)

360000－1901－0026790　601773
**雙池先生[汪紱]年譜四卷**　(清)余龍光撰　清同治五年(1866)沱川理源刻本　二册

360000－1901－0026791　601774
**雙池先生[汪紱]年譜四卷**　(清)余龍光撰　清同治五年(1866)沱川理源刻本　二册

360000－1901－0026792　601775
**雙池先生[汪紱]年譜四卷**　(清)余龍光撰　清同治五年(1866)沱川理源刻本　二册

360000－1901－0026793　722374
**雙池先生[汪紱]年譜四卷**　(清)余龍光撰　清同治五年(1866)沱川理源刻本　二册

360000－1901－0026794　122538
**雙峰猥稿九卷首一卷末一卷**　(宋)舒邦佐撰　清道光二十九年(1849)靖安舒氏刻本　四册

360000－1901－0026795　122539
**雙峰猥稿九卷首一卷末一卷**　(宋)舒邦佐撰　清道光二十九年(1849)靖安舒氏刻本　四册

360000－1901－0026796　122540
**雙峰猥稿九卷首一卷末一卷**　(宋)舒邦佐撰　清道光二十九年(1849)靖安舒氏刻本　四册

360000－1901－0026797　601780
**雙峰猥稿九卷首一卷末一卷**　(宋)舒邦佐撰　清道光二十九年(1849)靖安舒氏刻本　二册　存七卷(二至四、八至九,首一卷,末一卷)

360000－1901－0026798　240382
**雙峰先生存稿六卷**　(宋)舒邦佐撰　(清)舒慕芬　(清)舒慕芳輯　清雍正九年(1731)刻本　一册

360000－1901－0026799　421534
**雙鳳奇緣傳二十卷八十回**　(清)雪樵主人撰　清道光二十六年(1846)刻本　二册　存七卷(一至五、十九至二十)二十九回(一至二十、七十二至八十)

360000－1901－0026800　421535
**雙鳳奇緣傳二十卷八十回**　(清)雪樵主人撰　清刻本　一册　存五卷(一至五)二十回(一至二十回)

360000－1901－0026801　421536
**雙鳳奇緣傳二十卷八十回**　(清)雪樵主人撰　清刻本　二册　存十卷(一至五、十六至二十)四十回(一至二十、六十一至八十)

360000－1901－0026802　803106
**雙鳳奇緣傳二十卷八十回**　(清)雪樵主人撰　清刻本　一册　存五卷(十一至十五)二十回(四十一至六十)

360000－1901－0026803　902465
**雙鳳奇緣傳二十卷八十回**　(清)雪樵主人撰　清刻本　一册　存五卷(六至十)二十回(二十一至四十)

360000－1901－0026804　601778
**雙桂堂稿十卷**　(清)紀大奎撰　清嘉慶十三年(1808)刻紀慎齋先生全集本　一册　存二卷(一至二)

360000－1901－0026805　601779
**雙桂堂稿十卷續編十二卷**　（清）紀大奎撰　清嘉慶十三年（1808）刻紀慎齋先生全集本　十一册　存十九卷（雙桂堂稿十卷，續編一至五、九至十二）

360000－1901－0026806　414925
**雙虹陳祠允房丁册一卷**　（清）陳嗣音　（清）陳在志編　清同治木活字印本　一册

360000－1901－0026807　301172
**雙忽雷本事一卷**　劉世珩撰　清宣統三年（1911）石印本　一册

360000－1901－0026808　240600
**雙江聶先生文集十四卷**　（明）聶豹撰　（明）徐階輯　清康熙四十年（1701）雲丘書院刻本　十四册

360000－1901－0026809　240601
**雙江聶先生文集十四卷**　（明）聶豹撰　（明）徐階輯　清康熙四十年（1701）雲丘書院刻本　十四册

360000－1901－0026810　240602
**雙江聶先生文集十四卷**　（明）聶豹撰　（明）徐階輯　清康熙四十年（1701）雲丘書院刻本　十四册

360000－1901－0026811　421965
**厚岡文集二十卷詩集四卷**　（清）李榮陛撰　清嘉慶二十年（1815）亘古齋刻李厚岡集本　八册　存十六卷（文集九至二十、詩集四卷）

360000－1901－0026812　413368
**雙節堂庸訓四卷**　（清）汪輝祖撰　清同治十一年（1872）刻本　一册

360000－1901－0026813　413368－1
**雙節堂庸訓四卷**　（清）汪輝祖撰　清同治十一年（1872）刻本　一册

360000－1901－0026814　413368－2
**雙節堂庸訓四卷**　（清）汪輝祖撰　清同治十一年（1872）刻本　一册

360000－1901－0026815　413368－3
**雙節堂庸訓四卷**　（清）汪輝祖撰　清同治十一年（1872）刻本　一册

360000－1901－0026816　413368－4
**雙節堂庸訓四卷**　（清）汪輝祖撰　清同治十一年（1872）刻本　一册

360000－1901－0026817　413368－5
**雙節堂庸訓四卷**　（清）汪輝祖撰　清同治十一年（1872）刻本　一册

360000－1901－0026818　413368－6
**雙節堂庸訓四卷**　（清）汪輝祖撰　清同治十一年（1872）刻本　一册

360000－1901－0026819　413368－7
**雙節堂庸訓四卷**　（清）汪輝祖撰　清同治十一年（1872）刻本　一册

360000－1901－0026820　805002
**雙節堂庸訓四卷**　（清）汪輝祖撰　清同治十一年（1872）刻本　一册

360000－1901－0026821　413154
**雙楳景闇叢書**　葉德輝輯　清光緒至宣統長沙葉德輝郎園刻本　一册　存四種

360000－1901－0026822　902486
**雙楳景闇叢書**　葉德輝輯　清光緒至宣統長沙葉德輝郎園刻本　一册　存三種

360000－1901－0026823　902492
**雙楳景闇叢書**　葉德輝輯　清光緒至宣統長沙葉德輝郎園刻本　一册　存五種

360000－1901－0026824　802081
**雙佩齋詩草五卷**　（清）王友亮撰　清抄本　一册

360000－1901－0026825　601776
**雙佩齋文集四卷駢體文集一卷**　（清）王友亮撰　清嘉慶刻本　一册

360000－1901－0026826　410965
**雙佩齋文集四卷駢體文集一卷詩集八卷**　（清）王友亮撰　**附補梅書屋詩草一卷**　（清）王麟生撰　清嘉慶十五年（1810）刻本　四册　存九卷（雙佩齋文集四卷、駢體文集一卷、

詩集一至四)

360000－1901－0026827　410967
**雙佩齋文集四卷駢體文集一卷詩集八卷**　(清)王友亮撰　**附補梅書屋詩草一卷**　(清)王麟生撰　清嘉慶十五年(1810)刻本　二冊　存五卷(雙佩齋文集一至三、詩集一至二)

360000－1901－0026828　404744
**雙圃氏同館賦鈔一卷周夢巖同館詩鈔一卷**　(清)李象鵾撰　清刻本　一冊

360000－1901－0026829　122545
**雙橋小筑詞存六卷集餘一卷**　(清)江人鏡撰　清光緒二十三年(1897)刻本　二冊

360000－1901－0026830　122546
**雙橋小筑詞存六卷集餘一卷**　(清)江人鏡撰　清光緒二十三年(1897)刻本　二冊

360000－1901－0026831　413269
**雙橋小築詞存四卷**　(清)江人鏡撰　清光緒十九年(1893)題襟館刻本　二冊

360000－1901－0026832　413682
**雙潤軒詩草四卷**　(清)易樹年撰　清刻本　二冊　存二卷(二、四)

360000－1901－0026833　122544
**雙壽贈言三卷**　(清)歐陽慎等編　清道光三年(1823)刻本　三冊

360000－1901－0026834　315147
**雙藤書屋詩集十二卷試帖二卷**　(清)何道生撰　清道光元年(1821)雕藻齋吳耀宗刻本　四冊

360000－1901－0026835　315662
**雙藤書屋詩集十二卷試帖二卷**　(清)何道生撰　清道光元年(1821)雕藻齋吳耀宗刻本　二冊

360000－1901－0026836　409964
**雙藤書屋詩集十二卷試帖二卷**　(清)何道生撰　**月波舫遺稿一卷**　(清)何熙績撰　清道光元年(1821)雕藻齋吳耀宗刻本　四冊

360000－1901－0026837　409965
**雙藤書屋詩集十二卷試帖二卷**　(清)何道生撰　**月波舫遺稿一卷**　(清)何熙績撰　清道光元年(1821)雕藻齋吳耀宗刻本　四冊

360000－1901－0026838　301175
**雙梧桐館集二十六卷**　(清)楊揩撰　清嘉慶十年(1805)刻本　八冊

360000－1901－0026839　240383
**雙溪文集十七卷**　(宋)王炎撰　明嘉靖十二年(1533)王懋元刻本　六冊

360000－1901－0026840　122541
**雙崖文集四卷首一卷附錄一卷雙崖詩集六卷**　(明)周忱撰　清光緒四年(1878)山前崇恩堂刻本　八冊

360000－1901－0026841　122542
**雙崖文集四卷首一卷附錄一卷雙崖詩集六卷**　(明)周忱撰　清光緒四年(1878)山前崇恩堂刻本　八冊

360000－1901－0026842　122543
**雙崖文集四卷首一卷附錄一卷雙崖詩集六卷**　(明)周忱撰　清光緒四年(1878)山前崇恩堂刻本　八冊

360000－1901－0026843　601781
**雙崖文集四卷首一卷附錄一卷雙崖詩集六卷**　(明)周忱撰　清光緒四年(1878)山前崇恩堂刻本　八冊

360000－1901－0026844　601782
**雙崖文集四卷首一卷附錄一卷雙崖詩集六卷**　(明)周忱撰　清光緒四年(1878)山前崇恩堂刻本　八冊

360000－1901－0026845　803231
**雙魚偶存不分卷**　(清)朱穎撰　清光緒二十五年(1899)抄本　一冊

360000－1901－0026846　410707
**雙魚罌齋錄莫子偲友芝集漢碑聯一卷**　(清)莫友芝輯　清刻本　一冊

360000－1901－0026847　301177
**雙鴛祠傳奇八齣**　(清)木石老人填詞　清嘉

慶刻本　二册

360000－1901－0026848　413162
**雙雲堂傳集**　(清)范□輯　清光緒甬上范氏刻本　五册　存四種

360000－1901－0026849　404773
**雙貞紀傳詩詞鈔一卷**　(清)朱錫祁輯　清光緒十年(1884)星子衙齋刻本　一册

360000－1901－0026850　404709
**爽鳩要錄二卷**　(清)蔣超伯輯　清刻本　一册

360000－1901－0026851　411254
**水邨詩義一卷**　(清)魏坤撰　(清)張大受評點　清刻本　一册

360000－1901－0026852　307643
**水道提綱二十八卷**　(清)齊召南撰　清光緒二十四年(1898)新化三味書室刻本　八册

360000－1901－0026853　410581
**水道提綱二十八卷**　(清)齊召南撰　清光緒七年(1881)上海文瑞樓鉛印本　七册　存二十五卷(四至二十八)

360000－1901－0026854　310759
**水道提綱二十八卷**　(清)齊召南撰　清光緒四年(1878)刻本　八册

360000－1901－0026855　311855
**水道提綱二十八卷**　(清)齊召南撰　清光緒四年(1878)刻本　八册

360000－1901－0026856　311873
**水道提綱二十八卷**　(清)齊召南撰　清光緒四年(1878)刻本　八册

360000－1901－0026857　161604
**水道提綱二十八卷**　(清)齊召南撰　清乾隆四十一年(1776)刻本　八册

360000－1901－0026858　301000
**水道提綱二十八卷**　(清)齊召南撰　清乾隆四十一年(1776)刻本　八册

360000－1901－0026859　305007
**水道源流五卷**　(清)胡宣慶撰　清光緒十七年(1891)長沙胡氏刻本　一册　存三卷(三至五)

360000－1901－0026860　163794
**水道直指一卷**　(清)張匡學輯　清嘉慶二年(1797)新安張氏上池書屋刻本　一册

360000－1901－0026861　803254
**水法圖說一卷**　(明)董德彰撰　清抄本　一册

360000－1901－0026862　410588
**水法圖說一卷**　(明)董德彰撰　(清)周惇庸增訂　清嘉慶十四年(1809)宏德堂刻本　一册

360000－1901－0026863　404389
**水府廟籤一卷**　(清)曹德坤等撰　清刻本　一册

360000－1901－0026864　161605
**水經四十卷**　題(漢)桑欽撰　(北魏)酈道元注　清康熙五十三年至五十四年(1714－1715)項絪羣玉書堂刻本　十六册

360000－1901－0026865　220762
**水經四十卷**　題(漢)桑欽撰　(北魏)酈道元注　清康熙五十三年至五十四年(1714－1715)項絪羣玉書堂刻本　十册

360000－1901－0026866　313583
**水經四十卷**　題(漢)桑欽撰　(北魏)酈道元注　清康熙五十三年至五十四年(1714－1715)項絪羣玉書堂刻本　十册

360000－1901－0026867　400864
**水經四十卷**　題(漢)桑欽撰　(北魏)酈道元注　清康熙五十三年至五十四年(1714－1715)項絪羣玉書堂刻本　七册　存二十七卷(一至五、九至十六、二十二至三十、三十六至四十)

360000－1901－0026868　220763
**水經四十卷**　題(漢)桑欽撰　(北魏)酈道元注　清乾隆十八年(1753)新安歙西黃晟槐蔭

草堂刻本　十四册

360000－1901－0026869　220764
**水經四十卷**　題(漢)桑欽撰　(北魏)酈道元注　清乾隆十八年(1753)新安歙西黄晟槐蔭草堂刻本　六册

360000－1901－0026870　311872
**水經四十卷**　題(漢)桑欽撰　(北魏)酈道元注　清乾隆十八年(1753)新安歙西黄晟槐蔭草堂刻同治二年(1863)長沙余氏明辨齋重修山水二經合刻本　十二册

360000－1901－0026871　309525
**水經注不分卷**　(北魏)酈道元撰　清刻本　二册

360000－1901－0026872　120275
**水經注匯校四十卷首一卷**　(清)楊希閔撰　**附録二卷**　(清)趙一清輯　清光緒七年(1881)福州刻本　十册

360000－1901－0026873　120276
**水經注匯校四十卷首一卷**　(清)楊希閔撰　**附録二卷**　(清)趙一清輯　清光緒七年(1881)福州刻本　十二册

360000－1901－0026874　400863
**水經注匯校四十卷首一卷**　(清)楊希閔撰　**附録二卷**　(清)趙一清輯　清光緒七年(1881)福州刻本　十二册

360000－1901－0026875　220766
**水經注箋四十卷**　(明)朱謀㙔撰　明萬曆四十三年(1615)李長庚刻本　一册　存四卷(二十一至二十四)

360000－1901－0026876　301002
**水經注釋地四十卷補遺二卷水道直指一卷**　(清)張匡學撰　清嘉慶二年(1797)新安張氏上池書屋刻本　四册

360000－1901－0026877　311878
**水經注釋地四十卷補遺二卷水道直指一卷**　(清)張匡學撰　清嘉慶二年(1797)新安張氏上池書屋刻本　十册　存四十卷(水經注釋地四十卷)

360000－1901－0026878　400867
**水經注釋地四十卷補遺二卷水道直指一卷**　(清)張匡學撰　清嘉慶二年(1797)新安張氏上池書屋刻本　七册　存二十五卷(一至二、七至十、十六至二十九、三十六至四十)

360000－1901－0026879　305009
**水經注釋四十卷首一卷水經注箋刊誤十二卷**　(清)趙一清撰　清光緒六年(1880)蛟川張氏華雨樓刻本　十七册　存四十八卷(一至三十九、首一卷,水經注箋刊誤五至十二)

360000－1901－0026880　308678
**水經注釋四十卷首一卷水經注箋刊誤十二卷**　(清)趙一清撰　清光緒六年(1880)蛟川張氏華雨樓刻本　六册　存九卷(九至十七)

360000－1901－0026881　220761
**水經注四十卷**　(北魏)酈道元撰　明崇禎二年(1629)嚴忍公等刻本　十二册

360000－1901－0026882　302166
**水經注四十卷**　(北魏)酈道元撰　清步月山房刻本　十六册

360000－1901－0026883　306720
**水經注四十卷**　(北魏)酈道元撰　清刻本　一册　存三卷(二十八至三十)

360000－1901－0026884　400865
**水經注四十卷**　(北魏)酈道元撰　清刻本　十一册　存二十八卷(十三至四十)

360000－1901－0026885　305008
**水經注四十卷補遺一卷**　(北魏)酈道元撰　**附録二卷**　(清)趙一清輯　清光緒十四年(1888)刻本　十五册　存三十八卷(一至二十七、三十一至四十,補遺一卷)

360000－1901－0026886　400860
**水經注四十卷首一卷**　(北魏)酈道元撰　清光緒三年(1877)湖北崇文書局刻崇文書局彙刻書本　十二册

360000－1901－0026887　400861

**水經注四十卷首一卷** (北魏)酈道元撰 清光緒三年(1877)湖北崇文書局刻崇文書局彙刻書本 十二册

360000－1901－0026888 220765
**水經注四十卷首一卷** (北魏)酈道元撰 清乾隆三十九年(1774)武英殿木活字印武英殿聚珍版書本 十二册

360000－1901－0026889 400866
**水經注四十卷首一卷** (北魏)酈道元撰 王先謙校 **附録二卷** (清)趙一清輯 清光緒十八年(1892)思賢講舍刻本 十六册

360000－1901－0026890 603143
**水經注四十卷首一卷** (北魏)酈道元撰 王先謙校 **附録二卷** (清)趙一清輯 清刻本 九册 存二十三卷(十八至四十)

360000－1901－0026891 313577
**水經注圖四十卷補一卷** 楊守敬撰 清光緒三十一年(1905)楊氏觀海堂刻朱墨套印本 八册

360000－1901－0026892 400868
**水經注圖一卷附録一卷** (清)汪士鐸撰 清末石印本 一册

360000－1901－0026893 161607
**水經注圖一卷附録一卷** (清)汪士鐸撰 清咸豐十一年(1861)刻本 一册

360000－1901－0026894 161981
**水經注圖一卷附録一卷** (清)汪士鐸撰 清咸豐十一年(1861)刻本 一册

360000－1901－0026895 301874
**水經注圖一卷附録一卷** (清)汪士鐸撰 清咸豐十一年(1861)刻本 一册

360000－1901－0026896 303616
**水經注西南諸水考三卷** (清)陳澧撰 清道光二十七年(1847)刻本 一册

360000－1901－0026897 306308－1
**水經注西南諸水考三卷** (清)陳澧撰 清光緒廣雅書局刻本 一册

360000－1901－0026898 410794
**水鏡集四卷** (清)范騋撰 清聚英堂刻本 一册 存二卷(二、四)

360000－1901－0026899 410795
**水鏡集四卷** (清)范騋撰 清映雪堂刻本 三册 存三卷(一至三)

360000－1901－0026900 403620
**水鏡亭草不分卷** (清)戴高撰 清刻本 一册

360000－1901－0026901 416481
**水雷秘要五卷圖一卷** (英國)史理孟撰 舒高第口譯 (清)鄭昌棪筆述 清光緒六年(1880)鉛印本 二册

360000－1901－0026902 900792
**水流雲在不分卷** (清)□□撰 清漪瀾軒抄本 一册

360000－1901－0026903 307706
**水陸戰守攻略方術秘書七種** (清)澼絖道人輯 清刻本 十六册

360000－1901－0026904 304241
**水明樓集一卷朝隱巵衍二卷** (清)袁昶撰 清宣統元年(1909)鉛印本 一册

360000－1901－0026905 241082
**水南灌叟遺稿六卷** (清)羅暹春撰 清乾隆四十八年(1783)二畝園刻本 六册

360000－1901－0026906 241083
**水南灌叟遺稿六卷** (清)羅暹春撰 清乾隆四十八年(1783)二畝園刻本 六册

360000－1901－0026907 241084
**水南灌叟遺稿六卷** (清)羅暹春撰 清乾隆四十八年(1783)二畝園刻本 五册 缺一卷(一)

360000－1901－0026908 410796
**水南灌叟遺稿六卷** (清)羅暹春撰 清乾隆四十八年(1783)二畝園刻本 一册 存一卷(一)

360000－1901－0026909 902114

**水師操法十八卷首一卷附一卷** （英國）傅雅蘭口譯 （清）徐建寅筆述 清刻本 三冊

360000－1901－0026910 410817
**水田居存詩三卷** （清）賀貽孫撰 清同治九年（1870）勅書樓刻水田居全集本 二冊

360000－1901－0026911 120265
**水田居存詩三卷** （清）賀貽孫撰 **附眠雲館詩集一卷** （清）賀稚圭撰 清同治九年（1870）勅書樓刻水田居全集本 三冊

360000－1901－0026912 410818
**水田居激書不分卷** （清）賀貽孫撰 （清）李祖陶評點 清刻本 二冊

360000－1901－0026913 410818－1
**水田居激書不分卷** （清）賀貽孫撰 （清）李祖陶評點 清刻本 一冊

360000－1901－0026914 410827
**水田居激書二卷** （清）賀貽孫撰 清道光四年（1824）養雲吟榭刻本 一冊

360000－1901－0026915 412832
**水田居激書二卷** （清）賀貽孫撰 清咸豐三年（1853）勅書樓刻本 一冊 存序

360000－1901－0026916 120266
**水田居激書二卷** （清）賀貽孫撰 清咸豐三年（1853）勅書樓刻水田居全集本 二冊

360000－1901－0026917 122303
**水田居激書二卷** （清）賀貽孫撰 清咸豐三年（1853）勅書樓刻水田居全集本 二冊

360000－1901－0026918 122304
**水田居激書二卷** （清）賀貽孫撰 清咸豐三年（1853）勅書樓刻水田居全集本 二冊

360000－1901－0026919 120263
**水田居全集** （清）賀貽孫撰 清道光二十六年至同治九年（1846－1870）勅書樓刻本 二十二冊

360000－1901－0026920 120264
**水田居全集** （清）賀貽孫撰 清道光二十六年至同治九年（1846－1870）勅書樓刻本 十八冊 存六種

360000－1901－0026921 601129
**水田居文集五卷** （清）賀貽孫撰 清康熙刻本 五冊

360000－1901－0026922 601130
**水田居文集五卷** （清）賀貽孫撰 清康熙刻本 六冊

360000－1901－0026923 601131
**水田居文集五卷** （清）賀貽孫撰 清康熙刻本 六冊

360000－1901－0026924 120262
**水田居文集五卷** （清）賀貽孫撰 清康熙十六年（1677）勅書樓刻本 五冊

360000－1901－0026925 410816
**水田居文集五卷** （清）賀貽孫撰 清永新賀氏刻本 二冊 存二卷（一、三）

360000－1901－0026926 240389
**水心文集二十九卷** （宋）葉適撰 明末刻本 十六冊

360000－1901－0026927 240390
**水心文集二十九卷** （宋）葉適撰 明末刻本 八冊

360000－1901－0026928 410486
**水心文集二十九卷** （宋）葉適撰 清乾隆二十年（1755）刻本 七冊 存十七卷（一至三、六至十四、二十至二十二、二十六至二十七）

360000－1901－0026929 410485
**水心先生別集十六卷** （宋）葉適撰 清同治九年（1870）瑞安孫氏詒善祠塾刻本 一冊 存五卷（六至十）

360000－1901－0026930 410484
**水心先生文集二十九卷補遺一卷** （宋）葉適撰 清同治九年（1870）瑞安孫氏詒善祠塾刻本 三冊 存十二卷（十至十三、十八至二十五）

360000－1901－0026931 416540
**水學須知一卷** （英國）傅蘭雅撰 清光緒十

七年(1891)刻本　一冊

360000－1901－0026932　801832
**水巖月麓山房詩藁一卷**　(清)□□撰　清抄本　一冊

360000－1901－0026933　120273
**水耘詩稿詩十三卷詞一卷**　(清)羅安撰　清嘉慶七年(1802)刻本　四冊

360000－1901－0026934　120274
**水雲村泯稿二十卷**　(元)劉壎撰　**恕菴遺稿一卷**　(明)劉冠寰撰　**爾齋文集一卷**　(清)劉凝撰　**南豐劉氏世譜一卷**　(清)劉凝撰　清道光十八年(1838)愛餘堂刻本　六冊

360000－1901－0026935　721832
**水竹居賦注釋不分卷**　(清)盛觀潮撰　清刻本　一冊

360000－1901－0026936　120267
**水竹主人詩鈔十一卷**　(清)周之楷撰　**繡餘小草一卷**　(清)楊霞撰　清光緒十一年(1885)刻本　六冊

360000－1901－0026937　120268
**水竹主人詩鈔十一卷**　(清)周之楷撰　**繡餘小草一卷**　(清)楊霞撰　清光緒十一年(1885)刻本　六冊

360000－1901－0026938　120269
**水竹主人詩鈔十一卷**　(清)周之楷撰　**繡餘小草一卷**　(清)楊霞撰　清光緒十一年(1885)刻本　四冊　缺四卷(五至八)

360000－1901－0026939　240722
**睡庵文稿初刻四卷二刻六卷**　(明)湯賓尹撰　明萬曆李曙寰先月樓刻本　三冊

360000－1901－0026940　240723
**睡庵文稿二刻補四卷**　(明)湯賓尹撰　明萬曆黄朝聘刻本　一冊

360000－1901－0026941　240724
**睡庵文稿三刻二卷**　(明)湯賓尹撰　明萬曆黄時溱刻本　一冊

360000－1901－0026942　240725
**睡庵文稿三刻二卷**　(明)湯賓尹撰　明萬曆黄時溱刻本　一冊

360000－1901－0026943　404768
**順郡留别紳民唱和集一卷**　(清)陳燦輯　清刻本　一冊

360000－1901－0026944　407828
**順適堂吟藁五卷**　(宋)葉茵撰　清嘉慶六年(1801)石門顧氏讀書畫齋刻南宋羣賢小集本　一冊

360000－1901－0026945　163007
**順治丙午搢紳錄略一卷附皇朝年表一卷**　易順鼎輯　清光緒刻本　一冊

360000－1901－0026946　901744
**順治丙戌至康熙丙戌二十三科小題與巧集不分卷**　(清)李沛霖　(清)李禎評選　清積秀堂刻本　十二冊

360000－1901－0026947　162777
**説鈴一卷**　(清)汪琬撰　清光緒四年(1878)刻本　一冊

360000－1901－0026948　413078
**説郛一百二十弓**　(明)陶宗儀輯　明末刻清順治三年(1646)李際期宛委山堂續刻彙印本　八冊　存五十二種

360000－1901－0026949　600323
**説郛一百二十弓**　(明)陶宗儀輯　清刻本　二冊　存十種

360000－1901－0026950　150420
**説郛一百二十弓**　(明)陶宗儀輯　**説郛續四十六弓**　(明)陶珽輯　明末刻清順治三年(1646)李際期宛委山堂續刻彙印本　一百五十三冊　存一千六百九十二種

360000－1901－0026951　250153
**説郛一百二十弓**　(明)陶宗儀輯　**説郛續四十六弓**　(明)陶珽輯　明末刻清順治三年(1646)李際期宛委山堂續刻彙印本　一百六十冊

360000－1901－0026952　210393

**說經二十六卷說莊三卷說騷一卷說文一卷** (清)韓泰青撰　清乾隆刻本　一册　存五卷(說莊三卷、說騷一卷、說文一卷)

360000－1901－0026953　413107
**說鈴**　(清)吴震方輯　清光緒五年(1879)文富堂刻本　三十一册

360000－1901－0026954　600326
**說鈴**　(清)吴震方輯　清光緒五年(1879)文富堂刻本　十五册　存三十二種

360000－1901－0026955　413105
**說鈴**　(清)吴震方輯　清嘉慶四年(1799)刻本　二十四册

360000－1901－0026956　600324
**說鈴**　(清)吴震方輯　清嘉慶五年(1800)明新堂重刻袖珍本　十四册　存三十三種

360000－1901－0026957　150422
**說鈴**　(清)吴震方輯　清嘉慶五年(1800)同人堂刻本　二十二册　存四十五種

360000－1901－0026958　412708
**說鈴**　(清)吴震方輯　清康熙刻本　二十二册

360000－1901－0026959　413109－1
**說鈴**　(清)吴震方輯　清康熙四十一年至五十一年(1702－1712)刻本　一册　存五種

360000－1901－0026960　000990
**說鈴**　(清)吴震方輯　清刻本　一册　存四種

360000－1901－0026961　413108
**說鈴**　(清)吴震方輯　清刻本　十六册

360000－1901－0026962　413108－1
**說鈴**　(清)吴震方輯　清刻本　十册

360000－1901－0026963　413108－2
**說鈴**　(清)吴震方輯　清刻本　五册

360000－1901－0026964　600325
**說鈴**　(清)吴震方輯　清刻本　二十册　存二十一種

360000－1901－0026965　603620
**說鈴**　(清)吴震方輯　清刻本　六册　存十九種

360000－1901－0026966　801815－1
**說鈴**　(清)吴震方輯　清刻本　二册　存四種

360000－1901－0026967　250046
**說略三十卷**　(明)顧起元輯　明雲山書院刻本　一册　存四卷(五至八)

360000－1901－0026968　314265
**說略三十卷**　(明)顧起元輯　清刻本　一册　存六卷(十四至十九)

360000－1901－0026969　163164
**說詩樂趣類編二十卷**　(清)伍涵芬輯　(清)汪正鈞參訂　清乾隆三十二年(1767)萃華堂刻本　六册

360000－1901－0026970　418116
**說詩樂趣類編二十卷附偶咏草續集一卷** (清)伍涵芬輯　(清)汪正鈞參訂　清嘉慶六年(1801)刻本　四册

360000－1901－0026971　418117
**說詩樂趣類編二十卷附偶咏草續集一卷** (清)伍涵芬輯　(清)汪正鈞參訂　清嘉慶六年(1801)刻本　三册　存八卷(一至二、十二至十七)

360000－1901－0026972　163163
**說詩晬語二卷**　(清)沈德潛撰　清嘉慶三年(1798)刻本　一册

360000－1901－0026973　418173
**說詩晬語二卷**　(清)沈德潛撰　清刻本　一册

360000－1901－0026974　241517
**說詩晬語二卷**　(清)沈德潛撰　清乾隆教忠堂刻沈歸愚詩文全集本　一册

360000－1901－0026975　241518
**說詩晬語二卷**　(清)沈德潛撰　清乾隆教忠堂刻沈歸愚詩文全集本　一册

360000－1901－0026976　421660
**說唐前傳十卷六十八回**　(清)如蓮居士撰　清大文堂刻本　三册　存六卷(一至六)四十一回(一至四十一)

360000－1901－0026977　804141
**說唐前傳十卷六十八回**　(清)如蓮居士撰　清聚英堂刻本　一册　存一卷(一)六回(一至六)

360000－1901－0026978　421659
**說唐前傳十卷六十八回**　(清)如蓮居士撰　清兩儀堂刻本　四册

360000－1901－0026979　421661
**說唐前傳十卷六十八回說唐薛家府傳六卷四十二回說唐小英雄傳二卷十六回**　(清)如蓮居士撰　清兩儀堂刻本　四册　存八卷(前傳一至四、薛家府傳一至二、小英雄傳二卷)五十七回(前傳一至二十七、薛家府傳一至十四、小英雄傳十六回)

360000－1901－0026980　421663
**說唐薛家府傳六卷四十二回說唐小英雄傳二卷十六回**　(清)如蓮居士撰　清刻本　一册　存二卷(薛家府傳五、小英雄傳一)十五回(薛家府傳二十九至三十五、小英雄傳一至八)

360000－1901－0026981　410578
**說帖類編三十六卷**　(清)律例館編　清道光十五年(1835)律例館刻本　十六册

360000－1901－0026982　410578－1
**說帖類編三十六卷**　(清)律例館編　清道光十五年(1835)律例館刻本　四册　存七卷(一至二、五至六、二十九、三十五至三十六)

360000－1901－0026983　404149
**說文辨疑一卷**　(清)顧廣圻撰　清光緒三年(1877)湖北崇文書局刻本　一册

360000－1901－0026984　404146
**說文辨字正俗八卷**　(清)李富孫撰　清嘉慶二十三年(1818)刻本　二册

360000－1901－0026985　161107
**說文辨字正俗八卷**　(清)李富孫撰　清同治九年(1870)校經廎刻本　四册

360000－1901－0026986　421845
**說文部首歌一卷**　(清)馮桂芬撰　**說文補例一卷**　(清)張度敦撰　清抄本　一册

360000－1901－0026987　803240
**說文部首解字一卷**　(□)□□撰　清抄本　一册

360000－1901－0026988　404174
**說文部首均語一卷**　(清)黄壽鳳編　清倪元卿抄本　一册

360000－1901－0026989　404151
**說文答問疏證六卷**　(清)錢大昕撰　(清)薛傳均注　清光緒八年(1882)刻本　二册

360000－1901－0026990　404152
**說文答問疏證六卷**　(清)錢大昕撰　(清)薛傳均注　清刻本　二册

360000－1901－0026991　404179
**說文段注校三種**　葉德輝輯　劉肇隅編　清光緒二十八年(1902)長沙葉德輝刻本　一册

360000－1901－0026992　164000
**後漢書九十卷**　(南朝宋)范曄撰　(唐)李賢注　**志三十卷**　(晉)司馬彪撰　(南朝梁)劉昭注補　明嘉靖七年至九年(1528－1530)南京國子監刻明萬曆、天啓、崇禎、弘光、清順治、康熙遞修本　十册　存六十四卷(一至三十四、志三十卷)

360000－1901－0026993　160998
**說文分韻易知錄五卷說文分韻標目一卷說文分畫易知錄一卷**　(清)許巽行撰　清光緒五年(1879)華亭許嘉德葆素堂刻本　十册

360000－1901－0026994　404159
**說文分韻易知錄五卷說文分韻標目一卷說文分畫易知錄一卷**　(清)許巽行撰　清光緒五年(1879)華亭許嘉德葆素堂刻本　十册

360000－1901－0026995　404160

**說文分韻易知錄五卷說文分韻標目一卷說文分畫易知錄一卷** (清)許巽行撰 清光緒五年(1879)華亭許嘉德葆素堂刻本 十冊

360000－1901－0026996 160727
**說文廣篡一卷** (清)周繪藻撰 清光緒三十一年(1905)石印本 一冊

360000－1901－0026997 161101
**說文廣篡一卷** (清)周繪藻撰 清光緒三十一年(1905)石印本 一冊

360000－1901－0026998 404199
**說文廣篡一卷** (清)周繪藻撰 清光緒三十一年(1905)石印本 一冊

360000－1901－0026999 161004
**說文古籀補十四卷補遺一卷附錄一卷** (清)吳大澂撰 清光緒十二年(1886)上海點石齋石印本 二冊

360000－1901－0027000 404158
**說文繫傳校錄三十卷** (清)王筠撰 清咸豐七年(1857)王彥侗刻本 四冊

360000－1901－0027001 161029
**說文假借義證二十八卷** (清)朱珔撰 清光緒二十一年(1895)嘉樹山房刻本 二十八冊

360000－1901－0027002 161103
**說文檢字二卷** (清)毛謨輯 清嘉慶二十一年(1816)刻本 一冊

360000－1901－0027003 161041
**說文揭原二卷** (清)張行孚撰 清光緒十年(1884)常熟鮑廷爵刻後知不足齋叢書本 二冊

360000－1901－0027004 404136
**說文揭原二卷** (清)張行孚撰 清光緒十年(1884)常熟鮑廷爵刻後知不足齋叢書本 二冊

360000－1901－0027005 404198
**說文解字集注□□卷** (□)雲峰後人編 清抄本 三冊 存三卷(三、八至九)

360000－1901－0027006 404196
**說文解字繫傳四十卷** (五代)徐鍇撰 (五代)朱翱反切 **附錄一卷** (清)朱文藻編 清刻本 六冊 存三十三卷(五至八、十三至四十,附錄一卷)

360000－1901－0027007 404192
**說文解字繫傳四十卷** (五代)徐鍇撰 (五代)朱翱反切 **附錄一卷** (清)朱文藻編 清乾隆四十七年(1782)新安汪啓淑刻本 四冊 存二十二卷(十九至四十)

360000－1901－0027008 603750
**說文解字繫傳四十卷** (五代)徐鍇撰 (五代)朱翱反切 **附錄一卷** (清)朱文藻編 清乾隆五十九年(1794)馬氏大西山房刻龍威祕書本 七冊 存三十七卷(五至四十、附錄一卷)

360000－1901－0027009 161094
**說文解字繫傳四十卷** (五代)徐鍇撰 (五代)朱翱反切 **校勘記三卷** (清)承培元等撰 清道光十九年(1839)祁寯藻刻本 八冊

360000－1901－0027010 161095
**說文解字繫傳四十卷** (五代)徐鍇撰 (五代)朱翱反切 **校勘記三卷** (清)承培元等撰 清道光十九年(1839)祁寯藻刻本 八冊

360000－1901－0027011 161096
**說文解字繫傳四十卷** (五代)徐鍇撰 (五代)朱翱反切 **校勘記三卷** (清)承培元等撰 清道光十九年(1839)祁寯藻刻本 八冊

360000－1901－0027012 161097
**說文解字繫傳四十卷** (五代)徐鍇撰 (五代)朱翱反切 **校勘記三卷** (清)承培元等撰 清道光十九年(1839)祁寯藻刻本 十一冊

360000－1901－0027013 603755
**說文解字繫傳四十卷** (五代)徐鍇撰 (五代)朱翱反切 **校勘記三卷** (清)承培元等撰 清道光十九年(1839)祁寯藻刻本 八冊

360000－1901－0027014 603756
**說文解字繫傳四十卷** (五代)徐鍇撰 (五

代)朱翱反切　**校勘記三卷**　(清)承培元等撰　清道光十九年(1839)祁寯藻刻本　二十冊　存二十七卷(一至七、九至十二、十四至十八、二十一至二十二、二十五至三十,校勘記三卷)

360000－1901－0027015　603758
**說文解字繫傳四十卷**　(五代)徐鍇撰　(五代)朱翺反切　**校勘記三卷**　(清)承培元等撰　清光緒二年(1876)平江吴韶生刻本　十二冊

360000－1901－0027016　603757
**說文解字繫傳四十卷**　(五代)徐鍇撰　(五代)朱翺反切　**校勘記三卷**　(清)承培元等撰　清刻本　一冊　存四卷(十一至十四)

360000－1901－0027017　603759
**說文解字繫傳四十卷**　(五代)徐鍇撰　(五代)朱翺反切　**校勘記三卷**　(清)承培元等撰　清同治十二年(1873)粵東書局刻古經解彙函本　七冊

360000－1901－0027018　722505
**說文解字繫傳四十卷**　(五代)徐鍇撰　(五代)朱翺反切　**校勘記三卷**　(清)承培元等撰　清同治十二年(1873)粵東書局刻古經解彙函本　八冊

360000－1901－0027019　603760
**說文解字繫傳校勘記三卷**　(清)承培元等撰　清同治十二年(1873)粵東書局刻古經解彙函本　一冊

360000－1901－0027020　161092
**說文解字斠詮十四卷**　(清)錢坫撰　清光緒九年(1883)淮南書局刻本　六冊

360000－1901－0027021　161093
**說文解字斠詮十四卷**　(清)錢坫撰　清光緒九年(1883)淮南書局刻本　六冊

360000－1901－0027022　603754
**說文解字斠詮十四卷**　(清)錢坫撰　清光緒九年(1883)淮南書局刻本　六冊

360000－1901－0027023　404147
**說文解字斠詮十四卷**　(清)錢坫撰　清嘉慶刻本(卷十至十一配清光緒九年淮南書局刻本)　一冊　存四卷(八至十一)

360000－1901－0027024　161063
**說文解字句讀三十卷**　(清)王筠撰　清光緒八年(1882)四川尊經書局刻本　二十四冊

360000－1901－0027025　161064
**說文解字句讀三十卷**　(清)王筠撰　清光緒八年(1882)四川尊經書局刻本　十六冊

360000－1901－0027026　161065
**說文解字句讀三十卷**　(清)王筠撰　清光緒八年(1882)四川尊經書局刻本　十四冊

360000－1901－0027027　603741
**說文解字句讀三十卷**　(清)王筠撰　清光緒八年(1882)四川尊經書局刻本　十六冊

360000－1901－0027028　603742
**說文解字句讀三十卷**　(清)王筠撰　清光緒八年(1882)四川尊經書局刻本　二十四冊

360000－1901－0027029　404197
**說文解字句讀三十卷**　(清)王筠撰　清刻本　一冊　存二卷(十一至十二)

360000－1901－0027030　603744
**說文解字句讀三十卷**　(清)王筠撰　清刻本　二十一冊　存二十七卷(二、五至三十)

360000－1901－0027031　603744－1
**說文解字句讀三十卷**　(清)王筠撰　清刻本　一冊　存二卷(三至四)

360000－1901－0027032　161061
**說文解字句讀三十卷**　(清)王筠撰　清同治四年(1865)安邱王氏刻本　十五冊

360000－1901－0027033　404195
**說文解字句讀三十卷**　(清)王筠撰　清同治四年(1865)安邱王氏刻本　十六冊

360000－1901－0027034　407183
**說文解字十五卷**　(漢)許慎撰　清刻本　一冊　存二卷(五至六)

360000－1901－0027035　210402
**說文解字十五卷**　（漢）許慎撰　（宋）徐鉉等校定　清初毛氏汲古閣刻本　六冊

360000－1901－0027036　210403
**說文解字十五卷**　（漢）許慎撰　（宋）徐鉉等校定　清初毛氏汲古閣刻本　八冊

360000－1901－0027037　210404
**說文解字十五卷**　（漢）許慎撰　（宋）徐鉉等校定　清初毛氏汲古閣刻本　八冊

360000－1901－0027038　210405
**說文解字十五卷**　（漢）許慎撰　（宋）徐鉉等校定　清初毛氏汲古閣刻本　六冊

360000－1901－0027039　210406
**說文解字十五卷**　（漢）許慎撰　（宋）徐鉉等校定　清初毛氏汲古閣刻本　六冊

360000－1901－0027040　210407
**說文解字十五卷**　（漢）許慎撰　（宋）徐鉉等校定　清初毛氏汲古閣刻本　四冊　缺六卷（三至四、七至九、十五）

360000－1901－0027041　210408
**說文解字十五卷**　（漢）許慎撰　（宋）徐鉉等校定　清初毛氏汲古閣刻本　二冊　存三卷（十三至十五）

360000－1901－0027042　309493
**說文解字十五卷**　（漢）許慎撰　（宋）徐鉉等校定　清初毛氏汲古閣刻本　八冊

360000－1901－0027043　312003
**說文解字十五卷**　（漢）許慎撰　（宋）徐鉉等校定　清初毛氏汲古閣刻本　八冊

360000－1901－0027044　313284
**說文解字十五卷**　（漢）許慎撰　（宋）徐鉉等校定　清初毛氏汲古閣刻本　六冊

360000－1901－0027045　404180
**說文解字十五卷**　（漢）許慎撰　（宋）徐鉉等校定　清初毛氏汲古閣刻本　八冊

360000－1901－0027046　161045
**說文解字十五卷**　（漢）許慎撰　（宋）徐鉉等校定　清光緒七年（1881）淮南書局刻本　五冊

360000－1901－0027047　161046
**說文解字十五卷**　（漢）許慎撰　（宋）徐鉉等校定　清光緒七年（1881）淮南書局刻本　五冊

360000－1901－0027048　161047
**說文解字十五卷**　（漢）許慎撰　（宋）徐鉉等校定　清光緒十二年（1886）吳縣朱氏家塾刻本　三冊

360000－1901－0027049　161048
**說文解字十五卷**　（漢）許慎撰　（宋）徐鉉等校定　清光緒十二年（1886）吳縣朱氏家塾刻本　三冊

360000－1901－0027050　404183
**說文解字十五卷**　（漢）許慎撰　（宋）徐鉉等校定　清嘉慶九年（1804）陽湖孫星衍刻平津館叢書本　四冊

360000－1901－0027051　404184
**說文解字十五卷**　（漢）許慎撰　（宋）徐鉉等校定　清嘉慶九年（1804）陽湖孫星衍刻平津館叢書本　三冊

360000－1901－0027052　161051
**說文解字十五卷**　（漢）許慎撰　（宋）徐鉉等校定　清嘉慶十二年（1807）藤花榭刻本　四冊

360000－1901－0027053　603733
**說文解字十五卷**　（漢）許慎撰　（宋）徐鉉等校定　清刻本　七冊　存十三卷（一至十一、十四至十五）

360000－1901－0027054　603740
**說文解字十五卷**　（漢）許慎撰　（宋）徐鉉等校定　清刻本　一冊　存四卷（十二至十五）

360000－1901－0027055　404175
**說文解字十五卷**　（漢）許慎撰　（宋）徐鉉等校定　清同治十二年（1873）番禺陳昌治刻本　八冊

360000－1901－0027056　404176
**說文解字十五卷**　(漢)許慎撰　(宋)徐鉉等校定　清同治十二年(1873)番禺陳昌治刻本　五冊　存九卷(一至二、五至九、十二至十三)

360000－1901－0027057　722503
**說文解字十五卷**　(漢)許慎撰　(宋)徐鉉等校定　清同治十二年(1873)粤東書局刻古經解彙函本　四冊

360000－1901－0027058　722504
**說文解字十五卷**　(漢)許慎撰　(宋)徐鉉等校定　清同治十二年(1873)粤東書局刻古經解彙函本　一冊　存三卷(一至三)

360000－1901－0027059　161043
**說文解字十五卷**　(漢)許慎撰　(宋)徐鉉等校定　清同治十年(1871)刻本　八冊

360000－1901－0027060　161044
**說文解字十五卷**　(漢)許慎撰　(宋)徐鉉等校定　清同治十三年(1874)東吳浦氏刻本　三冊

360000－1901－0027061　161054
**說文解字十五卷**　(漢)許慎撰　(宋)徐鉉等校定　**附說文通檢十四卷首一卷末一卷**　(清)黎永椿編　清同治十二年(1873)陳昌治刻本　十冊

360000－1901－0027062　161055
**說文解字十五卷**　(漢)許慎撰　(宋)徐鉉等校定　**附說文通檢十四卷首一卷末一卷**　(清)黎永椿編　清同治十二年(1873)陳昌治刻本　十冊

360000－1901－0027063　161081
**說文解字述誼二卷**　(清)毛際盛撰　清道光二十四年(1844)刻本　一冊

360000－1901－0027064　210409
**說文解字五音韻譜十二卷**　(宋)李燾撰　**說文異同一卷**　(明)陳大科撰　明萬曆二十六年(1598)陳大科刻本　六冊

360000－1901－0027065　210411
**說文解字五音韻譜十二卷**　(宋)李燾撰　**說文異同一卷**　(明)陳大科撰　明萬曆二十六年(1598)陳大科刻岱雲樓印本　十二冊

360000－1901－0027066　210410
**說文解字五音韻譜十二卷**　(宋)李燾撰　**說文異同一卷**　(明)陳大科撰　明萬曆二十六年(1598)陳大科刻汲古閣印本　十二冊

360000－1901－0027067　161082
**說文解字校錄十五卷**　(清)鈕樹玉撰　清光緒十一年(1885)江蘇書局刻本　十四冊

360000－1901－0027068　161083
**說文解字校錄十五卷**　(清)鈕樹玉撰　清光緒十一年(1885)江蘇書局刻本　十四冊

360000－1901－0027069　161089
**說文解字義證五十卷**　(清)桂馥撰　清同治九年(1870)湖北崇文書局刻本　三十二冊

360000－1901－0027070　161090
**說文解字義證五十卷**　(清)桂馥撰　清同治九年(1870)湖北崇文書局刻本　三十二冊

360000－1901－0027071　161091
**說文解字義證五十卷**　(清)桂馥撰　清同治九年(1870)湖北崇文書局刻本　三十二冊

360000－1901－0027072　603753
**說文解字義證五十卷**　(清)桂馥撰　清同治九年(1870)湖北崇文書局刻本　三十二冊

360000－1901－0027073　413390
**說文解字韻譜十卷**　(五代)徐鍇撰　(清)馮桂芬校訂　清同治三年(1864)吳縣馮桂芬刻本　二冊

360000－1901－0027074　161086
**說文解字注箋十四卷**　(清)段玉裁注　(清)徐灝箋　**說文檢字三卷**　(清)徐樾編　清光緒二十年(1894)桂林刻民國三年(1914)京師補刻本　三十一冊

360000－1901－0027075　404201
**說文解字注箋十四卷**　(清)段玉裁注　(清)

徐灝箋　**說文檢字三卷**　(清)徐樾編　清末刻本　八冊　存四卷(九至十二)

360000－1901－0027076　404140
**說文解字注匡謬八卷**　(清)徐承慶撰　清光緒歸安姚氏刻咫進齋叢書本　四冊

360000－1901－0027077　404177
**說文解字注十五卷六書音均表五卷**　(清)段玉裁撰　**說文部目分韻一卷**　(清)陳煥編　清刻本　十六冊　存三十一卷(說文解字注十五卷、說文部目分韻一卷)

360000－1901－0027078　161074
**說文解字注十五卷六書音均表五卷**　(清)段玉裁撰　**說文部目分韻一卷**　(清)陳煥編　清光緒三年(1877)成都尊經書院刻本　十五冊　缺一卷(十)

360000－1901－0027079　161075
**說文解字注十五卷六書音均表五卷**　(清)段玉裁撰　**說文部目分韻一卷**　(清)陳煥編　清光緒十二年(1886)上海點石齋石印本　八冊

360000－1901－0027080　404173
**說文解字注十五卷六書音均表五卷**　(清)段玉裁撰　**說文部目分韻一卷**　(清)陳煥編　**說文通檢十四卷首一卷末一卷**　(清)黎永椿編　**說文解字注匡謬八卷**　(清)徐承慶撰　清光緒十四年(1888)上海蜚英館石印本　六冊

360000－1901－0027081　404173－1
**說文解字注十五卷六書音均表五卷**　(清)段玉裁撰　**說文部目分韻一卷**　(清)陳煥編　**說文通檢十四卷首一卷末一卷**　(清)黎永椿編　**說文解字注匡謬八卷**　(清)徐承慶撰　清光緒十四年(1888)上海蜚英館石印本　一冊　存二卷(十一至十二)

360000－1901－0027082　161070
**說文解字注十五卷六書音均表五卷**　(清)段玉裁撰　**說文部目分韻一卷**　(清)陳煥編　清乾隆、嘉慶段氏經韻樓刻同治六年至十一年(1867－1872)蘇州保息局補刻本　十六冊

360000－1901－0027083　161071
**說文解字注十五卷六書音均表五卷**　(清)段玉裁撰　**說文部目分韻一卷**　(清)陳煥編　清乾隆、嘉慶段氏經韻樓刻同治六年至十一年(1867－1872)蘇州保息局補刻本　十六冊

360000－1901－0027084　404177－1
**說文解字注十五卷**　(清)段玉裁撰　**說文部目分韻一卷**　(清)陳煥編　清刻本　十五冊　存九卷(六、九至十五,說文部目分韻一卷)

360000－1901－0027085　404178
**說文解字注十五卷**　(清)段玉裁撰　**說文部目分韻一卷**　(清)陳煥編　清刻本　十五冊　存十四卷(二、四至十五,說文部目分韻一卷)

360000－1901－0027086　404187
**說文解字注十五卷**　(清)段玉裁撰　**說文部目分韻一卷**　(清)陳煥編　清刻本　三冊　存二卷(十至十一)

360000－1901－0027087　161076
**說文解字注十五卷六書音均表五卷**　(清)段玉裁撰　**說文部目分韻一卷**　(清)陳煥編　**說文通檢十四卷首一卷末一卷**　(清)黎永椿編　**說文解字注匡謬八卷**　(清)徐承慶撰　清光緒十四年(1888)上海蜚英館石印本　八冊

360000－1901－0027088　161077
**說文解字注十五卷六書音均表五卷**　(清)段玉裁撰　**說文部目分韻一卷**　(清)陳煥編　**說文通檢十四卷首一卷末一卷**　(清)黎永椿編　**說文解字注匡謬八卷**　(清)徐承慶撰　清宣統二年(1910)上海江左書林石印本　八冊

360000－1901－0027089　161078
**說文解字注十五卷六書音均表五卷**　(清)段玉裁撰　**說文部目分韻一卷**　(清)陳煥編　**說文通檢十四卷首一卷末一卷**　(清)黎永椿編　**說文解字注匡謬八卷**　(清)徐承慶撰

清宣統二年(1910)上海江左書林石印本　八冊

360000－1901－0027090　161067
**説文解字注十五卷六書音均表五卷**　(清)段玉裁撰　**説文部目分韻一卷**　(清)陳煥編　清乾隆、嘉慶段氏經韻樓刻本　三十二冊

360000－1901－0027091　161068
**説文解字注十五卷六書音均表五卷**　(清)段玉裁撰　**説文部目分韻一卷**　(清)陳煥編　清乾隆、嘉慶段氏經韻樓刻本　十六冊

360000－1901－0027092　161069
**説文解字注十五卷六書音均表五卷**　(清)段玉裁撰　**説文部目分韻一卷**　(清)陳煥編　清乾隆、嘉慶段氏經韻樓刻本　二十冊

360000－1901－0027093　603737
**説文解字注十五卷六書音均表五卷**　(清)段玉裁撰　**説文部目分韻一卷**　(清)陳煥編　清乾隆、嘉慶段氏經韻樓刻本　八冊　存七卷(一下、五、六下、七至八、十、十一上)

360000－1901－0027094　603738
**説文解字注十五卷六書音均表五卷**　(清)段玉裁撰　**説文部目分韻一卷**　(清)陳煥編　清乾隆、嘉慶段氏經韻樓刻本　七冊　存十八卷(三至十五、六書音均表五卷)

360000－1901－0027095　603748
**説文解字注十五卷六書音均表五卷**　(清)段玉裁撰　**説文部目分韻一卷**　(清)陳煥編　清乾隆、嘉慶段氏經韻樓刻本　二冊　存二卷(説文解字注一至二)

360000－1901－0027096　161072
**説文解字注十五卷六書音均表五卷汲古閣説文訂一卷**　(清)段玉裁撰　**説文部目分韻一卷**　(清)陳煥編　清同治十一年(1872)湖北崇文書局刻本　十八冊

360000－1901－0027097　161073
**説文解字注十五卷六書音均表五卷汲古閣説文訂一卷**　(清)段玉裁撰　**説文部目分韻一卷**　(清)陳煥編　清同治十一年(1872)湖北崇文書局刻本　十八冊

360000－1901－0027098　603745
**説文解字注十五卷六書音均表五卷汲古閣説文訂一卷**　(清)段玉裁撰　**説文部目分韻一卷**　(清)陳煥編　清同治十一年(1872)湖北崇文書局刻本　十八冊

360000－1901－0027099　603749
**説文解字注十五卷六書音均表五卷汲古閣説文訂一卷**　(清)段玉裁撰　**説文部目分韻一卷**　(清)陳煥編　清同治十一年(1872)湖北崇文書局刻本　十八冊

360000－1901－0027100　603735
**説文解字注十五卷六書音韻表五卷汲古閣説文訂一卷**　(清)段玉裁撰　**説文部目分韻一卷**　(清)陳煥編　清刻本　十七冊　存二十一卷(二至十五、六書音韻表五卷、汲古閣説文訂一卷、説文部目分韻一卷)

360000－1901－0027101　603736
**説文解字注十五卷六書音韻表五卷汲古閣説文訂一卷**　(清)段玉裁撰　**説文部目分韻一卷**　(清)陳煥編　清刻本　十冊　存十一卷(三至十三)

360000－1901－0027102　161099
**説文經典異字釋一卷**　(清)高翔麟撰　清道光十五年(1835)刻本　一冊

360000－1901－0027103　210426
**説文偏旁考二卷**　(清)吴照輯　清乾隆五十一年(1786)南城吴氏聽雨齋刻本　二冊

360000－1901－0027104　161102
**説文聲讀表七卷**　(清)苗夔撰　清道光二十二年(1842)刻本　四冊

360000－1901－0027105　404129
**説文聲讀表七卷**　(清)苗夔撰　清光緒福山王懿榮刻天壤閣叢書本　二冊

360000－1901－0027106　161105
**説文釋例二十卷**　(清)王筠撰　清道光十七年(1837)刻本　十冊

360000－1901－0027107　161106
**說文釋例二十卷**　(清)王筠撰　清道光十七年(1837)刻本　十冊

360000－1901－0027108　404156
**說文釋例二十卷**　(清)王筠撰　清光緒十二年(1886)上海積山書局石印本　六冊

360000－1901－0027109　404157
**說文釋例二十卷**　(清)王筠撰　清光緒十二年(1886)上海積山書局石印本　六冊

360000－1901－0027110　404133
**說文釋例二十卷**　(清)王筠撰　清刻本　十六冊　存十六卷(二至十二、十六至二十)

360000－1901－0027111　161030
**說文提要一卷**　(清)陳建侯撰　清光緒元年(1875)湖北崇文書局刻本　一冊

360000－1901－0027112　161031
**說文提要一卷**　(清)陳建侯撰　清光緒元年(1875)湖北崇文書局刻本　一冊

360000－1901－0027113　404138
**說文提要一卷**　(清)陳建侯撰　清光緒元年(1875)湖北崇文書局刻本　一冊

360000－1901－0027114　404139
**說文提要一卷**　(清)陳建侯撰　清同治十二年(1873)湖北崇文書局刻本　一冊

360000－1901－0027115　603731
**說文提要一卷**　(清)陳建侯撰　清同治十二年(1873)湖北崇文書局刻本　一冊

360000－1901－0027116　603732
**說文提要一卷**　(清)陳建侯撰　清同治十二年(1873)湖北崇文書局刻本　一冊

360000－1901－0027117　161027
**說文通檢十四卷首一卷末一卷**　(清)黎永椿編　清光緒二年(1876)湖北崇文書局刻本　二冊

360000－1901－0027118　404141
**說文通檢十四卷首一卷末一卷**　(清)黎永椿編　清光緒二年(1876)湖北崇文書局刻本　二冊

360000－1901－0027119　404142－1
**說文通檢十四卷首一卷末一卷**　(清)黎永椿編　清光緒二年(1876)湖北崇文書局刻本　二冊

360000－1901－0027120　404150－1
**說文通檢十四卷首一卷末一卷**　(清)黎永椿編　清光緒二年(1876)湖北崇文書局刻本　二冊

360000－1901－0027121　404150－2
**說文通檢十四卷首一卷末一卷**　(清)黎永椿編　清光緒二年(1876)湖北崇文書局刻本　一冊

360000－1901－0027122　404150－3
**說文通檢十四卷首一卷末一卷**　(清)黎永椿編　清光緒二年(1876)湖北崇文書局刻本　二冊

360000－1901－0027123　161021
**說文通檢十四卷首一卷末一卷**　(清)黎永椿編　清光緒二年(1876)文昌書局刻本　二冊

360000－1901－0027124　161026
**說文通檢十四卷首一卷末一卷**　(清)黎永椿編　清光緒元年(1875)湖北崇文書局刻本　二冊

360000－1901－0027125　164176
**說文通檢十四卷首一卷末一卷**　(清)黎永椿編　清光緒元年(1875)湖北崇文書局刻本　二冊

360000－1901－0027126　404200
**說文通檢十四卷首一卷末一卷**　(清)黎永椿編　清刻本　二冊

360000－1901－0027127　411251
**說文通訓定聲十八卷**　(清)朱駿聲撰　清光緒石印本　一冊　存三卷(十至十二)

360000－1901－0027128　404126
**說文通訓定聲十八卷**　(清)朱駿聲撰　清刻本　二十四冊

360000－1901－0027129　404127
**說文通訓定聲十八卷**　(清)朱駿聲撰　清刻本　十三冊　存十一卷(二至十二)

360000－1901－0027130　404128
**說文通訓定聲十八卷**　(清)朱駿聲撰　清刻本　八冊　存六卷(四至五、七、十至十二)

360000－1901－0027131　404155
**說文通訓定聲十八卷補遺十八卷分部柬韻一卷**　(清)朱駿聲撰　清光緒十四年(1888)上海鴻文書局石印本　九冊　缺四卷(說文通訓定聲三至四、十至十一)

360000－1901－0027132　603723
**說文通訓定聲十八卷分部柬韻一卷說雅一卷古今韻準一卷**　(清)朱駿聲撰　**附行述一卷**　朱孔彰撰　清道光二十八年(1848)刻咸豐元年(1851)臨嘯閣補刻本　三十二冊

360000－1901－0027133　161022
**說文通訓定聲十八卷分部檢韻一卷說雅一卷古今韻準一卷**　(清)朱駿聲撰　**附行述一卷**　朱孔彰撰　清光緒十二年(1886)上海積山書局石印本　八冊

360000－1901－0027134　404153
**說文通訓定聲十八卷分部檢韻一卷說雅一卷古今韻準一卷**　(清)朱駿聲撰　**附行述一卷**　朱孔彰撰　清光緒十二年(1886)上海積山書局石印本　八冊

360000－1901－0027135　404154
**說文通訓定聲十八卷分部檢韻一卷說雅一卷古今韻準一卷**　(清)朱駿聲撰　**附行述一卷**　朱孔彰撰　清光緒十二年(1886)上海積山書局石印本　七冊　缺四卷(四至七)

360000－1901－0027136　603724
**說文通訓定聲十八卷分部檢韻一卷說雅一卷古今韻準一卷**　(清)朱駿聲撰　**附行述一卷**　朱孔彰撰　清光緒十三年(1887)上海積山書局石印本　八冊

360000－1901－0027137　603725
**說文通訓定聲十八卷分部檢韻一卷說雅一卷古今韻準一卷**　(清)朱駿聲撰　**附行述一卷**　朱孔彰撰　清光緒石印本　七冊　存十三卷(三至四、九至十一、十三至十八,說雅一卷,古今韻準一卷)

360000－1901－0027138　603729
**說文通訓定聲十八卷分部檢韻一卷說雅一卷古今韻準一卷**　(清)朱駿聲撰　**附行述一卷**　朱孔彰撰　清刻本　六冊　存六卷(十三至十八)

360000－1901－0027139　603730
**說文通訓定聲十八卷分部檢韻一卷說雅一卷古今韻準一卷**　(清)朱駿聲撰　**附行述一卷**　朱孔彰撰　清刻本　二十四冊

360000－1901－0027140　603726
**說文通訓定聲十八卷分部檢韻一卷說雅一卷古今韻準一卷**　(清)朱駿聲撰　**附行述一卷**　朱孔彰撰　清末石印本　四冊　存九卷(六至十四)

360000－1901－0027141　161019
**說文通訓定聲十八卷分部檢韻一卷說雅一卷古今韻準一卷**　(清)朱駿聲撰　**附行述一卷**　朱孔彰撰　清同治九年(1870)刻本　二十四冊

360000－1901－0027142　161020
**說文通訓定聲十八卷分部檢韻一卷說雅一卷古今韻準一卷**　(清)朱駿聲撰　**附行述一卷**　朱孔彰撰　清同治九年(1870)刻本　二十八冊

360000－1901－0027143　161009
**說文外編十六卷**　(清)雷浚撰　清光緒二年(1876)刻本　四冊　存十四卷(一至十四)

360000－1901－0027144　161016
**說文校議十五卷**　(清)姚文田　(清)嚴可均撰　清同治十三年(1874)歸安姚氏刻本　四冊

360000－1901－0027145　161037
**說文新附考六卷續考一卷**　(清)鈕樹玉撰　清同治十三年(1874)湖北崇文書局刻本　二

冊

360000－1901－0027146　161038
**說文新附考六卷續考一卷**　(清)鈕樹玉撰　清同治十三年(1874)湖北崇文書局刻本　二冊

360000－1901－0027147　161162
**說文新附考六卷續考一卷**　(清)鈕樹玉撰　清同治十三年(1874)湖北崇文書局刻本　二冊

360000－1901－0027148　161040
**說文新附通誼二卷**　(清)毛際盛撰　清道光二十四年(1844)刻本　一冊

360000－1901－0027149　802208
**說文續字彙三卷**　(清)靜觀齋主人輯　清光緒十二年(1886)上海積山書局石印本　一冊　存一卷(上)

360000－1901－0027150　161036
**說文逸字辨證二卷**　(清)鄭珍撰　(清)李楨辨證　清光緒十一年(1885)畹蘭室刻本　二冊

360000－1901－0027151　161035
**說文逸字二卷**　(清)鄭珍撰　**附錄一卷**　(清)鄭知同撰　清湖南經濟堂刻本　二冊

360000－1901－0027152　161034
**說文逸字二卷**　(清)鄭珍撰　**附錄一卷**　(清)鄭知同撰　清咸豐八年(1858)刻鄭子尹遺書本　二冊

360000－1901－0027153　404145
**說文逸字二卷**　(清)鄭珍撰　**附錄一卷**　(清)鄭知同撰　清咸豐八年(1858)刻鄭子尹遺書本　一冊

360000－1901－0027154　405045
**說文逸字二卷**　(清)鄭珍撰　**附錄一卷**　(清)鄭知同撰　清咸豐八年(1858)刻鄭子尹遺書本　一冊　存一卷(附錄一卷)

360000－1901－0027155　160997
**說文引經考證七卷說文引經互異說一卷**　(清)陳瑑撰　清同治十三年(1874)湖北崇文書局刻本　二冊

360000－1901－0027156　162507
**後西遊記四十回**　(清)天花才子評點　清刻本　八冊　存三十四回(四至三十七)

360000－1901－0027157　404130
**說文字辨十四卷**　(清)林慶炳撰　清同治四年(1865)刻本　三冊　存十一卷(一至十一)

360000－1901－0027158　404137
**說文字原集注十六卷表一卷表說一卷**　(清)蔣和撰　清乾隆五十三年(1788)刻本　四冊

360000－1901－0027159　210427
**說文字原考略六卷**　(清)吳照撰　清乾隆五十七年(1792)刻本　四冊

360000－1901－0027160　210428
**說文字原考略六卷**　(清)吳照撰　清乾隆五十七年(1792)刻本　四冊

360000－1901－0027161　210416
**說文字原一卷**　(元)周伯琦撰　明嘉靖元年(1522)于鏊刻本　二冊

360000－1901－0027162　210419
**說文字原一卷**　(元)周伯琦撰　清抄本　一冊

360000－1901－0027163　210418
**說文字原一卷六書正譌五卷**　(元)周伯琦撰　明崇禎七年(1634)胡正言十竹齋刻本　五冊　存五卷(六書正譌五卷)

360000－1901－0027164　210417
**說文字原一卷六書正譌五卷**　(元)周伯琦撰　明崇禎七年(1634)胡正言十竹齋刻本　清帥石生批校　五冊

360000－1901－0027165　404150
**說文字原韻表二卷**　(清)胡重編　清嘉慶十六年(1811)秀水金氏月香書屋刻本　一冊

360000－1901－0027166　240457
**說學齋稿不分卷**　(明)危素撰　清末抄本　三冊

360000－1901－0027167　164811
**說疫全書**　(清)劉奎等撰　清道光二十六年(1846)九皇宮刻本　十冊

360000－1901－0027168　805364
**說苑二十卷**　(漢)劉向撰　清光緒元年(1875)湖北崇文書局刻子書百家本　四冊

360000－1901－0027169　603762
**說苑二十卷**　(漢)劉向撰　清刻本　一冊　存六卷(八至十三)

360000－1901－0027170　716393
**說苑二十卷**　(漢)劉向撰　清刻本　六冊

360000－1901－0027171　716394
**說苑二十卷**　(漢)劉向撰　清刻本　一冊　存四卷(十七至二十)

360000－1901－0027172　716392
**說苑二十卷**　(漢)劉向撰　(明)鍾惺評　明刻本　一冊　存五卷(十六至二十)

360000－1901－0027173　122048
**說雲詩鈔六卷**　(清)袁守定撰　清嘉慶十六年(1811)刻本　四冊

360000－1901－0027174　601684
**說雲詩鈔五卷首一卷**　(清)袁守定撰　清光緒十三年(1887)刻本　一冊　存三卷(一至二、首一卷)

360000－1901－0027175　122049
**說雲詩鈔五卷首一卷**　(清)袁守定撰　清光緒十三年(1887)袁氏家塾刻本　二冊

360000－1901－0027176　122050
**說雲詩鈔五卷首一卷**　(清)袁守定撰　清光緒十三年(1887)袁氏家塾刻本　二冊

360000－1901－0027177　306606－1
**朔方備乘六十八卷首十二卷**　(清)何秋濤撰　清光緒寶善書局石印本　三冊　存三十卷(三十九至六十八)

360000－1901－0027178　308446
**朔方備乘六十八卷首十二卷**　(清)何秋濤撰　清光緒寶善書局石印本　八冊

360000－1901－0027179　805421
**朔方備乘六十八卷首十二卷**　(清)何秋濤撰　清光緒寶善書局石印本　二冊　存二十二卷(一至二十二)

360000－1901－0027180　420251
**朔方備乘六十八卷首十二卷**　(清)何秋濤撰　清光緒七年(1881)刻本　二十四冊

360000－1901－0027181　304402
**朔方備乘六十八卷首十二卷**　(清)何秋濤撰　清光緒七年(1881)石印本　八冊

360000－1901－0027182　415438
**朔方備乘六十八卷首十二卷**　(清)何秋濤撰　清光緒七年(1881)石印本　八冊

360000－1901－0027183　304407
**朔方備乘六十八卷首十二卷**　(清)何秋濤撰　清光緒石印本　八冊

360000－1901－0027184　306606
**朔方備乘六十八卷首十二卷**　(清)何秋濤撰　清光緒石印本　一冊　存十四卷(四十一至五十四)

360000－1901－0027185　308434
**朔方備乘六十八卷首十二卷**　(清)何秋濤撰　清光緒石印本　七冊

360000－1901－0027186　309836
**朔方備乘六十八卷首十二卷**　(清)何秋濤撰　清光緒石印本　七冊　存六十六卷(三至六十八)

360000－1901－0027187　420155
**朔方備乘六十八卷首十二卷**　(清)何秋濤撰　清光緒石印本　二冊　存二十七卷(十四至四十)

360000－1901－0027188　420155－1
**朔方備乘六十八卷首十二卷**　(清)何秋濤撰　清光緒石印本　一冊　存九卷(三十六至四十四)

360000－1901－0027189　900548
**朔方備乘六十八卷首十二卷**　(清)何秋濤撰

清末石印本　八冊

360000－1901－0027190　704565
**司空詩品注釋一卷**　(唐)司空圖撰　清光緒二年(1876)京都琉璃廠刻本　一冊

360000－1901－0027191　704564
**司空詩品注釋一卷**　(唐)司空圖撰　清同治十年(1871)虬村黄崇本堂刻本　一冊

360000－1901－0027192　314811
**司馬氏書儀十卷**　(宋)司馬光撰　清同治七年(1868)江蘇書局刻本　一冊

360000－1901－0027193　210207
**司馬氏書儀十卷**　(宋)司馬光撰　清雍正元年(1723)汪亮采刻本　四冊

360000－1901－0027194　210208
**司馬氏書儀十卷**　(宋)司馬光撰　清雍正元年(1723)汪亮采刻本　二冊

360000－1901－0027195　240242
**司馬太師溫國文正公傳家集八十卷目錄二卷**　(宋)司馬光撰　明萬曆十五年(1587)司馬祉刻本　一冊　存六卷(十二至十七)

360000－1901－0027196　417102
**司馬頭陀鈇案五卷**　(宋)劉濳撰　(清)郭錫疇輯並注　清光緒十五年(1889)宏道堂刻本　一冊

360000－1901－0027197　313188
**司馬溫公稽古錄二十卷**　(宋)司馬光撰　明刻本　二冊

360000－1901－0027198　305248
**司馬溫公稽古錄二十卷**　(宋)司馬光撰　清刻本　一冊　存十一卷(一至十一)

360000－1901－0027199　314248
**司馬溫公稽古錄二十卷**　(宋)司馬光撰　清刻本　三冊　存十卷(十一至二十)

360000－1901－0027200　301360
**司馬溫公稽古錄二十卷**　(宋)司馬光撰　清同治十一年(1872)湖北崇文書局刻本　四冊

360000－1901－0027201　307942
**司馬溫公稽古錄二十卷**　(宋)司馬光撰　清同治十一年(1872)湖北崇文書局刻本　四冊

360000－1901－0027202　313150
**司馬溫公稽古錄二十卷附校勘記一卷**　(宋)司馬光撰　清光緒五年(1879)江蘇書局刻本　三冊

360000－1901－0027203　313182
**司馬溫公稽古錄二十卷附校勘記一卷**　(宋)司馬光撰　清光緒五年(1879)江蘇書局刻本　四冊

360000－1901－0027204　415742
**司馬溫公通鑑論一卷**　(宋)司馬光撰　清光緒二十七年(1901)扶輪書局刻本　二冊

360000－1901－0027205　316880
**司馬溫公文集八十二卷**　(宋)司馬光撰　清同治四年(1865)上黨盧志詳刻本　二十四冊

360000－1901－0027206　240247
**司馬溫公文集八十二卷目錄二卷**　(宋)司馬光撰　明崇禎元年(1628)吳時亮等刻本　一冊　存三卷(三十至三十二)

360000－1901－0027207　301143
**司馬溫公文集十四卷**　(宋)司馬光撰　清光緒七年(1881)刻本　六冊

360000－1901－0027208　316648
**司馬溫公文集十四卷**　(宋)司馬光撰　(清)張伯行訂　清光緒七年(1881)紅杏山房刻本　六冊

360000－1901－0027209　316985
**司馬溫公文集十四卷**　(宋)司馬光撰　(清)張伯行訂　清光緒七年(1881)紅杏山房刻本　八冊

360000－1901－0027210　317241
**司馬溫公文集十四卷**　(宋)司馬光撰　(清)張伯行訂　清光緒七年(1881)紅杏山房刻本　八冊

360000－1901－0027211　240248

**司馬溫公文集十四卷** (宋)司馬光撰 (清)張伯行訂 清康熙四十八年(1709)儀封張伯行正誼堂刻本 五册 缺二卷(三至四)

360000－1901－0027212 305107
**司馬文正公傳家集八十卷目錄二卷** (宋)司馬光撰 **年譜一卷附錄一卷** (清)陳弘謀編 清光緒十二年(1886)解梁書院刻本 十一册 存五十一卷(一至三十八、七十二至八十,目錄二卷,年譜一卷,附錄一卷)

360000－1901－0027213 240243
**司馬文正公傳家集八十卷目錄二卷** (宋)司馬光撰 **年譜一卷附錄一卷** (清)陳弘謀編 清乾隆六年(1741)陳氏培遠堂刻本 二十册

360000－1901－0027214 240244
**司馬文正公傳家集八十卷目錄二卷** (宋)司馬光撰 **年譜一卷附錄一卷** (清)陳弘謀編 清乾隆六年(1741)陳氏培遠堂刻本 二十册

360000－1901－0027215 240245
**司馬文正公傳家集八十卷目錄二卷** (宋)司馬光撰 **年譜一卷附錄一卷** (清)陳弘謀編 清乾隆六年(1741)陳氏培遠堂刻本 十二册

360000－1901－0027216 240246
**司馬文正公傳家集八十卷目錄二卷** (宋)司馬光撰 **年譜一卷附錄一卷** (清)陳弘謀編 清乾隆六年(1741)陳氏培遠堂刻本 九册 缺十五卷(一至十五)

360000－1901－0027217 315965
**司馬文正公傳家集八十卷目錄二卷** (宋)司馬光撰 **年譜一卷附錄一卷** (清)陳弘謀編 清乾隆六年(1741)陳氏培遠堂刻本 二十四册

360000－1901－0027218 721864
**司馬文正公傳家集八十卷目錄二卷** (宋)司馬光撰 **年譜一卷附錄一卷** (清)陳弘謀編 清乾隆六年(1741)陳氏培遠堂刻本 五册 存三十卷(六至九、十六至三十二、五十一至五十九)

360000－1901－0027219 710196
**司馬文正公集八十二卷首一卷目錄二卷** (宋)司馬光撰 (清)喬人傑等重訂 清乾隆九年(1744)臨汾劉組曾刻本 十七册 存七十六卷(一至三十五、四十一至四十八、五十三至八十二,首一卷,目錄二卷)

360000－1901－0027220 416775
**司命寶訓不分卷** (清)春林子輯 清光緒十六年(1890)刻本 一册

360000－1901－0027221 722180
**司命寶訓不分卷** (清)春林子輯 清同治十二年(1873)刻本 一册

360000－1901－0027222 230176
**司農俚輯四卷** (明)唐守欽輯 明萬曆十三年(1585)吳從周刻本 四册

360000－1901－0027223 230534
**司天考十六卷** (明)顧偉撰 明刻本 一册 存四卷(一至四)

360000－1901－0027224 120379
**司直古文草六卷** (清)何邦彥撰 清同治十二年(1873)恩溪山房刻本 二册

360000－1901－0027225 120380
**司直古文草六卷** (清)何邦彥撰 清同治十二年(1873)恩溪山房刻本 二册

360000－1901－0027226 410207
**司直寄迂草六卷** (清)何邦彥撰 清同治九年(1870)恩溪山房刻本 三册 存五卷(一至五)

360000－1901－0027227 120381
**司直詩存六卷** (清)何邦彥撰 清同治七年(1868)恩溪山房刻本 二册

360000－1901－0027228 301313
**私艾齋文集六卷** (清)吳育撰 清道光二十年(1840)江陰暨陽書院刻本 二册

360000－1901－0027229 406473

**私塾改良總會章程一卷** (清)上海私塾改良總會撰 清光緒三十二年(1906)上海私塾改良總會鉛印本 一册

360000－1901－0027230 313738
**思辨錄疑義一卷** (清)劉蓉撰 清光緒三年(1877)思賢講舍刻本 一册

360000－1901－0027231 121197
**思補過齋遺稿六卷** (清)辛師雲撰 清道光三十年(1850)刻本 二册

360000－1901－0027232 803139
**思補堂試帖初集四卷** (清)文格撰 清刻本 一册 存一卷(三)

360000－1901－0027233 303640
**思補齋筆記八卷** (清)潘世恩撰 清刻本 一册

360000－1901－0027234 303639
**思補齋文集四卷** (清)劉星煒撰 清光緒二十年(1894)刻本 四册

360000－1901－0027235 418473
**思不辱齋文集四卷詩集四卷外集三卷賡颺集四卷** (清)萬承風撰 清嘉慶二十一年(1816)分寧萬承風古瓦山房刻本 七册 存九卷(思不辱齋文集四卷,詩集三,外集三,賡颺集一至二、四)

360000－1901－0027236 601445
**思不辱齋文集四卷詩集四卷外集三卷賡颺集四卷** (清)萬承風撰 清嘉慶二十一年(1816)分寧萬承風古瓦山房刻本 七册 存十卷(思不辱齋文集一至二、詩集四卷、賡颺集四卷)

360000－1901－0027237 121194
**思不辱齋文集四卷詩集四卷外集三卷賡颺集四卷** (清)萬承風撰 清嘉慶二十一年(1816)分寧萬承風古瓦山房刻道光七年(1827)增刻本 十册

360000－1901－0027238 121195
**思不辱齋文集四卷詩集四卷外集三卷賡颺集四卷** (清)萬承風撰 清嘉慶二十一年(1816)分寧萬承風古瓦山房刻道光七年(1827)增刻本 十二册

360000－1901－0027239 303631
**思誠堂集六卷** (清)張鏞撰 清光緒十三年(1887)刻本 三册

360000－1901－0027240 230099
**思聰錄一卷** (明)賀時泰撰 清順治刻本 一册

360000－1901－0027241 409346
**思復堂文集十卷附錄一卷** (清)邵廷采撰 清光緒二十年(1894)會稽徐友蘭刻紹興先正遺書本 八册

360000－1901－0027242 603452
**思恭堂徵信錄不分卷** (清)思恭堂編 清光緒二十五年(1899)上海徽寧思恭堂刻本 一册

360000－1901－0027243 150273
**思古堂十四種書** (清)毛先舒撰 清康熙毛氏思古堂刻本 四册 存三種

360000－1901－0027244 303641
**思過齋雜體詩存十二卷** (清)蕭培元撰 清同治十三年(1874)刻本 二册

360000－1901－0027245 303642
**思過齋制藝六卷補編一卷試律賦鈔二卷試律詩鈔四卷** (清)蕭培元撰 清同治九年(1870)刻本 十册

360000－1901－0027246 409565
**思舊錄一卷** (清)黄宗羲撰 清光緒黄氏五桂樓刻本 一册

360000－1901－0027247 801822
**思綺堂文集不分卷** (清)章藻功撰 清抄本 一册

360000－1901－0027248 163310
**思綺堂文集十卷** (清)章藻功撰 清康熙六十一年(1722)耕禮堂刻本 十册

360000－1901－0027249 240960

**思綺堂文集十卷**　(清)章藻功撰　清康熙六十一年(1722)耕禮堂刻本　十冊

360000－1901－0027250　240961
**思綺堂文集十卷**　(清)章藻功撰　清康熙六十一年(1722)耕禮堂刻本　十冊

360000－1901－0027251　163308
**思綺堂文集十卷**　(清)章藻功撰　清康熙六十一年(1722)聚錦堂刻本　十冊

360000－1901－0027252　163309
**思綺堂文集十卷**　(清)章藻功撰　清康熙六十一年(1722)聚錦堂刻本　十冊

360000－1901－0027253　240958
**思綺堂文集十卷**　(清)章藻功撰　清康熙六十一年(1722)聚錦堂刻本　十冊

360000－1901－0027254　240959
**思綺堂文集十卷**　(清)章藻功撰　清康熙六十一年(1722)聚錦堂刻本　十冊

360000－1901－0027255　409341
**思綺堂文集十卷**　(清)章藻功撰　清康熙六十一年(1722)聚錦堂刻本　十冊

360000－1901－0027256　308824
**思綺堂文集十卷**　(清)章藻功撰　清康熙六十一年(1722)刻本　一冊　存一卷(五)

360000－1901－0027257　409338
**思綺堂文集十卷**　(清)章藻功撰　清康熙六十一年(1722)刻本　五冊

360000－1901－0027258　409339
**思綺堂文集十卷**　(清)章藻功撰　清康熙六十一年(1722)刻本　五冊

360000－1901－0027259　409340
**思綺堂文集十卷**　(清)章藻功撰　清康熙六十一年(1722)刻本　十冊

360000－1901－0027260　409342
**思綺堂文集十卷**　(清)章藻功撰　清康熙六十一年(1722)刻本　九冊　存九卷(二至十)

360000－1901－0027261　409343
**思綺堂文集十卷**　(清)章藻功撰　清康熙六十一年(1722)刻本　十冊

360000－1901－0027262　421691
**思綺堂文集十卷**　(清)章藻功撰　清康熙六十一年(1722)刻本　七冊　存七卷(四至十)

360000－1901－0027263　409344
**思綺堂文集十卷**　(清)章藻功撰　清刻本　六冊　存六卷(一至三、七至八、十)

360000－1901－0027264　409344－1
**思綺堂文集十卷**　(清)章藻功撰　清刻本　二冊　存二卷(三、七)

360000－1901－0027265　409344－2
**思綺堂文集十卷**　(清)章藻功撰　清刻本　一冊　存一卷(七)

360000－1901－0027266　409345
**思綺堂文集十卷**　(清)章藻功撰　清刻本　六冊　存八卷(一至二、四、六至十)

360000－1901－0027267　409345－1
**思綺堂文集十卷**　(清)章藻功撰　清刻本　二冊　存二卷(七至八)

360000－1901－0027268　805041
**思綺堂文集十卷**　(清)章藻功撰　清刻本　六冊　存六卷(一至六)

360000－1901－0027269　316716
**思適齋集十八卷**　(清)顧廣圻撰　清道光二十九年(1849)上海徐氏刻本　四冊

360000－1901－0027270　303637
**思適齋集十八卷**　(清)顧廣圻撰　清同治八年(1869)上海徐氏刻本　三冊

360000－1901－0027271　303630
**思痛記二卷**　(清)李圭撰　清光緒六年(1880)李氏師一齋刻本　一冊

360000－1901－0027272　165130
**思問錄六卷**　(清)陳良弼撰　清抄本　六冊

360000－1901－0027273　220431
**思賢集二卷**　(清)徐本岱輯　清康熙四十九

年(1710)東湖高士祠刻本　一冊

360000－1901－0027274　161787
**思賢録五卷續録一卷**　(元)謝應芳撰　清光緒十年(1884)木活字印本　二冊

360000－1901－0027275　122992
**思訓堂存稿不分卷**　(清)王筆巘撰　清嘉慶二十二年(1817)刻本　一冊

360000－1901－0027276　306443
**思益堂日札五卷**　(清)周壽昌撰　清末鉛印本　一冊　存三卷(三至五)

360000－1901－0027277　409945
**思益堂日札五卷**　(清)周壽昌撰　清末鉛印本　二冊

360000－1901－0027278　303645
**思益堂詩鈔六卷古文二卷詞鈔一卷日札十卷駢體文鈔一卷**　(清)周壽昌撰　清光緒十四年(1888)刻本　五冊

360000－1901－0027279　802607
**思樂書屋課存不分卷**　(清)□□輯並評　清刻本　一冊

360000－1901－0027280　413157
**斯賓塞爾勸學篇一卷**　嚴復譯　清光緒二十七年(1901)南昌讀有用書之齋刻本　一冊

360000－1901－0027281　305888
**斯未信齋文編十五卷**　(清)徐宗幹撰　清同治元年(1862)刻本　六冊　存十三卷(官牘一至七、軍書三至四、藝文一至四)

360000－1901－0027282　413328
**斯文精萃不分卷**　(清)尹繼善編　清刻本　一冊

360000－1901－0027283　413329
**斯文精萃不分卷**　(清)尹繼善編　清刻本　二冊

360000－1901－0027284　413330
**斯文精萃不分卷**　(清)尹繼善編　清刻本　七冊

360000－1901－0027285　704011
**斯文精萃不分卷**　(清)尹繼善編　清刻本　一冊

360000－1901－0027286　163544
**斯文精萃不分卷**　(清)尹繼善編　清乾隆二十九年(1764)刻本　十冊　存漢文、晉文、唐詩七言古、宋詩七言古、唐文、雜體、四六、賦、唐詩五言律、宋詩五言律、宋詩七言律、唐詩七言絕、宋文

360000－1901－0027287　413331
**斯文精萃不分卷**　(清)尹繼善編　清乾隆七年(1742)刻本　七冊

360000－1901－0027288　305887
**斯文精萃不分卷**　(清)尹繼善編　清同治七年(1868)長沙刻本　十一冊

360000－1901－0027289　162685
**斯文正統十二卷**　(清)刁包輯　清同治三年(1864)刻本　十二冊

360000－1901－0027290　162686
**斯文正統十二卷**　(清)刁包輯　清同治三年(1864)刻本　十二冊

360000－1901－0027291　241301
**斯文正宗十六卷**　(清)張伯行輯　清康熙六十一年(1722)張伯行正誼堂刻本　十四冊

360000－1901－0027292　241302
**斯文正宗十六卷**　(清)張伯行輯　清康熙六十一年(1722)張伯行正誼堂刻本　一冊　存四卷(一至四)

360000－1901－0027293　708879
**壺舟詩存□□卷**　(清)黄濬撰　清木活字印本　一冊　存二卷(辛集、又辛集上)

360000－1901－0027294　120416
**四安堂詩鈔二卷首一卷**　(清)夏照撰　清光緒八年(1882)四安堂刻本　一冊

360000－1901－0027295　315846
**四本堂座右編二集二十四卷**　(清)朱潮遠輯　清刻本　九冊　存二十三卷(二至二十四)

360000 - 1901 - 0027296　303528
**四禪詩選三十卷**　(清)汪世澤輯　清光緒九年(1883)刻本　十六冊

360000 - 1901 - 0027297　603246
**四朝名臣言行錄別集二十六卷**　(宋)李幼武撰　清刻本　一冊　存八卷(六至十三)

360000 - 1901 - 0027298　603247
**四朝聞見錄甲集一卷乙集一卷丙集一卷丁集一卷戊集一卷**　(宋)葉紹翁撰　清刻本　一冊　存一卷(戊集一卷)

360000 - 1901 - 0027299　120461
**四朝先賢六家年譜**　(清)楊希閔編　清光緒四年(1878)新城楊氏刻本　六冊

360000 - 1901 - 0027300　804927
**四朝先賢六家年譜**　(清)楊希閔編　清光緒四年(1878)新城楊氏刻本　六冊　存五種

360000 - 1901 - 0027301　601157
**四此堂稿十卷**　(清)魏際瑞撰　清刻本　六冊

360000 - 1901 - 0027302　601158
**四此堂稿十卷**　(清)魏際瑞撰　清刻本　六冊

360000 - 1901 - 0027303　601159
**四此堂稿十卷**　(清)魏際瑞撰　清刻本　三冊　存三卷(一、三、五)

360000 - 1901 - 0027304　120413
**四此堂稿十卷**　(清)魏際瑞撰　清同治二年(1863)寧都謝氏刻本　六冊

360000 - 1901 - 0027305　120414
**四此堂稿十卷**　(清)魏際瑞撰　清同治二年(1863)寧都謝氏刻本　六冊

360000 - 1901 - 0027306　120415
**四此堂稿十卷**　(清)魏際瑞撰　清同治二年(1863)寧都謝氏刻本　六冊

360000 - 1901 - 0027307　413844
**四此堂稿十卷**　(清)魏際瑞撰　清同治二年(1863)寧都謝氏刻本　六冊

360000 - 1901 - 0027308　413845
**四此堂稿十卷**　(清)魏際瑞撰　清同治二年(1863)寧都謝氏刻本　三冊　存六卷(一、六至九、十)

360000 - 1901 - 0027309　716981
**四大家策論彙編□□卷**　(清)□□輯　清末石印本　一冊　存三卷(一至三)

360000 - 1901 - 0027310　802817
**四大名家策論□□卷**　(清)□□輯　清末石印本　一冊　存三卷(四至六)

360000 - 1901 - 0027311　800441 - 1
**四大奇書第一種□□卷一百二十回**　(明)羅本撰　(清)毛宗崗評　清尊賢堂刻本　一冊　存一卷(一)二回(一至二)

360000 - 1901 - 0027312　801055
**四大奇書第一種二十卷一百二十回**　(明)羅本撰　(清)毛宗崗評　**東周列國志一百八回**　(明)馮夢龍編　清刻本　一冊　存二卷(四大奇書第一種十九至二十)十六回(四大奇書第一種一百九至一百二十、東周列國志六十一至六十四)

360000 - 1901 - 0027313　402900 - 3
**四大奇書第一種二十三卷首一卷一百二十回**　(明)羅本撰　(清)毛宗崗評　清致和堂刻本　一冊　存一卷(首一卷)

360000 - 1901 - 0027314　800441 - 2
**四大奇書第一種二十三卷首一卷一百二十回**　(明)羅本撰　(清)毛宗崗評　清致和堂刻本　一冊　存一卷(十)六回(五十一至五十六)

360000 - 1901 - 0027315　800432
**四大奇書第一種六十卷一百二十回**　(明)羅本撰　(清)毛宗崗評　清寶華堂刻本　二冊　存五卷(十七至十九、三十至三十一)十回(三十三至三十八、五十九至六十二)

360000 - 1901 - 0027316　802009
**四大奇書第一種六十卷一百二十回**　(明)羅本撰　(清)毛宗崗評　清寶華堂刻本　一冊

存四卷(七至十)八回(十三至二十)

360000－1901－0027317　802023

**四大奇書第一種六十卷一百二十回**　(明)羅本撰　(清)毛宗崗評　清寶華堂刻本　一册　存三卷(四十三至四十五)六回(八十五至九十)

360000－1901－0027318　800431

**四大奇書第一種六十卷一百二十回**　(明)羅本撰　(清)毛宗崗評　清崇經堂刻本　一册　存三卷(三十九至四十一)六回(七十七至八十二)

360000－1901－0027319　404600

**四大奇書第一種六十卷一百二十回**　(明)羅本撰　(清)毛宗崗評　清芥子園刻本　一册　存卷首

360000－1901－0027320　800176

**四大奇書第一種六十卷一百二十回**　(明)羅本撰　(清)毛宗崗評　清芥子園刻本　三册　存十二卷(十至十二、二十五至三十、五十二至五十四)二十四回(十九至二十四、四十九至六十、一百三至一百八)

360000－1901－0027321　801996

**四大奇書第一種六十卷一百二十回**　(明)羅本撰　(清)毛宗崗評　清芥子園刻本　七册　存二十卷(十三至十五、十九至二十五、三十五至三十八、四十六至五十一)四十回(二十五至三十、三十七至五十、六十九至七十六、九十一至一百二)

360000－1901－0027322　802004－1

**四大奇書第一種六十卷一百二十回**　(明)羅本撰　(清)毛宗崗評　清芥子園刻本　一册　存三卷(二十至二十二)六回(三十九至四十四)

360000－1901－0027323　802039

**四大奇書第一種六十卷一百二十回**　(明)羅本撰　(清)毛宗崗評　清芥子園刻本　一册　存四卷(五十四至五十七)八回(一百七至一百十四)

360000－1901－0027324　402298

**四大奇書第一種六十卷一百二十回**　(明)羅本撰　(清)毛宗崗評　清刻本　十六册　存四十一卷(一至三、十三至十九、二十七至四十六、五十至六十)八十二回(一至六、二十五至三十八、五十三至九十二、九十九至一百二十)

360000－1901－0027325　402298－1

**四大奇書第一種六十卷一百二十回**　(明)羅本撰　(清)毛宗崗評　清刻本　十册　存三十卷(六至十七、二十一至二十六、三十至三十五、三十九至四十四)六十回(十一至三十四、四十一至五十二、五十九至七十、七十七至八十八)

360000－1901－0027326　402299

**四大奇書第一種六十卷一百二十回**　(明)羅本撰　(清)毛宗崗評　清刻本　十六册　存四十八卷(五至二十一、二十五至五十五)九十六回(九至四十二、四十九至一百十)

360000－1901－0027327　402300

**四大奇書第一種六十卷一百二十回**　(明)羅本撰　(清)毛宗崗評　清刻本　七册　存五十三卷(一至四、十二至六十)一百六回(一至八、二十三至一百二十)

360000－1901－0027328　402302

**四大奇書第一種六十卷一百二十回**　(明)羅本撰　(清)毛宗崗評　清刻本　十三册　存三十九卷(一、八至十一、十八至二十三、二十七至三十八、四十五至六十)七十七回(一、十五至二十二、三十五至四十六、五十三至七十六、八十九至一百二十)

360000－1901－0027329　402303

**四大奇書第一種六十卷一百二十回**　(明)羅本撰　(清)毛宗崗評　清刻本　九册　存五十四卷(一至十七、二十四至六十)一百八回(一至三十四、四十七至一百二十)

360000－1901－0027330　402304

**四大奇書第一種六十卷一百二十回**　(明)羅本撰　(清)毛宗崗評　清刻本　五册　存三

十一卷(十一至十六、二十九至五十三)六十二回(二十一至三十二、五十七至一百六)

360000－1901－0027331　402307
**四大奇書第一種六十卷一百二十回**　(明)羅本撰　(清)毛宗崗評　清刻本　十七册　存五十一卷(一至十八、二十五至二十七、三十一至六十)一百二回(一至三十六、四十九至五十四、六十一至一百二十)

360000－1901－0027332　402308
**四大奇書第一種六十卷一百二十回**　(明)羅本撰　(清)毛宗崗評　清刻本　十一册　存三十二卷(一至十九、二十三至二十九、四十五至四十七、五十一至五十三)六十四回(一至三十八、四十五至五十八、八十九至九十四、一百一至一百六)

360000－1901－0027333　402308－1
**四大奇書第一種六十卷一百二十回**　(明)羅本撰　(清)毛宗崗評　清刻本　七册　存二十四卷(十七至二十四、二十九至三十二、三十五至四十二、五十七至六十)三十二回(三十三至四十八、五十七至六十四、一百十三至一百二十)

360000－1901－0027334　402308－2
**四大奇書第一種六十卷一百二十回**　(明)羅本撰　(清)毛宗崗評　清刻本　二册　存六卷(二十至二十二、三十二至三十四)十二回(三十九至四十四、六十三至六十八)

360000－1901－0027335　402900－2
**四大奇書第一種六十卷一百二十回**　(明)羅本撰　(清)毛宗崗評　清刻本　一册　存三卷(十四至十六)六回(二十七至三十二)

360000－1901－0027336　603062
**四大奇書第一種六十卷一百二十回**　(明)羅本撰　(清)毛宗崗評　清刻本　一册　存三卷(三十四至三十六)六回(六十七至七十二)

360000－1901－0027337　800174
**四大奇書第一種六十卷一百二十回**　(明)羅本撰　(清)毛宗崗評　清刻本　二册　存七卷(三至六、二十至二十二)十四回(五至十二、三十九至四十四)

360000－1901－0027338　800175
**四大奇書第一種六十卷一百二十回**　(明)羅本撰　(清)毛宗崗評　清刻本　二册　存十四卷(四十至五十三)二十八回(七十九至一百六)

360000－1901－0027339　800177
**四大奇書第一種六十卷一百二十回**　(明)羅本撰　(清)毛宗崗評　清刻本　五册　存十八卷(二至四、十六至十九、二十六至二十八、三十一至三十四、五十七至六十)四十回(三至八、三十一至三十八、五十一至六十、六十一至六十八、一百十三至一百二十)

360000－1901－0027340　800178
**四大奇書第一種六十卷一百二十回**　(明)羅本撰　(清)毛宗崗評　清刻本　五册　存十五卷(十六至十八、二十七至三十三、三十九至四十、四十七至四十九)三十回(三十一至三十六、五十三至六十六、七十七至八十、九十三至九十八)

360000－1901－0027341　800179
**四大奇書第一種六十卷一百二十回**　(明)羅本撰　(清)毛宗崗評　清刻本　五册　存十九卷(十九至二十一、二十五至三十、四十一至四十三、四十六至五十二)三十八回(三十七至四十二、四十九至六十、八十一至八十六、九十一至一百四)

360000－1901－0027342　800180
**四大奇書第一種六十卷一百二十回**　(明)羅本撰　(清)毛宗崗評　清刻本　二册　存九卷(三十二至三十四、三十六至四十一)十八回(六十三至六十八、七十一至八十二)

360000－1901－0027343　800181
**四大奇書第一種六十卷一百二十回**　(明)羅本撰　(清)毛宗崗評　清刻本　一册　存五卷(四十至四十四)十回(七十九至八十八)

360000－1901－0027344　800425

四大奇書第一種六十卷一百二十回　(明)羅本撰　(清)毛宗崗評　清刻本　十八冊　存五十一卷(二至八、十一至二十八、三十一至四十二、四十七至六十)一百二回(三至十六、二十一至五十六、六十一至八十四、九十三至一百二十)

360000－1901－0027345　800426
四大奇書第一種六十卷一百二十回　(明)羅本撰　(清)毛宗崗評　清刻本　八冊　存二十五卷(一至三、十九至二十一、二十八至三十三、四十一至四十三、五十一至六十)五十回(一至六、三十七至四十二、五十五至六十六、八十一至八十六、一百一至一百二十)

360000－1901－0027346　800427
四大奇書第一種六十卷一百二十回　(明)羅本撰　(清)毛宗崗評　清刻本　八冊　存二十四卷(三至六、九至十一、三十一至三十六、四十至四十二、四十六至四十八、五十二至五十四、五十九至六十)四十八回(五至十二、十七至二十二、六十一至七十二、七十九至八十四、九十一至九十六、一百三至一百八、一百十七至一百二十)

360000－1901－0027347　800429
四大奇書第一種六十卷一百二十回　(明)羅本撰　(清)毛宗崗評　清刻本　四冊　存十卷(一、二十三至二十六、四十至四十二、四十五至四十六)二十回(一至二、四十五至五十二、七十九至八十四、八十九至九十二)

360000－1901－0027348　800430
四大奇書第一種六十卷一百二十回　(明)羅本撰　(清)毛宗崗評　清刻本　一冊　存六卷(一至六)十二回(一至十二)

360000－1901－0027349　800430－1
四大奇書第一種六十卷一百二十回　(明)羅本撰　(清)毛宗崗評　清刻本　一冊　存六卷(一至六)十二回(一至十二)

360000－1901－0027350　800782
四大奇書第一種六十卷一百二十回　(明)羅本撰　(清)毛宗崗評　清刻本　九冊　存二十七卷(十至十八、二十二至三十三、五十五至六十)五十四回(十九至三十六、四十三至六十六、一百九至一百二十)

360000－1901－0027351　800783
四大奇書第一種六十卷一百二十回　(明)羅本撰　(清)毛宗崗評　清刻本　四冊　存十六卷(六至九、三十三至四十、五十二至五十五)三十二回(十一至十八、六十五至八十、一百三至一百十)

360000－1901－0027352　800784
四大奇書第一種六十卷一百二十回　(明)羅本撰　(清)毛宗崗評　清刻本　三冊　存十卷(四十五至四十七、五十一至五十七)二十回(八十九至九十四、一百一至一百十四)

360000－1901－0027353　800786
四大奇書第一種六十卷一百二十回　(明)羅本撰　(清)毛宗崗評　清刻本　四冊　存十六卷(九至十二、十七至二十八)三十二回(十七至二十四、三十三至五十六)

360000－1901－0027354　800787
四大奇書第一種六十卷一百二十回　(明)羅本撰　(清)毛宗崗評　清刻本　五冊　存十五卷(七至十五、十九至二十四)三十回(十三至三十、三十七至四十八)

360000－1901－0027355　800788
四大奇書第一種六十卷一百二十回　(明)羅本撰　(清)毛宗崗評　清刻本　一冊　存七卷(四十六至五十二)十四回(九十一至一百四)

360000－1901－0027356　800789
四大奇書第一種六十卷一百二十回　(明)羅本撰　(清)毛宗崗評　清刻本　一冊　存三卷(五十一至五十三)六回(一百一至一百六回)

360000－1901－0027357　800790
四大奇書第一種六十卷一百二十回　(明)羅本撰　(清)毛宗崗評　清刻本　一冊　存三卷(五十八至六十)六回(一百十五至一百二

十）

360000－1901－0027358　800791

**四大奇書第一種六十卷一百二十回**　（明）羅本撰　（清）毛宗崗評　清刻本　一册　存五卷（五十二至五十六）十回（一百三至一百十二）

360000－1901－0027359　800792

**四大奇書第一種六十卷一百二十回**　（明）羅本撰　（清）毛宗崗評　清刻本　一册　存一卷（一）二回（一至二）

360000－1901－0027360　800793

**四大奇書第一種六十卷一百二十回**　（明）羅本撰　（清）毛宗崗評　清刻本　一册　存三卷（一至三）六回（一至六）

360000－1901－0027361　800794

**四大奇書第一種六十卷一百二十回**　（明）羅本撰　（清）毛宗崗評　清刻本　一册　存三卷（八至十）六回（十五至二十）

360000－1901－0027362　801083

**四大奇書第一種六十卷一百二十回**　（明）羅本撰　（清）毛宗崗評　清刻本　十二册　存三十八卷（十三至三十七、四十八至六十）七十五回（二十五至七十三、九十五至一百二十）

360000－1901－0027363　801959

**四大奇書第一種六十卷一百二十回**　（明）羅本撰　（清）毛宗崗評　清刻本　十二册　存三十六卷（十九至三十九、四十三至五十四、五十八至六十）七十二回（三十七至七十八、八十五至一百八、一百十五至一百二十）

360000－1901－0027364　801983

**四大奇書第一種六十卷一百二十回**　（明）羅本撰　（清）毛宗崗評　清刻本　一册　存六卷（三十三至三十八）十二回（六十五至七十六）

360000－1901－0027365　801984

**四大奇書第一種六十卷一百二十回**　（明）羅本撰　（清）毛宗崗評　清刻本　一册　存八卷（三十六至四十三）十六回（七十一至八十六）

360000－1901－0027366　801985

**四大奇書第一種六十卷一百二十回**　（明）羅本撰　（清）毛宗崗評　清刻本　二册　存六卷（十二至十七）十三回（二十二至三十四）

360000－1901－0027367　801986

**四大奇書第一種六十卷一百二十回**　（明）羅本撰　（清）毛宗崗評　清刻本　二册　存十五卷（二十五至二十九、三十一至四十）三十回（四十九至五十八、六十一至八十）

360000－1901－0027368　801987

**四大奇書第一種六十卷一百二十回**　（明）羅本撰　（清）毛宗崗評　清刻本　二册　存五卷（十九至二十一、四十三至四十四）十回（三十七至四十二、八十五至八十八）

360000－1901－0027369　801989

**四大奇書第一種六十卷一百二十回**　（明）羅本撰　（清）毛宗崗評　清刻本　四册　存十四卷（三十二至三十五、三十八至四十七）二十八回（六十三至七十、七十五至九十四）

360000－1901－0027370　801990

**四大奇書第一種六十卷一百二十回**　（明）羅本撰　（清）毛宗崗評　清刻本　二册　存八卷（四十九至五十六）十六回（九十七至一百十二）

360000－1901－0027371　801991

**四大奇書第一種六十卷一百二十回**　（明）羅本撰　（清）毛宗崗評　清刻本　一册　存二卷（四十六至四十七）四回（九十一至九十四）

360000－1901－0027372　801993

**四大奇書第一種六十卷一百二十回**　（明）羅本撰　（清）毛宗崗評　清刻本　一册　存六卷（三十七至四十二）十二回（七十三至八十四）

360000－1901－0027373　801994

**四大奇書第一種六十卷一百二十回**　（明）羅本撰　（清）毛宗崗評　清刻本　四册　存十

三卷(三十一至三十六、四十八至五十、五十四至五十七)二十六回(六十一至七十二、九十五至一百、一百七至一百十四)

360000－1901－0027374　801995
**四大奇書第一種六十卷一百二十回**　(明)羅本撰　(清)毛宗崗評　清刻本　三册　存十八卷(三十至三十五、四十二至五十三)三十六回(五十九至七十、八十三至一百六)

360000－1901－0027375　801997
**四大奇書第一種六十卷一百二十回**　(明)羅本撰　(清)毛宗崗評　清刻本　二册　存六卷(二十一至二十三、二十七至二十九)十二回(四十一至四十六、五十三至五十八)

360000－1901－0027376　801998
**四大奇書第一種六十卷一百二十回**　(明)羅本撰　(清)毛宗崗評　清刻本　二册　存十卷(四至八、二十至二十四)二十回(七至十六、三十九至四十八)

360000－1901－0027377　801999
**四大奇書第一種六十卷一百二十回**　(明)羅本撰　(清)毛宗崗評　清刻本　三册　存十一卷(四十二至五十二)二十二回(八十三至一百四)

360000－1901－0027378　802000
**四大奇書第一種六十卷一百二十回**　(明)羅本撰　(清)毛宗崗評　清刻本　二册　存六卷(三十五至三十七、五十八至六十)十回(六十九至七十二、一百十五至一百二十)

360000－1901－0027379　802001
**四大奇書第一種六十卷一百二十回**　(明)羅本撰　(清)毛宗崗評　清刻本　二册　存六卷(二十至二十五)十二回(三十九至五十)

360000－1901－0027380　802003
**四大奇書第一種六十卷一百二十回**　(明)羅本撰　(清)毛宗崗評　清刻本　二册　存六卷(四十四至四十九)十二回(八十七至九十八)

360000－1901－0027381　802004
**四大奇書第一種六十卷一百二十回**　(明)羅本撰　(清)毛宗崗評　清刻本　八册　存二十五卷(四至九、十三至十五、二十二至二十七、三十四至四十、四十四至四十六)五十回(七至十八、二十五至三十、四十三至五十四、六十七至八十、八十七至九十二)

360000－1901－0027382　802005
**四大奇書第一種六十卷一百二十回**　(明)羅本撰　(清)毛宗崗評　清刻本　八册　存二十五卷(八至十、十七至十九、二十三至三十一、五十一至六十)五十回(十五至二十、三十三至三十八、四十五至六十二、一百一至一百二十)

360000－1901－0027383　802006
**四大奇書第一種六十卷一百二十回**　(明)羅本撰　(清)毛宗崗評　清刻本　一册　存三卷(五至七)六回(九至十四)

360000－1901－0027384　802008
**四大奇書第一種六十卷一百二十回**　(明)羅本撰　(清)毛宗崗評　清刻本　一册　存四卷(七至十)八回(十三至二十)

360000－1901－0027385　802010
**四大奇書第一種六十卷一百二十回**　(明)羅本撰　(清)毛宗崗評　清刻本　一册　存四卷(四十六至四十九)八回(九十一至九十八)

360000－1901－0027386　802011
**四大奇書第一種六十卷一百二十回**　(明)羅本撰　(清)毛宗崗評　清刻本　一册　存三卷(十九至二十一)六回(三十七至四十二)

360000－1901－0027387　802012
**四大奇書第一種六十卷一百二十回**　(明)羅本撰　(清)毛宗崗評　清刻本　一册　存四卷(二十七至三十)九回(五十二至六十)

360000－1901－0027388　802013
**四大奇書第一種六十卷一百二十回**　(明)羅本撰　(清)毛宗崗評　清刻本　一册　存三卷(四十六至四十八)六回(九十一至九十六)

360000－1901－0027389　802014

四大奇書第一種六十卷一百二十回　(明)羅本撰　(清)毛宗崗評　清刻本　一册　存三卷(十七至十九)六回(三十三至三十八)

360000－1901－0027390　802015
四大奇書第一種六十卷一百二十回　(明)羅本撰　(清)毛宗崗評　清刻本　一册　存五卷(二至六)十回(三至十二)

360000－1901－0027391　802016
四大奇書第一種六十卷一百二十回　(明)羅本撰　(清)毛宗崗評　清刻本　一册　存七卷(三十六至四十二)十四回(七十一至八十四)

360000－1901－0027392　802017
四大奇書第一種六十卷一百二十回　(明)羅本撰　(清)毛宗崗評　清刻本　一册　存四卷(十八至二十一)八回(三十五至四十二)

360000－1901－0027393　802020
四大奇書第一種六十卷一百二十回　(明)羅本撰　(清)毛宗崗評　清刻本　一册　存三卷(三十一至三十三)六回(六十一至六十六)

360000－1901－0027394　802021
四大奇書第一種六十卷一百二十回　(明)羅本撰　(清)毛宗崗評　清刻本　一册　存五卷(四至八)十回(七至十六)

360000－1901－0027395　802022
四大奇書第一種六十卷一百二十回　(明)羅本撰　(清)毛宗崗評　清刻本　一册　存三卷(十二至十四)七回(二十二至二十八)

360000－1901－0027396　802024
四大奇書第一種六十卷一百二十回　(明)羅本撰　(清)毛宗崗評　清刻本　一册　存六卷(二十五至三十)十二回(四十九至六十)

360000－1901－0027397　802025
四大奇書第一種六十卷一百二十回　(明)羅本撰　(清)毛宗崗評　清刻本　一册　存四卷(五十七至六十)八回(一百十三至一百二十)

360000－1901－0027398　802026
四大奇書第一種六十卷一百二十回　(明)羅本撰　(清)毛宗崗評　清刻本　一册　存四卷(一至四)八回(一至八)

360000－1901－0027399　802027
四大奇書第一種六十卷一百二十回　(明)羅本撰　(清)毛宗崗評　清刻本　一册　存四卷(四十至四十三)八回(七十九至八十六)

360000－1901－0027400　802028
四大奇書第一種六十卷一百二十回　(明)羅本撰　(清)毛宗崗評　清刻本　一册　存三卷(三十三至三十五)六回(六十五至七十)

360000－1901－0027401　802029
四大奇書第一種六十卷一百二十回　(明)羅本撰　(清)毛宗崗評　清刻本　一册　存四卷(二十至二十三)八回(三十九至四十六)

360000－1901－0027402　802030
四大奇書第一種六十卷一百二十回　(明)羅本撰　(清)毛宗崗評　清刻本　一册　存三卷(四十二至四十四)六回(八十三至八十八)

360000－1901－0027403　802031
四大奇書第一種六十卷一百二十回　(明)羅本撰　(清)毛宗崗評　清刻本　一册　存四卷(二十三至二十六)八回(四十五至五十二)

360000－1901－0027404　802032
四大奇書第一種六十卷一百二十回　(明)羅本撰　(清)毛宗崗評　清刻本　一册　存四卷(九至十二)八回(十七至二十四)

360000－1901－0027405　802033
四大奇書第一種六十卷一百二十回　(明)羅本撰　(清)毛宗崗評　清刻本　一册　存四卷(三十四至三十七)八回(六十七至七十四)

360000－1901－0027406　802036
四大奇書第一種六十卷一百二十回　(明)羅本撰　(清)毛宗崗評　清刻本　一册　存三卷(一至三)六回(一至六)

360000－1901－0027407　802038

四大奇書第一種六十卷一百二十回 (明)羅本撰 (清)毛宗崗評 清刻本 一册 存四卷(十至十三)八回(十九至二十六)

360000－1901－0027408 802042
四大奇書第一種六十卷一百二十回 (明)羅本撰 (清)毛宗崗評 清刻本 一册 存三卷(五十二至五十四)六回(一百三至一百八)

360000－1901－0027409 802043
四大奇書第一種六十卷一百二十回 (明)羅本撰 (清)毛宗崗評 清刻本 一册 存二卷(三十二至三十三)四回(六十三至六十六)

360000－1901－0027410 802044
四大奇書第一種六十卷一百二十回 (明)羅本撰 (清)毛宗崗評 清刻本 一册 存六卷(三十四至三十九)十二回(六十七至七十八)

360000－1901－0027411 802045
四大奇書第一種六十卷一百二十回 (明)羅本撰 (清)毛宗崗評 清刻本 一册 存四卷(四十六至四十九)八回(九十一至九十八)

360000－1901－0027412 802047
四大奇書第一種六十卷一百二十回 (明)羅本撰 (清)毛宗崗評 清刻本 一册 存三卷(二十四至二十六)六回(四十七至五十二)

360000－1901－0027413 802048
四大奇書第一種六十卷一百二十回 (明)羅本撰 (清)毛宗崗評 清刻本 一册 存三卷(十一至十三)六回(二十一至二十六)

360000－1901－0027414 802051
四大奇書第一種六十卷一百二十回 (明)羅本撰 (清)毛宗崗評 清刻本 一册 存五卷(十七至二十一)十回(三十三至四十二)

360000－1901－0027415 802019
四大奇書第一種六十卷一百二十回 (明)羅本撰 (清)毛宗崗評 清令德堂刻本 一册 存四卷(十八至二十一)八回(三十五至四十二)

360000－1901－0027416 801084
四大奇書第一種六十卷一百二十回 (明)羅本撰 (清)毛宗崗評 清末石印本 二册 存十六卷(二十二至二十九、四十五至五十二)三十二回(四十三至五十八、八十九至一百四)

360000－1901－0027417 802040
四大奇書第一種六十卷一百二十回 (明)羅本撰 (清)毛宗崗評 清三讓堂刻本 一册 存六卷(三十一至三十六)十二回(六十一至七十二)

360000－1901－0027418 802050
四大奇書第一種六十卷一百二十回 (明)羅本撰 (清)毛宗崗評 清三讓堂刻本 一册 存四卷(三十三至三十六)八回(六十五至七十二)

360000－1901－0027419 802018
四大奇書第一種六十卷一百二十回 (明)羅本撰 (清)毛宗崗評 清同人堂刻本 一册 存三卷(一至三)六回(一至六)

360000－1901－0027420 801988
四大奇書第一種六十卷一百二十回 (明)羅本撰 (清)毛宗崗評 清文華樓刻本 三册 存七卷(三至六、二十八至三十)十四回(五至十二、五十五至六十)

360000－1901－0027421 800173
四大奇書第一種六十卷一百二十回 (明)羅本撰 (清)毛宗崗評 清學源堂刻本 四册 存八卷(一至六、十一至十二)十六回(一至十二、二十一至二十四)

360000－1901－0027422 800444
四大奇書第一種三國志一百二十回 (明)羅本撰 (清)毛宗崗評 清刻本 十四册 存七十二回(一至五、十二至十六、二十二至三十六、四十二至五十二、六十三至六十七、七十四至八十四、九十至九十四、一百至一百九、一百十六至一百二十)

360000－1901－0027423 402898

**四大奇書第一種十九卷首一卷一百二十回** (明)羅本撰 (清)毛宗崗評 清刻本 十册

360000－1901－0027424 402899
**四大奇書第一種十九卷首一卷一百二十回** (明)羅本撰 (清)毛宗崗評 清刻本 八册 存十六卷(二至十一、十四至十九)一百三回(八至六十九、八十至一百二十)

360000－1901－0027425 402900
**四大奇書第一種十九卷首一卷一百二十回** (明)羅本撰 (清)毛宗崗評 清刻本 六册 存十二卷(三至十四)七十五回(十五至八十九)

360000－1901－0027426 402900－1
**四大奇書第一種十九卷首一卷一百二十回** (明)羅本撰 (清)毛宗崗評 清刻本 四册 存四卷(七、十六、十八至十九)二十七回(三十九至四十五、九十五至一百、一百七至一百二十)

360000－1901－0027427 402901
**四大奇書第一種五十一卷一百二十回** (明)羅本撰 (清)毛宗崗評 清刻本 十四册 存四十四卷(一至三十一、三十九至五十一)一百六回(一至六十二、七十七至一百二十)

360000－1901－0027428 800441
**四大奇書第一種五十一卷一百二十回** (明)羅本撰 (清)毛宗崗評 清刻本 十三册 存十五卷(一至二、六至八、十至十一、十三至十六、二十六至二十八、四十九)三十五回(一至四、十一至十六、十九至二十二、二十五至三十二、五十一至五十六、一百七至一百十三)

360000－1901－0027429 123327
**四洪年譜** (清)洪汝奎輯 清宣統元年(1909)漢陽洪氏刻洪氏晦木齋叢書本 四册

360000－1901－0027430 123328
**四洪年譜** (清)洪汝奎輯 清宣統元年(1909)漢陽洪氏刻洪氏晦木齋叢書本 四册

360000－1901－0027431 123329
**四洪年譜** (清)洪汝奎輯 清宣統元年(1909)漢陽洪氏刻洪氏晦木齋叢書本 四册

360000－1901－0027432 123330
**四洪年譜** (清)洪汝奎輯 清宣統元年(1909)漢陽洪氏刻洪氏晦木齋叢書本 四册

360000－1901－0027433 123331
**四洪年譜** (清)洪汝奎輯 清宣統元年(1909)漢陽洪氏刻洪氏晦木齋叢書本 四册

360000－1901－0027434 404569
**四家賦鈔四卷** (清)景其濬輯 清咸豐三年(1853)誦芬堂刻本 四册

360000－1901－0027435 303532
**四家詠史樂府十五卷** (清)宋澤元輯 清光緒十二年(1886)懺華盦刻本 六册

360000－1901－0027436 315549
**四家詠史樂府十五卷** (清)宋澤元輯 清光緒十二年(1886)懺華盦刻本 六册

360000－1901－0027437 705182
**四家纂文敍錄彙編四卷附錄一卷** (清)胡念修輯 清光緒二十五年(1899)建德胡氏刻刻鵠齋叢書本 一册

360000－1901－0027438 309370
**四教義六卷** (隋)釋智顗撰 清刻本 二册

360000－1901－0027439 310133
**四教義六卷** (隋)釋智顗撰 清刻本 二册

360000－1901－0027440 408783
**四科簡效方四卷** (清)王士雄撰 清光緒十一年(1885)會稽徐樹蘭刻本 一册 存一卷(甲集)

360000－1901－0027441 320259
**四庫簡明目錄標注二十卷附錄一卷** (清)邵懿辰撰 清宣統三年(1911)刻本 十册

360000－1901－0027442 161646
**四庫全書總目二百卷四庫簡明目錄二十卷** (清)紀昀撰 **四庫未收書目提要五卷** (清)阮元撰 清光緒二十年(1894)上海點石齋石印本 二十四册

360000－1901－0027443　421806
**四庫未收書目提要五卷**　(清)阮元撰　清末石印本　一冊

360000－1901－0027444　411982
**四禮從宜一卷**　(清)任若海輯　清道光二十二年(1842)刻本　一冊

360000－1901－0027445　711995
**四禮從宜摘要四卷**　(清)胡徽五輯　清道光七年(1827)刻本　一冊

360000－1901－0027446　411980
**四禮合參十五卷**　(清)李應乾輯　清雍正新安李氏心遠樓刻本　三冊　存十三卷(一至七、十至十五)

360000－1901－0027447　411981
**四禮合參十五卷**　(清)李應乾輯　清雍正新安李氏心遠樓刻本　三冊　存十一卷(一至四、九至十五)

360000－1901－0027448　711997
**四禮輯畧四卷**　(清)喻遜撰　清道光元年(1821)刻本　一冊　存二卷(三至四)

360000－1901－0027449　803518
**四禮輯畧四卷**　(清)喻遜撰　清道光元年(1821)刻本　一冊　存三卷(一至三)

360000－1901－0027450　160398
**四禮翼八卷**　(明)吕坤撰　清光緒二十一年(1895)湖北官書處刻本　一冊

360000－1901－0027451　160400
**四禮翼八卷**　(明)吕坤撰　清同治二年(1863)刻本　一冊

360000－1901－0027452　241270
**四六採腴二十卷**　(明)陳鍾盛輯　明崇禎三年(1630)刻本　十冊

360000－1901－0027453　404506
**四六初徵二十卷**　(清)李漁輯　清康熙刻本　八冊　存十六卷(一至四、六至七、十一至二十)

360000－1901－0027454　315376
**四六叢話三十三卷**　(清)孫梅輯　清光緒七年(1881)嶺南許應鑅刻本　十二冊

360000－1901－0027455　317018
**四六叢話三十三卷**　(清)孫梅輯　清光緒七年(1881)嶺南許應鑅刻本　十一冊　存三十一卷(一至二、五至三十三)

360000－1901－0027456　316447
**四六叢話三十三卷**　(清)孫梅輯　清光緒七年(1881)吴下刻本　十二冊

360000－1901－0027457　303524
**四六叢話三十三卷選詩叢話一卷**　(清)孫梅輯　清嘉慶三年(1798)吴興舊言堂刻本　四冊

360000－1901－0027458　306400
**四六叢話三十三卷選詩叢話一卷**　(清)孫梅輯　清嘉慶三年(1798)吴興舊言堂刻本　十冊　存二十九卷(六至三十三、選詩叢話一卷)

360000－1901－0027459　404570
**四六叢話三十三卷選詩叢話一卷**　(清)孫梅輯　清嘉慶三年(1798)吴興舊言堂刻本　二冊　存五卷(一至五)

360000－1901－0027460　710681
**四六法海十二卷**　(明)王志堅輯　明天啓七年(1627)刻本　三冊　存三卷(三、五至六)

360000－1901－0027461　303525
**四六法海十二卷**　(明)王志堅輯　明天啓七年(1627)刻清乾隆二十三年(1758)重修本　十二冊

360000－1901－0027462　162880
**四六類編十三卷**　(明)李日華輯　(明)魯重民補訂　明崇禎十三年(1640)刻本　六冊

360000－1901－0027463　404572
**四六類腋不分卷**　(清)東郫先生撰　清道光九年(1829)刻本　六冊

360000－1901－0027464　404573
**四六類腋不分卷**　(清)東郫先生撰　清同治

四年(1865)刻本　五冊

360000－1901－0027465　163620
**四六全書彙編十卷**　(明)李日華　(明)陳子龍輯　**郡邑考略一卷**　(□)□□撰　清刻本　一冊

360000－1901－0027466　404580
**四六全書彙編十卷**　(明)李日華　(明)陳子龍輯　**郡邑考略一卷**　(□)□□撰　清刻本　一冊

360000－1901－0027467　250146
**四六星海八卷**　(清)周果輯　清康熙抄本　四冊

360000－1901－0027468　408834
**四美合編四卷**　(清)勞守慎撰　清光緒二十九年(1903)刻本　一冊　存二卷(一至二)

360000－1901－0027469　804857
**四祕全書**　(清)尹有本輯　清末石印本　二冊　存二種

360000－1901－0027470　407081
**四秘全書**　(清)尹有本輯　清刻本　一冊　存三種

360000－1901－0027471　417154
**四秘全書**　(清)尹有本輯　清刻本　四冊　存三種

360000－1901－0027472　417154－5
**四秘全書**　(清)尹有本輯　清刻本　二冊　存三種

360000－1901－0027473　417154－6
**四秘全書**　(清)尹有本輯　清刻本　一冊　存三種

360000－1901－0027474　417293
**四秘全書**　(清)尹有本輯　清刻本　一冊　存三種

360000－1901－0027475　417293－1
**四秘全書**　(清)尹有本輯　清刻本　一冊　存三種

360000－1901－0027476　413316
**四秘全書**　(清)尹有本輯　清末石印本　一冊

360000－1901－0027477　413315
**四秘全書**　(清)尹有本輯　清三省齋刻本　四冊

360000－1901－0027478　220531
**四民月令一卷**　(漢)崔寔撰　(清)任兆麟校　清乾隆五十三年(1788)震澤任氏忠敏家塾刻心齋十種本　一冊

360000－1901－0027479　408866
**己任編**　(清)楊乘六輯　清刻本　一冊　存二種

360000－1901－0027480　163028
**四溟山人詩集十卷**　(明)謝榛撰　(明)盛以進輯　清宣統元年(1909)新昌胡氏問影樓鉛印本　四冊

360000－1901－0027481　603142
**四溟山人詩集十卷**　(明)謝榛撰　(明)盛以進輯　清宣統元年(1909)新昌胡氏問影樓鉛印本　二冊　存五卷(一至五)

360000－1901－0027482　717700
**四溟山人詩集十卷**　(明)謝榛撰　(明)盛以進輯　清宣統元年(1909)新昌胡氏問影樓鉛印本　二冊　存六卷(三、六至十)

360000－1901－0027483　717701
**四溟山人詩集十卷**　(明)謝榛撰　(明)盛以進輯　清宣統元年(1909)新昌胡氏問影樓鉛印本　一冊　存五卷(六至十)

360000－1901－0027484　717702
**四溟山人詩集十卷**　(明)謝榛撰　(明)盛以進輯　清宣統元年(1909)新昌胡氏問影樓鉛印本　一冊　存三卷(八至十)

360000－1901－0027485　240620
**四溟山人詩十卷**　(明)謝榛撰　(明)盛以進輯　民國新昌胡思敬問影樓抄本　六冊　缺一卷(十)

360000－1901－0027486　413890
**四耐齋讀書約錄一卷**　(清)余家鼎撰　清光緒三十二年(1906)婺源沱江余氏刻本　一册

360000－1901－0027487　165133
**四品彙鈔**　(清)王飛鶚輯　清道光四年(1824)王氏華雨山房刻本　一册

360000－1901－0027488　120463
**四塞紀略賦一卷**　(清)文守元撰　清嘉慶刻本　一册

360000－1901－0027489　802971
**四聲辨義詩韻三十六卷**　(清)郭步清撰　清耕心堂刻本　一册　存一卷(六)

360000－1901－0027490　122777
**四聲切韻表補正三卷首一卷末一卷**　(清)江永編　(清)汪曰楨補正　清光緒三年(1877)刻本　二册

360000－1901－0027491　410388
**四聲切韻表一卷**　(清)江永撰　清光緒十七年(1891)刻本　一册

360000－1901－0027492　160396
**四聲易知録四卷附文字偏旁舉略一卷**　(清)姚文田輯　清道光十年(1830)芸香堂書坊刻本　二册

360000－1901－0027493　420572
**四聖心源十卷**　(清)黄元御撰　**莊氏慈幼二書二卷**　(清)莊一夔撰　清道光二十二年(1842)刻本　一册　存七卷(四聖心源六至十、莊氏慈幼二書二卷)

360000－1901－0027494　420574
**四聖懸樞五卷**　(清)黄元御撰　清咸豐十年(1860)燮龢精舍刻黄氏醫書八種本　一册

360000－1901－0027495　400133－2
**四史**　清光緒二十年(1894)上海點石齋石印本　十二册　存二種

360000－1901－0027496　400133
**四史**　清光緒二十四年(1898)上海點石齋石印本　十九册

360000－1901－0027497　400135
**四史**　清光緒二十一年(1895)上海畊餘主人石印本　三十六册　存三種

360000－1901－0027498　400139
**四史**　清光緒十四年(1888)上海蜚英館石印本　四十七册

360000－1901－0027499　400140
**四史**　清光緒十四年(1888)上海蜚英館石印本　三十二册　存三種

360000－1901－0027500　400141
**四史**　清光緒十四年(1888)上海蜚英館石印本　二十二册　存二種

360000－1901－0027501　220330
**四史勦說十六卷**　(清)史珥撰　清末抄本　四册　缺三卷(五至六、八)

360000－1901－0027502　400002
**四史勦說十六卷**　(清)史珥撰　清乾隆二十五年(1760)清風堂刻本　一册　存二卷(七至八)

360000－1901－0027503　312805
**四史四百十五卷**　清光緒三十年(1904)武林竹簡齋石印本　三十二册

360000－1901－0027504　312806
**四史四百十五卷**　清光緒三十年(1904)武林竹簡齋石印本　三十二册

360000－1901－0027505　400115
**四史四百十五卷**　清光緒三十一年(1905)上海久敬齋石印本　二十四册

360000－1901－0027506　400116
**四史四百十五卷**　清光緒三十一年(1905)上海久敬齋石印本　十六册　存二百五十卷(史記一百三十卷、後漢書一百二十卷)

360000－1901－0027507　309070
**四史四百十五卷**　清光緒十八年(1892)武林竹簡齋石印本　二十八册

360000－1901－0027508　312820
**四史四百十五卷**　清光緒十年(1884)上海同

文書局影印本　九十九册

360000－1901－0027509　312819
**四史四百十五卷**　清光緒十四年(1888)上海圖書集成印書局鉛印本　六十册

360000－1901－0027510　312821
**四史四百十五卷**　清光緒十四年(1888)上海圖書集成印書局鉛印本　六十册

360000－1901－0027511　400001
**四史四百十五卷**　清同治十一年(1872)成都書局刻本　一百七册

360000－1901－0027512　160368
**四書稗疏二卷附四書考異一卷**　(清)王夫之撰　清光緒十三年(1887)潞河啖柘山房刻本　一册

360000－1901－0027513　803781
**四書備考不分卷**　(明)陳仁錫撰　清抄本　一册

360000－1901－0027514　803581
**四書備考四卷**　(□)□□輯　清抄本　一册　存三卷(大學、中庸、論語)

360000－1901－0027515　803075
**四書備旨□□卷**　(□)□□輯　清聚奎堂刻本　一册　存一卷(四)

360000－1901－0027516　403366
**四書本注擇粹□□卷**　(清)勞潼輯　清刻本　二册　存二卷(孟子一、七)

360000－1901－0027517　403335
**四書便蒙節注十九卷**　(清)陸增壽輯　清光緒十三年(1887)平原家塾刻本　六册

360000－1901－0027518　900768
**四書便蒙十九卷**　(宋)朱熹撰　清光緒二十四年(1898)常州麟玉山房刻本　一册　存一卷(大學一卷)

360000－1901－0027519　403396－1
**四書便蒙十九卷**　(宋)朱熹撰　清立本齋刻本　一册　存二卷(大學一卷、中庸一卷)

360000－1901－0027520　603244
**四書辨疑十五卷**　(元)陳天祥撰　清刻通志堂經解本　三册

360000－1901－0027521　801060
**四書辨疑十五卷**　(元)陳天祥撰　清刻通志堂經解本　一册　存四卷(五至八)

360000－1901－0027522　405848
**四書辨證十卷**　(清)張椿撰　清刻本　八册　存八卷(二、四至十)

360000－1901－0027523　415067
**四書參證三十卷**　(清)王佶撰　清道光二十九年(1849)刻本　一册　存二卷(六至七)

360000－1901－0027524　403382
**四書襯十九卷**　(清)駱培撰　清泰和堂刻本　五册　存十七卷(大學一卷、中庸一卷、論語十卷、孟子一至五)

360000－1901－0027525　403382－1
**四書襯十九卷**　(清)駱培撰　清泰和堂刻本　二册　存四卷(大學一卷、中庸一卷、孟子六至七)

360000－1901－0027526　160395
**四書襯十九卷**　(清)駱培撰　清坦吉堂刻本　五册

360000－1901－0027527　403381
**四書襯十九卷**　(清)駱培撰　清坦吉堂刻本　三册　存九卷(大學一卷、中庸一卷、論語六至十、孟子四至五)

360000－1901－0027528　402999
**四書存真□□卷**　(清)王檢心撰　清刻本　三册　存五卷(三、十至十三)

360000－1901－0027529　415072
**四書答問十二卷**　(清)秦士顯撰　清壽昌講學堂刻本　六册　存七卷(三、七至十二)

360000－1901－0027530　403079
**四書大全三十七卷附四書備考三十七卷**　(明)胡廣等輯　清刻本　十八册

360000－1901－0027531　403365

**四書大全説約合参正解十七卷**　（清）吳荎撰　清康熙十八年（1679）深柳堂刻本　二冊　存二卷（下論一、下孟一）

360000－1901－0027532　403281

**四書大注匯參合講題鏡合纂七卷**　（□）□□撰　清光緒三十年（1904）刻本　五冊　存五卷（一至二、四至五、七）

360000－1901－0027533　802221

**四書大注匯參合講題鏡合纂七卷**　（□）□□撰　清刻本　一冊　存一卷（二）

360000－1901－0027534　403347

**四書地記六卷**　（清）汪在中撰　清刻本　二冊　存三卷（三至四、六）

360000－1901－0027535　403334

**四書典裁十卷首一卷**　（清）鄧思澂撰　清刻本　二冊　存八卷（一至二、六至十，首一卷）

360000－1901－0027536　160346

**四書典故辨正二十卷附録一卷**　（清）周柄中撰　清道光二十四年（1844）刻本　四冊

360000－1901－0027537　160347

**四書典故辨正二十卷附録一卷**　（清）周柄中撰　清刻本　六冊

360000－1901－0027538　405808

**四書典故辨正二十卷附録一卷**　（清）周柄中撰　清刻本　六冊

360000－1901－0027539　405809

**四書典故辨正二十卷附録一卷**　（清）周柄中撰　清刻本　六冊　存二十卷（四書典故辨正二十卷）

360000－1901－0027540　405826

**四書典故快觀四卷**　（清）呂麗明　（清）鈕谷芳撰　清珍德堂刻本　二冊

360000－1901－0027541　403106

**四書典林三十卷**　（清）江永輯　清刻本　四冊　存十一卷（二十至三十）

360000－1901－0027542　403106－1

**四書典林三十卷**　（清）江永輯　清刻本　二冊　存九卷（二十至二十三、二十六至三十）

360000－1901－0027543　403106－2

**四書典林三十卷**　（清）江永輯　清刻本　二冊　存六卷（十九至二十四）

360000－1901－0027544　403107

**四書典林三十卷**　（清）江永輯　清刻本　二冊　存三卷（一、三至四）

360000－1901－0027545　403107－1

**四書典林三十卷**　（清）江永輯　清刻本　二冊　存五卷（四至六、九至十）

360000－1901－0027546　403107－2

**四書典林三十卷**　（清）江永輯　清刻本　一冊　存五卷（四至八）

360000－1901－0027547　403107－3

**四書典林三十卷**　（清）江永輯　清刻本　一冊　存三卷（二十三至二十五）

360000－1901－0027548　403107－4

**四書典林三十卷**　（清）江永輯　清刻本　一冊　存三卷（二十四至二十六）

360000－1901－0027549　403110

**四書典林三十卷**　（清）江永輯　清刻本　十三冊　存二十八卷（一至十五、十八至三十）

360000－1901－0027550　403111

**四書典林三十卷**　（清）江永輯　清刻本　八冊　存二十一卷（二至十、十七至二十一、二十四至三十）

360000－1901－0027551　403115－1

**四書典林三十卷**　（清）江永輯　清刻本　一冊　存二卷（二至三）

360000－1901－0027552　403121

**四書典林三十卷**　（清）江永輯　清刻本　三冊

360000－1901－0027553　403108

**四書典林三十卷**　（清）江永輯　清乾隆元年（1736）刻本　七冊　存二十一卷（一至十六、二十六至三十）

360000－1901－0027554　403109
**四書典林三十卷**　(清)江永輯　清乾隆元年(1736)刻本　三册　存八卷(一至二、九至十一、十五至十七)

360000－1901－0027555　403115
**四書典林三十卷**　(清)江永輯　清掃葉山房刻本　九册　存十四卷(一、六至八、十三至十四、十八至十九、二十三至二十八)

360000－1901－0027556　403106－3
**四書典林三十卷**　(清)江永輯　清雍正十三年(1735)刻本　一册　存一卷(一)

360000－1901－0027557　403118
**四書典林三十卷四書古人典林十二卷**　(清)江永輯　清崇德書院刻本　十六册

360000－1901－0027558　403112
**四書典林三十卷四書古人典林十二卷**　(清)江永輯　清光緒十三年(1887)石印本　四册

360000－1901－0027559　403113
**四書典林三十卷四書古人典林十二卷**　(清)江永輯　清光緒十三年(1887)石印本　四册

360000－1901－0027560　901791
**四書典林三十卷四書古人典林十二卷**　(清)江永輯　清乾隆十四年(1749)刻本　三册　存八卷(四書典林二十五至二十七,四書古人典林一至二、十至十二)

360000－1901－0027561　403116
**四書典林三十卷四書古人典林十二卷**　(清)江永輯　清同治十二年(1873)古董一經室刻本　四册　存二十二卷(四書典林十六至十九、二十五至三十,四書古人典林十二卷)

360000－1901－0027562　403120
**四書典林三十卷四書古人典林十二卷**　(清)江永輯　清同治十二年(1873)古董一經室刻本　二册　存十二卷(四書典林五至九、四書古人典林一至七)

360000－1901－0027563　403117
**四書典林三十卷四書古人典林十二卷**　(清)江永輯　清同治十年(1871)刻本　十五册　存三十九卷(四書典林一至二十七、四書古人典林十二卷)

360000－1901－0027564　403114
**四書典林三十卷四書古人典林十二卷**　(清)江永輯　清小西山房刻本　七册　存十八卷(四書典林一至六、十五至十七、二十至二十二,四書古人典林一至三、十至十二)

360000－1901－0027565　403114－1
**四書典林三十卷四書古人典林十二卷**　(清)江永輯　清小西山房刻本　一册　存三卷(四書典林二至四)

360000－1901－0027566　802186
**藝林十鑰不分卷**　(清)□□輯　清刻本　一册　存下集下册

360000－1901－0027567　801438
**四書典掖類聯不分卷**　(□)□□撰　清抄本　一册

360000－1901－0027568　403123
**四書典腋十八卷**　(清)松軒主人撰　清道光三年(1823)刻本(卷十一至十八配清刻本)　二册

360000－1901－0027569　403124
**四書典腋十八卷**　(清)松軒主人撰　清刻本　一册　存二卷(十二至十三)

360000－1901－0027570　405413
**壺舟詩存□□卷**　(清)黄濬撰　清刻本　一册　存三卷(戊集、己集、庚集)

360000－1901－0027571　160345
**四書典制辨正四卷補遺一卷**　(清)毛奇齡撰　清刻本　一册

360000－1901－0027572　405824
**四書典制滙海四十卷**　(清)稡經館主輯　清光緒十四年(1888)金川黄氏稡經別館刻本　十六册

360000－1901－0027573　405825
**四書典制滙海四十卷**　(清)稡經館主輯　清

光緒十四年(1888)金川黄氏稡經别館刻本 十册 存二十四卷(一至四、十二、十五至十六、二十四至四十)

360000－1901－0027574 405820
**四書典制類聯八卷** (清)閻其淵輯 清刻本 四册

360000－1901－0027575 405822
**四書典制類聯三十三卷** (清)閻其淵輯 清刻本 四册 存二十四卷(一至三、九至十四、十九至三十三)

360000－1901－0027576 405822－1
**四書典制類聯三十三卷** (清)閻其淵輯 清刻本 一册 存二卷(二十二至二十三)

360000－1901－0027577 405823
**四書典制類聯三十三卷** (清)閻其淵輯 清刻本 三册 存十四卷(十五至十八、二十四至三十三)

360000－1901－0027578 804716
**四書典制類聯三十三卷** (清)閻其淵輯 清刻本 三册 存十九卷(一至三、六至十五、十七至二十二)

360000－1901－0027579 804738
**四書典制類聯三十三卷** (清)閻其淵輯 清刻本 二册 存八卷(十八至二十一、三十至三十三)

360000－1901－0027580 804741
**四書典制類聯音注三十三卷** (清)閻其淵輯 清成美堂刻本 一册 存一卷(七)

360000－1901－0027581 804745－1
**四書典制類聯音注三十三卷** (清)閻其淵輯 清成美堂刻本 三册 存三卷(七至九)

360000－1901－0027582 804742
**四書典制類聯音注三十三卷** (清)閻其淵輯 清光緒二年(1876)梟山草堂刻本 二册 存七卷(一至三、七至十)

360000－1901－0027583 405815
**四書典制類聯音注三十三卷** (清)閻其淵輯 清嘉慶三年(1798)刻本 十册

360000－1901－0027584 603231
**四書典制類聯音注三十三卷** (清)閻其淵輯 清嘉慶三年(1798)刻本 四册 存二十二卷(一至二十二)

360000－1901－0027585 405821
**四書典制類聯音注三十三卷** (清)閻其淵輯 清嘉慶四年(1799)刻本 十二册 存三十一卷(一至十四、十七至三十三)

360000－1901－0027586 160348
**四書典制類聯音注三十三卷** (清)閻其淵輯 清刻本 八册

360000－1901－0027587 405814
**四書典制類聯音注三十三卷** (清)閻其淵輯 清刻本 八册

360000－1901－0027588 405817
**四書典制類聯音注三十三卷** (清)閻其淵輯 清刻本 六册

360000－1901－0027589 405818
**四書典制類聯音注三十三卷** (清)閻其淵輯 清刻本 八册 存三十二卷(一至二十、二十二至三十三)

360000－1901－0027590 405819
**四書典制類聯音注三十三卷** (清)閻其淵輯 清刻本 八册 存二十七卷(一、四至二十六、三十一至三十三)

360000－1901－0027591 405819－1
**四書典制類聯音注三十三卷** (清)閻其淵輯 清刻本 一册 存二卷(三至四)

360000－1901－0027592 405821－1
**四書典制類聯音注三十三卷** (清)閻其淵輯 清刻本 一册 存五卷(一至五)

360000－1901－0027593 603230
**四書典制類聯音注三十三卷** (清)閻其淵輯 清刻本 七册 存二十九卷(一至二十二、二十七至三十三)

360000－1901－0027594 603230－1

**四書典制類聯音注三十三卷**　(清)閻其淵輯　清刻本　一冊　存七卷(二十七至三十三)

360000－1901－0027595　804740
**四書典制類聯音注三十三卷**　(清)閻其淵輯　清刻本　一冊　存四卷(三十至三十三)

360000－1901－0027596　804743
**四書典制類聯音注三十三卷**　(清)閻其淵輯　清刻本　二冊　存六卷(十一至十二、三十至三十三)

360000－1901－0027597　804743－1
**四書典制類聯音注三十三卷**　(清)閻其淵輯　清刻本　二冊　存三卷(十一至十二、三十三)

360000－1901－0027598　804745
**四書典制類聯音注三十三卷**　(清)閻其淵輯　清刻本　一冊　存三卷(九至十一)

360000－1901－0027599　804746
**四書典制類聯音注三十三卷**　(清)閻其淵輯　清刻本　三冊　存九卷(三至四、十九至二十一、二十三至二十六)

360000－1901－0027600　804746－1
**四書典制類聯音注三十三卷**　(清)閻其淵輯　清刻本　二冊　存四卷(四至六、二十三)

360000－1901－0027601　804739
**四書典制類聯音注三十三卷**　(清)閻其淵輯　清末鉛印本　一冊　存一卷(四)

360000－1901－0027602　804744
**四書典制類聯音注三十三卷**　(清)閻其淵輯　清掃葉山房刻本　四冊　存四卷(五、七、九至十)

360000－1901－0027603　405813
**四書典制類聯音注十卷**　(清)閻其淵輯　清同治七年(1868)維經堂刻本　八冊

360000－1901－0027604　405812
**四書典制類聯音注四卷**　(清)閻其淵輯　清光緒十年(1884)上海點石齋石印本　四冊

360000－1901－0027605　405816
**四書典制類聯音注四卷**　(清)閻其淵輯　清光緒十三年(1887)上海鴻文書局石印本　四冊

360000－1901－0027606　801336
**四書典制新穎三十五卷**　(□)□□編　清刻本　二冊　存二十卷(五至十三、二十五至三十五)

360000－1901－0027607　210355
**四書訂正講說三十八卷**　(清)曾文典撰　清乾隆五十二年(1787)繩武堂刻本　十六冊

360000－1901－0027608　160394
**四書讀本**　(宋)朱熹撰　清宣統三年(1911)上海龍文書局石印本　六冊

360000－1901－0027609　415323
**四書讀不分卷**　(明)陳際泰撰　清刻本　一冊

360000－1901－0027610　415325
**四書讀不分卷**　(明)陳際泰撰　清康熙三十八年(1699)太乙山房刻本　三冊

360000－1901－0027611　415324
**四書讀不分卷**　(明)陳際泰撰　清乾隆二十八年(1763)太乙山房刻本　八冊

360000－1901－0027612　318335
**湖南省至各省程途里數排單公文限期不分卷**　(清)□□輯　清抄本　二冊

360000－1901－0027613　800301
**四書多識錄八卷**　(清)程履豐輯　清抄本　五冊

360000－1901－0027614　802469
**四書多識錄不分卷**　(清)程履豐輯　清抄本　二冊

360000－1901－0027615　160316
**四書反身錄八卷首一卷**　(清)李顒撰　清道光二十四年(1844)刻本　四冊

360000－1901－0027616　405841
**四書反身錄八卷首一卷**　(清)李顒撰　清道光四年(1824)古紫陽書院刻本　一冊

360000－1901－0027617　160315
**四書反身錄八卷首一卷**　(清)李顒撰　清光緒十三年(1887)刻本　二册

360000－1901－0027618　405840－1
**四書反身錄不分卷**　(清)李顒撰　(清)王心敬錄　清刻本　一册

360000－1901－0027619　405840
**四書反身錄六卷二孟續補二卷**　(清)李顒撰　清刻本　四册

360000－1901－0027620　160337
**四書改錯二十二卷**　(清)毛奇齡撰　清嘉慶十六年(1811)學圃刻本　六册

360000－1901－0027621　603228
**四書改錯二十二卷**　(清)毛奇齡撰　清末鉛印本　一册　存十一卷(一至十一)

360000－1901－0027622　403125
**四書改錯二十二卷**　(清)毛奇齡撰　清末石印西河合集本　二册　存十四卷(一至七、十六至二十二)

360000－1901－0027623　403125－1
**四書改錯二十二卷**　(清)毛奇齡撰　清末石印西河合集本　二册　存十六卷(七至二十二)

360000－1901－0027624　403126
**四書改錯二十二卷**　(清)毛奇齡撰　清末石印西河合集本　二册　存十五卷(一至七、十五至二十二)

360000－1901－0027625　403232－1
**四書改錯二十二卷**　(清)毛奇齡撰　清末石印西河合集本　二册　存十五卷(八至二十二)

360000－1901－0027626　120433
**四書改錯平十四卷**　(清)楊希閔撰　清光緒元年(1875)刻本　六册

360000－1901－0027627　403106－6
**四書古人典林十二卷**　(清)江永輯　清刻本　一册　存二卷(七至八)

360000－1901－0027628　403106－7
**四書古人典林十二卷**　(清)江永輯　清刻本　一册　存二卷(七至八)

360000－1901－0027629　403111－1
**四書古人典林十二卷**　(清)江永輯　清刻本　四册　存十卷(三至十二)

360000－1901－0027630　403115－2
**四書古人典林十二卷**　(清)江永輯　清刻本　三册　存八卷(四至十一)

360000－1901－0027631　210362
**四書古人典林十二卷**　(清)江永輯　清乾隆三十九年(1774)集道堂刻本　四册

360000－1901－0027632　403106－4
**四書古人典林十二卷**　(清)江永輯　清乾隆三十九年(1774)集道堂刻本　二册　存四卷(一至二、十一至十二)

360000－1901－0027633　403106－5
**四書古人典林十二卷**　(清)江永輯　清乾隆三十九年(1774)集道堂刻本　三册　存七卷(一至五、十一至十二)

360000－1901－0027634　403110－1
**四書古人典林十二卷**　(清)江永輯　清乾隆三十九年(1774)集道堂刻本　二册

360000－1901－0027635　603222
**四書古注羣義彙解**　(□)□□輯　清光緒十六年(1890)上海珍藝書局石印本　十册　存四種

360000－1901－0027636　160320
**四書古注羣義彙解**　(□)□□輯　清光緒石印本　十六册

360000－1901－0027637　802195
**四書古注羣義彙解**　(□)□□輯　清末石印本　一册　存四種

360000－1901－0027638　120452
**四書管窺七卷**　(清)賴相棟撰　清宣統二年(1910)刻本　五册

360000－1901－0027639　601190

**四書管窺七卷**　(清)賴相棟撰　清宣統二年(1910)刻本　四冊　存六卷(一至二、四至七)

360000－1901－0027640　160334
**四書合講二十卷附人物考一卷**　(清)翁復編　清光緒十四年(1888)上海點石齋石印本　六冊

360000－1901－0027641　403332－3
**四書合講二十卷附人物考一卷**　(清)翁復編　清刻本　二冊　存五卷(孟子一至三、六至七)

360000－1901－0027642　902385
**四書合講十九卷**　(清)翁復編　清大文堂刻本　四冊　存十二卷(大學一卷、中庸一卷、論語六至十、孟子一至五)

360000－1901－0027643　802202
**四書合講十九卷**　(清)翁復編　清道光二十九年(1849)刻本　一冊　存五卷(大學一卷、中庸一卷、論語一至三)

360000－1901－0027644　403322
**四書合講十九卷**　(清)翁復編　清道光五年(1825)刻本　六冊

360000－1901－0027645　403321
**四書合講十九卷**　(清)翁復編　清光緒二年(1876)海陵書屋刻本　一冊　存二卷(大學一卷、中庸一卷)

360000－1901－0027646　403321－3
**四書合講十九卷**　(清)翁復編　清光緒四年(1878)潤古書屋刻本　一冊　存二卷(大學一卷、中庸一卷)

360000－1901－0027647　802203
**四書合講十九卷**　(清)翁復編　清光緒五年(1879)刻本　一冊　存二卷(大學一卷、中庸一卷)

360000－1901－0027648　403326
**四書合講十九卷**　(清)翁復編　清刻本　四冊　存十四卷(論語十卷、孟子四至七)

360000－1901－0027649　403327
**四書合講十九卷**　(清)翁復編　清刻本　二冊　存七卷(大學一卷、中庸一卷、論語一至五)

360000－1901－0027650　403328
**四書合講十九卷**　(清)翁復編　清刻本　二冊　存七卷(大學一卷、中庸一卷、論語一至五)

360000－1901－0027651　403332
**四書合講十九卷**　(清)翁復編　清刻本　五冊　存十七卷(論語十卷、孟子七卷)

360000－1901－0027652　800469
**四書合講十九卷**　(清)翁復編　清刻本　一冊　存五卷(論語六至十)

360000－1901－0027653　802198
**四書合講十九卷**　(清)翁復編　清刻本　一冊　存二卷(孟子六至七)

360000－1901－0027654　802200
**四書合講十九卷**　(清)翁復編　清刻本　一冊　存二卷(孟子四至五)

360000－1901－0027655　802201
**四書合講十九卷**　(清)翁復編　清刻本　一冊　存二卷(孟子六至七)

360000－1901－0027656　902384
**四書合講十九卷**　(清)翁復編　清刻本　四冊　存十二卷(大學一卷、中庸一卷、論語六至十、孟子一至五)

360000－1901－0027657　902387
**四書合講十九卷**　(清)翁復編　清刻本　三冊　存七卷(大學一卷、中庸一卷、孟子一至五)

360000－1901－0027658　802199
**四書合講十九卷**　(清)翁復編　清末著易堂鉛印本　一冊　存二卷(大學一卷、中庸一卷)

360000－1901－0027659　403329
**四書合講十九卷**　(清)翁復編　清同治五年

(1866)刻本　六冊

360000－1901－0027660　403330
**四書合講十九卷**　(清)翁復編　清同治五年(1866)刻本　六冊

360000－1901－0027661　403331
**四書合講十九卷**　(清)翁復編　清同治五年(1866)刻本(孟子卷四至五配清刻本)　六冊

360000－1901－0027662　902386
**四書合講十九卷**　(清)翁復編　清玉軸樓刻本　三冊　存七卷(大學一卷、中庸一卷、孟子一至五)

360000－1901－0027663　160335
**四書合講十九卷圖說一卷**　(清)翁復編　清光緒十六年(1890)上海點石齋石印本　六冊

360000－1901－0027664　902382
**四書合講十九卷圖說一卷**　(清)翁復編　清刻本　二冊　存五卷(大學一卷、中庸一卷、孟子四至五,圖說一卷)

360000－1901－0027665　902383
**四書合講十九卷圖說一卷**　(清)翁復編　清乾隆四十五年(1780)刻本　二冊　存五卷(大學一卷、中庸一卷、孟子四至五,圖說一卷)

360000－1901－0027666　902381
**四書合講十九卷圖說一卷**　(清)翁復編　清同治八年(1869)緯文堂刻本　二冊　存四卷(大學一卷、中庸一卷、孟子四至五)

360000－1901－0027667　902381－1
**四書合講十九卷圖說一卷**　(清)翁復編　清同治八年(1869)緯文堂刻本　一冊　存二卷(孟子四至五)

360000－1901－0027668　160391
**四書合講十九卷圖說一卷**　(清)翁復編　清雍正八年(1730)刻本　六冊

360000－1901－0027669　403354
**四書合纂大成不分卷**　(清)沈祖燕輯　清光緒十九年(1893)上海鴻寶齋石印本　九冊

360000－1901－0027670　403355
**四書合纂大成不分卷**　(清)沈祖燕輯　清光緒十九年(1893)上海鴻寶齋石印本　二冊　存孟子

360000－1901－0027671　160349
**四書恒解十四卷**　(清)劉沅撰　清光緒致福樓刻本　七冊　缺二卷(大學、下論)

360000－1901－0027672　405826－1
**四書會要錄三十卷**　(清)黄瑞輯　清道光十二年(1832)漁古軒刻本　七冊　存十三卷(大學一至二,中庸三至四,論語三、九至十,孟子三至四、九至十、十三至十四)

360000－1901－0027673　405828
**四書會要錄三十卷**　(清)黄瑞輯　清道光二十年(1840)漁古軒刻本　十九冊　缺一卷(孟子八)

360000－1901－0027674　405829
**四書會要錄三十卷**　(清)黄瑞輯　清道光二十年(1840)漁古軒刻本　五冊　存七卷(大學一至二,中庸三,論語三、六,孟子九至十)

360000－1901－0027675　405830
**四書會要錄三十卷**　(清)黄瑞輯　清道光二十年(1840)漁古軒刻本　九冊　存十五卷(大學一至二,中庸三至四,論語四至六、九至十,孟子一至二、五至六、十一至十二)

360000－1901－0027676　405827
**四書會要錄三十卷**　(清)黄瑞輯　清康熙五十九年(1720)刻本　二十冊

360000－1901－0027677　405827－1
**四書會要錄三十卷**　(清)黄瑞輯　清刻本　二冊　存三卷(論語八至十)

360000－1901－0027678　802193
**四書會要錄三十卷**　(清)黄瑞撰　清同治十一年(1872)漁古軒刻本　三冊　存五卷(論語三,孟子九至十、十三至十四)

360000－1901－0027679　403000
**四書彙解四十卷**　(清)史以徵撰　清康熙美

延堂刻本　二冊　存四卷(三十至三十一、三十六至三十七)

360000－1901－0027680　120432
**四書或問三十九卷**　(宋)朱熹撰　**四書或問考異一卷**　(清)劉啓發等撰　清同治十二年(1873)霍山劉氏五忠堂刻本　六冊

360000－1901－0027681　403294
**四書或問語類大全合訂四十一卷**　(清)黄越撰　清刻本　二冊　存四卷(大學二至三、論語四至五)

360000－1901－0027682　403294－1
**四書或問語類大全合訂四十一卷**　(清)黄越撰　清刻本　二冊　存四卷(孟子三至四、九至十)

360000－1901－0027683　403098
**四書或問語類集解釋注大全四十一卷**　(清)朱良玉輯　清雍正六年(1728)古吴致和堂刻本　三十一冊

360000－1901－0027684　405855
**四書集編二十九卷**　(宋)真德秀撰　清同治七年(1868)福浦本祠刻本　十冊

360000－1901－0027685　403280
**四書集成二十九卷**　(清)趙燦英撰　清康熙二十三年(1684)經正堂刻本　五冊　存十三卷(三至十、十六至十八、二十七至二十八)

360000－1901－0027686　403352
**四書集讀不分卷**　(清)姚瓊林輯　清道光三年(1823)可石山房刻本　四冊

360000－1901－0027687　403496
**四書集疏附正二十二卷**　(清)張秉直撰　(清)張南雅等編　清道光十五年(1835)刻本　九冊

360000－1901－0027688　403348
**四書集説二十八卷**　(清)徐養元輯　清刻本　八冊　存五卷(五至九)

360000－1901－0027689　160362
**四書集説四十一卷補義七卷**　(清)陶起庠輯　清嘉慶十八年(1813)謙益堂刻本　三十冊

360000－1901－0027690　160363
**四書集説四十一卷補義七卷**　(清)陶起庠輯　清嘉慶十八年(1813)謙益堂刻本　二冊　存七卷(補義七卷)

360000－1901－0027691　403358
**四書集益六卷**　(清)于光華編　清刻本　二冊　存二卷(五至六)

360000－1901－0027692　210312
**四書集注**　(宋)朱熹撰　明刻本　十冊

360000－1901－0027693　210311
**四書集注**　(宋)朱熹撰　明正統十二年(1447)司禮監刻本　十冊

360000－1901－0027694　210313
**四書集注**　(宋)朱熹撰　清康熙刻本　八冊　存二種

360000－1901－0027695　160360
**四書集注本義匯參四十七卷**　(清)王步青撰　清光緒十二年(1886)石印本　六冊　存二十二卷(論語七至二十、孟子五至十二)

360000－1901－0027696　603235
**四書集注本義匯參四十七卷**　(清)王步青撰　清光緒十二年(1886)石印本　六冊　存二十卷(論語一至六、十一至十四,孟子五至十四)

360000－1901－0027697　160361
**四書集注補十四卷**　(清)王復禮撰　清刻本　四冊

360000－1901－0027698　210315
**四書集注大全**　(明)胡廣等輯　明刻本　二十冊

360000－1901－0027699　210316
**四書集注大全**　(明)胡廣等輯　明内府刻本　二十冊

360000－1901－0027700　403078
**四書集注大全四十三卷**　(明)胡廣等輯　清刻本　十九冊

360000－1901－0027701　120420
**四書集注二十六卷**　(宋)朱熹撰　清刻本　十册

360000－1901－0027702　800101
**四書集注十九卷**　(宋)朱熹撰　清初刻本　一册　存一卷(中庸一卷)

360000－1901－0027703　120437
**四書集注十九卷**　(宋)朱熹撰　清道光二十二年(1842)寶恕堂刻本　六册

360000－1901－0027704　601187
**四書集注十九卷**　(宋)朱熹撰　清道光二十二年(1842)寶恕堂刻本　三册　存六卷(大學一卷、中庸一卷、孟子四至七)

360000－1901－0027705　120439
**四書集注十九卷**　(宋)朱熹撰　清光緒八年(1882)金陵書局刻本　六册

360000－1901－0027706　403398
**四書集注十九卷**　(宋)朱熹撰　清光緒八年(1882)金陵書局刻本　六册

360000－1901－0027707　412937
**四書集注十九卷**　(宋)朱熹撰　清光緒二十年(1894)金陵書局刻本　六册

360000－1901－0027708　403529
**四書集注十九卷**　(宋)朱熹撰　清光緒二十一年(1895)湖北官書處刻本　四册　存九卷(大學一卷、中庸一卷、孟子七卷)

360000－1901－0027709　403446
**四書集注十九卷**　(宋)朱熹撰　清光緒三十二年(1906)上海商務印書館鉛印本　六册

360000－1901－0027710　403447
**四書集注十九卷**　(宋)朱熹撰　清光緒三十二年(1906)上海商務印書館鉛印本　六册

360000－1901－0027711　403448
**四書集注十九卷**　(宋)朱熹撰　清光緒三十二年(1906)上海商務印書館鉛印本　五册　缺五卷(論語一至五)

360000－1901－0027712　403449
**四書集注十九卷**　(宋)朱熹撰　清光緒三十二年(1906)上海商務印書館鉛印本　五册　缺五卷(論語一至五)

360000－1901－0027713　403450
**四書集注十九卷**　(宋)朱熹撰　清光緒三十二年(1906)上海商務印書館鉛印本　四册　缺十卷(論語十卷)

360000－1901－0027714　403451
**四書集注十九卷**　(宋)朱熹撰　清光緒三十二年(1906)上海商務印書館鉛印本　四册　缺十卷(論語十卷)

360000－1901－0027715　802287
**四書集注十九卷**　(宋)朱熹撰　清光緒三十二年(1906)上海商務印書館鉛印本　一册　存二卷(大學一卷、中庸一卷)

360000－1901－0027716　403440
**四書集注十九卷**　(宋)朱熹撰　清光緒三十三年(1907)學部圖書局石印本　六册　存九卷(五至六、九至十三、十六、十八)

360000－1901－0027717　403440－1
**四書集注十九卷**　(宋)朱熹撰　清光緒三十三年(1907)學部圖書局石印本　一册　存一卷(孟子六)

360000－1901－0027718　712938
**四書集注十九卷**　(宋)朱熹撰　清光緒十八年(1892)湖北官書處刻本　六册

360000－1901－0027719　120422
**四書集注十九卷**　(宋)朱熹撰　清光緒十二年(1886)湖北官書處刻本　五册　缺五卷(論語一至五)

360000－1901－0027720　403393
**四書集注十九卷**　(宋)朱熹撰　清光緒五年(1879)山西濬文書局刻本　六册

360000－1901－0027721　900772
**四書集注十九卷**　(宋)朱熹撰　清會友堂刻本　一册　存三卷(孟子一至三)

360000－1901－0027722　900765

**四書集注十九卷** (宋)朱熹撰 清會有堂刻本 一册 存二卷(大學一卷、中庸一卷)

360000-1901-0027723 800097
**四書集注十九卷** (宋)朱熹撰 清彊善堂刻本 一册 存二卷(大學一卷、中庸一卷)

360000-1901-0027724 403437-2
**四書集注十九卷** (宋)朱熹撰 清芥子園刻本 一册 存一卷(孟子一)

360000-1901-0027725 403518
**四書集注十九卷** (宋)朱熹撰 清聚錦堂刻本 一册 存二卷(大學一卷、中庸一卷)

360000-1901-0027726 403424-7
**四書集注十九卷** (宋)朱熹撰 清筠盛堂刻本 一册 存二卷(大學一卷、中庸一卷)

360000-1901-0027727 403390
**四書集注十九卷** (宋)朱熹撰 清刻本 五册 存十七卷(論語十卷、孟子七卷)

360000-1901-0027728 403391
**四書集注十九卷** (宋)朱熹撰 清刻本 二册 存十四卷(論語十卷、孟子四至七)

360000-1901-0027729 403396
**四書集注十九卷** (宋)朱熹撰 清刻本 四册 存十五卷(論語十卷、孟子一至五)

360000-1901-0027730 403397
**四書集注十九卷** (宋)朱熹撰 清刻本 五册 存十七卷(論語十卷、孟子一至七)

360000-1901-0027731 403434-2
**四書集注十九卷** (宋)朱熹撰 清刻本 一册 存二卷(大學一卷、中庸一卷)

360000-1901-0027732 403437-3
**四書集注十九卷** (宋)朱熹撰 清刻本 二册 存二卷(孟子二至三)

360000-1901-0027733 601182
**四書集注十九卷** (宋)朱熹撰 清刻本 二册 存七卷(論語六至十、孟子四至五)

360000-1901-0027734 601184
**四書集注十九卷** (宋)朱熹撰 清刻本 十册 存十三卷(論語五至十、孟子七卷)

360000-1901-0027735 804929
**四書集注十九卷** (宋)朱熹撰 清刻本 六册

360000-1901-0027736 804993
**四書集注十九卷** (宋)朱熹撰 清刻本 一册 存二卷(孟子六至七)

360000-1901-0027737 900762
**四書集注十九卷** (宋)朱熹撰 清刻本 一册 存二卷(大學一卷、中庸一卷)

360000-1901-0027738 900766
**四書集注十九卷** (宋)朱熹撰 清刻本 一册 存二卷(大學一卷、中庸一卷)

360000-1901-0027739 900767
**四書集注十九卷** (宋)朱熹撰 清刻本 一册 存二卷(大學一卷、中庸一卷)

360000-1901-0027740 900771
**四書集注十九卷** (宋)朱熹撰 清刻本 一册 存二卷(論語四至五)

360000-1901-0027741 900776
**四書集注十九卷** (宋)朱熹撰 清刻本 一册 存五卷(論語一至五)

360000-1901-0027742 161533
**四書集注十九卷** (宋)朱熹撰 清刻朱墨套印本 五册 缺二卷(大學章句一卷、中庸章句一卷)

360000-1901-0027743 403422
**四書集注十九卷** (宋)朱熹撰 清李光明家刻本 三册 存十一卷(論語十卷、孟子五)

360000-1901-0027744 403422-1
**四書集注十九卷** (宋)朱熹撰 清李光明家刻本 一册 存二卷(大學一卷、中庸一卷)

360000-1901-0027745 403406
**四書集注十九卷** (宋)朱熹撰 清李光明莊刻本 六册

360000－1901－0027746　403407
**四書集注十九卷**　(宋)朱熹撰　清李光明莊刻本　六册

360000－1901－0027747　403408
**四書集注十九卷**　(宋)朱熹撰　清李光明莊刻本　五册　存十七卷(論語十卷、孟子七卷)

360000－1901－0027748　403431－1
**四書集注十九卷**　(宋)朱熹撰　清兩宜堂刻本　一册　存二卷(大學一卷、中庸一卷)

360000－1901－0027749　120443
**四書集注十九卷**　(宋)朱熹撰　清兩儀堂刻本　六册

360000－1901－0027750　403430
**四書集注十九卷**　(宋)朱熹撰　清兩儀堂刻本　四册　存九卷(大學一卷、中庸一卷、孟子七卷)

360000－1901－0027751　403430－1
**四書集注十九卷**　(宋)朱熹撰　清兩儀堂刻本　四册　存九卷(大學一卷、中庸一卷、孟子七卷)

360000－1901－0027752　403430－2
**四書集注十九卷**　(宋)朱熹撰　清兩儀堂刻本　三册　存十卷(大學一卷、中庸一卷、論語六至十、孟子一至三)

360000－1901－0027753　403430－3
**四書集注十九卷**　(宋)朱熹撰　清兩儀堂刻本　三册　存九卷(論語一至五、孟子四至七)

360000－1901－0027754　403431
**四書集注十九卷**　(宋)朱熹撰　清兩儀堂刻本　一册　存二卷(大學一卷、中庸一卷)

360000－1901－0027755　403431－2
**四書集注十九卷**　(宋)朱熹撰　清兩儀堂刻本　一册　存二卷(大學一卷、中庸一卷)

360000－1901－0027756　800096
**四書集注十九卷**　(宋)朱熹撰　清兩儀堂刻本　一册　存二卷(大學一卷、中庸一卷)

360000－1901－0027757　801332
**四書集注十九卷**　(宋)朱熹撰　清兩儀堂刻本　一册　存二卷(大學一卷、中庸一卷)

360000－1901－0027758　801333
**四書集注十九卷**　(宋)朱熹撰　清兩儀堂刻本　一册　存二卷(大學一卷、中庸一卷)

360000－1901－0027759　900763
**四書集注十九卷**　(宋)朱熹撰　清兩儀堂刻本　一册　存二卷(大學一卷、中庸一卷)

360000－1901－0027760　900764
**四書集注十九卷**　(宋)朱熹撰　清兩儀堂刻本　一册　存二卷(大學一卷、中庸一卷)

360000－1901－0027761　900332－1
**四書集注十九卷**　(宋)朱熹撰　清末石印本　一册　存六卷(論語一至三、孟子二至四)

360000－1901－0027762　403408－1
**四書集注十九卷**　(宋)朱熹撰　清三友堂刻本　一册　存二卷(大學一卷、中庸一卷)

360000－1901－0027763　403429
**四書集注十九卷**　(宋)朱熹撰　清慎詒堂刻本　四册　存十二卷(大學一,中庸一卷,論語一至五,孟子一至三、六至七)

360000－1901－0027764　403429－1
**四書集注十九卷**　(宋)朱熹撰　清慎詒堂刻本　三册　存七卷(大學一卷,中庸一卷,孟子一至三、六至七)

360000－1901－0027765　403429－2
**四書集注十九卷**　(宋)朱熹撰　清慎詒堂刻本　三册　存十卷(論語六至十,孟子一至三、六至七)

360000－1901－0027766　403437－1
**四書集注十九卷**　(宋)朱熹撰　清慎詒堂刻本　七册　存十六卷(一至十二、十四、十七至十九)

360000－1901－0027767　900769
**四書集注十九卷**　(宋)朱熹撰　清慎詒堂刻

本　一册　存二卷（大學一卷、中庸一卷）

360000－1901－0027768　900773
**四書集注十九卷**　（宋）朱熹撰　清慎詒堂刻本　一册　存二卷（孟子六至七）

360000－1901－0027769　901769
**四書集注十九卷**　（宋）朱熹撰　清松盛堂刻本　一册　存二卷（大學一卷、中庸一卷）

360000－1901－0027770　120425
**四書集注十九卷**　（宋）朱熹撰　清同治六年（1867）湖北崇文書局刻本　四册　缺七卷（論語一至五、孟子六至七）

360000－1901－0027771　403425
**四書集注十九卷**　（宋）朱熹撰　清同治六年（1867）湖北崇文書局刻本　五册　存十七卷（論語十卷、孟子一至七）

360000－1901－0027772　403392
**四書集注十九卷**　（宋）朱熹撰　清同治三年（1864）福文堂刻本　六册

360000－1901－0027773　403394
**四書集注十九卷**　（宋）朱熹撰　清同治三年（1864）浙江撫署刻本　六册

360000－1901－0027774　403395
**四書集注十九卷**　（宋）朱熹撰　清同治三年（1864）浙江撫署刻本　三册　存九卷（大學一卷、中庸一卷、論語一至五、孟子四至五）

360000－1901－0027775　403404
**四書集注十九卷**　（宋）朱熹撰　清同治十一年（1872）金陵書局刻本　六册

360000－1901－0027776　403405
**四書集注十九卷**　（宋）朱熹撰　清同治十一年（1872）金陵書局刻本　四册　存十四卷（大學一卷、中庸一卷、論語十卷、孟子六至七）

360000－1901－0027777　120438
**四書集注十九卷**　（宋）朱熹撰　清同治五年至七年（1866－1868）金陵書局刻本　六册

360000－1901－0027778　901770
**四書集注十九卷**　（宋）朱熹撰　清萬軸山房刻本　一册　存二卷（大學一卷、中庸一卷）

360000－1901－0027779　403431－3
**四書集注十九卷**　（宋）朱熹撰　清乙照齋刻本　一册　存二卷（大學一卷、中庸一卷）

360000－1901－0027780　403419
**四書集注十九卷**　（宋）朱熹撰　（清）儲欣批　清漢口李氏森寶齋刻本　五册　存十四卷（大學一卷、中庸一卷、論語六至十、孟子一至七）

360000－1901－0027781　403413
**四書集注十九卷**　（宋）朱熹撰　（清）儲欣批　清刻朱墨套印本　五册　存十七卷（論語十卷、孟子七卷）

360000－1901－0027782　403410
**四書集注十九卷**　（宋）朱熹撰　（清）儲欣批　清臨桂毓蘭書屋謝氏家塾刻本　四册　存十五卷（大學一卷、中庸一卷、論語十卷、孟子一至三）

360000－1901－0027783　403411
**四書集注十九卷**　（宋）朱熹撰　（清）儲欣批　清臨桂毓蘭書屋謝氏家塾刻本　三册　存十卷（大學一卷、中庸一卷、論語六至十、孟子一至三）

360000－1901－0027784　403412
**四書集注十九卷**　（宋）朱熹撰　（清）儲欣批　清臨桂毓蘭書屋謝氏家塾刻本　三册　存十卷（大學一卷、中庸一卷、論語六至十、孟子一至三）

360000－1901－0027785　601186
**四書集注十九卷**　（宋）朱熹撰　（清）儲欣批　清臨桂毓蘭書屋謝氏家塾刻本　三册　存十二卷（一至十二）

360000－1901－0027786　403415
**四書集注十九卷**　（宋）朱熹撰　（清）儲欣批　清茹古山房刻本　五册　存十七卷（論語十卷、孟子七卷）

360000－1901－0027787　403416
**四書集注十九卷**　（宋）朱熹撰　（清）儲欣批　清茹古山房刻本　五冊　存十七卷（論語十卷、孟子七卷）

360000－1901－0027788　403417
**四書集注十九卷**　（宋）朱熹撰　（清）儲欣批　清茹古山房刻本　四冊　存十四卷（論語十卷、孟子四至七）

360000－1901－0027789　403418
**四書集注十九卷**　（宋）朱熹撰　（清）儲欣批　清遵訓堂刻本　七冊　存十二卷（論語十卷，孟子四、六）

360000－1901－0027790　403399
**四書集注十九卷附四書句辨一卷疑字辨一卷四書圖說一卷**　（宋）朱熹撰　清寶慶經綸堂刻本　六冊

360000－1901－0027791　403400
**四書集注十九卷附四書句辨一卷疑字辨一卷四書圖一卷**　（宋）朱熹撰　清刻本　六冊

360000－1901－0027792　403433
**四書集注十九卷附四書圖一卷四書句辨一卷字辨一卷**　（宋）朱熹撰　清道光四年（1824）勉行堂刻本　一冊　存五卷（大學一卷、中庸一卷，四書圖一卷，四書句辨一卷，字辨一卷）

360000－1901－0027793　415071
**四書集注正蒙十九卷四書集字音義辨一卷**　（清）萬青銓輯　清道光十四年（1834）刻本　一冊　存三卷（大學一卷、中庸一卷，四書集字音義辨一卷）

360000－1901－0027794　163856
**四書集注正蒙釋文合刻十九卷**　（宋）朱熹集注　（清）王賡言釋文　（清）萬青銓輯　清道光鴻文齋刻朱墨套印本　六冊

360000－1901－0027795　716135
**虎鈐經二十卷**　（宋）許洞撰　清刻本　一冊　存十卷（十一至二十）

360000－1901－0027796　403445
**四書集註十九卷**　（宋）朱熹撰　清光緒三十二年（1906）上海商務印書館鉛印本　六冊

360000－1901－0027797　160355
**四書集註十九卷**　（宋）朱熹撰　清同治崇文書局刻本　一冊　存二卷（大學一卷、中庸一卷）

360000－1901－0027798　403293
**四書集字一卷五經集字一卷**　（清）吳兆松撰　清乾隆四十三年（1778）刻本　一冊

360000－1901－0027799　160357
**四書集字音義辨不分卷**　（清）王賡言編　清刻朱墨套印本　一冊　存大學、中庸

360000－1901－0027800　603234
**四書集字音義辨不分卷**　（清）王賡言編　清刻朱墨套印本　一冊　存大學、中庸

360000－1901－0027801　120436
**四書集字音義辨一卷**　（清）萬青銓撰　清道光十四年（1834）兩儀堂刻本　一冊

360000－1901－0027802　708940
**四書講意不分卷**　（明）□□撰　明刻本　一冊

360000－1901－0027803　403146
**四書講義困勉錄三十七卷**　（清）陸隴其撰　（清）陸公鏐編　清刻本　七冊　存十八卷（中庸二、論語四至二十）

360000－1901－0027804　403144
**四書講義困勉錄三十七卷續困勉錄六卷**　（清）陸隴其撰　（清）陸公鏐編　清康熙十四年（1675）寶翰樓刻本　十四冊　存三十一卷（大學一卷，中庸二卷，論語一至六、十一至二十，孟子一至四、七至十四）

360000－1901－0027805　403147
**四書講義困勉錄三十七卷續困勉錄六卷**　（清）陸隴其撰　（清）陸公鏐編　清康熙十四年（1675）寶翰樓刻本　五冊　存十八卷（論語十五至二十、孟子五至十四，續困勉錄五至六）

360000－1901－0027806　403145
**四書講義困勉錄三十七卷續困勉錄六卷**　(清)陸隴其撰　(清)陸公鏐編　清刻本　十五册　存三十一卷(中庸二,論語四至八、十一至十五,孟子十四卷;續困勉錄六卷)

360000－1901－0027807　210341
**四書講義續困勉錄六卷**　(清)陸隴其撰　清乾隆二十二年(1757)嘉會堂刻本　四册

360000－1901－0027808　123235
**四書解細論四卷**　(清)李榮陛撰　清嘉慶二十年(1815)亙古齋刻李厚岡集本　一册

360000－1901－0027809　415075
**四書解細論四卷**　(清)李榮陛撰　清嘉慶二十年(1815)亙古齋刻李厚岡集本　一册

360000－1901－0027810　403516
**四書解義**　(清)李光地撰　清光緒石印本　一册

360000－1901－0027811　403351
**四書近指二十卷**　(清)孫奇逢撰　清刻本　二册　存九卷(五至十三)

360000－1901－0027812　803072
**四書經傳典要四卷**　(□)□□輯　清刻本　一册　存二卷(三至四)

360000－1901－0027813　405800
**四書經史摘證七卷**　(清)宋繼穜輯　清道光二十四年(1844)刻本　四册

360000－1901－0027814　405801
**四書經史摘證七卷**　(清)宋繼穜輯　清道光二十四年(1844)刻本　四册

360000－1901－0027815　405802
**四書經史摘證七卷**　(清)宋繼穜輯　清道光二十四年(1844)刻本　四册

360000－1901－0027816　122774
**四書經史摘證七卷**　(清)宋繼穜輯　清光緒十八年(1892)拜經精舍刻本　四册

360000－1901－0027817　405799
**四書經史摘證七卷**　(清)宋繼穜輯　清光緒十八年(1892)拜經精舍刻本　四册

360000－1901－0027818　405803
**四書經史摘證七卷**　(清)宋繼穜輯　清刻本　一册　存二卷(三至四)

360000－1901－0027819　405803－1
**四書經史摘證七卷**　(清)宋繼穜輯　清刻本　二册　存三卷(三至五)

360000－1901－0027820　405803－2
**四書經史摘證七卷**　(清)宋繼穜輯　清刻本　一册　存二卷(六至七)

360000－1901－0027821　122773
**四書經史摘證七卷**　(清)宋繼穜輯　(清)宋廷英校注　清道光二十四年(1844)梅花書屋刻本　四册

360000－1901－0027822　210322
**四書經疑貫通八卷**　(元)王充耘撰　清抄本　二册

360000－1901－0027823　160369
**四書經注集證十九卷**　(清)吳昌宗輯　清嘉慶三年(1798)江都汪氏刻本　十四册

360000－1901－0027824　160370
**四書經注集證十九卷**　(清)吳昌宗輯　清刻本　七册　缺五卷(大學一卷、論語四至五、孟子六至七)

360000－1901－0027825　403220－1
**四書經注集證十九卷**　(清)吳昌宗撰　清富文堂刻本　四册　存四卷(中庸一卷,孟子二至三、五)

360000－1901－0027826　405844
**四書經注集證十九卷**　(清)吳昌宗撰　清嘉慶三年(1798)江都汪氏刻本　十三册　存十七卷(大學一卷,中庸一卷,論語一至五、七至十,孟子一至二、四至七)

360000－1901－0027827　405844－1
**四書經注集證十九卷**　(清)吳昌宗撰　清嘉慶三年(1798)江都汪氏刻本　一册　存一卷(孟子一)

360000－1901－0027828　405845
**四書經注集證十九卷**　(清)吳昌宗撰　清嘉慶三年(1798)江都汪氏刻本　五册　存十二卷(大學一卷、中庸一卷、論語八至十、孟子七卷)

360000－1901－0027829　405847
**四書經注集證十九卷**　(清)吳昌宗撰　清嘉慶三年(1798)江都汪氏刻本　十四册

360000－1901－0027830　403220
**四書經注集證十九卷**　(清)吳昌宗撰　清刻本　五册　存五卷(大學一卷,論語二、六、八,孟子七)

360000－1901－0027831　403221
**四書經注集證十九卷**　(清)吳昌宗撰　清刻本　四册　存四卷(論語一卷,孟子一、三、六)

360000－1901－0027832　403221－1
**四書經注集證十九卷**　(清)吳昌宗撰　清刻本　七册　存七卷(論語二至五、孟子四至六)

360000－1901－0027833　403221－2
**四書經注集證十九卷**　(清)吳昌宗撰　清刻本　一册　存一卷(孟子四)

360000－1901－0027834　405846
**四書經注集證十九卷**　(清)吳昌宗撰　清刻本　十一册　存十五卷(大學一卷,中庸一卷,論語一至四、六至十,孟子一、三至四、六)

360000－1901－0027835　405846－1
**四書經注集證十九卷**　(清)吳昌宗撰　清刻本　一册　存一卷(孟子七)

360000－1901－0027836　405846－2
**四書經注集證十九卷**　(清)吳昌宗撰　清刻本　一册　存一卷(孟子三)

360000－1901－0027837　405846－3
**四書經注集證十九卷**　(清)吳昌宗撰　清刻本　一册　存一卷(孟子一)

360000－1901－0027838　803076
**四書經注集證十九卷**　(清)吳昌宗撰　清刻本　一册　存一卷(論語五)

360000－1901－0027839　160375
**四書精義四十卷**　(清)鴻寶齋主人輯　清光緒二十七年(1901)上海鴻寶齋書局石印本　十二册

360000－1901－0027840　416198
**四書精義正宗不分卷**　(清)徐璇輯　清光緒二十八年(1902)刻本　一册　存上論、下論

360000－1901－0027841　120453
**四書精義正宗不分卷**　(清)徐璇輯　清光緒二十四年(1898)二友堂刻本　一册

360000－1901－0027842　210331
**四書考二十八卷考異一卷**　(明)陳仁錫撰　明崇禎七年(1634)刻本　三册　存七卷(六至十、二十四至二十五)

360000－1901－0027843　210329
**四書考二十八卷考異一卷**　(明)陳仁錫撰　明刻本　二十册

360000－1901－0027844　210330
**四書考二十八卷考異一卷**　(明)陳仁錫撰　明刻本　九册　缺七卷(六至十、二十四至二十五)

360000－1901－0027845　160336
**四書考輯要二十卷**　(清)陳弘謀輯　清刻本　七册　存四卷(一至二、十七至十八)

360000－1901－0027846　403248
**四書考輯要二十卷地圖一卷**　(清)陳弘謀輯　(清)陳蘭森編　清刻本　六册　存十七卷(二至十二、十五至二十)

360000－1901－0027847　403248－1
**四書考輯要二十卷地圖一卷**　(清)陳弘謀輯　(清)陳蘭森編　清刻本　四册　存九卷(一至三、十三至十四、十八至二十,地圖一卷)

360000－1901－0027848　403249
**四書考輯要二十卷地圖一卷**　(清)陳弘謀輯

（清）陳蘭森編　清刻本　五冊　存十卷（一至二、五至八、十四至十六，地圖一卷）

360000－1901－0027849　403244
**四書考輯要二十卷地圖一卷**　（清）陳弘謀輯　（清）陳蘭森編　清乾隆三十六年（1771）培遠堂刻本　十冊

360000－1901－0027850　403245
**四書考輯要二十卷地圖一卷**　（清）陳弘謀輯　（清）陳蘭森編　清乾隆三十六年（1771）培遠堂刻本　十冊

360000－1901－0027851　403246
**四書考輯要二十卷地圖一卷**　（清）陳弘謀輯　（清）陳蘭森編　清乾隆三十六年（1771）培遠堂刻本　四冊　存九卷（十至十八）

360000－1901－0027852　403247
**四書考輯要二十卷地圖一卷**　（清）陳弘謀輯　（清）陳蘭森編　清乾隆三十六年（1771）培遠堂刻本　四冊　存十卷（二至三、七至十二、十六至十七）

360000－1901－0027853　210363
**四書考異三十六卷**　（清）翟灝撰　清乾隆三十四年（1769）仁和翟氏無不宜齋刻本　四冊

360000－1901－0027854　403131－1
**四書類典賦二十四卷**　（清）甘紱撰　清刻本　一冊　存四卷（四至七）

360000－1901－0027855　403140
**四書類典賦二十四卷**　（清）甘紱撰　清刻本　七冊　存十四卷（二至三、六至十三、十六至十九）

360000－1901－0027856　403141
**四書類典賦二十四卷**　（清）甘紱撰　清刻本　五冊　存十六卷（四至五、八至二十一）

360000－1901－0027857　800067
**四書類典賦二十四卷**　（清）甘紱撰　清刻本　七冊　存十四卷（三至六、十至十一、十三至十四、十七至十八、二十一至二十四）

360000－1901－0027858　800068
**四書類典賦二十四卷**　（清）甘紱撰　清刻本　五冊　存十一卷（六至九、十一至十二、十八至二十二）

360000－1901－0027859　800069
**四書類典賦二十四卷**　（清）甘紱撰　清刻本　三冊　存三卷（十二、十七、二十二）

360000－1901－0027860　800064
**四書類典賦二十四卷**　（清）甘紱撰　清乾隆刻本　二冊　存七卷（五至七、十二至十五）

360000－1901－0027861　800065
**四書類典賦二十四卷**　（清）甘紱撰　清乾隆刻本　二冊　存四卷（十一至十四）

360000－1901－0027862　403128
**四書類典賦二十四卷**　（清）甘紱撰　清乾隆三十五年（1770）刻本　五冊

360000－1901－0027863　403129
**四書類典賦二十四卷**　（清）甘紱撰　清乾隆十一年（1746）刻本　十冊

360000－1901－0027864　403139
**四書類典賦二十四卷**　（清）甘紱撰　清乾隆四十三年（1778）刻本　五冊　存十九卷（一至十九）

360000－1901－0027865　800066
**四書類典賦二十四卷**　（清）甘紱撰　清乾隆四十三年（1778）刻本　一冊　存二卷（十九至二十）

360000－1901－0027866　403130
**四書類典賦二十四卷**　（清）甘紱撰　清乾隆四十四年（1779）刻本　九冊　存二十卷（一、三至四、八至二十四）

360000－1901－0027867　403131
**四書類典賦二十四卷**　（清）甘紱撰　清乾隆四十四年（1779）刻本（卷二十二至二十四配清刻本）　十五冊

360000－1901－0027868　250149
**四書類典賦二十四卷**　（清）甘紱撰　**附聖門年譜二卷**　（明）包大爟編　（清）甘紱編訂

清乾隆十一年(1746)刻本　十二册

360000－1901－0027869　901189
**四書類典賦六十六卷**　(清)甘紱撰　清刻本　二册　存十六卷(四十一至五十六)

360000－1901－0027870　901194
**四書類典賦六十六卷**　(清)甘紱撰　清刻本　一册　存八卷(三十九至四十六)

360000－1901－0027871　901195
**四書類典賦六十六卷**　(清)甘紱撰　清刻本　一册　存十三卷(五十四至六十六)

360000－1901－0027872　800059
**四書類典賦六十六卷**　(清)甘紱撰　清乾隆刻本　一册　存十二卷(五十五至六十六)

360000－1901－0027873　403132
**四書類典賦六十六卷**　(清)甘紱撰　清乾隆十三年(1748)刻本　八册

360000－1901－0027874　403133
**四書類典賦六十六卷**　(清)甘紱撰　清乾隆十三年(1748)刻本　七册

360000－1901－0027875　403135
**四書類典賦六十六卷**　(清)甘紱撰　清乾隆十三年(1748)刻本　十册

360000－1901－0027876　800060
**四書類典賦六十六卷**　(清)甘紱撰　清乾隆十三年(1748)刻本　四册　存二十卷(十四至十七、四十二至四十六、五十至六十)

360000－1901－0027877　800061
**四書類典賦六十六卷**　(清)甘紱撰　清乾隆十三年(1748)刻本　三册　存十七卷(一至十七)

360000－1901－0027878　800062
**四書類典賦六十六卷**　(清)甘紱撰　清乾隆十三年(1748)刻本　二册　存六卷(八至十三)

360000－1901－0027879　800063
**四書類典賦六十六卷**　(清)甘紱撰　清乾隆十三年(1748)刻本　五册　存十九卷(八至十、十三至十四、三十七至四十、四十六至四十九、五十六至六十一)

360000－1901－0027880　802111
**四書蠡言撮要不分卷**　(清)馮起鳳撰　清抄本　一册

360000－1901－0027881　405857
**四書論義二卷**　(□)□□撰　清末石印本　三册

360000－1901－0027882　122943
**四書蒙求十九卷**　(宋)朱熹集注　清道光九年(1829)崇道堂刻本　六册

360000－1901－0027883　403002
**四書明儒大全精義三十八卷**　(清)湯傳榘撰　清康熙四十四年(1705)刻本　五册　存十卷(論語一至四、七至十,孟子一至二)

360000－1901－0027884　403383
**四書求是十六卷**　(清)王餘英編　清嘉慶十八年(1813)古香書屋刻本　七册　存十四卷(一至十四)

360000－1901－0027885　803487
**四書全文不分卷**　(□)□□撰　清道光二十三年(1843)刻本　一册

360000－1901－0027886　122942
**四書詮義三十八卷**　(清)汪紱撰　清道光六年(1826)一經堂刻本　十四册　存二十八卷(一至二十八)

360000－1901－0027887　123119
**四書詮義三十八卷**　(清)汪紱撰　清道光六年(1826)一經堂刻本　十册　存二十四卷(一至二十四)

360000－1901－0027888　405923
**四書詮義三十八卷**　(清)汪紱撰　清道光六年(1826)一經堂刻本　五册　存十五卷(三、十一至十八、二十五至二十七、三十四至三十六)

360000－1901－0027889　405924
**四書詮義三十八卷**　(清)汪紱撰　清道光六

年(1826)一經堂刻本　二册　存七卷(十一至十四、三十三至三十五)

360000－1901－0027890　410879
**四書詮義三十八卷**　(清)汪紱撰　清道光六年(1826)一經堂刻本　十四册

360000－1901－0027891　710866
**四書詮義三十八卷**　(清)汪紱撰　清道光六年(1826)一經堂刻本　十一册　存三十一卷(一至四、八至九、十一至三十、三十四至三十八)

360000－1901－0027892　710879
**四書詮義三十八卷**　(清)汪紱撰　清道光六年(1826)一經堂刻本　五册　存十一卷(三至四、二十八至三十六)

360000－1901－0027893　710880
**四書詮義三十八卷**　(清)汪紱撰　清道光六年(1826)一經堂刻本　二册　存四卷(一、八至十)

360000－1901－0027894　710881
**四書詮義三十八卷**　(清)汪紱撰　清道光六年(1826)一經堂刻本　二册　存七卷(二十五至二十八、三十三至三十五)

360000－1901－0027895　710882
**四書詮義三十八卷**　(清)汪紱撰　清道光六年(1826)一經堂刻本　一册　存三卷(五至七)

360000－1901－0027896　721862
**四書詮義三十八卷**　(清)汪紱撰　清道光六年(1826)一經堂刻本　三册　存六卷(三至四、十一至十四)

360000－1901－0027897　721863
**四書詮義三十八卷**　(清)汪紱撰　清道光六年(1826)一經堂刻本　二册　存九卷(四至十一、二十四)

360000－1901－0027898　722242
**四書詮義三十八卷**　(清)汪紱撰　清道光六年(1826)一經堂刻本　十四册

360000－1901－0027899　403288
**四書人名考二十卷**　(清)胡之煜等輯　清嘉慶八年(1803)蘄州陳氏刻本　八册

360000－1901－0027900　403232
**四書人物類典串珠四十卷**　(清)臧志仁輯　清光緒六年(1880)刻本　六册　存十九卷(一至二、十五至二十六、三十二至三十六)

360000－1901－0027901　306428
**四書人物類典串珠四十卷**　(清)臧志仁輯　清嘉慶六年(1801)刻本　八册　存三十九卷(一至十四、十六至四十)

360000－1901－0027902　403231
**四書人物類典串珠四十卷**　(清)臧志仁輯　清嘉慶七年(1802)四有堂刻本　二册　存十二卷(一至四、六至十三)

360000－1901－0027903　161647
**四書人物類典串珠四十卷**　(清)臧志仁輯　清嘉慶十六年(1811)刻本　三册

360000－1901－0027904　403225
**四書人物類典串珠四十卷**　(清)臧志仁輯　清嘉慶四年(1799)刻本　十册　存三十二卷(一、五至三十五)

360000－1901－0027905　403225－1
**四書人物類典串珠四十卷**　(清)臧志仁輯　清嘉慶四年(1799)刻本　一册　存五卷(九至十三)

360000－1901－0027906　403222
**四書人物類典串珠四十卷**　(清)臧志仁輯　清刻本　八册

360000－1901－0027907　403223
**四書人物類典串珠四十卷**　(清)臧志仁輯　清刻本　四册

360000－1901－0027908　403224
**四書人物類典串珠四十卷**　(清)臧志仁輯　清刻本　五册　存二十二卷(四至七、十四至二十五、三十五至四十)

360000－1901－0027909　403226

四書人物類典串珠四十卷　(清)臧志仁輯
清刻本　十册

360000－1901－0027910　403227
四書人物類典串珠四十卷　(清)臧志仁輯
清刻本　八册

360000－1901－0027911　403228
四書人物類典串珠四十卷　(清)臧志仁輯
清刻本　八册

360000－1901－0027912　403229
四書人物類典串珠四十卷　(清)臧志仁輯
清刻本　十册

360000－1901－0027913　403230
四書人物類典串珠四十卷　(清)臧志仁輯
清刻本　二册　存十八卷(一至十八)

360000－1901－0027914　403230－1
四書人物類典串珠四十卷　(清)臧志仁輯
清刻本　六册　存二十五卷(十五至二十四、二十六至四十)

360000－1901－0027915　403231－1
四書人物類典串珠四十卷　(清)臧志仁輯
清刻本　四册　存三十一卷(五至十八、二十四至四十)

360000－1901－0027916　403231－2
四書人物類典串珠四十卷　(清)臧志仁輯
清刻本　二册　存九卷(三至五、二十六至三十一)

360000－1901－0027917　403232－2
四書人物類典串珠四十卷　(清)臧志仁輯
清刻本　二册　存十五卷(十九至二十五、三十三至四十)

360000－1901－0027918　403232－3
四書人物類典串珠四十卷　(清)臧志仁輯
清刻本　一册　存二卷(十三至十四)

360000－1901－0027919　403234
四書人物類典串珠四十卷　(清)臧志仁輯
清刻本　四册

360000－1901－0027920　403235
四書人物類典串珠四十卷　(清)臧志仁輯
清刻本　四册

360000－1901－0027921　403236
四書人物類典串珠四十卷　(清)臧志仁輯
清刻本　四册

360000－1901－0027922　403237
四書人物類典串珠四十卷　(清)臧志仁輯
清刻本　六册

360000－1901－0027923　403240－1
四書人物類典串珠四十卷　(清)臧志仁輯
清刻本　四册　存十九卷(二十二至四十)

360000－1901－0027924　403242
四書人物類典串珠四十卷　(清)臧志仁輯
清刻本　四册　存二十二卷(十至十四、二十四至四十)

360000－1901－0027925　403243
四書人物類典串珠四十卷　(清)臧志仁輯
清刻本　九册　存三十七卷(一至二十五、二十九至四十)

360000－1901－0027926　403243－1
四書人物類典串珠四十卷　(清)臧志仁輯
清刻本　一册　存七卷(二十六至三十二)

360000－1901－0027927　603217
四書人物類典串珠四十卷　(清)臧志仁輯
清刻本　三册　存三十三卷(一至十八、二十六至四十)

360000－1901－0027928　901776
四書人物類典串珠四十卷　(清)臧志仁輯
清刻本　五册　存二十一卷(五至六、八至十六、二十二至二十四、二十七至三十三)

360000－1901－0027929　901776－1
四書人物類典串珠四十卷　(清)臧志仁輯
清刻本　二册　存六卷(十四至十六、二十五至二十七)

360000－1901－0027930　901777
四書人物類典串珠四十卷　(清)臧志仁輯
清刻本　七册　存三十九卷(一至二十五、二

十七至四十）

360000－1901－0027931　901778
**四書人物類典串珠四十卷**　（清）臧志仁輯　清刻本　五册　存三十卷（一至三十）

360000－1901－0027932　901779
**四書人物類典串珠四十卷**　（清）臧志仁輯　清刻本　三册　存二十四卷（一至十八、二十至二十五）

360000－1901－0027933　901780
**四書人物類典串珠四十卷**　（清）臧志仁輯　清刻本　五册　存二十二卷（一至二十二）

360000－1901－0027934　901781
**四書人物類典串珠四十卷**　（清）臧志仁輯　清刻本　五册　存二十一卷（一至十八、二十三至二十五）

360000－1901－0027935　901782
**四書人物類典串珠四十卷**　（清）臧志仁輯　清刻本　五册　存二十二卷（一至十五、十七至二十三）

360000－1901－0027936　901783
**四書人物類典串珠四十卷**　（清）臧志仁輯　清刻本　三册　存十七卷（十三至二十一、二十六至三十三）

360000－1901－0027937　901784
**四書人物類典串珠四十卷**　（清）臧志仁輯　清刻本　七册　存二十五卷（一至二十五）

360000－1901－0027938　901784－1
**四書人物類典串珠四十卷**　（清）臧志仁輯　清刻本　二册　存十一卷（二十至二十三、二十五至三十一）

360000－1901－0027939　901784－2
**四書人物類典串珠四十卷**　（清）臧志仁輯　清刻本　一册　存三卷（二十一至二十三）

360000－1901－0027940　901784－3
**四書人物類典串珠四十卷**　（清）臧志仁輯　清刻本　一册　存四卷（二十三至二十六）

360000－1901－0027941　403239
**四書人物類典串珠四十卷**　（清）臧志仁輯　清同治十二年（1873）曉星里刻本　四册

360000－1901－0027942　403240
**四書人物類典串珠四十卷**　（清）臧志仁輯　清同治十二年（1873）曉星里刻本　四册　存二十五卷（一至二十五）

360000－1901－0027943　403241
**四書人物類典串珠四十卷**　（清）臧志仁輯　清同治十二年（1873）曉星里刻本　十册

360000－1901－0027944　403361
**四書拾義五卷**　（清）胡紹勳撰　清道光十四年（1834）績溪胡氏吟經樓刻本　二册

360000－1901－0027945　800311
**四書試帖四卷秋心齋試帖賸四卷**　（清）黄之晉撰　清抄本　四册

360000－1901－0027946　403080
**四書釋地補一卷續補一卷又續補一卷三續補一卷**　（清）閻若璩撰　（清）樊廷枚校補　清嘉慶二十一年（1816）刻本　五册

360000－1901－0027947　603242－1
**四書釋地補一卷續補一卷又續補一卷三續補一卷**　（清）閻若璩撰　（清）樊廷枚校補　清嘉慶二十一年（1816）刻本　一册　存一卷（四書釋地補一卷）

360000－1901－0027948　403084
**四書釋地補一卷續補一卷又續補一卷三續補一卷**　（清）閻若璩撰　（清）樊廷枚校補　清嘉慶二十一年（1816）梅陽海涵堂刻本　五册

360000－1901－0027949　403086
**四書釋地補一卷續補一卷又續補一卷三續補一卷**　（清）閻若璩撰　（清）樊廷枚校補　清嘉慶二十一年（1816）梅陽海涵堂刻本　五册

360000－1901－0027950　403085
**四書釋地補一卷續補一卷又續補一卷三續補一卷**　（清）閻若璩撰　（清）樊廷枚校補　清刻本　五册　存三卷（四書釋地補一卷、又續補一卷、三續補一卷）

360000－1901－0027951　403087

**四書釋地補一卷續補一卷又續補一卷三續補一卷**　（清）閻若璩撰　（清）樊廷枚校補　清刻本　二册　存二卷（續補一卷、三續補一卷）

360000－1901－0027952　210360

**四書釋地一卷續一卷又續一卷**　（清）閻若璩撰　清乾隆五十三年（1788）南城吳照聽雨齋刻本　三册

360000－1901－0027953　210359

**四書釋地一卷續一卷又續一卷三續二卷附孟子生卒年月考一卷**　（清）閻若璩撰　清乾隆五十二年（1787）東浯王氏刻本　二册　存二卷（四書釋地一卷、續一卷）

360000－1901－0027954　403088

**四書釋地一卷續一卷又續一卷三續二卷附孟子生卒年月考一卷**　（清）閻若璩撰　清乾隆五十二年（1787）東浯王氏刻本　一册　存一卷（四書釋地一卷）

360000－1901－0027955　403089

**四書釋地一卷續一卷又續一卷三續二卷附孟子生卒年月考一卷**　（清）閻若璩撰　清乾隆五十二年（1787）東浯王氏刻本　三册

360000－1901－0027956　603242

**四書釋地一卷續一卷又續一卷三續二卷附孟子生卒年月考一卷**　（清）閻若璩撰　清乾隆五十二年（1787）東浯王氏刻本　三册　缺一卷（續一卷）

360000－1901－0027957　210358

**四書釋地一卷續一卷又續一卷三續一卷附孟子生卒年月考一卷**　（清）閻若璩撰　清乾隆八年（1743）刻本　三册

360000－1901－0027958　403083

**四書釋地一卷續一卷又續一卷三續一卷附孟子生卒年月考一卷**　（清）閻若璩撰　清乾隆五十三年（1788）南城吳照聽雨齋刻本　三册　存四卷（續一卷、又續一卷、三續一卷、孟子生卒年月考一卷）

360000－1901－0027959　403083－1

**四書釋地一卷續一卷又續一卷三續一卷附孟子生卒年月考一卷**　（清）閻若璩撰　清乾隆五十三年（1788）南城吳照聽雨齋刻本　一册　存二卷（三續一卷、孟子生卒年月考一卷）

360000－1901－0027960　900770

**四書釋文圈點□□卷**　（清）王賡言點讀　清道光二十四年（1844）靈蘭堂刻本　一册　存二卷（一至二）

360000－1901－0027961　403388

**四書釋文十九卷四書字辨一卷疑字辨一卷音義辨一卷句辨一卷**　（宋）朱熹撰　（清）王賡言增補　清道光二年（1822）諸城王氏家塾刻本　一册　存五卷（大學一卷、中庸一卷，四書字辨一卷，疑字辨一卷，句辨一卷）

360000－1901－0027962　403388－1

**四書釋文十九卷四書字辨一卷疑字辨一卷音義辨一卷句辨一卷**　（宋）朱熹撰　（清）王賡言增補　清道光二年（1822）諸城王氏家塾刻本　一册　存五卷（大學一卷、中庸一卷，四書字辨一卷，疑字辨一卷，句辨一卷）

360000－1901－0027963　210354

**四書疏注撮言大全三十七卷**　（清）胡斐才撰　清乾隆二十八年（1763）小西山房刻本　二十五册

360000－1901－0027964　403155

**四書疏注撮言大全三十七卷**　（清）胡斐才撰　清乾隆二十八年（1763）萃英堂刻本　十九册　缺二卷（孟子一至二）

360000－1901－0027965　403156

**四書疏注撮言大全三十七卷**　（清）胡斐才撰　清同治元年（1862）刻本　二十册

360000－1901－0027966　403003

**四書述不分卷**　（清）鄧維桓輯　清康熙六十一年（1722）德造堂刻本　十三册

360000－1901－0027967　210345

**四書述朱大全四十一卷**　（清）黄越輯　清康熙刻本　十二册　存十六卷（論語一、十一至

十四,孟子三至七、九至十四)

360000－1901－0027968　403387
**四書說苑十一卷首一卷補遺一卷續遺一卷**　(清)孫應科輯　清道光四年(1824)高郵孫氏刻二十八年(1848)補刻本　二册　存七卷(四至六、十至十一,補遺一卷,續遺一卷)

360000－1901－0027969　160374
**四書說約三十三卷**　(明)鹿善繼撰　清道光二十八年(1848)刻本　四册

360000－1901－0027970　405836
**四書說約三十三卷**　(明)鹿善繼撰　清道光二十八年(1848)刻本　三册　存二十六卷(大學一至二、中庸四卷、論語二十卷)

360000－1901－0027971　405836－1
**四書說約三十三卷**　(明)鹿善繼撰　清刻本　一册　存七卷(論語十四至二十)

360000－1901－0027972　405835
**四書說約三十三卷**　(明)鹿善繼撰　清同治十一年(1872)江右乙藜齋刻本　二册　存三卷(大學一至二、中庸一)

360000－1901－0027973　120454
**四書隨見錄三十七卷首六卷**　(清)鄒鳳池(清)陳作梅輯　清道光二十七年(1847)紅杏山房刻本　十六册

360000－1901－0027974　120455
**四書隨見錄三十七卷首六卷**　(清)鄒鳳池(清)陳作梅輯　清道光二十七年(1847)紅杏山房刻本　二十册

360000－1901－0027975　120456
**四書隨見錄三十七卷首六卷**　(清)鄒鳳池(清)陳作梅輯　清道光二十七年(1847)紅杏山房刻本　十册　缺二十一卷(論語一至二十、首一)

360000－1901－0027976　415074
**四書隨見錄三十七卷首六卷**　(清)鄒鳳池(清)陳作梅輯　清道光二十七年(1847)紅杏山房刻本　九册　存二十八卷(孔子年譜一卷、孔子弟子考一卷;論語一至三、七至二十,首一卷;孟子三至六、十一至十四)

360000－1901－0027977　403211－2
**四書題鏡不分卷**　(清)汪鯉翔撰　清嘉慶二十三年(1818)刻本　一册　存大學

360000－1901－0027978　721886－1
**四書題鏡不分卷**　(清)汪鯉翔撰　清嘉慶十一年(1806)刻本　一册　存大學、中庸

360000－1901－0027979　403204
**四書題鏡不分卷**　(清)汪鯉翔撰　清刻本　四册　存上論、下論,上孟、下孟

360000－1901－0027980　403206
**四書題鏡不分卷**　(清)汪鯉翔撰　清刻本　三册　存下論、上孟

360000－1901－0027981　403206－3
**四書題鏡不分卷**　(清)汪鯉翔撰　清刻本　二册　存中庸、下孟

360000－1901－0027982　403208
**四書題鏡不分卷**　(清)汪鯉翔撰　清刻本　十一册　存中庸,上論、下論,上孟、下孟

360000－1901－0027983　403210
**四書題鏡不分卷**　(清)汪鯉翔撰　清刻本　九册　存中庸,上論、下論,上孟、下孟

360000－1901－0027984　403211
**四書題鏡不分卷**　(清)汪鯉翔撰　清刻本　四册　存中庸、下論、上孟

360000－1901－0027985　403211－3
**四書題鏡不分卷**　(清)汪鯉翔撰　清刻本　三册　存上孟、下孟

360000－1901－0027986　601313
**四書題鏡不分卷**　(清)汪鯉翔撰　清刻本　二册　存下孟

360000－1901－0027987　403207
**四書題鏡不分卷**　(清)汪鯉翔撰　清乾隆三十年(1765)芸經堂刻本　十三册

360000－1901－0027988　721886

**四書題鏡不分卷** (清)汪鯉翔撰 清乾隆三十五年(1770)寶華堂刻本 二册 存大學、中庸、下孟

360000 - 1901 - 0027989 403211 - 1
**四書題鏡不分卷** (清)汪鯉翔撰 清乾隆五十一年(1786)刻本 一册 存大學

360000 - 1901 - 0027990 163621
**四書題鏡不分卷** (清)汪鯉翔撰 清同治三年(1864)京都鑑清閣刻本 五册

360000 - 1901 - 0027991 163622
**四書題鏡三十九卷** (清)汪鯉翔撰 清嘉慶二十三年(1818)刻本 十册

360000 - 1901 - 0027992 721886 - 3
**四書題鏡三十九卷** (清)汪鯉翔撰 清刻本 二册 存四卷(下論五至六、八至九)

360000 - 1901 - 0027993 721887
**四書題鏡三十九卷** (清)汪鯉翔撰 清刻本 一册 存二卷(上孟一至二)

360000 - 1901 - 0027994 721887 - 1
**四書題鏡三十九卷** (清)汪鯉翔撰 清刻本 三册 存四卷(上孟二,下孟三、十三至十四)

360000 - 1901 - 0027995 721887 - 2
**四書題鏡三十九卷** (清)汪鯉翔撰 清刻本 二册 存四卷(上孟七至八、下孟五至六)

360000 - 1901 - 0027996 403205
**四書題鏡三十六卷** (清)汪鯉翔撰 清刻本 五册 存二十五卷(論語六至十、十五至二十,孟子十四卷)

360000 - 1901 - 0027997 403206 - 1
**四書題鏡三十六卷** (清)汪鯉翔撰 清刻本 二册 存十卷(上論六至十、下論六至十)

360000 - 1901 - 0027998 403206 - 2
**四書題鏡三十六卷** (清)汪鯉翔撰 清刻本 一册 存四卷(上論七至十)

360000 - 1901 - 0027999 403209
**四書題鏡三十六卷** (清)汪鯉翔撰 清刻本 三册 存九卷(大學一卷,中庸一卷,上論四至六、下論七至十)

360000 - 1901 - 0028000 403211 - 4
**四書題鏡三十六卷** (清)汪鯉翔撰 清刻本 二册 存二卷(上論一、下孟三)

360000 - 1901 - 0028001 721886 - 2
**四書題鏡三十六卷** (清)汪鯉翔撰 清刻本 二册 存二卷(二、十)

360000 - 1901 - 0028002 403203
**四書題鏡三十六卷** (清)汪鯉翔撰 清乾隆四十七年(1782)大經堂刻本 四册 存二十二卷(大學一卷,中庸一卷,上論一至十,上孟一至六、下孟七至十)

360000 - 1901 - 0028003 403438
**四書題鏡三十六卷總論一卷** (清)汪鯉翔撰 清刻本 五册 存十二卷(二十三至三十四)

360000 - 1901 - 0028004 403437
**四書題鏡三十六卷總論一卷** (清)汪鯉翔撰 清乾隆四十七年(1782)致遠堂刻本 三册 存五卷(一、三十一至三十四)

360000 - 1901 - 0028005 403439
**四書題鏡三十六卷總論一卷** (清)汪鯉翔撰 清乾隆五十四年(1789)芸經堂刻本 二册 存五卷(一、十三至十六)

360000 - 1901 - 0028006 403212
**四書題鏡十卷** (清)汪鯉翔撰 清嘉慶六年(1801)刻本 六册 存七卷(大學一卷,中庸一卷,論語一、三,孟子一、三至四)

360000 - 1901 - 0028007 403213
**四書題鏡十卷** (清)汪鯉翔撰 清刻本 三册 存六卷(一至二、五至六、九至十)

360000 - 1901 - 0028008 403214
**四書題鏡十卷** (清)汪鯉翔撰 清刻本 七册 存七卷(大學一卷,論語一、三至四,孟子一至二、四)

360000 - 1901 - 0028009 403215

**四書題鏡十卷**　(清)汪鯉翔撰　清刻本　七冊　存七卷(二至四、六、八至十)

360000－1901－0028010　403297
**四書體注合講十九卷**　(清)翁復編　清道光七年(1827)刻本　六冊

360000－1901－0028011　403319－1
**四書體注合講十九卷**　(清)翁復編　清道光七年(1827)刻本　二冊　存四卷(大學一卷、中庸一卷、孟子六至七)

360000－1901－0028012　403295
**四書體注合講十九卷**　(清)翁復編　清道光元年(1821)酌雅齋刻本　六冊

360000－1901－0028013　403296
**四書體注合講十九卷**　(清)翁復編　清道光元年(1821)酌雅齋刻本　六冊

360000－1901－0028014　403325
**四書體注合講十九卷**　(清)翁復編　清道光元年(1821)酌雅齋刻本　四冊　存十四卷(大學一卷、中庸一卷、論語十卷、孟子四至五)

360000－1901－0028015　160381
**四書體注合講十九卷**　(清)翁復編　清光緒十六年(1890)上海鑄記書局石印本　六冊

360000－1901－0028016　160382
**四書體注合講十九卷**　(清)翁復編　清光緒十六年(1890)上海鑄記書局石印本　六冊

360000－1901－0028017　403317
**四書體注合講十九卷**　(清)翁復編　清光緒五年(1879)石室山房刻本　六冊

360000－1901－0028018　403318
**四書體注合講十九卷**　(清)翁復編　清刻本　五冊　存十七卷(論語十卷、孟子七卷)

360000－1901－0028019　403320－4
**四書體注合講十九卷**　(清)翁復編　清刻本　一冊　存五卷(論語一至五)

360000－1901－0028020　403320－5
**四書體注合講十九卷**　(清)翁復編　清刻本　二冊　存十卷(論語十卷)

360000－1901－0028021　403299
**四書體注合講十九卷**　(清)翁復編　清乾隆四十年(1775)芸經堂刻本　六冊

360000－1901－0028022　403303－1
**四書體注合講十九卷**　(清)翁復編　清同治十年(1871)緯文堂刻本　五冊　存十七卷(論語十卷、孟子七卷)

360000－1901－0028023　403304
**四書體注合講十九卷**　(清)翁復編　清同治十年(1871)緯文堂刻本　五冊　存十六卷(大學一卷、中庸一卷、論語十卷、孟子四至七)

360000－1901－0028024　403311
**四書體注合講十九卷**　(清)翁復編　清同治五年(1866)刻本　二冊　存五卷(大學一卷、中庸一卷、孟子一至三)

360000－1901－0028025　160392
**四書體注合講十九卷**　(清)翁復編　清咸豐八年(1858)酌雅齋刻本　六冊

360000－1901－0028026　403305
**四書體注合講十九卷**　(清)翁復編　清學源堂刻本　五冊　存十四卷(大學一卷、中庸一卷、論語六至十、孟子七卷)

360000－1901－0028027　403312
**四書體注合講十九卷**　(清)翁復編　清酌雅齋刻本　二冊

360000－1901－0028028　403314
**四書體注合講十九卷**　(清)翁復編　清酌雅齋刻本　四冊　存十五卷(論語十卷、孟子一至五)

360000－1901－0028029　161650
**四書通典備考十二卷**　(明)陳仁錫訂　(清)孫勷　(清)仇兆鰲增定　清康熙二十五年(1686)刻本　八冊

360000－1901－0028030　415059
**四書通二十六卷**　(元)胡炳文撰　清靖江朱

勷刻本　二十六册

360000－1901－0028031　210334
**四書通義二十九卷**　(明)魯論撰　清乾隆二十八年(1763)新城魯鼎梅刻本　四册

360000－1901－0028032　210320
**四書通證六卷**　(元)張存中撰　清康熙納蘭成德刻通志堂經解本　一册

360000－1901－0028033　210323
**四書通旨六卷**　(元)朱公遷撰　清康熙納蘭成德刻通志堂經解本　二册

360000－1901－0028034　415060
**四書通旨六卷**　(元)朱公遷撰　清同治七年(1868)敏樹堂刻本　六册

360000－1901－0028035　120451
**四書圖表就正一卷**　(清)趙敬襄撰　清嘉慶二十二年(1817)刻竹岡齋九種本　一册

360000－1901－0028036　403368
**四書圖表就正一卷**　(清)趙敬襄撰　清嘉慶二十二年(1817)刻竹岡齋九種本　一册

360000－1901－0028037　403368－1
**四書圖表就正一卷**　(清)趙敬襄撰　清嘉慶二十二年(1817)刻竹岡齋九種本　一册

360000－1901－0028038　160377
**四書圖考十三卷**　(清)杜炳撰　清光緒十三年(1887)上海鴻文書局石印本　四册

360000－1901－0028039　210324
**四書圖史合攷二十四卷**　(明)蔡清輯　明刻本　七册　存十二卷(十至十一、十三至十四、十七至二十四)

360000－1901－0028040　403202
**四書味根錄六十一卷**　(清)金澂撰　清刻本　二十册　存四十二卷(四至九、二十至三十九、四十二至四十三、四十六至五十一、五十四至六十一)

360000－1901－0028041　160343
**四書味根錄三十九卷**　(清)金澂撰　清光緒十八年(1892)上海鴻寶齋石印本　八册

360000－1901－0028042　160341
**四書味根錄三十九卷**　(清)金澂撰　清光緒十年(1884)聚文堂刻本　十二册

360000－1901－0028043　160344
**四書味根錄三十九卷**　(清)金澂撰　清光緒十七年(1891)上海萬選書局石印本　八册

360000－1901－0028044　160342
**四書味根錄三十九卷**　(清)金澂撰　清光緒十一年(1885)上海石印本　四册

360000－1901－0028045　160339
**四書味根錄三十九卷**　(清)金澂撰　清咸豐九年(1859)粲花吟館刻本　十二册

360000－1901－0028046　160340
**四書味根錄三十九卷**　(清)金澂撰　清咸豐十年(1860)刻本　十六册

360000－1901－0028047　403184
**四書味根錄三十七卷**　(清)金澂撰　清道光二十二年(1842)刻本　十六册

360000－1901－0028048　403186
**四書味根錄三十七卷**　(清)金澂撰　清道光十七年(1837)刻本　十二册

360000－1901－0028049　403187
**四書味根錄三十七卷**　(清)金澂撰　清道光十七年(1837)刻本　十六册

360000－1901－0028050　403193
**四書味根錄三十七卷**　(清)金澂撰　清光緒二十九年(1903)上海久敬齋石印本　五册　存二十七卷(大學一卷、中庸二卷、論語一至十、孟子十四卷)

360000－1901－0028051　403198
**四書味根錄三十七卷**　(清)金澂撰　清光緒二十年(1894)袖海山房石印本　三册　存十三卷(大學一卷、中庸二卷、論語一至七、孟子十二至十四)

360000－1901－0028052　403192
**四書味根錄三十七卷**　(清)金澂撰　清光緒九年(1883)上海點石齋石印本　二册

360000－1901－0028053　403195
**四書味根録三十七卷**　(清)金澂撰　清光緒九年(1883)上海同文書局石印本　二冊

360000－1901－0028054　403194
**四書味根録三十七卷**　(清)金澂撰　清光緒十二年(1886)上海同文書局石印本　三冊　存二十四卷(大學一卷、中庸二卷、論語一至七、孟子十四卷)

360000－1901－0028055　403199
**四書味根録三十七卷**　(清)金澂撰　清光緒十六年(1890)鴻寶齋石印本　八冊

360000－1901－0028056　403201
**四書味根録三十七卷**　(清)金澂撰　清光緒十四年(1888)鴻文書局石印本　八冊

360000－1901－0028057　403197
**四書味根録三十七卷**　(清)金澂撰　清光緒石印本　一冊　存十四卷(孟子十四卷)

360000－1901－0028058　403198－2
**四書味根録三十七卷**　(清)金澂撰　清光緒石印本　一冊　存三卷(孟子十二至十四)

360000－1901－0028059　403200
**四書味根録三十七卷**　(清)金澂撰　清光緒石印本　八冊

360000－1901－0028060　403196
**四書味根録三十七卷**　(清)金澂撰　清光緒四年(1878)刻本　四冊　存十七卷(大學一卷,中庸二卷,論語一至五、十五至二十,孟子七至九)

360000－1901－0028061　403185
**四書味根録三十七卷**　(清)金澂撰　清刻本　二冊　存五卷(孟子三至四、七至九)

360000－1901－0028062　403189
**四書味根録三十七卷**　(清)金澂撰　清刻本　十二冊　存十二卷(一、三至四、十三至十六、十八至二十二)

360000－1901－0028063　403189－1
**四書味根録三十七卷**　(清)金澂撰　清刻本　一冊　存一卷(二十二)

360000－1901－0028064　403191
**四書味根録三十七卷**　(清)金澂撰　清刻本　十五冊　存三十五卷(中庸二、論語二十卷、孟子十四卷)

360000－1901－0028065　902052
**四書味根録三十七卷**　(清)金澂撰　清刻本　四冊　存八卷(孟子七至十四)

360000－1901－0028066　902053
**四書味根録三十七卷**　(清)金澂撰　清刻本　六冊　存十七卷(論語一至十六、孟子十三)

360000－1901－0028067　902054
**四書味根録三十七卷**　(清)金澂撰　清刻本　四冊　存十七卷(大學一卷,中庸一,論語一至十、十六至二十)

360000－1901－0028068　902055
**四書味根録三十七卷**　(清)金澂撰　清刻本　三冊　存十五卷(論語一至七、孟子一至八)

360000－1901－0028069　902056
**四書味根録三十七卷**　(清)金澂撰　清刻本　二冊　存三卷(中庸二、孟子十一至十二)

360000－1901－0028070　902056－1
**四書味根録三十七卷**　(清)金澂撰　清刻本　二冊　存二卷(中庸二卷)

360000－1901－0028071　902057
**四書味根録三十七卷**　(清)金澂撰　清刻本　五冊　存十二卷(論語一至六、孟子五至十)

360000－1901－0028072　902058
**四書味根録三十七卷**　(清)金澂撰　清刻本　二冊　存七卷(論語七至十、孟子一至三)

360000－1901－0028073　902059
**四書味根録三十七卷**　(清)金澂撰　清刻本　二冊　存五卷(孟子一至五)

360000－1901－0028074　902060

**四書味根錄三十七卷** （清）金澂撰　清刻本　二冊　存四卷（孟子九至十二）

360000－1901－0028075　902061
**四書味根錄三十七卷** （清）金澂撰　清刻本　一冊　存十卷（論語一至十）

360000－1901－0028076　902062
**四書味根錄三十七卷** （清）金澂撰　清刻本　二冊　存四卷（孟子五至六、十一至十二）

360000－1901－0028077　902063
**四書味根錄三十七卷** （清）金澂撰　清刻本　一冊　存三卷（孟子一至三）

360000－1901－0028078　902064
**四書味根錄三十七卷** （清）金澂撰　清刻本　一冊　存三卷（孟子十至十二）

360000－1901－0028079　902065
**四書味根錄三十七卷** （清）金澂撰　清刻本　一冊　存四卷（孟子十一至十四）

360000－1901－0028080　902066
**四書味根錄三十七卷** （清）金澂撰　清刻本　一冊　存一卷（中庸二）

360000－1901－0028081　902067
**四書味根錄三十七卷** （清）金澂撰　清刻本　一冊　存二卷（孟子十三至十四）

360000－1901－0028082　403198－1
**四書味根錄三十七卷** （清）金澂撰　清末石印本　二冊　存十三卷（論語八至二十）

360000－1901－0028083　802211
**四書味根錄三十七卷** （清）金澂撰　清末石印本　一冊　存十卷（論語十一至二十）

360000－1901－0028084　403190
**四書味根錄三十七卷** （清）金澂撰　清同治十三年（1874）刻本　十二冊

360000－1901－0028085　403190－1
**四書味根錄三十七卷** （清）金澂撰　清同治十三年（1874）刻本　一冊　存一卷（大學一卷）

360000－1901－0028086　403188
**四書味根錄三十七卷** （清）金澂撰　清咸豐十一年（1861）刻本　十六冊

360000－1901－0028087　165091
**四書温故錄不分卷** （清）趙佑撰　清抄本　二冊

360000－1901－0028088　403363
**四書温故錄十一卷** （清）趙佑撰　清乾隆五十二年（1787）安溪謝氏刻本　二冊　存五卷（學庸一卷、論語一至二、孟子一至二）

360000－1901－0028089　210356
**四書温故錄十一卷** （清）趙佑撰　清乾隆五十三年（1788）刻清獻堂全編本　四冊

360000－1901－0028090　405872
**四書五經類典集成三十四卷** （清）戴兆春輯　清光緒十四年（1888）同文書局石印本　二十三冊

360000－1901－0028091　405873
**四書五經類典集成三十四卷** （清）戴兆春輯　清末石印本　二十冊　存三十卷（二至二十一、二十三至二十八、三十至三十一、三十三至三十四）

360000－1901－0028092　405873－1
**四書五經類典集成三十四卷** （清）戴兆春輯　清末石印本　二冊　存五卷（十至十四）

360000－1901－0028093　801510－1
**四書五經新義不分卷** （清）三讓堂主人輯　清光緒二十七年（1901）三讓堂刻本　一冊

360000－1901－0028094　405879
**四書五經義策論初編不分卷** （清）韓章編　清光緒二十七年（1901）鉛印本　一冊

360000－1901－0028095　405875
**四書五經義策論二卷** （□）□□撰　清光緒二十八年（1902）退補山房刻本　一冊

360000－1901－0028096　405877
**四書五經義策論正續合編不分卷** （清）崇實社主人輯　清光緒二十九年（1903）崇實學社

石印本　六册

360000－1901－0028097　405877－1
**四書五經義策論正續合編不分卷**　（清）崇實社主人輯　清光緒二十九年（1903）崇實學社石印本　五册

360000－1901－0028098　405877－2
**四書五經義策論正續合編不分卷**　（清）崇實社主人輯　清光緒二十九年（1903）崇實學社石印本　二册

360000－1901－0028099　405878
**四書五經義讀本不分卷**　（清）崇實齋主人評選　清光緒二十九年（1903）崇實齋刻本　二册

360000－1901－0028100　405876
**四書五經義合編不分卷**　（□）□□輯　清光緒二十七年（1901）豫章刻本　二册

360000－1901－0028101　801510
**四書五經義合編不分卷**　（□）□□輯　清刻本　一册

360000－1901－0028102　415014
**四書五經音義辨讀□□卷**　（清）徐進撰　清道光二十年（1840）刻本　一册　存一卷（一）

360000－1901－0028103　403466
**四書閑筆講義四卷**　（清）鄧逢光撰　清刻本　二册　存二卷（三至四）

360000－1901－0028104　405856
**四書詳説不分卷**　（明）曹端撰　清刻本　三十册

360000－1901－0028105　162262
**四書小參一卷四書問答一卷**　（明）朱斯行撰　清光緒三年（1877）姑蘇刻經處刻本　一册

360000－1901－0028106　402998
**四書心印不分卷**　（清）黄元俊編　清刻本　一册　存上論

360000－1901－0028107　405831
**四書心印不分卷**　（清）黄元俊編　清乾隆三十八年（1773）刻本　六册

360000－1901－0028108　405832
**四書心印不分卷**　（清）黄元俊編　清乾隆三十八年（1773）刻本　五册

360000－1901－0028109　160393
**四書續考四卷**　（清）陶起庠輯　清嘉慶二十一年（1816）刻本　一册

360000－1901－0028110　710676
**四書訓義三十八卷**　（清）王夫之撰　清道光二十二年（1842）新化鄧顯鶴長沙刻船山遺書本　六册　存十卷（十三至二十、二十四、二十九）

360000－1901－0028111　160350
**四書訓義三十六卷**　（清）王夫之撰　清光緒十九年（1893）湖南宏達書局刻本　二十八册　缺四卷（三至四、二十二至二十三）

360000－1901－0028112　160351
**四書訓義三十六卷**　（清）王夫之撰　清光緒十三年（1887）潞河啖柘山房刻本　二十七册

360000－1901－0028113　403384
**四書疑題析義七卷**　（清）顔雲犖撰　清乾隆五十一年（1786）刻本　四册

360000－1901－0028114　403385
**四書疑題析義七卷**　（清）顔雲犖撰　清乾隆五十一年（1786）刻本　二册　存四卷（一至四）

360000－1901－0028115　120448
**四書疑言十卷附古經疑言四卷**　（清）王廷植撰　清光緒八年（1882）退思齋刻本　八册　缺四卷（古經疑言四卷）

360000－1901－0028116　120449
**四書疑言十卷附古經疑言四卷**　（清）王廷植撰　清光緒八年（1882）退思齋刻本　十册

360000－1901－0028117　415016
**四書疑言十卷附古經疑言四卷**　（清）王廷植撰　清光緒八年（1882）退思齋刻本　三册　存三卷（四、六至七）

360000－1901－0028118　405811

四書益智錄二十卷　(清)桂含章輯　清光緒刻本　六冊　存六卷(八、十、十三、十八至二十)

360000－1901－0028119　160356
四書異同商不分卷　(清)黃鶴撰　清咸豐十年(1860)寧都學署刻本　十冊

360000－1901－0028120　800255
四書異文考四卷　(□)□□撰　清抄本　一冊

360000－1901－0028121　403337
四書翊注四十二卷　(清)刁包輯　清道光二十七年(1847)刁繼祖惇德堂刻本　五冊　存七卷(大學五卷、中庸一至二)

360000－1901－0028122　306427
四書義□□卷　(清)□□輯　清新昌映藜書局刻本　一冊　存二卷(三至四)

360000－1901－0028123　802245
四書義不分卷　(清)□□輯　清刻本　一冊

360000－1901－0028124　802229
四書義不分卷　(清)曠園居士輯　清江寧府學刻本　一冊

360000－1901－0028125　802189
四書義萃精□□卷　(清)□□輯　清末石印本　一冊　存一卷(四)

360000－1901－0028126　313571
四書義十二卷附五經義一卷　(清)陸隴其撰　清光緒二十七年(1901)上海書局石印本　六冊

360000－1901－0028127　403357
四書義史證六卷　(清)譚義撰　清末石印本　三冊　存三卷(一至二、五)

360000－1901－0028128　405858
四書義正鵠不分卷　(清)朱鈞撰　清光緒二十七年(1901)煥文書局石印本　三冊

360000－1901－0028129　405858－1
四書義正鵠不分卷　(清)朱鈞撰　清光緒二十七年(1901)煥文書局石印本　一冊

360000－1901－0028130　415066
四書臆說二卷　(清)盧䛓撰　清同治七年(1868)木活字印本　一冊

360000－1901－0028131　415066－1
四書臆說二卷　(清)盧䛓撰　清同治七年(1868)木活字印本　一冊

360000－1901－0028132　210317
四書翼傳三義　(明)劉思誠　(明)王守誠撰　明萬曆十六年(1588)太原于天經刻本　十六冊

360000－1901－0028133　403284
四書翼注論文三十八卷　(清)張甄陶撰　清嘉慶十五年(1810)浙湖竹下書堂刻本　五冊　存三十二卷(一至二十五、三十二至三十八)

360000－1901－0028134　403276
四書翼注論文三十八卷　(清)張甄陶撰　清刻本　四冊　存十二卷(四至六、十至十二、三十三至三十八)

360000－1901－0028135　403286
四書翼注論文三十八卷　(清)張甄陶撰　清刻本　十一冊　存二十八卷(大學一,上論十卷、下論十卷,上孟一至三、下孟一至四)

360000－1901－0028136　403287
四書翼注論文三十八卷　(清)張甄陶撰　清刻本　六冊　存六卷(中庸三,論語五至六、八,孟子十三、十五)

360000－1901－0028137　802222
四書翼注論文三十八卷　(清)張甄陶撰　清刻本　一冊　存五卷(上論一至五)

360000－1901－0028138　802236
四書翼注論文三十八卷　(清)張甄陶撰　清刻本　二冊　存九卷(上論三至八、上孟一至三)

360000－1901－0028139　802266
四書翼注論文三十八卷　(清)張甄陶撰　清刻本　一冊　存一卷(大學一)

360000－1901－0028140　403161
**四書引解二十六卷**　(清)鄧柱瀾輯　(清)陳士元等訂　清刻本　八冊　存十六卷(三至四、十至十四、十八至二十六)

360000－1901－0028141　403160
**四書引解二十六卷**　(清)鄧柱瀾輯　(清)陳士元等訂　清同治七年(1868)翠竹齋刻本　八冊　存十七卷(一至九、十二至十四、二十、二十三至二十六)

360000－1901－0028142　403160－1
**四書引解二十六卷**　(清)鄧柱瀾輯　(清)陳士元等訂　清同治七年(1868)翠竹齋刻本　三冊　存五卷(十三至十七)

360000－1901－0028143　902316
**四書引詩字韻異同辨□□卷**　(清)□□撰　清學畬堂刻本　一冊　存二卷(一至二)

360000－1901－0028144　120445
**四書語錄五卷**　(明)艾南英撰　清嘉慶十八年(1813)刻本　四冊

360000－1901－0028145　120446
**四書語錄五卷**　(明)艾南英撰　清嘉慶十八年(1813)刻本　四冊

360000－1901－0028146　120447
**四書語錄五卷**　(明)艾南英撰　清嘉慶十八年(1813)刻本　四冊

360000－1901－0028147　405810
**四書約旨十九卷孟子考略一卷**　(清)任啓運撰　清刻本　五冊　存十七卷(論語十卷、孟子七卷)

360000－1901－0028148　160354
**四書章句便蒙十九卷**　(宋)朱熹撰　清道光二十二年(1842)寶恕堂刻本　十三冊

360000－1901－0028149　403421
**四書章句集注二十六卷**　(宋)朱熹撰　**四書家塾讀本句讀一卷四書章句集注定本辨一卷**　(清)吳英撰　**四書章句附考四卷**　(清)吳志忠輯　清光緒七年(1881)淮南書局刻本　四冊　存十五卷(論語集注一至五,孟子集注一至六、十一至十四)

360000－1901－0028150　403428
**四書章句集注二十六卷**　(宋)朱熹撰　**四書家塾讀本句讀一卷四書章句集注定本辨一卷**　(清)吳英撰　**四書章句附考四卷**　(清)吳志忠輯　清嘉慶十六年(1811)璜川吳氏真意堂刻本　五冊　存二十四卷(論語集注十卷、孟子集注十四卷)

360000－1901－0028151　163854
**四書章句集注十九卷**　(宋)朱熹撰　清刻本　六冊

360000－1901－0028152　405928
**四書章句集注十九卷**　(宋)朱熹撰　清稽古樓刻本　十九冊　存十六卷(中庸一卷,論語一至四、六至八、十,孟子七卷)

360000－1901－0028153　802684
**四書章旨全本不分卷**　(清)□□輯　清道光七年(1827)康文蔚抄本　一冊

360000－1901－0028154　120430
**四書正本十九卷附四書句辨一卷字辨一卷四書圖一卷**　(宋)朱熹集注　清光緒八年(1882)長沙傳忠書局刻本　十二冊

360000－1901－0028155　403340
**四書正本十九卷附四書句辨一卷字辨一卷疑字辨一卷四書圖一卷**　(清)童棫輯　清同治四年(1865)新津童棫忠恕堂刻本　五冊　存二十一卷(大學一卷、中庸一卷、論語十卷、孟子一至五,四書句辨一卷、字辨一卷、疑字辨一卷、四書圖一卷)

360000－1901－0028156　403397－1
**四書正本十九卷附四書句辨一卷字辨一卷疑字辨一卷四書圖一卷**　(清)童棫輯　清同治四年(1865)新津童棫忠恕堂刻本　一冊　存六卷(大學一卷、中庸一卷,四書句辨一卷、字辨一卷、疑字辨一卷、四書圖一卷)

360000－1901－0028157　210327
**四書直解二十七卷**　(明)張居正撰　明刻本

一冊　存一卷(二)

360000－1901－0028158　403148
**四書摭餘說七卷**　(清)曹之升撰　清安康張鵬翂刻本　六冊

360000－1901－0028159　160376
**四書摭餘說七卷**　(清)曹之升撰　清嘉慶三年(1798)刻本　八冊

360000－1901－0028160　163853
**四書摭餘說七卷**　(清)曹之升撰　清嘉慶三年(1798)刻本　五冊　存六卷

360000－1901－0028161　403149
**四書摭餘說七卷**　(清)曹之升撰　清嘉慶三年(1798)蕭山曹氏家塾刻本　五冊　存六卷(大學一卷,中庸一卷,論語一、三,孟子二卷)

360000－1901－0028162　403150
**四書摭餘說七卷**　(清)曹之升撰　清嘉慶三年(1798)蕭山曹氏家塾刻本　六冊

360000－1901－0028163　403151
**四書摭餘說七卷**　(清)曹之升撰　清嘉慶三年(1798)蕭山曹氏家塾刻本　六冊

360000－1901－0028164　603241
**四書摭餘說七卷**　(清)曹之升撰　清嘉慶十九年(1814)刻本　一冊　存一卷(論語一)

360000－1901－0028165　403153
**四書摭餘說七卷**　(清)曹之升撰　清嘉慶十九年(1814)刻本(論語卷三配清刻本)　六冊

360000－1901－0028166　403152
**四書摭餘說七卷**　(清)曹之升撰　清刻本　四冊

360000－1901－0028167　403153－1
**四書摭餘說七卷**　(清)曹之升撰　清刻本　一冊　存二卷(大學一卷、中庸一卷)

360000－1901－0028168　403154
**四書摭餘說七卷**　(清)曹之升撰　清刻本　三冊　存三卷(論語三卷)

360000－1901－0028169　603239
**四書摭餘說七卷**　(清)曹之升撰　清刻本　一冊　存一卷(孟子二)

360000－1901－0028170　603240
**四書摭餘說七卷**　(清)曹之升撰　清刻本　一冊　存一卷(孟子二)

360000－1901－0028171　210333
**四書徵十二卷**　(明)王夢簡輯　明崇禎元年(1628)刻本　五冊

360000－1901－0028172　162651
**四書徵十二卷**　(明)王夢簡輯　明天啓七年(1627)刻本　五冊　存十卷(一至十)

360000－1901－0028173　403370
**四書衆解合糾十四卷**　(清)張自勳撰　清刻本　三冊　存十一卷(四至十四)

360000－1901－0028174　210352
**四書朱子本義匯參四十七卷**　(清)王步青輯　清乾隆十年(1745)敦復堂刻本　十六冊　缺三卷(論語十一至十三)

360000－1901－0028175　210353
**四書朱子本義匯參四十七卷**　(清)王步青輯　清乾隆務本堂刻本　二十冊

360000－1901－0028176　403056
**四書朱子本義匯參四十三卷首四卷**　(清)王步青輯　清承德堂刻本　十五冊　缺二卷(論語集註本義匯參一、首一卷)

360000－1901－0028177　603227
**四書朱子本義匯參四十三卷首四卷**　(清)王步青輯　清敦復堂刻本　五冊　存八卷(大學章句本義匯參三卷、中庸章句本義匯參一至五)

360000－1901－0028178　403064
**四書朱子本義匯參四十三卷首四卷**　(清)王步青輯　清光緒二十九年(1903)天章書局石印本　六冊

360000－1901－0028179　403067
**四書朱子本義匯參四十三卷首四卷**　(清)王步青輯　清光緒十五年(1889)上海廣百宋齋

鉛印本　十一册

360000－1901－0028180　403068
**四書朱子本義匯參四十三卷首四卷**　（清）王步青輯　清光緒十五年（1889）上海廣百宋齋鉛印本　十四册

360000－1901－0028181　160332
**四書朱子本義匯參四十三卷首四卷**　（清）王步青輯　清光緒十五年（1889）上海廣百宋齋鉛印本　十二册

360000－1901－0028182　160333
**四書朱子本義匯參四十三卷首四卷**　（清）王步青輯　清光緒十五年（1889）上海廣百宋齋鉛印本　十二册

360000－1901－0028183　403063
**四書朱子本義匯參四十三卷首四卷**　（清）王步青輯　清光緒十五年（1889）上海積山書局石印本　八册

360000－1901－0028184　403049
**四書朱子本義匯參四十三卷首四卷**　（清）王步青輯　清刻本　三十册

360000－1901－0028185　403050
**四書朱子本義匯參四十三卷首四卷**　（清）王步青輯　清刻本　二十一册

360000－1901－0028186　403051
**四書朱子本義匯參四十三卷首四卷**　（清）王步青輯　清刻本　十五册　存三十三卷（論語集註本義匯參三至二十，孟子集註本義匯參十四卷、首一卷）

360000－1901－0028187　403052
**四書朱子本義匯參四十三卷首四卷**　（清）王步青輯　清刻本　十七册

360000－1901－0028188　403053
**四書朱子本義匯參四十三卷首四卷**　（清）王步青輯　清刻本　十七册

360000－1901－0028189　403054
**四書朱子本義匯參四十三卷首四卷**　（清）王步青輯　清刻本　七册　缺九卷（孟子集註本義匯參一至四、九至十二，首一卷）

360000－1901－0028190　403055
**四書朱子本義匯參四十三卷首四卷**　（清）王步青輯　清刻本　十二册　存二十四卷（中庸章句本義匯參五至六；論語集註本義匯參一至六、十一至十八，首一卷；孟子集註本義匯參一至二、五至六、八、十四，首一卷）

360000－1901－0028191　403057
**四書朱子本義匯參四十三卷首四卷**　（清）王步青輯　清刻本　十三册　存三十一卷（論語集註本義匯參三至五、八至二十，孟子集註本義匯參十四卷、首一卷）

360000－1901－0028192　403058
**四書朱子本義匯參四十三卷首四卷**　（清）王步青輯　清刻本　八册　存十八卷（大學章句本義匯參三卷、首一卷，中庸章句本義匯參三至六，論語集註本義匯參一至九、首一卷）

360000－1901－0028193　403059
**四書朱子本義匯參四十三卷首四卷**　（清）王步青輯　清刻本　九册　存二十卷（大學章句本義匯參二至三；中庸章句本義匯參六卷、首一卷；論語集註本義匯參一至八、十三至十四，首一卷）

360000－1901－0028194　403060
**四書朱子本義匯參四十三卷首四卷**　（清）王步青輯　清刻本　十四册

360000－1901－0028195　403060－1
**四書朱子本義匯參四十三卷首四卷**　（清）王步青輯　清刻本　二十册

360000－1901－0028196　403060－2
**四書朱子本義匯參四十三卷首四卷**　（清）王步青輯　清刻本　二十六册

360000－1901－0028197　403060－3
**四書朱子本義匯參四十三卷首四卷**　（清）王步青輯　清刻本　十四册

360000－1901－0028198　403060－4
**四書朱子本義匯參四十三卷首四卷**　（清）王

步青輯　清刻本　十冊

360000－1901－0028199　403060－5
**四書朱子本義匯參四十三卷首四卷**　(清)王步青輯　清刻本　八冊　存十三卷(中庸章句本義匯參三至六;論語集註本義匯參一至三、七至十一,首一卷)

360000－1901－0028200　403060－6
**四書朱子本義匯參四十三卷首四卷**　(清)王步青輯　清刻本　三冊　存六卷(大學章句本義匯參三;論語集註本義匯參一至二、五至六,首一卷)

360000－1901－0028201　403061
**四書朱子本義匯參四十三卷首四卷**　(清)王步青輯　清刻本　八冊　存十七卷(大學章句本義匯參二至三,中庸章句本義匯參六卷、首一卷,論語集註本義匯參二至七、十至十一)

360000－1901－0028202　403061－1
**四書朱子本義匯參四十三卷首四卷**　(清)王步青輯　清刻本　二冊　存七卷(大學章句本義匯參三卷、首一卷,中庸章句本義匯參一至二、首一卷)

360000－1901－0028203　403061－3
**四書朱子本義匯參四十三卷首四卷**　(清)王步青輯　清刻本　十一冊

360000－1901－0028204　403061－4
**四書朱子本義匯參四十三卷首四卷**　(清)王步青輯　清刻本　五冊

360000－1901－0028205　403061－5
**四書朱子本義匯參四十三卷首四卷**　(清)王步青輯　清刻本　二冊　存五卷(大學章句本義匯參一、首一卷,中庸章句本義匯參一至二、首一卷)

360000－1901－0028206　403062
**四書朱子本義匯參四十三卷首四卷**　(清)王步青輯　清刻本　二十冊

360000－1901－0028207　403066
**四書朱子本義匯參四十三卷首四卷**　(清)王步青輯　清刻本　二十二冊

360000－1901－0028208　403077
**四書朱子本義匯參四十三卷首四卷**　(清)王步青輯　清刻本　二十四冊

360000－1901－0028209　403047
**四書朱子本義匯參四十三卷首四卷**　(清)王步青輯　清文會堂刻本　二十二冊

360000－1901－0028210　403048
**四書朱子本義匯參四十三卷首四卷**　(清)王步青輯　清文會堂刻本　三十二冊

360000－1901－0028211　403069
**四書朱子本義匯參四十三卷首四卷**　(清)王步青輯　清漁古山房刻本　十四冊

360000－1901－0028212　403070
**四書朱子本義匯參四十三卷首四卷**　(清)王步青輯　清漁古山房刻本　七冊

360000－1901－0028213　403490－1
**四書朱子大全精言四十一卷**　(宋)朱熹撰(清)周大璋輯　清寶旭齋刻本　一冊　存一卷(論語一)

360000－1901－0028214　403492－1
**四書朱子大全精言四十一卷**　(宋)朱熹撰(清)周大璋輯　清寶旭齋刻本　一冊　存一卷(孟子三)

360000－1901－0028215　403488
**四書朱子大全精言四十一卷**　(宋)朱熹撰(清)周大璋輯　清康熙四十七年(1708)寶旭齋刻本　二十冊

360000－1901－0028216　210346
**四書朱子大全精言四十一卷**　(宋)朱熹撰(清)周大璋輯　清康熙四十七年(1708)寶旭齋刻本　二十四冊　缺十卷(論語十七至二十,孟子四、八至十、十三至十四)

360000－1901－0028217　403490－3
**四書朱子大全精言四十一卷**　(宋)朱熹撰(清)周大璋輯　清康熙四十七年(1708)寶旭

齋刻本　九册　存十四卷(中庸二至三,論語六、八至九、十五、十八至二十,孟子一至三、八、十一)

360000－1901－0028218　603226
**四書朱子大全精言四十一卷**　(宋)朱熹撰　(清)周大璋輯　清康熙四十七年(1708)賨旭齋刻本(中庸配清刻本)　四册　存九卷(中庸三至四,論語一至五、七至八)

360000－1901－0028219　403489
**四書朱子大全精言四十一卷**　(宋)朱熹撰　(清)周大璋輯　清康熙四十七年(1708)刻本　二十二册

360000－1901－0028220　403490
**四書朱子大全精言四十一卷**　(宋)朱熹撰　(清)周大璋輯　清刻本　四册　存五卷(中庸一,論語一、十一至十二,孟子十三)

360000－1901－0028221　403490－2
**四書朱子大全精言四十一卷**　(宋)朱熹撰　(清)周大璋輯　清刻本　二册　存四卷(中庸三至四、論語三至四)

360000－1901－0028222　403492
**四書朱子大全精言四十一卷**　(宋)朱熹撰　(清)周大璋輯　清刻本　二册　存四卷(孟子三至六)

360000－1901－0028223　403492－2
**四書朱子大全精言四十一卷**　(宋)朱熹撰　(清)周大璋輯　清刻本　二册　存四卷(中庸三至四、論語七至八)

360000－1901－0028224　403493
**四書朱子大全精言四十一卷**　(宋)朱熹撰　(清)周大璋輯　清刻本　六册　存十三卷(中庸二,論語五至八、十三至二十)

360000－1901－0028225　403493－1
**四書朱子大全精言四十一卷**　(宋)朱熹撰　(清)周大璋輯　清刻本　一册　存一卷(論語六)

360000－1901－0028226　403216
**四書朱子異同條辨四十卷**　(清)李沛霖　(清)李禎訂　清刻本　三十二册　存三十六卷(大學二至三,中庸三卷,論語二至四、六至二十,孟子一至六、八至十四)

360000－1901－0028227　403217
**四書朱子異同條辨四十卷**　(清)李沛霖　(清)李禎訂　清刻本　十二册　存十二卷(孟子一至六、九至十四)

360000－1901－0028228　403218
**四書朱子異同條辨四十卷**　(清)李沛霖　(清)李禎訂　清刻本　三册　存三卷(論語四、孟子十一至十二)

360000－1901－0028229　403218－1
**四書朱子異同條辨四十卷**　(清)李沛霖　(清)李禎訂　清刻本　一册　存一卷(孟子九)

360000－1901－0028230　800886
**四書朱子異同條辨四十卷**　(清)李沛霖　(清)李禎訂　清刻本　一册　存一卷(孟子七)

360000－1901－0028231　403470
**四書朱子語類三十八卷**　(宋)朱熹撰　(清)張履祥　(清)吕留良輯　清刻本　二册　存十五卷(五至九、十六至二十五)

360000－1901－0028232　210344
**四書諸儒輯要四十卷**　(清)李沛霖參訂　清康熙刻本　十七册　缺十七卷(中庸一卷,論語六至八、十一至十七,孟子四、八至十一、十四)

360000－1901－0028233　210343
**四書諸儒輯要四十卷**　(清)李沛霖參訂　清康熙五十七年(1718)三樂齋刻本　三十四册

360000－1901－0028234　604002
**四書諸儒輯要四十卷**　(清)李沛霖參訂　清乾隆五年(1740)三樂齋刻本　三十三册　存三十六卷(大學三卷,中庸三卷,論語二十卷,孟子二至七、十一至十四)

360000－1901－0028235　403099
**四書諸儒輯要四十卷**　(清)李沛霖參訂　清三樂齋刻本　三十冊　存三十七卷(大學三、中庸二至三、論語二十卷、孟子十四卷)

360000－1901－0028236　403100
**四書諸儒輯要四十卷**　(清)李沛霖參訂　清三樂齋刻本　十二冊　存十七卷(論語一至二、五至八、十一至十四,孟子三、五至六、九至十二)

360000－1901－0028237　160319
**四書主意千古定本三十六卷**　(明)陶原良撰　清刻本　五冊　存二十五卷(六至十四、二十一至三十六)

360000－1901－0028238　804992
**四書註疏大全合纂三十六卷**　(明)張溥編　清刻本　一冊　存二卷(孟子九至十)

360000－1901－0028239　210335
**四書註疏大全合纂三十七卷**　(明)張溥編　明崇禎九年(1636)刻本　七冊　存十四卷(論語五至八、十一至十二,孟子五至六、八、十至十四)

360000－1901－0028240　160327
**四書字詁七十八卷**　(清)段謂廷撰　(清)黄本驥編　清刻本　二十冊

360000－1901－0028241　210314
**四書纂箋二十八卷**　(元)詹道傳撰　清康熙十九年(1680)納蘭成德刻通志堂經解本　六冊

360000－1901－0028242　160386
**四書纂疏二十六卷**　(宋)趙順孫撰　清同治十二年(1873)粤東書局刻通志堂經解本　十二冊

360000－1901－0028243　160385
**四書纂言四十卷**　(清)宋翔鳳輯　清光緒八年(1882)古吳李祖榮岝崿山房木活字印本　十五冊　存三十六卷(一至三十六)

360000－1901－0028244　403162
**四書左國彙纂四卷**　(清)高其名　(清)鄭師成撰　清本立堂刻本　六冊

360000－1901－0028245　210366
**四書左國彙纂四卷**　(清)高其名　(清)鄭師成撰　清乾隆三十九年(1774)刻本　四冊

360000－1901－0028246　403163
**四書左國彙纂四卷**　(清)高其名　(清)鄭師成撰　清乾隆三十五年(1770)三友堂刻本　四冊

360000－1901－0028247　403164
**四書左國彙纂四卷**　(清)高其名　(清)鄭師成撰　清乾隆三十五年(1770)三友堂刻本　三冊　存三卷(一至二、四)

360000－1901－0028248　403164－1
**四書左國彙纂四卷**　(清)高其名　(清)鄭師成撰　清乾隆三十五年(1770)三友堂刻本　一冊　存一卷(四)

360000－1901－0028249　403165
**四書左國彙纂四卷**　(清)高其名　(清)鄭師成撰　清乾隆三十五年(1770)三友堂刻本　四冊

360000－1901－0028250　403166
**四書左國彙纂四卷**　(清)高其名　(清)鄭師成撰　清乾隆四十九年(1784)三樂堂刻本　四冊

360000－1901－0028251　403167
**四書左國彙纂四卷**　(清)高其名　(清)鄭師成撰　清乾隆四十九年(1784)三樂堂刻本　三冊

360000－1901－0028252　713692
**四書左國彙纂四卷**　(清)高其名　(清)鄭師成撰　清乾隆五十七年(1792)三樂堂刻本　二冊　存三卷(二至四)

360000－1901－0028253　403170
**四書左國輯要四卷**　(清)周龍官輯　清刻本　一冊

360000－1901－0028254　403172

四書左國輯要四卷　(清)周龍官輯　清刻本　二冊　存二卷(三至四)

360000－1901－0028255　403173
四書左國輯要四卷　(清)周龍官輯　清刻本　二冊

360000－1901－0028256　403173－1
四書左國輯要四卷　(清)周龍官輯　清刻本　一冊　存二卷(三至四)

360000－1901－0028257　210364
四書左國輯要四卷　(清)周龍官輯　清乾隆二十三年(1758)三餘堂刻本　四冊

360000－1901－0028258　210365
四書左國輯要四卷　(清)周龍官輯　清乾隆二十三年(1758)三餘堂刻本　四冊

360000－1901－0028259　403168
四書左國輯要四卷　(清)周龍官輯　清乾隆二十三年(1758)山陽周氏刻本　二冊

360000－1901－0028260　403169
四書左國輯要四卷　(清)周龍官輯　清乾隆二十三年(1758)山陽周氏刻本　二冊

360000－1901－0028261　403171
四書左國輯要四卷　(清)周龍官輯　清乾隆四十二年(1777)刻本　二冊

360000－1901－0028262　603248
四體千字文一卷　(南朝梁)周興嗣撰　清光緒文星堂萬記刻本　一冊

360000－1901－0028263　412277
四體書法不分卷　(清)李登編　清大文堂刻本　三冊

360000－1901－0028264　412279
四體書法不分卷　(清)劉若�書　清道光八年(1828)聚文閣刻本　二冊

360000－1901－0028265　412280
四體書法不分卷　(清)劉若璪書　清道光九年(1829)清照齋刻本　一冊

360000－1901－0028266　412280－1
四體書法不分卷　(清)劉若璪書　清道光九年(1829)清照齋刻本　二冊

360000－1901－0028267　412280－2
四體書法不分卷　(清)劉若璪書　清道光九年(1829)清照齋刻本　二冊

360000－1901－0028268　412278
四體書法不分卷　(清)劉若璪書　清嘉慶刻本　二冊

360000－1901－0028269　412281
四體書法不分卷　(清)劉若璪書　清刻本　七冊

360000－1901－0028270　412549
四體書法不分卷　(清)周作興等書　清刻本　一冊

360000－1901－0028271　803070
四體字法四卷　(清)□□輯　清大文堂刻本　一冊

360000－1901－0028272　123461
四修上高縣賓興堂志不分卷　(清)賓興堂董事纂　清光緒二十四年(1898)木活字印本　三冊

360000－1901－0028273　123462
四修上高縣賓興堂志不分卷　(清)賓興堂董事纂　清光緒二十四年(1898)木活字印本　三冊

360000－1901－0028274　900256
四修上高縣賓興堂志不分卷　(清)賓興堂董事纂　清光緒二十四年(1898)木活字印本　三冊

360000－1901－0028275　900257
四修上高縣賓興堂志不分卷　(清)賓興堂董事纂　清光緒二十四年(1898)木活字印本　三冊

360000－1901－0028276　900258
四修上高縣賓興堂志不分卷　(清)賓興堂董事纂　清光緒二十四年(1898)木活字印本　三冊

360000－1901－0028277　900259
**四修上高縣賓興堂志不分卷**　（清）賓興堂董事纂　清光緒二十四年（1898）木活字印本　三册

360000－1901－0028278　900260
**四修上高縣賓興堂志不分卷**　（清）賓興堂董事纂　清光緒二十四年（1898）木活字印本　三册

360000－1901－0028279　900261
**四修上高縣賓興堂志不分卷**　（清）賓興堂董事纂　清光緒二十四年（1898）木活字印本　三册

360000－1901－0028280　900262
**四修上高縣賓興堂志不分卷**　（清）賓興堂董事纂　清光緒二十四年（1898）木活字印本　三册

360000－1901－0028281　900263
**四修上高縣賓興堂志不分卷**　（清）賓興堂董事纂　清光緒二十四年（1898）木活字印本　二册

360000－1901－0028282　900264
**四修上高縣賓興堂志不分卷**　（清）賓興堂董事纂　清光緒二十四年（1898）木活字印本　二册

360000－1901－0028283　900265
**四修上高縣賓興堂志不分卷**　（清）賓興堂董事纂　清光緒二十四年（1898）木活字印本　二册

360000－1901－0028284　900266
**四修上高縣賓興堂志不分卷**　（清）賓興堂董事纂　清光緒二十四年（1898）木活字印本　二册

360000－1901－0028285　901059
**四修上高縣賓興堂志不分卷**　（清）賓興堂董事纂　清光緒二十四年（1898）木活字印本　三册

360000－1901－0028286　901060
**四修上高縣賓興堂志不分卷**　（清）賓興堂董事纂　清光緒二十四年（1898）木活字印本　三册

360000－1901－0028287　901061
**四修上高縣賓興堂志不分卷**　（清）賓興堂董事纂　清光緒二十四年（1898）木活字印本　三册

360000－1901－0028288　901062
**四修上高縣賓興堂志不分卷**　（清）賓興堂董事纂　清光緒二十四年（1898）木活字印本　三册

360000－1901－0028289　901063
**四修上高縣賓興堂志不分卷**　（清）賓興堂董事纂　清光緒二十四年（1898）木活字印本　三册

360000－1901－0028290　901064
**四修上高縣賓興堂志不分卷**　（清）賓興堂董事纂　清光緒二十四年（1898）木活字印本　一册

360000－1901－0028291　161431
**四雪草堂重訂通俗隋唐演義二十卷一百回**　（清）褚人穫撰　清刻本　二十册

360000－1901－0028292　317388
**四雪草堂重訂通俗隋唐演義二十卷一百回**　（清）褚人穫撰　清文會堂刻本　二十册

360000－1901－0028293　240984
**四焉齋文集八卷詩集六卷**　（清）曹一士撰　**梯仙閣餘課一卷**　（清）陸鳳池撰　清乾隆十五年（1750）曹錫瑞等刻本　十二册

360000－1901－0028294　240985
**四焉齋文集八卷詩集六卷**　（清）曹一士撰　**梯仙閣餘課一卷**　（清）陸鳳池撰　清乾隆十五年（1750）曹錫瑞等刻本　四册　存四卷（四焉齋文集二至四、梯仙閣餘課一卷）

360000－1901－0028295　710557
**許文正公遺書十二卷首一卷末一卷**　（元）許衡撰　清刻本　二册　存二卷（十二、末一

卷）

360000－1901－0028296　802224
**四言雜字一卷**　（清）□□輯　清抄本　一册

360000－1901－0028297　160309
**四益館經學叢書**　廖平撰　清光緒十二年(1886)成都刻本　三册　存四種

360000－1901－0028298　413146
**四益館經學叢書**　廖平撰　清光緒十二年(1886)成都刻本　四册　存四種

360000－1901－0028299　303520
**四裔編年表四卷**　（美國）林樂知　（清）嚴良勳譯　（清）李鳳苞編　清光緒二十三年(1897)石印本　四册

360000－1901－0028300　303521
**四裔編年表四卷**　（美國）林樂知　（清）嚴良勳譯　（清）李鳳苞編　清光緒二十三年(1897)石印本　四册

360000－1901－0028301　309383
**四裔編年表四卷**　（美國）林樂知　（清）嚴良勳譯　（清）李鳳苞編　清光緒二十三年(1897)石印本　四册

360000－1901－0028302　311915
**四裔編年表四卷**　（美國）林樂知　（清）嚴良勳譯　（清）李鳳苞編　清光緒二十三年(1897)石印本　四册

360000－1901－0028303　400612
**四裔編年表四卷**　（美國）林樂知　（清）嚴良勳譯　（清）李鳳苞編　清光緒二十三年(1897)石印本　五册

360000－1901－0028304　400612－1
**四裔編年表四卷**　（美國）林樂知　（清）嚴良勳譯　（清）李鳳苞編　清光緒二十三年(1897)石印本　一册　存一卷(三)

360000－1901－0028305　316102
**四憶堂詩集六卷**　（清）侯方域撰　（清）賈開宗等輯並注　清初刻本　四册

360000－1901－0028306　303572
**四憶堂詩集六卷**　（清）侯方域撰　（清）賈開宗等輯並注　清刻本　二册

360000－1901－0028307　303574
**四憶堂詩集六卷**　（清）侯方域撰　（清）賈開宗等輯並注　清刻本　二册

360000－1901－0028308　309457
**四憶堂詩集六卷**　（清）侯方域撰　（清）賈開宗等輯並注　清刻本　二册

360000－1901－0028309　417536－1
**四憶堂詩集六卷遺稿一卷**　（清）侯方域撰　（清）賈開宗等輯並注　清乾隆二十三年(1758)刻本　一册　存三卷(一至三)

360000－1901－0028310　417515－1
**四憶堂詩集六卷遺稿一卷**　（清）侯方域撰　（清）賈開宗等輯並注　清宣統二年(1910)掃葉山房石印本　二册

360000－1901－0028311　411965
**四翼附編四卷**　（清）戴彭撰　清光緒二十一年(1895)刻本　一册

360000－1901－0028312　409584
**四音定切四卷**　（清）劉熙載撰　清光緒刻本　二册

360000－1901－0028313　409584－1
**四音定切四卷**　（清）劉熙載撰　清光緒刻本　一册　存二卷(一至二)

360000－1901－0028314　315733
**四印齋彙刻宋元三十一家詞三十一卷**　（清）王鵬運輯　清光緒十九年(1893)臨桂王氏家塾刻本　四册

360000－1901－0028315　306435
**四印齋所刻詞**　（清）王鵬運輯　清光緒十四年(1888)臨桂王氏家塾刻本　十七册　存十八種

360000－1901－0028316　409607
**四友堂原板小學正義六卷**　（明）陳選集注　清嘉慶二年(1797)刻本　二册

360000－1901－0028317　120466

**四餘堂遺稿三卷** （清）朱軾撰　清道光十三年(1833)朱氏小滄溟館刻本　二冊

360000－1901－0028318　413396
**四元玉鑑省筆一卷** （清）李鏐撰　清木活字印本　一冊

360000－1901－0028319　306401
**四元玉鑑細草三卷** （清）羅士琳撰　清末石印本　五冊

360000－1901－0028320　406684
**四元玉鑑細草三卷四象細草假令之圖一卷**（清）羅士琳撰　清光緒元年(1875)刻白芙堂算學叢書本　二冊

360000－1901－0028321　406683
**四元玉鑑細草三卷四象細草假令之圖一卷附補增一卷** （清）羅士琳撰　**四元釋例一卷**（清）易之瀚撰　清道光十六年(1836)甘泉易之瀚刻觀我生室彙稿本　十一冊　存五卷（四元玉鑑細草三卷、補增一卷、四元釋例一卷）

360000－1901－0028322　406685
**四元玉鑑細草三卷四象細草假令之圖一卷附補增一卷** （清）羅士琳撰　**四元釋例一卷**（清）易之瀚撰　清道光十六年(1836)甘泉易之瀚刻觀我生室彙稿本　五冊

360000－1901－0028323　413865
**四照堂文集十二卷詩集四卷** （清）王猷定撰　清刻本　四冊

360000－1901－0028324　413723
**四知堂文集三十六卷** （清）楊錫祓撰　**崇祀錄一卷** （清）楊有濬輯　清嘉慶清江楊氏刻本　一冊　存序一篇

360000－1901－0028325　601160
**四知堂文集三十六卷** （清）楊錫祓撰　**崇祀錄一卷** （清）楊有濬輯　清嘉慶清江楊氏刻本　十六冊

360000－1901－0028326　601161
**四知堂文集三十六卷** （清）楊錫祓撰　**崇祀錄一卷** （清）楊有濬輯　清嘉慶清江楊氏刻本　十六冊

360000－1901－0028327　601162
**四知堂文集三十六卷** （清）楊錫祓撰　**崇祀錄一卷** （清）楊有濬輯　清嘉慶清江楊氏刻本　十六冊

360000－1901－0028328　601163
**四知堂文集三十六卷** （清）楊錫祓撰　**崇祀錄一卷** （清）楊有濬輯　清嘉慶清江楊氏刻本　二冊　存五卷（三至四、二十三至二十五）

360000－1901－0028329　120417
**四知堂文集三十六卷** （清）楊錫紱撰　**崇祀錄一卷** （清）楊有濬輯　清嘉慶十一年(1806)刻本　十六冊

360000－1901－0028330　120418
**四知堂文集三十六卷** （清）楊錫紱撰　**崇祀錄一卷** （清）楊有濬輯　清嘉慶十一年(1806)刻本　十六冊

360000－1901－0028331　120419
**四知堂文集三十六卷** （清）楊錫紱撰　**崇祀錄一卷** （清）楊有濬輯　清嘉慶十一年(1806)刻本　十八冊

360000－1901－0028332　413277
**四知堂文集三十六卷** （清）楊錫紱撰　**崇祀錄一卷** （清）楊有濬輯　清嘉慶十一年(1806)刻本　十冊　存二十卷（三至六、十三至十四、十七至二十、二十三至三十二）

360000－1901－0028333　316225
**四忠遺集** （清）□□輯　清光緒二十三年(1897)湘南書局刻本　十六冊

360000－1901－0028334　316458
**四忠遺集** （清）□□輯　清光緒二十三年(1897)湘南書局刻本　十六冊

360000－1901－0028335　417492
**四忠遺集** （清）羅文謙輯　清同治七年(1868)楚醴景萊書室刻本　二十冊

360000－1901－0028336　416881
**四種遺規**　（清）陳弘謀輯　清道光九年（1829）當塗夏氏刻本　二册　存三種

360000－1901－0028337　416875－2
**四種遺規**　（清）陳弘謀輯　清培遠堂刻本　二册　存二種

360000－1901－0028338　802310
**四子譜二卷**　（清）過文年輯　清刻本　一册　存一卷（下）

360000－1901－0028339　230134
**四子全書**　（明）董逢元輯　明萬曆二十三年（1595）昆陵董氏秋聲閣刻本　二册

360000－1901－0028340　120134
**四子詩錄**　（清）陶福祖輯　清光緒七年（1881）刻本　一册

360000－1901－0028341　120405
**四子詩錄**　（清）陶福祖輯　清光緒七年（1881）刻本　一册

360000－1901－0028342　120498
**四子詩錄**　（清）陶福祖輯　清光緒七年（1881）刻本　一册

360000－1901－0028343　160310
**四書集注十九卷**　（宋）朱熹撰　清道光七年（1827）順德霞石何氏刻本　六册

360000－1901－0028344　405850
**四書集注十九卷**　（宋）朱熹撰　清咸豐六年（1856）順德霞石何氏菜根香館刻本　六册

360000－1901－0028345　405851
**四書集注十九卷**　（宋）朱熹撰　清咸豐六年（1856）順德霞石何氏菜根香館刻本　四册　存九卷（大學一卷、中庸一卷、孟子七卷）

360000－1901－0028346　405852
**四書集注十九卷**　（宋）朱熹撰　清咸豐六年（1856）順德霞石何氏菜根香館刻本　一册　存二卷（大學一卷、中庸一卷）

360000－1901－0028347　405852－1
**四書集注十九卷**　（宋）朱熹撰　清咸豐六年（1856）順德霞石何氏菜根香館刻本　一册　存五卷（論語六至十）

360000－1901－0028348　309805
**四字鑑略詳註六卷**　（清）王仕雲撰　（清）李嘉禮輯　清道光六年（1826）刻本　六册

360000－1901－0028349　405921
**四字鑑引八卷**　（清）李正中編釋　清刻本　一册　存一卷（八）

360000－1901－0028350　301336
**俟命錄十卷**　（清）方宗誠撰　清光緒三年（1877）刻本　二册

360000－1901－0028351　404917
**俟命錄十卷**　（清）方宗誠撰　清光緒三年（1877）刻本　二册

360000－1901－0028352　603589
**笥河詩集二十卷**　（清）朱筠撰　清刻本　二册　存四卷（二至三、九至十）

360000－1901－0028353　603588
**笥河文鈔二卷**　（清）朱筠撰　清刻本　一册　存一卷（二）

360000－1901－0028354　413305
**笥河文集十六卷首一卷**　（清）朱筠撰　清嘉慶二十年（1815）刻本　一册　存三卷（十至十二）

360000－1901－0028355　413463
**松巢吟稿一卷**　（清）聶節亨撰　清咸豐八年（1858）刻本　一册

360000－1901－0028356　803378
**松牕筆乘三十卷**　（清）方象瑛撰　清抄本　一册　存四卷（一至四）

360000－1901－0028357　240989
**松竇詩集二卷**　（清）釋行起撰　清乾隆十九年（1754）刻本　一册　存一卷（上）

360000－1901－0028358　122976
**松風閣詩草一卷**　（清）黃鴻猷撰　**香石遺詩一卷**　（清）黃啓興撰　清嘉慶十五年（1810）杞菊齋刻本　一册

360000－1901－0028359　413239
**松風閣詩鈔二十六卷**　(清)彭蘊章撰　清同治七年(1868)刻本　五冊　存十五卷(一至九、十三至十八)

360000－1901－0028360　241428
**松風餘韻五十卷末一卷**　(清)姚弘緒輯　清乾隆八年(1743)寶善堂刻本　三冊　存十一卷(一至八、三十四至三十六)

360000－1901－0028361　408575
**松峯說疫六卷**　(清)劉奎撰　清刻本　四冊

360000－1901－0028362　408576
**松峯說疫六卷**　(清)劉奎撰　清刻本　二冊　存四卷(二至五)

360000－1901－0028363　405243
**松桂堂全集三十七卷**　(清)彭孫遹撰　清宣統三年(1911)掃葉山房石印本　二冊　存一卷(一)

360000－1901－0028364　721796
**松桂堂全集三十七卷南洼集三卷延露詞三卷**　(清)彭孫遹撰　清宣統三年(1911)上海掃葉山房石印本　六冊　存三十一卷(二至十四、二十至三十七)

360000－1901－0028365　705244
**松花庵全集**　(清)吳鎮撰　清乾隆刻本　九冊　存十五種

360000－1901－0028366　250221
**松花菴全集**　(清)吳鎮撰　清乾隆刻本　十八冊

360000－1901－0028367　405248
**松筠集一卷**　(清)□□輯　清光緒十一年(1885)木活字印本　一冊

360000－1901－0028368　413199
**松郡輿圖教堂清冊不分卷**　(清)楊金龍編　清光緒三十一年(1905)石印本　一冊

360000－1901－0028369　241473
**松陵集十卷**　(唐)陸龜蒙　(唐)皮日休撰　明末海虞毛氏汲古閣刻本　六冊

360000－1901－0028370　303117
**松陵文錄二十四卷**　(清)淩淦輯　清同治十三年(1874)刻本　十二冊

360000－1901－0028371　306176
**松陵文錄二十四卷**　(清)淩淦輯　清同治十三年(1874)刻本　十二冊

360000－1901－0028372　409426
**松陵文錄二十四卷**　(清)淩淦輯　清同治十三年(1874)刻本　六冊　存十七卷(一至十一、十九至二十四)

360000－1901－0028373　409427
**松陵文錄二十四卷**　(清)淩淦輯　清同治十三年(1874)刻本　八冊

360000－1901－0028374　409428
**松陵文錄二十四卷**　(清)淩淦輯　清同治十三年(1874)刻本　十冊　存二十卷(五至二十四)

360000－1901－0028375　409429
**松陵文錄二十四卷**　(清)淩淦輯　清同治十三年(1874)刻本　六冊　存十九卷(三至五、九至二十四)

360000－1901－0028376　409429－1
**松陵文錄二十四卷**　(清)淩淦輯　清同治十三年(1874)刻本　二冊　存七卷(十二至十八)

360000－1901－0028377　240697
**松門稿一卷金臺稿一卷鳳臺稿一卷**　(明)雷暎撰　明抄本　三冊

360000－1901－0028378　241067
**松門遺藁一卷**　(清)曾衮撰　清乾隆二十三年(1758)刻本　一冊

360000－1901－0028379　241068
**松門遺藁一卷**　(清)曾衮撰　清乾隆二十三年(1758)刻本　一冊

360000－1901－0028380　120815
**松漠紀聞一卷續一卷補遺一卷**　(宋)洪皓撰　**考異一卷**　(清)洪佩聲撰　清同治十二年

(1873)涇縣洪氏三瑞堂刻洪氏晦木齋叢書本　一册

360000－1901－0028381　120816
**松漠紀聞一卷續一卷補遺一卷**　(宋)洪皓撰　**考異一卷**　(清)洪佩聲撰　清同治十二年(1873)涇縣洪氏三瑞堂刻洪氏晦木齋叢書本　一册

360000－1901－0028382　122256
**松漠紀聞一卷續一卷補遺一卷**　(宋)洪皓撰　**考異一卷**　(清)洪佩聲撰　清同治十二年(1873)涇縣洪氏三瑞堂刻洪氏晦木齋叢書本　一册

360000－1901－0028383　241020
**松泉詩集二十六卷文集二十卷**　(清)汪由敦撰　清乾隆刻本　二十册

360000－1901－0028384　301890
**松聲池館詩存四卷**　(清)汪璐撰　清光緒十五年(1889)泉唐汪氏振綺堂刻本　一册

360000－1901－0028385　405246
**松聲池館詩存四卷**　(清)汪璐撰　清光緒十五年(1889)泉唐汪氏振綺堂刻本　一册

360000－1901－0028386　120809
**松下童子遺草一卷**　(清)余樹藩撰　清同治八年(1869)刻本　一册

360000－1901－0028387　803366
**松心紀事詩不分卷**　(□)□□輯　清抄本　一册

360000－1901－0028388　306177
**松心文鈔一卷**　(清)張維屏撰　清刻本　一册

360000－1901－0028389　405247
**松雪齋集十卷**　(元)趙孟頫撰　清康熙刻本　二册　存六卷(一至三、七至九)

360000－1901－0028390　306191
**松雪齋集十卷外集一卷附趙公行狀一卷**　(元)趙孟頫撰　清刻本　三册　存九卷(四至十、外集一卷、趙公行狀一卷)

360000－1901－0028391　163748
**松雪齋全集十卷外集一卷續集一卷**　(元)趙孟頫撰　清光緒八年(1882)洞庭楊氏刻本　六册

360000－1901－0028392　163749
**松雪齋全集十卷外集一卷續集一卷**　(元)趙孟頫撰　清光緒八年(1882)洞庭楊氏刻本　六册

360000－1901－0028393　316558
**松陽鈔存二卷**　(清)陸隴其撰　(清)楊開基編　清刻本　一册

360000－1901－0028394　405250
**松陽鈔存二卷**　(清)陸隴其撰　(清)楊開基編　清乾隆刻本　一册

360000－1901－0028395　403279
**松陽講義十二卷**　(清)陸隴其撰　清康熙二十九年(1690)刻本　三册

360000－1901－0028396　403277
**松陽講義十二卷**　(清)陸隴其撰　清刻本　三册　存十卷(三至十二)

360000－1901－0028397　403277－1
**松陽講義十二卷**　(清)陸隴其撰　清刻本　一册　存三卷(一至三)

360000－1901－0028398　403278
**松陽講義十二卷**　(清)陸隴其撰　清刻本　六册

360000－1901－0028399　802268
**松陽講義十二卷**　(清)陸隴其撰　清刻本　一册　存五卷(八至十二)

360000－1901－0028400　802269
**松陽講義十二卷**　(清)陸隴其撰　清刻本　一册　存四卷(九至十二)

360000－1901－0028401　802270
**松陽講義十二卷**　(清)陸隴其撰　清刻本　一册　存二卷(四至五)

360000－1901－0028402　802274
**松陽講義十二卷**　(清)陸隴其撰　清刻本

一册　存五卷(八至十二)

360000－1901－0028403　210339
**松陽講義十二卷**　(清)陸隴其撰　清西昌裘氏刻本　六册

360000－1901－0028404　210340
**松陽講義十二卷**　(清)陸隴其撰　清西昌裘氏刻本　六册

360000－1901－0028405　120817
**松蔭軒詩鈔三卷首一卷**　(清)吳贊邦撰　清光緒十九年(1893)刻本　一册

360000－1901－0028406　240721
**松圓浪淘集十八卷松圓偈庵集二卷**　(明)程嘉燧撰　明崇禎刻清康熙二十八年(1689)陸廷燦重修嘉定四先生集本　五册

360000－1901－0028407　120814
**松雲精舍詩錄四卷**　(清)釋慧霖撰　(清)張金鏞輯　清道光二十九年(1849)刻本　一册

360000－1901－0028408　120812
**松雲精舍詩錄四卷**　(清)釋慧霖撰　(清)張金鏞輯　清咸豐八年(1858)刻本　一册

360000－1901－0028409　120813
**松雲精舍詩錄四卷**　(清)釋慧霖撰　(清)張金鏞輯　清咸豐八年(1858)刻本　一册

360000－1901－0028410　405245
**松竹山房詩草一卷**　(清)龍光輔撰　清同治五年(1866)刻本　一册

360000－1901－0028411　803973
**崧山公家譜不分卷**　(清)□其鋭修　清道光十三年(1833)抄本　一册

360000－1901－0028412　803909
**嵩厓尊生書十五卷**　(清)景日昣撰　清抄本　一册　存三卷(四至六)

360000－1901－0028413　420597
**嵩厓尊生書十五卷**　(清)景日昣撰　清刻本　二册　存四卷(七至八、十四至十五)

360000－1901－0028414　420599
**嵩厓尊生書十五卷**　(清)景日昣撰　清乾隆刻本　二册　存六卷(一至六)

360000－1901－0028415　420598
**嵩厓尊生書十五卷**　(清)景日昣撰　清乾隆五十五年(1790)古吳致和堂刻本　五册　存七卷(一、四至八、十)

360000－1901－0028416　401104
**宋稗類鈔八卷**　(清)潘永因輯　(清)潘永圜訂　清康熙八年(1669)刻本　一册　存一卷(一)

360000－1901－0028417　401103
**宋稗類鈔八卷**　(清)潘永因輯　(清)潘永圜訂　清刻本　一册　存一卷(二)

360000－1901－0028418　220442
**宋本韓柳二先生年譜**　(清)馬曰璐編　清雍正七年(1729)廣陵馬氏小玲瓏山館刻本　一册

360000－1901－0028419　150060
**宋本十三經注疏并經典釋文校勘記**　(清)阮元撰　清光緒二十四年(1898)蘇州官書坊刻本　三十三册　存五種

360000－1901－0028420　150059
**宋本十三經注疏并經典釋文校勘記**　(清)阮元撰　清刻本　三十七册

360000－1901－0028421　240698
**宋布衣文集二卷詩集一卷**　(明)宋登春撰　清康熙二十四年(1685)中州王培刻本　三册

360000－1901－0028422　310934
**宋朝事實二十卷**　(宋)李攸撰　清刻本　六册

360000－1901－0028423　401706
**宋朝事實二十卷**　(宋)李攸撰　清刻本　一册　存四卷(十三至十六)

360000－1901－0028424　805072
**宋朝事實二十卷**　(宋)李攸撰　清刻本　一册　存二卷(十六至十七)

360000－1901－0028425　220499

**宋朝燕翼詒謀錄五卷**　(宋)王栐撰　清抄本　一册

360000－1901－0028426　315681
**宋陳文節公詩集五卷文集十九卷首一卷末一卷**　(宋)陳傅良撰　清道光十四年(1834)刻本　七册

360000－1901－0028427　240381
**宋陳文節公詩集五卷文集十九卷首一卷末一卷**　(宋)陳傅良撰　清乾隆十年(1745)瑞安上梓愛日樓刻本　十册

360000－1901－0028428　220400
**宋丞相李忠定公别集三卷**　(宋)李綱撰　明崇禎元年(1628)大觀堂刻宋三大臣彙志本　二册

360000－1901－0028429　415186
**宋丞相文山先生全集二十卷**　(宋)文天祥撰　清康熙刻本　五册　存十一卷(一至三、五至六、八至九、十一至十四)

360000－1901－0028430　410600
**宋淳熙敕編古玉圖譜一百卷**　(宋)龍大淵等撰　清乾隆四十四年(1779)歙縣江春康山草堂刻本　一册　存五卷(一至五)

360000－1901－0028431　413923
**宋大家曾南豐文選一卷**　(宋)曾鞏撰　(清)蔡方炳評定　清刻本　一册

360000－1901－0028432　421813
**華延年室印存不分卷**　(清)傅栻篆　清鈐印本　二册

360000－1901－0028433　240241
**宋大家曾文定公文抄十卷**　(宋)曾鞏撰　(明)茅坤批評　明萬曆七年(1579)茅一桂刻唐宋八大家文鈔本　四册

360000－1901－0028434　240194
**宋大家歐陽文忠公文抄三十二卷**　(宋)歐陽修撰　(明)茅坤批評　明崇禎元年(1628)刻唐宋八大家文鈔本　五册　缺四卷(一至四)

360000－1901－0028435　417977－1
**宋大家歐陽文忠公文抄三十二卷**　(宋)歐陽修撰　(明)茅坤批評　明崇禎元年(1628)刻唐宋八大家文鈔本　一册　存八卷(十二至十九)

360000－1901－0028436　240193
**宋大家歐陽文忠公文抄三十二卷**　(宋)歐陽修撰　(明)茅坤批評　明萬曆七年(1579)茅一桂刻唐宋八大家文鈔本　七册　缺十四卷(一至十四)

360000－1901－0028437　309305
**宋大家歐陽文忠公文抄三十二卷**　(宋)歐陽修撰　(明)茅坤批評　清刻唐宋八大家文鈔本　三册

360000－1901－0028438　316811
**宋大家歐陽文忠公文抄三十二卷**　(宋)歐陽修撰　(明)茅坤批評　清刻唐宋八大家文鈔本　二册　存十一卷(二十二至三十二)

360000－1901－0028439　240208
**宋大家蘇文公文抄十卷**　(宋)蘇洵撰　(明)茅坤批評　明萬曆七年(1579)茅一桂刻唐宋八大家文鈔本　三册

360000－1901－0028440　164300
**宋大家蘇文忠公文抄二十八卷**　(宋)蘇軾撰　(明)茅坤批評　明刻本　三册　存九卷(十四至十七、二十一至二十五)

360000－1901－0028441　413922
**宋大家蘇文忠公文選一卷**　(宋)蘇軾撰　(清)蔡方炳評定　清刻本　一册

360000－1901－0028442　413921
**宋大家王荆公文選一卷**　(宋)王安石撰　(清)蔡方炳評定　清刻本　一册

360000－1901－0028443　240260
**宋大家王文公文抄十六卷**　(宋)王安石撰　(明)茅坤批評　明萬曆七年(1579)茅一桂刻唐宋八大家文鈔本　八册

360000－1901－0028444　710198
**宋大家文選不分卷**　(明)茅坤等評　清刻本

五冊

360000－1901－0028445　418482
**宋代五十六家詩集**　(清)坐春書塾輯　清宣統二年(1910)北京龍文閣書莊石印本　五冊　存四十七種

360000－1901－0028446　722312
**宋東京考二十卷**　(清)周城撰　清刻本　四冊　存十三卷(八至二十)

360000－1901－0028447　220719
**宋東京考二十卷**　(清)周城撰　清乾隆三年(1738)刻本　六冊

360000－1901－0028448　417704
**宋東京考二十卷**　(清)周城撰　清乾隆三年(1738)六有堂刻本　三冊　存十六卷(一至五、十至二十)

360000－1901－0028449　306118
**宋端明殿學士蔡忠惠公文集四十卷**　(宋)蔡襄撰　清雍正十二年至乾隆五年(1734－1740)蔡氏遜敏齋刻本　十一冊　存三十卷(一至三十)

360000－1901－0028450　800564
**宋國師吴景鸞地記并地圖鉗聚一卷**　(宋)吴景鸞撰　清抄本　一冊

360000－1901－0028451　241321
**宋洪魏公進萬首唐人絶句四十卷目録四卷**　(宋)洪邁輯　(明)趙宧光　(明)黄習遠補　明萬曆三十五年(1607)吴郡趙宧光刻本　十六冊

360000－1901－0028452　409997
**宋黄文節公文集三十二卷首四卷外集二十四卷别集十九卷**　(宋)黄庭堅撰　**附黄青社先生伐檀集二卷**　(宋)黄庶撰　清乾隆三十年(1765)分寧緝香堂刻本　十八冊　存三十九卷(宋黄文節公文集十八至三十二、首四卷，外集一至二、十至十二，别集七至十九，黄青社先生伐檀集二卷)

360000－1901－0028453　409998
**宋黄文節公文集三十二卷首四卷外集二十四卷别集十九卷**　(宋)黄庭堅撰　**附黄青社先生伐檀集二卷**　(宋)黄庶撰　清乾隆三十年(1765)分寧緝香堂刻本　十六冊　存五十四卷(宋黄文節公文集三至七、十二至二十二、二十五至二十八，首二至三；外集一至二、七至十二、二十至二十三；别集一至五、七至十九；黄青社先生伐檀集二卷)

360000－1901－0028454　409999
**宋黄文節公文集三十二卷首四卷外集二十四卷别集十九卷**　(宋)黄庭堅撰　**附黄青社先生伐檀集二卷**　(宋)黄庶撰　清乾隆三十年(1765)分寧緝香堂刻本　六冊　存十七卷(宋黄文節公文集四至六、十九至二十一、二十五至二十六，首二至三；别集九至十二、十七至十九)

360000－1901－0028455　409999－1
**宋黄文節公文集三十二卷首四卷外集二十四卷别集十九卷**　(宋)黄庭堅撰　**附黄青社先生伐檀集二卷**　(宋)黄庶撰　清乾隆三十年(1765)分寧緝香堂刻本　二冊　存六卷(别集十至十二、十四至十六)

360000－1901－0028456　601036
**宋黄文節公文集三十二卷首四卷外集二十四卷别集十九卷**　(宋)黄庭堅撰　**附黄青社先生伐檀集二卷**　(宋)黄庶撰　清乾隆三十年(1765)分寧緝香堂刻本　三十一冊

360000－1901－0028457　601040
**宋黄文節公文集三十二卷首四卷外集二十四卷别集十九卷**　(宋)黄庭堅撰　**附黄青社先生伐檀集二卷**　(宋)黄庶撰　清乾隆三十年(1765)分寧緝香堂刻本　八冊　存十八卷(宋黄文節公文集一至十四、首四卷)

360000－1901－0028458　710000
**宋黄文節公文集三十二卷首四卷外集二十四卷别集十九卷**　(宋)黄庭堅撰　**附黄青社先生伐檀集二卷**　(宋)黄庶撰　清乾隆三十年(1765)分寧緝香堂刻本　十七冊　存四十九卷(宋黄文節公文集一至十八、二十七至三十

二,首四卷;外集一至二十一)

360000－1901－0028459　722246
**宋黄文節公文集三十二卷首四卷外集二十四卷别集十九卷**　(宋)黄庭堅撰　**附黄青社先生伐檀集二卷**　(宋)黄庶撰　清乾隆三十年(1765)分寧緝香堂刻本　二十四册　存六十八卷(宋黄文節公文集三十二卷、首四卷,外集一至十二、十七至二十三,别集四至十六)

360000－1901－0028460　722246－1
**宋黄文節公文集三十二卷首四卷外集二十四卷别集十九卷**　(宋)黄庭堅撰　**附黄青社先生伐檀集二卷**　(宋)黄庶撰　清乾隆三十年(1765)分寧緝香堂刻本　二册　存七卷(别集一至七)

360000－1901－0028461　721773
**宋黄文節公文集三十二卷首四卷外集二十四卷别集十九卷**　(宋)黄庭堅撰　**附黄青社先生伐檀集二卷**　(宋)黄庶撰　清同治七年(1868)江右義寧雙井沖和堂刻本　十册　存二十三卷(外集二十三至二十四、别集十九卷、黄青社先生伐檀集二卷)

360000－1901－0028462　120657
**宋黄文節公文集三十二卷首四卷外集二十四卷别集十九卷續集十卷**　(宋)黄庭堅撰　**附黄青社先生伐檀集二卷**　(宋)黄庶撰　清光緒二十年(1894)義寧州署刻本　二十六册

360000－1901－0028463　120658
**宋黄文節公文集三十二卷首四卷外集二十四卷别集十九卷續集十卷**　(宋)黄庭堅撰　**附黄青社先生伐檀集二卷**　(宋)黄庶撰　清光緒二十年(1894)義寧州署刻本　二十八册

360000－1901－0028464　120659
**宋黄文節公文集三十二卷首四卷外集二十四卷别集十九卷續集十卷**　(宋)黄庭堅撰　**附黄青社先生伐檀集二卷**　(宋)黄庶撰　清光緒二十年(1894)義寧州署刻本　二十八册

360000－1901－0028465　240316
**宋黄文節公文集三十二卷首四卷外集二十四卷别集十九卷**　(宋)黄庭堅撰　**附黄青社先生伐檀集二卷**　(宋)黄庶撰　清乾隆三十年(1765)分寧緝香堂刻本　二十四册

360000－1901－0028466　240317
**宋黄文節公文集三十二卷首四卷外集二十四卷别集十九卷**　(宋)黄庭堅撰　**附黄青社先生伐檀集二卷**　(宋)黄庶撰　清乾隆三十年(1765)分寧緝香堂刻本　二十四册

360000－1901－0028467　240318
**宋黄文節公文集三十二卷首四卷外集二十四卷别集十九卷**　(宋)黄庭堅撰　**附黄青社先生伐檀集二卷**　(宋)黄庶撰　清乾隆三十年(1765)分寧緝香堂刻本　二十册

360000－1901－0028468　240319
**宋黄文節公文集三十二卷首四卷外集二十四卷别集十九卷**　(宋)黄庭堅撰　**附黄青社先生伐檀集二卷**　(宋)黄庶撰　清乾隆三十年(1765)分寧緝香堂刻本　三十二册

360000－1901－0028469　240320
**宋黄文節公文集三十二卷首四卷外集二十四卷别集十九卷**　(宋)黄庭堅撰　**附黄青社先生伐檀集二卷**　(宋)黄庶撰　清乾隆三十年(1765)分寧緝香堂刻本　二册　存二卷(黄青社先生伐檀集二卷)

360000－1901－0028470　722483
**宋黄文節公文集三十二卷首四卷外集二十四卷别集十九卷**　(宋)黄庭堅撰　**附黄青社先生伐檀集二卷**　(宋)黄庶撰　清乾隆三十年(1765)分寧緝香堂刻本　三十二册

360000－1901－0028471　409992
**宋黄文節公文集三十二卷首四卷外集二十四卷别集十九卷續集十卷**　(宋)黄庭堅撰　**附黄青社先生伐檀集二卷**　(宋)黄庶撰　清光緒二十年(1894)義寧州署刻本　二十六册　缺一卷(别集一)

360000－1901－0028472　409993
**宋黄文節公文集三十二卷首四卷外集二十四卷别集十九卷續集十卷**　(宋)黄庭堅撰　**附**

**黃青社先生伐檀集二卷**　(宋)黄庶撰　清光緒二十年(1894)義寧州署刻本　三十二册

360000－1901－0028473　409994
**宋黄文節公文集三十二卷首四卷外集二十四卷別集十九卷續集十卷**　(宋)黄庭堅撰　**附黃青社先生伐檀集二卷**　(宋)黄庶撰　清光緒二十年(1894)義寧州署刻本　十七册　存四十九卷(宋黄文節公文集一至十七、二十一至三十二,首四卷;外集一至五、十一至十五;別集一;續集六至十)

360000－1901－0028474　601037
**宋黄文節公文集三十二卷首四卷外集二十四卷別集十九卷續集十卷**　(宋)黄庭堅撰　**附黃青社先生伐檀集二卷**　(宋)黄庶撰　清光緒二十年(1894)義寧州署刻本　二十八册

360000－1901－0028475　601038
**宋黄文節公文集三十二卷首四卷外集二十四卷別集十九卷續集十卷**　(宋)黄庭堅撰　**附黃青社先生伐檀集二卷**　(宋)黄庶撰　清光緒二十年(1894)義寧州署刻本　二十五册　缺十二卷(續集十卷、黄青社先生伐檀集二卷)

360000－1901－0028476　601039
**宋黄文節公文集三十二卷首四卷外集二十四卷別集十九卷續集十卷**　(宋)黄庭堅撰　**附黃青社先生伐檀集二卷**　(宋)黄庶撰　清光緒二十年(1894)義寧州署刻本　二十八册

360000－1901－0028477　722217
**宋黄文節公文集三十二卷首四卷外集二十四卷別集十九卷續集十卷**　(宋)黄庭堅撰　**附黃青社先生伐檀集二卷**　(宋)黄庶撰　清光緒二十年(1894)義寧州署刻本　六册　存十九卷(外集二十一至二十四,別集一、六至十九)

360000－1901－0028478　120660
**宋黄文節公文集三十二卷首四卷外集二十四卷別集十九卷**　(宋)黄庭堅撰　**附黃青社先生伐檀集二卷**　(宋)黄庶撰　清同治七年(1868)江右義寧雙井沖和堂刻本　三十二册

360000－1901－0028479　241238
**宋金元詩選六卷**　(清)吳翌鳳輯　清乾隆五十八年(1793)刻本　二册

360000－1901－0028480　241239
**宋金元詩選六卷**　(清)吳翌鳳輯　清乾隆五十八年(1793)刻本　一册　存三卷(四至六)

360000－1901－0028481　241236
**宋金元詩永二十卷補遺二卷**　(清)吳綺輯　清康熙十七年(1678)刻本　十册

360000－1901－0028482　241237
**宋金元詩永二十卷補遺二卷**　(清)吳綺輯　清康熙十七年(1678)刻本　十册

360000－1901－0028483　410237
**宋景濂先生文選七卷**　(明)宋濂撰　(清)李祖陶評選　清道光二十五年(1845)刻本　三册

360000－1901－0028484　410238
**宋景濂先生文選七卷**　(明)宋濂撰　(清)李祖陶評選　清道光二十五年(1845)刻本　三册

360000－1901－0028485　302500
**宋李忠定公文集三十九卷**　(宋)李綱撰　清光緒三十四年(1908)湖南鄉愛日堂刻本　八册

360000－1901－0028486　305798
**宋李忠定公奏議六十九卷**　(宋)李綱撰　清光緒三十四年(1908)湖南鄉愛日堂刻本　十册　存四十二卷(十至十三、十九至二十三、三十二至六十四)

360000－1901－0028487　302499
**宋李忠定公奏議六十九卷首一卷年譜一卷擬撰文字七卷**　(宋)李綱撰　清光緒二十九年(1903)湖南愛日堂刻本　十八册

360000－1901－0028488　310331
**宋李忠定公奏議選十五卷**　(宋)李綱撰　(明)左光先選　清朝宗書室木活字印本　六册

360000－1901－0028489　240343
**宋李忠定公奏議選十五卷文集選二十九卷首四卷目録二卷**　（宋）李綱撰　（明）左光先選　（明）李春熙輯　明崇禎十二年（1639）李氏刻清初補修本　二册　存六卷（文集選十至十二、十六至十八）

360000－1901－0028490　316188
**宋六十一家詞選十二卷**　（清）馮煦輯　清光緒十三年（1887）冶城山館刻本　四册

360000－1901－0028491　418172
**宋六十一家詞選十二卷**　（清）馮煦輯　清光緒十三年（1887）冶城山館刻本　四册

360000－1901－0028492　163671
**宋六十一家詞選十二卷**　（清）馮煦輯　清宣統二年（1910）掃葉山房石印本　四册

360000－1901－0028493　418171
**宋六十一家詞選十二卷**　（清）馮煦輯　清宣統二年（1910）掃葉山房石印本　一册　存三卷（七至九）

360000－1901－0028494　400905－2
**宋論十五卷**　（清）王夫之撰　清光緒二十六年（1900）上海益記書局石印本　一册

360000－1901－0028495　400905－1
**宋論十五卷**　（清）王夫之撰　清光緒二十四年（1898）集益學社刻本　四册

360000－1901－0028496　161698
**宋論十五卷**　（清）王夫之撰　清光緒二十四年（1898）石印本　二册

360000－1901－0028497　418225
**宋名臣言行録前集十卷後集十四卷**　（宋）朱熹輯　**續集八卷别集二十六卷外集十七卷**　（宋）李幼武輯　清初閩縣林雲銘刻本　十一册　存四十六卷（後集一至八、續集八卷、别集一至十三、外集十七卷）

360000－1901－0028498　308656
**宋名臣言行録前集十卷後集十四卷**　（宋）朱熹輯　**續集八卷别集二十六卷外集十七卷**　（宋）李幼武輯　清道光元年（1821）歙縣洪氏續學堂刻本　六册　存三十八卷（續集八卷、别集一至十三、外集十七卷）

360000－1901－0028499　601255
**宋名臣言行録前集十卷後集十四卷**　（宋）朱熹輯　**續集八卷别集二十六卷外集十七卷**　（宋）李幼武輯　清刻本　十二册

360000－1901－0028500　601256
**宋名臣言行録前集十卷後集十四卷**　（宋）朱熹輯　**續集八卷别集二十六卷外集十七卷**　（宋）李幼武輯　清刻本　十二册

360000－1901－0028501　120651
**宋名臣言行録前集十卷後集十四卷**　（宋）朱熹輯　**續集八卷别集二十六卷外集十七卷**　（宋）李幼武輯　清同治七年（1868）臨川桂氏刻本　十二册

360000－1901－0028502　120652
**宋名臣言行録前集十卷後集十四卷**　（宋）朱熹輯　**續集八卷别集二十六卷外集十七卷**　（宋）李幼武輯　清同治七年（1868）臨川桂氏刻本　十二册

360000－1901－0028503　120653
**宋名臣言行録前集十卷後集十四卷**　（宋）朱熹輯　**續集八卷别集二十六卷外集十七卷**　（宋）李幼武輯　清同治七年（1868）臨川桂氏刻本　十二册

360000－1901－0028504　601254
**宋名臣言行録前集十卷後集十四卷**　（宋）朱熹輯　**續集八卷别集二十六卷外集十七卷**　（宋）李幼武輯　清同治七年（1868）臨川桂氏刻本　十册　缺十四卷（别集六至十三、外集十二至十七）

360000－1901－0028505　120650
**宋名臣言行録前集十卷後集十四卷**　（宋）朱熹輯　**續集八卷别集二十六卷外集十七卷附一卷**　（宋）李幼武輯　清光緒十三年（1887）傳經堂刻西京清麓叢書本　十二册

360000－1901－0028506　163882

**宋名臣言行錄前集十卷後集十四卷**　(宋)朱熹輯　**續集八卷別集二十六卷外集十七卷附一卷**　(宋)李幼武輯　清林雲銘刻本　六冊　存三十二卷(後集九至十四、續集八卷、外集十七卷、附一卷)

360000－1901－0028507　241541
**宋名家詞**　(明)毛晉輯　明崇禎海虞毛氏汲古閣刻本　二十六冊

360000－1901－0028508　241542
**宋名家詞**　(明)毛晉輯　明崇禎海虞毛氏汲古閣刻本　五冊　存七種

360000－1901－0028509　803215
**宋歐蘇四家古文四卷**　(清)□□輯　清道光十五年(1835)抄本　一冊　存一卷(歐陽修)

360000－1901－0028510　122820
**宋歐陽文忠公集選一卷**　(宋)歐陽修撰　(清)盧元昌重訂　清刻本　一冊

360000－1901－0028511　314155
**宋七家詞選七卷**　(清)戈載輯　(清)杜文瀾注　清光緒十一年(1885)刻本　三冊

360000－1901－0028512　400799
**宋仁山金先生[履祥]年譜一卷**　(明)徐袌編　清乾隆九年(1744)金律刻本　一冊

360000－1901－0028513　716327
**宋儒龜山楊先生[時]年譜一卷**　(清)毛念恃編　清光緒五年(1879)延平府署刻延平四先生年譜本　一冊

360000－1901－0028514　240215
**宋邵康節先生伊川擊壤集十卷**　(宋)邵雍撰　(明)吳瀚摘注　(明)吳泰增注　明萬曆三十三年(1605)吳元維刻本　四冊

360000－1901－0028515　317120
**宋邵康節先生伊川擊壤集十卷三世名賢行實圖系一卷康節先生漁樵對問一卷康節先生訓世孝弟詩一卷無名公傳一卷**　(宋)邵雍撰　(明)吳瀚摘注　(明)吳泰增注　清刻本　六冊

360000－1901－0028516　414932
**宋詩百一鈔八卷**　(清)張景星　(清)姚培謙　(清)王永祺輯　清乾隆二十六年(1761)誦芬樓刻本　四冊　存五卷(一至二、五至六、八)

360000－1901－0028517　409407
**宋詩別裁八卷**　(清)張景星　(清)姚培謙　(清)王永祺輯　清刻本　四冊

360000－1901－0028518　409408
**宋詩別裁八卷**　(清)張景星　(清)姚培謙　(清)王永祺輯　清刻本　二冊　存五卷(一至二、六至八)

360000－1901－0028519　409408－1
**宋詩別裁八卷**　(清)張景星　(清)姚培謙　(清)王永祺輯　清刻本　一冊　存二卷(一至二)

360000－1901－0028520　409412
**宋詩別裁八卷**　(清)張景星　(清)姚培謙　(清)王永祺輯　清刻本　四冊　存五卷(一至二、六至八)

360000－1901－0028521　163652
**宋詩別裁八卷**　(清)張景星　(清)姚培謙　(清)王永祺輯　清乾隆二十六年(1761)刻本　八冊

360000－1901－0028522　301802
**宋詩別裁八卷**　(清)張景星　(清)姚培謙　(清)王永祺輯　清乾隆二十六年(1761)刻本　二冊

360000－1901－0028523　316806
**宋詩鈔初集**　(清)呂留良　(清)吳之振　(清)吳爾堯輯　清康熙刻本　三冊　存十二種

360000－1901－0028524　241164
**宋詩鈔初集**　(清)呂留良　(清)吳之振　(清)吳爾堯輯　清康熙十年(1671)洲錢吳之振鑑古堂刻本　三十冊

360000－1901－0028525　416839－1

**淮南子二十一卷**　（漢）劉安撰　（漢）高誘注　清末石印本　一册　存五卷（十七至二十一）

360000－1901－0028526　404802－2
**宋詩鈔初集**　（清）呂留良　（清）吳之振　（清）吳爾堯輯　清康熙刻本　十二册

360000－1901－0028527　417642
**宋詩鈔初集**　（清）呂留良　（清）吳之振　（清）吳爾堯輯　清康熙十年（1671）洲錢吳之振鑑古堂刻本　七十册　存七十種

360000－1901－0028528　717191
**宋詩鈔初集**　（清）呂留良　（清）吳之振　（清）吳爾堯輯　清康熙十年（1671）洲錢吳之振鑑古堂刻本　九册　存九種

360000－1901－0028529　417698
**宋詩紀事補遺一百卷小傳補正四卷**　（清）陸心源撰　清光緒十九年（1893）刻潛園總集本　五册　存二十卷（一至二十）

360000－1901－0028530　241514
**宋詩紀事一百卷**　（清）厲鶚　（清）馬曰琯輯　清乾隆十一年（1746）厲鶚樊榭山房刻本　三十册

360000－1901－0028531　241515
**宋詩紀事一百卷**　（清）厲鶚　（清）馬曰琯輯　清乾隆十一年（1746）厲鶚樊榭山房刻本　二十四册

360000－1901－0028532　241516
**宋詩紀事一百卷**　（清）厲鶚　（清）馬曰琯輯　清乾隆十一年（1746）厲鶚樊榭山房刻本　十一册　存五十八卷（三十七至五十五、六十二至一百）

360000－1901－0028533　718061
**宋詩紀事一百卷**　（清）厲鶚　（清）馬曰琯輯　清乾隆十一年（1746）厲鶚樊榭山房刻本　八册　存四十五卷（五十一至五十五、六十一至一百）

360000－1901－0028534　722309
**宋詩紀事一百卷**　（清）厲鶚　（清）馬曰琯輯　清乾隆十一年（1746）厲鶚樊榭山房刻本　一册　存五卷（四十六至五十）

360000－1901－0028535　241371
**宋詩選二集**　（清）幔雲居士輯　稿本　四册

360000－1901－0028536　220230
**宋史紀事本末十卷**　（明）馮琦撰　（明）陳邦瞻補　明萬曆三十三年（1605）劉曰梧、徐申刻本　十册

360000－1901－0028537　400209
**宋史紀事本末一百九卷**　（明）馮琦撰　（明）陳邦瞻增訂　（明）張溥論正　清初張聞升刻本　七册　存四十六卷（十一至二十、二十八至五十六、六十五至七十一）

360000－1901－0028538　400209－1
**宋史紀事本末一百九卷**　（明）馮琦撰　（明）陳邦瞻增訂　（明）張溥論正　清初張聞升刻本　二册　存十二卷（三十八至四十三、五十一至五十六）

360000－1901－0028539　310792
**宋史紀事本末一百九卷**　（明）馮琦撰　（明）陳邦瞻增訂　（明）張溥論正　清光緒十三年（1887）廣雅書局刻本　十六册

360000－1901－0028540　310793
**宋史紀事本末一百九卷**　（明）馮琦撰　（明）陳邦瞻增訂　（明）張溥論正　清光緒十三年（1887）廣雅書局刻本　十六册

360000－1901－0028541　305466
**宋史紀事本末一百九卷**　（明）馮琦撰　（明）陳邦瞻增訂　（明）張溥論正　清刻本　十八册　存九十五卷（十五至一百九）

360000－1901－0028542　309722
**宋史紀事本末一百九卷**　（明）馮琦撰　（明）陳邦瞻增訂　（明）張溥論正　清刻本　四册　存二十三卷（八十七至一百九）

360000－1901－0028543　315597
**宋史紀事本末一百九卷**　（明）馮琦撰　（明）

陳邦瞻增訂　(明)張溥論正　清刻本　十七冊

360000－1901－0028544　122916
**宋史紀事本末一百九卷**　(明)馮琦撰　(明)陳邦瞻增訂　(明)張溥論正　清同治十三年(1874)江西書局刻紀事本末五種本　二十冊

360000－1901－0028545　301819
**宋史紀事本末一百九卷**　(明)馮琦撰　(明)陳邦瞻增訂　(明)張溥論正　清同治十三年(1874)江西書局刻紀事本末五種本　二十冊

360000－1901－0028546　301820
**宋史紀事本末一百九卷**　(明)馮琦撰　(明)陳邦瞻增訂　(明)張溥論正　清同治十三年(1874)江西書局刻紀事本末五種本　二十冊

360000－1901－0028547　301821
**宋史紀事本末一百九卷**　(明)馮琦撰　(明)陳邦瞻增訂　(明)張溥論正　清同治十三年(1874)江西書局刻紀事本末五種本　二十冊

360000－1901－0028548　305463
**宋史紀事本末一百九卷**　(明)馮琦撰　(明)陳邦瞻增訂　(明)張溥論正　清同治十三年(1874)江西書局刻紀事本末五種本　十六冊　存九十一卷(一至六十、六十七至七十八、九十一至一百九)

360000－1901－0028549　305465
**宋史紀事本末一百九卷**　(明)馮琦撰　(明)陳邦瞻增訂　(明)張溥論正　清同治十三年(1874)江西書局刻紀事本末五種本　十三冊　存七十一卷(一至七、二十九至五十五、六十一至七十一、七十九至一百四)

360000－1901－0028550　309171
**宋史紀事本末一百九卷**　(明)馮琦撰　(明)陳邦瞻增訂　(明)張溥論正　清同治十三年(1874)江西書局刻紀事本末五種本　十四冊　存八十六卷(一至八十六)

360000－1901－0028551　309723
**宋史紀事本末一百九卷**　(明)馮琦撰　(明)陳邦瞻增訂　(明)張溥論正　清同治十三年(1874)江西書局刻紀事本末五種本　二十冊

360000－1901－0028552　310045
**宋史紀事本末一百九卷**　(明)馮琦撰　(明)陳邦瞻增訂　(明)張溥論正　清同治十三年(1874)江西書局刻紀事本末五種本　二十冊

360000－1901－0028553　310846
**宋史紀事本末一百九卷**　(明)馮琦撰　(明)陳邦瞻增訂　(明)張溥論正　清同治十三年(1874)江西書局刻紀事本末五種本　二十冊

360000－1901－0028554　310858
**宋史紀事本末一百九卷**　(明)馮琦撰　(明)陳邦瞻增訂　(明)張溥論正　清同治十三年(1874)江西書局刻紀事本末五種本　二十冊

360000－1901－0028555　310861
**宋史紀事本末一百九卷**　(明)馮琦撰　(明)陳邦瞻增訂　(明)張溥論正　清同治十三年(1874)江西書局刻紀事本末五種本　二十冊

360000－1901－0028556　310864
**宋史紀事本末一百九卷**　(明)馮琦撰　(明)陳邦瞻增訂　(明)張溥論正　清同治十三年(1874)江西書局刻紀事本末五種本　二十冊

360000－1901－0028557　310915
**宋史紀事本末一百九卷**　(明)馮琦撰　(明)陳邦瞻增訂　(明)張溥論正　清同治十三年(1874)江西書局刻紀事本末五種本　二十冊

360000－1901－0028558　320196
**宋史紀事本末一百九卷**　(明)馮琦撰　(明)陳邦瞻增訂　(明)張溥論正　清同治十三年(1874)江西書局刻紀事本末五種本　二十冊

360000－1901－0028559　400208－2
**宋史紀事本末一百九卷**　(明)馮琦撰　(明)陳邦瞻增訂　(明)張溥論正　清同治十三年(1874)江西書局刻紀事本末五種本　四冊　存二十三卷(二十三至二十八、三十八至四十九、五十六至六十)

360000－1901－0028560　220316
**宋史論三卷**　(明)劉定之撰　清乾隆二十八

年(1763)刻劉文安公全集本　一冊

360000－1901－0028561　164280
**宋史四百九十六卷目錄三卷**　(元)脫脫等撰　明成化七年至十六年(1471－1480)朱英刻嘉靖、萬曆、崇禎南京國子監清順治、康熙遞修本　二冊　存十卷(十四至十八、三十六至四十)

360000－1901－0028562　306090
**宋史四百九十六卷目錄三卷**　(元)脫脫等撰　清光緒二十九年(1903)五洲同文書局影印二十四史本　二十五冊　存六十二卷(三十至三十五、四十八至五十一、五十六至八十四、九十一至九十七、一百六十一至一百七十六)

360000－1901－0028563　305464
**宋史四百九十六卷目錄三卷**　(元)脫脫等撰　清光緒湖南經綸元記刻本　十二冊　存六十卷(四十一至一百)

360000－1901－0028564　306098
**宋史四百九十六卷目錄三卷**　(元)脫脫等撰　清光緒十八年(1892)竹簡齋影印二十四史本　十五冊　存二百四十一卷(一至八十九、一百六至一百二十四、一百八十六至二百十七、二百十九至二百二十六、二百五十七至二百八十六、三百十七至三百六十四、三百八十二至三百九十六)

360000－1901－0028565　310672
**宋史四百九十六卷目錄三卷**　(元)脫脫等撰　清光緒十年(1884)上海同文書局影印二十四史本　六十九冊　存三百四十一卷(一至一百五十四、二百二十五至二百三十八、二百四十五至二百六十、二百九十七至三百七十、三百八十九至四百六十五、四百九十一至四百九十六)

360000－1901－0028566　313498
**宋史四百九十六卷目錄三卷**　(元)脫脫等撰　清光緒十年(1884)上海同文書局影印二十四史本　九十七冊

360000－1901－0028567　306093
**宋史四百九十六卷目錄三卷**　(元)脫脫等撰　清光緒十四年(1888)上海圖書集成書局鉛印二十四史本　四十八冊　存三百九十九卷(十三至五十四、六十三至七十六、八十七至一百十六、一百二十九至一百五十六、一百七十一至二百二十六、二百五十八至四百八十六)

360000－1901－0028568　310974
**宋史四百九十六卷目錄三卷**　(元)脫脫等撰　清光緒元年(1875)刻本　八十三冊

360000－1901－0028569　306095
**宋史四百九十六卷目錄三卷**　(元)脫脫等撰　清光緒元年(1875)浙江書局刻二十四史本　六十一冊　存三百六十六卷(一至二十三、四十至四十七、五十四至九十二、一百十二至一百六十、二百十七至二百二十七、二百四十二至三百二十九、三百四十九至四百九十六)

360000－1901－0028570　306096
**宋史四百九十六卷目錄三卷**　(元)脫脫等撰　清光緒元年(1875)浙江書局刻二十四史本　四十三冊　存二百二十七卷(一百三十至一百九十八、二百九十九至三百七十一、三百八十五至四百六十九)

360000－1901－0028571　308348
**宋史四百九十六卷目錄三卷**　(元)脫脫等撰　清光緒元年(1875)浙江書局刻二十四史本　十七冊　存一百七卷(三百八十四至四百九十)

360000－1901－0028572　308583
**宋史四百九十六卷目錄三卷**　(元)脫脫等撰　清光緒元年(1875)浙江書局刻二十四史本　一百冊

360000－1901－0028573　313623
**宋史四百九十六卷目錄三卷**　(元)脫脫等撰　清光緒元年(1875)浙江書局刻二十四史本　一百冊

360000－1901－0028574　301818

**宋史四百九十六卷目録三卷**　(元)脱脱等撰　清刻本　一百册

360000－1901－0028575　603297
**宋史四百九十六卷目録三卷**　(元)脱脱等撰　清刻本　十四册　存一百二十一卷(三百四十八至四百六十八)

360000－1901－0028576　804998
**宋史四百九十六卷目録三卷**　(元)脱脱等撰　清末影印本　二十四册　存一百十四卷(三百十八至四百三十一)

360000－1901－0028577　220112
**宋史新編二百卷**　(明)柯維騏撰　明嘉靖四十三年(1564)江杜晴刻本(卷一百九十一至一百九十三配明刻本)　六十册

360000－1901－0028578　220113
**宋史新編二百卷**　(明)柯維騏撰　明刻本(卷三十六至三十九、九十三至九十七、一百三十八至一百三十九、一百五十四至一百六十、一百六十六至一百七十一配清抄本)　四十五册　缺三卷(一百九十一至一百九十三)

360000－1901－0028579　410650－1
**宋氏先芬集八卷**　(清)宋家蒸撰　清光緒八年(1882)述善堂刻本　一册

360000－1901－0028580　710651
**宋氏先芬集八卷**　(清)宋家蒸撰　清光緒八年(1882)述善堂刻本　一册

360000－1901－0028581　410400
**宋氏先芬集八卷**　(清)宋家蒸撰　清同治九年(1870)述善堂刻本　一册

360000－1901－0028582　220298
**宋書文鈔二十卷**　(明)戴羲輯　明崇禎刻二十一史文鈔本　一册　存六卷(一至六)

360000－1901－0028583　902411
**宋書一百卷**　(南朝梁)沈約撰　清光緒二十八年(1902)史學會社石印二十四史本　六册

360000－1901－0028584　309068
**宋書一百卷**　(南朝梁)沈約撰　清光緒十年(1884)上海同文書局影印二十四史本　二十四册

360000－1901－0028585　301836
**宋書一百卷**　(南朝梁)沈約撰　清刻本　二十册

360000－1901－0028586　309490
**宋書一百卷**　(南朝梁)沈約撰　清刻本　二册　存十五卷(十一至十五、六十至六十九)

360000－1901－0028587　309150
**宋書一百卷**　(南朝梁)沈約撰　清同治十一年(1872)金陵書局刻二十四史本　二十册

360000－1901－0028588　310036
**宋書一百卷**　(南朝梁)沈約撰　清同治十一年(1872)金陵書局刻二十四史本　九册　存七十三卷(一至十、十六至五十九、七十至八十八)

360000－1901－0028589　310819
**宋書一百卷**　(南朝梁)沈約撰　清同治十一年(1872)金陵書局刻二十四史本　十六册

360000－1901－0028590　306040
**宋書一百卷**　(南朝梁)沈約撰　清同治十一年(1872)金陵書局刻二十四史本　十四册　存八十四卷(七至八十四、九十五至一百)

360000－1901－0028591　163538－2
**宋四家詞選一卷**　(清)周濟輯　清道光十二年(1832)刻本　一册

360000－1901－0028592　316719
**宋四家詞選一卷**　(清)周濟輯　清同治十二年(1873)吴縣潘氏滂喜齋刻本　一册

360000－1901－0028593　120649
**宋四六話十二卷**　(清)彭元瑞撰　清道光二十六年(1846)番禺潘氏刻海山仙館叢書本　六册

360000－1901－0028594　307006
**宋四六選二十四卷**　(清)彭元瑞　(清)曹振鏞輯　清刻本　十册　缺五卷(五至六、二十至二十二)

360000－1901－0028595　307038
**宋四六選二十四卷**　(清)彭元瑞　(清)曹振鏞輯　清刻本　十二冊

360000－1901－0028596　409191
**宋四六選二十四卷**　(清)彭元瑞　(清)曹振鏞輯　清刻本　六冊

360000－1901－0028597　409195
**宋四六選二十四卷**　(清)彭元瑞　(清)曹振鏞輯　清刻本　十二冊

360000－1901－0028598　409196
**宋四六選二十四卷**　(清)彭元瑞　(清)曹振鏞輯　清刻本　十二冊

360000－1901－0028599　409197
**宋四六選二十四卷**　(清)彭元瑞　(清)曹振鏞輯　清刻本　十冊

360000－1901－0028600　409198
**宋四六選二十四卷**　(清)彭元瑞　(清)曹振鏞輯　清刻本　十一冊　存二十一卷(一至四、七至十八、二十至二十四)

360000－1901－0028601　409198－1
**宋四六選二十四卷**　(清)彭元瑞　(清)曹振鏞輯　清刻本　三冊　存六卷(一至四、九至十)

360000－1901－0028602　409198－2
**宋四六選二十四卷**　(清)彭元瑞　(清)曹振鏞輯　清刻本　一冊　存二卷(九至十)

360000－1901－0028603　603293
**宋四六選二十四卷**　(清)彭元瑞　(清)曹振鏞輯　清刻本　二冊　存四卷(三至四、七至八)

360000－1901－0028604　241375
**宋四六選二十四卷**　(清)彭元瑞　(清)曹振鏞輯　清乾隆四十一年(1776)曹振鏞刻本　八冊

360000－1901－0028605　241376
**宋四六選二十四卷**　(清)彭元瑞　(清)曹振鏞輯　清乾隆四十一年(1776)曹振鏞刻本　十二冊

360000－1901－0028606　241377
**宋四六選二十四卷**　(清)彭元瑞　(清)曹振鏞輯　清乾隆四十一年(1776)曹振鏞刻本　八冊

360000－1901－0028607　409192
**宋四六選二十四卷**　(清)彭元瑞　(清)曹振鏞輯　清乾隆四十一年(1776)刻本　二十四冊

360000－1901－0028608　409193
**宋四六選二十四卷**　(清)彭元瑞　(清)曹振鏞輯　清乾隆四十一年(1776)刻本　十二冊

360000－1901－0028609　409194
**宋四六選二十四卷**　(清)彭元瑞　(清)曹振鏞輯　清乾隆四十一年(1776)刻本　六冊　存十四卷(六至十九)

360000－1901－0028610　409194－1
**宋四六選二十四卷**　(清)彭元瑞　(清)曹振鏞輯　清乾隆四十一年(1776)刻本　二冊　存四卷(十八至二十一)

360000－1901－0028611　409194－2
**宋四六選二十四卷**　(清)彭元瑞　(清)曹振鏞輯　清乾隆四十一年(1776)刻本　一冊　存三卷(十九至二十一)

360000－1901－0028612　241166
**宋四名家詩鈔**　(清)周之麟　(清)柴升輯　清康熙三十年(1691)弘訓堂刻本　六冊

360000－1901－0028613　413459
**宋四名家詩鈔**　(清)周之麟　(清)柴升輯　清刻本　三冊

360000－1901－0028614　413976
**宋四名家詩鈔**　(清)周之麟　(清)柴升輯　清同治五年(1866)刻本　三冊

360000－1901－0028615　411124
**宋四子抄釋二十一卷**　(明)呂柟撰　清光緒刻惜陰軒叢書本　八冊

360000－1901－0028616　710197

**宋蘇文定公集選□□卷** (宋)蘇轍撰 (明)茅坤等評 (清)盧元昌訂 清刻本 一册

360000－1901－0028617 710197－1
**宋蘇文忠公集選□□卷** (宋)蘇軾撰 (明)茅坤等評 (清)盧元昌訂 清刻本 二册 存二卷(一至二)

360000－1901－0028618 710197－2
**宋歐陽文忠公集選□□卷** (宋)歐陽修撰 (明)茅坤等評 (清)盧元昌訂 清刻本 一册 存一卷(二)

360000－1901－0028619 805017
**宋蘇文忠公集選□□卷** (宋)蘇軾撰 (明)茅坤等評 (清)盧元昌訂 清刻本 一册 存一卷(二)

360000－1901－0028620 404374
**宋孫仲益内簡尺牘十卷** (宋)孫覿撰 (宋)李祖堯注 (清)蔡焯等增訂 清光緒二十二年(1896)武進盛氏思惠齋刻常州先哲遺書本 二册

360000－1901－0028621 150431
**槐廬叢書** (清)朱記榮輯 清光緒吴縣朱氏槐廬家塾刻本 三十册 存二十一種

360000－1901－0028622 302300
**宋瑣語二十八卷** (清)郝懿行撰 清刻本 三册

360000－1901－0028623 410451
**宋拓淳化閣帖十卷** (宋)王著輯 清宣統元年(1909)石印本 十册

360000－1901－0028624 410452
**宋拓淳化閣帖十卷** (宋)王著輯 清宣統元年(1909)石印本 十册

360000－1901－0028625 410453
**宋拓淳化閣帖十卷** (宋)王著輯 清宣統元年(1909)石印本 十册

360000－1901－0028626 410454
**宋拓淳化閣帖十卷** (宋)王著輯 清宣統元年(1909)石印本 十册

360000－1901－0028627 410455
**宋拓淳化閣帖十卷** (宋)王著輯 清宣統元年(1909)石印本 十册

360000－1901－0028628 410456
**宋拓淳化閣帖十卷** (宋)王著輯 清宣統元年(1909)石印本 十册

360000－1901－0028629 410457
**宋拓淳化閣帖十卷** (宋)王著輯 清宣統元年(1909)石印本 十册

360000－1901－0028630 410458
**宋拓淳化閣帖十卷** (宋)王著輯 清宣統元年(1909)石印本 十册

360000－1901－0028631 410459
**宋拓淳化閣帖十卷** (宋)王著輯 清宣統元年(1909)石印本 九册 存九卷(一至八、十)

360000－1901－0028632 410460
**宋拓淳化閣帖十卷** (宋)王著輯 清宣統元年(1909)石印本 十册

360000－1901－0028633 410461
**宋拓淳化閣帖十卷** (宋)王著輯 清宣統元年(1909)石印本 四册 存四卷(一至四)

360000－1901－0028634 410461－1
**宋拓淳化閣帖十卷** (宋)王著輯 清宣統元年(1909)石印本 三册 存三卷(一、三至四)

360000－1901－0028635 300657
**宋王忠文公文集五十卷目録四卷** (宋)王十朋撰 **附梅溪王忠文公年譜一卷** (清)徐炯文編 清光緒二年(1876)刻本 十六册

360000－1901－0028636 300659
**宋王忠文公文集五十卷目録四卷** (宋)王十朋撰 **附梅溪王忠文公年譜一卷** (清)徐炯文編 清光緒二年(1876)刻本 十六册

360000－1901－0028637 301062
**宋王忠文公文集五十卷目録四卷** (宋)王十朋撰 **附梅溪王忠文公年譜一卷** (清)徐炯

文编　清光緒二年(1876)刻本　十二册　存四十卷(一至四、十三至十九、二十七至五十，目錄四卷，梅溪王忠文公年譜一卷)

360000－1901－0028638　304860
**宋王忠文公文集五十卷目錄四卷**　(宋)王十朋撰　**附梅溪王忠文公年譜一卷**　(清)徐炯文编　清光緒二年(1876)刻本　二十册

360000－1901－0028639　310313
**宋王忠文公文集五十卷目錄四卷**　(宋)王十朋撰　**附梅溪王忠文公年譜一卷**　(清)徐炯文编　清光緒二年(1876)刻本　十六册

360000－1901－0028640　317816
**宋王忠文公文集五十卷目錄四卷**　(宋)王十朋撰　**附梅溪王忠文公年譜一卷**　(清)徐炯文编　清光緒二年(1876)刻本　十二册

360000－1901－0028641　304824
**宋王忠文公文集五十卷目錄四卷**　(宋)王十朋撰　**附梅溪王忠文公年譜一卷**　(清)徐炯文编　清刻本　十册　存二十六卷(十一至二十一、二十六至三十四、三十八至四十，目錄一至三)

360000－1901－0028642　409404
**宋王忠文公文集五十卷目錄四卷**　(宋)王十朋撰　**附梅溪王忠文公年譜一卷**　(清)徐炯文编　清刻本　十一册

360000－1901－0028643　409405
**宋王忠文公文集五十卷目錄四卷**　(宋)王十朋撰　**附梅溪王忠文公年譜一卷**　(清)徐炯文编　清刻本　四册　存九卷(一至五、十八至十九，目錄三至四)

360000－1901－0028644　240353
**宋王忠文公文集五十卷目錄四卷**　(宋)王十朋撰　**附梅溪王忠文公年譜一卷**　(清)徐炯文编　清雍正六年(1728)唐傳鉎刻鴈就堂印本　十六册

360000－1901－0028645　241374
**宋文歸二十卷**　(明)鍾惺輯並評　明崇禎集賢堂刻歷代文歸本　五册　存十卷(一至二、五至十二)

360000－1901－0028646　718312
**宋文鑑一百五十卷目錄三卷**　(宋)呂祖謙輯　明嘉靖八年(1529)晉藩朱知烊養德書院刻本　三十八册　存一百四十七卷(四至一百五十)

360000－1901－0028647　241373
**宋文鑑一百五十卷目錄三卷**　(宋)呂祖謙輯　明嘉靖七年(1528)晉藩養德書院刻本　十六册　缺十五卷(一至七、五十五至六十二)

360000－1901－0028648　305444
**宋文鑑一百五十卷目錄三卷**　(宋)呂祖謙輯　清光緒十二年(1886)江蘇書局刻本　二十三册　存一百四十七卷(一至一百三十八、一百四十五至一百五十，目錄三卷)

360000－1901－0028649　315752
**宋文鑑一百五十卷目錄三卷**　(宋)呂祖謙輯　清光緒十二年(1886)江蘇書局刻本　二十五册

360000－1901－0028650　800901
**宋文鑑一百五十卷目錄三卷**　(宋)呂祖謙輯　清光緒十二年(1886)江蘇書局刻本　一册　存一卷(目錄上)

360000－1901－0028651　240412
**宋文文山先生全集十八卷**　(宋)文天祥撰　(明)鍾越輯評　**附錄三卷**　(明)鍾越等撰　明崇禎四年(1631)鍾越刻本　十册

360000－1901－0028652　305446
**宋文憲公全集五十三卷首四卷**　(明)宋濂撰　清嘉慶十五年(1810)金華府學刻本　十册　存二十七卷(一至二十三、首四卷)

360000－1901－0028653　307620
**宋文憲公全集五十三卷首四卷**　(明)宋濂撰　清嘉慶十五年(1810)刻本　十册　存三十卷(二十四至五十三)

360000－1901－0028654　122445
**宋謝文節公集六卷**　(宋)謝枋得撰　清同治

五年(1866)刻本　二冊

360000－1901－0028655　122446
**宋謝文節公集六卷**　(宋)謝枋得撰　清同治五年(1866)刻本　二冊

360000－1901－0028656　301837
**宋學士全集三十二卷補遺八卷附錄二卷**　(明)宋濂撰　清同治十三年(1874)永康胡氏退補齋刻金華叢書本　四十冊

360000－1901－0028657　305456
**宋學士全集三十二卷補遺八卷附錄二卷**　(明)宋濂撰　清同治十三年(1874)永康胡氏退補齋刻金華叢書本　二十九冊　存三十一卷(一至二、五至六、十三至二十、二十四至三十二,補遺八卷,附錄二卷)

360000－1901－0028658　240462
**宋學士文集七十五卷**　(明)宋濂撰　明正德九年(1514)張縉刻本　十冊

360000－1901－0028659　240463
**宋學士文集七十五卷**　(明)宋濂撰　明正德九年(1514)張縉刻本　一冊　存三卷(一至三)

360000－1901－0028660　403852
**宋葉文康公禮經會元節本四卷**　(宋)葉時撰　(清)陸隴其點定　(清)許元淮刪節並評　清刻本　四冊

360000－1901－0028661　403854
**宋葉文康公禮經會元節本四卷**　(宋)葉時撰　(清)陸隴其點定　(清)許元淮刪節並評　清刻本　二冊　存二卷(二至三)

360000－1901－0028662　161296
**宋葉文康公禮經會元節本四卷**　(宋)葉時撰　(清)陸隴其點定　(清)許元淮刪節並評　清光緒十三年(1887)文選樓刻本　四冊

360000－1901－0028663　403848
**宋葉文康公禮經會元四卷**　(宋)葉時撰　(清)許元淮輯　清刻本　二冊

360000－1901－0028664　403849
**宋葉文康公禮經會元四卷**　(宋)葉時撰　(清)許元淮輯　清刻本　二冊

360000－1901－0028665　403850
**宋葉文康公禮經會元四卷**　(宋)葉時撰　(清)許元淮輯　清刻本　四冊

360000－1901－0028666　403853
**宋葉文康公禮經會元四卷**　(宋)葉時撰　(清)許元淮輯　清光緒五年(1879)盱南三餘書屋刻本　四冊

360000－1901－0028667　405583
**宋葉文康公禮經會元四卷**　(宋)葉時撰　(清)許元淮輯　清刻本　一冊　存一卷(三)

360000－1901－0028668　603915
**宋葉文康公禮經會元四卷**　(宋)葉時撰　(清)許元淮輯　清刻本　二冊

360000－1901－0028669　902258
**宋葉文康公禮經會元四卷**　(宋)葉時撰　(清)許元淮輯　清刻本　一冊　存一卷(三)

360000－1901－0028670　902259
**宋葉文康公禮經會元四卷**　(宋)葉時撰　(清)許元淮輯　清刻本　一冊　存一卷(三)

360000－1901－0028671　403851
**宋葉文康公禮經會元四卷**　(宋)葉時撰　(清)許元淮輯　清乾隆五十二年(1787)刻本　四冊

360000－1901－0028672　210130
**宋葉文康公禮經會元四卷**　(宋)葉時撰　(清)許元淮輯　清乾隆五十年(1785)桐柏山房刻本　二冊

360000－1901－0028673　305461
**宋遺民類集序例總目一卷**　(清)黄允中輯　清宣統二年(1910)京華印書局鉛印本　一冊

360000－1901－0028674　250203
**宋應星四種**　(明)宋應星撰　明崇禎刻本　一冊

360000－1901－0028675　800124
**宋元舊本書經眼錄三卷附錄二卷**　(清)莫友

芝撰　清刻本　一册

360000－1901－0028676　412729
**宋元明詩約鈔三百首二卷**　(清)朱梓　(清)冷昌言輯　清道光二十一年(1841)南京李光明莊刻本　二册

360000－1901－0028677　412730
**宋元明詩約鈔三百首二卷**　(清)朱梓　(清)冷昌言輯　清道光二十一年(1841)南京李光明莊刻本　二册

360000－1901－0028678　412908
**宋元明詩約鈔三百首二卷**　(清)朱梓　(清)冷昌言輯　(清)華黼臣注　清咸豐五年(1855)保墨閣刻本　二册

360000－1901－0028679　412909
**宋元明詩約鈔三百首二卷**　(清)朱梓　(清)冷昌言輯　(清)華黼臣注　清咸豐五年(1855)保墨閣刻本　二册

360000－1901－0028680　412910
**宋元明詩約鈔三百首二卷**　(清)朱梓　(清)冷昌言輯　(清)華黼臣注　清咸豐五年(1855)保墨閣刻本　一册

360000－1901－0028681　717932
**宋元詩會一百卷**　(清)陳焯輯　清康熙二十二年(1683)程仕刻本　五册　存四十卷(一至十六、三十四至四十一、五十至六十五)

360000－1901－0028682　720822
**宋元詩會一百卷**　(清)陳焯輯　清康熙二十二年(1683)程仕刻本　三册　存二十七卷(六十六至八十四、九十三至一百)

360000－1901－0028683　220174
**宋元通鑑一百五十七卷**　(明)薛應旂撰　(明)陳仁錫評　明崇禎刻吳門大觀堂印本　三十二册

360000－1901－0028684　220175
**宋元通鑑一百五十七卷**　(明)薛應旂撰　(明)陳仁錫評　明崇禎刻吳門大觀堂印本　二册　存十三卷(七十二至八十四)

360000－1901－0028685　604079
**宋元通鑑一百五十七卷**　(明)薛應旂撰　(明)陳仁錫評　明刻本　十册　存六十三卷(四至八、三十一至三十七、四十八至六十二、八十五至九十四、一百三至一百二十八)

360000－1901－0028686　220171
**宋元通鑑一百五十七卷**　(明)薛應旂撰　(明)陳仁錫評　明天啓六年(1626)陳仁錫刻本　二十八册

360000－1901－0028687　220172
**宋元通鑑一百五十七卷**　(明)薛應旂撰　(明)陳仁錫評　明天啓六年(1626)陳仁錫刻本　二十八册

360000－1901－0028688　220173
**宋元通鑑一百五十七卷**　(明)薛應旂撰　(明)陳仁錫評　明天啓六年(1626)陳仁錫刻本　二十册

360000－1901－0028689　301810
**宋元學案一百卷首一卷**　(清)黄宗羲撰　(清)全祖望訂補　**考畧一卷**　(清)王梓材　(清)馮雲濠撰　清光緒五年(1879)長沙寄廬刻本　四十八册

360000－1901－0028690　301811
**宋元學案一百卷首一卷**　(清)黄宗羲撰　(清)全祖望訂補　**考畧一卷**　(清)王梓材　(清)馮雲濠撰　清光緒五年(1879)長沙寄廬刻本　四十册

360000－1901－0028691　301812
**宋元學案一百卷首一卷**　(清)黄宗羲撰　(清)全祖望訂補　**考畧一卷**　(清)王梓材　(清)馮雲濠撰　清光緒五年(1879)長沙寄廬刻本　五十册

360000－1901－0028692　305443
**宋元學案一百卷首一卷**　(清)黄宗羲撰　(清)全祖望訂補　**考畧一卷**　(清)王梓材　(清)馮雲濠撰　清光緒五年(1879)長沙寄廬刻本　三十二册　存八十二卷(一至二、五至七、十一至十三、二十五至四十四、四十八至

一百,首一卷)

360000－1901－0028693　313716
**宋元學案一百卷首一卷**　(清)黄宗羲撰　(清)全祖望訂補　**考畧一卷**　(清)王梓材　(清)馮雲濠撰　清光緒五年(1879)長沙寄廬刻本　四十八册

360000－1901－0028694　313875
**宋元學案一百卷首一卷**　(清)黄宗羲撰　(清)全祖望訂補　**考畧一卷**　(清)王梓材　(清)馮雲濠撰　清光緒五年(1879)長沙寄廬刻本　四十册

360000－1901－0028695　317610
**宋元學案一百卷首一卷**　(清)黄宗羲撰　(清)全祖望訂補　**考畧一卷**　(清)王梓材　(清)馮雲濠撰　清光緒五年(1879)長沙寄廬刻本　四十册

360000－1901－0028696　416343
**宋元學案一百卷首一卷**　(清)黄宗羲撰　(清)全祖望訂補　**考畧一卷**　(清)王梓材　(清)馮雲濠撰　清光緒五年(1879)長沙寄廬刻本　四十五册　缺二卷(十一至十二)

360000－1901－0028697　416344
**宋元學案一百卷首一卷**　(清)黄宗羲撰　(清)全祖望訂補　**考畧一卷**　(清)王梓材　(清)馮雲濠撰　清光緒五年(1879)長沙寄廬刻本　二十二册　存四十八卷(一至九、十一至十四、十七至三十四、三十七至四十一、六十三至六十七、七十四、七十七至七十九、八十二,首一卷,考畧一卷)

360000－1901－0028698　416345
**宋元學案一百卷首一卷**　(清)黄宗羲撰　(清)全祖望訂補　**考畧一卷**　(清)王梓材　(清)馮雲濠撰　清光緒五年(1879)長沙寄廬刻本　二十二册　存五十四卷(一至九、十四至十七、三十五至四十二、四十八至五十、五十九至六十二、六十八至八十一、八十三至九十、九十九至一百,首一卷,考畧一卷)

360000－1901－0028699　416346
**宋元學案一百卷首一卷**　(清)黄宗羲撰　(清)全祖望訂補　**考畧一卷**　(清)王梓材　(清)馮雲濠撰　清光緒五年(1879)長沙寄廬刻本　十九册　存三十八卷(一至三、五至九、十七、二十一至二十三、三十一至三十三、三十九至四十、五十二至五十三、六十五至六十七、七十四至七十六、八十至八十一、八十六至八十七、九十一至九十二、九十六至一百,首一卷,考畧一卷)

360000－1901－0028700　305442
**宋元學案一百卷首一卷**　(清)黄宗羲撰　(清)全祖望訂補　**考畧一卷**　(清)王梓材　(清)馮雲濠撰　清末上海文瑞樓石印本　二十二册　存六十三卷(一至二十五、六十四至一百,首一卷)

360000－1901－0028701　313138
**宋元以來畫人姓氏錄三十六卷首一卷**　(清)魯駿輯　清道光十年(1830)會稽魯氏刻本　十六册

360000－1901－0028702　220176
**宋元資治通鑑六十四卷**　(明)王宗沐撰　明萬曆吴勉學刻本　清印亭氏校並跋　十六册

360000－1901－0028703　163637
**宋岳忠武王集八卷末一卷**　(宋)岳飛撰　清同治四年(1865)鳩江戎幄刻本　二册

360000－1901－0028704　303929
**宋岳忠武王集八卷末一卷**　(宋)岳飛撰　清同治四年(1865)鳩江戎幄刻本　二册

360000－1901－0028705　309911
**宋岳忠武王集八卷末一卷**　(宋)岳飛撰　清同治四年(1865)刻半畝園叢書本　二册

360000－1901－0028706　122962
**宋州從政錄一卷**　(清)王鳳生撰　清道光六年(1826)刻本　一册

360000－1901－0028707　220401
**宋朱晦菴先生名臣言行錄後集十四卷**　(宋)朱熹輯　明崇禎十一年(1638)刻宋名臣言行錄本　一册　存六卷(一至六)

360000－1901－0028708　412716
**宋宗忠簡公集七卷**　(宋)宗澤撰　清光緒永康胡鳳丹退補齋刻本　一册　存四卷(四至七)

360000－1901－0028709　301815
**宋宗忠簡公集七卷**　(宋)宗澤撰　清同治四年(1865)刻半畝園叢書本　二册

360000－1901－0028710　301816
**宋宗忠簡公集七卷**　(宋)宗澤撰　清同治四年(1865)刻半畝園叢書本　二册

360000－1901－0028711　301817
**宋宗忠簡公集七卷**　(宋)宗澤撰　清同治四年(1865)刻半畝園叢書本　二册

360000－1901－0028712　309913
**宋宗忠簡公集七卷**　(宋)宗澤撰　清同治四年(1865)刻半畝園叢書本　二册

360000－1901－0028713　309914
**宋宗忠簡公集七卷**　(宋)宗澤撰　清同治四年(1865)刻半畝園叢書本　二册

360000－1901－0028714　313919
**宋宗忠簡公集七卷**　(宋)宗澤撰　清同治四年(1865)刻半畝園叢書本　二册

360000－1901－0028715　805092
**宋宗忠簡公集七卷**　(宋)宗澤撰　清同治四年(1865)刻半畝園叢書本　二册

360000－1901－0028716　413241
**宋宗忠簡公文集四卷首一卷補遺一卷**　(宋)宗澤撰　清同治十二年(1873)三原劉氏述荆堂刻本　四册

360000－1901－0028717　413242
**宋宗忠簡公文集四卷首一卷補遺一卷**　(宋)宗澤撰　清同治十二年(1873)三原劉氏述荆堂刻本　三册

360000－1901－0028718　301814
**宋宗忠簡公遺事二卷**　(清)劉質慧輯　清同治十二年(1873)三原劉氏述荆堂刻本　一册

360000－1901－0028719　121440
**訟過齋日記六卷**　(清)毛輝鳳撰　清光緒九年(1883)刻本　二册

360000－1901－0028720　121441
**訟過齋日記六卷**　(清)毛輝鳳撰　清光緒九年(1883)刻本　一册　存三卷(四至六)

360000－1901－0028721　122052
**誦芬堂詩鈔十卷首一卷二集六卷三集六卷四集四卷五集四卷誦芬堂文稿二卷誦芬堂文鈔二卷**　(清)郭儀霄撰　清道光二十九年(1849)刻本　八册

360000－1901－0028722　122053
**誦芬堂詩鈔十卷首一卷二集六卷三集六卷四集四卷五集四卷誦芬堂文稿二卷誦芬堂文鈔二卷**　(清)郭儀霄撰　清道光二十九年(1849)刻本　八册

360000－1901－0028723　122054
**誦芬堂詩鈔十卷首一卷二集六卷三集六卷四集四卷五集四卷誦芬堂文稿二卷誦芬堂文鈔二卷**　(清)郭儀霄撰　清道光二十九年(1849)刻本　六册　缺四卷(誦芬堂文稿二卷、誦芬堂文鈔二卷)

360000－1901－0028724　122055
**誦清閣集四卷首一卷**　(清)石景芬撰　清同治十年(1871)刻本　四册

360000－1901－0028725　122056
**誦清閣集四卷首一卷**　(清)石景芬撰　清同治十年(1871)刻本　四册

360000－1901－0028726　122057
**誦清閣詩鈔四卷**　(清)石景芬撰　清光緒七年(1881)刻本　四册

360000－1901－0028727　123053
**誦清閣詩鈔四卷**　(清)石景芬撰　清光緒七年(1881)刻本　四册

360000－1901－0028728　164069
**捜枯類集不分卷**　(清)□□撰　清抄本　三册

360000－1901－0028729　416551

**搜神記八卷**　(晉)干寶撰　清刻本　一冊

360000－1901－0028730　722468
**搜神記二十卷**　(晉)干寶撰　明萬曆刻本　一冊　存十卷(十一至二十)

360000－1901－0028731　416552
**搜神記二十卷**　(晉)干寶撰　清末石印本　一冊　存十卷(十一至二十)

360000－1901－0028732　713734
**蘇庵詩稾九卷**　(清)任昌詩撰　清刻本　一冊　存四卷(五至八)

360000－1901－0028733　713734－1
**蘇庵詩稾九卷**　(清)任昌詩撰　清刻本　一冊　存三卷(七至九)

360000－1901－0028734　413230
**蘇盦集十六卷**　(清)楊葆光撰　清光緒九年(1883)杭州刻本　四冊　缺三卷(詩錄七至八、詞錄一卷)

360000－1901－0028735　413231
**蘇盦集十六卷**　(清)楊葆光撰　清光緒九年(1883)杭州刻本　三冊　存七卷(文錄一、詩錄一至六)

360000－1901－0028736　413232
**蘇盦集十六卷**　(清)楊葆光撰　清光緒九年(1883)杭州刻本　三冊　存八卷(文錄二卷、詩錄一至六)

360000－1901－0028737　220435
**蘇長公外紀十二卷**　(明)王世貞輯　(明)璩之璞校補　明萬曆二十二年(1594)豫章璩氏燕石齋刻二十三年(1595)重修本　方其道批注　八冊

360000－1901－0028738　316463
**蘇東坡詩集注三十二卷失編一卷**　(宋)蘇軾撰　(宋)呂祖謙編　(宋)王十朋集注　**東坡先生年譜一卷**　(宋)王宗稷編　清康熙三十七年(1698)新安朱從延文蔚堂刻本　十六冊

360000－1901－0028739　240287
**蘇東坡詩集注三十二卷失編一卷**　(宋)蘇軾撰　(宋)呂祖謙編　(宋)王十朋集注　**東坡先生年譜一卷**　(宋)王宗稷編　清康熙三十七年(1698)新安朱從延文蔚堂刻本　十六冊

360000－1901－0028740　240288
**蘇東坡詩集注三十二卷失編一卷**　(宋)蘇軾撰　(宋)呂祖謙編　(宋)王十朋集注　**東坡先生年譜一卷**　(宋)王宗稷編　清康熙三十七年(1698)新安朱從延文蔚堂刻本　十四冊

360000－1901－0028741　413987
**蘇東坡詩集注三十二卷失編一卷**　(宋)蘇軾撰　(宋)呂祖謙編　(宋)王十朋集注　**東坡先生年譜一卷**　(宋)王宗稷編　清康熙三十七年(1698)新安朱從延文蔚堂刻本　十二冊　存二十三卷(一至十一、十八至二十三、二十七至三十二)

360000－1901－0028742　413986
**蘇東坡詩集注三十二卷失編一卷**　(宋)蘇軾撰　(宋)呂祖謙編　(宋)王十朋集注　**東坡先生年譜一卷**　(宋)王宗稷編　清康熙三十七年(1698)新文朱從延文蔚堂刻本　十二冊　存三十卷(一至十一、十四至三十二)

360000－1901－0028743　302809
**蘇許公文集十二卷首一卷**　(唐)蘇瓌撰　清道光二十三年(1843)同安蘇廷玉刻本　四冊

360000－1901－0028744　240207
**蘇老泉嘉祐集十四卷**　(宋)蘇洵撰　明刻本　六冊

360000－1901－0028745　401550
**皇朝經濟文新編六十一卷**　(清)宜今室主人輯　清光緒二十七年(1901)石印本　九冊　存二十五卷(變法一至二、吏治八卷、交涉二、商務一至三、工藝二卷、農政四、稅則一卷、郵政一卷、軍政一至四)

360000－1901－0028746　240205
**蘇老泉先生全集二十卷**　(宋)蘇洵撰　**附錄二卷**　(宋)沈斐輯　清康熙三十七年(1698)邵仁泓安樂居刻本　二冊

360000－1901－0028747　240204

**蘇老泉先生全集十六卷** （宋）蘇洵撰　明刻本　四冊

360000－1901－0028748　404999
**蘇林詩賸一卷** （清）熊其光撰　清光緒十八年（1892）刻本　一冊

360000－1901－0028749　404999－1
**蘇林詩賸一卷** （清）熊其光撰　清光緒十八年（1892）刻本　一冊

360000－1901－0028750　712885
**蘇鄰遺詩續集一卷** （清）李鴻裔撰　清光緒十七年（1891）中江李民石印本　一冊

360000－1901－0028751　241165
**蘇門六君子文粹** 題（宋）陳亮輯　明崇禎六年（1633）新安胡濳刻本　十一冊

360000－1901－0028752　410599
**蘇米齋蘭亭考八卷** （清）翁方綱撰　清嘉慶八年（1803）刻本　一冊

360000－1901－0028753　220347
**蘇米志林三卷** （明）毛晉輯　明天啓五年（1625）毛氏綠君亭刻本　二冊

360000－1901－0028754　417980
**蘇明允文約選不分卷** （宋）蘇洵撰　（清）方苞選　清刻古文約選本　一冊

360000－1901－0028755　417489－1
**蘇沈良方八卷** （宋）蘇軾　（宋）沈括撰　清嘉慶南匯吴氏聽彝堂刻藝海珠塵本　一冊　存二卷（七至八）

360000－1901－0028756　163314
**蘇詩續補遺二卷** （宋）蘇軾撰　（清）馮景補注　清刻本　一冊

360000－1901－0028757　163315
**蘇詩續補遺二卷** （宋）蘇軾撰　（清）馮景補注　清刻本　二冊

360000－1901－0028758　240283
**蘇詩選二卷** （宋）蘇軾撰　（清）萬廷蘭選　清乾隆四十二年（1777）南昌萬廷蘭刻本　二冊

360000－1901－0028759　401551
**皇朝經濟文新編六十一卷** （清）宜今室主人輯　清光緒二十七年（1901）石印本　十冊　存三十三卷（變法三卷、君德二卷、吏治四至八、商務一至三、稅則一卷、郵政一卷、農政四、蠶桑一卷、製造一卷、火器一卷、船政一卷、商輪一卷、鐵路一至二、學校一至四、軍政一至四、圜法一至二）

360000－1901－0028760　302810
**蘇松財賦考圖說不分卷** （清）周夢顏輯　清道光九年（1829）程丕纘刻本　一冊

360000－1901－0028761　302808
**蘇魏公文集七十二卷首一卷目録二卷附録一卷** （宋）蘇頌撰　清道光二十二年（1842）刻本　二十冊

360000－1901－0028762　240305
**蘇文忠公策論選十二卷** （宋）蘇軾撰　（明）茅坤　（明）鍾惺評　明天啓元年（1621）刻三色套印本　佚名批注　四冊

360000－1901－0028763　302603
**蘇文忠公詩集五十卷目録二卷** （宋）蘇軾撰　（清）紀昀評點　清道光十四年（1834）兩廣節署刻朱墨套印本　十冊

360000－1901－0028764　414008
**蘇文忠公詩集五十卷目録二卷** （宋）蘇軾撰　（清）紀昀評點　清道光十四年（1834）兩廣節署刻朱墨套印本　十冊

360000－1901－0028765　414009
**蘇文忠公詩集五十卷目録二卷** （宋）蘇軾撰　（清）紀昀評點　清道光十四年（1834）兩廣節署刻朱墨套印本　六冊　存二十七卷（一至十六、三十至三十四、四十一至四十五，目録上）

360000－1901－0028766　414009－1
**蘇文忠公詩集五十卷目録二卷** （宋）蘇軾撰　（清）紀昀評點　清道光十四年（1834）兩廣節署刻朱墨套印本　三冊　存十卷（八至十六、目録上）

360000－1901－0028767　308223－1
**蘇文忠公詩集五十卷目錄二卷**　(宋)蘇軾撰　(清)紀昀評點　清刻朱墨套印本　五冊　存二十五卷(二十六至五十)

360000－1901－0028768　164310
**蘇文忠公詩集五十卷目錄二卷**　(宋)蘇軾撰　(清)紀昀評點　清同治八年(1869)韞玉山房刻朱墨套印本　十二冊

360000－1901－0028769　164311
**蘇文忠公詩集五十卷目錄二卷**　(宋)蘇軾撰　(清)紀昀評點　清同治八年(1869)韞玉山房刻朱墨套印本　七冊　存二十五卷(一至二十五)

360000－1901－0028770　308223
**蘇文忠公詩集五十卷目錄二卷**　(宋)蘇軾撰　(清)紀昀評點　清同治八年(1869)韞玉山房刻朱墨套印本　七冊　存二十八卷(一至五、十一至十五、三十五至五十,目錄二卷)

360000－1901－0028771　315772
**蘇文忠公詩集五十卷目錄二卷**　(宋)蘇軾撰　(清)紀昀評點　清同治八年(1869)韞玉山房粵東省城刻翰墨園朱墨套印本　十二冊

360000－1901－0028772　302800
**蘇文忠公詩集擇粹十八卷**　(宋)蘇軾撰　(清)查慎行注　(清)紀昀評點　(清)趙古農輯　清嘉慶二十二年(1817)刻本　八冊

360000－1901－0028773　413995
**蘇文忠公詩集擇粹十八卷**　(宋)蘇軾撰　(清)查慎行注　(清)紀昀評點　(清)趙古農輯　清嘉慶二十二年(1817)刻本　六冊

360000－1901－0028774　413996
**蘇文忠公詩集擇粹十八卷**　(宋)蘇軾撰　(清)查慎行注　(清)紀昀評點　(清)趙古農輯　清嘉慶二十二年(1817)刻本　三冊

360000－1901－0028775　316837
**蘇文忠公詩集擇粹十八卷**　(宋)蘇軾撰　(清)查慎行注　(清)紀昀評點　(清)趙古農輯　清嘉慶二十二年(1817)芸香堂刻本　六冊

360000－1901－0028776　316767
**蘇文忠詩合註五十卷首一卷**　(宋)蘇軾撰　(清)馮應榴輯　清光緒九年(1883)刻本　二十冊

360000－1901－0028777　413982
**蘇文忠詩合註五十卷首一卷**　(宋)蘇軾撰　(清)馮應榴輯　清刻本　十冊　存二十一卷(一至八、十七至二十、二十四至二十九、三十八至三十九,首一卷)

360000－1901－0028778　413983
**蘇文忠詩合註五十卷首一卷**　(宋)蘇軾撰　(清)馮應榴輯　清木假山堂刻本　八冊　存十八卷(一至十七、首一卷)

360000－1901－0028779　317117
**蘇文忠詩合註五十卷首一卷**　(宋)蘇軾撰　(清)馮應榴輯　**東坡先生年譜一卷**　(宋)王宗稷編　清乾隆五十八年(1793)桐鄉馮氏踵息齋刻同治九年(1870)重修本　二十四冊

360000－1901－0028780　413979
**蘇文忠詩合註五十卷首一卷**　(宋)蘇軾撰　(清)馮應榴輯　**東坡先生年譜一卷**　(宋)王宗稷編　清乾隆五十八年(1793)桐鄉馮氏踵息齋刻同治九年(1870)重修本　二十四冊

360000－1901－0028781　413980
**蘇文忠詩合註五十卷首一卷**　(宋)蘇軾撰　(清)馮應榴輯　**東坡先生年譜一卷**　(宋)王宗稷編　清乾隆五十八年(1793)桐鄉馮氏踵息齋刻同治九年(1870)重修本　二十冊

360000－1901－0028782　413981
**蘇文忠詩合註五十卷首一卷**　(宋)蘇軾撰　(清)馮應榴輯　**東坡先生年譜一卷**　(宋)王宗稷編　清乾隆五十八年(1793)桐鄉馮氏踵息齋刻同治九年(1870)重修本　二十冊

360000－1901－0028783　401551－1
**皇朝經濟文新編六十一卷**　(清)宜今室主人輯　清光緒二十七年(1901)石印本　六冊　存十七卷(變法三卷、君德二卷、吏治四至八、

稅則一卷、郵政一卷、鐵路一、學校一至四）

360000－1901－0028784　240298
**蘇文忠詩合註五十卷首一卷**　（宋）蘇軾撰　（清）馮應榴輯　**東坡先生年譜一卷**　（宋）王宗稷編　清乾隆五十八年（1793）桐鄉馮氏踵息齋刻本　十六册

360000－1901－0028785　240299
**蘇文忠詩合註五十卷首一卷**　（宋）蘇軾撰　（清）馮應榴輯　**東坡先生年譜一卷**　（宋）王宗稷編　清乾隆五十八年（1793）桐鄉馮氏踵息齋刻本　三十二册

360000－1901－0028786　240300
**蘇文忠詩合註五十卷首一卷**　（宋）蘇軾撰　（清）馮應榴輯　**東坡先生年譜一卷**　（宋）王宗稷編　清乾隆五十八年（1793）桐鄉馮氏踵息齋刻本　十八册

360000－1901－0028787　240301
**蘇文忠詩合註五十卷首一卷**　（宋）蘇軾撰　（清）馮應榴輯　**東坡先生年譜一卷**　（宋）王宗稷編　清乾隆五十八年（1793）桐鄉馮氏踵息齋刻本　二十册

360000－1901－0028788　315853
**蘇文忠詩合註五十卷首一卷**　（宋）蘇軾撰　（清）馮應榴輯　**東坡先生年譜一卷**　（宋）王宗稷編　清乾隆五十八年（1793）桐鄉馮氏踵息齋刻同治九年（1870）重修本　二十四册

360000－1901－0028789　412824
**蘇學士文集十六卷**　（宋）蘇舜欽撰　清宣統三年（1911）北京龍文閣書局石印本　一册　存一卷（一）

360000－1901－0028790　302807
**蘇潁濱年表一卷**　（宋）孫汝聽編　清宣統元年（1909）江陰繆氏刻藕香零拾本　一册

360000－1901－0028791　405321
**蘇齋叢書**　（清）翁方綱撰　清乾隆、嘉慶刻彙印本　二册　存三種

360000－1901－0028792　803111
**蘇州葉天士先生秘傳眼科奇方不分卷**　（清）葉桂撰　清抄本　一册

360000－1901－0028793　302801
**蘇子美文集六卷詩集四卷**　（宋）蘇舜欽撰　清同治六年（1867）中江賓興會刻本　四册

360000－1901－0028794　240278
**蘇子瞻集選二十卷**　（宋）蘇軾撰　（明）陸夢龍評選　明崇禎四年（1631）顧懋樊刻陸君啓先生評選唐宋四大家本　七册　缺二卷（十六至十七）

360000－1901－0028795　408792
**素靈微藴四卷**　（清）黄元御撰　清道光九年（1829）陽湖張氏刻本　一册　存二卷（一至二）

360000－1901－0028796　416490
**素書三卷**　清刻本　一册

360000－1901－0028797　411209
**素文女子遺稿一卷**　（清）袁機撰　**南園詩選二卷**　（清）何士顒撰　清刻隨園三十種本　一册

360000－1901－0028798　600394
**素問病機氣宜保命集三卷**　（金）劉完素撰　清刻本　一册　存一卷（下）

360000－1901－0028799　162542
**素問靈樞類纂約註三卷**　（清）汪昂輯　清光緒六年（1880）紫文閣刻本　三册

360000－1901－0028800　420272
**素問靈樞類纂約註三卷**　（清）汪昂輯　清嘉慶二十二年（1817）令德堂刻本　二册

360000－1901－0028801　420273
**素問靈樞類纂約註三卷**　（清）汪昂輯　清康熙二十九年（1690）還讀齋刻本　二册

360000－1901－0028802　407957
**素問靈樞類纂約註三卷**　（清）汪昂輯　清刻本　二册

360000－1901－0028803　407958
**素問靈樞類纂約註三卷**　（清）汪昂輯　清刻

本　二冊

360000－1901－0028804　420274
**素問靈樞類纂約註三卷**　(清)汪昂輯　清刻本　三冊

360000－1901－0028805　420275
**素問靈樞類纂約註三卷**　(清)汪昂輯　清慎德堂刻本　二冊

360000－1901－0028806　420276
**素問靈樞類纂約註三卷**　(清)汪昂輯　清慎德堂刻本　二冊

360000－1901－0028807　407959
**素問靈樞類纂約註三卷**　(清)汪昂輯　清同治六年(1867)又新山房刻本　二冊

360000－1901－0028808　162541
**素問靈樞類纂約註三卷**　(清)汪昂輯　清同治元年(1862)翰寶樓刻本　三冊

360000－1901－0028809　420277
**素問靈樞類纂約註三卷**　(清)汪昂輯　清同治元年(1862)三元堂刻本　二冊

360000－1901－0028810　800362
**素漪氏文艸一卷**　(清)□□撰　清抄本　一冊

360000－1901－0028811　405589
**涑侮詩草二卷**　(清)何曰蕃撰　清刻本　一冊　存一卷(下)

360000－1901－0028812　417482
**涑水記聞十六卷**　(宋)司馬光撰　清刻本　二冊　存八卷(一至八)

360000－1901－0028813　805297
**涑水記聞十六卷**　(宋)司馬光撰　清刻本　一冊　存四卷(十三至十六)

360000－1901－0028814　417483
**涑水記聞十六卷補遺一卷**　(宋)司馬光撰　清光緒元年(1875)湖北崇文書局刻崇文書局彙刻書本　四冊

360000－1901－0028815　600221
**涑水記聞十六卷補遺一卷**　(宋)司馬光撰　清光緒元年(1875)湖北崇文書局刻崇文書局彙刻書本　四冊

360000－1901－0028816　405588
**涑水鑑評四卷**　(宋)司馬光撰　(清)雖園輯　清光緒十三年(1887)刻本　二冊

360000－1901－0028817　300915
**粟香二筆八卷**　金武祥撰　清光緒九年(1883)廣州刻本　四冊

360000－1901－0028818　300919
**遡園全集**　(清)賈開宗撰　清道光九年(1829)商邱賈洪信刻本　八冊

360000－1901－0028819　121951
**肅藻遺書四卷**　(清)胡發琅撰　清光緒十三年(1887)刻本　一冊

360000－1901－0028820　121952
**肅藻遺書四卷**　(清)胡發琅撰　清光緒十三年(1887)刻本　一冊

360000－1901－0028821　411305－1
**肅藻遺書四卷**　(清)胡發琅撰　清光緒十三年(1887)刻本　一冊

360000－1901－0028822　308537
**算迪八卷**　(清)何夢瑤撰　清道光二十五年(1845)南海伍氏粵雅堂刻嶺南遺書本　八冊

360000－1901－0028823　317762－1
**算迪八卷**　(清)何夢瑤撰　清道光二十五年(1845)南海伍氏粵雅堂刻嶺南遺書本　七冊　缺一卷(八)

360000－1901－0028824　717463
**算迪八卷**　(清)何夢瑤撰　清道光二十五年(1845)南海伍氏粵雅堂刻嶺南遺書本　八冊

360000－1901－0028825　717464
**算迪八卷**　(清)何夢瑤撰　清道光二十五年(1845)南海伍氏粵雅堂刻嶺南遺書本　一冊　存二卷(七至八)

360000－1901－0028826　417427
**算迪八卷**　(清)何夢瑤撰　清光緒八年

(1882)刻本　一册　存二卷(一至二)

360000－1901－0028827　901173
**算法須知一卷**　(清)華蘅芳輯　清光緒八年(1882)刻本　一册

360000－1901－0028828　417424
**算法須知一卷**　(清)華蘅芳輯　清光緒十三年(1887)刻本　一册

360000－1901－0028829　802986
**算法須知一卷**　(清)華蘅芳輯　**量法須知一卷**　(英國)傅蘭雅撰　清刻本　一册

360000－1901－0028830　804229
**算法指明不分卷**　(□)□□撰　清刻本　一册

360000－1901－0028831　802559
**算法指掌大全四卷**　(清)李節齋訂　清兩儀堂刻本　一册　存二卷(三至四)

360000－1901－0028832　306670
**算經十書**　(清)孔繼涵輯　清同治五年(1866)梅小巖刻本　八册　存九種

360000－1901－0028833　317540
**算經十書**　(清)孔繼涵輯　清同治五年(1866)梅小巖刻本　八册

360000－1901－0028834　317766
**算經十書**　(清)孔繼涵輯　清同治五年(1866)梅小巖刻本　八册

360000－1901－0028835　304451
**算式集要四卷**　(英國)哈司韋輯　(英國)傅蘭雅口譯　(清)江衡筆述　清光緒江南製造局刻本　二册

360000－1901－0028836　417409
**算式集要四卷**　(英國)哈司韋輯　(英國)傅蘭雅口譯　(清)江衡筆述　清光緒江南製造局刻本　二册

360000－1901－0028837　400921
**算書廿一種**　(清)吳嘉善撰　清光緒二十二年(1896)石印白芙堂算學叢書本　一册

360000－1901－0028838　417439
**算術教科書不分卷**　(清)通州師範學校編　清光緒三十年(1904)翰墨林書局鉛印本　二册

360000－1901－0028839　309838
**算學課藝四卷**　(清)席淦　(清)貴榮輯　清光緒六年(1880)同文館鉛印本　四册

360000－1901－0028840　804510
**算學課藝四卷**　(清)席淦　(清)貴榮輯　清光緒六年(1880)同文館鉛印本　一册　存一卷(二)

360000－1901－0028841　307713
**算學啓蒙述義三卷**　(元)朱世傑撰　(清)王鑑述義　清光緒十年(1884)刻本　三册

360000－1901－0028842　417449
**算學啓蒙通釋三卷**　(元)朱世傑撰　(清)徐鳳誥通釋　清刻本　一册　存一卷(中)

360000－1901－0028843　417425
**算學權輿不分卷**　(清)王子乾撰　清光緒二十九年(1903)崇報學堂刻本　一册

360000－1901－0028844　417425－1
**算學權輿不分卷**　(清)王子乾撰　清光緒二十九年(1903)崇報學堂刻本　一册

360000－1901－0028845　417425－2
**算學權輿不分卷**　(清)王子乾撰　清光緒二十九年(1903)崇報學堂刻本　一册

360000－1901－0028846　417425－3
**算學權輿不分卷**　(清)王子乾撰　清光緒二十九年(1903)崇報學堂刻本　一册

360000－1901－0028847　417425－4
**算學權輿不分卷**　(清)王子乾撰　清光緒二十九年(1903)崇報學堂刻本　一册

360000－1901－0028848　417425－5
**算學權輿不分卷**　(清)王子乾撰　清光緒二十九年(1903)崇報學堂刻本　一册

360000－1901－0028849　417425－6
**算學權輿不分卷**　(清)王子乾撰　清光緒二

十九年(1903)崇報學堂刻本　一冊

360000－1901－0028850　717462
**算學十書**　(清)賈步緯輯　清道光十二年(1832)刻本　三冊　存三種

360000－1901－0028851　417461
**算學十書**　(清)賈步緯輯　清刻本　六冊　存六種

360000－1901－0028852　417429
**算學瑣解五卷**　(清)張楚鍾撰　清刻本　一冊　存三卷(一至三)

360000－1901－0028853　417428
**算牖四卷**　(清)許桂林撰　清光緒二十三年(1897)刻本　一冊　存二卷(一至二)

360000－1901－0028854　308022
**隋經籍志考證十三卷**　(清)章宗源撰　清光緒三年(1877)湖北崇文書局刻崇文書局彙刻書本　四冊

360000－1901－0028855　310888
**隋經籍志考證十三卷**　(清)章宗源撰　清光緒三年(1877)湖北崇文書局刻崇文書局彙刻書本　四冊

360000－1901－0028856　600221－14
**隋經籍志考證十三卷**　(清)章宗源撰　清光緒三年(1877)湖北崇文書局刻崇文書局彙刻書本　四冊

360000－1901－0028857　164119
**隋書八十五卷**　(唐)魏徵　(唐)長孫無忌等撰　明崇禎八年(1635)毛氏汲古閣刻十七史本　十二冊

360000－1901－0028858　164120
**隋書八十五卷**　(唐)魏徵　(唐)長孫無忌等撰　明萬曆二十二年至二十三年(1594－1595)南京國子監刻明清遞修本　十冊　存三十五卷(一至三十五)

360000－1901－0028859　400046
**隋書八十五卷**　(唐)魏徵　(唐)長孫無忌等撰　明萬曆二十二年至二十三年(1594－1595)南京國子監刻明清遞修本　五冊　存二十二卷(五十四至七十一、八十二至八十五)

360000－1901－0028860　310534
**隋書八十五卷**　(唐)魏徵　(唐)長孫無忌等撰　**考異一卷**　(清)薛壽等撰　清同治十年(1871)淮南書局刻二十四史本　十冊

360000－1901－0028861　306066
**隋書八十五卷**　(唐)魏徵　(唐)長孫無忌等撰　**考異一卷**　(清)薛壽等撰　清同治十年(1871)淮南書局刻二十四史本　十五冊　存七十六卷(一至四十八、五十八至八十五)

360000－1901－0028862　306068
**隋書八十五卷**　(唐)魏徵　(唐)長孫無忌等撰　**考異一卷**　(清)薛壽等撰　清同治十年(1871)淮南書局刻二十四史本　四冊　存二十三卷(二十至四十二)

360000－1901－0028863　308344
**隋書八十五卷**　(唐)魏徵　(唐)長孫無忌等撰　**考異一卷**　(清)薛壽等撰　清同治十年(1871)淮南書局刻二十四史本　十五冊　存七十九卷(七至八十五)

360000－1901－0028864　312602
**隋書八十五卷**　(唐)魏徵　(唐)長孫無忌等撰　**考異一卷**　(清)薛壽等撰　清同治十年(1871)淮南書局刻二十四史本　十二冊

360000－1901－0028865　303944
**隋書經籍志四卷**　(唐)魏徵　(唐)長孫無忌等撰　清刻本　二冊

360000－1901－0028866　301315
**綏寇紀略十二卷補遺三卷**　(清)吴偉業撰　清嘉慶九年(1804)張海鵬照曠閣刻本　五冊

360000－1901－0028867　301318
**綏寇紀略十二卷補遺三卷**　(清)吴偉業撰　清嘉慶九年(1804)張海鵬照曠閣刻本　四冊

360000－1901－0028868　301319
**綏寇紀略十二卷補遺三卷**　(清)吴偉業撰

清嘉慶九年(1804)張海鵬照曠閣刻本　二冊　存五卷(一至五)

360000－1901－0028869　301320
**綏寇紀略十二卷補遺三卷**　(清)吳偉業撰　清嘉慶九年(1804)張海鵬照曠閣刻本　十六冊

360000－1901－0028870　311893
**綏寇紀略十二卷補遺三卷**　(清)吳偉業撰　清嘉慶九年(1804)張海鵬照曠閣刻本　六冊

360000－1901－0028871　164168
**綏寇紀畧十二卷補遺三卷**　(清)吳偉業撰　清嘉慶九年(1804)張海鵬照曠閣刻本　四冊　缺四卷(一至四)

360000－1901－0028872　150470
**隨盦徐氏叢書**　徐乃昌輯　清光緒至民國南陵徐氏刻本　十二冊　存十種

360000－1901－0028873　150471
**隨盦徐氏叢書**　徐乃昌輯　清光緒至民國南陵徐氏刻本　二十四冊

360000－1901－0028874　241131
**隨笈草一卷**　(清)陳惟立撰　清抄本　一冊

360000－1901－0028875　902342
**隨課題辭十六卷**　(清)張慶源撰　清刻本　七冊

360000－1901－0028876　800832
**隨課題解十六卷**　(清)張慶源撰　清刻本　三冊　存六卷(七至八、十三至十六)

360000－1901－0028877　801967
**隨錄資摩不分卷**　(清)梅溪居士輯　清抄本　一冊

360000－1901－0028878　240923
**隨輦集十卷**　(清)高士奇撰　清康熙刻本　一冊

360000－1901－0028879　150463
**隨山館全集**　(清)汪瑔撰　清光緒刻本　十三冊

360000－1901－0028880　313992
**隨山宇方鈔一卷**　(清)汪曰楨撰　清光緒八年(1882)安越堂刻本　一冊

360000－1901－0028881　165081
**隨息居飲食譜不分卷**　(清)王士雄撰　清刻本　二冊

360000－1901－0028882　165080
**隨息居飲食譜不分卷**　(清)王士雄撰　清同治二年(1863)刻本　六冊

360000－1901－0028883　418447
**隨息居飲食譜不分卷**　(清)王士雄撰　清同治二年(1863)刻本　一冊

360000－1901－0028884　408565
**隨息居重訂霍亂論二卷王氏醫案續編八卷**　(清)王士雄撰　清光緒三十年(1904)石印本　一冊

360000－1901－0028885　164998
**隨息居重訂霍亂論四卷**　(清)王士雄撰　清同治元年(1862)刻本　一冊

360000－1901－0028886　163110
**隨園八十壽言六卷**　(清)袁枚輯　清光緒十八年(1892)刻本　一冊

360000－1901－0028887　414523
**隨園八十壽言六卷**　(清)袁枚輯　清刻本　一冊

360000－1901－0028888　414524
**隨園八十壽言六卷**　(清)袁枚輯　清刻本　二冊

360000－1901－0028889　414525
**隨園八十壽言六卷**　(清)袁枚輯　清刻本　一冊

360000－1901－0028890　414521
**隨園女弟子詩選六卷**　(清)袁枚輯　清刻本　一冊

360000－1901－0028891　414522
**隨園女弟子詩選六卷**　(清)袁枚輯　清刻本　二冊

360000－1901－0028892　414520
**隨園女弟子詩選六卷**　(清)袁枚輯　**素文女子遺稿一卷**　(清)袁機撰　清刻本　二册

360000－1901－0028893　714857
**隨園駢體文註十六卷**　(清)袁枚撰　(清)黎光地注　清刻本　七册　存十一卷(五至十五)

360000－1901－0028894　150466
**隨園全集**　(清)袁枚撰　清光緒上海文明書局石印本　六十四册

360000－1901－0028895　414470
**隨園三十八種**　(清)袁枚撰　清光緒十八年(1892)勤裕堂鉛印本　三十六册

360000－1901－0028896　414471
**隨園三十八種**　(清)袁枚撰　清光緒十八年(1892)勤裕堂鉛印本　三十五册

360000－1901－0028897　414472
**隨園三十八種**　(清)袁枚撰　清光緒十八年(1892)勤裕堂鉛印本　九册　存四種

360000－1901－0028898　414473
**隨園三十八種**　(清)袁枚撰　清末鉛印本　十册　存四種

360000－1901－0028899　411210
**隨園三十六種**　(清)袁枚撰　清光緒二十九年(1903)石印本　一册　存四種

360000－1901－0028900　150467
**隨園三十六種**　(清)袁枚撰　清光緒十八年(1892)上海圖書集成印書局鉛印本　五十册

360000－1901－0028901　405720
**隨園三十六種**　(清)袁枚撰　清光緒十九年(1893)倉山舊主石印本　一册　存四種

360000－1901－0028902　414540
**隨園三十六種**　(清)袁枚撰　清光緒十九年(1893)倉山舊主石印本　十九册　存十六種

360000－1901－0028903　802182
**隨園三十六種**　(清)袁枚撰　清光緒十九年(1893)倉山舊主石印本　一册　存八種

360000－1901－0028904　714498
**隨園三十種**　(清)袁枚撰　清道光四年(1824)刻本　三册　存二種

360000－1901－0028905　163326
**隨園三十種**　(清)袁枚撰　清刻本　一册　存二種

360000－1901－0028906　405569
**隨園三十種**　(清)袁枚撰　清刻本　一册　存二種

360000－1901－0028907　414475
**隨園三十種**　(清)袁枚撰　清刻本　二十九册　存六種

360000－1901－0028908　414476
**隨園三十種**　(清)袁枚撰　清刻本　七十四册

360000－1901－0028909　414477
**隨園三十種**　(清)袁枚撰　清刻本　七十九册　存二十九種

360000－1901－0028910　414478
**隨園三十種**　(清)袁枚撰　清刻本　六十七册　存二十六種

360000－1901－0028911　414479
**隨園三十種**　(清)袁枚撰　清刻本　七十册　存二十六種

360000－1901－0028912　414480
**隨園三十種**　(清)袁枚撰　清刻本　五十九册　存十九種

360000－1901－0028913　414482
**隨園三十種**　(清)袁枚撰　清刻本　二十四册　存五種

360000－1901－0028914　414483
**隨園三十種**　(清)袁枚撰　清刻本　二十二册　存八種

360000－1901－0028915　414484
**隨園三十種**　(清)袁枚撰　清刻本　三十三册　存十種

360000－1901－0028916　414485
**隨園三十種**　(清)袁枚撰　清刻本　六冊　存四種

360000－1901－0028917　600346
**隨園三十種**　(清)袁枚撰　清刻本　三十九冊　存七種

360000－1901－0028918　600347
**隨園三十種**　(清)袁枚撰　清刻本　五十一冊　存十八種

360000－1901－0028919　600348
**隨園三十種**　(清)袁枚撰　清刻本　五十冊　存二十三種

360000－1901－0028920　714497
**隨園三十種**　(清)袁枚撰　清刻本　二冊　存二種

360000－1901－0028921　718100
**隨園三十種**　(清)袁枚撰　清刻本　二冊　存二種

360000－1901－0028922　150574
**隨園三十種**　(清)袁枚撰　清乾隆、嘉慶刻本　一百三十一冊

360000－1901－0028923　163476
**隨園三十種**　(清)袁枚撰　清乾隆、嘉慶刻本　十二冊　存二種

360000－1901－0028924　150465
**隨園三十種**　(清)袁枚撰　清同治五年(1866)三讓睦記刻本　八十冊

360000－1901－0028925　150464
**隨園三十種**　(清)袁枚撰　清小倉山房刻本　四十二冊

360000－1901－0028926　163253
**隨園詩話十六卷補遺十卷**　(清)袁枚撰　清道光十五年(1835)小倉山房刻本　八冊　存十六卷(隨園詩話十六卷)

360000－1901－0028927　714496
**隨園詩話十六卷補遺十卷**　(清)袁枚撰　清道光四年(1824)刻本　三冊　存五卷(隨園詩話一至五)

360000－1901－0028928　410128－2
**隨園詩話十六卷補遺十卷**　(清)袁枚撰　清刻本　一冊　存二卷(隨園詩話二至三)

360000－1901－0028929　414486
**隨園詩話十六卷補遺十卷**　(清)袁枚撰　清刻本　十四冊

360000－1901－0028930　414487
**隨園詩話十六卷補遺十卷**　(清)袁枚撰　清刻本　十冊

360000－1901－0028931　414488
**隨園詩話十六卷補遺十卷**　(清)袁枚撰　清刻本　七冊　存二十卷(隨園詩話十六卷、補遺一至四)

360000－1901－0028932　414489
**隨園詩話十六卷補遺十卷**　(清)袁枚撰　清刻本　九冊

360000－1901－0028933　414490
**隨園詩話十六卷補遺十卷**　(清)袁枚撰　清刻本　九冊　存二十四卷(隨園詩話十六卷，補遺一至三、六至十)

360000－1901－0028934　414491
**隨園詩話十六卷補遺十卷**　(清)袁枚撰　清刻本　十二冊

360000－1901－0028935　414492
**隨園詩話十六卷補遺十卷**　(清)袁枚撰　清刻本　七冊　存二十三卷(隨園詩話十六卷，補遺一至六、十)

360000－1901－0028936　414498
**隨園詩話十六卷補遺十卷**　(清)袁枚撰　清刻本　四冊　存七卷(隨園詩話三至四、七至八、十一至十三)

360000－1901－0028937　414499
**隨園詩話十六卷補遺十卷**　(清)袁枚撰　清刻本　三冊　存七卷(隨園詩話三至四、七至九、十二至十三)

360000－1901－0028938　414502

隨園詩話十六卷補遺十卷　（清）袁枚撰　清刻本　二冊　存四卷（隨園詩話三至四、七至八）

360000－1901－0028939　414503
隨園詩話十六卷補遺十卷　（清）袁枚撰　清刻本　二冊　存五卷（隨園詩話三至四、十一至十三）

360000－1901－0028940　600350
隨園詩話十六卷補遺十卷　（清）袁枚撰　清刻本　三冊　存十一卷（隨園詩話十至十六、補遺七至十）

360000－1901－0028941　711711
隨園詩話十六卷補遺十卷　（清）袁枚撰　清刻本　一冊　存二卷（隨園詩話五至六）

360000－1901－0028942　714494
隨園詩話十六卷補遺十卷　（清）袁枚撰　清刻本　五冊　存十一卷（隨園詩話三至四、七至十五）

360000－1901－0028943　714495
隨園詩話十六卷補遺十卷　（清）袁枚撰　清刻本　二冊　存五卷（隨園詩話三至四、十六，補遺一至二）

360000－1901－0028944　714499
隨園詩話十六卷補遺十卷　（清）袁枚撰　清刻本　一冊　存二卷（隨園詩話十五至十六）

360000－1901－0028945　714500
隨園詩話十六卷補遺十卷　（清）袁枚撰　清刻本　三冊　存七卷（隨園詩話七至十三）

360000－1901－0028946　714500－1
隨園詩話十六卷補遺十卷　（清）袁枚撰　清刻本　二冊　存四卷（隨園詩話十一至十二、十五至十六）

360000－1901－0028947　714500－2
隨園詩話十六卷補遺十卷　（清）袁枚撰　清刻本　一冊　存三卷（隨園詩話七至九）

360000－1901－0028948　714500－3
隨園詩話十六卷補遺十卷　（清）袁枚撰　清刻本　一冊　存四卷（補遺七至十）

360000－1901－0028949　714500－4
隨園詩話十六卷補遺十卷　（清）袁枚撰　清刻本　一冊　存二卷（隨園詩話十三至十四）

360000－1901－0028950　714500－5
隨園詩話十六卷補遺十卷　（清）袁枚撰　清刻本　一冊　存二卷（隨園詩話五至六）

360000－1901－0028951　714500－6
隨園詩話十六卷補遺十卷　（清）袁枚撰　清刻本　一冊　存二卷（隨園詩話十三至十四）

360000－1901－0028952　714500－7
隨園詩話十六卷補遺十卷　（清）袁枚撰　清刻本　一冊　存三卷（補遺四至六）

360000－1901－0028953　714500－8
隨園詩話十六卷補遺十卷　（清）袁枚撰　清刻本　一冊　存四卷（隨園詩話九至十二）

360000－1901－0028954　714503
隨園詩話十六卷補遺十卷　（清）袁枚撰　清刻本　二冊　存五卷（隨園詩話七至十一）

360000－1901－0028955　718097
隨園詩話十六卷補遺十卷　（清）袁枚撰　清刻本　一冊　存二卷（隨園詩話四至五）

360000－1901－0028956　721755
隨園詩話十六卷補遺十卷　（清）袁枚撰　清刻本　四冊　存十一卷（隨園詩話六至十一、十四至十六，補遺四至五）

360000－1901－0028957　802439
隨園詩話十六卷補遺十卷　（清）袁枚撰　清末鉛印本　一冊　存四卷（隨園詩話六至九）

360000－1901－0028958　714502
隨園詩話十六卷補遺十卷　（清）袁枚撰　清乾隆五十七年（1792）刻本　八冊　存十五卷（隨園詩話一至十五）

360000－1901－0028959　414514
隨園詩話十六卷補遺十卷　（清）袁枚撰　清乾隆五十五年（1790）小倉山房刻本　一冊　存五卷（隨園詩話一至五）

360000－1901－0028960　414515

**隨園詩話十六卷補遺十卷**　(清)袁枚撰　清乾隆五十五年(1790)小倉山房刻本　三册　存十二卷(隨園詩話一至四、九至十二,補遺一至四)

360000－1901－0028961　163252

**隨園詩話十六卷補遺四卷**　(清)袁枚撰　清金谷園刻本　十二册

360000－1901－0028962　714509

**隨園詩話十六卷補遺四卷**　(清)袁枚撰　清宣統元年(1909)上海鑄記書局石印本　四册

360000－1901－0028963　714510

**隨園詩話十六卷補遺四卷**　(清)袁枚撰　清宣統元年(1909)上海鑄記書局石印本　二册　存七卷(隨園詩話一至三、六至九)

360000－1901－0028964　802430

**隨園隨筆二十八卷**　(清)袁枚撰　清光緒十八年(1892)上海圖書集成印書局鉛印本　一册　存七卷(一至七)

360000－1901－0028965　414541

**隨園隨筆二十八卷**　(清)袁枚撰　清光緒十九年(1893)倉山舊主石印本　二册

360000－1901－0028966　805204

**隨園隨筆二十八卷**　(清)袁枚撰　清嘉慶十三年(1808)刻本　六册

360000－1901－0028967　600346－2

**隨園隨筆二十八卷**　(清)袁枚撰　清刻本　六册　存二十一卷(四至二十四)

360000－1901－0028968　162853

**隨園隨筆二十八卷**　(清)袁枚撰　清隨園刻本　八册

360000－1901－0028969　162851

**隨園隨筆十二卷**　(清)袁枚撰　清嘉慶九年(1804)刻本　十册

360000－1901－0028970　162852

**隨園隨筆十二卷**　(清)袁枚撰　清嘉慶九年(1804)刻本　十册

360000－1901－0028971　414533

**隨園同人尺牘四卷**　(清)袁枚鑒定　清嘉慶十六年(1811)廣州府署刻本　二册　存三卷(一至三)

360000－1901－0028972　414543

**隨園文集二卷**　(清)袁枚撰　清宣統二年(1910)上海國學扶輪社石印本　一册　存一卷(上)

360000－1901－0028973　414549

**隨園續同人集不分卷文類四卷**　(清)袁枚輯　清刻本　二册

360000－1901－0028974　802093

**隨園摘抄不分卷**　(清)袁枚撰　清抄本　一册

360000－1901－0028975　302253

**遂昌山人雜録一卷**　(元)鄭元祐撰　清刻讀書齋叢書本　一册

360000－1901－0028976　302254

**遂初詩草一卷**　(清)曹炳燮撰　清同治五年(1866)挹翠軒刻本　一册

360000－1901－0028977　240927

**遂初堂詩集十六卷文集二十卷别集四卷**　(清)潘耒撰　清康熙四十九年(1710)刻雍正三年(1725)補刻本　十六册

360000－1901－0028978　407541

**遂生保嬰彙編不分卷**　(清)悟元子編　清光緒十六年(1890)普通書局刻本　一册

360000－1901－0028979　162722

**遂生編一卷福幼編一卷**　(清)莊一夔撰　清光緒十八年(1892)刻本　一册

360000－1901－0028980　162723

**遂生編一卷福幼編一卷**　(清)莊一夔撰　清木活字印本　一册

360000－1901－0028981　407551

**遂生福幼達生合編三卷**　(清)亟齋居士撰　清道光十七年(1837)南昌陳氏多文堂刻本　一册

360000－1901－0028982　407547
**遂生福幼達生合編三卷**　（清）亟齋居士撰　清光緒二十二年（1896）分宜錦標公局刻本　一冊

360000－1901－0028983　407545
**遂生福幼達生合編三卷**　（清）亟齋居士撰　清刻本　一冊

360000－1901－0028984　407545－1
**遂生福幼達生合編三卷**　（清）亟齋居士撰　清刻本　一冊

360000－1901－0028985　407549
**遂生福幼達生合編三卷**　（清）亟齋居士撰　清刻本　一冊

360000－1901－0028986　407546
**遂生福幼達生合編三卷**　（清）亟齋居士撰　清同治十年（1871）漢鎮張氏述古齋刻本　一冊

360000－1901－0028987　407548
**遂生福幼達生合編三卷**　（清）亟齋居士撰　清同治十一年（1872）江西南城危氏省南堂刻本　二冊

360000－1901－0028988　407548－1
**遂生福幼達生合編三卷**　（清）亟齋居士撰　清同治十一年（1872）江西南城危氏省南堂刻本　一冊

360000－1901－0028989　407550
**遂生福幼達生合編三卷**　（清）亟齋居士撰　清咸豐七年（1857）南昌乙藜齋刻本　一冊

360000－1901－0028990　164943
**遂生福幼達生合編三卷**　（清）莊一夔撰　清咸豐七年（1857）周以焯刻本　二冊

360000－1901－0028991　408861
**遂生福幼合編二卷**　（清）莊一夔撰　清道光十一年（1831）刻本　一冊

360000－1901－0028992　407535
**遂生福幼合編二卷**　（清）莊一夔撰　清光緒八年（1882）廬陵胡氏培植堂刻本　一冊

360000－1901－0028993　164944
**遂生福幼合編二卷**　（清）莊一夔撰　清光緒三年（1877）刻本　一冊

360000－1901－0028994　407533
**遂生福幼合編二卷**　（清）莊一夔撰　清光緒三年（1877）刻本　一冊

360000－1901－0028995　407525
**遂生福幼合編二卷**　（清）莊一夔撰　清嘉慶六年（1801）合肥張應鵬刻本　一冊

360000－1901－0028996　407525－1
**遂生福幼合編二卷**　（清）莊一夔撰　清嘉慶六年（1801）合肥張應鵬刻本　一冊

360000－1901－0028997　407525－2
**遂生福幼合編二卷**　（清）莊一夔撰　清嘉慶六年（1801）合肥張應鵬刻本　一冊

360000－1901－0028998　407531
**遂生福幼合編二卷**　（清）莊一夔撰　清嘉慶十八年至道光十二年（1813－1832）刻本　一冊

360000－1901－0028999　407532
**遂生福幼合編二卷**　（清）莊一夔撰　清嘉慶十八年至道光十四年（1813－1834）京都會文齋刻本　一冊

360000－1901－0029000　407530
**遂生福幼合編二卷**　（清）莊一夔撰　清嘉慶十八年至道光五年（1813－1825）聚文堂刻本　一冊

360000－1901－0029001　407534
**遂生福幼合編二卷**　（清）莊一夔撰　清末鉛印本　一冊

360000－1901－0029002　407528
**遂生福幼合編二卷**　（清）莊一夔撰　清乾隆四十二年至嘉慶三年（1777－1798）刻本　一冊

360000－1901－0029003　407529
**遂生福幼合編二卷**　（清）莊一夔撰　清乾隆四十二年至嘉慶三年（1777－1798）刻本　一

冊

360000－1901－0029004　407526
**遂生福幼合編二卷**　(清)莊一夔撰　清同治八年(1869)刻本　一冊

360000－1901－0029005　408862
**遂生福幼合編二卷**　(清)莊一夔撰　**良方集要不分卷**　(清)周鶴韋輯　清刻本　一冊

360000－1901－0029006　800246
**遂生福幼合編二卷附保嬰篇一卷**　(清)莊一夔撰　**葉天士先生抄著眼科各方一卷**　(清)葉桂撰　清抄本　一冊

360000－1901－0029007　163005
**遂園詩鈔六卷**　(清)趙畇撰　清光緒二年(1876)刻本　一冊

360000－1901－0029008　414060
**碎金詞韻四卷**　(清)謝元淮輯　清道光二十八年(1848)刻本　二冊

360000－1901－0029009　405437
**歲寒堂讀杜二十卷**　(清)范輦雲撰　清道光二十四年(1844)嘉興范玉琨刻本　三冊　存六卷(五至六、十一至十二、十七至十八)

360000－1901－0029010　121989
**歲寒吟二卷附詩餘一卷**　(清)彭若梅撰　清光緒二十七年(1901)江右述經樓刻本　一冊

360000－1901－0029011　220532
**歲華紀麗四卷**　(唐)韓鄂撰　明刻本　二冊

360000－1901－0029012　301761
**邃懷堂全集三十八卷**　(清)袁翼撰　清光緒十三年至十四年(1887－1888)袁鎮嵩刻本　五冊　存十卷(邃懷堂詩集前編六卷、後編一至四)

360000－1901－0029013　307711
**邃懷堂全集三十八卷**　(清)袁翼撰　清光緒十三年至十四年(1887－1888)袁鎮嵩刻本　三冊　存六卷(邃懷堂詩集前編一至二、後編三至四,小清容山館詞鈔二卷)

360000－1901－0029014　316607
**邃懷堂全集三十八卷**　(清)袁翼撰　清光緒十三年至十四年(1887－1888)袁鎮嵩刻本　十六冊

360000－1901－0029015　317225
**邃懷堂全集三十八卷**　(清)袁翼撰　清光緒十三年至十四年(1887－1888)袁鎮嵩刻本　二十冊　存三十四卷(邃懷堂詩集前編六卷、後編六卷,小清容山館詞鈔二卷,哀忠集三卷,邃懷堂駢文箋註十六卷、補箋一卷)

360000－1901－0029016　417787
**邃懷堂全集三十八卷**　(清)袁翼撰　清光緒十三年至十四年(1887－1888)袁鎮嵩刻本　七冊　存十卷(邃懷堂文集四卷、邃懷堂詩集前編六卷)

360000－1901－0029017　722325
**邃懷堂全集三十八卷**　(清)袁翼撰　清光緒十三年至十四年(1887－1888)袁鎮嵩刻本　十三冊　存二十八卷(邃懷堂詩集後編六卷,小清容山館詞鈔二卷,哀忠集三卷,邃懷堂駢文箋註十六卷、補箋一卷)

360000－1901－0029018　417789
**邃懷堂詩集前編六卷後編六卷小清容山館詞鈔二卷**　(清)袁翼撰　清咸豐七年(1857)木活字印本　三冊　存七卷(邃懷堂詩集前編一至五、後編三至四)

360000－1901－0029019　315863
**邃懷堂文集箋注十六卷**　(清)袁翼撰　(清)朱舲箋注　清咸豐八年(1858)古唐朱氏古懽齋刻本　八冊

360000－1901－0029020　306768
**邃懷堂文集箋註十六卷**　(清)袁翼撰　(清)朱舲箋注　清咸豐八年(1858)古唐朱氏古懽齋刻本　六冊

360000－1901－0029021　307768
**邃懷堂文集箋註十六卷**　(清)袁翼撰　(清)朱舲箋注　清咸豐八年(1858)古唐朱氏古懽齋刻本　六冊

360000－1901－0029022　417788

**邃懷堂文集箋註十六卷**　(清)袁翼撰　(清)朱舲箋注　清咸豐八年(1858)古唐朱氏古懽齋刻本　二册　存五卷(一至二、五至七)

360000－1901－0029023　316680
**邃雅堂集十卷續編一卷**　(清)姚文田撰　清道光元年(1821)澄江學使署刻本　六册

360000－1901－0029024　301044
**孫耕閒集一卷**　(宋)孫鋭撰　(元)趙時遠編　清光緒蛟川張壽榮花雨樓刻花雨樓叢鈔本　一册

360000－1901－0029025　240157
**孫可之文集十卷**　(唐)孫樵撰　明天啓五年(1625)吳馡石香館刻本　四册

360000－1901－0029026　316803
**孫可之文集十卷**　(唐)孫樵撰　清光緒二年(1876)南海馮氏讀有用書齋刻三唐人集本　一册

360000－1901－0029027　301031
**孫明復小集三卷**　(宋)孫復撰　清光緒十五年(1889)問經精舍刻本　一册

360000－1901－0029028　721730
**孫龐演義四卷二十回**　(清)梅士鼎撰　清聚秀堂刻本　二册

360000－1901－0029029　314847
**孫氏養正樓印存六卷**　(清)孟介臣篆刻　(清)孫臯昌輯　清道光十九年(1839)鈐印本　六册

360000－1901－0029030　419836
**孫文定公文錄二卷**　(清)孫嘉淦撰　(清)李祖陶評點　清上高冷重熙刻本　一册

360000－1901－0029031　314077
**孫吳司馬法**　(清)孫星衍輯　清同治十年(1871)淮南書局刻本　一册

360000－1901－0029032　416487
**孫吳司馬法**　(清)孫星衍輯　清同治十年(1871)淮南書局刻本　一册

360000－1901－0029033　416487－1
**孫吳司馬法**　(清)孫星衍輯　清同治十年(1871)淮南書局刻本　一册

360000－1901－0029034　150282
**孫夏峯全集**　(清)孫奇逢撰　清康熙刻道光至光緒遞刻重印本　八十五册

360000－1901－0029035　150283
**孫夏峯全集**　(清)孫奇逢撰　清康熙刻道光至光緒遞刻重印本　八十八册　存十二種

360000－1901－0029036　305026
**孫夏峯全集**　(清)孫奇逢撰　清康熙刻道光至光緒遞刻重印本　十九册　存五種

360000－1901－0029037　301038
**孫淵如先生[星衍]年譜二卷**　(清)張紹南撰　清末藹香簃刻本　一册

360000－1901－0029038　210107
**孫月峯先生批評詩經四卷**　(明)孫鑛評　(明)馮元仲參定　明萬曆三十年(1602)天益山刻本　一册　存二卷(一至二)

360000－1901－0029039　210082
**孫月峯先生批評書經六卷**　(明)孫鑛批點　(明)馮元仲參定　明崇禎天益山刻本　一册

360000－1901－0029040　230243
**孫真人備急千金要方九十三卷目錄二卷**　(唐)孫思邈撰　(宋)林億等校正　明刻本　三册　存十三卷(五十九至六十六、七十七至八十一)

360000－1901－0029041　420635
**孫真人備急千金要方九十三卷目錄二卷**　(唐)孫思邈撰　(宋)林億等校正　清康熙三十年(1691)刻本　十一册　存八十四卷(一至五、十七至九十三,目錄二卷)

360000－1901－0029042　164696
**孫真人千金方衍義三十卷**　(唐)孫思邈撰　(清)張璐衍義　清光緒掃葉山房刻本　三十二册

360000－1901－0029043　420628
**孫真人千金方衍義三十卷**　(唐)孫思邈撰

（清）張璐衍義　清光緒五年（1879）刻本　二十冊　存十七卷（一至十七）

360000－1901－0029044　162154
**孫真人千金方衍義三十卷**　（唐）孫思邈撰　（清）張璐衍義　清嘉慶六年（1801）南沙席氏掃葉山房刻本　三十一冊

360000－1901－0029045　162155
**孫真人千金方衍義三十卷**　（唐）孫思邈撰　（清）張璐衍義　清嘉慶六年（1801）南沙席氏掃葉山房刻本　三十二冊

360000－1901－0029046　420628－1
**孫真人千金方衍義三十卷**　（唐）孫思邈撰　（清）張璐衍義　清嘉慶六年（1801）掃葉山房刻本　二十八冊　存二十六卷（五至三十）

360000－1901－0029047　720631
**孫真人千金方衍義三十卷**　（唐）孫思邈撰　（清）張璐衍義　清嘉慶五年（1800）掃葉山房刻本　一冊　存一卷（二）

360000－1901－0029048　720632
**孫真人千金方衍義三十卷**　（唐）孫思邈撰　（清）張璐衍義　清嘉慶五年（1800）掃葉山房刻本　四冊　存四卷（一至四）

360000－1901－0029049　720784
**孫真人千金方衍義三十卷**　（唐）孫思邈撰　（清）張璐衍義　清嘉慶五年（1800）掃葉山房刻本　七冊　存十卷（三至四、七、二十至二十四、二十八至二十九）

360000－1901－0029050　720785
**孫真人千金方衍義三十卷**　（唐）孫思邈撰　（清）張璐衍義　清嘉慶五年（1800）掃葉山房刻本　十五冊　存十六卷（十四至二十九）

360000－1901－0029051　720786
**孫真人千金方衍義三十卷**　（唐）孫思邈撰　（清）張璐衍義　清刻本　十冊　存十一卷（十八至二十八）

360000－1901－0029052　404647
**孫徵君日譜錄存三十六卷**　（清）孫奇逢撰　清光緒十一年（1885）刻孫夏峰全集本　三冊　存四卷（三至四、六、八）

360000－1901－0029053　404645
**孫註適軒尺牘八卷**　（清）徐菊生撰　（清）孫震咸注　清光緒十五年（1889）鉛印本　二冊　存二卷（一、八）

360000－1901－0029054　803949
**孫子略解二卷**　（漢）曹操注　（清）孫星衍校正　清抄本　一冊

360000－1901－0029055　162553
**孫子十家註十三卷**　（清）孫星衍　（清）吳人驥校　**敘錄一卷**　（清）畢以珣撰　**遺說一卷**　（清）鄭友賢撰　清光緒三年（1877）浙江書局刻二十二子本　五冊

360000－1901－0029056　416478
**孫子十家註十三卷**　（清）孫星衍　（清）吳人驥校　**敘錄一卷**　（清）畢以珣撰　**遺說一卷**　（清）鄭友賢撰　清光緒十年（1884）刻本　四冊　存十二卷（一至十、敘錄一卷、遺說一卷）

360000－1901－0029057　722495
**孫子十家註十三卷**　（清）孫星衍　（清）吳人驥校　**敘錄一卷**　（清）畢以珣撰　**遺說一卷**　（清）鄭友賢撰　清光緒十年（1884）皖城楊霖萱刻本　一冊　存三卷（三至五）

360000－1901－0029058　416476
**孫子十家註十三卷**　（清）孫星衍　（清）吳人驥校　**敘錄一卷**　（清）畢以珣撰　**遺說一卷**　（清）鄭友賢撰　清刻本　三冊　存七卷（一至二、六至十）

360000－1901－0029059　801507
**孫子十家註十三卷**　（清）孫星衍　（清）吳人驥校　**敘錄一卷**　（清）畢以珣撰　**遺說一卷**　（清）鄭友賢撰　清刻本　一冊　存二卷（九至十）

360000－1901－0029060　416475
**孫子十家註十三卷**　（清）孫星衍　（清）吳人驥校　**敘錄一卷**　（清）畢以珣撰　**遺說一卷**

（清）鄭友賢撰　清末上海廣益書局石印本　四册

360000－1901－0029061　416475－1
**孫子十家註十三卷**　（清）孫星衍　（清）吴人驥校　**敘録一卷**　（清）畢以珣撰　**遺説一卷**　（清）鄭友賢撰　清末上海廣益書局石印本　三册　存十卷（五至十三、遺説一卷）

360000－1901－0029062　416473
**孫子十家註十三卷**　（清）孫星衍　（清）吴人驥校　**敘録一卷**　（清）畢以珣撰　**遺説一卷**　（清）鄭友賢撰　清末上海會文堂石印本　六册

360000－1901－0029063　416474
**孫子十家註十三卷**　（清）孫星衍　（清）吴人驥校　**敘録一卷**　（清）畢以珣撰　**遺説一卷**　（清）鄭友賢撰　清末育文書局石印本　三册　存十一卷（四至十三、遺説一卷）

360000－1901－0029064　314140
**孫子十家註十三卷**　（清）孫星衍　（清）吴人驥校　**敘録一卷**　（清）畢以珣撰　**遺説一卷**　（清）鄭友賢撰　清咸豐五年（1855）淡香齋木活字印本　六册

360000－1901－0029065　164566
**孫子一卷**　清抄本　一册

360000－1901－0029066　803876
**損傷全科秘效奇方一卷**　（清）況兹雲輯　清抄本　一册

360000－1901－0029067　803292
**損藥方不分卷**　（□）□□輯　清歐陽衡之氏抄本　一册

360000－1901－0029068　800415
**損齋吟草一卷**　（清）程履益撰　稿本　一册

360000－1901－0029069　230186
**梭山農譜三卷**　（清）劉應棠撰　清康熙五十六年（1717）刻本　一册

360000－1901－0029070　416461
**梭山農譜三卷**　（清）劉應棠撰　清康熙五十六年（1717）刻本　一册

360000－1901－0029071　230187
**梭山農譜三卷**　（清）劉應棠撰　清康熙五十六年（1717）刻光緒三十二年（1906）補刻本　一册

360000－1901－0029072　121482
**梭山農譜三卷**　（清）劉應棠撰　清同治九年（1870）皖城藩署刻半畝園叢書本　一册

360000－1901－0029073　303982
**所安遺集一卷附録一卷**　（元）陳泰撰　清光緒六年（1880）武林節署刻本　二册

360000－1901－0029074　802367
**所見藂録不分卷**　（清）江慶雲輯　清抄本　一册

360000－1901－0029075　801435
**所見叢鈔不分卷**　（清）江慶雲輯　清留耕書屋抄本　三册

360000－1901－0029076　230486
**蛸蛣雜記十二卷**　（清）竹勿山石道人撰　清乾隆刻本　二册　存四卷（一至四）

360000－1901－0029077　122074
**瑣語**　（清）趙承恩撰　清光緒九年（1883）紅杏山房刻本　二册

360000－1901－0029078　413702
**瑣語**　（清）趙承恩撰　清光緒九年（1883）紅杏山房刻本　二册

360000－1901－0029079　405142
**瑣語**　（清）趙承恩撰　清刻本　一册

360000－1901－0029080　803526
**鎖香室選詩不分卷**　（□）□□輯　清抄本　一册

360000－1901－0029081　410840
**鎖院體詩偶存二卷**　（清）宋九芝撰　（清）宋家蒸輯　清光緒八年（1882）刻本　一册

360000－1901－0029082　410840－1
**鎖院體詩偶存二卷**　（清）宋九芝撰　（清）宋

家蒸輯　清光緒八年(1882)刻本　一冊

360000－1901－0029083　410840－2
**鎖院體詩偶存二卷**　(清)宋九芝撰　(清)宋家蒸輯　清光緒八年(1882)刻本　一冊

360000－1901－0029084　405356
**墻印樓詩存一卷**　(清)章士珠撰　清光緒刻本　一冊

360000－1901－0029085　720344
**胎產合璧三卷**　(清)永思堂主人輯　清光緒二年(1876)刻本　一冊　存二卷(上、中)

360000－1901－0029086　801893
**胎產護生篇一卷**　(清)李長科輯　清抄本　一冊

360000－1901－0029087　230256
**胎產輯萃四卷**　(清)汪嘉謨撰　清乾隆十七年(1752)董思慕刻本　四冊

360000－1901－0029088　164857
**胎產秘書二卷**　(元)朱震亨撰　(清)金庸校　清嘉慶十四年(1809)古虞何氏杏園刻本　二冊

360000－1901－0029089　420521
**胎產秘書三卷附保嬰要訣一卷經驗各方一卷**　(明)錢□□撰　清光緒十年(1884)刻本　一冊

360000－1901－0029090　420522
**胎產秘書三卷附保嬰要訣一卷經驗各方一卷**　(明)錢□□撰　清光緒十年(1884)刻本　一冊

360000－1901－0029091　420522－1
**胎產秘書三卷附保嬰要訣一卷經驗各方一卷**　(明)錢□□撰　清刻本　一冊　存三卷(下、保嬰要訣一卷、經驗各方一卷)

360000－1901－0029092　408964
**胎產心法三卷目錄二卷**　(清)閻純璽撰　清刻本　一冊　存一卷(下)

360000－1901－0029093　164855
**胎產心法三卷目錄二卷**　(清)閻純璽撰　清同治十年(1871)刻本　一冊　存二卷(目錄二卷)

360000－1901－0029094　164858
**胎產新書**　(清)釋輪應撰　(清)吳煜校訂　清光緒十二年(1886)成娛堂刻本　四冊

360000－1901－0029095　420156
**臺灣外記十卷**　(清)江日昇撰　清無不獲齋刻本　四冊　存六卷(一至三、六、九至十)

360000－1901－0029096　110246
**臺灣輿圖不分卷**　(清)夏獻綸編　(清)余寵繪　清光緒五年(1879)刻本　二冊

360000－1901－0029097　110247
**臺灣輿圖不分卷**　(清)夏獻綸編　(清)余寵繪　清光緒五年(1879)刻本　一冊

360000－1901－0029098　150176
**台州叢書**　(清)宋世犖輯　清嘉慶至道光臨海宋氏刻本　二十六冊　存五種

360000－1901－0029099　315821－1
**台州叢書**　(清)宋世犖輯　清嘉慶至道光臨海宋氏刻本　八冊　存四種

360000－1901－0029100　901002
**台州叢書**　(清)宋世犖輯　清嘉慶至道光臨海宋氏刻本　十七冊　存六種

360000－1901－0029101　302893
**苔岑集二十卷**　(清)王鳴盛輯　清刻本　四冊

360000－1901－0029102　405262
**苔石山房詩草八卷**　(清)羅汾撰　清咸豐五年(1855)木活字印本　二冊

360000－1901－0029103　115251
**臺灣小志一卷**　(清)龔柴撰　清光緒十年(1884)管可壽齋刻本　一冊

360000－1901－0029104　417690
**臺陽見聞錄不分卷**　(清)唐贊衮撰　清光緒十八年(1892)臺灣道署刻本　三冊

360000－1901－0029105　241575

**太古傳宗琵琶調西廂記曲譜二卷宮詞曲譜二卷絃索調時劇新譜二卷** (清)湯斯質輯 (清)朱廷鏐 (清)朱廷璋重訂 清乾隆十四年(1749)允祿刻本 五冊 缺二卷(絃索調時劇新譜二卷)

360000－1901－0029106 240662
**太函集一百二十卷目録六卷** (明)汪道昆撰 明刻本 二冊 存六卷(二十二至二十四、六十七至六十九)

360000－1901－0029107 241035
**太和堂詩鈔一卷** (清)楊錫紱撰 清乾隆三十二年(1767)揚州刻本 一冊

360000－1901－0029108 305344
**太和縣禦寇始末二卷** (明)吳世濟撰 (清)吳篪輯 清道光元年(1821)刻本 一冊

360000－1901－0029109 305739
**太和縣禦寇始末二卷** (明)吳世濟撰 (清)吳篪輯 清道光元年(1821)刻本 一冊 存一卷(下)

360000－1901－0029110 711363
**太鶴山人集十三卷** (清)端木國瑚撰 清道光二十年(1840)瑞安洪坤刻本 三冊 存六卷(三至八)

360000－1901－0029111 220771
**太湖備考十六卷首一卷** (清)金友理撰 **湖程紀略一卷** (清)吳曾撰 清乾隆十五年(1750)刻本 七冊 缺二卷(八至九)

360000－1901－0029112 420197
**太湖竹枝詞二卷** (清)葉承桂撰 清咸豐三年(1853)石林園刻本 一冊

360000－1901－0029113 404373
**太華山紫金鎮兩世修行劉香寶卷全集二卷** 清同治九年(1870)上海翼化堂曉菴氏刻本 二冊

360000－1901－0029114 230097
**太極圖分解一卷** (明)羅鶴撰 清抄本 二冊

360000－1901－0029115 162146
**太極圖數** (清)崔亮采撰 清嘉慶十一年(1806)敦善堂刻本 一冊

360000－1901－0029116 302399
**太極圖説總論一卷** (清)王植撰 清刻本 一冊

360000－1901－0029117 305738
**太平廣記五百卷目録十卷** (宋)李昉等輯 清道光二十六年(1846)刻本 三十三冊 存三百六十二卷(一至四十七、六十一至一百、一百十一至一百四十七、一百六十七至一百七十五、二百二十一至二百四十、二百九十至三百五十五、三百六十八至五百,目録十卷)

360000－1901－0029118 302393
**太平廣記五百卷目録十卷** (宋)李昉等輯 清嘉慶十一年(1806)姑蘇聚文堂刻本 四十八冊

360000－1901－0029119 603135
**太平廣記五百卷目録十卷** (宋)李昉等輯 清刻本 九冊 存七十一卷(一百八十二至一百九十、二百至二百二十二、二百三十九至二百六十三、二百七十九至二百八十五、三百十一至三百十七)

360000－1901－0029120 603135－1
**太平廣記五百卷目録十卷** (宋)李昉等輯 清刻本 一冊 存八卷(二百十五至二百二十二)

360000－1901－0029121 409741
**太平廣記五百卷目録十卷** (宋)李昉等輯 清乾隆二十年(1755)天都黄曉峰刻本 四十二冊 存二百九十八卷(一至九十八、一百七至一百十二、一百二十三至一百三十七、一百三十九至一百八十一、一百八十四至一百九十二、二百三至二百十、二百九十六至三百十、三百二十六至三百五十七、三百六十六至三百八十一、三百八十九至三百九十六、四百十二至四百五十九)

360000－1901－0029122 409742

**太平廣記五百卷目錄十卷** （宋）李昉等輯 清乾隆二十年（1755）天都黄曉峰刻本 二十二册 存一百六十八卷（六十九至八十五、一百三十三至一百五十二、一百六十九至一百八十三、二百六至二百十三、二百三十九至二百四十六、二百五十四至二百六十二、二百九十七至三百七、三百十二至三百十九、三百四十四至三百五十三、三百六十至三百七十一、三百八十四至三百九十一、四百三十一至四百三十九、四百六十八至四百七十五、四百八十六至五百，目錄十卷）

360000－1901－0029123 220546
**太平寰宇記二百卷目錄二卷** （宋）樂史撰 清抄本 三十五册 缺六十三卷（十四至十七、二十四至三十四、三十八至四十七、五十六至六十二、七十四至八十一、一百六至一百八、一百四十九至一百六十五、一百九十一至一百九十三）

360000－1901－0029124 902442
**太平寰宇記二百卷目錄二卷** （宋）樂史撰 清抄本 一册 存三卷（一百六至一百八）

360000－1901－0029125 120239
**太平寰宇記二百卷目錄二卷** （宋）樂史撰 清光緒八年（1882）金陵書局刻本 三十六册 缺八卷（四、一百十三至一百十九）

360000－1901－0029126 415322－1
**太平寰宇記二百卷目錄二卷** （宋）樂史撰 清刻本 五册 存三十卷（一百三至一百九、一百三十九至一百四十五、一百五十三至一百五十八、一百九十一至二百）

360000－1901－0029127 415322
**太平寰宇記二百卷目錄二卷** （宋）樂史撰 清乾隆五十八年（1793）南昌萬廷蘭刻本 九册 存六十一卷（五至十、四十一至四十七、六十九至七十四、九十一至九十七、一百二十五至一百三十一、一百三十九至一百五十九、一百九十四至二百）

360000－1901－0029128 120237
**太平寰宇記二百卷目錄二卷** （宋）樂史撰 **附大清一統志表一卷** 清嘉慶八年（1803）南昌萬廷蘭刻本 四十六册 缺十六卷（三至七、三十一至三十四、一百十三至一百十九）

360000－1901－0029129 120238
**太平寰宇記二百卷目錄二卷** （宋）樂史撰 **附大清一統志表一卷** 清嘉慶八年（1803）南昌萬廷蘭刻本 三十九册 缺八卷（一百十三至一百十九、大清一統志表一卷）

360000－1901－0029130 160157
**太平經國之書十一卷首一卷** （宋）鄭伯謙撰 清嘉慶十年（1805）虞山張氏照曠閣刻學津討原本 一册

360000－1901－0029131 250011
**太平御覽一千卷目錄十卷** （宋）李昉等輯 明萬曆元年（1573）倪炳等刻本（卷一至五、十一、十六至二十、八十六至九十五、一百九十六至二百、二百四十六至二百五十、三百三十六至三百四十五、四百五十一至四百五十五、五百二十六至五百三十、六百七十六至六百八十配萬曆二年周堂銅活字印本，目錄四至十配清抄本） 一百八十册 缺一百八卷（九十六至一百五、一百五十一至一百六十五、三百五十六至四百、五百六十一至五百七十五、七百八十一至八百，目錄一至三）

360000－1901－0029132 250012
**太平御覽一千卷目錄十卷** （宋）李昉等輯 明萬曆元年（1573）倪炳等刻本（卷一至五配清抄本） 二百四册

360000－1901－0029133 302397
**太平御覽一千卷目錄十五卷** （宋）李昉等輯 清嘉慶十二年至十七年（1807－1812）歙縣鮑氏刻本 一百二十册

360000－1901－0029134 313191
**太平御覽一千卷目錄十五卷** （宋）李昉等輯 清嘉慶十二年至十七年（1807－1812）歙縣鮑氏刻本 七十二册 存六百八卷（十七至三十二、四十至六十二、八十至八十七、九十六至一百九、一百二十五至一百三十八、一百四十八至一百五十五、一百七十一至一百七

十七、一百八十七至二百五、二百四十八至二百七十三、三百四十五至三百五十二、三百六十八至四百六十五、四百七十四至四百八十二、五百十至五百三十六、五百七十五至六百九、六百二十至六百四十七、六百五十七至六百八十三、七百一至七百三十三、七百五十一至八百六十一、八百七十三至八百九十六、九百七至九百五十七、九百九十至一千,目錄一至十一)

360000－1901－0029135　711360
**太平御覽一千卷目錄十五卷**　(宋)李昉等輯　清嘉慶十二年至十七年(1807－1812)歙縣鮑氏刻本　五冊　存四十六卷(三十二至四十、二百七十四至二百八十二、三百六十一至三百六十九、四百七十九至四百八十六、六百五十七至六百六十七)

360000－1901－0029136　711361
**太平御覽一千卷目錄十五卷**　(宋)李昉等輯　清嘉慶十二年至十七年(1807－1812)歙縣鮑氏刻本　五冊　存六十三卷(五百二十二至五百八十四)

360000－1901－0029137　722399
**太平御覽一千卷目錄十五卷**　(宋)李昉等輯　清嘉慶十二年至十七年(1807－1812)歙縣鮑氏刻本　十冊　存一百卷(三百八十一至四百八十)

360000－1901－0029138　309099
**太平御覽一千卷目錄十五卷**　(宋)李昉等輯　清嘉慶十二年至十七年(1807－1812)歙縣鮑氏刻二十三年(1818)印本　一百二冊

360000－1901－0029139　406980
**太上寶筏圖說八卷**　(清)黃正元輯　清光緒十八年(1892)上海鴻文書局石印本　八冊

360000－1901－0029140　406981
**太上寶筏圖說八卷**　(清)黃正元輯　清光緒十八年(1892)上海鴻文書局石印本　八冊

360000－1901－0029141　406981－1
**太上寶筏圖說八卷首一卷**　(清)黃正元輯　(清)毛金蘭補　清末石印本　一冊　存二卷(一、首一卷)

360000－1901－0029142　302969
**太上道德經解一卷**　題(漢)河上公章句　(唐)孚佑帝君闡義　(清)八洞仙祖合注　清刻本　一冊

360000－1901－0029143　162277
**太上洞玄靈寶文昌梓潼本愿真經一卷**　清刻本　一冊

360000－1901－0029144　230626
**太上洞玄靈寶無量度人上品妙經一卷**　明泥金寫本　一冊

360000－1901－0029145　802648
**太上感應靈篇彙纂句解註釋集美大全□□卷**　(清)□□撰　清刻本　三冊　存三卷(二、五至六)

360000－1901－0029146　163798
**太上感應篇二卷**　(清)陳午樓校　清咸豐三年(1853)臺防廳署刻本　二冊

360000－1901－0029147　803143
**太上感應篇二卷**　(清)惠棟箋注　清刻本　一冊　存一卷(下)

360000－1901－0029148　406970
**太上感應篇合註二卷首一卷**　(清)呂海寰輯　清宣統二年(1910)五錫福壽堂鉛印本　二冊

360000－1901－0029149　406970－1
**太上感應篇合註二卷首一卷**　(清)呂海寰輯　清宣統二年(1910)五錫福壽堂鉛印本　一冊　存二卷(上、首一卷)

360000－1901－0029150　406965
**太上感應篇集傳四卷**　(清)惠棟箋　(清)俞樾纘義　(清)姚學塽注　清光緒二十六年(1900)刻本　二冊

360000－1901－0029151　406961
**太上感應篇集註二卷陰隲文集訓一卷身世準繩一卷**　(清)柳焯輯　清光緒二年(1876)勤

仁堂刻本　三冊　存三卷(太上感應篇集註二卷、陰隲文集訓一卷)

360000－1901－0029152　706982

**太上感應篇箋註一卷**　(清)惠棟撰　清道光二十年(1840)刻本　一冊

360000－1901－0029153　802855

**太上感應篇箋註一卷**　(清)惠棟撰　清刻本　一冊

360000－1901－0029154　417084

**太上感應篇經史集說通解四卷**　(清)華紹洛輯　清道光二十二年(1842)悠遠堂刻本　四冊

360000－1901－0029155　122936

**太上感應篇詩帖二卷太上感應篇纂註一卷**　(清)齊學培輯　清道光十一年(1831)刻本　一冊

360000－1901－0029156　406983

**太上感應篇詩帖二卷太上感應篇纂註一卷**　(清)齊學培輯　清道光十一年(1831)刻本　二冊

360000－1901－0029157　406983－1

**太上感應篇詩帖二卷太上感應篇纂註一卷**　(清)齊學培輯　清道光十一年(1831)刻本　二冊

360000－1901－0029158　406984

**太上感應篇試帖詩一卷**　(清)求梅居士撰　清同治十一年(1872)味諫果齋刻本　一冊

360000－1901－0029159　406984－1

**太上感應篇試帖詩一卷**　(清)求梅居士撰　清同治十一年(1872)味諫果齋刻本　一冊

360000－1901－0029160　603133－1

**太上感應篇圖說八卷首一卷**　(清)黄正元輯　清刻本　一冊　存二卷(孝、首一卷)

360000－1901－0029161　406966

**太上感應篇圖說八卷首一卷**　(清)黄正元輯　清同治八年(1869)同善堂刻本　八冊

360000－1901－0029162　406967

**太上感應篇圖說八卷首一卷**　(清)黄正元輯　清同治八年(1869)同善堂刻本　六冊　存七卷(一、三至五、七至八,首一卷)

360000－1901－0029163　406967－1

**太上感應篇圖說八卷首一卷**　(清)黄正元輯　清同治八年(1869)同善堂刻本　三冊　存三卷(三至四、七)

360000－1901－0029164　406968

**太上感應篇圖說八卷首一卷**　(清)黄正元輯　清同治八年(1869)同善堂刻本　六冊　存六卷(二、四至八)

360000－1901－0029165　406969

**太上感應篇圖說八卷首一卷**　(清)黄正元輯　清同治八年(1869)同善堂刻本　五冊　存五卷(二、五至八)

360000－1901－0029166　603133

**太上感應篇圖說不分卷**　(清)□□輯　清刻本　一冊

360000－1901－0029167　721835

**太上感應篇圖說不分卷**　(清)□□輯　清刻本　一冊

360000－1901－0029168　802649

**太上感應篇圖說不分卷**　(清)□□輯　清刻本　二冊

360000－1901－0029169　804495

**太上感應篇圖說不分卷**　(清)□□輯　清刻本　一冊

360000－1901－0029170　307723

**太上感應篇圖說不分卷**　(清)□□輯　清同治五年(1866)江西省乙藜齋刻本　八冊

360000－1901－0029171　162278

**太上感應篇一卷**　(清)惠棟箋注　清光緒十九年(1893)上海點石齋書局石印本　一冊

360000－1901－0029172　406958

**太上感應篇一卷**　(清)惠棟箋注　清光緒五年(1879)同源堂刻本　一冊

360000－1901－0029173　309831

**太上感應篇一卷**　（清）惠棟箋注　清刻本　一册

360000－1901－0029174　309832
**太上感應篇一卷**　（清）惠棟箋注　清刻本　一册

360000－1901－0029175　603106
**太上感應篇一卷**　（清）惠棟箋注　清刻本　一册

360000－1901－0029176　900800
**太上感應篇一卷**　（清）惠棟箋注　清乾隆十四年（1749）刻本　一册

360000－1901－0029177　406964
**太上感應篇增訂圖説十二卷**　（清）朱日豐輯　清同治十三年（1874）蘭州官署刻本　四册　存四卷（子至卯）

360000－1901－0029178　706975
**太上感應篇直講一卷**　（□）□□撰　清宣統二年（1910）新安思敬堂刻本　一册

360000－1901－0029179　706979
**太上感應篇直講一卷**　（□）□□撰　清宣統二年（1910）新安思敬堂刻本　一册

360000－1901－0029180　163795
**太上感應篇注證八卷**　（清）魯元炅輯　清咸豐八年（1858）味古書屋刻本　八册

360000－1901－0029181　301679
**太上感應篇註合鈔二卷首一卷**　（清）惠棟箋　（清）姚學塽注　清同治五年（1866）木活字印本　一册

360000－1901－0029182　301680
**太上感應篇註一卷**　（清）惠棟箋注　清道光十九年（1839）刻本　一册

360000－1901－0029183　406957
**太上感應篇贅言一卷**　（清）于覺世撰　清刻本　一册

360000－1901－0029184　407049
**太上黄庭經註三卷**　（明）石和陽撰　（清）李明徹評　清乾隆五十八年（1793）清虚庵刻本　二册

360000－1901－0029185　307637
**太上救苦天尊説拔度血湖寶懺一卷**　清刻本　一册

360000－1901－0029186　407095
**太上靈寶淨明宗教錄十卷**　（清）胡之玫撰　（清）胡士信輯　清刻本　七册

360000－1901－0029187　120233
**太上靈寶淨明宗教錄十卷**　（清）胡之玫撰　（清）胡士信輯　清南昌青雲譜刻本　六册

360000－1901－0029188　120234
**太上靈寶淨明宗教錄十卷**　（清）胡之玫撰　（清）胡士信輯　清南昌青雲譜刻本　五册　存八卷（一至八）

360000－1901－0029189　802154
**太上説三元三官寶經一卷**　清抄本　一册

360000－1901－0029190　313952
**太上修真黄庭内景五經闡義一卷**　（清）了悟子撰　清同治元年（1862）刻本　一册

360000－1901－0029191　707180
**太上修真黄庭内景五經闡義一卷**　（清）了悟子撰　清同治元年（1862）刻本　一册

360000－1901－0029192　300328
**太師誠意伯劉文成公集二十卷首一卷**　（明）劉基撰　清光緒二十六年（1900）浙江書局刻本　十册

360000－1901－0029193　317217
**太師誠意伯劉文成公集二十卷首一卷**　（明）劉基撰　清光緒二十六年（1900）浙江書局刻本　十册

360000－1901－0029194　316979
**太師誠意伯劉文成公集二十卷首一卷**　（明）劉基撰　清光緒元年（1875）刻本　十册

360000－1901－0029195　240466
**太師誠意伯劉文成公集二十卷首一卷**　（明）劉基撰　清康熙刻雍正補刻乾隆印本　十册

360000－1901－0029196　240465
**太師誠意伯劉文成公集二十卷首一卷**　（明）劉基撰　清康熙劉元奇刻雍正八年（1730）萬里補刻本　十三冊

360000－1901－0029197　417935
**太師誠意伯劉文成公集二十卷首一卷**　（明）劉基撰　清乾隆十一年（1746）刻本　十冊

360000－1901－0029198　240464
**太師誠意伯劉文成公集十八卷**　（明）劉基撰（明）樊獻科編　**行狀一卷**　明嘉靖三十五年（1556）樊獻科、于德昌刻本　十六冊

360000－1901－0029199　250094
**太史華句八卷**　（明）淩迪知輯　明刻本　一冊　存三卷（一至三）

360000－1901－0029200　250093
**太史華句八卷**　（明）淩迪知輯　明萬曆五年（1577）刻文林綺繡本　四冊

360000－1901－0029201　401193
**太史華句八卷**　（明）淩迪知輯　清光緒二十一年（1895）上海鴻寶齋石印本　一冊

360000－1901－0029202　240606
**太史升菴全集八十一卷目錄二卷**　（明）楊慎撰　（明）楊有仁輯　明陳大科刻本　十二冊

360000－1901－0029203　240608
**太史升菴全集八十一卷目錄二卷**　（明）楊慎撰　（明）楊有仁輯　**遺集二十六卷**　（明）楊慎撰　（明）楊金吾輯　**外集一百卷**　（明）楊慎撰　（明）焦竑編　**升菴先生年譜一卷**　清乾隆六十年（1795）新都周參元刻本　十九冊　存八十一卷（一至五十二、五十六至八十一，目錄二卷，升菴先生年譜一卷）

360000－1901－0029204　240609
**太史升菴全集八十一卷目錄二卷**　（明）楊慎撰　（明）楊有仁輯　**遺集二十六卷**　（明）楊慎撰　（明）楊金吾輯　**外集一百卷**　（明）楊慎撰　（明）焦竑編　**升菴先生年譜一卷**　清乾隆六十年（1795）新都周參元刻本　三十冊　存八十卷（三、六至八十一，目錄二卷，升菴先生年譜一卷）

360000－1901－0029205　240610
**太史升菴全集八十一卷目錄二卷**　（明）楊慎撰　（明）楊有仁輯　**遺集二十六卷**　（明）楊慎撰　（明）楊金吾輯　**外集一百卷**　（明）楊慎撰　（明）焦竑編　**升菴先生年譜一卷**　清乾隆六十年（1795）新都周參元刻本　十二冊　存五十卷（一至三、七至四十一、四十七至四十八、六十八至七十一、七十九至八十一，目錄二卷，升菴先生年譜一卷）

360000－1901－0029206　240611
**太史升菴全集八十一卷目錄二卷**　（明）楊慎撰　（明）楊有仁輯　**遺集二十六卷**　（明）楊慎撰　（明）楊金吾輯　**外集一百卷**　（明）楊慎撰　（明）焦竑編　**升菴先生年譜一卷**　清乾隆六十年（1795）新都周參元刻本　四冊　存十卷（四十二至四十六、七十五至七十八，目錄上）

360000－1901－0029207　401551－2
**皇朝經濟文新編六十一卷**　（清）宜今室主人輯　清光緒二十七年（1901）石印本　四冊　存八卷（吏治一至三，外史一至三、民政一卷、教務一卷）

360000－1901－0029208　711365
**太史升菴全集八十一卷目錄二卷**　（明）楊慎撰　（明）楊有仁輯　**遺集二十六卷**　（明）楊慎撰　（明）楊金吾輯　**外集一百卷**　（明）楊慎撰　（明）焦竑編　**升菴先生年譜一卷**　清乾隆六十年（1795）新都周參元刻本　三冊　存十四卷（二十五至三十二、四十九至五十一、七十二至七十四）

360000－1901－0029209　240612
**太史升菴全集八十一卷目錄二卷**　（明）楊慎撰　（明）楊有仁輯　**遺集二十六卷**　（明）楊慎撰　（明）楊金吾輯　**外集一百卷**　（明）楊慎撰　（明）焦竑編　**升菴先生年譜一卷**　清乾隆六十年（1795）新都周參元刻道光二十四年（1844）增刻本　四十八冊

360000－1901－0029210　240607

**太史升菴全集八十一卷目錄二卷** (明)楊慎撰 (明)楊有仁輯 **遺集二十六卷** (明)楊慎撰 (明)楊金吾輯 **外集一百卷** (明)楊慎撰 (明)焦竑編 **升菴先生年譜一卷** 清乾隆六十年(1795)新都周氏養拙山房刻本 十六冊 存八十四卷(太史升菴全集八十一卷、目錄二卷、升菴先生年譜一卷)

360000－1901－0029211 418118
**太史升菴遺集二十六卷** (明)楊慎撰 (清)楊金吾 (清)楊宗吾輯 清道光二十四年(1844)刻本 六冊

360000－1901－0029212 416130
**太史張天如詳節春秋綱目句解左傳彙雋六卷** (明)張溥重訂 (清)韓菼重編 清刻本 二冊 存四卷(三至六)

360000－1901－0029213 416136
**太史張天如詳節春秋綱目句解左傳彙雋六卷** (明)張溥重訂 (清)韓菼重編 清刻本 二冊 存四卷(三至六)

360000－1901－0029214 416151－1
**太史張天如詳節春秋綱目句解左傳彙雋六卷** (明)張溥重訂 (清)韓菼重編 清刻本 五冊 存五卷(二至六)

360000－1901－0029215 416153
**太史張天如詳節春秋綱目句解左傳彙雋六卷** (明)張溥重訂 (清)韓菼重編 清刻本 五冊 存五卷(二至六)

360000－1901－0029216 416154
**太史張天如詳節春秋綱目句解左傳彙雋六卷** (明)張溥重訂 (清)韓菼重編 清刻本 五冊 存五卷(二至六)

360000－1901－0029217 416157
**太史張天如詳節春秋綱目句解左傳彙雋六卷** (明)張溥重訂 (清)韓菼重編 清刻本 五冊 存五卷(二至六)

360000－1901－0029218 416162
**太史張天如詳節春秋綱目句解左傳彙雋六卷** (明)張溥重訂 (清)韓菼重編 清刻本 三冊 存四卷(二至三、五至六)

360000－1901－0029219 416162－1
**太史張天如詳節春秋綱目句解左傳彙雋六卷** (明)張溥重訂 (清)韓菼重編 清刻本 三冊 存三卷(二、五至六)

360000－1901－0029220 416163
**太史張天如詳節春秋綱目句解左傳彙雋六卷** (明)張溥重訂 (清)韓菼重編 清刻本 三冊 存四卷(二至五)

360000－1901－0029221 416163－1
**太史張天如詳節春秋綱目句解左傳彙雋六卷** (明)張溥重訂 (清)韓菼重編 清刻本 三冊 存三卷(二至三、五)

360000－1901－0029222 416165
**太史張天如詳節春秋綱目句解左傳彙雋六卷** (明)張溥重訂 (清)韓菼重編 清刻本 五冊 存五卷(二至六)

360000－1901－0029223 416167
**太史張天如詳節春秋綱目句解左傳彙雋六卷** (明)張溥重訂 (清)韓菼重編 清刻本 五冊 存五卷(二至六)

360000－1901－0029224 416168
**太史張天如詳節春秋綱目句解左傳彙雋六卷** (明)張溥重訂 (清)韓菼重編 清刻本 三冊 存三卷(二、四、六)

360000－1901－0029225 416170
**太史張天如詳節春秋綱目句解左傳彙雋六卷** (明)張溥重訂 (清)韓菼重編 清刻本 五冊 存五卷(二至六)

360000－1901－0029226 416172
**太史張天如詳節春秋綱目句解左傳彙雋六卷** (明)張溥重訂 (清)韓菼重編 清刻本 二冊 存四卷(三至六)

360000－1901－0029227 416173
**太史張天如詳節春秋綱目句解左傳彙雋六卷** (明)張溥重訂 (清)韓菼重編 清刻本 四冊 存四卷(二、四至六)

360000－1901－0029228　416174
**太史張天如詳節春秋綱目句解左傳彙雋六卷**　(明)張溥重訂　(清)韓菼重編　清刻本　四册　存四卷(三至六)

360000－1901－0029229　416176
**太史張天如詳節春秋綱目句解左傳彙雋六卷**　(明)張溥重訂　(清)韓菼重編　清刻本　三册　存三卷(二、四至五)

360000－1901－0029230　416177－2
**太史張天如詳節春秋綱目句解左傳彙雋六卷**　(明)張溥重訂　(清)韓菼重編　清刻本　一册　存一卷(三)

360000－1901－0029231　721843
**太史張天如詳節春秋綱目句解左傳彙雋六卷**　(明)張溥重訂　(清)韓菼重編　清刻本　三册　存三卷(三、五至六)

360000－1901－0029232　722319
**太史張天如詳節春秋綱目句解左傳彙雋六卷**　(明)張溥重訂　(清)韓菼重編　清刻本　二册　存二卷(三、六)

360000－1901－0029233　722429
**太史張天如詳節春秋綱目句解左傳彙雋六卷**　(明)張溥重訂　(清)韓菼重編　清刻本　一册　存一卷(六)

360000－1901－0029234　803172
**太史張天如詳節春秋綱目句解左傳彙雋六卷**　(明)張溥重訂　(清)韓菼重編　清刻本　一册　存一卷(三)

360000－1901－0029235　803173
**太史張天如詳節春秋綱目句解左傳彙雋六卷**　(明)張溥重訂　(清)韓菼重編　清刻本　二册　存二卷(二至三)

360000－1901－0029236　803174
**太史張天如詳節春秋綱目句解左傳彙雋六卷**　(明)張溥重訂　(清)韓菼重編　清刻本　二册　存二卷(二至三)

360000－1901－0029237　803175
**太史張天如詳節春秋綱目句解左傳彙雋六卷**　(明)張溥重訂　(清)韓菼重編　清刻本　三册　存三卷(二至四)

360000－1901－0029238　803176
**太史張天如詳節春秋綱目句解左傳彙雋六卷**　(明)張溥重訂　(清)韓菼重編　清刻本　三册　存三卷(二至四)

360000－1901－0029239　803177
**太史張天如詳節春秋綱目句解左傳彙雋六卷**　(明)張溥重訂　(清)韓菼重編　清刻本　三册　存三卷(二至四)

360000－1901－0029240　803178
**太史張天如詳節春秋綱目句解左傳彙雋六卷**　(明)張溥重訂　(清)韓菼重編　清刻本　三册　存三卷(二至四)

360000－1901－0029241　803503
**太史張天如詳節春秋綱目句解左傳彙雋六卷**　(明)張溥重訂　(清)韓菼重編　清刻本　三册　存三卷(二至三、六)

360000－1901－0029242　716074
**太史張天如詳節春秋綱目左傳句解六卷**　(明)張溥重訂　(清)韓菼重編　清光緒三十年(1904)刻本　六册

360000－1901－0029243　162281
**太素脈秘訣二卷**　(明)張太素述　(明)劉伯詳注　明刻本　二册

360000－1901－0029244　120241
**太素齋詞二卷**　(清)勒方錡撰　清同治四年(1865)刻本　二册　存一卷(二)

360000－1901－0029245　120242
**太素齋詞二卷**　(清)勒方錡撰　清同治四年(1865)刻本　一册　存一卷(二)

360000－1901－0029246　302395
**太玄經集注十卷**　(漢)揚雄撰　(宋)司馬光注　清嘉慶三年(1798)陶氏五柳居刻道光二十四年(1844)印本　四册

360000－1901－0029247　407062

**太玄經集注十卷** (漢)揚雄撰 (宋)司馬光注 清嘉慶三年(1798)陶氏五柳居刻道光二十四年(1844)印本 五册

360000－1901－0029248 407065
**太玄經集注十卷** (漢)揚雄撰 (宋)司馬光注 清嘉慶三年(1798)陶氏五柳居刻道光二十四年(1844)印本 四册

360000－1901－0029249 407094
**太玄十卷** (漢)揚雄撰 (宋)司馬光注 (清)吳汝綸點勘 清宣統二年(1910)衍星社鉛印本 一册

360000－1901－0029250 902277
**太醫院補遺本草歌訣雷公炮製八卷** (金)李杲輯 (明)余應奎補遺 清刻本 一册 存一卷(一)

360000－1901－0029251 800521
**太醫院增補青囊藥性賦直解二卷** (明)羅必煒訂 清抄本 一册 存一卷(上)

360000－1901－0029252 409179
**太醫院增補青囊藥性賦直解二卷** (明)羅必煒訂 清刻本 一册

360000－1901－0029253 409180
**太醫院增補青囊藥性賦直解二卷** (明)羅必煒訂 清刻本 一册

360000－1901－0029254 230242
**太醫院增補青囊藥性賦直解二卷** (明)羅必煒訂 清乾隆三十三年(1768)文光堂刻本 一册

360000－1901－0029255 409119
**太醫院增補青囊藥性賦直解二卷首一卷** (明)羅必煒訂 清咸豐十一年(1861)習愛堂刻本 一册

360000－1901－0029256 409120
**太醫院增補青囊藥性賦直解二卷首一卷** (明)羅必煒訂 清咸豐十一年(1861)習愛堂刻本 一册

360000－1901－0029257 409164
**太醫院增補青囊藥性賦直解二卷醫方捷徑二卷** (明)羅必煒訂 清道光五年(1825)英德堂刻本 一册

360000－1901－0029258 409167
**太醫院增補青囊藥性賦直解二卷醫方捷徑二卷** (明)羅必煒訂 清經元堂刻本 一册

360000－1901－0029259 409151
**太醫院增補青囊藥性賦直解二卷醫方捷徑二卷** (明)羅必煒訂 清刻本 一册

360000－1901－0029260 409155
**太醫院增補青囊藥性賦直解二卷醫方捷徑二卷** (明)羅必煒訂 清刻本 一册

360000－1901－0029261 409165
**太醫院增補青囊藥性賦直解二卷醫方捷徑二卷** (明)羅必煒訂 清刻本 一册

360000－1901－0029262 409166
**太醫院增補青囊藥性賦直解二卷醫方捷徑二卷** (明)羅必煒訂 清刻本 一册

360000－1901－0029263 409162
**太醫院增補青囊藥性賦直解二卷醫方捷徑二卷** (明)羅必煒訂 清蓮溪周文光堂刻本 一册

360000－1901－0029264 409149
**太醫院增補青囊藥性賦直解二卷醫方捷徑二卷** (明)羅必煒訂 清乾隆五十年(1785)簡文堂刻本 二册

360000－1901－0029265 409148
**太醫院增補青囊藥性賦直解二卷醫方捷徑二卷** (明)羅必煒訂 清書林經國堂刻本 一册

360000－1901－0029266 409150
**太醫院增補青囊藥性賦直解二卷醫方捷徑二卷** (明)羅必煒訂 清同治十三年(1874)刻本 一册

360000－1901－0029267 409163
**太醫院增補青囊藥性賦直解二卷醫方捷徑二卷** (明)羅必煒訂 清繡谷周文光堂刻本

一冊

360000－1901－0029268　164890
**太醫院增補青囊藥性賦直解三卷**　(明)羅必煒訂　清咸豐十一年(1861)刻本　一冊

360000－1901－0029269　409118
**太醫院增補青囊藥性賦直解四卷**　(明)羅必煒訂　清澹雅局刻本　一冊

360000－1901－0029270　164892
**太醫院增補青囊藥性賦直解五卷醫方捷徑一卷增訂醫門初學萬金一統要訣不分卷**　(明)羅必煒訂　清李光明莊刻本　二冊

360000－1901－0029271　409181
**太醫院增補青囊藥性賦直解一卷醫方捷徑一卷**　(明)羅必煒訂　清大文堂刻本　一冊

360000－1901－0029272　409131
**太醫院增補青囊藥性賦直解一卷醫方捷徑一卷**　(明)羅必煒訂　清會友堂刻本　二冊

360000－1901－0029273　409132
**太醫院增補青囊藥性賦直解一卷醫方捷徑一卷**　(明)羅必煒訂　清會友堂刻本　一冊

360000－1901－0029274　409133
**太醫院增補青囊藥性賦直解一卷醫方捷徑一卷**　(明)羅必煒訂　清會友堂刻本　二冊

360000－1901－0029275　409126
**太醫院增補青囊藥性賦直解一卷醫方捷徑一卷**　(明)羅必煒訂　清積秀堂刻本　一冊

360000－1901－0029276　409127
**太醫院增補青囊藥性賦直解一卷醫方捷徑一卷**　(明)羅必煒訂　清積秀堂刻本　一冊

360000－1901－0029277　409138
**太醫院增補青囊藥性賦直解一卷醫方捷徑一卷**　(明)羅必煒訂　清姜文奎堂刻本　二冊

360000－1901－0029278　409147
**太醫院增補青囊藥性賦直解一卷醫方捷徑一卷**　(明)羅必煒訂　清近賢堂刻本　一冊

360000－1901－0029279　409129
**太醫院增補青囊藥性賦直解一卷醫方捷徑一卷**　(明)羅必煒訂　清刻本　一冊

360000－1901－0029280　409134
**太醫院增補青囊藥性賦直解一卷醫方捷徑一卷**　(明)羅必煒訂　清刻本　一冊

360000－1901－0029281　409135
**太醫院增補青囊藥性賦直解一卷醫方捷徑一卷**　(明)羅必煒訂　清刻本　一冊　存一卷(太醫院增補青囊藥性賦直解一卷)

360000－1901－0029282　409137
**太醫院增補青囊藥性賦直解一卷醫方捷徑一卷**　(明)羅必煒訂　清刻本　一冊

360000－1901－0029283　409146
**太醫院增補青囊藥性賦直解一卷醫方捷徑一卷**　(明)羅必煒訂　清刻本　一冊

360000－1901－0029284　409152
**太醫院增補青囊藥性賦直解一卷醫方捷徑一卷**　(明)羅必煒訂　清刻本　一冊

360000－1901－0029285　409153
**太醫院增補青囊藥性賦直解一卷醫方捷徑一卷**　(明)羅必煒訂　清刻本　一冊

360000－1901－0029286　409154
**太醫院增補青囊藥性賦直解一卷醫方捷徑一卷**　(明)羅必煒訂　清刻本　一冊

360000－1901－0029287　409156
**太醫院增補青囊藥性賦直解一卷醫方捷徑一卷**　(明)羅必煒訂　清刻本　一冊

360000－1901－0029288　409157
**太醫院增補青囊藥性賦直解一卷醫方捷徑一卷**　(明)羅必煒訂　清刻本　一冊

360000－1901－0029289　409158
**太醫院增補青囊藥性賦直解一卷醫方捷徑一卷**　(明)羅必煒訂　清刻本　一冊

360000－1901－0029290　409159
**太醫院增補青囊藥性賦直解一卷醫方捷徑一卷**　(明)羅必煒訂　清刻本　二冊

360000－1901－0029291　409175
**太醫院增補青囊藥性賦直解一卷醫方捷徑一卷**　(明)羅必熚訂　清刻本　一冊

360000－1901－0029292　409182
**太醫院增補青囊藥性賦直解一卷醫方捷徑一卷**　(明)羅必熚訂　清刻本　一冊

360000－1901－0029293　409183
**太醫院增補青囊藥性賦直解一卷醫方捷徑一卷**　(明)羅必熚訂　清刻本　一冊

360000－1901－0029294　409184
**太醫院增補青囊藥性賦直解一卷醫方捷徑一卷**　(明)羅必熚訂　清刻本　一冊

360000－1901－0029295　901932
**太醫院增補青囊藥性賦直解一卷醫方捷徑一卷**　(明)羅必熚訂　清刻本　一冊

360000－1901－0029296　901933
**太醫院增補青囊藥性賦直解一卷醫方捷徑一卷**　(明)羅必熚訂　清刻本　一冊

360000－1901－0029297　901934
**太醫院增補青囊藥性賦直解一卷醫方捷徑一卷**　(明)羅必熚訂　清刻本　一冊

360000－1901－0029298　901935
**太醫院增補青囊藥性賦直解一卷醫方捷徑一卷**　(明)羅必熚訂　清刻本　一冊

360000－1901－0029299　901936
**太醫院增補青囊藥性賦直解一卷醫方捷徑一卷**　(明)羅必熚訂　清刻本　一冊

360000－1901－0029300　901937
**太醫院增補青囊藥性賦直解一卷醫方捷徑一卷**　(明)羅必熚訂　清刻本　一冊　存一卷(太醫院增補青囊藥性賦直解一卷)

360000－1901－0029301　409121
**太醫院增補青囊藥性賦直解一卷醫方捷徑一卷**　(明)羅必熚訂　清兩儀堂刻本　一冊

360000－1901－0029302　409122
**太醫院增補青囊藥性賦直解一卷醫方捷徑一卷**　(明)羅必熚訂　清兩儀堂刻本　一冊

360000－1901－0029303　409124
**太醫院增補青囊藥性賦直解一卷醫方捷徑一卷**　(明)羅必熚訂　清兩儀堂刻本　一冊

360000－1901－0029304　409125
**太醫院增補青囊藥性賦直解一卷醫方捷徑一卷**　(明)羅必熚訂　清兩儀堂刻本　一冊

360000－1901－0029305　409139
**太醫院增補青囊藥性賦直解一卷醫方捷徑一卷**　(明)羅必熚訂　清兩儀堂刻本　一冊

360000－1901－0029306　409143
**太醫院增補青囊藥性賦直解一卷醫方捷徑一卷**　(明)羅必熚訂　清三秀堂刻本　一冊

360000－1901－0029307　409142
**太醫院增補青囊藥性賦直解一卷醫方捷徑一卷**　(明)羅必熚訂　清天祿閣刻本　一冊

360000－1901－0029308　409186
**太醫院增補青囊藥性賦直解一卷醫方捷徑一卷**　(明)羅必熚訂　清同治十三年(1874)本立堂刻本　一冊

360000－1901－0029309　409185
**太醫院增補青囊藥性賦直解一卷醫方捷徑一卷**　(明)羅必熚訂　清同治十三年(1874)文苑齋刻本　一冊

360000－1901－0029310　409140
**太醫院增補青囊藥性賦直解一卷醫方捷徑一卷**　(明)羅必熚訂　清文德堂刻本　一冊

360000－1901－0029311　409141
**太醫院增補青囊藥性賦直解一卷醫方捷徑一卷**　(明)羅必熚訂　清文德堂刻本　一冊

360000－1901－0029312　409145
**太醫院增補青囊藥性賦直解一卷醫方捷徑一卷**　(明)羅必熚訂　清文奎松記堂刻本　一冊

360000－1901－0029313　409130
**太醫院增補青囊藥性賦直解一卷醫方捷徑一卷**　(明)羅必熚訂　清文星堂刻本　一冊

360000－1901－0029314　409136

**太醫院增補青囊藥性賦直解一卷醫方捷徑一卷** (明)羅必煒訂 清芸香閣刻本 一册

360000-1901-0029315 802285
**太醫院增補青囊藥性賦直解醫方捷徑八卷首一卷末一卷** (明)羅必煒訂 清李光明莊刻本 一册 存二卷(八、末一卷)

360000-1901-0029316 800274
**太醫院增補青囊藥性賦直解醫方捷徑二卷** (明)羅必煒訂 清抄本 一册

360000-1901-0029317 409173
**太醫院增補青囊藥性賦直解醫方捷徑二卷** (明)羅必煒訂 清刻本 一册

360000-1901-0029318 409174
**太醫院增補青囊藥性賦直解醫方捷徑二卷** (明)羅必煒訂 清刻本 一册

360000-1901-0029319 409188
**太醫院增補青囊藥性賦直解醫方捷徑二卷** (明)羅必煒訂 清乾隆三十五年(1770)九經堂刻本 一册

360000-1901-0029320 122482
**太醫院增補青囊藥性賦直解醫方捷徑二卷** (明)羅必煒訂 **四言舉要不分卷** (宋)崔嘉彦撰 清刻本 一册

360000-1901-0029321 409190
**太醫院增補青囊藥性賦直解醫方捷徑十卷** (明)羅必煒訂 清光緒十九年(1893)文運書局刻本 一册 存六卷(一至六)

360000-1901-0029322 409168
**太醫院增補青囊藥性賦直解醫方捷徑十卷** (明)羅必煒訂 清光緒十四年(1888)刻本 二册

360000-1901-0029323 409189
**太醫院增補青囊藥性賦直解醫方捷徑十卷** (明)羅必煒訂 清光緒十五年(1889)刻本 一册

360000-1901-0029324 409169
**太醫院增補青囊藥性賦直解醫方捷徑十卷** (明)羅必煒訂 清刻本 二册

360000-1901-0029325 230520
**太乙秘典不分卷** (明)劉安國撰 清末抄本 三册

360000-1901-0029326 413018
**太乙山房陳大士易經讀一卷** (明)陳際泰撰 清刻本 一册

360000-1901-0029327 240726
**太乙山房文集十五卷** (明)陳際泰撰 **陳孝逸論一卷** (清)陳士驤撰 明崇禎六年(1633)繡谷李士奇刻本 八册

360000-1901-0029328 801535
**太乙山房文集十五卷** (明)陳際泰撰 **孝威論一卷** (明)陳士鳳撰 **陳孝逸論一卷** (明)陳士驤撰 明末刻本 一册 存二卷(孝威論一卷、陳孝逸論一卷)

360000-1901-0029329 162276
**太乙神針方一卷** (清)范培蘭撰 清光緒元年(1875)斌陞堂鉛印本 一册

360000-1901-0029330 308035-1
**太乙數統宗大全四十卷** (清)李自明撰 清刻本 二册 存六卷(二十四至二十九)

360000-1901-0029331 230526
**太乙數統宗大全四十卷** (清)李自明撰 清乾隆六十年(1795)刻本 十四册 存三十四卷(一至二十三、三十至四十)

360000-1901-0029332 407061
**太乙統宗寶鑒二十四卷** (元)曉山老人撰 清抄本 二十四册

360000-1901-0029333 230517
**太乙統宗寶鑒十九卷** (元)曉山老人撰 清道光抄本 十六册

360000-1901-0029334 404489
**太乙舟文集八卷** (清)陳用光撰 清道光十七年(1837)刻清頌堂叢書本 五册

360000-1901-0029335 711364
**太乙舟文集八卷** (清)陳用光撰 清刻本

一册　存一卷(五)

360000－1901－0029336　120230
**太乙舟文集八卷**　(清)陳用光撰　**附觀象居詩鈔二卷**　(清)陳蘭瑞撰　清道光二十三年(1843)孝友堂刻本　七册

360000－1901－0029337　120231
**太乙舟文集八卷**　(清)陳用光撰　**附觀象居詩鈔二卷**　(清)陳蘭瑞撰　清道光二十三年(1843)孝友堂刻本　八册

360000－1901－0029338　305740
**太元經易補注六卷**　(清)鄭維駒撰　清光緒十七年(1891)豐北三起書屋刻本　四册

360000－1901－0029339　121304
**泰和花園王氏遺集十二卷**　(清)王琨輯　清光緒二十七年(1901)王忠清堂刻本　三册

360000－1901－0029340　901472
**泰和集賢祠宗祀錄不分卷**　(清)楊楨編　清刻本　一册

360000－1901－0029341　121302
**泰和三梁文集**　(明)梁蘭等撰　清道光元年(1821)刻同治七年(1868)補刻本　十册

360000－1901－0029342　121303
**泰和三梁文集**　(明)梁蘭等撰　清道光元年(1821)刻同治七年(1868)補刻本　十册

360000－1901－0029343　121305
**泰和詩徵五十卷**　(清)王琨輯　清光緒三十年(1904)泰和蕭氏閑餘軒刻本　二十四册

360000－1901－0029344　121306
**泰和詩徵五十卷**　(清)王琨輯　清光緒三十年(1904)泰和蕭氏閑餘軒刻本　二十四册

360000－1901－0029345　160812
**泰律十二卷外編三卷**　(明)葛仲選撰　清光緒二十八年(1902)經正書院刻本　八册

360000－1901－0029346　160813
**泰律十二卷外編三卷**　(明)葛仲選撰　清光緒二十八年(1902)經正書院刻本　八册　存十四卷(二至十五)

360000－1901－0029347　164594
**泰泉集六十卷**　(明)黄佐撰　清刻本　十三册　存五十六卷(四至四十四、四十六至六十)

360000－1901－0029348　303211
**泰山道里記一卷**　(清)聶鈫撰　清光緒四年(1878)雨山堂刻本　一册

360000－1901－0029349　303212
**泰山志二十卷**　(清)金棨撰　清嘉慶十五年(1810)刻本　十册

360000－1901－0029350　311758
**泰山志二十卷**　(清)金棨撰　清嘉慶十五年(1810)刻本　十册

360000－1901－0029351　306244
**泰西各國采風記五卷**　宋育仁撰　清光緒二十二年(1896)袖海山房石印本　一册　存一卷(一)

360000－1901－0029352　401583
**泰西各國名家類要□□卷**　(清)□□譯　清末石印本　二册　存八卷(十一至十八)

360000－1901－0029353　401584
**泰西各國名人言行錄三十五卷**　(清)張兆蓉輯　清光緒二十九年(1903)上海書局石印本　六册　存十九卷(一至十二、二十九至三十五)

360000－1901－0029354　401588
**泰西各國名人言行錄十六卷**　(清)張兆蓉輯　清光緒二十九年(1903)明達聖教會石印本　五册　存十三卷(一至十三)

360000－1901－0029355　401589
**泰西各國名人言行錄十六卷**　(清)張兆蓉輯　清光緒二十九年(1903)明達聖教會石印本　二册　存八卷(一至四、十至十三)

360000－1901－0029356　401590
**泰西各國名人言行錄十六卷**　(清)張兆蓉輯　清光緒二十九年(1903)明達聖教會石印本　三册　存七卷(一至五、十二至十三)

360000－1901－0029357　401585
**泰西各國名人言行錄十六卷**　（清）張兆蓉輯　清光緒二十九年（1903）上海書局石印本　二册　存五卷（一至二、十四至十六）

360000－1901－0029358　401586
**泰西各國名人言行錄十六卷**　（清）張兆蓉輯　清光緒二十九年（1903）上海書局石印本　一册　存三卷（一至三）

360000－1901－0029359　401587
**泰西各國名人言行錄十六卷**　（清）張兆蓉輯　清光緒二十九年（1903）聖教會石印本　二册

360000－1901－0029360　303205
**泰西各國名人言行錄十六卷**　（清）張兆蓉輯　清末明達聖教會石印本　六册

360000－1901－0029361　308440
**泰西各國名人言行錄十六卷**　（清）張兆蓉輯　清末明達聖教會石印本　六册

360000－1901－0029362　401585－1
**泰西各國名人言行錄十六卷**　（清）張兆蓉輯　清末石印本　二册　存六卷（三至八）

360000－1901－0029363　401586－1
**泰西各國名人言行錄十六卷**　（清）張兆蓉輯　清末石印本　二册　存五卷（三至五、十至十一）

360000－1901－0029364　401589－1
**泰西各國名人言行錄十六卷**　（清）張兆蓉輯　清末石印本　一册　存二卷（十至十一）

360000－1901－0029365　401589－2
**泰西各國名人言行錄十六卷**　（清）張兆蓉輯　清末石印本　一册　存二卷（三至四）

360000－1901－0029366　303218
**泰西教育史二卷**　（日本）能勢榮撰　（清）葉瀚譯　清光緒二十七年（1901）金粟齋譯書社鉛印本　二册

360000－1901－0029367　406394
**泰西律例二卷**　（清）宜今室輯　清末石印本　一册

360000－1901－0029368　401578
**泰西事物起源二十三章**　（日本）澀江保編　（清）上海廣智書局譯　清光緒二十八年（1902）上海廣智書局鉛印本　一册

360000－1901－0029369　401577
**泰西是非學拾級三卷**　（英國）庫全英撰　（清）李永慶述　（清）白向義校　清宣統三年（1911）上海商務印書館鉛印本　一册

360000－1901－0029370　165160
**泰西水法六卷**　（意大利）熊三拔撰　（明）徐光啓筆記　清抄本　四册　存五卷（一至五）

360000－1901－0029371　603506
**泰西新史攬要二十四卷**　（英國）馬懇西撰　（英國）李提摩太譯　蔡爾康述　清光緒二十八年（1902）美華書館鉛印本　八册

360000－1901－0029372　306233
**泰西新史攬要二十四卷**　（英國）馬懇西撰　（英國）李提摩太譯　蔡爾康述　清光緒二十三年（1897）美華書館石印本　六册　存十九卷（四至十三、十六至二十四）

360000－1901－0029373　303215
**泰西新史攬要二十四卷**　（英國）馬懇西撰　（英國）李提摩太譯　蔡爾康述　清光緒二十一年（1895）上海廣學會刻本　八册

360000－1901－0029374　303216
**泰西新史攬要二十四卷**　（英國）馬懇西撰　（英國）李提摩太譯　蔡爾康述　清光緒二十一年（1895）上海廣學會刻本　八册

360000－1901－0029375　303214
**泰西新史攬要二十四卷**　（英國）馬懇西撰　（英國）李提摩太譯　蔡爾康述　清光緒三年（1877）上海廣學會刻本　八册

360000－1901－0029376　401579
**泰西新史攬要二十四卷**　（英國）馬懇西撰　（英國）李提摩太譯　蔡爾康述　清刻本　一册　存三卷（四至六）

360000－1901－0029377　401579－2
**泰西新史攬要二十四卷**　(英國)馬懇西撰　(英國)李提摩太譯　蔡爾康述　清刻本　二冊　存七卷(十七至二十三)

360000－1901－0029378　303206
**泰西新史攬要二十四卷**　(英國)馬懇西撰　(英國)李提摩太譯　蔡爾康述　清末鉛印本　八冊

360000－1901－0029379　401579－1
**泰西新史攬要二十四卷**　(英國)馬懇西撰　(英國)李提摩太譯　蔡爾康述　清末鉛印本　一冊　存四卷(十六至十九)

360000－1901－0029380　306229
**泰西新史攬要二十四卷**　(英國)馬懇西撰　(英國)李提摩太譯　蔡爾康述　清末石印本　二冊　存七卷(四至六、十六至十九)

360000－1901－0029381　303208
**泰西宣三鄉文會崇祀錄不分卷**　(清)漆敏求等撰　清光緒八年(1882)刻本　一冊

360000－1901－0029382　401576
**泰西學校論畧七卷教化議五卷**　(德國)花之安撰　清光緒二十三年(1897)上海商務印書館鉛印本　一冊

360000－1901－0029383　401576－1
**泰西學校論畧七卷教化議五卷**　(德國)花之安撰　清光緒二十三年(1897)上海商務印書館鉛印本　一冊

360000－1901－0029384　317672
**談天十八卷首一卷附表一卷**　(英國)侯失勒撰　(英國)偉烈亞力口譯　(清)李善蘭刪述　(清)徐建寅續述　清光緒二十二年(1896)上海著易堂石印本　四冊

360000－1901－0029385　304757
**談天十八卷首一卷附表一卷**　(英國)侯失勒撰　(英國)偉烈亞力口譯　(清)李善蘭刪述　(清)徐建寅續述　清光緒二十三年(1897)石印本　一冊　存十卷(一至九、首一卷)

360000－1901－0029386　309604
**談天十八卷首一卷附表一卷**　(英國)侯失勒撰　(英國)偉烈亞力口譯　(清)李善蘭刪述　(清)徐建寅續述　清光緒石印本　三冊

360000－1901－0029387　404820
**談天十八卷首一卷附表一卷**　(英國)侯失勒撰　(英國)偉烈亞力口譯　(清)李善蘭刪述　(清)徐建寅續述　清光緒石印本　一冊　存九卷(十一至十八、表一卷)

360000－1901－0029388　300307
**談天十八卷首一卷附表一卷**　(英國)侯失勒撰　(英國)偉烈亞力口譯　(清)李善蘭刪述　(清)徐建寅續述　清光緒五年(1879)江南製造總局刻本　四冊

360000－1901－0029389　404822－1
**談天十八卷首一卷附表一卷**　(英國)侯失勒撰　(英國)偉烈亞力口譯　(清)李善蘭刪述　(清)徐建寅續述　清刻本　一冊　存五卷(十四至十八)

360000－1901－0029390　404822
**談天十八卷首一卷附表一卷**　(英國)侯失勒撰　(英國)偉烈亞力口譯　(清)李善蘭刪述　(清)徐建寅續述　清同治十三年(1874)鉛印本　三冊

360000－1901－0029391　404821
**談天十八卷首一卷附表一卷**　(英國)侯失勒撰　(英國)偉烈亞力口譯　(清)李善蘭刪述　(清)徐建寅續述　清咸豐九年(1859)刻本　四冊

360000－1901－0029392　304756
**談藝珠叢**　(清)王啓原輯　清光緒十一年(1885)長沙玉尺山房刻本　四冊　存六種

360000－1901－0029393　403826
**壇廟祀典三卷**　(清)方觀承撰　清乾隆刻本　一冊　存一卷(下)

360000－1901－0029394　421579
**曇花記二卷**　(明)屠隆撰　清刻六十種曲本　一冊　存一卷(上)

360000－1901－0029395　421415
**曇花夢雜劇一卷**　（清）梁廷枬撰　（清）紅豆村樵評校　清刻本　一册

360000－1901－0029396　161254
**檀弓辨誣三卷**　（清）夏炘撰　清咸豐四年（1854）刻本　一册

360000－1901－0029397　210182
**檀弓二卷**　（宋）謝枋得批點　明萬曆四十四年（1616）閔齊伋刻朱墨套印本　一册

360000－1901－0029398　210183
**檀弓輯注二卷**　（明）陳與郊撰　明萬曆三十二年（1604）刻本　二册

360000－1901－0029399　210181
**檀弓記二卷**　（宋）謝枋得評點　（明）楊慎注　明溪香書屋刻合刻周秦經書十種本　一册

360000－1901－0029400　210184
**檀弓問四卷**　（清）張習孔撰　清康熙十四年（1675）詒清堂刻本　二册

360000－1901－0029401　210185
**檀弓纂二卷**　（清）舒興文撰　清乾隆七年（1742）刻本　一册

360000－1901－0029402　150488
**檀几叢書**　（清）王晫　（清）張潮輯　清康熙新安張氏霞舉堂刻本　二十三册　存一百三十種

360000－1901－0029403　150489
**檀几叢書**　（清）王晫　（清）張潮輯　清康熙新安張氏霞舉堂刻本　十六册　存一百五十四種

360000－1901－0029404　150490
**檀几叢書**　（清）王晫　（清）張潮輯　清康熙新安張氏霞舉堂刻本　十册　存一百五十一種

360000－1901－0029405　150490－1
**檀几叢書**　（清）王晫　（清）張潮輯　清康熙新安張氏霞舉堂刻本　一册　存二十七種

360000－1901－0029406　600354
**檀几叢書**　（清）王晫　（清）張潮輯　清康熙新安張氏霞舉堂刻本　四册　存四十二種

360000－1901－0029407　600355
**檀几叢書**　（清）王晫　（清）張潮輯　清康熙新安張氏霞舉堂刻本　三册　存二十三種

360000－1901－0029408　210159
**檀氏儀禮韻言塾課藏本二卷**　（清）檀萃撰　清乾隆五十三年（1788）刻本　二册

360000－1901－0029409　302504
**檀園集十二卷**　（明）李流芳撰　清刻本　四册

360000－1901－0029410　122599
**譚詩管見一卷**　（清）熊榮撰　清嘉慶七年（1802）刻本　一册

360000－1901－0029411　300309
**譚史志奇八卷**　（清）姚彦臣輯　清光緒十四年（1888）姚氏五知堂刻本　四册

360000－1901－0029412　405128
**譚誤四卷**　（明）馬朴撰　清刻本　一册　存二卷（三至四）

360000－1901－0029413　122602
**譚襄敏公遺集三卷首一卷末一卷**　（明）譚綸撰　清嘉慶二十四年（1819）刻本　五册

360000－1901－0029414　410363
**譚襄敏公遺集三卷首一卷末一卷**　（明）譚綸撰　清嘉慶二十四年（1819）刻本　三册　存四卷（一、三，首一卷，末一卷）

360000－1901－0029415　410361
**譚襄敏公遺集三卷首一卷末一卷**　（明）譚綸撰　清刻本　一册　存二卷（一、首一卷）

360000－1901－0029416　220520
**譚襄敏公奏議十卷**　（明）譚綸撰　明萬曆二十八年（1600）顧所有刻清康熙四十三年（1704）譚政重修本　五册

360000－1901－0029417　220521
**譚襄敏公奏議十卷**　（明）譚綸撰　清康熙三十七年（1698）木活字印本　八册

360000－1901－0029418　220522
**譚襄敏公奏議十卷**　(明)譚綸撰　清康熙四十三年(1704)御書樓刻本　八冊

360000－1901－0029419　220523
**譚襄敏公奏議十卷**　(明)譚綸撰　清康熙四十三年(1704)御書樓刻本　七冊

360000－1901－0029420　120794
**坦菴先生文集八卷附錄一卷**　(明)梁本之撰　清刻本　三冊

360000－1901－0029421　404534
**探本錄二十三卷**　(清)雲茂琦撰　清咸豐元年(1851)刻本　五冊　存二十一卷(一至二、五至二十三)

360000－1901－0029422　407784
**探杏譜一卷**　(清)□□輯　清光緒二年(1876)錢塘程恭壽刻本　一冊

360000－1901－0029423　803875
**嘆世無爲寶卷經不分卷**　(清)謝邦玉輯　清抄本　一冊

360000－1901－0029424　220194
**湯睡菴先生歷朝綱鑑全史七十卷首一卷**　(明)湯賓尹撰　(明)陳繼儒注　明萬曆刻本　七冊　存二十九卷(一至六、二十一至二十三、三十九至四十二、四十七至五十七、六十七至七十,首一卷)

360000－1901－0029425　162766
**湯頭歌訣一卷**　(清)汪昂撰　清康熙三十三年(1694)刻本　一冊

360000－1901－0029426　902240
**湯頭歌訣一卷**　(清)汪昂撰　清刻本　一冊

360000－1901－0029427　801847
**湯頭歌括一卷**　(清)汪昂撰　清抄本　一冊

360000－1901－0029428　802695
**湯頭歌括一卷**　(清)汪昂撰　清抄本　一冊

360000－1901－0029429　803409
**湯頭歌括一卷**　(清)汪昂撰　清抄本　一冊

360000－1901－0029430　803588
**湯頭歌括一卷**　(清)汪昂撰　清抄本　一冊

360000－1901－0029431　803591
**湯頭歌括一卷**　(清)汪昂撰　清抄本　一冊

360000－1901－0029432　801848
**湯頭各劑不分卷**　(清)張子青抄　清抄本　一冊

360000－1901－0029433　800290
**湯頭脈訣歌不分卷**　(□)□□撰　清抄本　一冊

360000－1901－0029434　220448
**湯文正公[斌]年譜定本二卷**　(清)方苞撰　(清)楊椿重編　清乾隆八年(1743)刻本　一冊

360000－1901－0029435　150350
**湯文正公全集**　(清)湯斌撰　清同治九年(1870)蘇廷魁等刻本　三十二冊

360000－1901－0029436　417759
**湯文正公全集**　(清)湯斌撰　清同治九年(1870)蘇廷魁等刻本　二十二冊

360000－1901－0029437　417759－1
**湯文正公全集**　(清)湯斌撰　清同治九年(1870)蘇廷魁等刻本　十冊　存二種

360000－1901－0029438　150351
**湯文正公遺書**　(清)湯斌撰　清刻本　六冊　存二種

360000－1901－0029439　230241
**湯液本草六卷**　(元)王好古撰　明刻本　一冊　存三卷(四至六)

360000－1901－0029440　901861
**湯液本草三卷**　(元)王好古撰　明刻東垣十書本　一冊　存一卷(下)

360000－1901－0029441　165012
**湯液本草三卷**　(元)王好古撰　清刻東垣十書本　一冊

360000－1901－0029442　241588

**湯義仍先生還魂記二卷五十五齣** (明)湯顯祖撰 明末張弘毅著壇刻玉茗堂四夢本 二冊

360000－1901－0029443 241589
**湯義仍先生還魂記二卷五十五齣** (明)湯顯祖撰 明末張弘毅著壇刻玉茗堂四夢本 六冊

360000－1901－0029444 241593
**湯義仍先生邯鄲夢記二卷三十齣** (明)湯顯祖撰 明末刻本 二冊

360000－1901－0029445 241594
**湯義仍先生南柯夢記二卷四十四齣** (明)湯顯祖撰 明末刻本 二冊

360000－1901－0029446 314296
**湯陰精忠廟志十卷** (明)張應登撰 清刻本 六冊

360000－1901－0029447 240862
**湯子遺書八卷** (清)湯斌撰 (清)蔡方炳 (清)張壎編 清康熙刻本 四冊

360000－1901－0029448 603596
**湯子遺書十卷附錄一卷** (清)湯斌撰 清刻本 九冊 存六卷(四至九)

360000－1901－0029449 417760
**湯子遺書十四卷** (清)湯斌撰 清乾隆六年(1741)樹德堂刻本 七冊 存七卷(一至二、五至六、九至十一)

360000－1901－0029450 403831
**唐百家詩** (明)朱警編 明嘉靖十九年(1540)刻本 一冊 存二種

360000－1901－0029451 722516
**唐才子傳十卷** (元)辛文房撰 清同治元年(1862)南海伍氏刻粵雅堂叢書本 一冊 存三卷(一至三)

360000－1901－0029452 411265
**唐丞相曲江張文獻公集十二卷** (唐)張九齡撰 **千秋金鑑錄五卷** 題(唐)張九齡撰 **附錄一卷** 清光緒十八年(1892)刻本 一冊 存三卷(唐丞相曲江張文獻公集一至三)

360000－1901－0029453 300969
**唐丞相曲江張文獻公集十二卷** (唐)張九齡撰 **千秋金鑑錄五卷** 題(唐)張九齡撰 **附錄一卷** 清光緒十六年(1890)鏡芙精舍刻本 五冊

360000－1901－0029454 240039
**唐丞相曲江張文獻公集十二卷** (唐)張九齡撰 **千秋金鑑錄五卷** 題(唐)張九齡撰 **附錄一卷** 清順治十四年(1657)曾弘、周日燦刻本 五冊

360000－1901－0029455 240040
**唐丞相曲江張文獻公集十二卷** (唐)張九齡撰 **千秋金鑑錄五卷** 題(唐)張九齡撰 **附錄一卷** 清雍正十三年(1735)張世緯、張世綱、張世績刻本 六冊

360000－1901－0029456 240041
**唐丞相曲江張文獻公集十二卷** (唐)張九齡撰 **千秋金鑑錄五卷** 題(唐)張九齡撰 **附錄一卷** 清雍正十三年(1735)張世緯、張世綱、張世績刻本 五冊

360000－1901－0029457 240042
**唐丞相曲江張文獻公集十二卷** (唐)張九齡撰 **千秋金鑑錄五卷** 題(唐)張九齡撰 **附錄一卷** 清雍正十三年(1735)張世緯、張世綱、張世績刻本 六冊

360000－1901－0029458 316714
**唐丞相曲江張文獻公集十二卷** (唐)張九齡撰 **千秋金鑑錄五卷** 題(唐)張九齡撰 **附錄一卷** 清雍正十三年(1735)張世緯、張世綱、張世績刻本 六冊

360000－1901－0029459 316715
**唐丞相曲江張文獻公集十二卷** (唐)張九齡撰 **千秋金鑑錄五卷** 題(唐)張九齡撰 **附錄一卷** 清雍正十三年(1735)張世緯、張世綱、張世績刻本 六冊

360000－1901－0029460 240117
**唐大家韓昌黎文公文選八卷** (唐)韓愈撰

(明)歸有光輯　(明)顧錫疇評　明崇禎刻四大家文選本　六冊

360000－1901－0029461　316432
**唐大家韓文公文抄十六卷**　(唐)韓愈撰　(明)茅坤批評　清刻本　一冊　存三卷(一至三)

360000－1901－0029462　603447
**唐大家柳柳州文鈔十二卷**　(唐)柳宗元撰　(明)茅坤評　清刻本　一冊　存四卷(二至五)

360000－1901－0029463　304546
**唐代叢書**　(清)王文誥輯　清嘉慶十一年(1806)刻本　四冊　存二十四種

360000－1901－0029464　304579
**唐代叢書**　(清)王文誥輯　清嘉慶十一年(1806)刻本　一冊　存四種

360000－1901－0029465　414919
**唐代叢書**　(清)王文誥輯　清嘉慶十一年(1806)刻本　一冊　存七種

360000－1901－0029466　410687
**唐代叢書**　(清)王文誥輯　清同治元年(1862)粵東同文書局刻本　十冊

360000－1901－0029467　230502
**唐段少卿酉陽雜俎前集二十卷續集十卷**　(唐)段成式撰　明萬曆三十六年(1608)李雲鵠刻本　四冊

360000－1901－0029468　414190
**皇朝經世文編一百二十卷**　(清)賀長齡輯　清光緒二十五年(1899)上海中西書局石印本　十八冊　存六十六卷(一至十三、十六至二十八、三十一至三十五、六十六至七十、七十六至八十、八十六至一百五、一百十六至一百二十)

360000－1901－0029469　164571
**唐國史補三卷**　(唐)李肇撰　明刻本　一冊

360000－1901－0029470　240098
**唐韓昌黎集四十卷附錄一卷外集十卷疑問一卷**　(唐)韓愈撰　(明)蔣之翹輯注　明崇禎六年(1633)蔣氏三徑草堂刻韓柳集本　十冊

360000－1901－0029471　240099
**唐韓昌黎集四十卷附錄一卷外集十卷疑問一卷**　(唐)韓愈撰　(明)蔣之翹輯注　明崇禎六年(1633)蔣氏三徑草堂刻韓柳集本　胡思敬跋　六冊　存十卷(唐韓昌黎集一至十)

360000－1901－0029472　240161
**唐黃御史集八卷附錄一卷**　(唐)黃滔撰　(宋)黃公度輯　明崇禎十一年(1638)黃鳴喬等刻本　四冊

360000－1901－0029473　302990
**唐黃御史集八卷附錄一卷**　(唐)黃滔撰　(宋)黃公度輯　清刻本　四冊

360000－1901－0029474　312090
**唐會要一百卷**　(宋)王溥撰　清乾隆武英殿木活字印武英殿聚珍版書本　二十三冊

360000－1901－0029475　800247
**唐鑑節略不分卷**　(清)魯瞻輯　清抄本　一冊

360000－1901－0029476　240633
**唐荆川先生文集十二卷**　(明)唐順之撰　明萬曆唐國達刻本　六冊

360000－1901－0029477　240634
**唐荆川先生文集十二卷**　(明)唐順之撰　明萬曆唐國達刻文林閣唐氏印本　八冊

360000－1901－0029478　410242
**唐荆川先生文選七卷**　(明)唐順之撰　清道光二十五年(1845)刻金元明八大家文選本　四冊

360000－1901－0029479　410243
**唐荆川先生文選七卷**　(明)唐順之撰　清道光二十五年(1845)刻金元明八大家文選本　三冊

360000－1901－0029480　717511
**唐荆川先生文選七卷**　(明)唐順之撰　清道光二十五年(1845)刻金元明八大家文選本

二冊　存五卷(三至七)

360000－1901－0029481　418305
**唐荊川先生纂輯武編前編六卷後編六卷**　(明)唐順之編　清木活字印本　十二冊

360000－1901－0029482　420047－1
**唐類函二百卷目録二卷**　(明)俞安期輯　明萬曆刻本　七冊　存二十八卷(一百七十三至二百)

360000－1901－0029483　250053
**唐類函二百卷目録二卷**　(明)俞安期輯　明萬曆刻本(卷一百二十三至一百二十四、一百二十七配抄本)　十九冊　存六十五卷(二至九、二十一至二十三、二十七至三十、三十六至三十八、四十三至四十五、五十四至五十八、七十一至七十四、八十八至九十三、九十五至一百、一百十至一百十二、一百二十二至一百二十四、一百二十七至一百二十九、一百四十八至一百五十、一百六十四至一百六十六、一百七十至一百七十二、一百八十五至一百八十九)

360000－1901－0029484　419297
**唐類函二百卷目録二卷**　(明)俞安期輯　明萬曆三十一年(1603)刻本　四十七冊　存一百九十二卷(一至一百五十三、一百六十二至二百)

360000－1901－0029485　250052
**唐類函二百卷目録二卷**　(明)俞安期輯　明萬曆三十一年(1603)刻文盛堂重修本　一百冊

360000－1901－0029486　415012
**唐李長吉詩集五卷首一卷**　(唐)李賀撰　(明)徐渭　(明)董懋策批注　清光緒三十二年(1906)會稽董金鑑刻本　一冊

360000－1901－0029487　415012－1
**唐李長吉詩集五卷首一卷**　(唐)李賀撰　(明)徐渭　(明)董懋策批注　清光緒三十二年(1906)會稽董金鑑刻本　一冊

360000－1901－0029488　415012－2
**唐李長吉詩集五卷首一卷**　(唐)李賀撰　(明)徐渭　(明)董懋策批注　清光緒三十二年(1906)會稽董金鑑刻本　一冊

360000－1901－0029489　415012－3
**唐李長吉詩集五卷首一卷**　(唐)李賀撰　(明)徐渭　(明)董懋策批注　清光緒三十二年(1906)會稽董金鑑刻本　一冊

360000－1901－0029490　415012－4
**唐李長吉詩集五卷首一卷**　(唐)李賀撰　(明)徐渭　(明)董懋策批注　清光緒三十二年(1906)會稽董金鑑刻本　一冊

360000－1901－0029491　411260
**唐李習之文集二卷**　(唐)李翺撰　清刻本　一冊

360000－1901－0029492　240118
**唐劉賓客詩集六卷**　(唐)劉禹錫撰　明嘉靖二十九年(1550)蔣孝刻廣十二家唐詩本　二冊　存三卷(四至六)

360000－1901－0029493　306155
**唐柳河東集四十五卷外集五卷附録一卷**　(唐)柳宗元撰　(明)蔣之翹輯注　清道光四年(1824)雙梧居刻本　八冊　存二十二卷(一至二十二)

360000－1901－0029494　414017
**唐柳河東集四十五卷外集五卷附録一卷**　(唐)柳宗元撰　(明)蔣之翹輯注　清道光四年(1824)雙梧居刻光緒二十四年(1898)南海梁志文補刻本　二十冊

360000－1901－0029495　240133
**唐柳河東集四十五卷外集五卷遺文一卷附録一卷**　(唐)柳宗元撰　(明)蔣之翹輯注　明崇禎六年(1633)蔣氏三徑草堂刻韓柳全集本　二冊　存五卷(外集二至五、附録一卷)

360000－1901－0029496　316451
**唐柳河東集四十五卷外集五卷遺文一卷附録一卷**　(唐)柳宗元撰　(明)蔣之翹輯注　明崇禎六年(1633)蔣氏三徑草堂刻韓柳全集本　十二冊

360000－1901－0029497　404916
**唐柳柳州文三卷**　(唐)柳宗元撰　清刻本　一冊

360000－1901－0029498　303940
**唐陸宣公翰苑集二十二卷**　(唐)陸贄撰　清咸豐十一年(1861)崇仁謝氏刻本　六冊　存二十卷(一至二十)

360000－1901－0029499　240090
**唐陸宣公翰苑集二十四卷**　(唐)陸贄撰　明萬曆三十五年(1607)陸基忠刻本　八冊

360000－1901－0029500　304414
**唐陸宣公翰苑集二十四卷**　(唐)陸贄撰　(清)張佩芳注　清光緒九年(1883)李氏師竹堂刻本　八冊

360000－1901－0029501　409911
**唐陸宣公翰苑集二十四卷**　(唐)陸贄撰　(清)張佩芳注　清乾隆張佩芳希音堂刻本　八冊

360000－1901－0029502　240079
**唐陸宣公集二十二卷**　(唐)陸贄撰　明弘治十五年(1502)于鳳喈刻本　六冊

360000－1901－0029503　240080
**唐陸宣公集二十二卷**　(唐)陸贄撰　明萬曆三十四年(1606)吳繼武光裕堂刻本　五冊　缺二卷(二十一至二十二)

360000－1901－0029504　240081
**唐陸宣公集二十二卷**　(唐)陸贄撰　明萬曆三十四年(1606)吳繼武光裕堂刻本　二冊　缺九卷(十四至二十二)

360000－1901－0029505　409909
**唐陸宣公集二十二卷**　(唐)陸贄撰　清道光二十七年(1847)刻本　八冊

360000－1901－0029506　409902
**唐陸宣公集二十二卷**　(唐)陸贄撰　清道光四年(1824)刻本　六冊

360000－1901－0029507　409903
**唐陸宣公集二十二卷**　(唐)陸贄撰　清道光四年(1824)刻本　二冊　存五卷(十八至二十二)

360000－1901－0029508　409897
**唐陸宣公集二十二卷**　(唐)陸贄撰　清光緒二十年(1894)上海鴻寶齋石印本　六冊

360000－1901－0029509　409898
**唐陸宣公集二十二卷**　(唐)陸贄撰　清光緒二十七年(1901)煥文書局石印本　四冊

360000－1901－0029510　409896
**唐陸宣公集二十二卷**　(唐)陸贄撰　清光緒十三年(1887)上海積山書局石印本　三冊　存十五卷(一至六、十四至二十二)

360000－1901－0029511　314314
**唐陸宣公集二十二卷**　(唐)陸贄撰　清嘉慶二十三年(1818)春暉堂刻本　六冊

360000－1901－0029512　409910
**唐陸宣公集二十二卷**　(唐)陸贄撰　清嘉慶二十三年(1818)春暉堂刻本　四冊　存十四卷(一至四、十至十三、十七至二十二)

360000－1901－0029513　309277
**唐陸宣公集二十二卷**　(唐)陸贄撰　清刻本　七冊　存十六卷(四至十、十四至二十二)

360000－1901－0029514　801958
**唐陸宣公集二十二卷**　(唐)陸贄撰　清末石印本　一冊　存八卷(十五至二十二)

360000－1901－0029515　409904
**唐陸宣公集二十二卷**　(唐)陸贄撰　清咸豐元年(1851)刻本　六冊　存五卷(十八至二十二)

360000－1901－0029516　409905
**唐陸宣公集二十二卷**　(唐)陸贄撰　清咸豐元年(1851)刻本　三冊　存十一卷(八至十五、十八至二十)

360000－1901－0029517　316780
**唐陸宣公集二十二卷**　(唐)陸贄撰　清咸豐元年(1851)閬中縣署刻本　十冊

360000－1901－0029518　240082

**唐陸宣公集二十二卷**　(唐)陸贄撰　清雍正元年(1723)年龔堯刻本　四冊

360000－1901－0029519　240083
**唐陸宣公集二十二卷**　(唐)陸贄撰　清雍正元年(1723)年龔堯刻本　八冊

360000－1901－0029520　240084
**唐陸宣公集二十二卷**　(唐)陸贄撰　清雍正元年(1723)年龔堯刻本　八冊

360000－1901－0029521　240085
**唐陸宣公集二十二卷**　(唐)陸贄撰　清雍正元年(1723)年龔堯刻本　八冊

360000－1901－0029522　240086
**唐陸宣公集二十二卷**　(唐)陸贄撰　清雍正元年(1723)年龔堯刻本　六冊

360000－1901－0029523　240087
**唐陸宣公集二十二卷**　(唐)陸贄撰　清雍正元年(1723)年龔堯刻本　五冊　缺二卷(二十一至二十二)

360000－1901－0029524　240088
**唐陸宣公集二十二卷**　(唐)陸贄撰　清雍正元年(1723)年龔堯刻本　五冊　缺四卷(四至七)

360000－1901－0029525　240089
**唐陸宣公集二十二卷**　(唐)陸贄撰　清雍正元年(1723)年龔堯刻本　四冊　缺六卷(十七至二十二)

360000－1901－0029526　409906
**唐陸宣公集二十二卷**　(唐)陸贄撰　清雍正元年(1723)年龔堯刻本　六冊

360000－1901－0029527　409907
**唐陸宣公集二十二卷**　(唐)陸贄撰　清雍正元年(1723)年龔堯刻本　六冊

360000－1901－0029528　709908
**唐陸宣公集二十二卷**　(唐)陸贄撰　清雍正元年(1723)年龔堯刻本　二冊　存六卷(十七至二十二)

360000－1901－0029529　803123
**唐陸宣公集二十二卷**　(唐)陸贄撰　清雍正元年(1723)年龔堯刻本　一冊　存五卷(八至十二)

360000－1901－0029530　409901
**唐陸宣公集二十二卷首一卷增輯一卷附錄一卷**　(唐)陸贄撰　清光緒二年(1876)江蘇書局刻本　六冊

360000－1901－0029531　240091
**唐陸宣公集二十四卷**　(唐)陸贄撰　明刻本　二冊　缺十卷(制誥一至五、奏議三至七)

360000－1901－0029532　313789
**唐陸宣公奏議十五卷唐陸宣公制誥十卷別集一卷**　(唐)陸贄撰　清光緒十一年(1885)淮南書局刻本　四冊

360000－1901－0029533　414208－1
**皇朝經世文三編八十卷**　(清)陳忠倚輯　清光緒二十七年(1901)上海書局石印本　一冊　存五卷(六至十)

360000－1901－0029534　404279
**唐眉山詩集十卷文集十四卷**　(宋)唐庚撰　清雍正三年(1725)汪亮采南陔草堂木活字印本　一冊　存十卷(唐眉山詩集十卷)

360000－1901－0029535　163379
**唐眉山文集十四卷**　(宋)唐庚撰　清雍正歸安汪氏刻本　一冊

360000－1901－0029536　418502
**唐女郎魚玄機詩一卷**　(唐)魚玄機撰　清光緒二十五年(1899)刻本　一冊

360000－1901－0029537　306660
**唐歐陽四門集八卷附錄一卷**　(唐)歐陽詹撰　清嘉慶十五年(1810)福鼎王氏麟後山房刻本　一冊　存五卷(一至五)

360000－1901－0029538　414208－2
**皇朝經世文三編八十卷**　(清)陳忠倚輯　清光緒二十七年(1901)上海書局石印本　四冊　存二十三卷(六至十、二十六至三十、五十三至五十五、七十一至八十)

360000－1901－0029539　240160
**唐皮日休文藪十卷**　（唐）皮日休撰　明正德十五年（1520）袁表刻本　四册

360000－1901－0029540　302472
**唐皮日休文藪十卷**　（唐）皮日休撰　清光緒八年（1882）郯城于氏刻本　一册

360000－1901－0029541　303593
**唐駢體文鈔十七卷**　（清）陳均輯　清嘉慶二十五年（1820）刻本　四册

360000－1901－0029542　304578
**唐駢體文鈔十七卷**　（清）陳均輯　清嘉慶二十五年（1820）刻本　一册　存四卷（一至四）

360000－1901－0029543　404282
**唐駢體文鈔十七卷**　（清）陳均輯　清嘉慶二十五年（1820）刻本　二册　存八卷（一至四、十至十三）

360000－1901－0029544　300117
**唐駢體文鈔十七卷**　（清）陳均輯　清同治十二年（1873）刻本　四册

360000－1901－0029545　241350
**唐七律選四卷**　（清）王錫等輯　清康熙刻本　二册

360000－1901－0029546　300090
**唐確慎公集十卷首一卷末一卷**　（清）唐鑑撰　清光緒元年（1875）刻本　六册

360000－1901－0029547　714859
**唐人賦鈔六卷**　（清）邱先德輯　（清）邱士超箋　清刻本　一册　存一卷（六）

360000－1901－0029548　714858
**唐人賦鈔六卷**　（清）邱先德輯　（清）邱士超箋　清同治刻本　六册

360000－1901－0029549　414153
**唐人賦鈔六卷**　（清）邱先德輯　（清）邱士超箋　清同治十三年（1874）木樨香山館刻本　六册

360000－1901－0029550　414154
**唐人賦鈔六卷**　（清）邱先德輯　（清）邱士超箋　清同治十三年（1874）木樨香山館刻本　六册

360000－1901－0029551　241347
**唐人七律神韻集一卷**　（清）王士禛輯　清初刻本　一册

360000－1901－0029552　300118
**唐人三家集**　（清）秦恩復輯　清道光十年（1830）江都秦氏石研齋刻本　四册

360000－1901－0029553　316616
**唐人三家集**　（清）秦恩復輯　清道光十年（1830）江都秦氏石研齋刻本　四册

360000－1901－0029554　417947
**唐人三家集**　（清）秦恩復輯　清宣統三年（1911）藏古圖書館影印本　七册

360000－1901－0029555　163357
**唐人試律說一卷**　（清）紀昀輯　清光緒五年（1879）刻本　一册

360000－1901－0029556　415032
**唐人試帖四卷**　（清）毛奇齡論定　（清）王錫　（清）田易參釋　清康熙刻本　一册

360000－1901－0029557　317318
**唐人說薈二十卷**　（清）陳世熙輯　清刻本　二十册

360000－1901－0029558　411012
**唐人說薈二十卷**　（清）陳世熙輯　清刻本　八册　存七卷（五至六、十二至十三、十六、十九至二十）

360000－1901－0029559　411012－1
**唐人說薈二十卷**　（清）陳世熙輯　清刻本　三册

360000－1901－0029560　410686
**唐人說薈二十卷**　（清）陳世熙輯　清同治三年（1864）雙門底緯文堂刻本　二十册

360000－1901－0029561　712818
**唐人萬首絕句選七卷**　（宋）洪邁輯　（清）王士禛選　清康熙洪氏松花書屋刻同治九年（1870）修補本　二册

360000－1901－0029562　712817
**唐人萬首絶句選七卷**　（宋）洪邁輯　（清）王士禛選　清康熙刻本　一册　存四卷（四至七）

360000－1901－0029563　121283
**唐人萬首絶句選七卷**　（宋）洪邁輯　（清）王士禛選　清刻本　二册

360000－1901－0029564　121284
**唐人萬首絶句選七卷**　（宋）洪邁輯　（清）王士禛選　清同治五年（1866）金陵書局刻本　二册

360000－1901－0029565　121285
**唐人萬首絶句選七卷**　（宋）洪邁輯　（清）王士禛選　清退補齋刻本　二册

360000－1901－0029566　300119
**唐人五十家小集**　（清）江標輯　清光緒二十一年（1895）元和江氏靈鶼閣刻本　十六册

360000－1901－0029567　300121
**唐人五十家小集**　（清）江標輯　清光緒二十一年（1895）元和江氏靈鶼閣刻本　十六册

360000－1901－0029568　304580
**唐人五十家小集**　（清）江標輯　清光緒二十一年（1895）元和江氏靈鶼閣刻本　十二册　存四十一家

360000－1901－0029569　410375
**唐人五十家小集**　（清）江標輯　清光緒二十一年（1895）元和江氏靈鶼閣刻本　一册　存十二家

360000－1901－0029570　404283
**唐人五言長律清麗集六卷**　（清）徐日璉　（清）沈士駿輯　清乾隆二十二年（1757）刻本　一册

360000－1901－0029571　404284
**唐人五言長律清麗集六卷**　（清）徐日璉　（清）沈士駿輯　清乾隆二十二年（1757）刻本　一册

360000－1901－0029572　404285
**唐人五言長律清麗集六卷**　（清）徐日璉　（清）沈士駿輯　清乾隆二十二年（1757）刻本　二册

360000－1901－0029573　404286
**唐人五言長律清麗集六卷**　（清）徐日璉　（清）沈士駿輯　清乾隆二十二年（1757）刻本　一册　存三卷（一至三）

360000－1901－0029574　404278
**唐人五言排律詩論三卷**　（清）蔣鵬翮編　清乾隆二十二年（1757）寒三草堂刻本　二册　存二卷（一至二）

360000－1901－0029575　410373
**唐人五言排律選十卷**　（元）李存輯　清刻本　四册

360000－1901－0029576　241152
**唐人選唐詩**　（明）毛晉編　明崇禎元年（1628）海虞毛氏汲古閣刻本　六册　存四種

360000－1901－0029577　163358
**唐人應試賦選八卷**　（清）劉文蔚　（清）姚亢宗輯　清乾隆二十五年（1760）蠡城探珠樓刻本　四册

360000－1901－0029578　415030
**唐人應試賦選八卷**　（清）劉文蔚　（清）姚亢宗輯　清乾隆二十五年（1760）蠡城探珠樓刻本　四册

360000－1901－0029579　415031
**唐人應試賦選八卷**　（清）劉文蔚　（清）姚亢宗輯　清乾隆二十五年（1760）蠡城探珠樓刻本　二册　存四卷（一至二、七至八）

360000－1901－0029580　241323
**唐三體詩六卷**　（宋）周弼輯　（清）高士奇補注　**續唐三體詩八卷**　（清）高士奇輯　清康熙高士奇朗潤堂刻本　四册

360000－1901－0029581　721742
**唐詩百家選六卷唐詩百家小傳一卷**　（清）黄世杰輯　清光緒十六年（1890）黄氏家塾刻本　二册　存三卷（唐詩百家選三至四、唐詩百

家小傳一卷）

360000－1901－0029582　722151
**唐詩百家選六卷唐詩百家小傳一卷**　（清）黄世杰輯　清光緒十六年（1890）黄氏家塾刻本　一册　存二卷（一至二）

360000－1901－0029583　241155
**唐詩百名家全集**　（清）席啓寓輯　清康熙四十一年（1702）洞庭席氏琴川書屋刻本　二十册　存四十二種

360000－1901－0029584　241156
**唐詩百名家全集**　（清）席啓寓輯　清康熙四十一年（1702）洞庭席氏琴川書屋刻本　八册　存十種

360000－1901－0029585　404280
**唐詩便讀四卷**　（□）□□輯　清光緒三年（1877）博古堂刻本　一册

360000－1901－0029586　241357
**唐詩別裁集十卷**　（清）沈德潛　（清）陳培脈輯　清康熙五十六年（1717）碧梧書屋刻本　十册

360000－1901－0029587　241358
**唐詩別裁集十卷**　（清）沈德潛　（清）陳培脈輯　清康熙五十六年（1717）碧梧書屋刻本　八册

360000－1901－0029588　241359
**唐詩別裁集十卷**　（清）沈德潛　（清）陳培脈輯　清康熙五十六年（1717）碧梧書屋刻本　五册

360000－1901－0029589　418588
**唐詩別裁集十卷**　（清）沈德潛　（清）陳培脈輯　清康熙五十六年（1717）刻本　四册　存八卷（一至四、七至十）

360000－1901－0029590　800698
**唐詩別裁集十卷**　（清）沈德潛　（清）陳培脈輯　清康熙五十六年（1717）刻本　一册　存六卷（五至十）

360000－1901－0029591　163374
**唐詩別裁集十卷**　（清）沈德潛　（清）陳培脈輯　清刻本　二册

360000－1901－0029592　418588－1
**唐詩別裁集十卷**　（清）沈德潛　（清）陳培脈輯　清刻本　一册　存二卷（九至十）

360000－1901－0029593　315874
**唐詩別裁集引典備註二十卷**　（清）沈德潛輯　（清）俞汝昌增注　清資善堂刻本　十册

360000－1901－0029594　316271
**唐詩別裁集引典備註二十卷**　（清）沈德潛輯　（清）俞汝昌增注　清資善堂刻本　十二册

360000－1901－0029595　418592
**唐詩別裁集引典備註二十卷**　（清）沈德潛撰　（清）俞汝昌增注　清刻本　六册　存九卷（一至九）

360000－1901－0029596　711836
**唐詩定編十四卷**　（清）金是瀛　（清）宋慶長輯　清康熙宋氏刻本　四册

360000－1901－0029597　404615
**唐詩分韻集錦不分卷**　（□）□□輯　清抄本　二册

360000－1901－0029598　164511
**唐詩古體類選六卷**　（□）□□輯　清抄本　六册

360000－1901－0029599　707485
**皇清經解**　（清）阮元輯　清光緒十三年（1887）上海書局石印本　四十册　存一百五種

360000－1901－0029600　418134
**唐詩鼓吹十卷**　（金）元好問輯　（元）郝天挺注　（明）廖文炳解　清刻本　三册　存六卷（一至二、六至七、九至十）

360000－1901－0029601　418135
**唐詩鼓吹十卷**　（金）元好問輯　（元）郝天挺注　（明）廖文炳解　清刻本　四册

360000－1901－0029602　418133－1
**唐詩鼓吹十卷**　（金）元好問輯　（元）郝天挺

注　(明)廖文炳解　清乾隆刻本　二册　存六卷(五至十)

360000－1901－0029603　418133

**唐詩鼓吹十卷**　(金)元好問輯　(元)郝天挺注　(明)廖文炳解　清乾隆十一年(1746)刻本　三册　存八卷(一至二、五至十)

360000－1901－0029604　241351

**唐詩貫珠六十卷**　(清)胡以梅輯並箋　清康熙五十四年(1715)素心堂刻本　十六册

360000－1901－0029605　418213

**唐詩貫珠六十卷**　(清)胡以梅輯並箋　清康熙五十四年(1715)素心堂刻本　十三册

360000－1901－0029606　418214

**唐詩貫珠六十卷**　(清)胡以梅輯並箋　清康熙五十四年(1715)素心堂刻本　十七册　存四十卷(一至二、十二至三十二、三十七至四十一、四十七至五十八)

360000－1901－0029607　163969

**唐詩歸三十六卷**　(明)鍾惺　(明)譚元春輯　明刻本　五册　存二十一卷(一至四、十六至二十四、二十九至三十六)

360000－1901－0029608　707486

**皇清經解**　(清)阮元輯　清光緒十三年(1887)上海書局石印本　二十一册　存五十二種

360000－1901－0029609　308667

**唐詩歸三十六卷**　(明)鍾惺　(明)譚元春輯　明刻詩歸本　九册　存二十三卷(一至七、十五至二十四、二十七至三十二)

360000－1901－0029610　308667－1

**唐詩歸三十六卷**　(明)鍾惺　(明)譚元春輯　明刻詩歸本　一册　存五卷(十一至十五)

360000－1901－0029611　241338

**唐詩歸三十六卷**　(明)鍾惺　(明)譚元春輯　明末刻詩歸本　三册　存十一卷(六至十、二十四至二十六、二十八至三十)

360000－1901－0029612　163969－1

**唐詩歸三十六卷**　(明)鍾惺　(明)譚元春輯　清刻本　一册　存二卷(十至十一)

360000－1901－0029613　308153

**唐詩歸三十六卷**　(明)鍾惺　(明)譚元春輯　清刻本　一册　存五卷(十四至十八)

360000－1901－0029614　403980

**唐詩合解十二卷**　(清)屈復撰　清嘉慶九年(1804)飛鴻堂刻本　四册

360000－1901－0029615　302565

**唐詩合解十二卷古詩合解四卷**　(清)王堯衢注　清光緒十八年(1892)江西兩儀堂刻本　四册

360000－1901－0029616　410571

**唐詩合選詳解十二卷**　(清)劉文蔚注　清光緒三年(1877)儒林閣刻本　六册

360000－1901－0029617　410639

**唐詩合選詳解十二卷**　(清)劉文蔚注　清可樓刻本　四册　存八卷(一至二、七至十二)

360000－1901－0029618　802227

**唐詩合選詳解十二卷**　(清)劉文蔚注　清刻本　一册　存二卷(三至四)

360000－1901－0029619　241366

**唐詩合選詳解十二卷**　(清)劉文蔚注　清乾隆五十二年(1787)英德堂刻本　四册　缺四卷(七至八、十一至十二)

360000－1901－0029620　241495

**唐詩紀事八十一卷**　(宋)計有功撰　明崇禎五年(1632)海虞毛氏汲古閣刻本　十六册

360000－1901－0029621　241496

**唐詩紀事八十一卷**　(宋)計有功撰　明崇禎五年(1632)海虞毛氏汲古閣刻本　二十册

360000－1901－0029622　241497

**唐詩紀事八十一卷**　(宋)計有功撰　明崇禎五年(1632)海虞毛氏汲古閣刻本　十四册　缺二十一卷(三十五至五十、五十六至六十)

360000－1901－0029623　315971

**唐詩紀事八十一卷**　(宋)計有功撰　明崇禎

五年(1632)海虞毛氏汲古閣刻本　九册

360000－1901－0029624　241494
**唐詩紀事八十一卷**　(宋)計有功撰　明嘉靖二十四年(1545)張子立刻本　二册　存八卷(一至五、二十三至二十五)

360000－1901－0029625　241493
**唐詩紀事八十一卷**　(宋)計有功撰　明嘉靖二十四年(1545)張子立刻本(卷十九至二十二配清抄本)　二十册

360000－1901－0029626　241333
**唐詩紀一百七十卷目録三十四卷**　(明)黄德水　(明)吳琯輯　明刻本　二十三册　缺十卷(目録一至十)

360000－1901－0029627　164023
**唐詩解五十卷**　(明)唐汝詢輯　明萬曆四十三年(1615)楊鶴刻本　十三册　存四十卷(七至四十六)

360000－1901－0029628　164024
**唐詩解五十卷**　(明)唐汝詢輯　明萬曆四十三年(1615)楊鶴刻本　一册　存五卷(十五至十九)

360000－1901－0029629　164025
**唐詩解五十卷**　(明)唐汝詢輯　清順治十六年(1659)趙孟龍萬笈堂刻本　六册　存二十一卷(一至十、十六至二十、四十五至五十)

360000－1901－0029630　241336
**唐詩解五十卷**　(明)唐汝詢輯　清順治十六年(1659)趙孟龍萬笈堂刻本　二册　存十三卷(十一至十五、三十一至三十八)

360000－1901－0029631　805268
**唐詩解五十卷**　(明)唐汝詢輯　清順治十六年(1659)趙孟龍萬笈堂刻本　二册　存十卷(二十一至二十四、三十九至四十四)

360000－1901－0029632　411263
**唐詩金粉十卷**　(清)沈炳震輯　清八杉齋刻本　一册　存二卷(九至十)

360000－1901－0029633　411262
**唐詩金粉十卷**　(清)沈炳震輯　清光緒十四年(1888)蜚英館石印本　一册

360000－1901－0029634　300082
**唐詩近體四卷**　(清)張錫麟評選　清光緒八年(1882)補讀山房刻本　二册

360000－1901－0029635　163968
**唐詩快十六卷**　(清)黄周星輯　清刻本　一册　存四卷(九至十二)

360000－1901－0029636　316838
**唐詩排律七卷**　(清)牟欽元輯　(清)牟瀜箋注　清康熙刻本　二册　存六卷(一至六)

360000－1901－0029637　241327
**唐詩品彙九十卷拾遺十卷詩人爵里詳節一卷**　(明)高棅輯　明刻本　二册　存十二卷(六十四至七十五)

360000－1901－0029638　241325
**唐詩品彙九十卷拾遺十卷詩人爵里詳節一卷**　(明)高棅輯　明末張恂刻本　十二册　存五十一卷(九至二十、四十六至五十一、五十六至六十二、七十一至八十六,拾遺十卷)

360000－1901－0029639　241326
**唐詩品彙九十卷拾遺十卷詩人爵里詳節一卷**　(明)高棅輯　明末張恂刻本　二册　存七卷(拾遺二至五、八至十)

360000－1901－0029640　241324
**唐詩品彙九十卷拾遺十卷詩人爵里詳節一卷**　(明)高棅輯　明屠隆刻本　十册　存十卷(拾遺十卷)

360000－1901－0029641　803733
**唐詩七言絶句不分卷**　(清)□□輯　清抄本　一册

360000－1901－0029642　300083
**唐詩三百首補注八卷**　(清)孫洙編　(清)陳婉俊補注　清光緒十一年(1885)四籐吟社刻本　四册

360000－1901－0029643　418709
**唐詩三百首不分卷**　(清)孫洙編　清大文堂

刻本　二册

360000－1901－0029644　418710
**唐詩三百首不分卷**　(清)孫洙編　清大文堂刻本　二册

360000－1901－0029645　418711
**唐詩三百首不分卷**　(清)孫洙編　清大文堂刻本　二册

360000－1901－0029646　418749
**唐詩三百首不分卷**　(清)孫洙編　清大文堂刻本　一册

360000－1901－0029647　163991
**唐詩三百首不分卷**　(清)孫洙編　清道光十七年(1837)婺城學餘堂刻本　二册

360000－1901－0029648　418751
**唐詩三百首不分卷**　(清)孫洙編　清道光十七年(1837)婺城學餘堂刻本　一册

360000－1901－0029649　418751－1
**唐詩三百首不分卷**　(清)孫洙編　清道光十七年(1837)婺城學餘堂刻本　一册

360000－1901－0029650　418699
**唐詩三百首不分卷**　(清)孫洙編　清敦仁堂刻本　一册

360000－1901－0029651　418702
**唐詩三百首不分卷**　(清)孫洙編　清桂華樓刻本　一册

360000－1901－0029652　418703
**唐詩三百首不分卷**　(清)孫洙編　清徽婺集古堂刻本　二册

360000－1901－0029653　418700
**唐詩三百首不分卷**　(清)孫洙編　清刻本　一册

360000－1901－0029654　418701
**唐詩三百首不分卷**　(清)孫洙編　清刻本　二册

360000－1901－0029655　418705
**唐詩三百首不分卷**　(清)孫洙編　清刻本　二册

360000－1901－0029656　418738
**唐詩三百首不分卷**　(清)孫洙編　清刻本　二册

360000－1901－0029657　418750
**唐詩三百首不分卷**　(清)孫洙編　清刻本　一册

360000－1901－0029658　418755
**唐詩三百首不分卷**　(清)孫洙編　清刻本　一册

360000－1901－0029659　418755－1
**唐詩三百首不分卷**　(清)孫洙編　清刻本　一册

360000－1901－0029660　418698
**唐詩三百首不分卷**　(清)孫洙編　清末鄂局鉛印本　二册

360000－1901－0029661　418725
**唐詩三百首不分卷**　(清)孫洙編　清虞山覽煇書屋戴氏刻本　一册

360000－1901－0029662　418706
**唐詩三百首二卷**　(清)孫洙編　清大文堂刻本　一册

360000－1901－0029663　418707
**唐詩三百首二卷**　(清)孫洙編　清大文堂刻本　一册

360000－1901－0029664　418708
**唐詩三百首二卷**　(清)孫洙編　清大文堂刻本　一册

360000－1901－0029665　418756
**唐詩三百首二卷**　(清)孫洙編　清嘉慶十二年(1807)金陵崇文堂刻本(卷下配清刻本)　二册

360000－1901－0029666　418704
**唐詩三百首二卷**　(清)孫洙編　清文富堂刻本　一册

360000－1901－0029667　418697

**唐詩三百首二卷** (清)孫洙編 清咸豐十一年(1861)刻本 二册

360000－1901－0029668 418736

**唐詩三百首六卷** (清)孫洙編 清道光二十年(1840)刻本 二册

360000－1901－0029669 418696

**唐詩三百首六卷** (清)孫洙編 清光緒十八年(1892)龍城曾氏刻本 二册

360000－1901－0029670 163369

**唐詩三百首六卷** (清)孫洙編 清會友堂刻本 一册

360000－1901－0029671 418749－1

**唐詩三百首六卷** (清)孫洙編 清會友堂刻本 一册 存二卷(一至二)

360000－1901－0029672 418749－2

**唐詩三百首六卷** (清)孫洙編 清刻本 二册 存四卷(一至二、五至六)

360000－1901－0029673 163383

**唐詩三百首續選一卷** (清)于慶元編 清道光二十年(1840)味菜軒刻本 二册

360000－1901－0029674 163384

**唐詩三百首續選一卷** (清)于慶元編 清道光二十年(1840)經綸堂刻本 二册

360000－1901－0029675 418730

**唐詩三百首續選一卷** (清)于慶元編 清光緒十三年(1887)湖南共賞書局刻本 一册

360000－1901－0029676 418729

**唐詩三百首續選一卷** (清)于慶元編 清經濟堂刻本 一册

360000－1901－0029677 308581－1

**唐詩三百首續選一卷** (清)于慶元編 清刻本 一册

360000－1901－0029678 418728

**唐詩三百首續選一卷** (清)于慶元編 清刻本 一册

360000－1901－0029679 800672

**唐詩三百首續選一卷** (清)于慶元編 清刻本 一册

360000－1901－0029680 418746

**唐詩三百首注疏六卷** (清)孫洙編 (清)章燮注 清道光三十年(1850)刻本 三册

360000－1901－0029681 603500

**唐詩三百首注疏六卷** (清)孫洙編 (清)章燮注 清道光十四年(1834)姑蘇會文堂刻本 二册

360000－1901－0029682 308581

**唐詩三百首注疏六卷** (清)孫洙編 (清)章燮注 清道光十四年(1834)古香閣刻本 六册

360000－1901－0029683 309889

**唐詩三百首注疏六卷** (清)孫洙編 (清)章燮注 清道光十四年(1834)兩儀堂刻本 一册 存四卷(一至四)

360000－1901－0029684 418747

**唐詩三百首注疏六卷** (清)孫洙編 (清)章燮注 清光緒十八年(1892)江陰寶文堂刻本 二册

360000－1901－0029685 418715

**唐詩三百首注疏六卷** (清)孫洙編 (清)章燮注 清刻本 三册

360000－1901－0029686 418717

**唐詩三百首注疏六卷** (清)孫洙編 (清)章燮注 清刻本 六册

360000－1901－0029687 418718

**唐詩三百首注疏六卷** (清)孫洙編 (清)章燮注 清刻本 六册

360000－1901－0029688 418745

**唐詩三百首注疏六卷** (清)孫洙編 (清)章燮注 清刻本 二册

360000－1901－0029689 418754

**唐詩三百首注疏六卷** (清)孫洙編 (清)章燮注 清刻本 二册 存三卷(一至三)

360000－1901－0029690 418754－1

**唐詩三百首注疏六卷**　(清)孫洙編　(清)章燮注　清刻本　一冊　存一卷(二)

360000－1901－0029691　418754－2
**唐詩三百首注疏六卷**　(清)孫洙編　(清)章燮注　清刻本　一冊　存一卷(二)

360000－1901－0029692　721776
**唐詩三百首注疏六卷**　(清)孫洙編　(清)章燮注　清刻本　一冊　存二卷(五至六)

360000－1901－0029693　418753
**唐詩三百首注疏六卷**　(清)孫洙編　(清)章燮注　清松盛堂刻本　二冊　存四卷(一至四)

360000－1901－0029694　418719
**唐詩三百首注疏六卷**　(清)孫洙編　(清)章燮注　清同治三年(1864)奉新宋氏卷雨樓刻本　六冊

360000－1901－0029695　418727
**唐詩三百首注疏六卷**　(清)孫洙編　(清)章燮注　**唐詩三百首續選一卷姓氏小傳一卷**　(清)于慶元編　清道光二十三年(1843)會友堂刻本　二冊　存四卷(一至二、唐詩三百首續選一卷、姓氏小傳一卷)

360000－1901－0029696　418720
**唐詩三百首注疏六卷**　(清)孫洙編　(清)章燮注　**唐詩三百首續選一卷姓氏小傳一卷**　(清)于慶元編　清光緒十六年(1890)寶慶益元書局刻本　四冊

360000－1901－0029697　418721
**唐詩三百首注疏六卷**　(清)孫洙編　(清)章燮注　**唐詩三百首續選一卷姓氏小傳一卷**　(清)于慶元編　清光緒十六年(1890)寶慶益元書局刻本　二冊　存四卷(一至二、五至六)

360000－1901－0029698　418722
**唐詩三百首注疏六卷**　(清)孫洙編　(清)章燮注　**唐詩三百首續選一卷姓氏小傳一卷**　(清)于慶元編　清光緒十六年(1890)石渠山房刻本　八冊

360000－1901－0029699　418723
**唐詩三百首注疏六卷**　(清)孫洙編　(清)章燮注　**唐詩三百首續選一卷姓氏小傳一卷**　(清)于慶元編　清光緒十六年(1890)石渠山房刻本　四冊

360000－1901－0029700　418752
**唐詩三百首注疏六卷**　(清)孫洙編　(清)章燮注　**唐詩三百首續選一卷姓氏小傳一卷**　(清)于慶元編　清光緒十年(1884)湖南學庫山房刻本　一冊　存三卷(一至二、姓氏小傳一卷)

360000－1901－0029701　418724
**唐詩三百首注疏六卷**　(清)孫洙編　(清)章燮注　**唐詩三百首續選一卷姓氏小傳一卷**　(清)于慶元編　清光緒十四年(1888)京師龍文閣書室刻本　六冊　存七卷(一至二、四至六,唐詩三百首續選一卷,姓氏小傳一卷)

360000－1901－0029702　418714
**唐詩三百首注疏六卷**　(清)孫洙編　(清)章燮注　**唐詩三百首續選一卷姓氏小傳一卷**　(清)于慶元編　清刻本　四冊

360000－1901－0029703　418731
**唐詩三百首注疏六卷**　(清)孫洙編　(清)章燮注　**唐詩三百首續選一卷姓氏小傳一卷**　(清)于慶元編　清刻本　五冊

360000－1901－0029704　418748
**唐詩三百首注疏六卷**　(清)孫洙編　(清)章燮注　**唐詩三百首續選一卷姓氏小傳一卷**　(清)于慶元編　清刻本　一冊　存二卷(唐詩三百首續選一卷、姓氏小傳一卷)

360000－1901－0029705　418748－1
**唐詩三百首注疏六卷**　(清)孫洙編　(清)章燮注　**唐詩三百首續選一卷姓氏小傳一卷**　(清)于慶元編　清刻本　一冊　存二卷(唐詩三百首續選一卷、姓氏小傳一卷)

360000－1901－0029706　418712
**唐詩三百首注疏六卷**　(清)孫洙編　(清)章燮注　**唐詩三百首續選一卷姓氏小傳一卷**

（清）于慶元編　清刻本（卷一至二配清近文堂刻本）　四册

360000－1901－0029707　418713
**唐詩三百首注疏六卷**　（清）孫洙編　（清）章燮注　**唐詩三百首續選一卷姓氏小傳一卷**　（清）于慶元編　清刻本（卷一至二配清聚秀堂刻本）　四册

360000－1901－0029708　300084
**唐詩三百首注疏六卷**　（清）孫洙編　（清）章燮注　**唐詩三百首注疏續選一卷**　（清）于慶元編　清道光十五年（1835）刻本　四册

360000－1901－0029709　163376
**唐詩三百首注疏六卷**　（清）孫洙編　（清）章燮注　**唐詩三百首注疏續選一卷**　（清）于慶元編　清道光十五年（1835）立言堂刻本　二册

360000－1901－0029710　163377
**唐詩三百首注疏六卷**　（清）孫洙編　（清）章燮注　**唐詩三百首注疏續選一卷**　（清）于慶元編　清道光十五年（1835）立言堂刻本　六册

360000－1901－0029711　418716
**唐詩三百首注疏六卷**　（清）孫洙編　（清）章燮注　**姓氏小傳一卷**　（清）于慶元編　清立言堂刻本（卷三配清刻本）　五册

360000－1901－0029712　418732
**唐詩三百首注疏六卷**　（清）孫洙編　（清）章燮注　**姓氏小傳一卷**　（清）于慶元編　清文奎堂刻本　三册

360000－1901－0029713　418733
**唐詩三百首注疏六卷**　（清）孫洙編　（清）章燮注　**姓氏小傳一卷**　（清）于慶元編　清文奎堂刻本　四册

360000－1901－0029714　418734
**唐詩三百首注疏六卷**　（清）孫洙編　（清）章燮注　**姓氏小傳一卷**　（清）于慶元編　清文奎堂刻本　三册

360000－1901－0029715　316169
**唐詩三百首註釋六卷**　（清）孫洙編　（清）章燮注　清光緒十四年（1888）龍文閣書室刻本　五册　存五卷（一、三至六）

360000－1901－0029716　316487
**唐詩三百首註釋六卷**　（清）孫洙編　（清）章燮注　**唐詩三百首續選一卷**　（清）于慶元編　清光緒十三年（1887）永州安定書局刻本　四册

360000－1901－0029717　415043
**唐詩試體分韻四卷**　（清）談苑輯　清乾隆二十五年（1760）刻本　三册　存三卷（一、三至四）

360000－1901－0029718　415043－1
**唐詩試體分韻四卷**　（清）談苑輯　清乾隆二十五年（1760）刻本　一册　存二卷（一至二）

360000－1901－0029719　412768
**唐詩試體分韻四卷首一卷末一卷**　（清）談苑編　清刻本　一册　存二卷（四、末一卷）

360000－1901－0029720　404905
**唐詩五言律句一卷**　（清）□□輯　清抄本　一册

360000－1901－0029721　802232
**唐詩五言排律金針八卷附杜少陵七言排律一卷**　（清）毛奇齡輯　（清）鄭雲峰評注　清刻本　一册　存六卷（四至八、杜少陵七言排律一卷）

360000－1901－0029722　404287
**唐詩諧律二卷**　（清）沈寶青選　清光緒十六年（1890）溧陽沈氏本　二册

360000－1901－0029723　404287－1
**唐詩諧律二卷**　（清）沈寶青選　清光緒十六年（1890）溧陽沈氏刻本　一册

360000－1901－0029724　163388
**唐詩諧律二卷**　（清）沈寶青選　清光緒十六年（1890）石印本　二册

360000－1901－0029725　163389

**唐詩諧律二卷**　(清)沈寶青選　清光緒十六年(1890)石印本　二冊

360000－1901－0029726　241330
**唐詩選七卷**　(明)李攀龍輯　(明)蔣一葵箋釋　(明)陳繼儒重訂　明刻本　三冊　缺二卷(一至二)

360000－1901－0029727　241329
**唐詩選七卷附錄一卷**　(明)李攀龍輯　(明)蔣一葵箋釋　(明)高江批點　明萬曆四十一年(1613)刻本　六冊　缺二卷(六至七)

360000－1901－0029728　417934
**唐詩英華二十二卷**　(清)顧有孝輯　清初顧氏寧遠堂刻本　六冊

360000－1901－0029729　404904
**唐詩應試備體十卷補遺一卷**　(清)葉忱　(清)葉棟編注　清最古園刻本　一冊　存四卷(四至七)

360000－1901－0029730　802790
**唐詩約□□卷**　(□)澹菴氏輯　清抄本　一冊　存二卷(六至七)

360000－1901－0029731　241339
**唐詩韻匯不分卷**　(清)施端教輯　清康熙嘯閣刻本　二十六冊

360000－1901－0029732　902518
**唐詩韻匯不分卷**　(清)施端教輯　清康熙嘯閣刻本　十五冊

360000－1901－0029733　404281
**唐詩摘鈔四卷**　(清)黄生選評　(清)程志淳訂正　清康熙六十一年(1722)是亦山房刻本　一冊

360000－1901－0029734　241328
**唐詩正聲二十二卷**　(明)高棅輯　明刻本　一冊　存四卷(一至四)

360000－1901－0029735　418122
**唐詩直解七卷**　(明)李攀龍輯　(明)葉羲昂直解　清初古吳陳長卿刻本　二冊　存五卷(一至三、六至七)

360000－1901－0029736　418121
**唐詩直解七卷**　(明)李攀龍輯　(明)葉羲昂直解　清刻本　二冊

360000－1901－0029737　418123
**唐詩直解七卷**　(明)李攀龍輯　(明)葉羲昂直解　清刻本　一冊　存二卷(一至二)

360000－1901－0029738　418124
**唐詩直解七卷**　(明)李攀龍輯　(明)葉羲昂直解　清乾隆二十八年(1763)雙峰堂刻本　四冊

360000－1901－0029739　418125
**唐詩直解七卷**　(明)李攀龍輯　(明)葉羲昂直解　清乾隆二十八年(1763)雙峰堂刻本　四冊

360000－1901－0029740　241331
**唐詩直解七卷首一卷**　(明)李攀龍輯　(明)葉羲昂直解　清博古齋刻本　一冊

360000－1901－0029741　241332
**唐詩直解七卷首一卷**　(明)李攀龍輯　(明)葉羲昂直解　清博古齋刻本　一冊

360000－1901－0029742　403905
**唐石經館彙訂書樣不分卷**　(□)□□輯　清刻本　一冊

360000－1901－0029743　418389
**唐石經考正一卷**　(清)王朝璩撰　清嘉慶五年(1800)刻本　一冊

360000－1901－0029744　122853
**唐石經考正一卷**　(清)王朝璩撰　清嘉慶五年(1800)尋孔顔樂處刻本　一冊

360000－1901－0029745　210367
**唐石經考正一卷**　(清)王朝璩撰　清乾隆五十五年(1790)刻本　一冊

360000－1901－0029746　404585
**唐氏蒙求三卷**　(清)唐仲冕撰　清嘉慶九年(1804)刻本　二冊

360000－1901－0029747　241363
**唐試律箋二卷附詮律舉例一卷**　(清)朱琰輯

清乾隆二十三年(1758)明德堂刻本　一册　缺一卷(諲律舉例一卷)

360000－1901－0029748　163966
**唐書二百二十五卷**　(宋)歐陽修　(宋)宋祁等撰　明崇禎二年(1629)毛氏汲古閣刻十七史本　三十册

360000－1901－0029749　707487
**皇清經解**　(清)阮元輯　清光緒十三年(1887)上海書局石印本　二十册　存五十一種

360000－1901－0029750　804978
**唐書二百二十五卷**　(宋)歐陽修　(宋)宋祁等撰　明崇禎二年(1629)毛氏汲古閣刻十七史本　八册　存四十六卷(七十五至一百二十)

360000－1901－0029751　220072
**唐書二百二十五卷**　(宋)歐陽修　(宋)宋祁等撰　明崇禎二年(1629)毛氏汲古閣刻十七史本　佚名朱批　十八册　存七十三卷(一至七十一、七十三至七十四)

360000－1901－0029752　306079
**唐書二百二十五卷**　(宋)歐陽修　(宋)宋祁等撰　清古吴書業趙氏刻本　三十九册　存二百二十卷(二至二十三、二十八至二百二十五)

360000－1901－0029753　805192
**唐書二百二十五卷**　(宋)歐陽修　(宋)宋祁等撰　清光緒十年(1884)上海同文書局影印本　六册　存二十三卷(一至六、二十五至三十、九十八至一百二、一百五十九至一百六十四)

360000－1901－0029754　306084
**唐書二百二十五卷**　(宋)歐陽修　(宋)宋祁等撰　清刻本　七册　存四十二卷(四十八至五十二、一百六十三至一百九十九)

360000－1901－0029755　308332
**唐書二百二十五卷**　(宋)歐陽修　(宋)宋祁等撰　清刻本　三册　存九卷(二百十五至二百二十三)

360000－1901－0029756　309795
**唐書二百二十五卷**　(宋)歐陽修　(宋)宋祁等撰　清刻本　二十六册　存一百四十五卷(三十四至七十二、七十五至一百、一百三十八至一百六十九、一百七十八至二百二十五)

360000－1901－0029757　603011－1
**唐書二百二十五卷**　(宋)歐陽修　(宋)宋祁等撰　清刻本　四十三册　存一百六十一卷(二至一百六十二)

360000－1901－0029758　902414
**唐書二百二十五卷**　(宋)歐陽修　(宋)宋祁等撰　清刻本　十八册　存一百七卷(九十八至一百五十二、一百六十五至二百十六)

360000－1901－0029759　604071
**唐書二百二十五卷**　(宋)歐陽修　(宋)宋祁等撰　清乾隆武英殿刻二十四史本　四册　存三十卷(八十三至一百十二)

360000－1901－0029760　309157
**唐書二百二十五卷**　(宋)歐陽修　(宋)宋祁等撰　清同治十二年(1873)浙江書局刻二十四史本　四十册

360000－1901－0029761　310983
**唐書二百二十五卷**　(宋)歐陽修　(宋)宋祁等撰　清同治十二年(1873)浙江書局刻二十四史本　四十册

360000－1901－0029762　311004
**唐書二百二十五卷**　(宋)歐陽修　(宋)宋祁等撰　清同治十二年(1873)浙江書局刻二十四史本　三十册

360000－1901－0029763　163965
**唐書二百二十五卷**　(宋)歐陽修　(宋)宋祁等撰　元大德九年(1305)建康路儒學刻明成化、弘治、嘉靖、萬曆南京國子監遞修本　二十八册　存一百六十四卷(一至六十、六十六至一百六十九)

360000－1901－0029764　163964

**唐書二百二十五卷** (宋)歐陽修 (宋)宋祁等撰 元大德九年(1305)建康路儒學刻明清遞修本 三十九册 存二百七卷(十一至七十五、八十二至二百二十、二百二十三下至二百二十五)

360000－1901－0029765 163967
**唐書二百二十五卷** (宋)歐陽修 (宋)宋祁等撰 元大德九年(1305)建康路儒學刻明清遞修本 三十五册 存一百九十五卷(一至四、十一至六十四、七十、九十至二百二十五)

360000－1901－0029766 400124
**唐書二百二十五卷** (宋)歐陽修 (宋)宋祁等撰 元大德九年(1305)建康路儒學刻明清遞修本 二十四册 存一百五十卷(一至六十、七十六至一百六十五)

360000－1901－0029767 310729
**唐書二百二十五卷** (宋)歐陽修 (宋)宋祁等撰 **釋音二十五卷** (宋)董衝撰 清末石印本 二十三册 存二百一卷(唐書五至十、三十七至六十、七十二至二百七、二百十六至二百二十五,釋音二十五卷)

360000－1901－0029768 220071
**唐書二百二十五卷** (宋)歐陽修 (宋)宋祁等撰 **釋音二十五卷** (宋)董衝撰 元大德九年(1305)建康路儒學刻明成化、弘治、嘉靖、萬曆、崇禎南京國子監遞修本 四十二册

360000－1901－0029769 306082
**唐書二百二十五卷** (宋)歐陽修 (宋)宋祁等撰 **釋音二十五卷** (宋)董衝撰 **舊唐書二百卷** (五代)劉昫等撰 清末影印本 十九册 存二百七十七卷(唐書三十至四十四、六十至七十一、九十六至一百十三、一百九十二至二百二十五,釋音二十五卷,舊唐書二十八至二百)

360000－1901－0029770 310825
**唐書合鈔二百六十卷唐書宰相世系表訂譌十二卷** (清)沈炳震撰 **唐書合鈔補正六卷** (清)丁子復撰 清刻本 八十册

360000－1901－0029771 312130
**唐書釋音二卷** (宋)董衝撰 清刻本 一册

360000－1901－0029772 902413
**唐書釋音二卷** (宋)董衝撰 清刻本 一册

360000－1901－0029773 301499
**唐書魏鄭公傳注一卷** 王先謙撰 清光緒九年(1883)長沙王氏刻本 一册

360000－1901－0029774 300108
**唐書西域傳注一卷** 沈惟賢撰 清光緒二十四年(1898)刻本 一册

360000－1901－0029775 800757
**唐四家詩八卷** (清)汪立名輯 清康熙刻本 一册 存二卷(韋蘇州詩集下、孟襄陽詩集上)

360000－1901－0029776 241147
**唐四家詩八卷** (清)汪立名輯 清康熙三十四年(1695)天都汪立名刻本 四册

360000－1901－0029777 300113
**唐四家詩集** (清)胡鳳丹輯 清光緒十三年(1887)湖北官書處刻本 五册

360000－1901－0029778 300104
**唐四家詩集** (清)胡鳳丹輯 清同治九年(1870)退補齋刻本 六册

360000－1901－0029779 316450
**唐四家詩集** (清)胡鳳丹輯 清同治九年(1870)退補齋刻本 六册

360000－1901－0029780 300112
**唐四家詩集** (清)胡鳳丹輯 清宣統三年(1911)掃葉山房石印本 五册

360000－1901－0029781 316125
**唐四家詩集** (清)胡鳳丹輯 清宣統三年(1911)上海掃葉山房石印本 四册 存三種

360000－1901－0029782 122896
**唐宋八大家古文正矩四卷** (清)王步青輯 (清)程巖評 清明經堂刻本 四册

360000－1901－0029783 413806

**唐宋八大家古文正矩四卷** （清）王步青輯 （清）程巖評 清明經堂刻本 一冊 存三卷（二至四）

360000－1901－0029784 413806－1
**唐宋八大家古文正矩四卷** （清）王步青輯 （清）程巖評 清明經堂刻本 二冊 存二卷（一、三）

360000－1901－0029785 300099
**唐宋八大家類選十四卷** （清）儲欣評 清光緒元年（1875）湖北崇文書局刻本 八冊

360000－1901－0029786 415009
**唐宋八大家類選十四卷** （清）儲欣評 清乾隆十年（1745）受祉堂刻本 八冊

360000－1901－0029787 415010
**唐宋八大家類選十四卷** （清）儲欣評 清乾隆十年（1745）受祉堂刻本 六冊

360000－1901－0029788 415011
**唐宋八大家類選十四卷** （清）儲欣評 清乾隆五十年（1785）二南堂刻本 六冊

360000－1901－0029789 415007
**唐宋八大家類選十四卷** （清）儲欣評 清同人堂刻本 四冊 存十二卷（一至二、四至七、九至十四）

360000－1901－0029790 415008
**唐宋八大家類選十四卷** （清）儲欣評 清同人堂刻本 三冊 存七卷（一至二、十至十四）

360000－1901－0029791 415008－1
**唐宋八大家類選十四卷** （清）儲欣評 清同人堂刻本 二冊 存六卷（一至二、十一至十四）

360000－1901－0029792 415008－2
**唐宋八大家類選十四卷** （清）儲欣評 清同人堂刻本 一冊 存二卷（十一至十二）

360000－1901－0029793 417976
**唐宋八大家文鈔** （明）茅坤輯 明崇禎四年（1631）茅著刻本 二十一冊 存八種

360000－1901－0029794 417977
**唐宋八大家文鈔** （明）茅坤輯 明崇禎元年（1628）刻本 二十九冊 存八種

360000－1901－0029795 241159
**唐宋八大家文鈔** （明）茅坤輯 明刻本 三十冊 存六種

360000－1901－0029796 707487－1
**皇清經解** （清）阮元輯 清光緒十三年（1887）上海書局石印本 三冊 存六種

360000－1901－0029797 417982
**唐宋八大家文鈔** （明）茅坤輯 清康熙四十二年（1703）雲林大盛堂刻本 十八冊 存五種

360000－1901－0029798 417983
**唐宋八大家文鈔** （明）茅坤輯 清康熙四十二年（1703）雲林大盛堂刻本 十四冊 存四種

360000－1901－0029799 417983－1
**唐宋八大家文鈔** （明）茅坤輯 清康熙四十二年（1703）雲林大盛堂刻本 九冊 存四種

360000－1901－0029800 241160
**唐宋八大家文鈔** （明）茅坤輯 清康熙四十五年（1706）刻本 三十九冊

360000－1901－0029801 241161
**唐宋八大家文鈔** （明）茅坤輯 清康熙四十五年（1706）刻本 三十二冊

360000－1901－0029802 241162
**唐宋八大家文鈔** （明）茅坤輯 清康熙四十五年（1706）刻本 五冊 存四種

360000－1901－0029803 309290
**唐宋八大家文鈔** （明）茅坤輯 清刻本 四冊 存四種

360000－1901－0029804 309302
**唐宋八大家文鈔** （明）茅坤輯 清刻本 九冊 存六種

360000－1901－0029805 309309
**唐宋八大家文鈔** （明）茅坤輯 清刻本 十

五冊　存四種

360000－1901－0029806　417981

**唐宋八大家文鈔**　(明)茅坤輯　清刻本　十九冊　存六種

360000－1901－0029807　304574

**唐宋八大家文鈔**　(明)茅坤輯　清皖省聚文堂刻本　六十一冊　存八種

360000－1901－0029808　417974

**唐宋八大家文鈔**　(明)茅坤輯　清皖省聚文堂刻本　四十四冊　存八種

360000－1901－0029809　417975

**唐宋八大家文鈔**　(明)茅坤輯　清皖省聚文堂刻本　五冊　存二種

360000－1901－0029810　417979

**唐宋八大家文鈔十二卷**　(明)茅坤等評　(清)盧元昌重訂　清順治十五年(1658)金閶王遇升刻本　二冊　存二卷(宋歐文忠公集選二、宋蘇文忠公集選一)

360000－1901－0029811　710208

**唐宋八大家文鈔十二卷**　(明)茅坤等評　(清)盧元昌重訂　清順治十五年(1658)金閶王遇升刻本　三冊　存三卷(宋蘇文忠公集選二卷、宋蘇文定公集選一卷)

360000－1901－0029812　414148

**唐宋八大家文分體讀本第一集八卷第二集八卷第三集八卷**　(清)汪份輯　清康熙五十八年(1719)遄喜齋刻本　四冊　存三卷(第一集一至三)

360000－1901－0029813　704010

**唐宋八大家文分體讀本第一集八卷第二集八卷第三集八卷**　(清)汪份輯　清康熙五十八年(1719)遄喜齋刻本　九冊　存七卷(第一集五、七,第二集六至八,第三集一至二)

360000－1901－0029814　714149

**唐宋八大家文分體讀本第一集八卷第二集八卷第三集八卷**　(清)汪份輯　清康熙五十八年(1719)遄喜齋刻本　四冊　存三卷(第一集一、三,第二集一)

360000－1901－0029815　714150

**唐宋八大家文分體讀本第一集八卷第二集八卷第三集八卷**　(清)汪份輯　清康熙五十八年(1719)遄喜齋刻本　三冊　存三卷(第一集四至五、八)

360000－1901－0029816　721763

**唐宋八大家文分體讀本第一集八卷第二集八卷第三集八卷**　(清)汪份輯　清康熙五十八年(1719)遄喜齋刻本　四冊　存四卷(第一集六、第二集一至三)

360000－1901－0029817　721763－1

**唐宋八大家文分體讀本第一集八卷第二集八卷第三集八卷**　(清)汪份輯　清康熙五十八年(1719)遄喜齋刻本　七冊　存七卷(第一集八,第二集四,第三集三、五至八)

360000－1901－0029818　721763－2

**唐宋八大家文分體讀本第一集八卷第二集八卷第三集八卷**　(清)汪份輯　清康熙五十八年(1719)遄喜齋刻本　六冊　存五卷(第一集四至五、七至八,第二集五)

360000－1901－0029819　721827

**唐宋八大家文分體讀本第一集八卷第二集八卷第三集八卷**　(清)汪份輯　清康熙五十八年(1719)遄喜齋刻本　四冊　存四卷(第二集一、三、五、七)

360000－1901－0029820　721827－1

**唐宋八大家文分體讀本第一集八卷第二集八卷第三集八卷**　(清)汪份輯　清康熙五十八年(1719)遄喜齋刻本　二冊　存二卷(第二集二至三)

360000－1901－0029821　714151

**唐宋八大家文分體讀本第一集八卷第二集八卷第三集八卷別附一卷**　(清)汪份輯　清康熙五十八年(1719)遄喜齋刻本　二冊　存二卷(第一集四、八)

360000－1901－0029822　241295

**唐宋八大家文分體讀本第一集八卷第二集八**

**卷第三集八卷附錄一卷**　(清)汪份輯　清康熙五十九年(1720)遄喜齋刻本　十五冊　缺二卷(第一集七至八)

360000－1901－0029823　241292
**唐宋八大家選二十四卷**　(明)鍾惺輯並評　(明)汪應魁刪訂　明崇禎五年(1632)汪應魁刻本　十八冊　缺一卷(二十二)

360000－1901－0029824　164303
**唐宋八大家選二十四卷**　(明)鍾惺輯並評　(明)汪應魁刪訂　明刻本　一冊　存二卷(二十一至二十二)

360000－1901－0029825　413808
**唐宋八家鈔八卷**　(清)高嵣集評　清刻本　二冊　存二卷(七至八)

360000－1901－0029826　413805
**唐宋八家精選層級集讀本四卷**　(清)吳煒編　(清)儲在陸評　清乾隆二十四年(1759)紫陽書院刻本　六冊

360000－1901－0029827　241296
**唐宋八家精選層級集讀本四卷**　(清)吳煒編　(清)儲在陸評　清乾隆二十四年(1759)紫陽書院刻本　四冊

360000－1901－0029828　414144
**唐宋八家文讀本三十卷**　(清)沈德潛輯　清光緒二十七年(1901)掃葉山房石印本　六冊

360000－1901－0029829　414145
**唐宋八家文讀本三十卷**　(清)沈德潛輯　清光緒二十七年(1901)掃葉山房石印本　六冊

360000－1901－0029830　414146
**唐宋八家文讀本三十卷**　(清)沈德潛輯　清光緒二十七年(1901)掃葉山房石印本　七冊　存二十六卷(一至二十六)

360000－1901－0029831　163378
**唐宋八家文讀本三十卷**　(清)沈德潛輯　清嘉慶十八年(1813)刻本　十冊

360000－1901－0029832　414140
**唐宋八家文讀本三十卷**　(清)沈德潛輯　清刻本　五冊　存二十九卷(一至四、六至三十)

360000－1901－0029833　414141
**唐宋八家文讀本三十卷**　(清)沈德潛輯　清刻本　九冊

360000－1901－0029834　414142
**唐宋八家文讀本三十卷**　(清)沈德潛輯　清刻本　七冊

360000－1901－0029835　414143
**唐宋八家文讀本三十卷**　(清)沈德潛輯　清刻本　五冊　存十三卷(四至六、十至十一、十五至二十、二十九至三十)

360000－1901－0029836　414154－1
**唐宋八家文讀本三十卷**　(清)沈德潛輯　清刻本　五冊　存十四卷(十七至三十)

360000－1901－0029837　414154－2
**唐宋八家文讀本三十卷**　(清)沈德潛輯　清刻本　十一冊　存二十一卷(十至三十)

360000－1901－0029838　414147
**唐宋八家文讀本三十卷**　(清)沈德潛輯　清末石印本　五冊　存十四卷(一至四、七至十、二十至二十五)

360000－1901－0029839　414147－1
**唐宋八家文讀本三十卷**　(清)沈德潛輯　清末石印本　四冊　存十八卷(六至十五、十九至二十六)

360000－1901－0029840　163390
**唐宋八家文讀本三十卷**　(清)沈德潛輯　清乾隆十五年(1750)小鬱林刻本　十二冊

360000－1901－0029841　163391
**唐宋八家文讀本三十卷**　(清)沈德潛輯　清乾隆十五年(1750)小鬱林刻本　十三冊　缺二卷(十三至十四)

360000－1901－0029842　308619
**唐宋八家文讀本三十卷**　(清)沈德潛輯　清乾隆十五年(1750)小鬱林刻本　十四冊　存二十九卷(二至三十)

360000－1901－0029843　414133
**唐宋八家文讀本三十卷**　(清)沈德潛輯　清乾隆十五年(1750)小欝林刻本　八冊

360000－1901－0029844　414134
**唐宋八家文讀本三十卷**　(清)沈德潛輯　清乾隆十五年(1750)小欝林刻本　二冊

360000－1901－0029845　414135
**唐宋八家文讀本三十卷**　(清)沈德潛輯　清乾隆十五年(1750)小欝林刻本　十二冊

360000－1901－0029846　414136
**唐宋八家文讀本三十卷**　(清)沈德潛輯　清乾隆十五年(1750)小欝林刻本　十冊

360000－1901－0029847　414137
**唐宋八家文讀本三十卷**　(清)沈德潛輯　清乾隆十五年(1750)小欝林刻本　十二冊

360000－1901－0029848　414138
**唐宋八家文讀本三十卷**　(清)沈德潛輯　清乾隆十五年(1750)小欝林刻本　十一冊　存二十九卷(一至二十四、二十六至三十)

360000－1901－0029849　414139
**唐宋八家文讀本三十卷**　(清)沈德潛輯　清乾隆十五年(1750)小欝林刻本　六冊　存十二卷(五至六、十至十一、二十至二十二、二十六至三十)

360000－1901－0029850　414139－1
**唐宋八家文讀本三十卷**　(清)沈德潛輯　清乾隆十五年(1750)小欝林刻本　三冊　存十一卷(五至八、十至十一、二十六至三十)

360000－1901－0029851　414139－2
**唐宋八家文讀本三十卷**　(清)沈德潛輯　清乾隆十五年(1750)小欝林刻本　一冊　存二卷(十至十一)

360000－1901－0029852　150276
**唐宋叢書**　(明)鍾人傑　(明)張遂辰輯　明刻本　二十七冊　存五十七種

360000－1901－0029853　150277
**唐宋叢書**　(明)鍾人傑　(明)張遂辰輯　明刻本　十冊　存二十二種

360000－1901－0029854　250166
**唐宋叢書**　(明)鍾人傑　(明)張遂辰輯　明刻本　一冊　存二種

360000－1901－0029855　718303
**唐宋叢書**　(明)鍾人傑　(明)張遂辰輯　明刻本　十九冊　存五十七種

360000－1901－0029856　150567
**唐宋叢書**　(明)鍾人傑　(明)張遂辰輯　明刻本　三十九冊　存四十六種

360000－1901－0029857　304566
**唐宋大家全集錄**　(清)儲欣編　清光緒八年(1882)江蘇書局刻本　十三冊　存八種

360000－1901－0029858　713814
**唐宋大家全集錄**　(清)儲欣編　清康熙四十二年(1703)松麟堂、遺清堂刻本　三十一冊　存七種

360000－1901－0029859　713815
**唐宋大家全集錄**　(清)儲欣編　清康熙四十二年(1703)松麟堂刻本　三冊　存三種

360000－1901－0029860　241163
**唐宋大家全集錄**　(清)儲欣編　清康熙四十四年(1705)刻本　四十冊

360000－1901－0029861　413816
**唐宋大家全集錄**　(清)儲欣編　清康熙遺清堂刻本　十二冊　存四種

360000－1901－0029862　413817
**唐宋大家全集錄**　(清)儲欣編　清康熙遺清堂刻本　十五冊　存五種

360000－1901－0029863　721210
**唐宋大家全集錄**　(清)儲欣編　清遺清堂刻本　十冊　存四種

360000－1901－0029864　804667
**唐宋名賢四六彙選不分卷**　(□)□□輯　清抄本　一冊

360000－1901－0029865　121277

**唐宋詩本七十六卷目錄八卷**　(清)戴第元輯　清光緒四年(1878)刻本　四十册

360000－1901－0029866　241235
**唐宋詩本七十六卷目錄八卷**　(清)戴第元輯　清乾隆三十八年(1773)覽珠堂刻本　四十二册

360000－1901－0029867　417663
**唐宋詩本七十六卷目錄八卷**　(清)戴第元輯　清乾隆三十八年(1773)覽珠堂刻本　十一册　存二十二卷(七至八、十三至十四、二十五至三十六、六十三至六十六、七十一至七十二)

360000－1901－0029868　163931
**唐宋諸賢絶妙詞選十卷中興以來絶妙詞選十卷**　(宋)黄昇輯　明末汲古閣刻本　五册

360000－1901－0029869　300131
**唐堂集五十卷補遺二卷續集八卷附冬錄一卷**　(清)黄之雋撰　清乾隆十二年(1747)刻本　十册　缺二卷(補遺二卷)

360000－1901－0029870　421345
**唐王燾先生外臺祕要方四十卷**　(唐)王燾撰　清末鉛印本　十二册　存三十卷(三至十三、二十至三十八)

360000－1901－0029871　421345－1
**唐王燾先生外臺祕要方四十卷**　(唐)王燾撰　清末鉛印本　一册　存二卷(三十至三十一)

360000－1901－0029872　164769
**唐王燾先生外臺秘要方四十卷**　(唐)王燾撰　清同治十三年(1874)翰墨園刻本　四十册

360000－1901－0029873　164770
**唐王燾先生外臺秘要方四十卷**　(唐)王燾撰　清同治十三年(1874)翰墨園刻本　三十七册　缺三卷(十六至十七、二十八)

360000－1901－0029874　300085
**唐文粹補遺二十六卷**　(清)郭麐輯　清光緒十一年(1885)江蘇書局刻本　四册

360000－1901－0029875　241370
**唐文粹删十卷**　(明)張溥輯　明末段君定刻古文五删本　六册

360000－1901－0029876　418182
**唐文粹詩選六卷**　(清)王士禛輯　清康熙刻本　一册

360000－1901－0029877　418182－1
**唐文粹詩選六卷**　(清)王士禛輯　清康熙刻本　一册

360000－1901－0029878　300080
**唐文粹一百卷**　(宋)姚鉉輯　清光緒九年(1883)江蘇書局刻本　十六册

360000－1901－0029879　304551
**唐文粹一百卷**　(宋)姚鉉輯　清光緒九年(1883)江蘇書局刻本　一册　存七卷(一至七)

360000－1901－0029880　417804
**唐文粹一百卷**　(宋)姚鉉輯　清光緒九年(1883)江蘇書局刻本　十四册　存八十八卷(一至五十五、六十一至七十九、八十七至一百)

360000－1901－0029881　417804－1
**唐文粹一百卷**　(宋)姚鉉輯　清光緒九年(1883)江蘇書局刻本　一册　存八卷(九十三至一百)

360000－1901－0029882　316662
**唐文粹一百卷**　(宋)姚鉉輯　**唐文粹補遺二十六卷**　(清)郭麐編　清光緒十六年(1890)杭州許氏榆園刻本　二十三册　缺四卷(九十七至一百)

360000－1901－0029883　316551
**唐文歸二十四卷**　(明)□□輯　明末古香齋刻本　一册　存一卷(十九)

360000－1901－0029884　241369
**唐文歸十卷**　(明)鍾惺輯並評　明崇禎集賢堂刻歷代文歸本　三册　缺四卷(一至四)

360000－1901－0029885　316261

**唐文恪公文集十六卷首一卷**　（明）唐文獻撰　清道光三十年（1850）賓研山房刻本　六冊

360000－1901－0029886　241157
**唐文吕選**　（清）吕留良輯　（清）董采評點　清康熙四十三年（1704）困學闇刻本　四冊

360000－1901－0029887　405708
**唐五代詞選三卷**　（清）成肇麐輯　清光緒刻詞選本　一冊

360000－1901－0029888　163368
**唐五言詩選二卷**　（清）董軾輯　清乾隆五十三年（1788）夜讀軒刻本　一冊

360000－1901－0029889　804878
**唐五言詩選二卷**　（清）董軾輯　清義順號刻本　一冊　存一卷（下）

360000－1901－0029890　404392
**唐五言詩選二卷**　（清）文和堂輯　清光緒二十七年（1901）婺邑文和堂刻本　一冊

360000－1901－0029891　411264
**唐五言詩選二卷**　（清）文和堂輯　清光緒二十七年（1901）婺邑文和堂刻本　一冊

360000－1901－0029892　411264－1
**唐五言詩選二卷**　（清）文和堂輯　清光緒二十七年（1901）婺邑文和堂刻本　一冊

360000－1901－0029893　411264－2
**唐五言詩選二卷**　（清）文和堂輯　清光緒二十七年（1901）婺邑文和堂刻本　一冊

360000－1901－0029894　411264－3
**唐五言詩選二卷**　（清）文和堂輯　清光緒二十七年（1901）婺邑文和堂刻本　一冊

360000－1901－0029895　411264－4
**唐五言詩選二卷**　（清）文和堂輯　清光緒二十七年（1901）婺邑文和堂刻本　一冊

360000－1901－0029896　800207
**唐五言詩選二卷**　（清）文和堂輯　清光緒二十七年（1901）婺邑文和堂刻本　一冊　存一卷（上）

360000－1901－0029897　800690
**唐賢三昧集箋註三卷**　（清）王士禛輯　（清）吳煊　（清）胡棠輯注　清乾隆五十二年（1787）聽雨齋刻本　一冊　存一卷（下）

360000－1901－0029898　417948
**唐賢三昧集三卷**　（清）王士禛輯　（清）吳煊　（清）胡棠輯注　清康熙刻本　一冊

360000－1901－0029899　417948－1
**唐賢三昧集三卷**　（清）王士禛輯　（清）吳煊　（清）胡棠輯注　清康熙刻本　一冊　存一卷（上）

360000－1901－0029900　122855
**唐賢三昧集三卷**　（清）王士禛輯　（清）吳煊　（清）胡棠輯注　清聽雨齋刻本　三冊　存二卷（二至三）

360000－1901－0029901　122854
**唐賢三昧集三卷**　（清）王士禛輯　（清）吳煊　（清）胡棠輯注　清宣統二年（1910）淵古齋石印本　六冊

360000－1901－0029902　241334
**唐雅同聲五十卷目錄二卷**　（明）毛應宗輯　明萬曆十六年（1588）毛謙依仁山館刻崇禎六年（1633）朱謀垔重修清順治印本　二十冊

360000－1901－0029903　241335
**唐雅同聲五十卷目錄二卷**　（明）毛應宗輯　明萬曆十六年（1588）毛謙依仁山館刻崇禎六年（1633）朱謀垔重修清順治印本　二冊　存八卷（四十五至五十、目錄二卷）

360000－1901－0029904　241337
**唐音戊籤二百一卷餘閏六十三卷餘諸國主詩一卷**　（明）胡震亨輯　清康熙二十五年（1686）海鹽胡氏南益堂刻本　二十二冊

360000－1901－0029905　164572
**唐英歌詩三卷**　（唐）吳融撰　清東山席氏琴川書屋刻本　一冊

360000－1901－0029906　800759
**唐應試六韻詩鈔一卷唐應制六韻詩鈔一卷**

（清）費錫璜　（清）汪玉樹輯　清刻本　一冊

360000－1901－0029907　300087
**唐語林八卷**　（宋）王讜撰　**附校勘記一卷**　（清）錢熙祚撰　清光緒十九年（1893）湖北官書處刻本　四冊

360000－1901－0029908　121292
**唐張中丞專祠錄五卷首一卷末一卷**　（清）侯慶勛輯　清光緒四年（1878）浮梁侯氏寶齋刻本　三冊

360000－1901－0029909　121293
**唐張中丞專祠錄五卷首一卷末一卷**　（清）侯慶勛輯　清光緒四年（1878）浮梁侯氏寶齋刻本　一冊　存三卷（一至二、首一卷）

360000－1901－0029910　413541
**唐摭言十五卷**　（唐）王定保撰　清乾隆二十一年（1756）盧見曾刻雅雨堂叢書本　六冊

360000－1901－0029911　413546
**唐摭言十五卷**　（唐）王定保撰　清乾隆二十一年（1756）盧見曾刻雅雨堂叢書本　一冊　存五卷（一至五）

360000－1901－0029912　315293
**唐中興間氣集二卷**　（唐）高仲武輯　清光緒十九年（1893）武進費氏刻本　二冊

360000－1901－0029913　301804
**棠谿文鈔八卷**　（清）沈用增撰　清光緒四年（1878）鄂城刻本　四冊

360000－1901－0029914　303601
**棠谿文鈔八卷**　（清）沈用增撰　清光緒四年（1878）鄂城刻本　四冊

360000－1901－0029915　165077
**棠陰比事一卷**　（宋）桂萬榮撰　清同治六年（1867）木樨山房木活字印本　一冊

360000－1901－0029916　120247
**塘南王先生友慶堂合稿七卷首一卷末一卷**　（明）王時槐撰　（明）賀沚編　清光緒三十三年（1907）刻本　六冊

360000－1901－0029917　121907
**塘南王先生友慶堂合稿七卷首一卷末一卷**　（明）王時槐撰　（明）賀沚編　清光緒三十三年（1907）刻本　六冊

360000－1901－0029918　800870
**塘南王先生友慶堂合稿七卷首一卷末一卷**　（明）王時槐撰　（明）賀沚編　清光緒三十三年（1907）刻本　六冊

360000－1901－0029919　804491
**塘溪劉氏大主會崇祀錄□□卷**　（清）大主會撰　清光緒元年（1875）刻本　一冊　存一卷（一）

360000－1901－0029920　802651
**韜畧元機六卷**　（宋）陳摶撰　（清）張自文輯　清刻本　一冊　存二卷（五至六）

360000－1901－0029921　313338
**匋雅二卷**　（清）陳瀏撰　清宣統二年（1910）上海朝記書莊石印本　四冊

360000－1901－0029922　305332
**匋雅二卷**　（清）陳瀏撰　清宣統二年（1910）書貴山房石印本　一冊　存一卷（上）

360000－1901－0029923　312652
**匋齋臧石記四十四卷首一卷匋齋臧甎記二卷**　（清）端方撰　清宣統元年（1909）石印本　十二冊

360000－1901－0029924　314221
**匋齋臧石記四十四卷首一卷陶齋臧甎記二卷**　（清）端方撰　清宣統元年（1909）石印本　十二冊

360000－1901－0029925　241076
**逃禪偶集四卷**　（清）劉子春撰　清乾隆五十一年（1786）刻本　一冊

360000－1901－0029926　123160
**桃花村盍簪錄一卷**　江峰青等撰　清光緒三十四年（1908）石印本　一冊

360000－1901－0029927　123004
**桃花村盍簪錄一卷浪游浪墨一卷**　江峰青等撰　清光緒三十四年（1908）刻本　一冊

360000－1901－0029928　416809
**桃花泉弈譜二卷**　(清)范世勳撰　清刻本　一冊　存一卷(上)

360000－1901－0029929　416809－1
**桃花泉弈譜二卷**　(清)范世勳撰　清刻本　一冊　存一卷(上)

360000－1901－0029930　801584
**桃花泉弈譜二卷**　(清)范世勳撰　清刻本　一冊　存一卷(上)

360000－1901－0029931　241599
**桃花扇傳奇二卷四十齣**　(清)孔尚任撰　清康熙刻本　二冊

360000－1901－0029932　241600
**桃花扇傳奇二卷四十齣**　(清)孔尚任撰　清康熙刻本　二冊

360000－1901－0029933　241598
**桃花扇傳奇二卷四十齣**　(清)孔尚任撰　清康熙四十七年(1708)刻本　二冊

360000－1901－0029934　421585
**桃花扇傳奇二卷四十齣**　(清)孔尚任撰　清康熙西園刻本　四冊

360000－1901－0029935　302650
**桃花扇傳奇二卷四十齣**　(清)孔尚任撰　清刻本　四冊

360000－1901－0029936　713122
**桃花扇傳奇二卷四十齣**　(清)孔尚任撰　清刻本　一冊　存一卷(下)九齣(三十二至四十)

360000－1901－0029937　163396
**桃花扇傳奇四卷四十齣**　(清)孔尚任撰　清西園刻本　四冊

360000－1901－0029938　721723
**桃花扇傳奇四卷四十齣首一卷**　(清)孔尚任撰　清光緒二十年(1894)寶善書局石印本　一冊　存一卷(一)十齣(一至十)

360000－1901－0029939　163397
**桃花扇傳奇四卷四十齣首一卷**　(清)孔尚任撰　清光緒三十三年(1907)蘭雪堂刻本　五冊

360000－1901－0029940　316936
**桃花扇傳奇四卷四十齣首一卷**　(清)孔尚任撰　清光緒三十一年(1905)蘭雪堂刻本　五冊

360000－1901－0029941　721709
**桃花扇傳奇四卷四十齣首一卷**　(清)孔尚任撰　清刻本　二冊　存二卷(二至三)二十齣(十一至三十)

360000－1901－0029942　721724
**桃花扇傳奇四卷四十齣首一卷**　(清)孔尚任撰　清刻本　一冊　存一卷(一)十齣(一至十)

360000－1901－0029943　721724－1
**桃花扇傳奇四卷四十齣首一卷**　(清)孔尚任撰　清刻本　二冊　存一卷(一)二十齣(一至二十)

360000－1901－0029944　800265
**桃花扇後序一卷**　(清)□□撰　清抄本　一冊

360000－1901－0029945　311753
**桃花源志二十四卷首一卷**　(清)胡鳳丹輯　清光緒三年(1877)永康胡氏退補齋刻本　十冊

360000－1901－0029946　802079
**桃溪潘氏歷世考妣墓圖記不分卷**　(清)□□輯　稿本　一冊

360000－1901－0029947　900934
**陶公祟祀名宦錄不分卷**　(清)□□撰　清光緒刻本　一冊

360000－1901－0029948　230217
**陶節庵傷寒全生集四卷**　(明)陶華撰　明末刻本　一冊　存一卷(二)

360000－1901－0029949　408100
**陶節庵傷寒全生集四卷**　(明)陶華撰　清咸豐八年(1858)養正堂刻本　一冊　存一卷

(一)

360000－1901－0029950　410624
**陶靖節集八卷附録一卷**　(晉)陶潛撰　清光緒五年(1879)傳忠書局刻本　二册

360000－1901－0029951　240027
**陶靖節集二卷**　(晉)陶潛撰　明萬曆四十六年至天啓五年(1618－1625)海虞毛氏緑君亭刻屈陶合刻本　二册

360000－1901－0029952　240030
**陶靖節集十卷總論一卷**　(晉)陶潛撰　(宋)湯漢箋注　明刻本　四册

360000－1901－0029953　240029
**陶靖節集十卷總論一卷**　(晉)陶潛撰　(宋)湯漢箋注　明萬曆十五年(1587)休陽程氏刻本　四册

360000－1901－0029954　240028
**陶靖節集十卷總論一卷**　(晉)陶潛撰　(宋)湯漢箋注　明萬曆四年(1576)周敬松刻本　四册

360000－1901－0029955　121526
**陶靖節紀事詩品四卷**　(清)鍾秀編　清同治十三年(1874)刻本　二册

360000－1901－0029956　410625
**陶靖節詩集四卷**　(晉)陶潛撰　(清)蔣薰評閲　(清)周文焜訂　清同文山房刻本　一册　存二卷(一至二)

360000－1901－0029957　121525
**陶靖節先生詩注四卷**　(晉)陶潛撰　(宋)湯漢注　清嘉慶元年(1796)海寧吳氏刻本　一册　存一卷(四)

360000－1901－0029958　121524
**陶靖節先生詩注四卷**　(晉)陶潛撰　(宋)湯漢注　**吳禮部别集一卷**　(元)吳師道撰　**黄文獻公筆記一卷**　(元)黄溍撰　清嘉慶元年(1796)海寧吳氏刻本　一册

360000－1901－0029959　410155
**陶樓雜著□□卷**　(清)黄彭年撰　清同治三年(1864)刻本　一册

360000－1901－0029960　304085
**陶廬雜録六卷**　(清)法式善撰　清嘉慶二十二年(1817)刻本　三册

360000－1901－0029961　304084
**陶門弟子集十六卷**　(清)蔡家琬撰　清嘉慶二十二年(1817)刻本　四册

360000－1901－0029962　163515
**陶山集十六卷**　(宋)陸佃撰　清乾隆四十一年(1776)武英殿木活字印本　二册

360000－1901－0029963　304087
**陶山集十六卷**　(宋)陸佃撰　清同治十三年(1874)江西書局刻武英殿聚珍版書本　四册

360000－1901－0029964　417668
**陶山集十六卷**　(宋)陸佃撰　清同治十三年(1874)江西書局刻武英殿聚珍版書本　四册

360000－1901－0029965　805397
**陶山集十六卷**　(宋)陸佃撰　清同治十三年(1874)江西書局刻武英殿聚珍版書本　一册　存五卷(一至五)

360000－1901－0029966　304086
**陶山文録十卷**　(清)唐仲冕撰　清道光二年(1822)刻本　四册

360000－1901－0029967　240032
**陶詩本義四卷**　(晉)陶潛撰　(清)馬墣注　清乾隆三十五年(1770)與善堂刻本　四册

360000－1901－0029968　163423
**陶詩彙評四卷**　(晉)陶潛撰　(清)温汝能輯　清宣統二年(1910)掃葉山房石印本　二册

360000－1901－0029969　304293
**陶詩彙評四卷**　(晉)陶潛撰　(清)温汝能輯　清宣統元年(1909)石印本　二册

360000－1901－0029970　410622
**陶詩集註四卷**　(晉)陶潛撰　(清)詹夔錫輯　清康熙三十三年(1694)西湖詹氏寶墨堂刻本　一册

360000－1901－0029971　410623
**陶詩集註四卷**　(晉)陶潛撰　(清)詹夔錫輯　清同人堂刻本　一冊　存二卷(一至二)

360000－1901－0029972　413192
**陶氏五宴詩集二卷**　(清)陶然等輯　清光緒二十一年(1895)木活字印本　二冊

360000－1901－0029973　230606
**陶說六卷**　(清)朱琰撰　清乾隆四十七年(1782)刻本　四冊

360000－1901－0029974　121522
**陶堂志微錄五卷**　(清)高心夔撰　(清)李鴻裔輯　清光緒八年(1882)平湖朱氏經注經齋刻高陶堂遺集本　二冊

360000－1901－0029975　121523
**陶堂志微錄五卷**　(清)高心夔撰　(清)李鴻裔輯　清光緒八年(1882)平湖朱氏經注經齋刻高陶堂遺集本　一冊　存三卷(一至三)

360000－1901－0029976　417802－1
**陶堂志微錄五卷**　(清)高心夔撰　(清)李鴻裔輯　清光緒八年(1882)平湖朱氏經注經齋刻高陶堂遺集本　二冊

360000－1901－0029977　601467
**陶堂志微錄五卷**　(清)高心夔撰　(清)李鴻裔輯　清光緒八年(1882)平湖朱氏經注經齋刻高陶堂遺集本　二冊　存三卷(一至三)

360000－1901－0029978　601468
**陶堂志微錄五卷**　(清)高心夔撰　(清)李鴻裔輯　清光緒八年(1882)平湖朱氏經注經齋刻高陶堂遺集本　一冊　存三卷(一至三)

360000－1901－0029979　306614
**陶文毅公全集六十四卷首一卷末一卷**　(清)陶澍撰　清道光二十年(1840)淮北士民刻本　十九冊　存五十四卷(一、十四至六十四,首一卷,末一卷)

360000－1901－0029980　308093
**陶文毅公全集六十四卷首一卷末一卷**　(清)陶澍撰　清道光二十年(1840)淮北士民刻本　二十四冊

360000－1901－0029981　315754
**陶文毅公全集六十四卷首一卷末一卷**　(清)陶澍撰　清道光二十年(1840)淮北士民刻本　二十四冊

360000－1901－0029982　315759
**陶文毅公全集六十四卷首一卷末一卷**　(清)陶澍撰　清道光二十年(1840)淮北士民刻本　十九冊　存五十五卷(十一至六十四、末一卷)

360000－1901－0029983　304091
**陶學士先生文集二十卷**　(明)陶安撰　(明)張祐校編　**陶學士事蹟一卷**　(明)費宏撰　**明翰林學士當塗陶主敬先生年譜一卷**　(清)夏炘輯　清同治六年(1867)永寧官廨刻本　六冊

360000－1901－0029984　316243
**陶學士先生文集二十卷**　(明)陶安撰　(明)張祐校編　**陶學士事蹟一卷**　(明)費宏撰　**明翰林學士當塗陶主敬先生年譜一卷**　(清)夏炘輯　清同治六年(1867)永寧官廨刻本　六冊　缺一卷(陶學士事蹟一卷)

360000－1901－0029985　316943
**陶學士先生文集二十卷**　(明)陶安撰　(明)張祐校編　**陶學士事蹟一卷**　(明)費宏撰　**明翰林學士當塗陶主敬先生年譜一卷**　(清)夏炘輯　清同治六年(1867)永寧官廨刻本　六冊

360000－1901－0029986　413191
**陶學士先生文集二十卷**　(明)陶安撰　(明)張祐校編　**陶學士事蹟一卷**　(明)費宏撰　**明翰林學士當塗陶主敬先生年譜一卷**　(清)夏炘輯　清同治六年(1867)永寧官廨刻本　一冊　存四卷(陶學士先生文集五至八)

360000－1901－0029987　414129
**陶菴全集二十卷**　(明)黃淳耀撰　清乾隆二十六年(1761)刻本　五冊

360000－1901－0029988　414130

**陶菴全集二十卷** (明)黄淳耀撰 清乾隆二十六年(1761)刻本 七册

360000－1901－0029989 240764
**陶菴全集二十三卷首一卷末一卷** (明)黄淳耀撰 (清)陶應鯤輯 清乾隆二十六年(1761)寶山縣學刻本 六册

360000－1901－0029990 240765
**陶菴全集二十三卷首一卷末一卷** (明)黄淳耀撰 (清)陶應鯤輯 清乾隆二十六年(1761)寶山縣學刻本 六册

360000－1901－0029991 240766
**陶菴詩集八卷補遺三卷** (明)黄淳耀撰 (清)陶應鯤輯 清乾隆二十六年(1761)寶山縣學刻陶菴全集本 二册

360000－1901－0029992 121529
**陶淵明集八卷首一卷末一卷** (晉)陶潛撰 清光緒五年(1879)廣州翰墨園刻朱墨套印本 二册

360000－1901－0029993 601523
**陶淵明集八卷首一卷末一卷** (晉)陶潛撰 清光緒五年(1879)廣州翰墨園刻朱墨套印本 二册

360000－1901－0029994 121527
**陶淵明集八卷首一卷末一卷** (晉)陶潛撰 清刻三色套印本 二册

360000－1901－0029995 121528
**陶淵明集八卷首一卷末一卷** (晉)陶潛撰 清刻三色套印本 四册

360000－1901－0029996 800235
**陶淵明集二卷** (晉)陶潛撰 清抄本 一册

360000－1901－0029997 121530
**陶淵明集十卷** (晉)陶潛撰 清光緒五年(1879)番禺俞秀山刻本 三册

360000－1901－0029998 121532
**陶淵明集十卷** (晉)陶潛撰 清光緒五年(1879)番禺俞秀山刻本 三册

360000－1901－0029999 123302
**陶淵明集十卷** (晉)陶潛撰 清宣統元年(1909)著易堂石印本 四册

360000－1901－0030000 417791
**陶淵明集十卷** (晉)陶潛撰 清宣統元年(1909)著易堂石印本 四册

360000－1901－0030001 240026
**陶淵明集十卷附録二卷** (晉)陶潛撰 明刻本 二册

360000－1901－0030002 164528
**黄帝陰符經集解三卷** (□)□□撰 清抄本 一册

360000－1901－0030003 121533
**陶淵明詩一卷** (晉)陶潛撰 清光緒元年(1875)刻本 二册

360000－1901－0030004 121534
**陶淵明詩一卷** (晉)陶潛撰 清光緒元年(1875)刻本 一册

360000－1901－0030005 121535
**陶淵明詩一卷** (晉)陶潛撰 清光緒元年(1875)刻本 一册

360000－1901－0030006 410627
**陶淵明詩一卷** (晉)陶潛撰 清光緒元年(1875)刻本 一册

360000－1901－0030007 410628
**陶淵明文集十卷** (晉)陶潛撰 清嘉慶元年(1796)湖海樓刻本 三册 存八卷(三至十)

360000－1901－0030008 304092
**陶元暉中丞遺集二卷首一卷** (明)陶朗先撰 清光緒二十四年(1898)蘭州書局刻本 一册

360000－1901－0030009 304093
**陶園文集八卷詩集二十四卷詩餘二卷** (清)張九鉞撰 清道光七年(1827)刻本 十二册

360000－1901－0030010 402282
**陶雲汀先生奏疏七十六卷** (清)陶澍撰 清刻本 三册 存六卷(四十九至五十、五十七至六十)

360000－1901－0030011　304088
**陶齋吉金續錄二卷**　(清)端方輯　清宣統元年(1909)金陵石印本　二册

360000－1901－0030012　241441
**滕王閣續集十九卷**　(明)李嗣京輯　明崇禎七年(1634)刻本　三册

360000－1901－0030013　123175
**滕王閣雅集錄一卷附錄一卷**　(清)王賡言輯　清道光元年(1821)刻本　一册

360000－1901－0030014　401980
**藤花筱舫字學不分卷**　(清)龍啓瑞　(清)王維珍輯　清光緒二年(1876)京都懿文齋刻本　二册

360000－1901－0030015　415153
**藤香草堂詩稿一卷**　(清)薛時雨撰　清咸豐十一年(1861)江西聚經堂刻本　一册

360000－1901－0030016　415153－1
**藤香草堂詩稿一卷**　(清)薛時雨撰　清咸豐十一年(1861)江西聚經堂刻本　一册

360000－1901－0030017　316406
**藤香館詞一卷**　(清)薛時雨撰　清同治五年(1866)刻本　一册

360000－1901－0030018　710670
**藤香館詞一卷**　(清)薛時雨撰　清同治五年(1866)刻本　一册

360000－1901－0030019　710683
**藤香館詞一卷**　(清)薛時雨撰　清同治五年(1866)刻本　一册

360000－1901－0030020　710684
**藤香館詩鈔四卷**　(清)薛時雨撰　清同治七年(1868)刻本　二册

360000－1901－0030021　710684－1
**藤香館詩鈔四卷**　(清)薛時雨撰　清同治七年(1868)刻本　一册　存一卷(二)

360000－1901－0030022　163230
**藤香館詩續鈔二卷**　(清)薛時雨撰　清同治十年(1871)刻本　一册

360000－1901－0030023　302780
**藤陰雜記十二卷**　(清)戴璐撰　清嘉慶五年(1800)石鼓齋刻本　四册

360000－1901－0030024　901482
**梯雲書院誌六卷**　(清)□□撰　清同治二年(1863)木活字印本　六册

360000－1901－0030025　901483
**梯雲書院誌六卷**　(清)□□撰　清同治二年(1863)木活字印本　三册　存三卷(一、三至四)

360000－1901－0030026　410973
**題減瑞袁浮賦疏一卷**　(清)辛鼎卿撰　清嘉慶二十三年(1818)刻本　一册

360000－1901－0030027　410973－1
**題減瑞袁浮賦疏一卷**　(清)辛鼎卿撰　清嘉慶二十三年(1818)刻本　一册

360000－1901－0030028　410973－2
**題減瑞袁浮賦疏一卷**　(清)辛鼎卿撰　清嘉慶二十三年(1818)刻本　一册

360000－1901－0030029　410973－3
**題減瑞袁浮賦疏一卷**　(清)辛鼎卿撰　清嘉慶二十三年(1818)刻本　一册

360000－1901－0030030　410973－4
**題減瑞袁浮賦疏一卷**　(清)辛鼎卿撰　清嘉慶二十三年(1818)刻本　一册

360000－1901－0030031　410973－5
**題減瑞袁浮賦疏一卷**　(清)辛鼎卿撰　清嘉慶二十三年(1818)刻本　一册

360000－1901－0030032　410973－6
**題減瑞袁浮賦疏一卷**　(清)辛鼎卿撰　清嘉慶二十三年(1818)刻本　一册

360000－1901－0030033　316122
**題江南曾文正公祠百詠不分卷**　朱孔彰撰　清光緒十三年(1887)金陵刻本　一册

360000－1901－0030034　241039
**題襟集一卷**　(清)江昱撰　清乾隆刻本　一册

360000－1901－0030035　407263
**題陰隲文圖證詩二卷**　(清)柳昌鼎撰　清刻本　一册　存一卷(下)

360000－1901－0030036　902113
**體操保身法不分卷**　(法國)勒羅阿撰　清光緒元年(1875)刻本　一册

360000－1901－0030037　303959
**體用十章四卷**　(英國)哈士烈撰　(清)孔慶高譯　清光緒十年(1884)羊城博濟醫局刻本　二册

360000－1901－0030038　308557
**體用十章四卷**　(英國)哈士烈撰　(清)孔慶高譯　清光緒十年(1884)羊城博濟醫局刻本　一册　存一卷(三)

360000－1901－0030039　407757
**惕夫詩鈔二十三卷**　(清)謝羨撰　清道光二十三年(1843)婺源刻本　一册　存六卷(一至六)

360000－1901－0030040　707758
**惕夫詩鈔二十三卷**　(清)謝羨撰　清道光二十三年(1843)婺源刻本　三册　存十四卷(一至十、十七至二十)

360000－1901－0030041　603593
**惕夫詩鈔二十三卷**　(清)謝羨撰　清刻本　一册　存五卷(十二至十六)

360000－1901－0030042　717933
**惕夫詩鈔三十二卷**　(清)謝羨撰　清道光二十九年(1849)刻本　一册　存四卷(七至十)

360000－1901－0030043　708138
**惕夫詩鈔三十二卷**　(清)謝羨撰　清刻本　四册　存十二卷(十一至十五、十七至二十三)

360000－1901－0030044　405519
**惕甫未定藁二十六卷**　(清)王芑孫撰　清刻本　三册　存七卷(五至九、十三至十四)

360000－1901－0030045　413901
**惕園初藁文二卷**　(清)陳庚煥撰　(清)姚椿輯　(清)李祖陶評點　清刻本　一册

360000－1901－0030046　405518
**惕園初藁文二卷**　(清)陳庚煥撰　(清)姚椿輯　(清)李祖陶評點　清刻國朝文錄本　一册

360000－1901－0030047　304997
**惕園全集**　(清)陳庚煥撰　清咸豐元年(1851)刻本　十一册

360000－1901－0030048　804131
**天寶圖十卷**　(□)□□撰　清刻本　一册　存二卷(三至四)

360000－1901－0030049　902459
**天寶圖十卷**　(清)隨安散人撰　清刻本　一册　存二卷(九至十)

360000－1901－0030050　300816
**天補樓行記一卷**　(清)李士棻撰　清光緒十一年(1885)木活字印本　一册

360000－1901－0030051　304943
**天補樓行記一卷**　(清)李士棻撰　清光緒十一年(1885)木活字印本　一册

360000－1901－0030052　162610
**天長宣氏三十六聲粉鐸圖詠一卷鐸餘逸韻一卷**　(清)宣鼎撰　**雪窗新語二卷**　(清)夏昌祺撰　清光緒二年(1876)鉛印本　一册

360000－1901－0030053　711161
**天成對偶一卷**　(清)程履豐輯　清抄本　一册

360000－1901－0030054　711390
**天崇合抄□卷**　(清)□□輯　清刻本　四册　存五卷(大學一,中庸一,下論一,中孟一、下孟一)

360000－1901－0030055　411322
**天崇十家文鈔十卷**　(清)王步青輯　清映旭齋刻本　九册

360000－1901－0030056　711391
**天崇文龍譽一集不分卷二集不分卷**　(清)何玉梁輯　清乾隆七年(1742)道樞書屋刻本

九册

360000－1901－0030057　711392
**天崇文龍䜭一集不分卷二集不分卷**　（清）何玉梁輯　清乾隆七年（1742）道樞書屋刻本　十五册

360000－1901－0030058　711387
**天崇文欣賞集註釋六卷**　（清）朱芬輯　清刻本　三册　存四卷（上論、下論，上孟、下孟）

360000－1901－0030059　711389
**天崇文選初集一卷二集一卷**　（清）孫見龍輯　清五華書院刻本　十五册

360000－1901－0030060　711388－1
**天崇欣賞集四卷**　（清）朱芬輯　清刻本　三册

360000－1901－0030061　407078
**天道溯原三卷**　（美國）丁韙良撰　清末鉛印本　一册

360000－1901－0030062　230638
**天方典禮擇要解二十卷後編一卷**　（清）劉智撰　清康熙楊斐菉刻本　二册　存十七卷（一至十七）

360000－1901－0030063　413846
**天蓋樓偶評不分卷**　（清）呂留良輯評　清康熙刻本　二册

360000－1901－0030064　403338
**天蓋樓四書語録四十六卷**　（清）呂留良評選（清）周在延編　清康熙刻本　一册　存十二卷（一至十二）

360000－1901－0030065　711369
**天繪閣初稾四卷**　（清）王仲湝撰　清嘉慶刻本　二册

360000－1901－0030066　800327
**天機切要口傳真訣一卷**　（□）何游撰　清抄本　一册

360000－1901－0030067　404391
**天經地義錄□□卷**　（清）□□撰　清同治十二年（1873）刻本　一册　存一卷（一）

360000－1901－0030068　707182
**天經或問後集不分卷**　（清）游藝撰　清潭水大集堂刻本　一册

360000－1901－0030069　230389
**天祿閣外史八卷**　題（漢）黄憲撰　明刻本　一册　存四卷（五至八）

360000－1901－0030070　230390
**天祿閣外史八卷**　題（漢）黄憲撰　（明）鍾惺評　明刻本　二册

360000－1901－0030071　230391
**天祿閣外史八卷**　題（漢）黄憲撰　（明）鍾惺評　明刻本　一册　存一卷（一）

360000－1901－0030072　400400
**天祿閣外史八卷**　題（漢）黄憲撰　（明）鍾惺評　清刻廣漢魏叢書本　一册　存四卷（五至八）

360000－1901－0030073　404391－1
**天祿識餘二卷**　（清）高士奇輯　清刻說鈴本　一册　存一卷（下）

360000－1901－0030074　241129
**天門詩文稿不分卷**　（清）吳雲撰　清抄本　三册

360000－1901－0030075　230585
**天瓶齋書畫題跋二卷**　（清）張照撰　（清）張祥河録　清乾隆三十八年（1773）刻本　一册

360000－1901－0030076　303484
**天聖明道本國語二十一卷**　（三國吳）韋昭解　**攷異四卷**　（清）汪遠孫撰　清同治八年（1869）湖北崇文書局刻本　四册

360000－1901－0030077　308078
**天聖明道本國語二十一卷**　（三國吳）韋昭解　**攷異四卷**　（清）汪遠孫撰　清同治八年（1869）湖北崇文書局刻本　五册

360000－1901－0030078　308080
**天聖明道本國語二十一卷**　（三國吳）韋昭解　**攷異四卷**　（清）汪遠孫撰　清同治八年（1869）湖北崇文書局刻本　五册

360000－1901－0030079　300800
**天瘦閣詩半六卷**　(清)李士棻撰　清光緒十一年(1885)木活字印本　三冊

360000－1901－0030080　300801
**天瘦閣詩半六卷**　(清)李士棻撰　清光緒十一年(1885)木活字印本　三冊

360000－1901－0030081　300803
**天瘦閣詩半六卷**　(清)李士棻撰　清光緒十一年(1885)木活字印本　三冊

360000－1901－0030082　304941
**天瘦閣詩半六卷**　(清)李士棻撰　清光緒十一年(1885)木活字印本　一冊　存二卷(五至六)

360000－1901－0030083　304942
**天瘦閣詩半六卷**　(清)李士棻撰　清光緒十一年(1885)木活字印本　二冊　存五卷(一至三、五至六)

360000－1901－0030084　220757
**天台山全志十八卷**　(清)張聯元輯　清康熙五十六年(1717)刻本　一冊　存三卷(十四至十六)

360000－1901－0030085　406873
**天台四教儀一卷**　(高麗)釋諦觀輯　**附始終心要一卷**　(唐)釋湛然撰　(宋)釋從義注　**天台八教大意一卷**　(唐)釋灌頂撰　清宣統元年(1909)揚州藏經院刻本　一冊

360000－1901－0030086　165135
**天文不分卷**　(□)□□輯　清抄本　四冊

360000－1901－0030087　411284
**天文大象賦二卷**　(隋)李播撰　(唐)苗爲注　(清)孫之騄補　清咸豐六年(1856)江陰六嚴刻本　一冊　存一卷(上)

360000－1901－0030088　300806
**天文地球圖說三卷續編二卷**　(清)華蘅芳筆述　清光緒二十四年(1898)上海石印本　四冊

360000－1901－0030089　300811
**天文地學歌括二卷**　(清)葉瀚　(清)葉瀾撰　清光緒二十四年(1898)湖南三餘書局刻本　一冊

360000－1901－0030090　416510
**天文歌畧一卷**　(清)葉瀾撰　**地學歌畧一卷**　(清)葉瀚　(清)葉瀾撰　清光緒二十三年(1897)成都志古堂刻本　一冊

360000－1901－0030091　803522
**天文歌畧一卷**　(清)葉瀾撰　**地學歌畧一卷**　(清)葉瀚　(清)葉瀾撰　清刻本　一冊

360000－1901－0030092　317691
**天文揭要二卷**　(美國)赫士口譯　(清)周文源筆述　清光緒二十四年(1898)上海益智書會鉛印本　二冊

360000－1901－0030093　317741
**天文揭要二卷**　(美國)赫士口譯　(清)周文源筆述　清光緒二十四年(1898)上海益智書會鉛印本　一冊

360000－1901－0030094　300804
**天文啟蒙七卷首一卷**　(英國)艾約瑟譯　清光緒十二年(1886)總稅務司署刻西學啟蒙本　一冊

360000－1901－0030095　230504
**天文書四卷**　(明)海達兒等口授　(明)李翀　(明)吳伯宗譯　清抄本　四冊

360000－1901－0030096　804242
**天文算學部□□卷**　(□)□□撰　清刻本　一冊　存三卷(二至四)

360000－1901－0030097　120195
**天文算學纂要二十卷首一卷附國朝萬年書二卷推測易知四卷**　(清)陳松撰　清光緒十三年(1887)樹德堂刻本　二十四冊

360000－1901－0030098　120196
**天文算學纂要二十卷首一卷附國朝萬年書二卷推測易知四卷**　(清)陳松撰　清光緒十三年(1887)樹德堂刻本　十六冊　缺二卷(推測易知一至二)

360000－1901－0030099　161579

**天下才子必讀書十五卷**　（清）金人瑞選評　清康熙二十二年（1683）卓觀堂刻本　五冊

360000－1901－0030100　411048

**天下才子必讀書十五卷**　（清）金人瑞選評　清康熙刻本　九冊　存十三卷（一、三、五至十五）

360000－1901－0030101　402930

**天下才子必讀書十五卷末一卷**　（清）金人瑞選評　清刻本　二冊　存四卷（一至四）

360000－1901－0030102　401736

**天下郡國利病書詳節十八卷**　（清）顧炎武撰　（清）蔣錫礽節錄　清光緒二十八年（1902）紹文石印書局石印本　三冊　存七卷（一至七）

360000－1901－0030103　313318

**天下郡國利病書一百二十卷**　（清）顧炎武撰　清道光龍萬育敷文閣刻本　五十四冊　存九十三卷（一至二十七、五十五至一百二十）

360000－1901－0030104　304948

**天下郡國利病書一百二十卷**　（清）顧炎武撰　清道光龍萬育敷文閣刻光緒五年（1879）蜀南桐花書屋薛氏家塾重修本　七十五冊　存一百四卷（十一至二十五、二十七至四十九、五十一至六十四、六十九至一百二十）

360000－1901－0030105　304949

**天下郡國利病書一百二十卷**　（清）顧炎武撰　清道光龍萬育敷文閣刻光緒五年（1879）蜀南桐花書屋薛氏家塾重修本　三十八冊　存七十五卷（一至七、十一至十三、十六至二十二、二十六、二十八至三十七、三十九至四十、四十九至五十七、六十一至六十七、六十九至七十七、八十二至八十七、九十三、九十九至一百二、一百七至一百十五）

360000－1901－0030106　304950

**天下郡國利病書一百二十卷**　（清）顧炎武撰　清道光龍萬育敷文閣刻光緒五年（1879）蜀南桐花書屋薛氏家塾重修本　四十冊　存九十五卷（四至十七、二十三至三十、三十七至四十八、五十八至一百十八）

360000－1901－0030107　309051

**天下郡國利病書一百二十卷**　（清）顧炎武撰　清道光龍萬育敷文閣刻光緒五年（1879）蜀南桐花書屋薛氏家塾重修本　四十八冊

360000－1901－0030108　401730

**天下郡國利病書一百二十卷**　（清）顧炎武撰　清道光龍萬育敷文閣刻光緒五年（1879）蜀南桐花書屋薛氏家塾重修本　五十冊

360000－1901－0030109　603972

**天下郡國利病書一百二十卷**　（清）顧炎武撰　清道光龍萬育敷文閣刻光緒五年（1879）蜀南桐花書屋薛氏家塾重修本　八冊　存十七卷（一至十五、二十三至二十四）

360000－1901－0030110　304945－1

**天下郡國利病書一百二十卷**　（清）顧炎武撰　清光緒二十九年（1903）上海益吾齋石印本　二十冊　存一百二卷（一至九十四、一百十三至一百二十）

360000－1901－0030111　304947

**天下郡國利病書一百二十卷**　（清）顧炎武撰　清光緒二十九年（1903）上海益吾齋石印本　二十三冊　存一百十四卷（一至一百八、一百十五至一百二十）

360000－1901－0030112　308489

**天下郡國利病書一百二十卷**　（清）顧炎武撰　清光緒二十九年（1903）上海益吾齋石印本　二十一冊　存一百六卷（一至六、十一至二十七、三十二至九十六、一百三至一百二十）

360000－1901－0030113　161578

**天下郡國利病書一百二十卷**　（清）顧炎武撰　清光緒二十七年（1901）圖書集成局鉛印本　二十八冊

360000－1901－0030114　304945

**天下郡國利病書一百二十卷**　（清）顧炎武撰　清光緒二十七年（1901）圖書集成局鉛印本　二十六冊　存一百十二卷（一至七十五、七

十九至一百十五）

360000－1901－0030115　401733
**天下郡國利病書一百二十卷**　（清）顧炎武撰　清光緒慎記書莊石印本　二十四册

360000－1901－0030116　401731
**天下郡國利病書一百二十卷**　（清）顧炎武撰　清刻本　三十二册　存六十二卷（一至六十二）

360000－1901－0030117　401732
**天下郡國利病書一百二十卷**　（清）顧炎武撰　清刻本　十八册　存三十一卷（十六至二十二、二十五至三十三、三十七至四十九、八十九至九十）

360000－1901－0030118　401735
**天下郡國利病書一百二十卷**　（清）顧炎武撰　清末鉛印本　二册　存十卷（六十九至七十八）

360000－1901－0030119　307700
**天下郡國利病書一百二十卷**　（清）顧炎武撰　清末慎記書莊石印本　二十一册　存一百卷（一至二、十至四十四、五十八至一百二十）

360000－1901－0030120　401734
**天下郡國利病書一百二十卷**　（清）顧炎武撰　清末石印本　十六册　存六十卷（十一至二十二、二十九至三十九、五十至五十五、八十二至八十七、九十六至一百二十）

360000－1901－0030121　404388
**天下路程□卷**　（清）賴盛遠輯　清刻本　一册　存一卷（下）

360000－1901－0030122　313973
**天下三大龍圖說一卷**　（清）馬貞榆撰　清光緒二十四年（1898）馬氏家塾刻本　一册

360000－1901－0030123　400920
**天下山河兩戒考十四卷圖一卷**　（清）徐文靖撰　清雍正元年（1723）當塗徐文靖志寧堂刻徐位山六種本　一册　存三卷（一至二、圖一卷）

360000－1901－0030124　801035
**天下山河兩戒考十四卷圖一卷**　（清）徐文靖撰　清雍正元年（1723）當塗徐文靖志寧堂刻徐位山六種本　一册　存四卷（七至十）

360000－1901－0030125　400919
**天下五洲各大國志要一卷**　（英國）李提摩太撰　（清）鑄鐵生述　清光緒十八年（1892）上海廣學會鉛印本　一册

360000－1901－0030126　161577
**天下五洲各大國志要一卷**　（英國）李提摩太撰　（清）鑄鐵生述　清光緒十一年（1885）刻本　一册

360000－1901－0030127　164328
**天下一統志九十卷**　（明）李賢　（明）萬安等纂修　明萬壽堂刻本　十八册　存四十八卷（一、六至三十九、四十四至四十六、七十八至八十、八十四至九十）

360000－1901－0030128　220552
**天下一統志九十卷**　（明）李賢　（明）萬安等纂修　明萬壽堂刻清印本　四十册

360000－1901－0030129　120198
**天仙正理直論增注不分卷**　（明）伍守陽撰　（明）伍守虛注　清嘉慶九年（1804）善成堂刻本　一册

360000－1901－0030130　901611
**天香全集**　（清）舒夢蘭撰　清嘉慶十八年（1813）蓮根詩社刻本　三册　存三種

360000－1901－0030131　121599
**天香全集**　（清）舒夢蘭撰　清嘉慶十六年（1811）刻本　一册　存二種

360000－1901－0030132　120979
**天香全集**　（清）舒夢蘭撰　清龍首山房刻本　一册　存二種

360000－1901－0030133　164212
**天象災祥分類考一卷**　（清）石仁鏡撰　清同治十年（1871）安徽藩署敬義齋刻本　一册

360000－1901－0030134　164213

**天象災祥分類考一卷** （清）石仁鏡撰 清同治十年（1871）安徽藩署敬義齋刻本 一册

360000－1901－0030135 407045

**天星選擇纂要三卷** （清）呂士清參訂 清刻本 一册 存一卷（二）

360000－1901－0030136 300807

**天演論二卷** （英國）赫胥黎撰 嚴復譯 清光緒二十八年（1902）普通學書室石印本 一册

360000－1901－0030137 404346

**天演論二卷** （英國）赫胥黎撰 嚴復譯 清光緒二十八年（1902）澌江石印總局石印本 二册

360000－1901－0030138 800878

**天演論二卷** （英國）赫胥黎撰 嚴復譯 清光緒二十九年（1903）鉛印本 一册

360000－1901－0030139 404347

**天演論二卷** （英國）赫胥黎撰 嚴復譯 清光緒二十九年（1903）清芬書屋刻本 二册

360000－1901－0030140 404348

**天演論二卷** （英國）赫胥黎撰 嚴復譯 清光緒二十九年（1903）申江同文社鉛印本 一册 存一卷（上）

360000－1901－0030141 162167

**天演論二卷** （英國）赫胥黎撰 嚴復譯 清光緒二十四年（1898）鉛印本 一册

360000－1901－0030142 300812

**天演論二卷** （英國）赫胥黎撰 嚴復譯 清光緒石印本 一册

360000－1901－0030143 240748

**天傭子集八卷** （明）艾南英撰 清乾隆十五年（1750）艾氏九儀堂刻本 四册

360000－1901－0030144 240747

**天傭子集二十卷首一卷末一卷** （明）艾南英撰 （清）張符驤評點 清康熙二十七年（1688）海陵張氏淳如堂刻本 十册 缺一卷（末一卷）

360000－1901－0030145 414756

**天傭子集十卷首一卷末一卷** （明）艾南英撰 清康熙刻本 一册 存二卷（三至四）

360000－1901－0030146 300814

**天慵菴筆記二卷** （清）方士庶撰 清光緒會稽趙氏刻仰視千七百二十九鶴齋叢書本 一册

360000－1901－0030147 300817

**天游閣詩五卷詩補一卷附錄一卷** （清）顧太清撰 清宣統二年（1910）順德鄧實鉛印風雨樓叢書本 一册

360000－1901－0030148 721731

**天雨花三十回** （清）陶貞懷撰 清刻本 八册 存八回（十二至十五、二十二、二十五、二十七、二十九）

360000－1901－0030149 721732

**天雨花三十回** （清）陶貞懷撰 清刻本 六册 存十四回（十至十一、十九至三十）

360000－1901－0030150 721732－1

**天雨花三十回** （清）陶貞懷撰 清刻本 一册 存一回（四）

360000－1901－0030151 317344

**天雨花三十回** （清）陶貞懷撰 清同治八年（1869）文富堂刻本 十六册

360000－1901－0030152 406869

**天玉經說七卷** （清）黃越撰 清康熙六十年（1721）光裕堂刻本 一册 存二卷（一至二）

360000－1901－0030153 300805

**天元草五卷** 王樹枏撰 清光緒十九年（1893）新城王樹枏文莫室成都刻本 一册

360000－1901－0030154 801157

**天元古鏡歌三卷** （清）蔣大鴻撰 清抄本 一册

360000－1901－0030155 406772

**天元曆理全書十二卷首一卷** （清）徐發撰 清康熙刻本 二册 存四卷（一至三、首一卷）

360000－1901－0030156　603161
**天元曆理全書十二卷首一卷**　(清)徐發撰　清刻本　二册　存三卷(四至六)

360000－1901－0030157　802997
**天元引蒙釋例一卷**　(清)周毓英撰　清刻中西算學集要本　一册

360000－1901－0030158　801397
**天元餘義二卷**　(清)蔣大鴻撰　清抄本　一册

360000－1901－0030159　230533
**天元玉曆祥異賦不分卷**　(明)仁宗朱高熾撰　明抄本　六册

360000－1901－0030160　402599－2
**天岳山館文鈔四十卷**　(清)李元度撰　清光緒六年(1880)爽溪精舍刻本　十六册　存三十五卷(一至二十、二十三至二十九、三十三至四十)

360000－1901－0030161　402599－3
**天岳山館文鈔四十卷**　(清)李元度撰　清光緒六年(1880)爽溪精舍刻本　七册　存二十三卷(二至七、十五至十八、二十三至二十七、三十三至四十)

360000－1901－0030162　402599－4
**天岳山館文鈔四十卷**　(清)李元度撰　清光緒六年(1880)爽溪精舍刻本　三册　存六卷(五、二十三至二十七)

360000－1901－0030163　402600－1
**天岳山館文鈔四十卷**　(清)李元度撰　清光緒六年(1880)爽溪精舍刻本　二十册

360000－1901－0030164　402600－2
**天岳山館文鈔四十卷**　(清)李元度撰　清光緒六年(1880)爽溪精舍刻本　十四册　存三十四卷(一至二十九、三十三至三十七)

360000－1901－0030165　413504
**天岳山館文鈔四十卷**　(清)李元度撰　清光緒六年(1880)爽溪精舍刻本　二册　存七卷(三十至三十六)

360000－1901－0030166　800887
**天岳山館文鈔四十卷**　(清)李元度撰　清光緒六年(1880)爽溪精舍刻本　一册　存二卷(三十九至四十)

360000－1901－0030167　300820
**天岳山館文鈔四十卷**　(清)李元度撰　清光緒六年(1880)爽谿精舍刻本　二十册

360000－1901－0030168　300822
**天岳山館文鈔四十卷**　(清)李元度撰　清光緒六年(1880)爽谿精舍刻本　二十册

360000－1901－0030169　300825
**天岳山館文鈔四十卷**　(清)李元度撰　清光緒六年(1880)爽谿精舍刻本　二十册

360000－1901－0030170　411287
**天韻閣詩存一卷**　(清)黄箴撰　清光緒三十一年(1905)謝文漪書畫室鉛印本　一册

360000－1901－0030171　300824
**天咫偶聞十卷**　震鈞撰　清光緒三十三年(1907)甘棠轉舍刻本　八册

360000－1901－0030172　250032
**天中記六十卷**　(明)陳耀文撰　明刻本　二十一册　缺二十九卷(一至十、十二至十三、十六、二十一至二十二、二十五至二十六、三十九至四十、四十三至四十四、四十六至四十七、四十九至五十二、五十九至六十)

360000－1901－0030173　250033
**天中記六十卷**　(明)陳耀文撰　明刻本　八册　存十六卷(三至八、二十一至三十)

360000－1901－0030174　250031
**天中記六十卷**　(明)陳耀文撰　(明)陳龍光校　明萬曆十七年(1589)刻本　三十二册　缺二十五卷(十五至三十五、三十九至四十二)

360000－1901－0030175　163292
**天中記六十卷**　(明)陳耀文撰　(明)屠隆校　明萬曆二十三年(1595)刻本　十一册　存三十二卷(一至二、三十一至六十)

360000 – 1901 – 0030176　803941
**天子崗地記不分卷**　(清)董德彰撰　清抄本　一册

360000 – 1901 – 0030177　210198
**天子肆獻祼饋食禮纂三卷**　(清)任啓運撰　清乾隆三十八年(1773)任氏清芬堂刻本　一册

360000 – 1901 – 0030178　401107
**天子肆獻祼饋食禮纂四卷田賦考一卷**　(清)任啓運撰　清光緒十四年(1888)刻本　二册

360000 – 1901 – 0030179　311730
**添修莫愁湖志二卷**　(清)三山二水吟客撰　清光緒十五年(1889)刻本　一册　存一卷(上)

360000 – 1901 – 0030180　311731
**添修莫愁湖志二卷**　(清)三山二水吟客撰　清光緒十五年(1889)刻本　二册

360000 – 1901 – 0030181　303648
**田間文集三十卷附年譜一卷**　(清)錢澄之撰　清宣統二年(1910)錢氏振風學社鉛印本　十册

360000 – 1901 – 0030182　163839
**田畝清册不分卷**　(清)□□撰　清光緒刻本　一册

360000 – 1901 – 0030183　316721
**田叔禾小集十二卷**　(明)田汝成撰　清光緒二十三年(1897)丁氏嘉惠堂刻武林往哲遺著本　六册

360000 – 1901 – 0030184　900275
**田下郭南軒公祠題主録□□卷**　(清)郭賡平等纂　清光緒十六年(1890)木活字印本　一册　存一卷(一)

360000 – 1901 – 0030185　900275 – 1
**田下郭南軒公祠題主録□□卷**　(清)郭賡平等纂　清光緒十六年(1890)木活字印本　一册　存一卷(一)

360000 – 1901 – 0030186　409787
**填詞名解四卷**　(清)毛先舒撰　清刻本　一册

360000 – 1901 – 0030187　409787 – 1
**填詞名解四卷**　(清)毛先舒撰　清刻本　一册

360000 – 1901 – 0030188　409788
**填詞圖譜六卷續集二卷**　(清)賴以邠撰　清乾隆十一年(1746)致和堂刻詞學全集本　四册

360000 – 1901 – 0030189　409791
**填詞圖譜六卷續集二卷**　(清)賴以邠撰　清乾隆十一年(1746)致和堂刻詞學全集本　五册　存七卷(填詞圖譜二至六、續集二卷)

360000 – 1901 – 0030190　163361
**苕華閣詩稿一卷**　(清)李淑撰　清光緒二十二年(1896)刻本　一册

360000 – 1901 – 0030191　302869
**苕溪集五十五卷**　(宋)劉一止撰　清宣統三年(1911)刻本　四册

360000 – 1901 – 0030192　164129
**苕溪集五十五卷目録三卷**　(宋)劉一止撰　清抄本　七册　存五十二卷(一至四十九、目録三卷)

360000 – 1901 – 0030193　000478
**苕溪漁隱叢話前集六十卷後集四十卷**　(宋)胡仔輯　清抄本　十册　存三十卷(苕溪漁隱叢話前集三十一至六十)

360000 – 1901 – 0030194　241500
**苕溪漁隱叢話前集六十卷後集四十卷**　(宋)胡仔輯　清乾隆楊佑啓耘經樓刻本　十册

360000 – 1901 – 0030195　241501
**苕溪漁隱叢話前集六十卷後集四十卷**　(宋)胡仔輯　清乾隆楊佑啓耘經樓刻本　十册

360000 – 1901 – 0030196　316444
**苕溪漁隱叢話前集六十卷後集四十卷**　(宋)胡仔輯　清乾隆楊佑啓耘經樓刻本　十册

360000 – 1901 – 0030197　316668

**苕溪漁隱叢話前集六十卷後集四十卷**　(宋)胡仔輯　清乾隆楊佑啓耘經樓刻本　十册

360000－1901－0030198　411306
**苕溪漁隱叢話前集六十卷後集四十卷**　(宋)胡仔輯　清乾隆楊佑啓耘經樓刻本　一册　存九卷(苕溪漁隱叢話前集四十一至四十九)

360000－1901－0030199　412653
**帖經舉隅三卷**　(清)翁方綱撰　清刻本　一册　存二卷(一至二)

360000－1901－0030200　800963
**帖式彙纂三卷**　(清)王景元輯　清同治七年(1868)刻本　一册　存一卷(上)

360000－1901－0030201　803326
**帖式續編二卷**　(□)□□輯　清抄本　一册

360000－1901－0030202　800964
**帖體詩存八卷**　(清)宓如椿撰　清刻本　二册　存四卷(三至四、七至八)

360000－1901－0030203　411197
**鐵槎詩存八卷**　(清)于克襄撰　清咸豐二年(1852)刻本　六册

360000－1901－0030204　711187
**鐵船詩鈔二十一卷**　(清)方元鵾撰　清嘉慶十年(1805)刻本　三册

360000－1901－0030205　421540
**鐵花仙史二十六回**　(清)雲封山人撰　清刻本　三册　存十一回(一至四、八至十一、十五至十七)

360000－1901－0030206　150509
**鐵華館叢書**　(清)蔣鳳藻輯　清光緒九年至十年(1883－1884)長洲蔣氏刻本　十六册

360000－1901－0030207　150510
**鐵華館叢書**　(清)蔣鳳藻輯　清光緒九年至十年(1883－1884)長洲蔣氏刻本　十二册

360000－1901－0030208　600366
**鐵華館叢書**　(清)蔣鳳藻輯　清光緒九年至十年(1883－1884)長洲蔣氏刻本　十四册　存五種

360000－1901－0030209　313829
**鐵甲叢譚五卷**　(英國)黎特撰　舒高第(清)鄭昌棪譯　清末江南製造局鉛印本　一册

360000－1901－0030210　401838
**鐵路紀要三卷**　(美國)柯理輯　(清)潘松譯　清光緒二十年(1894)江南製造總局刻本　一册

360000－1901－0030211　163295
**鐵橋漫稿八卷**　(清)嚴可均撰　清光緒十一年(1885)長洲蔣氏刻本　四册

360000－1901－0030212　303721
**鐵橋漫稿八卷**　(清)嚴可均撰　清光緒十一年(1885)長洲蔣氏刻本　四册

360000－1901－0030213　800493
**鐵琴銅劍樓藏書目録二十四卷**　(清)瞿鏞撰　清光緒二十三年(1897)武進董康刻誦芬室叢刻本　八册　存二十卷(五至二十四)

360000－1901－0030214　800494
**鐵琴銅劍樓藏書目録二十四卷**　(清)瞿鏞撰　清光緒二十三年(1897)武進董康刻誦芬室叢刻本　三册　存八卷(十至十七)

360000－1901－0030215　800875
**鐵琴銅劍樓藏書目録二十四卷**　(清)瞿鏞撰　清光緒二十三年(1897)武進董康刻誦芬室叢刻本　二册　存四卷(一至四)

360000－1901－0030216　162032
**鐵琴銅劍樓藏書目録二十四卷**　(清)瞿鏞撰　清光緒二十四年(1898)常熟瞿氏刻本　十二册

360000－1901－0030217　162033
**鐵琴銅劍樓藏書目録二十四卷**　(清)瞿鏞撰　清光緒二十四年(1898)常熟瞿氏刻本　十二册

360000－1901－0030218　901675
**鐵網珊瑚初集不分卷**　(清)沈鏡堂輯　清道光二十七年(1847)刻本　二册

360000－1901－0030219　901674
**鐵網珊瑚初集不分卷二集不分卷**　（清）沈鏡堂輯　清光緒二十二年（1896）寶善書局石印本　二冊

360000－1901－0030220　306704
**鐵網珊瑚初集不分卷二集不分卷三集不分卷**　（清）沈鏡堂輯　清光緒八年（1882）青雲樓刻本　六冊

360000－1901－0030221　805013
**鐵網珊瑚二集不分卷**　（清）沈鏡堂輯　清道光二十七年（1847）刻本　二冊

360000－1901－0030222　230575
**鐵網珊瑚二十卷**　（明）都穆撰　清乾隆二十三年（1758）都肇斌刻本　六冊

360000－1901－0030223　230576
**鐵網珊瑚二十卷**　（明）都穆撰　清乾隆二十三年（1758）都肇斌刻本　六冊

360000－1901－0030224　710558
**鐵網珊瑚二十卷**　（明）都穆撰　清乾隆刻本　三冊　存十五卷（一至五、十一至二十）

360000－1901－0030225　901676
**鐵網珊瑚三集不分卷**　（清）沈鏡堂輯　清末鉛印本　一冊

360000－1901－0030226　230573
**鐵網珊瑚書品十卷畫品六卷**　（明）朱存理輯　清雍正六年（1728）年希堯澄鑒堂刻本　十三冊

360000－1901－0030227　230574
**鐵網珊瑚書品十卷畫品六卷**　（明）朱存理輯　清雍正六年（1728）年希堯澄鑒堂刻本　八冊　存十二卷（書品一至四、九至十，畫品六卷）

360000－1901－0030228　304571
**鐵香室叢刻**　（清）李世勛輯　清光緒刻本　二冊　存二種

360000－1901－0030229　122665
**鐵簫詩藁二卷**　（清）譚光祜撰　清同治十三年（1874）閩高行篤署刻本　一冊

360000－1901－0030230　415160
**鐵簫庵詩鈔二卷鐵簫庵文集四卷**　（清）朱春生撰　清道光五年（1825）刻本　三冊

360000－1901－0030231　310351
**鐵血宰相十八章**　（日本）吉川潤二郎撰　（清）錢應清　（清）丁疇隱譯　清光緒二十九年（1903）上海文明書局鉛印本　二冊

360000－1901－0030232　306256
**鐵厓三種**　（元）楊維楨撰　（清）樓卜瀍注　清宣統二年（1910）上海掃葉山房石印本　七冊

360000－1901－0030233　317160
**鐵厓三種**　（元）楊維楨撰　（清）樓卜瀍注　清宣統二年（1910）上海掃葉山房石印本　十冊

360000－1901－0030234　220334
**鐵厓咏史註八卷**　（元）楊維楨撰　（清）樓卜瀍注　清乾隆三十九年（1774）聯桂堂刻本　二冊

360000－1901－0030235　413205
**黃梨洲遺書**　（清）黃宗羲撰　清光緒三十一年（1905）杭州羣學社石印本　十二冊

360000－1901－0030236　415470
**鐵厓樂府註十卷**　（元）楊維楨撰　（清）樓卜瀍注　清乾隆三十九年（1774）聯桂堂刻本　一冊　存四卷（一至四）

360000－1901－0030237　415454
**鐵厓樂府註十卷**　（元）楊維楨撰　（清）樓卜瀍注　清宣統二年（1910）上海掃葉山房石印本　三冊

360000－1901－0030238　415454－1
**鐵厓樂府註十卷**　（元）楊維楨撰　（清）樓卜瀍注　清宣統二年（1910）上海掃葉山房石印本　一冊　存二卷（六至七）

360000－1901－0030239　240450
**鐵厓樂府註十卷鐵厓咏史註八卷鐵厓逸編註**

八卷　(元)楊維楨撰　(清)樓卜瀍注　清乾隆三十九年(1774)聯桂堂刻本　四冊　缺八卷(鐵厓咏史註一至四、鐵厓逸編註五至八)

360000－1901－0030240　902510
**鐵厓樂府註十卷鐵厓咏史註八卷鐵厓逸編註八卷**　(元)楊維楨撰　(清)樓卜瀍注　清乾隆三十九年(1774)聯桂堂刻本　五冊　存二十二卷(鐵厓樂府註五至十、鐵厓咏史註八卷、鐵厓逸編註八卷)

360000－1901－0030241　306242
**鐵崖詠史一卷**　(元)楊維楨撰　(清)李元春評　清道光十五年(1835)劉氏刻青照堂叢書本　一冊

360000－1901－0030242　711185
**鐵硯齋詩草偶存二卷**　(清)朱澐撰　清刻本　一冊　存一卷(下)

360000－1901－0030243　220803
**鐵傭旅寓碑帖隨記十卷**　(清)楊希閔撰　稿本　六冊

360000－1901－0030244　415054
**聽花吟館詩稿五十二卷**　(清)李德揚撰　清咸豐李氏綿竹文會堂刻本　十五冊　存二十八卷(五至八、二十九至五十二)

360000－1901－0030245　800965
**聽黃鸝館詩賦讀本不分卷**　(清)宓如椿輯　清嘉慶二十五年(1820)刻本　一冊

360000－1901－0030246　800965－1
**聽黃鸝館詩賦讀本不分卷**　(清)宓如椿輯　清嘉慶二十五年(1820)刻本　一冊

360000－1901－0030247　713186
**聽黃鸝館詩賦讀本不分卷**　(清)宓如椿輯　清刻本　一冊

360000－1901－0030248　122711
**聽蕉雨樓外集題詞一卷日記一卷**　(清)黃勤業撰　清咸豐元年(1851)刻本　二冊

360000－1901－0030249　805014
**聽鸝軒詩鈔不分卷**　(清)戴燮元撰　(清)李長榮輯　清同治九年(1870)刻本　一冊

360000－1901－0030250　122708
**聽泉閣試帖不分卷**　(清)李芳華撰　清同治九年(1870)刻本　一冊

360000－1901－0030251　412305
**聽松別館印存不分卷**　(清)徐之元輯　清光緒鈐印本　一冊

360000－1901－0030252　301063
**聽松樓遺稾四卷附錄一卷**　(清)陳爾士撰　清道光刻本　一冊

360000－1901－0030253　305048
**聽松廬詩鈔十六卷**　(清)張維屏撰　清嘉慶十八年(1813)刻本　四冊

360000－1901－0030254　122704
**聽松濤館詩鈔十一卷**　(清)阮文藻撰　清道光十一年(1831)刻本　八冊

360000－1901－0030255　122705
**聽松濤館詩鈔十一卷**　(清)阮文藻撰　清道光十一年(1831)刻本　八冊

360000－1901－0030256　122706
**聽松濤館詩鈔十一卷**　(清)阮文藻撰　清道光十一年(1831)刻本　八冊

360000－1901－0030257　601820
**聽松濤館詩鈔十一卷**　(清)阮文藻撰　清道光十一年(1831)刻本　八冊

360000－1901－0030258　601821
**聽松濤館詩鈔十一卷**　(清)阮文藻撰　清道光十一年(1831)刻本　六冊

360000－1901－0030259　122707
**聽松濤館文鈔二十八卷**　(清)阮文藻撰　清光緒八年(1882)刻本　八冊

360000－1901－0030260　120597－1
**晦庵先生朱文公集一百卷**　(宋)朱熹撰　清刻本　十一冊　存二十二卷(一至二十一、四十)

360000－1901－0030261　122710

**聽雪軒詩鈔十二卷文鈔八卷** （清）胡友梅撰 清光緒十二年(1886)金橘山房刻本 二冊 存四卷(聽雪軒詩鈔九至十二)

360000－1901－0030262 601822
**聽雪軒詩鈔十二卷文鈔八卷** （清）胡友梅撰 清刻本 二冊 存八卷(聽雪軒詩鈔五至十二)

360000－1901－0030263 800966
**聽彝堂試體詩選初集四卷二集四卷** （清）吳省蘭撰 （清）鄧奇逢箋 清嘉慶九年(1804)刻本 二冊

360000－1901－0030264 122712
**聽彝訓齋剩稿三卷** （清）談嶸撰 清道光十五年(1835)刻本 二冊

360000－1901－0030265 415035
**聽嚶堂選四六新書廣集八卷** （清）黄始輯評 清康熙刻本 二冊 存二卷(一、三)

360000－1901－0030266 802234
**聽嚶堂選四六新書廣集八卷** （清）黄始輯評 清聽嚶堂刻本 一冊 存一卷(一)

360000－1901－0030267 802656
**聽嚶軒談藝十一卷** （清）□□輯 稿本 一冊 存三卷(一至三)

360000－1901－0030268 603963
**聽鶯居賦鈔不分卷** （清）汪文翰撰 清道光三十年(1850)刻本 一冊

360000－1901－0030269 801863
**聽雨草閣日抄不分卷** （□）□□撰 清抄本 一冊

360000－1901－0030270 122702
**聽雨齋詩集二十二卷別集一卷補編一卷** （清）吳照撰 清嘉慶九年(1804)刻本 四冊

360000－1901－0030271 122703
**聽雨齋詩集二十二卷別集一卷補編一卷** （清）吳照撰 清嘉慶九年(1804)刻本 四冊

360000－1901－0030272 241117
**聽雨齋詩集十二卷** （清）吳照撰 清乾隆五十九年(1794)南昌刻本 二冊

360000－1901－0030273 415036
**聽月樓遺草二卷** （清）汪韞玉撰 清乾隆刻本 一冊

360000－1901－0030274 415037
**聽鐘樓詩稿八卷** （清）韓是升撰 清嘉慶十五年(1810)刻本 三冊 存六卷(一至二、五至八)

360000－1901－0030275 121559
**莛仙吟草二卷賦草一卷試帖一卷** （清）熊福鏞撰 清同治九年(1870)芸春堂刻本 四冊

360000－1901－0030276 121560
**莛仙吟草二卷賦草一卷試帖一卷** （清）熊福鏞撰 清同治九年(1870)芸春堂刻本 一冊 存一卷(莛仙吟草一)

360000－1901－0030277 241139
**莛仙吟草續存一卷** （清）熊福鏞撰 稿本 一冊

360000－1901－0030278 415490
**亭皐詩鈔四卷** （清）吳綺撰 清乾隆四十一年(1776)衷白堂刻本 一冊

360000－1901－0030279 301901
**亭林詩集五卷** （清）顧炎武撰 清光緒二年(1876)湖南書局刻本 二冊

360000－1901－0030280 316493
**亭林詩集五卷** （清）顧炎武撰 清光緒二年(1876)湖南書局刻本 二冊

360000－1901－0030281 415494
**亭林詩集五卷文集六卷** （清）顧炎武撰 清宣統元年(1909)掃葉山房石印本 四冊 存八卷(亭林詩集五卷、文集一至三)

360000－1901－0030282 600352－1
**亭林文集六卷** （清）顧炎武撰 清刻本 二冊

360000－1901－0030283 600352
**亭林文集六卷詩集五卷** （清）顧炎武撰 清刻本 二冊

360000－1901－0030284　301897
**亭林文集六卷餘集一卷**　(清)顧炎武撰　清光緒三十年(1904)刻本　四冊

360000－1901－0030285　307889
**亭林文集六卷餘集一卷**　(清)顧炎武撰　清山隱居刻本　四冊

360000－1901－0030286　415488
**亭林文集六卷餘集一卷**　(清)顧炎武撰　清山隱居刻本　四冊

360000－1901－0030287　250207
**亭林遺書**　(清)顧炎武撰　清康熙潘氏遂初堂刻本　十冊

360000－1901－0030288　415495
**亭林遺書**　(清)顧炎武撰　清康熙潘氏遂初堂刻本　十一冊

360000－1901－0030289　150243
**亭林遺書**　(清)顧炎武撰　清刻本　八冊

360000－1901－0030290　150244
**亭林遺書**　(清)顧炎武撰　清刻本　八冊

360000－1901－0030291　163300
**亭林餘集一卷**　(清)顧炎武撰　清光緒十一年(1885)吳縣孫溪槐廬家塾刻本　一冊

360000－1901－0030292　300070
**庭立記聞四卷**　(清)梁玉繩撰　(清)梁學昌輯　清嘉慶十七年(1812)刻本　一冊

360000－1901－0030293　121295
**庭聞錄六卷附錄一卷**　(清)劉健撰　清刻本　一冊

360000－1901－0030294　804941
**庭聞錄六卷附錄一卷**　(清)劉健撰　清刻本　一冊　存三卷(五至六、附錄一卷)

360000－1901－0030295　300777
**霆軍紀略十六卷**　(清)陳昌輯　清光緒八年(1882)上海申報館鉛印申報館叢書本　六冊

360000－1901－0030296　300784
**霆軍紀略十六卷**　(清)陳昌輯　清光緒八年(1882)上海申報館鉛印申報館叢書本　六冊

360000－1901－0030297　302197
**通籌鼓鑄私議一卷附權救錢市議一卷**　(清)悟蕉生撰　清末石印本　一冊

360000－1901－0030298　404695
**通德類情十三卷**　(清)沈重華輯　清乾隆三十六年(1771)刻本　八冊

360000－1901－0030299　600218
**通典二百卷**　(唐)杜佑撰　清光緒二十七年(1901)石印九通全書本　八冊

360000－1901－0030300　600212
**通典二百卷**　(唐)杜佑撰　清咸豐九年(1859)崇仁謝氏刻三通本　十七冊　存八十七卷(一至五、二十五至三十二、六十七至七十三、七十七至九十九、一百二至一百八、一百十六至一百二十、一百二十六至一百五十七)

360000－1901－0030301　600212－1
**通典二百卷**　(唐)杜佑撰　清咸豐九年(1859)崇仁謝氏刻三通本　七冊　存三十三卷(二十六至三十、四十八至六十八、八十三至八十九)

360000－1901－0030302　600215
**通典二百卷**　(唐)杜佑撰　清咸豐九年(1859)崇仁謝氏刻三通本　四冊　存二十三卷(七十九至一百一)

360000－1901－0030303　805329
**通典二百卷**　(唐)杜佑撰　清咸豐九年(1859)崇仁謝氏刻三通本　二十三冊　存一百十四卷(一至三十六、四十七至七十二、一百九至一百十五、一百二十一至一百六十五)

360000－1901－0030304　805330
**通典二百卷**　(唐)杜佑撰　清咸豐九年(1859)崇仁謝氏刻三通本　十八冊　存九十二卷(一至二十四、三十三至三十七、七十四至一百二十一、一百六十三至一百六十七、一百八十五至一百九十四)

360000－1901－0030305　805331

**通典二百卷**　(唐)杜佑撰　清咸豐九年(1859)崇仁謝氏刻三通本　三十二册　存一百六十一卷(二十四至一百八、一百十五至一百六十八、一百七十九至二百)

360000－1901－0030306　805328

**通典二百卷附考證一卷**　(唐)杜佑撰　清光緒二十八年(1902)貫吾齋石印九通全書本　八册　存一百八十九卷(十三至二百、考證一卷)

360000－1901－0030307　600216

**通典二百卷附考證一卷**　(唐)杜佑撰　清光緒二十八年(1902)上海鴻寶書局石印九通本　十二册

360000－1901－0030308　600217

**通典二百卷附考證一卷**　(唐)杜佑撰　清光緒二十八年(1902)上海鴻寶書局石印九通本　十二册

360000－1901－0030309　600211

**通典二百卷附考證一卷**　(唐)杜佑撰　清光緒二十二年(1896)浙江書局刻九通本　四十八册

360000－1901－0030310　600213

**通典二百卷附考證一卷**　(唐)杜佑撰　清光緒二十二年(1896)浙江書局刻九通本　三十册　存一百十七卷(六至八十九、九十六至一百一、一百八至一百十二、一百五十六至一百七十一、一百八十八至一百九十三)

360000－1901－0030311　802773

**通典二百卷附考證一卷**　(唐)杜佑撰　清光緒二十二年(1896)浙江書局刻九通本　十五册　存五十五卷(一至五十五)

360000－1901－0030312　805334

**通典二百卷附考證一卷**　(唐)杜佑撰　清光緒二十二年(1896)浙江書局刻九通本　三十五册　存一百四十五卷(五十六至二百)

360000－1901－0030313　600200

**通典二百卷附考證一卷**　(唐)杜佑撰　清光緒二十七年(1901)上海圖書集成局鉛印本　七十册

360000－1901－0030314　600202

**通典二百卷附考證一卷**　(唐)杜佑撰　清光緒二十七年(1901)上海圖書集成局鉛印本　四十册　存一百五十七卷(五至三十四、三十八至一百六十四)

360000－1901－0030315　600214

**通典二百卷附考證一卷**　(唐)杜佑撰　清光緒二十七年(1901)上海圖書集成局鉛印本　十六册

360000－1901－0030316　302142

**通甫類藁四卷續編二卷詩存四卷詩存之餘二卷**　(清)魯一同撰　清咸豐九年(1859)刻本　六册

360000－1901－0030317　305603

**通甫類藁四卷續編二卷詩存四卷詩存之餘二卷**　(清)魯一同撰　清咸豐九年(1859)刻本　五册

360000－1901－0030318　309830

**通關文二卷**　(清)劉一明撰　清道光二年(1822)刻道書十二種本　二册

360000－1901－0030319　710150

**通關文二卷**　(清)劉一明撰　清道光二年(1822)刻道書十二種本　一册

360000－1901－0030320　401899

**通行條例不分卷(清光緒元年至十四年)**　(清)□□編　清光緒江蘇書局刻本　四册

360000－1901－0030321　401900

**通行條例不分卷(清光緒元年至十四年)**　(清)□□編　清光緒江蘇書局刻本　四册

360000－1901－0030322　305594

**通紀彙編九卷**　(清)楊本源撰　清刻本　五册　存七卷(一至七)

360000－1901－0030323　801540

**通紀直解十六卷**　(明)張嘉和撰　明崇禎刻本　一册　存三卷(十四至十六)

360000－1901－0030324　220214

**通紀直解十四卷續二卷**　(明)張嘉和撰　(明)鍾惺補釋　明崇禎刻清初續刻本　三冊　缺三卷(通紀直解十四、續二卷)

360000－1901－0030325　220215

**通紀直解十四卷續二卷**　(明)張嘉和撰　(明)鍾惺補釋　清初聖雨齋、集賢齋刻本　一冊　存二卷(通紀直解一至二)

360000－1901－0030326　401465

**通鑑策論經世編二十七卷**　(清)魏裔介撰　清光緒二十七年(1901)上海書局石印本　六冊

360000－1901－0030327　402294

**通鑑長編紀事本末一百五十卷**　(宋)楊仲良撰　清光緒十九年(1893)廣雅書局刻紀事本末彙刻本　十八冊　存一百十四卷(三十七至一百五十)

360000－1901－0030328　302151

**通鑑答問五卷**　(宋)王應麟撰　清光緒二十八年(1902)石印本　二冊

360000－1901－0030329　415789

**通鑑地理通釋十四卷**　(宋)王應麟撰　清嘉慶刻本　一冊　存三卷(五至七)

360000－1901－0030330　722051

**通鑑地理通釋十四卷**　(宋)王應麟撰　清刻本　一冊　存三卷(一至三)

360000－1901－0030331　722451

**通鑑地理通釋十四卷**　(宋)王應麟撰　清刻本　三冊

360000－1901－0030332　220143

**通鑑地理通釋十四卷**　(宋)王應麟撰　元刻玉海附刻本　一冊　存五卷(六至十)

360000－1901－0030333　317587

**通鑑綱目分類策論檢題七卷**　(清)夢蝫生輯　清光緒二十九年(1903)上海官書局石印本　四冊

360000－1901－0030334　302178

**通鑑綱目分註補遺四卷書法存疑一卷**　(清)芮長恤撰　清光緒十六年(1890)溧陽繆氏小峁山館刻本　四冊

360000－1901－0030335　310435

**通鑑綱目分註補遺四卷書法存疑一卷**　(清)芮長恤撰　清光緒十六年(1890)溧陽繆氏小峁山館刻本　四冊

360000－1901－0030336　309464

**通鑑綱目輯要前編二卷正編十九卷續編八卷明史八卷**　(清)姚培謙撰　(清)張景星輯　清光緒二十八年(1902)石印本　三冊　存十五卷(通鑑綱目輯要前編二卷、正編一至九、明史一至四)

360000－1901－0030337　415788

**通鑑綱目釋地糾謬六卷**　(清)張庚撰　清乾隆十八年(1753)刻本　一冊　存三卷(一至三)

360000－1901－0030338　220166

**通鑑綱目纂要便覽二十六卷**　(明)蔡亨嘉輯　明嘉靖二十六年(1547)書林熊氏東軒刻本　十冊　缺二卷(十二至十三)

360000－1901－0030339　220167

**通鑑綱目纂要便覽二十六卷**　(明)蔡亨嘉輯　明嘉靖二十六年(1547)書林熊氏東軒刻本　一冊　存二卷(三至四)

360000－1901－0030340　220180

**通鑑會纂二十卷古今官制沿革圖一卷**　(明)鍾惺輯　明末刻本　四冊　存九卷(一至五、八、十至十一,古今官制沿革圖一卷)

360000－1901－0030341　220222

**通鑑紀事本末二百三十九卷**　(宋)袁樞撰　(明)張溥論正　明張溥刻本(卷三至五配清康熙二十四年太倉張氏刻本)　五十一冊　缺四十四卷(一至二、三十八至四十二、七十至七十八、八十一至八十五、一百二十二至一百二十四、一百三十一至一百三十三、一百三十八至一百三十九、一百七十七至一百七十八、一百八十四至一百八十九、二百三十一至

二百三十五、二百三十八至二百三十九）

360000－1901－0030342　400675

**通鑑紀事本末二百三十九卷**　（宋）袁樞撰（明）張溥論正　清光緒二十八年（1902）上海捷記書局石印歷朝紀事本末本　二十册

360000－1901－0030343　400676

**通鑑紀事本末二百三十九卷**　（宋）袁樞撰（明）張溥論正　清光緒二十八年（1902）上海捷記書局石印歷朝紀事本末本　十二册

360000－1901－0030344　400673

**通鑑紀事本末二百三十九卷**　（宋）袁樞撰（明）張溥論正　清光緒二十八年（1902）上海書局石印歷朝紀事本末本　十四册　存一百五十四卷（一至一百五十四）

360000－1901－0030345　310783

**通鑑紀事本末二百三十九卷**　（宋）袁樞撰（明）張溥論正　清光緒十三年（1887）廣東廣雅書局刻本　四十八册

360000－1901－0030346　305467

**通鑑紀事本末二百三十九卷**　（宋）袁樞撰（明）張溥論正　清刻本　三册　存五卷（一百七十六至一百八十）

360000－1901－0030347　302149

**通鑑紀事本末二百三十九卷**　（宋）袁樞撰（明）張溥論正　清同治十二年（1873）江西書局刻紀事本末五種本　八十册

360000－1901－0030348　302150

**通鑑紀事本末二百三十九卷**　（宋）袁樞撰（明）張溥論正　清同治十二年（1873）江西書局刻紀事本末五種本　七十一册　存二百十七卷（一至二百十七）

360000－1901－0030349　305627

**通鑑紀事本末二百三十九卷**　（宋）袁樞撰（明）張溥論正　清同治十二年（1873）江西書局刻紀事本末五種本　七十九册　存二百三十七卷（一至二百十五、二百十八至至二百三十九）

360000－1901－0030350　305628

**通鑑紀事本末二百三十九卷**　（宋）袁樞撰（明）張溥論正　清同治十二年（1873）江西書局刻紀事本末五種本　四十二册　存一百三十六卷（一、三至二十、二十四至二十七、三十三至一百三十六、一百七十二至一百八十）

360000－1901－0030351　305629

**通鑑紀事本末二百三十九卷**　（宋）袁樞撰（明）張溥論正　清同治十二年（1873）江西書局刻紀事本末五種本　十三册　存四十卷（一至三十二、五十九至六十四上、一百三十二至一百三十三）

360000－1901－0030352　308029

**通鑑紀事本末二百三十九卷**　（宋）袁樞撰（明）張溥論正　清同治十二年（1873）江西書局刻紀事本末五種本　三十九册　存一百三十一卷（一至一百三十一）

360000－1901－0030353　309927

**通鑑紀事本末二百三十九卷**　（宋）袁樞撰（明）張溥論正　清同治十二年（1873）江西書局刻紀事本末五種本　四十册　存一百六卷（一百三十二至二百三十七）

360000－1901－0030354　800437

**晦菴先生朱文公易説二十三卷**　（宋）朱熹撰（宋）朱鑑輯　清通志堂刻通志堂經解本　七册　存十七卷（一至八、十一至十五、十八至二十一）

360000－1901－0030355　310833

**通鑑紀事本末二百三十九卷**　（宋）袁樞撰（明）張溥論正　清同治十二年（1873）江西書局刻紀事本末五種本　八十册

360000－1901－0030356　310839

**通鑑紀事本末二百三十九卷**　（宋）袁樞撰（明）張溥論正　清同治十二年（1873）江西書局刻紀事本末五種本　八十册

360000－1901－0030357　310842

**通鑑紀事本末二百三十九卷**　（宋）袁樞撰（明）張溥論正　清同治十二年（1873）江西書

局刻紀事本末五種本　八十册

360000－1901－0030358　310849
**通鑑紀事本末二百三十九卷**　(宋)袁樞撰(明)張溥論正　清同治十二年(1873)江西書局刻紀事本末五種本　八十册

360000－1901－0030359　310850
**通鑑紀事本末二百三十九卷**　(宋)袁樞撰(明)張溥論正　清同治十二年(1873)江西書局刻紀事本末五種本　八十册

360000－1901－0030360　310883
**通鑑紀事本末二百三十九卷**　(宋)袁樞撰(明)張溥論正　清同治十二年(1873)江西書局刻紀事本末五種本　八十册

360000－1901－0030361　402285
**通鑑紀事本末二百三十九卷**　(宋)袁樞撰(明)張溥論正　清同治十二年(1873)江西書局刻紀事本末五種本　八十册

360000－1901－0030362　402286
**通鑑紀事本末二百三十九卷**　(宋)袁樞撰(明)張溥論正　清同治十二年(1873)江西書局刻紀事本末五種本　八十册

360000－1901－0030363　402287
**通鑑紀事本末二百三十九卷**　(宋)袁樞撰(明)張溥論正　清同治十二年(1873)江西書局刻紀事本末五種本　八十册

360000－1901－0030364　402288
**通鑑紀事本末二百三十九卷**　(宋)袁樞撰(明)張溥論正　清同治十二年(1873)江西書局刻紀事本末五種本　七十六册　存二百二十七卷(一至二十三、二十八至一百二十七、一百三十二至一百七十五、一百七十八至二百二十三、二百二十六至二百三十九)

360000－1901－0030365　402289
**通鑑紀事本末二百三十九卷**　(宋)袁樞撰(明)張溥論正　清同治十二年(1873)江西書局刻紀事本末五種本　五十三册　存一百五十九卷(一至二十三、三十三至四十九、五十五至六十三、六十五至八十、八十六至九十七、一百四十二至一百八十、一百八十三至一百九十二、一百九十八至二百十一、二百十三至二百十七、二百二十六至二百三十九)

360000－1901－0030366　402289－1
**通鑑紀事本末二百三十九卷**　(宋)袁樞撰(明)張溥論正　清同治十二年(1873)江西書局刻紀事本末五種本　九册　存二十六卷(五十五至五十八、一百二十至一百二十二、一百八十七至二百五)

360000－1901－0030367　402290
**通鑑紀事本末二百三十九卷**　(宋)袁樞撰(明)張溥論正　清同治十二年(1873)江西書局刻紀事本末五種本　十五册　存四十八卷(二至九、九十八至一百三、一百九至一百二十二、一百二十五至一百三十六、一百三十八至一百四十一、一百四十七至一百四十八、二百十六至二百十七)

360000－1901－0030368　402291
**通鑑紀事本末二百三十九卷**　(宋)袁樞撰(明)張溥論正　清同治十二年(1873)江西書局刻紀事本末五種本　十三册　存三十六卷(一、七十五至七十七、八十一至八十五、一百九至一百十二、一百十七至一百十九、一百四十七至一百五十四、一百七十八、一百八十、一百九十二至一百九十七、二百一至二百二、二百二十四至二百二十五)

360000－1901－0030369　604081
**通鑑紀事本末二百三十九卷**　(宋)袁樞撰(明)張溥論正　清同治十二年(1873)江西書局刻紀事本末五種本　八十三册

360000－1901－0030370　604082
**通鑑紀事本末二百三十九卷**　(宋)袁樞撰(明)張溥論正　清同治十二年(1873)江西書局刻紀事本末五種本　六十二册　存一百九十二卷(一至一百九十二)

360000－1901－0030371　805440
**通鑑紀事本末二百三十九卷**　(宋)袁樞撰(明)張溥論正　清同治十二年(1873)江西書局刻紀事本末五種本　二十九册　存九十四

卷(三至三十七、一百十七至一百七十五)

360000－1901－0030372　900536
**通鑑紀事本末二百三十九卷**　(宋)袁樞撰　(明)張溥論正　清同治十二年(1873)江西書局刻紀事本末五種本　十八册　存四十七卷(一百九十三至二百三十九)

360000－1901－0030373　901830
**通鑑紀事本末二百三十九卷**　(宋)袁樞撰　(明)張溥論正　清同治十二年(1873)江西書局刻紀事本末五種本　二十册　存五十一卷(一百八十一至二百二十、二百二十四至二百二十七、二百三十三至二百三十九)

360000－1901－0030374　220220
**通鑑紀事本末四十二卷**　(宋)袁樞撰　明萬曆二年(1574)李栻刻本　八册　存八卷(一至八)

360000－1901－0030375　803434
**通鑑節取不分卷**　(□)□□輯　清抄本　一册

360000－1901－0030376　401457
**通鑑擥要前編二卷正編十九卷續編八卷附録一卷明史擥要八卷**　(清)姚培謙　(清)張景星輯　清嘉慶二十三年(1818)寶仁堂刻本　六册　存十八卷(通鑑擥要前編二卷,正編一、五至十、十四至十五,續編一至三、六至八,附録一卷)

360000－1901－0030377　309753
**通鑑擥要前編二卷正編十九卷續編八卷附録一卷明史擥要八卷**　(清)姚培謙　(清)張景星輯　清刻本　十一册　存二十六卷(正編四至六、九至十八,續編八卷,明史擥要四至八)

360000－1901－0030378　401458
**通鑑擥要前編二卷正編十九卷續編八卷附録一卷明史擥要八卷**　(清)姚培謙　(清)張景星輯　清刻本　十册　存二十三卷(正編四至十二、續編一至六、明史擥要八卷)

360000－1901－0030379　401459
**通鑑擥要前編二卷正編十九卷續編八卷附録一卷明史擥要八卷**　(清)姚培謙　(清)張景星輯　清刻本　五册　存十八卷(正編一至八、十一至十二、十五至十七,續編四至八)

360000－1901－0030380　401459－1
**通鑑擥要前編二卷正編十九卷續編八卷附録一卷明史擥要八卷**　(清)姚培謙　(清)張景星輯　清刻本　一册　存三卷(正編十至十二)

360000－1901－0030381　401462－1
**通鑑擥要前編二卷正編十九卷續編八卷附録一卷明史擥要八卷**　(清)姚培謙　(清)張景星輯　清刻本　六册　存八卷(明史擥要八卷)

360000－1901－0030382　401463
**通鑑擥要前編二卷正編十九卷續編八卷附録一卷明史擥要八卷**　(清)姚培謙　(清)張景星輯　清刻本　一册　存一卷(正編四)

360000－1901－0030383　401463－1
**通鑑擥要前編二卷正編十九卷續編八卷附録一卷明史擥要八卷**　(清)姚培謙　(清)張景星輯　清刻本　二册　存三卷(續編六至八)

360000－1901－0030384　401463－2
**通鑑擥要前編二卷正編十九卷續編八卷附録一卷明史擥要八卷**　(清)姚培謙　(清)張景星輯　清刻本　一册　存二卷(正編十至十一)

360000－1901－0030385　401463－3
**通鑑擥要前編二卷正編十九卷續編八卷附録一卷明史擥要八卷**　(清)姚培謙　(清)張景星輯　清刻本　一册　存一卷(正編四)

360000－1901－0030386　401463－4
**通鑑擥要前編二卷正編十九卷續編八卷附録一卷明史擥要八卷**　(清)姚培謙　(清)張景星輯　清刻本　一册　存一卷(正編六)

360000－1901－0030387　401463－5
**通鑑擥要前編二卷正編十九卷續編八卷附録一卷明史擥要八卷**　(清)姚培謙　(清)張景

星輯　清刻本　一冊　存一卷(續編八)

360000－1901－0030388　401463－6

**通鑑擥要前編二卷正編十九卷續編八卷附錄一卷明史擥要八卷**　(清)姚培謙　(清)張景星輯　清刻本　二冊　存四卷(續編一至四)

360000－1901－0030389　401460

**通鑑擥要前編二卷正編十九卷續編八卷附錄一卷明史擥要八卷**　(清)姚培謙　(清)張景星輯　清乾隆二十六年(1761)飛鴻堂刻本　十二冊　存二十二卷(通鑑擥要前編二卷,正編一至二、四至五、十、十五、十九,續編一至二、四、八,附錄一卷,明史擥要八卷)

360000－1901－0030390　401464

**通鑑擥要前編二卷正編十九卷續編八卷附錄一卷明史擥要八卷**　(清)姚培謙　(清)張景星輯　清乾隆二十六年(1761)飛鴻堂刻本　十三冊　缺九卷(正編九至十,續編七至八,明史擥要一至三、七至八)

360000－1901－0030391　401461

**通鑑擥要前編二卷正編十九卷續編八卷附錄一卷明史擥要八卷**　(清)姚培謙　(清)張景星輯　清乾隆六十年(1795)刻本　十五冊　缺八卷(正編五至六、續編三至五、明史擥要四至六)

360000－1901－0030392　401462

**通鑑擥要前編二卷正編十九卷續編八卷附錄一卷明史擥要八卷**　(清)姚培謙　(清)張景星輯　清乾隆五十年(1785)刻本　十四冊　缺十卷(正編九至十、明史擥要八卷)

360000－1901－0030393　415544－2

**通鑑論三卷附稽古錄論一卷**　(宋)司馬光撰　清光緒二十八年(1902)昌記石印本　一冊　存一卷(一)

360000－1901－0030394　415741

**通鑑論三卷附稽古錄論一卷**　(宋)司馬光撰　清光緒二十七年(1901)上海文淵山房石印本　一冊　存一卷(一)

360000－1901－0030395　121486

**通鑑批論考索**　李凝等輯　清光緒二十九年(1903)滬上鴻寶齋石印本　三十九冊

360000－1901－0030396　415754

**通鑑批論考索**　李凝等輯　清光緒二十九年(1903)滬上鴻寶齋石印本　三十九冊

360000－1901－0030397　802142

**通鑑挈要□□卷**　(□)□□撰　清左盛貴抄本　一冊　存一卷(四)

360000－1901－0030398　302163

**通鑑釋文辯誤十二卷**　(元)胡三省撰　清刻本　四冊

360000－1901－0030399　302176

**通鑑釋文辯誤十二卷**　(元)胡三省撰　清刻本　二冊

360000－1901－0030400　415794

**通鑑宋元本校勘記七卷**　(清)張瑛撰　清光緒八年(1882)江蘇書局刻本　二冊

360000－1901－0030401　161873

**通鑑小略一卷**　(清)□□輯　清嘉慶二十年(1815)峻德堂刻本　一冊

360000－1901－0030402　801541

**通鑑直解二十八卷**　(明)張居正撰　明刻本　三冊　存十五卷(十四至二十八)

360000－1901－0030403　220179

**通鑑直解二十八卷**　(明)張居正撰　明末刻本　一冊　存四卷(五至八)

360000－1901－0030404　302179

**通鑑注辯正二卷**　(清)錢大昕撰　清咸豐二年(1852)刻本　一冊

360000－1901－0030405　165126

**通鑑注商十八卷**　(清)趙紹祖撰　**通鑑胡注舉正一卷**　(清)陳景雲撰　**通鑑注辯正二卷**　(清)錢大昕撰　清抄本　四冊

360000－1901－0030406　220282

**通鑑總類二十卷**　(宋)沈樞撰　明刻本　四冊　存四卷(六、十一、十七、二十)

360000－1901－0030407　160898
**通介堂經説十二卷**　（清）徐灝撰　清咸豐四年（1854）廣東藝芳齋刻本　五冊

360000－1901－0030408　301616
**通商約章類纂三十五卷首一卷**　（清）徐宗亮等輯　清光緒十二年（1886）天津官書局刻本　二十冊

360000－1901－0030409　404678
**通俗編三十八卷**　（清）翟灝撰　清刻本　二冊　存十七卷（九至二十五）

360000－1901－0030410　404679
**通俗編三十八卷**　（清）翟灝撰　清刻本　一冊　存三卷（二十八至三十）

360000－1901－0030411　210496
**通俗編三十八卷**　（清）翟灝撰　清乾隆十六年（1751）無不宜齋刻本　十冊

360000－1901－0030412　210497
**通俗編三十八卷**　（清）翟灝撰　清乾隆十六年（1751）無不宜齋刻本　十二冊

360000－1901－0030413　802798
**通天曉十八卷**　（清）王纕堂輯　清三讓堂刻本　一冊　存三卷（十二至十四）

360000－1901－0030414　305609
**通學彙編不分卷**　（清）江西致知書局編　清光緒通學齋鉛印本　二十四冊

360000－1901－0030415　150316
**通學齋叢書**　（清）鄒淩沅編　清光緒通學齋鉛印本　四十五冊　存五十種

360000－1901－0030416　150316－1
**通學齋叢書**　（清）鄒淩沅編　清光緒通學齋鉛印本　一冊　存九種

360000－1901－0030417　310634
**通雅五十二卷首三卷**　（清）方以智撰　清光緒六年（1880）桐城刻本　十六冊

360000－1901－0030418　230363
**通雅五十二卷首三卷**　（清）方以智撰　清康熙五年（1666）姚文燮刻本　十六冊

360000－1901－0030419　230364
**通雅五十二卷首三卷**　（清）方以智撰　清康熙五年（1666）姚文燮刻本　十四冊　存四十卷（一至七、十九至二十五、三十至五十二，首三卷）

360000－1901－0030420　305611
**通雅五十二卷首三卷**　（清）方以智撰　清刻本　十七冊　存三十九卷（一至十九、三十一至四十八，首二至三）

360000－1901－0030421　603572
**通雅五十二卷首三卷**　（清）方以智撰　清乾隆浮山此藏軒刻本　一冊　存三卷（首三卷）

360000－1901－0030422　230365
**通雅五十二卷首三卷**　（清）方以智撰　清乾隆五十八年（1793）刻本　十九冊　存五十二卷（一至三十、三十四至五十二，首三卷）

360000－1901－0030423　230366
**通雅五十二卷首三卷**　（清）方以智撰　清乾隆五十八年（1793）刻本　十八冊　存三十九卷（一至十、十六至二十二、二十九至四十二、四十八至五十二，首三卷）

360000－1901－0030424　302144
**通藝閣文集六卷補編一卷**　（清）姚椿撰　清道光二十年（1840）木活字印本　二冊

360000－1901－0030425　409350
**通藝錄**　（清）程瑶田撰　清嘉慶刻本　二十冊　存二十種

360000－1901－0030426　409351
**通藝錄□□卷**　（清）程瑶田撰　清嘉慶刻本　一冊　存五卷（二、六至七、十一、十五）

360000－1901－0030427　603569
**通志二百卷**　（宋）鄭樵撰　清光緒二十七年（1901）上海圖書集成局鉛印本　四冊　存十三卷（一百二十五至一百二十七、一百三十五至一百三十八、一百四十九至一百五十、一百五十三至一百五十六）

360000－1901－0030428　801041

**通志二百卷**　(宋)鄭樵撰　清刻本　二十八冊　存二十六卷(七十八至一百三)

360000－1901－0030429　000982
**通志二百卷**　(宋)鄭樵撰　清末鉛印本　一冊　存三卷(一百二十八至一百三十)

360000－1901－0030430　220460
**通志二百卷**　(宋)鄭樵撰　清乾隆十二年至十四年(1747－1749)武英殿刻三通本　一百二十冊

360000－1901－0030431　220461
**通志二百卷**　(宋)鄭樵撰　清乾隆十二年至十四年(1747－1749)武英殿刻三通本　一百十五冊　缺五卷(一至五)

360000－1901－0030432　400506
**通志二百卷**　(宋)鄭樵撰　清乾隆十二年至十四年(1747－1749)武英殿刻三通本　一冊　存三卷(四十一至四十三)

360000－1901－0030433　603568
**通志二百卷**　(宋)鄭樵撰　清咸豐九年(1859)崇仁謝氏刻三通本　十六冊　存二十卷(一百十三下至一百十四、一百三十五至一百五十上、一百五十三至一百五十四)

360000－1901－0030434　805302
**通志二百卷**　(宋)鄭樵撰　清咸豐九年(1859)崇仁謝氏刻三通本　一百十八冊　存一百五十五卷(一至七十七、一百四至一百二十四、一百二十七至一百四十、一百四十二至一百六十一、一百六十四至一百六十五、一百六十七、一百八十一至二百)

360000－1901－0030435　805303
**通志二百卷**　(宋)鄭樵撰　清咸豐九年(1859)崇仁謝氏刻三通本　四十九冊　存四十九卷(八十三至九十六、一百至一百二十一、一百二十五、一百四十一、一百六十三、一百六十六、一百六十八至一百七十六)

360000－1901－0030436　805304
**通志二百卷**　(宋)鄭樵撰　清咸豐九年(1859)崇仁謝氏刻三通本　九十二冊　存一百十七卷(一至七、十一至十五、二十至二十四、三十至九十一、九十四至一百二十七、一百四十三至一百四十四、一百五十、一百五十二)

360000－1901－0030437　220459
**通志二百卷**　(宋)鄭樵撰　元大德三山郡庠刻本　一冊　存一卷(六十五)

360000－1901－0030438　600196
**通志二百卷附考證三卷**　(宋)鄭樵撰　清光緒二十二年(1896)浙江書局刻九通本　一百八十冊　存一百八十五卷(三、十七至二百)

360000－1901－0030439　805301
**通志二百卷附考證三卷**　(宋)鄭樵撰　清光緒二十二年(1896)浙江書局刻九通本　一百九十八冊　存二百一卷(一至一百二十一、一百二十三至一百六十八、一百七十至二百,考證三卷)

360000－1901－0030440　400542
**通志腹腴六卷**　(清)孫克依　(清)周大槐輯　清金陵陳儀懷、陳儀忠刻本　二冊

360000－1901－0030441　400544
**通志輯要二十二卷**　(清)蔣麟振輯　清光緒上海編譯局石印三通志輯要本　一冊　存六卷(六至十一)

360000－1901－0030442　220462
**通志略五十二卷**　(宋)鄭樵撰　明嘉靖二十九年(1550)陳宗夔等刻清乾隆金匱山房印本　二十冊

360000－1901－0030443　400527
**通志略五十二卷**　(宋)鄭樵撰　明刻本　六冊　存十一卷(氏族略四至六、六書略一、禮略四、謚略一、職官略六至七、食貨略二、藝文略七、金石略一)

360000－1901－0030444　400526
**通志略五十二卷**　(宋)鄭樵撰　清嘉慶十一年(1806)長洲彭氏刻本　十四冊　缺七卷(氏族略三至六、災祥略一、昆蟲草木略一至二)

360000－1901－0030445　302345
通志略五十二卷　(宋)鄭樵撰　清刻本　二十四冊

360000－1901－0030446　220463
通志略五十二卷　(宋)鄭樵撰　清乾隆十三年(1748)于敏中刻本　三十二冊

360000－1901－0030447　220464
通志略五十二卷　(宋)鄭樵撰　清乾隆十三年(1748)于敏中刻本　十六冊　缺七卷(樂略一至二、職官略一至五)

360000－1901－0030448　400525
通志略五十二卷　(宋)鄭樵撰　清乾隆十四年(1749)刻本　二十四冊

360000－1901－0030449　220465
通志略五十二卷　(宋)鄭樵撰　清乾隆十四年(1749)汪啓淑刻本　三十冊

360000－1901－0030450　160991
通志堂經解　(清)納蘭成德輯　清康熙十九年(1680)通志堂刻本　三百八十六冊

360000－1901－0030451　402356
通志堂經解　(清)納蘭成德輯　清康熙十九年(1680)通志堂刻本　一百九十四冊　存十四種

360000－1901－0030452　402357
通志堂經解　(清)納蘭成德輯　清康熙十九年(1680)通志堂刻本　五百四十一冊　存十九種

360000－1901－0030453　402358
通志堂經解　(清)納蘭成德輯　清康熙十九年(1680)通志堂刻本　五十七冊　存十五種

360000－1901－0030454　416434
通志堂經解　(清)納蘭成德輯　清康熙十九年(1680)通志堂刻本　二冊　存二種

360000－1901－0030455　603570
通志堂經解　(清)納蘭成德輯　清康熙十九年(1680)通志堂刻本　一百十一冊　存四十六種

360000－1901－0030456　801059
通志堂經解　(清)納蘭成德輯　清康熙十九年(1680)通志堂刻本　四冊　存三種

360000－1901－0030457　160900
通志堂經解　(清)納蘭成德輯　清刻本　四百九十六冊　存一百三十八種

360000－1901－0030458　603134
通志堂經解　(清)納蘭成德輯　清刻本　一冊　存二種

360000－1901－0030459　603157
通志堂經解　(清)納蘭成德輯　清刻本　三冊　存三種

360000－1901－0030460　160899
通志堂經解　(清)納蘭成德輯　清同治十二年(1873)粵東書局刻本　五百冊

360000－1901－0030461　805289
通州師範學校章程一卷　(清)通州師範學校編　清光緒二十九年(1903)上海虹口澄衷學堂印書處鉛印本　一冊

360000－1901－0030462　220290
同庵史彙十卷　(明)蔣善輯評　清康熙思永堂刻本　六冊

360000－1901－0030463　401911
同庵史彙十卷　(明)蔣善輯評　清康熙思永堂刻本　一冊　存二卷(九至十)

360000－1901－0030464　150657
同岑五家詩鈔　(清)曾燠輯　清刻本　六冊

360000－1901－0030465　403302
同德堂四書體註合講十九卷　(清)翁復編　清咸豐七年(1857)刻本　六冊

360000－1901－0030466　900298
同館賦補鈔二集□□卷　(清)王家相輯　清刻本　一冊　存一卷(三)

360000－1901－0030467　900299
同館賦鈔三十二卷　(清)法式善輯　清刻本　一冊　存五卷(二十一至二十五)

360000－1901－0030468　901718
**同館詩鈔不分卷**　（清）周壽昌等撰　清光緒元年（1875）刻本　五冊

360000－1901－0030469　901620
**同館詩前集二卷後集二卷**　（清）黄爵滋輯　（清）章廷誥等注　清道光十九年（1839）敬書堂刻本　一冊

360000－1901－0030470　900340
**同館試律□□卷**　（清）法式善　（清）吳穀人輯　清有正味齋刻本　一冊　存三卷（一至三）

360000－1901－0030471　901397
**同館試律□□卷**　（清）法式善等輯　清刻本　一冊　存六卷（八至十三）

360000－1901－0030472　901602
**同館試律彙鈔二十四卷**　（清）法式善等輯　清刻本　一冊　存二卷（六至七）

360000－1901－0030473　901601
**同館試律彙鈔二十四卷續鈔十二卷**　（清）法式善等輯　清刻本　四冊　存九卷（同館試律彙鈔七至十三、續鈔四至五）

360000－1901－0030474　901923
**同館試帖分韻合選四卷**　（清）□□輯　清道光二十七年（1847）刻本　一冊　存二卷（一至二）

360000－1901－0030475　901922
**同館試帖選不分卷**　（清）□□輯　清刻本　一冊

360000－1901－0030476　122812
**同歸集十六卷**　（清）吳調元輯　清刻本　七冊　存二卷（一至二）

360000－1901－0030477　404775
**同人集十二卷**　（清）冒襄輯　清冒氏水繪庵刻本　十一冊　存十一卷（二至十二）

360000－1901－0030478　404775－1
**同人集十二卷**　（清）冒襄輯　清冒氏水繪庵刻本　一冊　存一卷（十二）

360000－1901－0030479　241479
**同人集十二卷**　（清）冒襄輯　清乾隆十八年（1753）冒氏水繪庵刻本　一冊　存一卷（一）

360000－1901－0030480　404923－1
**同人詩錄初編**　（清）蔡壽祺輯　清刻本　二冊　存四種

360000－1901－0030481　404922
**同人詩錄初編**　（清）蔡壽祺輯　清同治十一年（1872）京師娜嬛別館刻本　一冊　存二種

360000－1901－0030482　404924
**同人贈言彙集不分卷**　（清）朱小雲輯　清刻本　一冊

360000－1901－0030483　407971
**同仁堂虔修諸門應症丸散藥目不分卷**　（清）同仁堂輯　清光緒十五年（1889）刻本　一冊

360000－1901－0030484　407970
**同仁堂虔修諸門應症丸散藥目不分卷**　（清）同仁堂輯　清咸豐四年（1854）刻本　一冊

360000－1901－0030485　304005
**同仁堂藥目不分卷**　（清）同仁堂輯　清光緒十五年（1889）刻本　一冊

360000－1901－0030486　304006
**同仁堂藥目不分卷**　（清）同仁堂輯　清光緒十五年（1889）刻本　一冊

360000－1901－0030487　720333
**同仁堂藥目不分卷**　（清）樂鳳鳴輯　清同治刻本　一冊

360000－1901－0030488　407974
**同仁堂頤世古良方不分卷**　（清）同仁堂輯　清刻本　一冊

360000－1901－0030489　900989
**同善錄六卷**　（清）辛用成輯　清道光三十年（1850）刻本　一冊　存二卷（一至二）

360000－1901－0030490　408895
**同善錄六卷**　（清）辛用成輯　清嘉慶十五年（1810）萬載同善堂刻本　四冊

360000－1901－0030491　408896
**同善錄六卷**　(清)辛用成輯　清嘉慶十五年(1810)萬載同善堂刻本　三册　存五卷(一至三、五至六)

360000－1901－0030492　408897
**同善錄六卷**　(清)辛用成輯　清嘉慶十五年(1810)萬載同善堂刻本　三册　存五卷(一至三、五至六)

360000－1901－0030493　408898
**同善錄六卷**　(清)辛用成輯　清嘉慶十五年(1810)萬載同善堂刻本　三册　存五卷(一至三、五至六)

360000－1901－0030494　408899
**同善錄六卷**　(清)辛用成輯　清嘉慶十五年(1810)萬載同善堂刻本　四册

360000－1901－0030495　408903
**同善錄六卷**　(清)辛用成輯　清嘉慶十五年(1810)萬載同善堂刻本　四册

360000－1901－0030496　408904
**同善錄六卷**　(清)辛用成輯　清嘉慶十五年(1810)萬載同善堂刻本　四册

360000－1901－0030497　408907
**同善錄六卷**　(清)辛用成輯　清嘉慶十五年(1810)萬載同善堂刻本　四册

360000－1901－0030498　408908
**同善錄六卷**　(清)辛用成輯　清嘉慶十五年(1810)萬載同善堂刻本　四册

360000－1901－0030499　408909
**同善錄六卷**　(清)辛用成輯　清嘉慶十五年(1810)萬載同善堂刻本　四册

360000－1901－0030500　408910
**同善錄六卷**　(清)辛用成輯　清嘉慶十五年(1810)萬載同善堂刻本　四册

360000－1901－0030501　408912
**同善錄六卷**　(清)辛用成輯　清嘉慶十五年(1810)萬載同善堂刻本　四册

360000－1901－0030502　408914
**同善錄六卷**　(清)辛用成輯　清嘉慶十五年(1810)萬載同善堂刻本　四册

360000－1901－0030503　408916
**同善錄六卷**　(清)辛用成輯　清嘉慶十五年(1810)萬載同善堂刻本　四册

360000－1901－0030504　408917
**同善錄六卷**　(清)辛用成輯　清嘉慶十五年(1810)萬載同善堂刻本　四册

360000－1901－0030505　408919
**同善錄六卷**　(清)辛用成輯　清嘉慶十五年(1810)萬載同善堂刻本　二册　存三卷(四至六)

360000－1901－0030506　408920
**同善錄六卷**　(清)辛用成輯　清嘉慶十五年(1810)萬載同善堂刻本　四册

360000－1901－0030507　408921
**同善錄六卷**　(清)辛用成輯　清嘉慶十五年(1810)萬載同善堂刻本　四册

360000－1901－0030508　408922
**同善錄六卷**　(清)辛用成輯　清嘉慶十五年(1810)萬載同善堂刻本　四册

360000－1901－0030509　408923
**同善錄六卷**　(清)辛用成輯　清嘉慶十五年(1810)萬載同善堂刻本　四册

360000－1901－0030510　408924
**同善錄六卷**　(清)辛用成輯　清嘉慶十五年(1810)萬載同善堂刻本　四册

360000－1901－0030511　408925
**同善錄六卷**　(清)辛用成輯　清嘉慶十五年(1810)萬載同善堂刻本　四册

360000－1901－0030512　408926
**同善錄六卷**　(清)辛用成輯　清嘉慶十五年(1810)萬載同善堂刻本　四册

360000－1901－0030513　408927
**同善錄六卷**　(清)辛用成輯　清嘉慶十五年(1810)萬載同善堂刻本　四册

360000－1901－0030514　408928
**同善錄六卷**　(清)辛用成輯　清嘉慶十五年(1810)萬載同善堂刻本　四册

360000－1901－0030515　408929
**同善錄六卷**　(清)辛用成輯　清嘉慶十五年(1810)萬載同善堂刻本　二册

360000－1901－0030516　900989－1
**同善錄六卷**　(清)辛用成輯　清刻本　一册　存二卷(二至三)

360000－1901－0030517　416651
**同善錄十卷首一卷末一卷前一卷後一卷**　(清)李承福輯　清敦善堂刻本　五册　存八卷(一至二、四至五,首一卷,末一卷,前一卷,後一卷)

360000－1901－0030518　416651－1
**同善錄十卷首一卷末一卷前一卷後一卷**　(清)李承福輯　清刻本　一册　存一卷(五)

360000－1901－0030519　416641
**同善錄書一卷**　(清)胡氏連元閣輯　清胡氏連元閣刻本　一册

360000－1901－0030520　404934
**同聲集□□卷**　(清)□□輯　清刻本　一册　存一卷(三)

360000－1901－0030521　404927
**同文考證**　(清)管受之輯　清道光二十二年(1842)河南許義文齋刻本　一册

360000－1901－0030522　210451
**同文千字文二卷**　(明)汪以成輯　明萬曆十年(1582)汪以成經義齋刻本　二册

360000－1901－0030523　900532
**同心堂册不分卷**　(清)戴廷煇輯　清光緒十六年(1890)木活字印本　一册

360000－1901－0030524　241430
**同音集**　(清)王昶　(清)許寶善輯　(清)石嘉言編　清乾隆六十年(1795)刻本　四册

360000－1901－0030525　308224
**同志聯合吟草不分卷**　(清)劉士清輯　清同治元年(1862)刻本　一册

360000－1901－0030526　415040
**同志聯合吟草不分卷**　(清)劉士清輯　清同治元年(1862)刻本　一册

360000－1901－0030527　901792
**同治八年補行咸豐己未恩科辛酉正科同治壬戌恩科貴州鄉試硃卷一卷**　(清)但培良　(清)但永清撰　清同治刻本　一册

360000－1901－0030528　901792－4
**同治八年補行咸豐己未恩科辛酉正科同治壬戌恩科貴州鄉試硃卷一卷**　(清)但培良　(清)但永清撰　清同治刻本　一册

360000－1901－0030529　803239
**同治殿試朝考不分卷**　(清)□□撰　清同治抄本　一册

360000－1901－0030530　901798
**同治丁卯科並補行辛酉科江南鄉試硃卷一卷**　(清)王貽清撰　清同治刻本　一册

360000－1901－0030531　805387
**同治丁卯科並補甲子科浙江鄉試硃卷一卷**　(清)□□輯　清同治六年(1867)刻本　一册

360000－1901－0030532　901792－1
**同治庚午科貴州鄉試硃卷一卷**　(清)陳金衡撰　清同治刻本　一册

360000－1901－0030533　901394
**同治庚午科直省鄉墨歸真四卷**　(清)李如松編　清刻本　三册　存三卷(一、三至四)

360000－1901－0030534　318115－3
**會議盜墓人犯罪名從重定擬例册一卷**　(清)□□輯　清抄本　一册

360000－1901－0030535　409322
**同治癸亥恩科會試硃卷一卷**　(清)許振禕撰　清刻本　一册

360000－1901－0030536　123367
**同治癸亥恩科會試硃卷一卷**　(清)許振禕撰　清同治刻本　一册

360000－1901－0030537　901792－2
**同治己巳補行己未辛酉壬戌三科貴州鄉試硃卷一卷**　(清)陳占書撰　清同治刻本　一册

360000－1901－0030538　901792－3
**同治己巳補行己未辛酉壬戌三科貴州鄉試硃卷一卷**　(清)陳占書撰　清同治刻本　一册

360000－1901－0030539　402215
**同治甲子科優貢朝考同年齒錄一卷**　(清)□□輯　清同治四年(1865)刻本　一册

360000－1901－0030540　901393
**同治甲子科直省鄉墨文寶不分卷**　(清)曹小書評選　清寶仁堂刻本　一册

360000－1901－0030541　902021
**同治六年丁卯科江西鄉試題名錄一卷**　(清)□□輯　清同治刻本　一册

360000－1901－0030542　800606
**同治十四年孟春月各鄉總簿不分卷**　(清)□□輯　稿本　一册

360000－1901－0030543　801359
**同治十四年歲次乙亥時憲書不分卷**　(清)羅傳犇等編　清同治集福堂球記刻本　一册

360000－1901－0030544　802697
**同治十一年樟鎮收付總數不分卷**　(清)□□輯　稿本　一册

360000－1901－0030545　902338
**同治辛未科試藝不分卷**　(清)張雲彙撰　清刻本　一册

360000－1901－0030546　308221
**同治中興京外奏議約編八卷**　(清)陳弢輯　清光緒元年(1875)篋劍囊琴之室刻本　四册　存四卷(一至四)

360000－1901－0030547　402146
**同治中興京外奏議約編八卷**　(清)陳弢輯　清光緒元年(1875)篋劍囊琴之室刻本　三册　存三卷(一至二、七)

360000－1901－0030548　306585
**同治中興京外奏議約編八卷**　(清)陳弢輯　清末刻本　一册　存一卷(四)

360000－1901－0030549　801599
**同州府輿圖不分卷**　(清)□□繪　清末石印本　一册

360000－1901－0030550　800199
**桐城方氏時文不分卷**　(清)韓菼評選　清光緒十四年(1888)湖南共賞書局刻本　二册

360000－1901－0030551　303100
**桐城耆舊傳十二卷**　馬其昶撰　清宣統三年(1911)刻本　六册

360000－1901－0030552　404611
**桐城吴氏古文讀本十三卷**　(清)吴汝綸評選　清光緒三十一年(1905)上海文明書局鉛印本　四册

360000－1901－0030553　404612
**桐城吴氏古文讀本十三卷**　(清)吴汝綸評選　清光緒三十一年(1905)上海文明書局鉛印本　三册　存十卷(一至十)

360000－1901－0030554　404610
**桐城吴先生尺牘五卷補遺一卷諭兒書一卷**　(清)吴汝綸撰　清光緒二十九年(1903)刻桐城吴先生全書本　二册　存一卷(一)

360000－1901－0030555　150557
**桐城吴先生全書**　(清)吴汝綸撰　清光緒三十年(1904)桐城吴氏刻本　九册　存四種

360000－1901－0030556　315958
**桐城吴先生文集四卷**　(清)吴汝綸撰　清光緒三十年(1904)桐城吴氏刻桐城吴先生全書本　四册

360000－1901－0030557　305296
**桐城吴先生文集四卷詩集一卷**　(清)吴汝綸撰　清桐城吴氏刻本　五册

360000－1901－0030558　240969
**桐村詩四卷**　(清)馮詠撰　清雍正清鑒居刻本　二册

360000－1901－0030559　317247
**桐華舸詩鈔八卷續鈔八卷遺詩一卷明季詠史**

**詩鈔一卷褒忠詩鈔一卷**　(清)鮑瑞駿撰　清同治三年至光緒五年(1864－1879)刻本　十冊

360000－1901－0030560　404952
**桐華舸詩鈔八卷續鈔八卷遺詩一卷明季詠史詩鈔一卷褒忠詩鈔一卷**　(清)鮑瑞駿撰　清同治三年至光緒五年(1864－1879)刻本　七冊　存十四卷(桐華舸詩鈔八卷,續鈔一至二、七至八,遺詩一卷,明季詠史詩鈔一卷)

360000－1901－0030561　803289
**桐華舸詩鈔八卷續鈔八卷遺詩一卷明季詠史詩鈔一卷褒忠詩鈔一卷**　(清)鮑瑞駿撰　清同治三年至光緒五年(1864－1879)刻本　一冊　存一卷(褒忠詩鈔一卷)

360000－1901－0030562　404950
**桐山懷舊集二卷**　(清)吴希庸輯　清光緒三十一年(1905)刻本　一冊

360000－1901－0030563　121327
**桐山彙艸二卷**　(清)歐陽夢麐撰　清刻本　二冊

360000－1901－0030564　303102
**桐埜詩集四卷**　(清)周起渭撰　清咸豐二年(1852)陳氏世恩堂刻本　一冊

360000－1901－0030565　303099
**桐陰論畫二編二卷三編二卷**　(清)秦祖永撰　清光緒八年(1882)刻朱墨套印本　二冊

360000－1901－0030566　418204
**桐陰論畫二卷首一卷**　(清)秦祖永撰　清光緒五年(1879)撫州饒玉成雙峰書屋刻本　一冊

360000－1901－0030567　312217
**桐陰論畫二卷首一卷附錄一卷桐陰畫訣一卷續桐陰論畫一卷**　(清)秦祖永撰　清同治三年至六年(1864－1867)刻朱墨套印本　四冊

360000－1901－0030568　418205
**桐陰論畫二卷首一卷附錄一卷桐陰畫訣一卷續桐陰論畫一卷二編二卷三編二卷**　(清)秦祖永撰　清同治三年至光緒八年(1864－1882)刻朱墨套印本　三冊　存六卷(桐陰論畫上、首一卷,二編二卷,三編二卷)

360000－1901－0030569　404949
**桐陰清話八卷**　(清)倪鴻撰　清刻本　一冊　存二卷(三至四)

360000－1901－0030570　805235
**桐蔭書屋試帖四卷**　(清)劉清源撰　清道光二十一年(1841)刻本　四冊

360000－1901－0030571　404614
**桐雲閣試帖輯註二卷**　(清)楊庚撰　(清)張熙宇輯評　(清)王植桂輯註　清刻本　二冊

360000－1901－0030572　900894
**桐雲閣試帖輯註二卷**　(清)楊庚撰　(清)張熙宇輯評　(清)王植桂輯註　清刻本　二冊

360000－1901－0030573　900895
**桐雲閣試帖輯註二卷**　(清)楊庚撰　(清)張熙宇輯評　(清)王植桂輯註　清刻本　二冊

360000－1901－0030574　900897
**桐雲閣試帖輯註二卷**　(清)楊庚撰　(清)張熙宇輯評　(清)王植桂輯註　清刻本　二冊

360000－1901－0030575　900898
**桐雲閣試帖輯註二卷**　(清)楊庚撰　(清)張熙宇輯評　(清)王植桂輯註　清刻本　二冊

360000－1901－0030576　900899
**桐雲閣試帖輯註二卷**　(清)楊庚撰　(清)張熙宇輯評　(清)王植桂輯註　清刻本　二冊

360000－1901－0030577　900900
**桐雲閣試帖輯註二卷**　(清)楊庚撰　(清)張熙宇輯評　(清)王植桂輯註　清刻本　二冊

360000－1901－0030578　316158
**桐雲閣試帖輯註二卷**　(清)楊庚撰　(清)張熙宇輯評　(清)王植桂輯注　清刻本　二冊

360000－1901－0030579　800248
**童科秘訣須知一卷**　(清)□□輯　清抄本　一冊

360000－1901－0030580　413746
**童蒙觀鑑六卷附一卷**　(清)丁有美輯　(清)丁湘錦校釋　清刻本　一册　存三卷(一至三)

360000－1901－0030581　416644－1
**童蒙記誦編二卷**　(清)周保璋撰　清光緒二十七年(1901)刻本　二册

360000－1901－0030582　416644
**童蒙記誦編二卷**　(清)周保璋撰　清光緒二十三年(1897)嘉定高漱芳齋刻本　二册

360000－1901－0030583　162626
**童蒙心讀書不分卷**　(清)涂宗瀛撰　清光緒五年(1879)宛南郡署刻本　一册　存弟子規

360000－1901－0030584　309734
**童山詩集四十二卷**　(清)李調元撰　清刻本　七册　存二十九卷(十四至四十二)

360000－1901－0030585　300010
**童山選集十二卷**　(清)李調元撰　(清)張懷泩編　清嘉慶元年(1796)刻本　四册

360000－1901－0030586　304583
**童子問路四卷**　(清)鄭之琮輯　清刻本　一册　存二卷(三至四)

360000－1901－0030587　404681
**童子問路四卷**　(清)鄭之琮輯　清刻本　二册

360000－1901－0030588　403319－2
**銅板四書體註合講十九卷**　(清)翁復編　清刻本　二册　存七卷(論語一至五、孟子六至七)

360000－1901－0030589　160358
**銅版四書集注十九卷**　(宋)朱熹撰　清宣統二年(1910)上海福記書局石印本　六册

360000－1901－0030590　410211
**銅鼓書堂遺稾三十二卷**　(清)查禮撰　清乾隆五十七年(1792)查淳刻本　四册

360000－1901－0030591　405466
**銅官感舊集四卷**　(清)章壽麟輯　清宣統長沙章氏石印本　二册

360000－1901－0030592　304391
**銅劍堂續稿一卷**　(清)王佑曾撰　清光緒三十三年(1907)刻本　一册

360000－1901－0030593　405464
**銅竹齋試帖七卷律賦一卷雜體文四卷**　(清)王驤衢撰　清同治十三年(1874)刻本　五册　存七卷(銅竹齋試帖一、三、七,律賦一卷,雜體文一至三)

360000－1901－0030594　413114
**痛史**　樂天居士輯　清宣統三年(1911)商務印書館鉛印本　二十册　存十一種

360000－1901－0030595　164084
**偷甲記二卷**　(清)范希哲撰　清初刻本　一册　存一卷(下)

360000－1901－0030596　405372
**投筆集箋註二卷**　(清)錢謙益撰　(清)錢曾箋注　清宣統二年(1910)順德鄧氏風雨樓鉛印本　一册

360000－1901－0030597　240536
**涂子類藁十卷**　(明)涂幾撰　明刻本　一册　存五卷(六至十)

360000－1901－0030598　240767
**涂子一杯水五卷**　(明)涂伯昌撰　清康熙四十三年(1704)江西涂見春等刻本　五册

360000－1901－0030599　711183
**圖繪寶鑑八卷補遺一卷**　(元)夏文彥撰　清康熙借緑草堂刻本　一册　存二卷(三至四)

360000－1901－0030600　711180
**圖繪寶鑑八卷補遺一卷**　(元)夏文彥撰　清刻本　四册

360000－1901－0030601　122104
**圖民錄四卷**　(清)袁守定撰　清道光刻本　二册

360000－1901－0030602　413729
**圖民錄四卷**　(清)袁守定撰　清道光刻本　一册　存二卷(三至四)

360000－1901－0030603　122108

**圖民錄四卷**　(清)袁守定撰　清光緒十二年(1886)袁銘泰刻本　二冊

360000－1901－0030604　122109

**圖民錄四卷**　(清)袁守定撰　清光緒十二年(1886)袁銘泰刻本　二冊

360000－1901－0030605　122110

**圖民錄四卷**　(清)袁守定撰　清光緒十二年(1886)袁銘泰刻本　二冊

360000－1901－0030606　415127

**圖民錄四卷**　(清)袁守定撰　清同治十二年(1873)湘鄉楊昌濬刻本　二冊

360000－1901－0030607　122105

**圖民錄四卷**　(清)袁守定撰　清同治十一年(1872)江西書局刻本　二冊

360000－1901－0030608　122106

**圖民錄四卷**　(清)袁守定撰　清同治十一年(1872)江西書局刻本　二冊

360000－1901－0030609　122107

**圖民錄四卷**　(清)袁守定撰　清同治十一年(1872)江西書局刻本　二冊

360000－1901－0030610　601687

**圖民錄四卷**　(清)袁守定撰　清同治十一年(1872)江西書局刻本　二冊

360000－1901－0030611　303676

**圖史提綱三卷**　(清)胡宣慶輯　清光緒十七年(1891)長沙胡氏刻本　二冊

360000－1901－0030612　250038

**圖書編一百二十七卷**　(明)章潢輯　明天啓三年(1623)刻本　八十冊

360000－1901－0030613　300819

**圖書集成銅版天下地輿圖四卷**　(清)□□繪　清刻本　四冊

360000－1901－0030614　163118

**圖書新聞不分卷**　(清)輿論時事報編　清宣統元年(1909)輿論時事報石印本　一冊

360000－1901－0030615　122111

**圖書疑問十九卷首一卷**　(清)杜峰撰　清道光五年(1825)刻本　四冊

360000－1901－0030616　721643

**圖像鏡花緣十二卷一百回首一卷**　(清)李汝珍撰　清光緒二十三年(1897)上海書局石印本　三冊　存七卷(一至二、五至六、十一至十二,首一卷)五十五回(一至十五、三十一至五十四、八十五至一百)

360000－1901－0030617　804139

**圖像鏡花緣十二卷一百回首一卷**　(清)李汝珍撰　清末鉛印本　一冊　存三卷(七至九)二十回(三十一至五十)

360000－1901－0030618　900714

**圖像三國演義十六卷一百二十回**　(明)羅本撰　(清)毛宗崗評　清光緒二十九年(1903)文盛書局石印本　二冊　存二卷(一、六)二十四回(一至八、七十三至八十八)

360000－1901－0030619　405624

**圖詠遺芬六卷附墓誌銘一卷**　(清)俞旦輯　清光緒二十一年(1895)婺源俞氏清蔭堂刻本　一冊

360000－1901－0030620　165072

**圖注難經脈學奇經合刻**　(明)張世賢注　清山藝堂刻本　六冊

360000－1901－0030621　409064

**圖註八十一難經辨真四卷**　(明)張世賢撰　清懷德堂刻本　三冊

360000－1901－0030622　409066

**圖註八十一難經辨真四卷**　(明)張世賢撰　清江左書林刻本　二冊

360000－1901－0030623　165067

**圖註八十一難經辨真四卷**　(明)張世賢撰　清經綸堂刻本　一冊　存二卷(一至二)

360000－1901－0030624　165066

**圖註八十一難經辨真四卷**　(明)張世賢撰　清刻本　二冊

360000－1901－0030625　409058
**圖註八十一難經辨真四卷**　(明)張世賢撰
清刻本　二册

360000－1901－0030626　409061
**圖註八十一難經辨真四卷**　(明)張世賢撰
清刻本　一册

360000－1901－0030627　409063
**圖註八十一難經辨真四卷**　(明)張世賢撰
清刻本　二册

360000－1901－0030628　409065
**圖註八十一難經辨真四卷**　(明)張世賢撰
清刻本　二册

360000－1901－0030629　409067
**圖註八十一難經辨真四卷**　(明)張世賢撰
清刻本　一册

360000－1901－0030630　409068
**圖註八十一難經辨真四卷**　(明)張世賢撰
清刻本　二册

360000－1901－0030631　409069
**圖註八十一難經辨真四卷**　(明)張世賢撰
清刻本　一册

360000－1901－0030632　409070
**圖註八十一難經辨真四卷**　(明)張世賢撰
清刻本　二册

360000－1901－0030633　409071
**圖註八十一難經辨真四卷**　(明)張世賢撰
清刻本　一册

360000－1901－0030634　409072
**圖註八十一難經辨真四卷**　(明)張世賢撰
清刻本　一册

360000－1901－0030635　409076
**圖註八十一難經辨真四卷**　(明)張世賢撰
清刻本　二册

360000－1901－0030636　409077
**圖註八十一難經辨真四卷**　(明)張世賢撰
清刻本　二册

360000－1901－0030637　409079
**圖註八十一難經辨真四卷**　(明)張世賢撰
清刻本　二册

360000－1901－0030638　409080
**圖註八十一難經辨真四卷**　(明)張世賢撰
清刻本　二册

360000－1901－0030639　409081
**圖註八十一難經辨真四卷**　(明)張世賢撰
清刻本　二册

360000－1901－0030640　409082
**圖註八十一難經辨真四卷**　(明)張世賢撰
清刻本　二册

360000－1901－0030641　409084
**圖註八十一難經辨真四卷**　(明)張世賢撰
清刻本　一册

360000－1901－0030642　409086
**圖註八十一難經辨真四卷**　(明)張世賢撰
清刻本　二册

360000－1901－0030643　409087
**圖註八十一難經辨真四卷**　(明)張世賢撰
清刻本　二册

360000－1901－0030644　409090
**圖註八十一難經辨真四卷**　(明)張世賢撰
清刻本　二册

360000－1901－0030645　409092
**圖註八十一難經辨真四卷**　(明)張世賢撰
清刻本　一册

360000－1901－0030646　409093
**圖註八十一難經辨真四卷**　(明)張世賢撰
清刻本　一册

360000－1901－0030647　409094
**圖註八十一難經辨真四卷**　(明)張世賢撰
清刻本　二册

360000－1901－0030648　801604
**圖註八十一難經辨真四卷**　(明)張世賢撰
清刻本　一册　存二卷(一至二)

360000－1901－0030649　801605
**圖註八十一難經辨真四卷**　(明)張世賢撰
清刻本　一册　存二卷(三至四)

360000－1901－0030650　801606
**圖註八十一難經辨真四卷**　(明)張世賢撰
清刻本　一册　存二卷(一至二)

360000－1901－0030651　801607
**圖註八十一難經辨真四卷**　(明)張世賢撰
清刻本　一册

360000－1901－0030652　801611
**圖註八十一難經辨真四卷**　(明)張世賢撰
清刻本　一册　存二卷(一至二)

360000－1901－0030653　801636
**圖註八十一難經辨真四卷**　(明)張世賢撰
清刻本　一册　存二卷(三至四)

360000－1901－0030654　804429
**圖註八十一難經辨真四卷**　(明)張世賢撰
清刻本　一册

360000－1901－0030655　409083
**圖註八十一難經辨真四卷**　(明)張世賢撰
清兩儀堂刻本　一册

360000－1901－0030656　409117
**圖註八十一難經辨真四卷**　(明)張世賢撰
清末上海會文堂石印本　一册

360000－1901－0030657　409073
**圖註八十一難經辨真四卷**　(明)張世賢撰
清乾隆十六年(1751)玉樹堂刻本　二册

360000－1901－0030658　409074
**圖註八十一難經辨真四卷**　(明)張世賢撰
清乾隆十六年(1751)玉樹堂刻本　二册

360000－1901－0030659　409075
**圖註八十一難經辨真四卷**　(明)張世賢撰
清乾隆十六年(1751)玉樹堂刻本　一册

360000－1901－0030660　409062
**圖註八十一難經辨真四卷**　(明)張世賢撰
清乾隆五十一年(1786)書業堂刻本　二册

360000－1901－0030661　409078
**圖註八十一難經辨真四卷**　(明)張世賢撰
清同治三年(1864)愛日堂刻本　二册

360000－1901－0030662　409085
**圖註八十一難經辨真四卷**　(明)張世賢撰
清文奎堂刻本　一册

360000－1901－0030663　409088
**圖註八十一難經辨真四卷**　(明)張世賢撰
清務本堂刻本　一册

360000－1901－0030664　409089
**圖註八十一難經辨真四卷**　(明)張世賢撰
清務本堂刻本　一册

360000－1901－0030665　409091
**圖註八十一難經辨真四卷**　(明)張世賢撰
清宣統元年(1909)大和書局刻本　二册

360000－1901－0030666　801603
**圖註八十一難經辨真四卷圖註脈訣辨真四卷附脈訣附方一卷**　(明)張世賢撰　清刻本　一册　存二卷(圖註八十一難經辨真四、圖註脈訣辨真一)

360000－1901－0030667　409095
**圖註八十一難經二卷**　(明)張世賢撰　清刻本　一册

360000－1901－0030668　409097
**圖註八十一難經二卷**　(明)張世賢撰　清刻本　一册

360000－1901－0030669　409098
**圖註八十一難經二卷**　(明)張世賢撰　清刻本　一册

360000－1901－0030670　409100
**圖註八十一難經二卷**　(明)張世賢撰　清刻本　二册

360000－1901－0030671　409103
**圖註八十一難經二卷**　(明)張世賢撰　清刻本　一册

360000－1901－0030672　409104
**圖註八十一難經二卷**　(明)張世賢撰　清刻

本　二册

360000－1901－0030673　409105
**圖註八十一難經二卷**　(明)張世賢撰　清刻本　二册

360000－1901－0030674　409106
**圖註八十一難經二卷**　(明)張世賢撰　清刻本　二册

360000－1901－0030675　409107
**圖註八十一難經二卷**　(明)張世賢撰　清刻本　二册

360000－1901－0030676　801612
**圖註八十一難經二卷**　(明)張世賢撰　清刻本　一册　存一卷(下)

360000－1901－0030677　801633
**圖註八十一難經二卷**　(明)張世賢撰　清刻本　一册　存一卷(下)

360000－1901－0030678　409096
**圖註八十一難經二卷**　(明)張世賢撰　清兩儀堂刻本　二册

360000－1901－0030679　409101
**圖註八十一難經二卷**　(明)張世賢撰　清兩儀堂刻本　二册

360000－1901－0030680　409102
**圖註八十一難經二卷**　(明)張世賢撰　清兩儀堂刻本　二册

360000－1901－0030681　409099
**圖註八十一難經二卷**　(明)張世賢撰　清尚德堂刻本　一册

360000－1901－0030682　421080
**圖註本草醫方合編十二卷**　(清)汪昂撰　清安定堂刻本　六册

360000－1901－0030683　162239
**圖註本草醫方合編十二卷**　(清)汪昂撰　清光緒十九年(1893)福文堂刻本　六册

360000－1901－0030684　420970
**圖註本草醫方合編十二卷**　(清)汪昂撰　清嘉慶八年(1803)刻本(卷三至四配清刻本)　五册

360000－1901－0030685　421082
**圖註本草醫方合編十二卷**　(清)汪昂撰　清嘉慶二十三年(1818)刻本　六册

360000－1901－0030686　420964
**圖註本草醫方合編十二卷**　(清)汪昂撰　清經綸堂刻本　六册

360000－1901－0030687　420960
**圖註本草醫方合編十二卷**　(清)汪昂撰　清刻本　六册

360000－1901－0030688　420961
**圖註本草醫方合編十二卷**　(清)汪昂撰　清刻本　六册

360000－1901－0030689　420962
**圖註本草醫方合編十二卷**　(清)汪昂撰　清刻本　五册

360000－1901－0030690　420963
**圖註本草醫方合編十二卷**　(清)汪昂撰　清刻本　五册

360000－1901－0030691　420968
**圖註本草醫方合編十二卷**　(清)汪昂撰　清刻本　六册

360000－1901－0030692　420973
**圖註本草醫方合編十二卷**　(清)汪昂撰　清刻本　六册

360000－1901－0030693　420974
**圖註本草醫方合編十二卷**　(清)汪昂撰　清刻本　六册

360000－1901－0030694　421081
**圖註本草醫方合編十二卷**　(清)汪昂撰　清刻本　六册

360000－1901－0030695　421083
**圖註本草醫方合編十二卷**　(清)汪昂撰　清刻本　三册

360000－1901－0030696　420971

圖註本草醫方合編十二卷　（清）汪昂撰　清刻本（卷一配清嘉慶八年刻本）　五冊

360000－1901－0030697　420972
圖註本草醫方合編十二卷　（清）汪昂撰　清刻本（卷一配清嘉慶八年刻本）　六冊

360000－1901－0030698　420965
圖註本草醫方合編十二卷　（清）汪昂撰　清刻本（卷一配清經綸堂刻本）　五冊

360000－1901－0030699　420967
圖註本草醫方合編十二卷　（清）汪昂撰　清刻本（卷一配清文奎堂刻本）　六冊

360000－1901－0030700　420966
圖註本草醫方合編十二卷　（清）汪昂撰　清文奎堂刻本　六冊

360000－1901－0030701　420969
圖註本草醫方合編十二卷　（清）汪昂撰　清英秀堂刻本　六冊

360000－1901－0030702　409003
圖註脈訣辨真四卷　（明）張世賢撰　清集新堂刻本　一冊　存三卷（一至三）

360000－1901－0030703　409002
圖註脈訣辨真四卷　（明）張世賢撰　清嘉慶六年（1801）刻本　一冊　存三卷（一至三）

360000－1901－0030704　409001
圖註脈訣辨真四卷　（明）張世賢撰　清嘉慶三年（1798）刻本　二冊

360000－1901－0030705　408998
圖註脈訣辨真四卷　（明）張世賢撰　清經國堂刻本　二冊

360000－1901－0030706　162616
圖註脈訣辨真四卷　（明）張世賢撰　清刻本　二冊

360000－1901－0030707　409059
圖註脈訣辨真四卷　（明）張世賢撰　清刻本　一冊

360000－1901－0030708　409060
圖註脈訣辨真四卷　（明）張世賢撰　清刻本　二冊

360000－1901－0030709　408997
圖註脈訣辨真四卷　（明）張世賢撰　清友益堂刻本　二冊

360000－1901－0030710　409004
圖註脈訣辨真四卷脈訣附方一卷　（明）張世賢撰　清匯源堂刻本　三冊

360000－1901－0030711　409005
圖註脈訣辨真四卷脈訣附方一卷　（明）張世賢撰　清刻本　二冊　存四卷（圖註脈訣辨真四卷）

360000－1901－0030712　409006
圖註脈訣辨真四卷脈訣附方一卷　（明）張世賢撰　清刻本　一冊

360000－1901－0030713　409007
圖註脈訣辨真四卷脈訣附方一卷　（明）張世賢撰　清刻本　一冊

360000－1901－0030714　409009
圖註脈訣辨真四卷脈訣附方一卷　（明）張世賢撰　清刻本　一冊　存二卷（二至三）

360000－1901－0030715　409010
圖註脈訣辨真四卷脈訣附方一卷　（明）張世賢撰　清刻本　二冊　存四卷（圖註脈訣辨真四卷）

360000－1901－0030716　409011
圖註脈訣辨真四卷脈訣附方一卷　（明）張世賢撰　清刻本　一冊　存三卷（一至三）

360000－1901－0030717　801610
圖註脈訣辨真四卷脈訣附方一卷　（明）張世賢撰　清刻本　一冊　存二卷（三至四）

360000－1901－0030718　801614
圖註脈訣辨真四卷脈訣附方一卷　（明）張世賢撰　清刻本　一冊　存二卷（圖註脈訣辨真四、脈訣附方一卷）

360000－1901－0030719　801615
圖註脈訣辨真四卷脈訣附方一卷　（明）張世

賢撰　清刻本　一册　存二卷(三至四)

360000－1901－0030720　801634
**圖註脈訣辨真四卷脈訣附方一卷**　(明)張世賢撰　清刻本　一册　存三卷(圖註脈訣辨真三至四、脈訣附方一卷)

360000－1901－0030721　801635
**圖註脈訣辨真四卷脈訣附方一卷**　(明)張世賢撰　清刻本　二册　存四卷(圖註脈訣辨真一至二、四,脈訣附方一卷)

360000－1901－0030722　409000
**圖註脈訣辨真四卷脈訣附方一卷**　(明)張世賢撰　清同治十三年(1874)愛日堂刻本　一册

360000－1901－0030723　408999
**圖註脈訣辨真四卷脈訣附方一卷**　(明)張世賢撰　清文富堂刻本　一册

360000－1901－0030724　801608
**圖註難經脈訣**　(明)張世賢注　清刻本　一册

360000－1901－0030725　801609
**圖註難經脈訣**　(明)張世賢注　清刻本　一册

360000－1901－0030726　801613
**圖註難經脈訣**　(明)張世賢注　清刻本　二册

360000－1901－0030727　800474
**蓴鄉贅筆三卷**　(清)董含撰　清刻說鈴本　一册　存二卷(中、下)

360000－1901－0030728　122102
**團練事宜一卷附勸戒條約一卷**　(清)朱孫詒編　清同治九年(1870)蕭江書院刻本　一册

360000－1901－0030729　122103
**團練事宜一卷附勸戒條約一卷**　(清)朱孫詒編　清同治九年(1870)蕭江書院刻本　一册

360000－1901－0030730　161945
**團練鄉守備要**　(清)許乃釗輯　清咸豐三年(1853)刻本　一册

360000－1901－0030731　416689－1
**團練鄉守備要**　(清)沈衍慶輯　清刻本　一册　存二種

360000－1901－0030732　162596
**推背圖詳解不分卷**　(明)織里畸人校閲　**附李淳風藏頭詩**　(唐)李淳風撰　**推背圖說**　(漢)嚴遵輯　**附劉伯溫燒餅歌**　(明)劉基撰　**透天玄機**　(明)鐵冠道人撰　(明)劉基撰　**黄蘗禪師詩**　(□)黄蘗禪師撰　**附回文碑**　清末廣豐書局石印本　一册

360000－1901－0030733　803845
**推背圖詳解不分卷**　(明)織里畸人校閲　**附李淳風藏頭詩**　(唐)李淳風撰　**推背圖說**　(漢)嚴遵輯　**劉伯溫燒餅歌**　(明)劉基撰　清嘉慶十七年(1812)抄本　一册

360000－1901－0030734　800509
**推敲集草藁一卷**　(清)□□撰　清抄本　一册

360000－1901－0030735　121819
**退庵詩鈔一卷**　(清)謝本量撰　**餞郿詩鈔一卷**　(清)謝于誠撰　**醒庵詩鈔一卷**　(清)謝鳴盛撰　**碧溪詩鈔一卷**　(清)鍾建魁撰　清刻本　一册

360000－1901－0030736　241074
**退庵詩鈔一卷酒囊閩遊草一卷續草一卷**　(清)謝本量撰　清乾隆十六年(1751)刻本　二册

360000－1901－0030737　241075
**退庵詩鈔一卷酒囊閩遊草一卷續草一卷**　(清)謝本量撰　清乾隆十六年(1751)刻本　二册

360000－1901－0030738　302200
**退補齋詩存十六卷首一卷二編五卷**　(清)胡鳳丹撰　清同治十二年(1873)永康胡氏退補齋本　六册

360000－1901－0030739　305649
**退補齋詩存十六卷首一卷二編五卷**　(清)胡鳳丹撰　清同治十二年(1873)永康胡氏退補

齋刻本　二册　存七卷（退補齋詩存十四至十六、二編一至四）

360000－1901－0030740　302204
**永康胡氏退補齋詩存十六卷首一卷文存十二卷**　（清）胡鳳丹撰　清同治十二年（1873）永康胡氏退補齋刻本　八册

360000－1901－0030741　316182
**退思詩存四卷文存一卷**　（清）范志熙撰　清光緒十四年（1888）木犀香館刻本　三册

360000－1901－0030742　317245
**退思詩存四卷文存一卷仕隱圖題詞一卷附都門唱和詩一卷**　（清）范志熙撰　清光緒十四年（1888）木犀香館刻本　四册

360000－1901－0030743　121330
**退思堂文鈔三卷退思堂詩鈔十二卷**　（清）張宿煌撰　清光緒二十一年（1895）清江東齋刻本　六册

360000－1901－0030744　121331
**退思堂文鈔三卷退思堂詩鈔十二卷**　（清）張宿煌撰　清光緒二十一年（1895）清江東齋刻本　六册

360000－1901－0030745　713672
**退思堂文鈔三卷退思堂詩鈔十二卷**　（清）張宿煌撰　清光緒二十一年（1895）清江東齋刻本　四册　存十一卷（退思堂文鈔上中、詩鈔一至九）

360000－1901－0030746　713673
**退思堂文鈔三卷退思堂詩鈔十二卷**　（清）張宿煌撰　清光緒二十一年（1895）清江東齋刻本　一册　存一卷（退思堂文鈔上）

360000－1901－0030747　721888
**退思堂文鈔三卷退思堂詩鈔十二卷**　（清）張宿煌撰　清光緒二十一年（1895）清江東齋刻本　一册　存三卷（詩鈔十至十二）

360000－1901－0030748　412816
**退思軒詩集六卷補遺一卷**　張百熙撰　清宣統三年（1911）鉛印本　一册

360000－1901－0030749　712822
**退思軒詩集六卷補遺一卷**　張百熙撰　清宣統三年（1911）武昌刻本　二册

360000－1901－0030750　409966
**退學詩齋詩集五卷**　（清）何耿繩撰　清同治十二年（1873）刻本　一册

360000－1901－0030751　409966－1
**退學詩齋詩集五卷**　（清）何耿繩撰　清同治十二年（1873）刻本　一册

360000－1901－0030752　302199
**退菴金石書畫跋二十卷**　（清）梁章鉅撰　清刻本　四册　存十卷（一至十）

360000－1901－0030753　317253
**退菴詩存二十五卷**　（清）梁章鉅撰　清道光刻本　八册

360000－1901－0030754　603016
**退菴隨筆二十二卷附退菴自訂年譜一卷**　（清）梁章鉅撰　清光緒元年（1875）刻本　二册　存五卷（一至二、十七至十九）

360000－1901－0030755　305646
**退菴隨筆二十二卷附退菴自訂年譜一卷**　（清）梁章鉅撰　清同治十一年（1872）刻本　五册　存十四卷（六至十六、二十至二十二）

360000－1901－0030756　404590
**退菴隨筆二十二卷附退菴自訂年譜一卷**　（清）梁章鉅撰　清同治十一年（1872）刻本　五册　存十四卷（一至十四）

360000－1901－0030757　162567
**退菴隨筆二十二卷附退菴自訂年譜一卷**　（清）梁章鉅撰　清同治十一年（1872）武林梁氏刻本　八册

360000－1901－0030758　405579
**退一步齋詩集十六卷退一步齋文集四卷**　（清）方濬師撰　（清）呂景端校　清光緒十八年（1892）鉛印本　四册　存六卷（詩集三至五，文集一、三至四）

360000－1901－0030759　163399

**退餘樓詩鈔不分卷**　(清)劉燨撰　清咸豐木活字印本　二冊

360000－1901－0030760　121966
**蜕存詩草四卷**　(清)熊傑勛撰　清宣統三年(1911)安徽官紙印刷局鉛印本　四冊

360000－1901－0030761　121967
**蜕存詩草四卷**　(清)熊傑勛撰　清宣統三年(1911)安徽官紙印刷局鉛印本　四冊

360000－1901－0030762　410987
**蜕存詩草四卷**　(清)熊傑勛撰　清宣統三年(1911)安徽官紙印刷局鉛印本　一冊　存一卷(二)

360000－1901－0030763　301181
**呑松閣集四十卷**　(清)鄭虎文撰　(清)馮敏昌輯　清嘉慶十四年(1809)刻本　六冊

360000－1901－0030764　161610
**屯溪公濟局徵信錄不分卷**　(清)屯溪公濟局編　清光緒十五年至十七年(1889－1891)黄聚文堂刻本　三冊

360000－1901－0030765　240863
**託素齋詩集四卷文集六卷**　(清)黎士弘撰　清康熙刻雍正二年(1724)黎致遠增刻本　十四冊

360000－1901－0030766　300311
**託素齋文集六卷詩集四卷仁恕堂筆記一卷**　(清)黎士弘撰　清光緒二十五年(1899)汀州東壁軒活字印書局木活字印本　十一冊

360000－1901－0030767　711160
**槖中集六卷**　(清)王汝驤撰　清墻東草堂刻本　二冊　存五卷(大學一,中庸一,下論一,上孟一、下孟一)

360000－1901－0030768　230102
**唾居隨錄四卷**　(清)張貞生撰　清康熙十八年(1679)講學山房刻張篑山三種本　二冊

360000－1901－0030769　407818
**唾居隨錄四卷**　(清)張貞生撰　清康熙十八年(1679)講學山房刻張篑山三種本　一冊　存二卷(一至二)

360000－1901－0030770　405422
**唾居隨錄四卷**　(清)張貞生撰　清刻本　一冊　存二卷(三至四)

360000－1901－0030771　121747
**唾餘草二卷**　(清)黄作求撰　清嘉慶十二年(1807)木活字印本　二冊

360000－1901－0030772　405441
**唾餘新拾十卷唾餘續拾六卷唾餘補拾二卷**　(清)李調元撰　清光緒八年(1882)樂道齋刻本　一冊　存八卷(唾餘續拾六卷、唾餘補拾二卷)

360000－1901－0030773　161643
**外國白話史二卷**　(清)錢宗翰　戴克敦編　清抄本　二冊

360000－1901－0030774　416507
**外國師船圖表十六卷**　(清)許景澄撰　清光緒十二年(1886)石印本　八冊　存十卷(三、五、七至十、十三至十六)

360000－1901－0030775　805186－1
**外交報不分卷**　(清)外交報館編　清光緒上海鉛印本　三冊　存三冊(乙巳年第十三、十六至十七號)

360000－1901－0030776　800586
**外科八法一卷**　(□)□□撰　清抄本　一冊

360000－1901－0030777　801417
**外科備用不分卷**　(清)黄厚夫輯　清抄本　一冊

360000－1901－0030778　420562
**外科大成四卷**　(清)祁坤撰　清康熙古雪堂刻本　二冊　存二卷(三至四)

360000－1901－0030779　164768
**外科大成四卷**　(清)祁坤撰　清善成堂刻本　七冊

360000－1901－0030780　800369
**外科各方二卷**　(清)□□輯　清抄本　二冊

360000－1901－0030781　901860

**外科輯要四卷**　(清)邵澍輯　清刻本　一册　存一卷(四)

360000－1901－0030782　230280

**外科精義二卷**　(元)齊德之撰　明萬曆二十九年(1601)新安吳勉學刻古今醫統正脈全書本　一册

360000－1901－0030783　230281

**外科精義四卷**　(元)齊德之撰　明刻東垣十書本　一册　存二卷(三至四)

360000－1901－0030784　230282

**外科理例七卷附方一卷**　(明)汪機撰　明嘉靖十六年(1537)陳桷刻汪石山醫書八種本　五册

360000－1901－0030785　408860

**外科十法一卷**　(清)程國彭撰　清刻本　一册

360000－1901－0030786　408860－1

**外科十法一卷**　(清)程國彭撰　清刻本　一册

360000－1901－0030787　900978

**外科十法一卷**　(清)程國彭撰　清書粟軒刻本　一册

360000－1901－0030788　165093

**外科樞要四卷**　(明)薛己撰　清刻本　一册　存二卷(一至二)

360000－1901－0030789　408889

**外科心法七卷**　(明)薛己撰　清刻本　二册

360000－1901－0030790　408890

**外科心法七卷**　(明)薛己撰　清刻本　三册

360000－1901－0030791　420560

**外科心法一卷**　(清)王尹芳撰　清乾隆四十一年(1776)刻本　一册

360000－1901－0030792　900997

**外科雜治不分卷**　(□)□□輯　清刻本　一册

360000－1901－0030793　803157

**外科正宗十二卷**　(明)陳實功撰　(清)徐大椿評　清光緒二十七年(1901)上洋煥文書局石印本　一册　存六卷(七至十二)

360000－1901－0030794　164763

**外科正宗十二卷**　(明)陳實功撰　(清)徐大椿評　清光緒三十一年(1905)上海福記書局石印本　一册　存三卷(一至三)

360000－1901－0030795　803154

**外科正宗十二卷**　(明)陳實功撰　(清)徐大椿評　清光緒三十一年(1905)上洋海左書局石印本　三册　存九卷(一至三、七至十二)

360000－1901－0030796　803155

**外科正宗十二卷**　(明)陳實功撰　(清)徐大椿評　清光緒三十一年(1905)上洋海左書局石印本　三册　存九卷(一至三、七至十二)

360000－1901－0030797　803156

**外科正宗十二卷**　(明)陳實功撰　(清)徐大椿評　清光緒三十一年(1905)上洋海左書局石印本　一册　存六卷(七至十二)

360000－1901－0030798　801527

**外科正宗十二卷**　(明)陳實功撰　(清)徐大椿評　清刻本　一册　存二卷(一至二)

360000－1901－0030799　801531

**外科正宗十二卷**　(明)陳實功撰　(清)徐大椿評　清刻本　一册　存一卷(四)

360000－1901－0030800　801531－1

**外科正宗十二卷**　(明)陳實功撰　(清)徐大椿評　清刻本　一册　存一卷(四)

360000－1901－0030801　801532

**外科正宗十二卷**　(明)陳實功撰　(清)徐大椿評　清刻本　二册　存四卷(一至四)

360000－1901－0030802　722489

**外科正宗十二卷**　(明)陳實功撰　(清)徐大椿評　清末石印本　一册　存三卷(十至十二)

360000－1901－0030803　420541

外科症治全生不分卷附跌打大全一卷　(清)王維德輯　清道光二十二年(1842)江西文昌宫集裕堂刻本　一冊

360000－1901－0030804　420541－1
外科症治全生不分卷附跌打大全一卷　(清)王維德輯　清道光二十二年(1842)江西文昌宫集裕堂刻本　一冊

360000－1901－0030805　420541－2
外科症治全生不分卷附跌打大全一卷　(清)王維德輯　清道光二十二年(1842)江西文昌宫集裕堂刻本　一冊

360000－1901－0030806　420546
外科症治全生集六卷　(清)王維德輯　清道光二十年(1840)五雲樓刻本(後集三卷配清刻本)　二冊

360000－1901－0030807　420547
外科症治全生集六卷　(清)王維德輯　清嘉慶十四年(1809)刻本　一冊

360000－1901－0030808　420548
外科症治全生集六卷　(清)王維德輯　清嘉慶十五年(1810)刻本　一冊

360000－1901－0030809　420549
外科症治全生集六卷　(清)王維德輯　清嘉慶十五年(1810)刻本　一冊

360000－1901－0030810　420550
外科症治全生集六卷　(清)王維德輯　清嘉慶十五年(1810)刻本　一冊

360000－1901－0030811　420535
外科症治全生集六卷　(清)王維德輯　清刻本　一冊

360000－1901－0030812　420536
外科症治全生集六卷　(清)王維德輯　清刻本　一冊　存三卷(一至三)

360000－1901－0030813　420544
外科症治全生集六卷　(清)王維德輯　清刻本　一冊　存三卷(後集一至三)

360000－1901－0030814　420551
外科症治全生集六卷　(清)王維德輯　清刻本　二冊

360000－1901－0030815　420553
外科症治全生集六卷　(清)王維德輯　清刻本　二冊

360000－1901－0030816　420539
外科症治全生集六卷　(清)王維德輯　清咸豐十年(1860)衡陽謙吉堂刻本　一冊

360000－1901－0030817　420537
外科症治全生集三卷　(清)王維德輯　清望雲草廬刻本　一冊

360000－1901－0030818　420538
外科症治全生集四卷　(清)王維德輯　清光緒十九年(1893)三讓堂刻本　一冊　存二卷(一至二)

360000－1901－0030819　163030
外科症治全生五卷附跌打大全一卷　(清)王維德輯　清道光二十二年(1842)刻本　一冊

360000－1901－0030820　420563
外科證治全書五卷末一卷　(清)許克昌　(清)畢法輯　清光緒八年(1882)刻本　五冊

360000－1901－0030821　420564
外科證治全書五卷末一卷　(清)許克昌　(清)畢法輯　清光緒八年(1882)刻本　三冊　存三卷(一至二、四)

360000－1901－0030822　902394
外科準繩六卷　(明)王肯堂撰　清刻本　三冊　存三卷(一、三、五)

360000－1901－0030823　805117
外科準繩六卷　(清)王肯堂撰　清刻本　一冊　存一卷(四)

360000－1901－0030824　401562
外史□□卷　(□)□□輯　清末石印本　一冊　存二卷(二至三)

360000－1901－0030825　420543
外治良方不分卷　(清)許自安輯　清道光二十七年(1847)刻本　一冊

360000－1901－0030826　800016
**丸丹全集不分卷**　（清）萬鶴齡輯　清景德鎮種德堂刻本　一册

360000－1901－0030827　421332
**丸散膏丹集錄不分卷**　（清）張成順輯　清光緒刻本　一册

360000－1901－0030828　240955
**完玉堂詩集十卷**　（清）釋元璟撰　清刻本　二册

360000－1901－0030829　160518
**玩易四道十三卷首一卷末一卷**　（清）黄寅階輯　清同治十二年（1873）寡過未能齋刻本　十册

360000－1901－0030830　415132
**宛鄰書屋古詩錄十二卷**　（清）張琦輯　清同治八年（1869）刻本　四册

360000－1901－0030831　415131
**宛鄰文二卷**　（清）張琦撰　清末陽湖張氏宛鄰書屋鉛印本　一册

360000－1901－0030832　301745
**宛陵先生集六十卷拾遺一卷附錄三卷續金針詩格一卷**　（宋）梅堯臣撰　**宛陵先生年譜一卷**　（元）張師曾撰　清道光十年（1830）夜吟樓刻本　十六册

360000－1901－0030833　417936
**宛陵先生集六十卷拾遺一卷附錄三卷續金針詩格一卷**　（宋）梅堯臣撰　**宛陵先生年譜一卷**　（元）張師曾撰　清道光十年（1830）夜吟樓刻本　九册　存四十八卷（一至四十八）

360000－1901－0030834　301741
**宛陵先生文集六十卷**　（宋）梅堯臣撰　清宣統二年（1910）石印本　十册

360000－1901－0030835　301744
**宛陵先生文集六十卷**　（宋）梅堯臣撰　清宣統二年（1910）石印本　十册

360000－1901－0030836　316543
**宛陵先生文集六十卷**　（宋）梅堯臣撰　清宣統二年（1910）石印本　十册

360000－1901－0030837　305419
**宛丘先生文粹二十二卷**　（宋）張耒撰　（宋）韓敬校閲　明末刻本　一册　存四卷（十三至十六）

360000－1901－0030838　417793
**宛雅初編八卷二編八卷三編二十四卷首一卷**　（明）梅鼎祚輯　（清）施念曾　（清）張汝霖補輯　清光緒元年（1875）宛村劉樹本堂刻本　十一册　存三十八卷（宛雅初編八卷，二編八卷，三編一至九、十三至二十四，首一卷）

360000－1901－0030839　308200
**宛雅初編八卷二編八卷三編二十四卷首一卷**　（明）梅鼎祚輯　（清）施念曾　（清）張汝霖補輯　清宛村劉樹本堂刻本　十二册

360000－1901－0030840　405487
**菀青集二十一卷**　（清）陳至言撰　清乾隆芝泉堂刻本　一册　存四卷（一至四）

360000－1901－0030841　401898
**晚翠堂信古集史傳五卷**　（清）胡興粹撰　清嘉慶元年（1796）刻本　二册

360000－1901－0030842　805384
**晚翠軒詞韻一卷**　（清）舒夢蘭輯　清刻本　一册

360000－1901－0030843　121568
**晚翠齋遺稿不分卷**　（清）陳蘭祥撰　清道光二十九年（1849）刻本　一册

360000－1901－0030844　413810
**晚邨天蓋樓偶評不分卷**　（清）呂留良撰　清康熙呂氏天蓋樓刻本　十三册

360000－1901－0030845　413812
**晚邨先生八家古文精選八卷**　（清）呂留良輯　（清）呂葆中批點　清康熙呂氏家塾刻本　四册

360000－1901－0030846　241293
**晚邨先生八家古文精選八卷**　（清）呂留良輯　（清）呂葆中批點　清康熙四十三年（1704）

呂氏家塾刻本　四册

360000－1901－0030847　241294
**晚邨先生八家古文精選八卷**　(清)呂留良輯　(清)呂葆中批點　清康熙四十三年(1704)呂氏家塾刻本　六册

360000－1901－0030848　800697
**晚邨先生八家古文精選八卷**　(清)呂留良輯　(清)呂葆中批點　清康熙四十三年(1704)呂氏家塾刻本　二册　存五卷(韓文、柳文、歐陽文、曾文、王文)

360000－1901－0030849　601524
**晚晴堂稿二集二卷**　(清)喻震孟撰　清光緒二十二年(1896)新建蔡氏刻本　一册

360000－1901－0030850　601525
**晚晴堂稿二集二卷**　(清)喻震孟撰　清光緒二十二年(1896)新建蔡氏刻本　一册

360000－1901－0030851　412703
**晚晴堂稿六卷**　(清)喻震孟撰　清光緒十五年(1889)刻本　一册　存四卷(一至四)

360000－1901－0030852　121565
**晚晴堂稿六卷續稿二卷二集二卷三集一卷**　(清)喻震孟撰　清光緒十五年至二十二年(1889－1896)刻本　三册

360000－1901－0030853　121566
**晚晴堂稿六卷續稿二卷二集二卷三集一卷**　(清)喻震孟撰　清光緒十五年至二十二年(1889－1896)刻本　三册

360000－1901－0030854　241355
**晚唐詩鈔二十六卷**　(清)查克弘　(清)凌紹乾輯　清康熙十干詩塢刻本　十二册

360000－1901－0030855　418469
**晚唐詩鈔二十六卷**　(清)查克弘　(清)凌紹乾輯　清康熙十干詩塢刻本　十册

360000－1901－0030856　418470
**晚唐詩鈔二十六卷**　(清)查克弘　(清)凌紹乾輯　清康熙十干詩塢刻本　六册

360000－1901－0030857　412739
**晚聞堂存稿七卷**　(明)余紹祉撰　清抄本　一册

360000－1901－0030858　800563
**晚聞堂集十六卷**　(明)余紹祉撰　清抄本　一册　存一卷(七律)

360000－1901－0030859　803561
**晚聞堂集十六卷**　(明)余紹祉撰　清抄本　一册　存三卷(六至八)

360000－1901－0030860　123023
**晚聞堂集十六卷**　(明)余紹祉撰　清道光十七年(1837)和源單士修刻本　五册

360000－1901－0030861　413258
**晚聞堂集十六卷**　(明)余紹祉撰　清道光十七年(1837)和源單士修刻本　五册　存十三卷(一至四、六、九至十六)

360000－1901－0030862　713257
**晚聞堂集十六卷**　(明)余紹祉撰　清道光十七年(1837)和源單士修刻本　二册　存五卷(一、十至十三)

360000－1901－0030863　713258
**晚聞堂集十六卷**　(明)余紹祉撰　清道光十七年(1837)和源單士修刻本　四册　存十四卷(二至十二、十四至十六)

360000－1901－0030864　713260
**晚聞堂集十六卷**　(明)余紹祉撰　清道光十七年(1837)和源單士修刻本　五册

360000－1901－0030865　713262
**晚聞堂集十六卷**　(明)余紹祉撰　清道光十七年(1837)和源單士修刻本　五册

360000－1901－0030866　713263
**晚聞堂集十六卷**　(明)余紹祉撰　清道光十七年(1837)和源單士修刻本　三册　存十三卷(一至四、六、九至十六)

360000－1901－0030867　718096
**晚聞堂集十六卷**　(明)余紹祉撰　清道光十七年(1837)和源單士修刻本　三册　存十一卷(二至九、十四至十六)

360000－1901－0030868　722422
**晚聞堂集十六卷**　（明）余紹祉撰　清道光十七年（1837）和源單士修刻本　三册　存十二卷（二至五、九至十六）

360000－1901－0030869　722423
**晚聞堂集十六卷**　（明）余紹祉撰　清道光十七年（1837）和源單士修刻本　二册　存四卷（一、六至八）

360000－1901－0030870　722424
**晚聞堂集十六卷**　（明）余紹祉撰　清道光十七年（1837）和源單士修刻本　一册　存四卷（六至九）

360000－1901－0030871　413265
**晚聞堂集十六卷**　（明）余紹祉撰　清道光十七年（1837）和源單士修刻民國十五年（1926）單高澤印本　五册

360000－1901－0030872　413266
**晚聞堂集十六卷**　（明）余紹祉撰　清道光十七年（1837）和源單士修刻民國十五年（1926）單高澤印本　五册

360000－1901－0030873　718236
**晚聞堂集十六卷**　（明）余紹祉撰　清道光十七年（1837）和源單士修刻民國十五年（1926）單高澤印本　五册

360000－1901－0030874　718236－1
**晚聞堂集十六卷**　（明）余紹祉撰　清道光十七年（1837）和源單士修刻民國十五年（1926）單高澤印本　一册　存三卷（十四至十六）

360000－1901－0030875　123284
**晚聞堂集十六卷**　（明）余紹祉撰　清道光十七年（1837）刻本　三册　存九卷（一、九至十六）

360000－1901－0030876　603613
**晚聞堂集十六卷**　（明）余紹祉撰　清刻本　一册　存一卷（一）

360000－1901－0030877　803934
**晚香園詩稿□□卷**　（清）□□撰　清抄本　一册　存一卷（三）

360000－1901－0030878　412151
**晚笑堂畫傳一卷明太祖功臣圖一卷**　（清）上官周撰　清刻本　二册

360000－1901－0030879　901371
**皖江試牘採風錄不分卷**　（清）徐立綱輯　清刻本　一册

360000－1901－0030880　402257
**皖江校士錄不分卷**　（清）秦潮輯　清光緒刻本　一册

360000－1901－0030881　301354
**皖南軍務紀略四卷附匹夫從戎事實一卷**　（清）陳鍾秀撰　清同治六年（1867）刻本　二册

360000－1901－0030882　110802
**皖志便覽六卷**　（清）李應珏撰　清光緒二十八年（1902）安徽鏤雲閣刻本　二册

360000－1901－0030883　110793
**皖志便覽六卷**　（清）李應珏撰　清光緒二十四年（1898）刻本　二册　存三卷（一至三）

360000－1901－0030884　121962
**畹香樓遺草一卷**　（清）楊韻蘭撰　清道光二十八年（1848）刻本　一册

360000－1901－0030885　410732
**輓聯合編六卷補遺一卷**　（清）管窺居士輯　清光緒十二年（1886）賽經堂刻本　二册

360000－1901－0030886　603282
**卍齋璅錄十卷**　（清）李調元撰　清刻本　二册

360000－1901－0030887　421365
**萬承志堂丸散膏丹全集不分卷**　（清）萬承志堂編　清光緒十一年（1885）萬承志堂鉛印本　一册

360000－1901－0030888　406026
**萬充宗先生經學五書**　（清）萬斯大撰　清刻本　三册　存四種

360000－1901－0030889　210003

**萬充宗先生經學五書**　（清）萬斯大撰　清乾隆二十六年（1761）萬福刻本　六冊

360000－1901－0030890　210004

**萬充宗先生經學五書**　（清）萬斯大撰　清乾隆二十六年（1761）萬福刻嘉慶元年（1796）補刻本　六冊

360000－1901－0030891　210005

**萬充宗先生經學五書**　（清）萬斯大撰　清乾隆二十六年（1761）萬福刻嘉慶元年（1796）補刻本　四冊

360000－1901－0030892　305959

**萬法精理五卷**　（法國）孟德斯鳩撰　（日本）何禮之　張相文譯　清光緒二十九年（1903）上海文明書局鉛印本　一冊　存一卷（四）

360000－1901－0030893　401886

**萬法精理五卷**　（法國）孟德斯鳩撰　（日本）何禮之　張相文譯　清光緒二十九年（1903）上海文明書局鉛印本　五冊

360000－1901－0030894　420108

**萬國地理統紀一卷**　（日本）若原撰　馬汝賢　顧培基譯　清光緒二十八年（1902）勵學譯社鉛印本　一冊

360000－1901－0030895　402153

**萬國電報通例一卷**　胡禮垣譯　清光緒七年（1881）中國電報滬局鉛印本　一冊

360000－1901－0030896　401520

**萬國分類時務大成四十卷首一卷**　（清）錢豐輯　清光緒二十七年（1901）上海文盛書局石印本　十一冊　存十九卷（一至八、二十、二十五、三十二至三十五、三十七至四十，首一卷）

360000－1901－0030897　305967

**萬國分類時務大成四十卷首一卷**　（清）錢豐輯　清光緒二十三年（1897）申江袖海山房石印本　二十六冊　存三十八卷（一至十三、十五至三十一、三十三至四十）

360000－1901－0030898　305967－1

**萬國分類時務大成四十卷首一卷**　（清）錢豐輯　清光緒二十三年（1897）申江袖海山房石印本　一冊　存三卷（三十三至三十五）

360000－1901－0030899　401517

**萬國分類時務大成四十卷首一卷**　（清）錢豐輯　清光緒二十三年（1897）申江袖海山房石印本　二十八冊

360000－1901－0030900　401518

**萬國分類時務大成四十卷首一卷**　（清）錢豐輯　清光緒二十三年（1897）申江袖海山房石印本　二十八冊

360000－1901－0030901　401519

**萬國分類時務大成四十卷首一卷**　（清）錢豐輯　清光緒二十三年（1897）申江袖海山房石印本　二十四冊　存三十五卷（一至十四、十六、十八至二十三、二十五至三十七，首一卷）

360000－1901－0030902　306485

**萬國分類時務大成四十卷首一卷**　（清）錢豐輯　清光緒石印本　十六冊　存二十一卷（三、五至六、十二、十八至二十一、二十三、二十五至三十一、三十六至四十）

360000－1901－0030903　401521

**萬國分類時務大成四十卷首一卷**　（清）錢豐輯　清末石印本　九冊　存十六卷（三、七至十二、十六至十七、二十三至二十四、三十六至四十）

360000－1901－0030904　401521－1

**萬國分類時務大成四十卷首一卷**　（清）錢豐輯　清末石印本　二冊　存四卷（七至九、二十三）

360000－1901－0030905　401521－2

**萬國分類時務大成四十卷首一卷**　（清）錢豐輯　清末石印本　三冊　存四卷（十四至十七）

360000－1901－0030906　401521－3

**萬國分類時務大成四十卷首一卷**　（清）錢豐輯　清末石印本　九冊　存十四卷（六至八、

十二、十四至十七、二十二、三十一、三十七至四十)

360000－1901－0030907　401521－4
**萬國分類時務大成四十卷首一卷**　(清)錢豐輯　清末石印本　九冊　存十三卷(五至八、十三至十五、二十三、二十七至三十一)

360000－1901－0030908　302834
**萬國綱鑑易知錄二十卷**　(日本)岡本監輔撰　清光緒二十七年(1901)上海書局石印本　六冊

360000－1901－0030909　401499
**萬國綱鑑易知錄二十卷**　(日本)岡本監輔撰　清光緒五年(1879)申江書局石印本　六冊

360000－1901－0030910　302833
**萬國公法四卷**　(美國)惠頓撰　(美國)丁韙良譯　清光緒二十二年(1896)儲英館刻本　四冊

360000－1901－0030911　401514
**萬國公法四卷**　(美國)惠頓撰　(美國)丁韙良譯　清光緒二十七年(1901)慎記書莊石印本　四冊

360000－1901－0030912　401513
**萬國公法四卷**　(美國)惠頓撰　(美國)丁韙良譯　清刻本　一冊　存一卷(一)

360000－1901－0030913　401513－1
**萬國公法四卷**　(美國)惠頓撰　(美國)丁韙良譯　清刻本　一冊　存二卷(二至三)

360000－1901－0030914　401513－2
**萬國公法四卷**　(美國)惠頓撰　(美國)丁韙良譯　清刻本　一冊　存一卷(四)

360000－1901－0030915　401515
**萬國公法四卷**　(美國)惠頓撰　(美國)丁韙良譯　清末鉛印本　二冊　存二卷(一、三)

360000－1901－0030916　401515－1
**萬國公法四卷**　(美國)惠頓撰　(美國)丁韙良譯　清末鉛印本　一冊　存一卷(四)

360000－1901－0030917　401511
**萬國公法四卷**　(美國)惠頓撰　(美國)丁韙良譯　清末四明茹古書局鉛印本　二冊

360000－1901－0030918　401512
**萬國公法四卷**　(美國)惠頓撰　(美國)丁韙良譯　清末四明茹古書局鉛印本　三冊　存三卷(一至二、四)

360000－1901－0030919　305964
**萬國公法四卷**　(美國)惠頓撰　(美國)丁韙良譯　清同治三年(1864)京都崇實館刻本　二冊　存二卷(一、三)

360000－1901－0030920　302830
**萬國公法四卷**　(美國)惠頓撰　(美國)丁韙良譯　清同治三年(1864)刻本　四冊

360000－1901－0030921　302831
**萬國公法四卷**　(美國)惠頓撰　(美國)丁韙良譯　清同治三年(1864)刻本　四冊

360000－1901－0030922　401516
**萬國公法四卷**　(美國)惠頓撰　(美國)丁韙良譯　清同治三年(1864)刻本　一冊

360000－1901－0030923　161656
**萬國公法四卷**　(美國)惠頓撰　(美國)丁韙良譯　**萬國公法總論一卷**　(英國)羅伯村撰　**中國古世公法論略一卷**　(英國)傅蘭雅　(清)汪振聲譯　清光緒二十四年(1898)上海新學書會石印本　五冊

360000－1901－0030924　803396
**萬國公法序一卷楚遊記一卷駁上海新聞紙報英國新造大火輪兵船語一卷**　(□)□□輯　清抄本　一冊

360000－1901－0030925　305962
**萬國國力比較二十三卷比較表一卷附錄一卷**　(英國)默爾化撰　(清)出洋學生編輯所譯　清光緒二十八年(1902)上海商務印書館鉛印本　三冊　存十卷(一至二、十八至二十三，比較表一卷，附錄一卷)

360000－1901－0030926　313410
**萬國近政考略十六卷**　(清)鄒弢輯　清光緒

二十八年(1902)上海書局石印本　四册

360000－1901－0030927　401509
**萬國近政考略十六卷**　(清)鄒弢輯　清光緒二十二年(1896)刻本　一册　存四卷(一至四)

360000－1901－0030928　305958
**萬國近政考略十六卷**　(清)鄒弢輯　清光緒二十二年(1896)鉛印本　三册　存十二卷(五至十六)

360000－1901－0030929　401507－1
**萬國近政考略十六卷**　(清)鄒弢輯　清光緒二十二年(1896)鉛印本　一册　存二卷(一至二)

360000－1901－0030930　401506
**萬國近政考略十六卷**　(清)鄒弢輯　清光緒二十七年(1901)三借廬鉛印本　四册

360000－1901－0030931　401507
**萬國近政考略十六卷**　(清)鄒弢輯　清光緒二十七年(1901)三借廬鉛印本　三册　存十二卷(一至八、十三至十六)

360000－1901－0030932　401509－1
**萬國近政考略十六卷**　(清)鄒弢輯　清末鉛印本　一册　存八卷(九至十六)

360000－1901－0030933　401508
**萬國近政考略十六卷**　(清)鄒弢輯　清末石印本　三册　存十二卷(五至十六)

360000－1901－0030934　401491
**萬國歷史彙編一百卷**　(清)江子雲等輯　清光緒二十九年(1903)上海官書局石印本　十六册

360000－1901－0030935　401505－6
**萬國史記二十卷**　(日本)岡本監輔撰　清光緒二十八年(1902)掃葉山房石印本　一册　存四卷(十三至十六)

360000－1901－0030936　401500
**萬國史記二十卷**　(日本)岡本監輔撰　清光緒二十八年(1902)上海書局石印本　六册

360000－1901－0030937　401502
**萬國史記二十卷**　(日本)岡本監輔撰　清光緒二十八年(1902)上海書局石印本　二册　存六卷(一至三、七至九)

360000－1901－0030938　302835
**萬國史記二十卷**　(日本)岡本監輔撰　清光緒二十七年(1901)上海兩宜齋石印本　六册

360000－1901－0030939　401501
**萬國史記二十卷**　(日本)岡本監輔撰　清光緒二十七年(1901)上海書局石印本　五册　存十六卷(一至十二、十七至二十)

360000－1901－0030940　401505
**萬國史記二十卷**　(日本)岡本監輔撰　清光緒二十七年(1901)上海書局石印本　六册

360000－1901－0030941　305970
**萬國史記二十卷**　(日本)岡本監輔撰　清光緒二十三年(1897)上海六先書局鉛印本　七册　存十七卷(一至十七)

360000－1901－0030942　401498
**萬國史記二十卷**　(日本)岡本監輔撰　清光緒二十三年(1897)上海六先書局鉛印本　八册

360000－1901－0030943　305957
**萬國史記二十卷**　(日本)岡本監輔撰　清光緒二十三年(1897)慎記書莊石印本　四册

360000－1901－0030944　401510
**萬國史記二十卷**　(日本)岡本監輔撰　清光緒二十三年(1897)慎記書莊石印本　三册　存十五卷(一至五、十一至二十)

360000－1901－0030945　401503
**萬國史記二十卷**　(日本)岡本監輔撰　清光緒二十四年(1898)上海書局石印本　一册　存二卷(一至二)

360000－1901－0030946　302836
**萬國史記二十卷**　(日本)岡本監輔撰　清光緒二十五年(1899)三味書室刻本　八册

360000－1901－0030947　401504

**萬國史記二十卷**　（日本）岡本監輔撰　清光緒二十一年（1895）讀有用書齋石印本　十册

360000－1901－0030948　305968
**萬國史記二十卷**　（日本）岡本監輔撰　清光緒六年（1880）鉛印本　一册　存一卷（一）

360000－1901－0030949　305966
**萬國史記二十卷**　（日本）岡本監輔撰　清光緒石印本　一册　存四卷（十七至二十）

360000－1901－0030950　305969
**萬國史記二十卷**　（日本）岡本監輔撰　清光緒石印本　四册　存十卷（三至十二）

360000－1901－0030951　401494
**萬國史記二十卷**　（日本）岡本監輔撰　清光緒五年（1879）上海申報館鉛印本　八册

360000－1901－0030952　401497
**萬國史記二十卷**　（日本）岡本監輔撰　清光緒五年（1879）上海申報館鉛印本　四册　存十卷（三至四、十至十四、十八至二十）

360000－1901－0030953　401495
**萬國史記二十卷**　（日本）岡本監輔撰　清末鉛印本　一册　存二卷（二至三）

360000－1901－0030954　401495－1
**萬國史記二十卷**　（日本）岡本監輔撰　清末鉛印本　一册　存二卷（十至十一）

360000－1901－0030955　401524－1
**萬國史記二十卷**　（日本）岡本監輔撰　清末鉛印本　二册　存五卷（六至七、十一至十三）

360000－1901－0030956　401524－2
**萬國史記二十卷**　（日本）岡本監輔撰　清末鉛印本　二册　存六卷（三至五、十八至二十）

360000－1901－0030957　401496
**萬國史記二十卷**　（日本）岡本監輔撰　清末上海申報館鉛印本　三册　存八卷（一至三、十三至十七）

360000－1901－0030958　401523
**萬國史記二十卷**　（日本）岡本監輔撰　清末上海申報館鉛印本　八册　存十七卷（一至二、五至六、八至二十）

360000－1901－0030959　401524
**萬國史記二十卷**　（日本）岡本監輔撰　清末上海申報館鉛印本　六册　存十五卷（一至十、十三至十七）

360000－1901－0030960　401505－1
**萬國史記二十卷**　（日本）岡本監輔撰　清末石印本　二册　存五卷（三至五、十六至十七）

360000－1901－0030961　401505－2
**萬國史記二十卷**　（日本）岡本監輔撰　清末石印本　二册　存七卷（八至十一、十五至十七）

360000－1901－0030962　401505－3
**萬國史記二十卷**　（日本）岡本監輔撰　清末石印本　二册　存四卷（十一至十四）

360000－1901－0030963　401505－4
**萬國史記二十卷**　（日本）岡本監輔撰　清末石印本　一册　存二卷（十三至十四）

360000－1901－0030964　401505－5
**萬國史記二十卷**　（日本）岡本監輔撰　清末石印本　一册　存二卷（十一至十二）

360000－1901－0030965　401505－7
**萬國史記二十卷**　（日本）岡本監輔撰　清末石印本　一册　存一卷（二）

360000－1901－0030966　900542
**萬國史記二十卷**　（日本）岡本監輔撰　清末石印本　五册　存十七卷（一至三、七至二十）

360000－1901－0030967　305956
**萬國史鑑二十卷**　（日本）岡本監輔撰　清光緒二十二年（1896）上海書局石印本　五册　存十七卷（一至九、十三至二十）

360000－1901－0030968　401488
**萬國史略六卷**　（美國）彼德巴利撰　（清）陳

壽彭譯　清光緒三十二年(1906)江楚編譯官書局石印本　四册

360000－1901－0030969　401493
**萬國通鑑四卷**　(美國)謝衛樓撰　(清)趙如光譯　清光緒八年(1882)刻本　五册

360000－1901－0030970　401490
**萬國通鑑四卷**　(美國)謝衛樓撰　(清)趙如光譯　清光緒二十八年(1902)上海書局石印本　三册　存三卷(一至三)

360000－1901－0030971　401592
**萬國通鑑四卷**　(美國)謝衛樓撰　(清)趙如光譯　清末石印本　一册　存一卷(四)

360000－1901－0030972　313110
**萬國通史前編十卷**　(英國)李思倫白輯譯　蔡爾康紀述　清光緒二十六年(1900)上海廣學會鉛印本　十册

360000－1901－0030973　305965
**萬國通史前編十卷**　(英國)李思倫白輯譯　蔡爾康紀述　清光緒上海廣學會鉛印本　八册　存八卷(二至四、六至十)

360000－1901－0030974　302832
**萬國通史前編十卷**　(英國)李思倫白輯譯　蔡爾康紀述　清光緒二十六年(1900)上海廣學會鉛印本　十册

360000－1901－0030975　401489
**萬國通史前編十卷續編十卷**　(英國)李思倫白輯譯　蔡爾康紀述　清光緒三十年(1904)上海廣學會鉛印本　二十册

360000－1901－0030976　401525
**萬國通史三編十卷**　(英國)李思倫白譯　(清)曹曾涵編　清光緒三十一年(1905)上海廣學會鉛印本　十册

360000－1901－0030977　161665
**萬國憲法比較一卷**　(日本)辰巳小二郎撰　(清)戢翼翬譯　清光緒二十八年(1902)上海商務印書館鉛印本　一册

360000－1901－0030978　406475
**萬國憲法比較一卷**　(日本)辰巳小二郎撰　(清)戢翼翬譯　清光緒二十八年(1902)上海商務印書館鉛印本　一册

360000－1901－0030979　406475－1
**萬國憲法比較一卷**　(日本)辰巳小二郎撰　(清)戢翼翬譯　清光緒二十八年(1902)上海商務印書館鉛印本　一册

360000－1901－0030980　420229
**萬國輿圖一卷**　(清)陳兆桐編　(清)王貫三繪　清光緒十二年(1886)石印本　一册

360000－1901－0030981　161661
**萬國輿圖一卷**　(清)陳兆桐編　(清)王貫三繪　清光緒十二年(1886)同文書局石印本　一册

360000－1901－0030982　122009
**彙存筆記不分卷**　(清)帥嵩齡撰　清光緒七年(1881)刻本　一册

360000－1901－0030983　401522
**萬國政治類考不分卷**　(□)□□輯　清光緒二十八年(1902)中西譯書會石印本　九册

360000－1901－0030984　409714－1
**彙纂詩法度鍼三十三卷首一卷**　(清)徐文弼輯　清刻本　一册　存五卷(十九至二十三)

360000－1901－0030985　800257
**萬花獻瑞一卷**　(□)□□撰　清抄本　一册

360000－1901－0030986　804638
**萬花獻瑞一卷**　(□)□□撰　清抄本　一册

360000－1901－0030987　408174
**萬密齋醫學全書**　(明)萬全撰　清忠信堂刻本　二十册　存八種

360000－1901－0030988　408177
**萬密齋醫學全書**　(明)萬全撰　清忠信堂刻本　九册　存五種

360000－1901－0030989　802995
**萬年曆不分卷**　(清)□□撰　清刻本　一册

360000－1901－0030990　421183

**萬年橋志八卷**　（清）洪汝濂修　（清）謝寄雲等纂　清光緒二十二年（1896）刻本　二冊　存二卷（四、八）

360000－1901－0030991　421183－1
**萬年橋志八卷**　（清）洪汝濂修　（清）謝寄雲等纂　清光緒二十二年（1896）刻本　一冊　存一卷（八）

360000－1901－0030992　123448
**萬年橋志八卷**　（清）洪汝濂修　（清）謝寄雲等纂　清光緒二十一年（1895）刻本　六冊

360000－1901－0030993　123449
**萬年橋志八卷**　（清）洪汝濂修　（清）謝寄雲等纂　清光緒二十一年（1895）刻本　六冊

360000－1901－0030994　123524
**萬年橋志八卷**　（清）洪汝濂修　（清）謝寄雲等纂　清光緒二十一年（1895）刻本　六冊